普通高等教育系列教材

电子商务物流

第2版

主　编　毕　娅　原惠群
副主编　魏翡斐　段李杰

机 械 工 业 出 版 社

本书围绕电子商务物流的产生、商务模式的运行及其创新、关键技术和未来的发展趋势等内容进行了详细的阐述与分析。全书共10章，分别介绍了电子商务物流的基本概念，电子商务物流配送和配送中心，电子商务仓储和库存管理，电子商务物流的包装、装卸搬运和流通加工，电子商务物流服务的成本管理及定价方法，电子商务物流的智能化技术，电子商务冷链物流，跨境电商与国际物流，云物流和电子商务物流模式创新及其智能化发展等方面的内容，并根据每章的具体内容安排了相应的习题。

本书内容新颖、结构严谨、深入浅出、实用性强，突出了对电子商务领域里的前沿理论、关键技术和创新思维的掌握和实践应用能力的培养，可作为高等院校电子商务、物流管理、工商管理、供应链管理等管理和经贸相关专业的教材，也可作为有关电子商务物流的培训用书以及企业管理人员的参考用书。

本书配套有电子课件，需要的老师可登录 www. cmpedu. com 免费注册，审核通过后下载，或联系编辑索取（微信：15910938545，电话：010-88379739）。

图书在版编目（CIP）数据

电子商务物流/毕娅，原惠群主编．—2版．—北京：机械工业出版社，2020.7（2024.7重印）
普通高等教育系列教材
ISBN 978-7-111-66474-1

Ⅰ．①电…　Ⅱ．①毕…　②原…　Ⅲ．①电子商务-物流管理-高等学校-教材　Ⅳ．①F713.365.1

中国版本图书馆CIP数据核字（2020）第166794号

机械工业出版社（北京市百万庄大街22号　邮政编码　100037）
策划编辑：王　斌　　责任编辑：王　斌
责任校对：张艳霞　　责任印制：常天培

北京机工印刷厂有限公司印刷

2024年7月第2版·第5次印刷
184mm×260mm·23印张·571千字
标准书号：ISBN 978-7-111-66474-1
定价：79.00元

电话服务	网络服务
客服电话：010-88361066	机　工　官　网：www. cmpbook. com
010-88379833	机　工　官　博：weibo. com/cmp1952
010-68326294	金　书　网：www. golden-book. com
封底无防伪标均为盗版	机工教育服务网：www. cmpedu. com

前　言

电子商务时代，物流的信息化和网络化是电子商务的必然要求。物流的信息化和网络化表现为物流信息的商品化、物流信息收集的数据库化和代码化、物流信息处理的电子化和计算机化、物流信息传递的标准化和实时化、物流信息存储的数字化等。因此，条码技术、数据库技术、电子订货系统、电子数据交换、快速响应及有效客户反应、企业资源规划等技术与观念在我国的物流中将会得到普遍的应用。毫无疑问，信息技术和计算机网络技术在物流行业内的广泛应用将会彻底改变世界物流的面貌。在此基础上，电子商务物流智能化是物流信息化和网络化的一种更高层次的表现和应用，也是现代物流业区别于传统物流业的重要标志。物流作业过程大量的决策，如库存水平的确定、运输（搬运）路径的选择、自动分拣机的运行、物流配送中心经营管理的决策支持等问题都需要借助于大量的知识才能解决。在物流自动化的进程中，物流智能化是其必然的发展趋势。目前在我国，物流业的战略地位日益凸显。物流业已经从产业支柱转变成支柱产业，科学地发展现代物流业已经成为各级政府和企业高度重视的热点问题。因此，如何建立现代物流体系，加强对物流的现代化管理，引导其在智能化的道路上快速前进，已成为当前电子商务和物流领域理论和实践的一个重要课题。

电子商务物流的快速发展使得电子商务和物流专业人才的培养成为一项十分紧迫的任务。加强高等院校电子商务专业和物流管理专业的建设亦迫在眉睫，基于这一背景，我们展开相关教材的编撰工作。本教材在借鉴和吸收国内外电子商务物流的基本理论和最新研究成果的基础上，密切结合我国电子商务业和物流业的发展与高等教育的实际，从电子商务与现代物流的关系入手，系统介绍了在电子商务环境下开展现代物流管理的理念、方法和技术，不仅能为从事电子商务的人员提供现代物流方面的知识，也能够为从事物流管理的人员提供电子商务方面的知识。本教材以“前沿超前，理论扎实，技能过硬，实践为主”为原则进行编撰，其内容和结构非常适合高等院校的物流管理及其相关专业的教学要求。

本教材的主要特点如下：

（1）教材的内容由浅及深，有清晰的逻辑脉络：“基本概念—现状和问题描述—表征问题的解决（提速增效）—深层次问题的解决（关键技术、管理和模式的创新）—发展的方向和趋势”，自成体系。

（2）教材各章附有学习目的要求或教学要点，并附有本章小结，以方便读者“提纲挈领”地了解并掌握各章节的内容。

（3）尽量避免理论阐述泛泛而谈，减少理论分析，理论知识阐述只注重解决“是什么”的问题；在案例及习题方面则重点解决“怎么干”的问题，突出了实用性和操作性，满足学生基本素质和技能培养的目标要求，也使读者能更好地掌握物流相关的基本技能。

（4）不追求大而全的内容，只针对电子商务环境下物流的概念、问题和解决模式；追求时效性，全面提供电子商务物流中较新、较前沿以及较有时效性的教学内容、案例以及对案例的分析。

（5）相关知识点附有大量的图片、表格等来阐述专业术语和技能知识，图文并茂，趣味性与知识性有机结合，以增强读者对所学知识的感性认识。

（6）每章均设有习题，可用于随时检查学习效果，有利于培养学生动手操作和解决实际问题的能力，便于读者理解巩固所学知识。每章后的习题都配有标准答案，可供核查。

（7）为了方便广大教师的备课和教学，本教材有配套的多媒体电子教案。

（8）各章内容基本独立，可根据实际情况进行选择教学。

本教材由毕娅、原惠群任主编，魏翡斐、段李杰任副主编，参与编写的人员还包括向梅、周贝、蔡艺璇、李家乐、李涛和杨雯婷等。此外，在编写过程中，本教材参考或引用了不少专家学者的研究成果与资料，在此对这些专家和学者们表示衷心的感谢。限于作者的水平，教材中难免有不妥之处，敬请广大专家和读者批评指正。

编　者

目　　录

第 1 章　电子商务物流的基本概念

【学习目标】

1. 了解和掌握电子商务的概念和发展过程。
2. 明确现代物流的概念和发展过程。
3. 掌握电子商务与物流的关系。
4. 区分电子商务物流与物流电子商务化。
5. 了解人工智能时代电子商务物流的发展。

【引例】

阿里引领全球智慧物流网络的建设

2018 年 5 月 31 日，在杭州菜鸟网络物流大会上，马云给行业带来了“菜鸟将引领物流业再进化”的新讯息。马云表示，菜鸟将全力以赴建设国家智能物流骨干网，“我们的目标是通过努力将目前占 GDP15%的物流成本降低到 5%以下”。根据中国物流与采购联合会的统计，2018 年我国社会物流总费用与 GDP 的比率为 14.8%，高于主要发达国家 8%~9%和新兴经济体 11%~13%的水平。与之相比，马云提出的“5%以下”的目标一旦实现，将意味着我国物流业将实现从“规模全球第一”到“全面引领世界”的历史性蜕变。

菜鸟在新经济时代的物流赛道上的换道超车，可以说是物流行业最令人印象深刻的事件，将物流成本降至 GDP 的 5%以下，是 2016 年菜鸟在全球智慧物流大会上提出的目标。考虑到物流业本身的进化空间和作为“中国方案”的战略属性，在换道超车之后，菜鸟强大的发展势能如何喷发，以及战略上如何再进化，将是整个行业的焦点。

物流的本质是一张智慧网。具体而言，菜鸟智慧物流网络的目标是两张网，一部分是在中国国内，打造一个 24 小时的货运必达的网络，实现 5%以下的物流成本；另外一张网络是沿“一带一路”，通过 eWTP（Electronic World Trade Platform）在全球范围内实现 72 小时到达，这张网是全国的，更是全球的。抛开菜鸟目前的网络优势不论，仅仅是这两张网所体现的政策协同性，以及配合阿里新零售、全球化业务发展所能生发的创新力和生态效应，其潜力便不容小觑。以电光火石般的速度，菜鸟不仅完成了它的换道超车，而且更升级为阿里的战略级业务。也许，商业和技术革命的逻辑本就如此，能够激发和成就狂想的，往往是那些最简单而本质的诉求。

资料来源：张勇 .2018 菜鸟全球智能物流峰会［C/OL］.（2018-6-10）. http://www.neiwen.com.cn/subject/frxqeftx.html.

1.1 电子商务概述

一般来说，电子商务通常指利用网络提供的各种通信手段进行产品和服务的网上交易活动。其中产品不仅包括实体产品，如亚马逊网站销售的图书，京东商城销售的家电产品；也包括数字化的有偿信息、视频及软件产品。同时通过网络还可以为消费者提供各类服务，如旅游服务、网络金融服务、远程教育服务等。电子商务涉及的商品品种繁多，提供的服务种类层出不穷，影响着消费者生活的方方面面，大大改变了消费者的消费心理及消费习惯。

1.1.1 电子商务的概念

对于电子商务，到目前为止还没有一个为众多学者、企业、行业协会及政府部门所共同认可的权威性定义，而现有的各种电子商务概念仅仅是从学者、各类企业、行业协会等各方单一角度提出的，因此均缺乏全面性。

简单来说，可以将电子商务理解为运用现代信息技术从事的各种商务活动。因此，如图 1-1 所示，可以将电子商务看作是“现代信息技术”和“商务活动”两个集合的交集。不难理解，不同学者、企业、协会所提出的不同电子商务定义的差异主要源于各方对“电子”和“商务”的内容以及如何将“电子”和“商务”有机集合的理解不同。

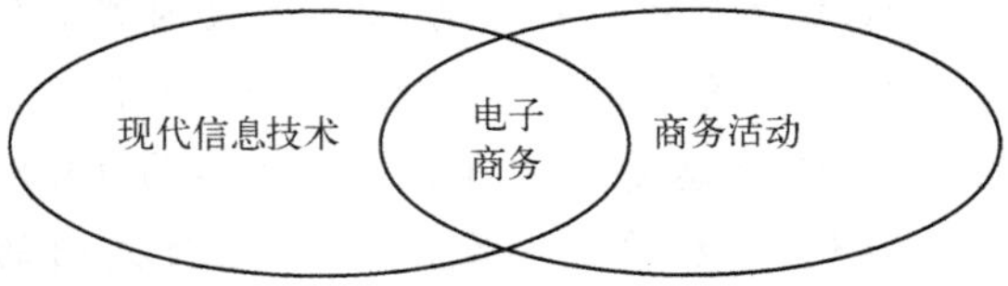

图 1-1　电子商务概念的相关集合图

1. 狭义的电子商务与广义的电子商务

电子商务是一个不断发展的概念，包括狭义的电子商务和广义的电子商务。电子商务的先驱 IBM 公司于 1996 年提出了 Electronic Commerce（EC）的概念，在 1997 年该公司又提出了 Electronic Business（EB）的概念。我国在引进这些概念的时候都将其翻译为电子商务，导致很多人混淆了这两个概念。事实上这两个概念及内容是有区别的，EC 应翻译为电子商业，有些人将 EC 称为狭义的电子商务，将 EB 称为广义的电子商务。

狭义的电子商务（Electronic Commerce，EC）是指在互联网开放的网络环境下，基于 Browser/Server 的应用方式，实现消费者网上购物（B2C）、企业之间网上交易（B2B）以及电子支付的一种新型的交易方式，也就是实现整个贸易过程中各阶段贸易活动的电子化。从技术方面可以将 EC 定义为一种多技术的集合体，包括交换数据、获得数据以及自动捕获数据等。它的业务包括：信息交换、售前售后服务、销售、电子支付、运输、组建虚拟企业、公司和贸易伙伴可以共同拥有和运营共享的商业方法等。因此，狭义的电子商务主要借助计算机网络进行交易活动。

从广义来说，电子商务是计算机网络的第二次革命，它通过应用现代信息技术建立新的经济秩序，不仅涉及信息技术和商业交易，还包括制造型企业、商业企业、金融机构、政府机构、个人消费者、物流企业等利用网络及数字化传媒技术进行的各种商业贸易活动。

完整的商业贸易过程包括一系列的相关商务活动流程，从前期的商情信息收集分析，到通过网络询问价格、报价、磋商洽谈，发送订单、应答订单，签订正规的电子合同，再到发送、接收送货通知、取货凭证及支付汇兑，中间还包括了政府部门、专业认证机构等对各方资质的认证过程。

广义的电子商务（Electronic Business，EB）既包括企业之间进行的商务活动，也包括企业内部的各类商务活动，如生产、营销、财务管理、人力资源等。因此，广义的电子商务是指通过互联网等各类网络资源、计算机硬件与软件的应用，使供应链上的供应商、制造商、零售商、最终客户等一系列合作伙伴有机集合，优化、重组其业务流程，实现系统化、信息化、网络化运营的目的。因此，将广义的电子商务（EB）定义为各类具有商业活动能力和需求的实体，包括制造商、商业企业、金融机构、政府机构、个人消费者等，为了跨越时空限制，提高商务互动的效率，应用现代信息技术，包括计算机网络资源和各类数字化媒体技术等，实现商品和服务交易的一种贸易模式。一般来说，广义的电子商务应包括以下几个基本要素。

1）以互联网为主要形式。

2）实现的交易包括商品交易和服务交易。

3）既包括企业之间进行的商务活动（如网络营销、电子支付、物流配送、电子数据交换等），也包括企业内部进行的各种商务活动（如企业资源计划、管理信息系统、客户关系管理、供应链管理、人力资源管理、网上市场调研、战略管理及财务管理等）。

4）涵盖了交易的各个流程，包括询问价格、报价、订货、售后服务等。

5）将现代信息技术作为重要手段的目的在于跨越交易各方的时空差异，提高交易的效率。

综上所述，根据 EC 与 EB 的概念可以归纳两者的差异与联系，EB 是利用网络实现所有商务活动业务流程的电子化，不仅包括了 EC 面向外部的所有业务流程，如网络营销、电子支付、物流配送、电子数据交换等，还包括了企业内部的业务流程，如企业资源计划、管理信息系统、客户关系管理、供应链管理、人力资源管理、网上市场调研、战略管理及财务管理等。因此，广义的电子商务（EB）既包括了企业内部商务活动，如生产、管理、财务等，也包括了狭义电子商务（EC）所涉及的企业对外的商务活动，将上下游业务合作伙伴企业结合起来进行业务，如图 1-2 所示。

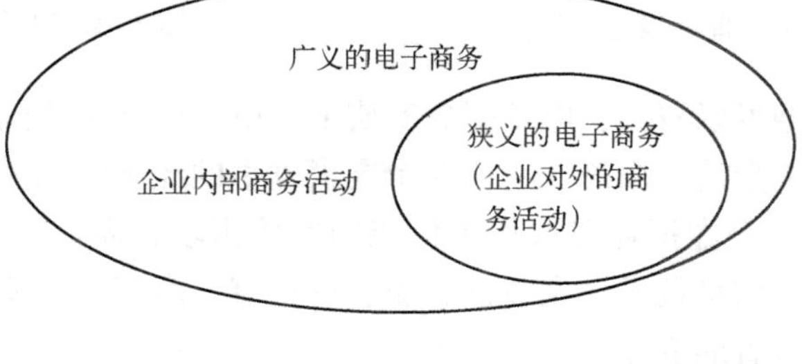

图 1-2　广义的电子商务与狭义的电子商务的差异及联系

2. 电子商务概念模型

电子商务概念模型是对现实世界中电子商务活动的一般抽象描述，如图 1-3 所示，该模型由电子商务实体、电子市场、交易实务和信息流、资金流、商流、物流等基本要素组成。

在电子商务概念模型中，电子商务实体（简称 EC 实体）指的是能够从事电子商务活动的客观对象，包括制造型企业、银行及其他金融机构、零售商、政府机构、科研机构或个人；电子市场是指电子商务实体从事商品和服务交换的虚拟场所，它是由各类电子商务参与者利用各类通信装置，通过网络连接而形成的一个统一的经济整体；而交易实务指的是电子商务实体之间从事的具体的商务活动，包括收集分析商务信息、询价、报价、咨询洽谈、签订电子合同、转账支付、营销宣传、物流配送等一系列的活动。

电子商务的任何一次交易过程中都包括商流、资金流、信息流、物流。商流活动是指商品或服务的所有权转移，其标志是提货单、房产证等法律文书的转移。资金流主要是指资金的转移过程，包括付款、转账、结算、兑换等过程。而电子商务中的信息流主要包括三类：首先是商品的售前、售后涉及的各类信息，包括商品信息的提供、营销、技术支持、售后服务等；其次包括交易过程中的各种贸易单证，如询价单、报价单、付款通知、转账通知、发货通知、收货通知等；最后一类信息是降低交易风险的重要依据，包括交易各方的支付能力、支付信用和中介信誉等。物流主要是指商品和服务的配送和传输渠道，对大多数的实体商品来说，物流可能仍然经由传统的物理渠道，借助实体的设施和设备完成；但对于部分商品和服务来说，可以直接通过网络传输来完成物流配送，如电子书籍、音乐、视频服务、有偿信息咨询服务等。信息流是以上四个要素中最重要的一个，三类信息流贯穿于电子商务交易活动中，保证电子商务整个流程的顺利进行，如图 1-4 所示。

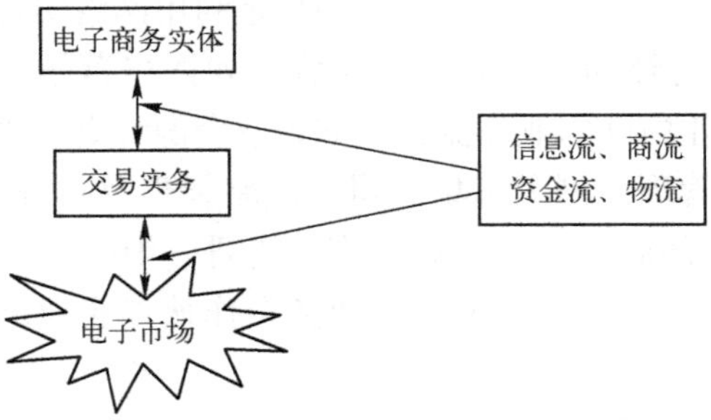

图 1-3　电子商务概念模型

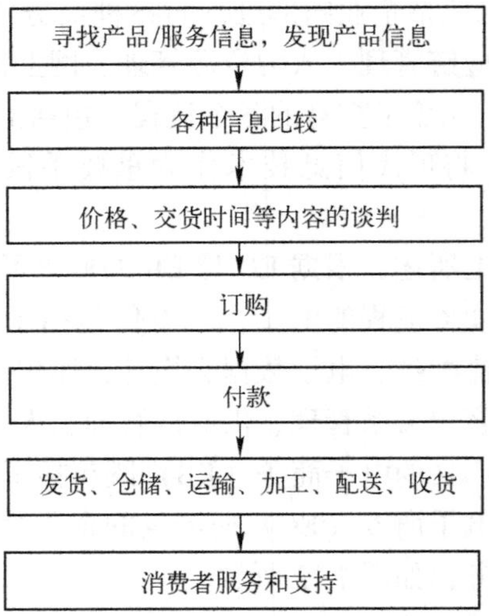

图 1-4　电子商务流程图

从电子商务概念模型可以看出，电子商务实质上是电子商务实体围绕交易实务，通过电子市场，借助于信息流、资金流、商流、物流四个要素发生的经济活动关系。与传统商务的主要差异在于“电子市场”这个虚拟环境取代了传统的实体市场，而进行交易事务所依赖的工具和手段更多地偏重于现代信息技术；完成信息流、资金流、商流、物流四个要素转移的方式与传统渠道相比也发生了显著的变化。

1.1.2　电子商务的特点

电子商务在全球范围通过计算机网络进行各种商务活动，提供各类相关的综合性服务。相对传统商务活动，电子商务具有以下几个突出的特点。

1. 覆盖面广，贸易全球化

现在，互联网几乎遍及全球的各个角落。在全世界的 190 多个国家及地区，经常同时有上亿用户在上网。电子商务正是运用了互联网资源构造出覆盖全球的巨大的网络商务平台，它能够使用户方便地使用计算机和通信线路登录并访问网站，并与所选定的商家取得联系，方便快捷地进行交易；同时帮助商家通过互联网开展各类营销活动，拓展广阔的市场，仅仅耗费较低的成本即可将企业的产品和服务推向全球。

2. 全天24小时营业，大大地增加商机和方便客户

传统的商业一向摆脱不了营业时间、地区时差以及地域距离的桎梏。面对顾客提出的延长营业时间、按时交付、及时提供售后服务等服务要求，企业往往只能靠加班加点、增设分支机构以及增加编制的办法来应对，企业经营成本不断增加。而电子商务能够真正做到全天营业，在不大量增加运营成本的基础上，不仅可以获得更多的商业机会，而且给更多的客户和商家带来了采购的便利。亚马逊网络书店就是全天24小时运作，平均有30%的订单是在夜间完成的。

3. 减少企业运营成本，显著降低产品及服务价格

通过建立网站，使用电子邮件、电子公告牌、网络会议以及各类社会性网络服务（Social Networking Services，SNS），可以大幅减少企业运营过程中的通信成本；将各类资料以电子化形式输入、储存、查询，能显著消除经营中各环节资料的重复录入，提高信息应用效率，方便信息共享，同时也优化了企业的作业流程。此外，对于数字化商品（视听商品、计算机软件等）和服务（信息咨询、远程教育等）还可以直接通过网络传输和下载，降低物流成本。由于电子商务能够大大降低企业的运营成本，因此能为顾客提供价格更为低廉的产品和服务。

4. 功能更齐全，服务更个性化

电子商务始终采用各种先进的技术手段，实现不同层次的商务目标，如网上发布商情、提供在线洽谈服务、建立虚拟商场；进行供应链管理、与上下游的企业建立合作关系、提高企业运作效率、降低库存、提高企业的应变能力、降低经营风险、实时在线支付、文件的安全传送、身份认证等。电子商务突出的特点是，可以根据不同客户的个性化需求，提供有针对性的服务，实现全程营销。

5. 操作更灵活，达成交易更方便

在电子商务过程中，人们只要具备一般的计算机知识及网络设备，不需要添置其他更多的特殊设备；只要能够登录到互联网，使用浏览器访问相应的商务网站，便可查找各地的商品目录，选到所需商品，轻易地完成网上交易。在这个过程中，系统会自动完成相应的网上银行、认证中心、物流配送中心等机构的电子支付、身份认证和信用考证以及商品托运等业务。这样可以节省用户大量的时间和精力，也避免了不必要的开销和风险。

6. 交易呈现出透明化

电子商务交易透明化表现为交易双方从交易的洽谈、签约以及货款的支付、交货通知等整个交易过程都在网上进行。通常，快捷的信息传输可以保证各种信息之间互相核对，可以防止伪造信息的流通。交易过程的透明化有助于交易各方及时、清晰地了解相关的信息，把握交易流程的进展；从另外一个角度来说，有利于各方对交易过程的共同监督，减少违规行为，尤其有助于社会企业、公众对企业经营活动及政府政务的监督，如企业和政府的采购、招标等。

7. 全面增强企业的竞争力

无论是大型企业还是中小型企业，无论是在国际市场还是在国内、本地区内，企业都将面临日益激烈的商业竞争。要提高企业自身的核心竞争力，企业经营者应着眼于捕捉市场商机，降低运营成本和提高效率效益这三方面。在企业的战略上，企业经营者要有正确的决策，在企业的运作上要有科学的模式。

1.1.3 电子商务模式

电子商务模式是指在网络环境中基于一定技术基础的商务运作方式和盈利模式。研究和分析电子商务模式的分类体系有助于挖掘新的电子商务模式，为电子商务模式创新提供途径，也有助于企业制订特定的电子商务策略和实施步骤。电子商务模式可以从多个角度建立不同的分类框架，最简单的分类莫过于 B2B、B2C 和 C2C 这样的分类，但各模式还可以细分。综合现有的主要观点可将企业的电子商务模式归纳为以下六种经营模式。

1. 企业与消费者之间的电子商务

企业与消费者之间的电子商务（Business to Consumer，B2C）模式是消费者利用互联网直接参与经济活动的形式，类似于商业电子化的零售商务。随着互联网的出现，网上销售迅速地发展起来。

B2C 就是企业通过网络销售产品或服务给个人消费者。企业厂商直接将产品或服务推上网络，并提供充足资讯与便利的接口吸引消费者选购，这也是目前最常见的作业方式。例如，网络购物、证券公司网络下单作业、一般网站的资料查询作业等，都属于企业直接接触顾客的作业方式，B2C 模式可划分成以下四种经营模式。

1）虚拟社群（Virtual Communities）：虚拟社群的着眼点都在顾客的需求上，有三个特质，包括专注于买方消费者而非卖方、良好的信任关系、创新与风险承担。

2）交易聚合（Transaction Aggregators）：当互联网上的信息越来越多并且分散的时候，信息的聚合服务成为一种必然。电子商务实际就是一种电子化的买卖形式。

3）广告网络（Advertising Network）：广告网络是一个封闭的网络广告市场，网络业主作为中间环节先向出版商采购广告库存，然后转售给相关的买家。在广告业内，这是一个较为广泛的概念，是一种介于想出售广告空间的网站与想在网站上刊登广告的广告主之间的平台。比较知名的大型广告网络公司如谷歌公司（Google）的 AdSense。

4）线上与线下结合的模式（O2O 模式）：线上与线下相结合的电子商务（Online to Offline，O2O）。O2O 模式把互联网与实体店完美对接，实现互联网落地。O2O 模式让消费者在享受线上优惠价格的同时，又可以享受线下贴心的服务。中国较早转型 O2O 模式并成熟运营的企业代表为家具网购市场领先的美乐乐，其 O2O 模式具体表现为线上家具网与线下体验馆的双平台运营。目前 O2O 模式在众多领域发展迅速，应用日趋广泛。

2. 企业与企业之间的电子商务

企业与企业之间的电子商务（Business to Business，B2B）模式是电子商务应用最多和最受企业重视的形式，企业可以使用 Internet 或其他网络为每笔交易寻找最佳合作伙伴，完成从定购到结算的全部交易行为。其代表是阿里巴巴电子商务模式。

B2B 是指以企业为主体，在企业之间进行的电子商务活动。B2B 是电子商务的主流，也是企业面临激烈的市场竞争时，改善竞争条件，建立竞争优势的主要方法。开展电子商务，将使企业拥有一个商机无限的发展空间，这也是企业谋生存、求发展的必由之路，它可以使企业在竞争中处于更加有利的地位。B2B 电子商务将会为企业带来更低的价格、更高的生产率和更低的劳动成本以及更多的商业机会。

B2B 主要是针对企业内部以及企业（B）与上下游合作厂商（B）之间的资讯整合，并在互联网上进行企业与企业之间的交易。借由企业内部网（Intranet）构建资讯流通的基础，及外部网络（Extranet）结合产业的上中下游厂商，达到供应链整合的目的。因此，通过 B2B 模式，不仅可以简化企业内部资讯流通的成本，更可使企业与企业之间的交易流程更快速、成本耗损更少。

3. 消费者与消费者之间的电子商务

消费者与消费者之间的电子商务（Consumer to Consumer，C2C）模式就是通过为买卖双方提供一个在线交易平台，使卖方可以主动提供商品上网拍卖，而买方可以自行选择商品进行竞价。其代表是易趣、淘宝的电子商务模式。

C2C 是指消费者与消费者之间的互动交易行为，这种交易方式是多变的。例如，消费者可在某一竞标网站或拍卖网站中，共同在线上出价而由价高者竞得标的物；或由消费者自行在网络新闻论坛或 BBS 上张贴布告以出售二手货品，甚至是新品，诸如此类因消费者间的互动而完成的交易，就是 C2C 的交易。

4. 消费者与企业之间的电子商务

消费者与企业之间的电子商务（Consumer to Business，C2B）模式通常指消费者根据自身需求定制产品和价格，或主动参与产品设计、生产和定价，产品、价格等彰显消费者的个性化需求，生产企业进行定制化生产。

5. 企业与政府机构间的电子商务

企业与政府机构间的电子商务（Business to Government，B2G）模式即企业与政府之间通过网络所进行的交易活动的运作模式，如电子通关、电子报税等。B2G 是新近出现的电子商务模式，即“商家到政府”，它的概念是商业和政府机关能使用中央网站来交换数据并且与彼此做生意，而通常比它们离开网络更加有效。

举例来说，一个提供 B2G 服务的网站可以提供一个单一地方的业务，为一级或多级政府（城市，州或省，国家等）来定位应用程序和税款格式；提供填好表格和付款的能力信息；更新企业的信息；请求回答特定的问题等。B2G 也可能包括电子采购服务，通过它商家可以了解代理处的购买需求并且回应代理处的请求提议。

6. 新型电子商务模式

新型电子商务（Business Medium Consumer，BMC）模式集量贩式经营、连锁经营、人际网络、金融、传统电子商务（B2B、B2C、C2C、C2B 等传统电子商务模式）优点于一身，解决了 B2B、B2C、C2C、C2B 等传统电子商务模式的发展瓶颈。Business，指企业；Customers，指消费者，终端；Medium，在这里指的是在企业与消费者之间搭建的一个空中的纽带与桥梁。它是一个多维的、可以无限转换的连接点，将网站与消费者、机构与终端、企业与渠道代理商，根据不同的需求有机、立体地结合，形成利益互动，打造一个共赢的、大同的平台。

1.2 现代物流概述

物流是一种古老又普通的现象，自从人类社会有了商品交换，就有了物流活动（如运输、仓储、装卸搬运等），货物在不同时空的转移是社会经济发展的基础之一。随着社会经济的发展，人们对物流有了更高层次的理解，而将物流作为一门科学，却仅有几十年的历史，因此说物流是一门新学科。

1.2.1 现代物流的概念

1. 物流的起源和发展

物流作为一门科学的诞生是社会生产力发展的结果。在长期的社会发展过程中，不少学者们经过长期的理论酝酿，逐渐认识到在生产活动中，有一种没有直接参与实际生产制造过程，但却另有特性的活动——物流。即生产活动如果进行专业的细分，可分成两个组成部分：一部分是生产工艺活动；另一部分是物流活动。然而，物流过去常被看成是生产过程、生产工艺组成领域里的一项活动。通过对物流这一概念的起源和发展进行探索，可以认识到物流的发展历程，理解传统物流和现代物流的联系及差异。

（1）传统物流

物流的概念是随着交易对象和环境变化而发展的，因此需要从历史的角度考察。1915 年，美国学者阿奇·萧在《市场流通中的若干问题》一书中首次提出“Physical Distribution”（PD，即传统意义上的物流）的概念，他提出物流是与创造需求不同的一个问题，并提到物资经过时间或空间的转移，会产生附加价值；在这里，时间和空间的转移指的是销售过程的物流。

实际上早在第一次世界大战期间，英国犹尼里佛的利费哈姆勋爵就成立了即时送货股份有限公司，该公司宗旨是在全国范围内把商品及时送到批发商、零售商以及用户的手中，这一举动被一些物流学者看作是有关物流活动的早期文献记载。20 世纪 30 年代初，一些关于市场营销的基础教科书开始涉及物流运输、物资储存等业务的实物供应（Physical Supply）这一名词，并将市场营销定义为影响产品所有权转移和产品实物流通的活动。这里，所说的所有权转移是指商流；实物流通是指物流。1935 年，美国销售协会最早对物流进行了定义：物流（Physical Distribution）是包含于销售之中的物质资料和服务，以及从生产地到消费地点流动过程中伴随的种种活动。上述历史较普遍地被物流界认为是物流的早期阶段。

日本在 1964 年开始使用物流这一概念。在使用物流这个术语以前，日本把与商品实体有关的各项业务，统称为流通技术。1956 年，日本生产本部派出流通技术专门考察团去美国考察，弄清楚了日本以往叫作流通技术的内容，相当于美国叫作 Physical Distribution（实物分配）的内容，从此便把流通技术按照美国的简称叫作 PD，这个术语得到了广泛的使用。1965 年，日本在政府文件中正式采用“物的流通”这个术语来替代 PD，简称为物流。1981 年，日本综合研究所编著的《物流手册》中对物流进行了定义。

我国开始使用“物流”一词始于 1979 年。1979 年 6 月，我国物资工作者代表团赴日本参加第三届国际物流会议，回国后在考察报告中第一次引用和使用“物流”这一术语。物流是日本引用的汉语，物流作为实物流通的简称，提法既科学合理，又确切易懂。1988 年，我国台湾地区也开始使用物流这一概念。1989 年 4 月，第八届国际物流会议在北京召开，“物流”一词的使用日益普遍。

（2）现代物流

在第二次世界大战期间，美国在对军火等物资进行的战时供应时，首先采取了“后勤管理”（Logistics Management）这一名词，指对战时物资的生产、采购、运输、补给等活动进行全面管理。从此，后勤（Logistics）逐渐形成了单独的学科，并不断发展为后勤工程（Logistics Engineering）、后勤管理（Logistics Management）和后勤分配（Logistics of Distribution）。后勤管理的方法后来被引入到商业部门，被人称之为商业后勤（Business Logistics），定义为包括原材料的流通、产品分配、运输、购买与库存控制、储存、用户服务等业务活动，其领域统括原材料物流、生产物流和销售物流。

由此可见，在20世纪50年代到70年代期间，人们研究的对象主要是狭义的物流，是与商品销售有关的物流活动，是流通过程中的商品实体运动。因此，通常采用的仍是“Physical Distribution”一词。

1986年，美国物流管理协会（National Council of Physical Distribution Management）改名为CLM（The Council of Logistics Management）。将Physical Distribution（传统物流）改为Logistics（现代物流），其理由是因为Physical Distribution的领域较狭窄，Logistics的概念则较宽广、连贯、整体。改名后的美国物流协会对Logistics所做的定义为：以适合顾客的要求为目的，对原材料、在制品、制成品与其关联的信息，从产业地点到消费地点之间的流通与保管，为求有效率且最大地对费用的相对效果而进行计划、执行、控制。

Logistics与Physical Distribution的不同，在于Logistics已突破了商品流通的范围，把物流活动扩大到了生产领域。物流已不仅仅从产品出厂开始，而是包括从原材料采购、加工生产到产品销售、售后服务，直到废旧物品回收等整个物理性的流通过程。这是因为随着生产的发展，社会分工越来越细，大型的制造商往往把成品零部件的生产任务，外包给其他专业性制造商，自己只是把这些零部件进行组装，而这些专业性制造商可能位于世界上劳动力较密集且廉价的地方。在这种情况下，物流不但与流通系统维持密切的关系，同时与生产系统也产生了密切的关系。这样，将物流、商流和生产三个方面连接在一起，就能产生更高的效率和效益。

Logistics一词的出现，是世界经济和科学技术发展的必然结果。当前物流业正在向全球化、信息化、一体化发展。一个国家的市场开放与发展必将要求物流的开放与发展。随着世界商品市场的形成，从各个市场到最终市场的物流日趋全球化；信息技术的发展使信息系统得以贯穿于不同的企业之间，使物流的功能发生了质变，大大提高了物流效率，同时也为物流一体化创造了条件；一体化意味着需求、配送和库存管理的一体化。所有这些都已成为物流行业的发展方向。

可以说，进入20世纪80年代以后，传统物流已向现代物流转变。现代物流是物质资料从供给者到需求者的物理性运动，但不是物和流的简单组合，而是经济、政治、社会和实物运动的统一。它的主要作用是通过时间创造价值，弥补时间差创造价值，延长时间差创造价值。现代物流包括信息业、配送业、多式联运业和商品交易业。现代物流水平是一个国家综合国力的标志。

2. 物流的定义

随着物流理论与实践的不断发展，其定义和内涵也在不断变化。到目前为止，人们对物流的理解仍然存在差异，尚未形成统一的认识。以下列举各国研究机构、管理机构和研究者提出的主要定义。

美国关于物流研究的主要学派包括工程派、军事派、管理派和企业派。工程派的代表学会组织——美国物流工程学会（Society of Logistics Engineers），于1974年提出的物流定义为：“物流是与需求、设计、资源供给与维护有关，以支持目标、计划及运作的科学、管理及技术活动的艺术。”美国空军代表的军事派于1981年提出的物流定义是：“物流是计划和执行军队的调动与维护的科学，它涉及与军事物资、人员、装备和服务相关的活动。”美国物流管理协会（Council of Logistics Management）作为管理派的代表对物流下的定义：“物流是对货物、服务及相关信息从起源地到消费地的有效率的、有效益的流动和储存进行计划、执行和控制，以满足顾客要求的过程。该过程包括进向、去向、内部和外部的移动以及环境保护为目的的物料回收。”而企业派代表——美国 EXEL 物流公司认为：“物流是与计划和执行供应链中商品及物料的搬运、储存及运输相关的所有活动，包括废弃物及旧物品的回收再利用。”

在欧洲，1994 年由欧洲物流协会（European Logistics Association，ELA）提出的物流定义为：“物流是一个在系统内对货物的运输、安排及与此相关的支持活动的计划、执行与控制，以达到特定的目的。”

日本日通综合研究所 1981 年给出的物流定义为：“物流是物质资料从供给者向需求者的物理移动，是创造时间性、场所性价值的经济活动。从物流的范畴来看，包括包装、装卸、保管、库存管理、流通加工、运输及配送等活动。”

在我国大陆和台湾地区都分别给出了物流的相关定义。中国台湾物流管理协会于 1996 年提出：“物流是一种物的实体流通活动的行为，在流通过程中，通过管理程序有效地结合运输、仓储、装卸、包装、流通加工、资讯等相关机能性活动，以创造价值，满足顾客及社会性需求。”根据中国国家科委、国家技术监督局、中国物资流通协会 2006 年给出的最新版国家标准《物流术语》（GB/T 18354-2006），所谓物流（Logistics）是指物品从供应地向接收地的实体流动过程。根据实际需要，物流将运输、储存、装卸、搬运、包装、流通加工、配送、信息处理等基本功能进行实时的有机结合。

综合以上对物流的定义，现代物流可以理解为：为了实现顾客满意和挖掘“第三利润源”，利用现代信息技术将运输、仓储、装卸、搬运、包装、流通加工、配送、信息处理、需求预测、为用户服务等活动有机结合起来，经济有效地将原材料、半成品及产成品由生产地送到消费地的所有流通活动。对现代物流定义的理解包括以下几个要点。

（1）物流对象涵盖的范围

实际上物流的对象不仅局限于一般的实体物品，还应包括虚拟化的商品，如信息、服务等。正如美国物流管理协会对物流的定义，物流对象包括货物、服务及相关信息，在电子商务环境下，虚拟化的物流对象的转移可以通过网络在线进行。

（2）物流是一个系统

所谓系统是指由两个或两个以上的要素组成的相互联系、相互制约，并且能实现特定功能的整体。物流过程由许多环节要素组成，如按功能划分为运输、仓储、装卸、搬运、包装、流通加工、配送、信息处理等要素，要素之间相互影响，这些要素作为一个整体可以实现一定的功能，因此物流过程是一个系统。实际上，物流是由流动要素、资源要素和网络要素组成的实现产品物理移动功能的系统，要使物流系统整体最优，就必须对物流过程进行系统化的设计和管理，使得物流这个系统整体达到最优，而不是系统中某个或某些要素最优。

（3）物流需要一体化管理

现代物流并不是将运输、仓储、装卸、搬运、包装、流通加工、配送、信息处理等要素进行简单的集合，而是将从供应方开始到最终顾客的整个流通过程的各项活动（包括商品的转移及相关服务等）进行整体化管理。考虑各项活动之间的相互影响、衔接性，将整个物流系统的活动作为一个整体，即实现一体化管理。现代物流涵盖的范围远远超过了传统的储运业。在物流的实践活动中，很多问题的解决都必须依靠将运输、仓储、装卸、搬运、包装、流通加工、配送、信息处理等要素结合起来，做出整体化的处理和设计方案。典型的如水泥这种产品的物流解决方案，在传统物流方案中，水泥产品都是通过纸袋进行包装的，这种包装不仅消耗材料多，成本高，对环境的污染大，而且也为物流过程中的运输、装卸、搬运、储存带来了很大的困难；水泥的包装问题单从包装一个要素来考虑，难以解决，然而从物流整个过程——运输、仓储、装卸、搬运、包装来考虑，实现一体化管理，则可以通过散装水泥的方案更好地解决，通过将以上物流过程更好地衔接，降低时间等资源的消耗，可以达到解决原有纸袋包装易破损、成本高等问题。

3. 现代物流与传统物流

传统物流是以商品的销售为主要对象，完成将生产的商品送交消费者的过程中所发生的各种活动。随着生产和科学技术的发展，对物流的研究已经从上述早期阶段进入了现代物流的发展阶段，即综合考察商品的生产、储运及销售的全过程。这使得新的管理方法、技术和工具在物流活动领域各环节中得以运用且应用水平不断提高。

现代物流的突出特点表现为物流各环节技术的综合和复合化，即将各项物流技术系统化；技术系统主要包括物流自动化技术体系，如以运输设备高速化、大型化、专用化为核心的集装箱系统机械，储存、装卸及搬运一体化的高层自动化货架系统；物流信息技术体系，如条码技术、电子数据交换（Electronic Data Interchange，EDI）技术、射频识别（Radio Frequency Identification，RFID）技术、地理信息系统（Geographical Information System，GIS）、全球定位系统（Global Positioning System，GPS）、物联网技术等；以计算机和通信网络为核心的信息处理技术；此外还包括与运输、仓储、配送的物流技术在管理、信息等软技术方面的结合，如运输与仓储技术相结合的生鲜食品保鲜输送技术。

具体来说，现代物流和传统物流的差异可以从以下几个方面进行比较。

（1）概念上的差异

传统物流指的是物品的储存与运输及其附属业务形成的物流活动；而现代物流突破了以上储存与运输两项功能的局限性，立足于现代信息技术的运用，是整合运输、仓储、装卸、搬运、包装、流通加工、配送、信息处理等多种功能而形成的综合性的物流活动。

（2）在职能系统上的差异

传统物流的主要职能包括运输、仓储、装卸搬运、包装等功能要素，各功能要素相对较为孤立；而现代物流囊括了运输、仓储、装卸、搬运、包装、流通加工、配送、信息处理等物流功能，强调各项职能的综合性处理，物流系统的整体优化。

（3）在物流组织上的差异

传统物流的组织是在企业内部的分散组织，没有物流中心，不能很好地控制整个物流链；而现代物流组织方式是企业外部的专业化组织，合理地运用物流中心，能实现这个供应链的全面管理。

（4）物流服务模式上的差异

传统物流的服务模式通常是一次性、被动型的服务，在服务的区域上有一定的局限性，通常提供的是区域内的物流服务，服务合约周期一般较短，通常以自营物流为主；而现代物流能为顾客提供多种功能为一体的服务且兼顾增值性服务，服务形式多其主动性，提供的服务不受区域限制，可提供跨地区甚至国际物流服务，提供的服务以合同为导向，期望与客户建立长期战略合作伙伴关系，普遍应用第三方物流的经营模式。

（5）物流技术运用上的差异

传统物流自动化程度低，以手工操作为主，无外部整合系统，没有应用新型物流信息技术；而现代物流无论在硬件还是在软件应用上均强调创新，不断提升技术应用水平，广泛应用各类物流自动化技术和物流信息技术，如自动化立体仓库、自动引导车、条码、GPS、GIS、EDI、销售时点系统（Point Of Sale，POS）、电子订货系统（Electronic Order System，EOS）等。

（6）追求目标的差异

传统物流追求的目标局限于成本，通常采用价格竞争策略；而现代物流以现代市场营销理论为理念，以客户为中心，追求成本和服务的均衡，即其目的是追求以低物流成本向顾客提供优质服务。

1.2.2 现代物流的相关理论

近些年来，围绕物流产生、发展了不少物流理论，其中最具有代表性的包括商物分离理论、“黑大陆”理论、物流成本冰山理论、“第三利润源”理论、效益背反理论等，这些理论构成了物流的理论体系。

1. 商物分离理论

商物分离理论是物流科学赖以生存的先决条件。所谓商物分离，是指流通中的两个组成部分——商业流通和实物流通各自按照自己的规律和渠道独立运动。社会进步是流通从生产中分离出来之后，并没有结束分化及分工的深入和继续。现代化的分工和专业化是向一切经济领域延伸的。

第二次世界大战以后，流通过程中上述两种不同形式出现了更明显的分离，从不同形式逐渐变成了两个有一定独立运动能力的不同运动过程，这就是所谓的“商物分离”。“商”指的是“商流”，即商业性交易，实际是商品价值运动，是商品所有权的转让，流动的是“商品所有权证书”，是通过货币实现的。“物”即为“物流”，即马克思提出的“实际流通”，也就是商品的实体流通。一般来讲，商流和物流活动的发生常常是结合在一起的；每进行一次交易，商品便易手一次，商品实体便发生一次运动，也就是说，商流和物流总是相伴相随的，它们共同运动，形式不同罢了。实际上，这种商流和物流相伴发生的情况在当今也非常多见，多为“一手交钱一手交货”的面对面交易形式，流通大多采取这种“商流和物流合一”的形式。

那么为什么在现代物流发展阶段中，商流与物流不再总是相伴发生，特别是在信息技术发展的冲击和促进下，两类活动常常分开进行呢？总体来说，是由于商流和物流有其不同的物质基础和不同的社会形态。首先，从马克思主义政治经济学角度来看，在流通这个系统中，商流明显地偏重于经济关系、分配关系、权利关系，因此属于生产关系范畴。而物流则明显偏重于工具、装备、设施及技术，因此属于生产力范畴。所以，商流和物流的分离实际是流通总体中的专业分工、职能分工，通过这种分工实现大生产式的社会再生产的产物。这是物流科学中重要的新观念。

基于以上分析，商流和物流具有不同的特性，商流具有明显的人文特性，而物流相对突出其物理特性，因此在实际的运作中，尤其在信息技术的影响下，两者的完成过程会有明显的差异。首先，商流完成的地点往往并不与物流的最佳路线中的某点重合；此外，商流一般要经过一定的经营环节来进行业务活动，而物流则不受经营环节的限制。因此，实现商物分离是提高社会经济效益的客观需要，也是现代化发展的需要。

物流科学正是在商物分离基础上才得以对物流进行独立地考察进而形成的。但是，商物分离也并非绝对的，在现代科学技术有了飞跃发展的今天，优势可以通过分工获得，也可以通过趋同获得；“一体化”的动向在原来许多分工领域中变得越来越明显；在流通领域中，发展也是多形式的，绝对不是单一的“分离”。

如图 1-5 所示，商流和物流分离具有以下特点。

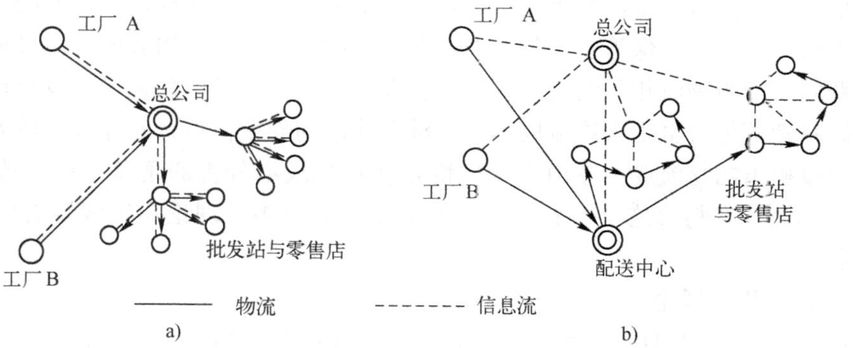

图 1-5 商物合一与商物分离

a）商物合一 b）商物分离

1）保管：取消总公司仓库和营业仓库分散保管方式而代之配送中心集中保管。

2）输送：原先是从工厂仓库至总公司仓库，再到批发站仓库，最后到零售店，是商物一致的三段输送。而在商物分离模式中，由工厂仓库至配送中心，然后直接送至零售店的两段输送。

3）配送：原是分别向各零售店送货，现改为回路配送。

4）信息系统：不再由总公司、批发站和工厂分头处理，而是以信息中心集中处理的方式，用现代化通信系统进行各环节的集中控制。

2. “黑大陆”理论和物流成本冰山理论

“黑大陆”理论是在 1962 年由美国著名管理学权威彼得·德鲁克提出的。他在《财富》杂志上撰文指出，流通是经济领域里的黑暗大陆，而企业在流通领域中的物流活动的模糊性尤为突出，物流活动中包括物流成本等在内的未知事物还很多。该理论反映出人们早期虽然对物流理论与实践认识不成熟，但已经开始注意到企业物流活动的模糊性。

“黑大陆”理论主要是指尚未认识、尚未了解的领域，在黑大陆中，如果理论研究和实践探索照亮了这块黑大陆，那么摆在人们面前的可能是一片不毛之地，也可能是一片宝藏之地。“黑大陆”理论是对 20 世纪经济学界存在的愚昧认识的一种批驳和反对，指出在市场经济繁荣和发达的情况下，无论是科学技术还是经济发展，都没有止境，同时“黑大陆”理论也是对物流本身的正确评价。

物流成本冰山理论由日本早稻田大学的西泽修教授提出。其含义是说人们对物流费用的总体内容并不掌握，提起物流费用大家只看到露出海面的冰山的一角，而潜藏在海水里的整个冰山却看不见，海水中的冰山才是物流费用的主体部分。一般情况下，企业会计科目中，只把支付给外部运输、仓库企业的费用列入成本，实际这些费用在整个物流费用中确实犹如冰山一角。因为物流基础设施建设费和企业利用自己的车辆运输、库房保管货物、工人进行包装、装卸等总体费用中的隐形成本都没有列入物流费用科目内。一般来说，企业向外部支付的物流费用是很小的一部分，真正的物流费用的主体部分是企业内部发生的物流费用。

物流成本冰山理论之所以成立，有三个方面的原因。首先，物流成本的计算范围太大。它包括：原材料物流、工厂内物流、从工厂到仓库和配送中心的物流、从配送中心到商店的物流等。这么大的范围，涉及的单位非常多，牵涉的面也很广，很容易漏掉其中的某一部分，无论遗漏哪部分都会造成物流费用的数目差距甚大。其次，运输、保管、包装、装卸以及信息等各物流环节中，如果只计运输和保管费用，不计其他费用，或者运输、保管、装卸、包装以及信息等费用全部计算，两者的费用结果差别相当大。最后，选择哪几种费用列入物流成本中。例如，向外部支付的运输费、保管费、装卸费等费用一般都容易列入物流成本，可是本企业内部发生的物流费用，如与物流相关的人工费、物流设施建设费、设备购置费，以及折旧费、维修费、电费、燃料费等是否也列入物流成本中，没有明确的规定，执行的弹性比较大。

西泽修教授提出的物流成本冰山理论恰恰是从物流成本分析的角度论证了德鲁克的“黑大陆”理论，印证了在物流这个领域人们未知的东西还很多，理论与实践皆有许多需要进一步探索的问题。

3. “第三利润源”理论

“第三利润源”理论是日本早稻田大学教授西泽修先生于1970年提出的。

从历史发展来看，人类历史上曾经有过两个大量提供利润的领域。第一个是资源领域，第二个是人力领域。实际上在美国、日本和欧洲都有过这样的经历，经济发展的最初阶段，企业把降低人工和材料的成本当作扩大利润的一个最重要的来源，所以这时候把降低人工和材料作为第一利润源。简单地说，节约原材料是企业的“第一利润源”。在生产力相对落后、社会产品处于供不应求的历史阶段，由于市场商品匮乏，制造企业无论生产多少产品都能销售出去。于是就大力进行设备更新改造、扩大生产能力、增加产品数量、降低生产成本，以此来创造企业剩余价值。但是，当人工和材料成本降低到一定幅度以后，利润空间就不大了。这时候通过挖掘工人潜力、提高工作效率获得更大利润是企业发展的必行之路，所以把这种途径称为第二利润源。简单地说，降低人力资源成本是企业的“第二利润源”。第二利润源也指企业通过扩大销售的办法寻求新的利润源泉。人力领域最初是廉价劳动，其后则是依靠科技进步提高劳动生产率，降低人力消耗或采用机械化来降低劳动耗用，从而降低成本，增加利润。然而，当销售也达到了一定极限时，在前两个利润源潜力越来越小，利润开拓越来越困难的情况下，物流领域的潜力被人们所重视，物流不仅可以帮助扩大销售，而且也是一个很好的新利润增长源，因此按时间序列将物流排为“第三个利润源”。物流作为“第三利润源”，在降低成本、提高效益、增强企业市场竞争力方面起着极其重要的作用。

“第三利润源”理论的基础条件包括：首先，物流是完全可以从流通中分离出来的，能独立运行，有自身的目标，可以对其做出独立和总体的判断；此外，物流和其他独立的经营活动一样，它不是总体的成本构成因素，而是单独盈利因素，物流可以成为“利润中心”型的独立系统。

“第三利润源”理论反映了日本人对物流的理论认识和实践活动，反映了他们与欧美国家对物流认识的差异。通常来说，美国人对物流主体认识可以概括为“服务中心”型，而欧洲人对物流的认识为“成本中心”型。显然以上两种认识与日本的“利润中心”型差异很大，因为“服务中心”型和“成本中心”型主张的是总体效益或间接效益，而“利润中心”型主张的是直接效益。“第三利润源”理论不仅把物流本身看成直接谋利的手段，而且强调了其战略意义，强调物流是经济领域中潜力将尽情况下的新发现，是经济发展的新思路，期待其对今后经济的推动作用如同前两个利润源一样，此战略意义真正体现了“第三利润源”理论的价值。

4. 效益背反理论

“效益背反”这一术语表明两个相互排斥而又被认为是同样正确的命题之间的矛盾。效益背反理论指的是物流的若干功能要素之间存在着损益的矛盾，即某一功能要素的优化和利益发生的同时，必然会存在另一个或几个功能要素的利益损失，反之也如此。这是一种此涨彼消、此盈彼亏的现象，往往导致整个物流系统效率的低下，最终会损害物流系统的功能要素的利益。

效益背反是物流领域中很普遍的现象，是物流领域中内部矛盾的反映和表现。物流系统的效益背反主要涉及物流成本与服务水平的效益背反和物流各功能活动的效益背反，其主要内容包括以下几个方面。

(1) 物流成本与服务水平的效益背反

要提高物流系统的服务水平，物流成本也要相应地增加。例如，采用小批量即时货运制，会增加费用。然而，要提高供货率，也就是降低缺货率，则会增加库存，库存费用也会相应增加。其制约关系如图 1-6 所示，即显示了物流成本与服务水平之间的制约关系。

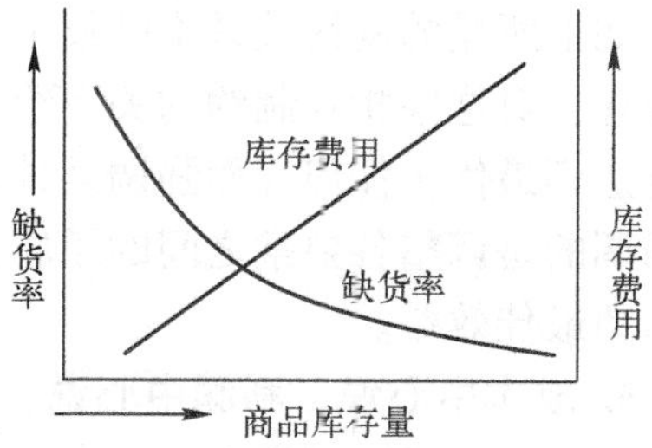

图 1-6　物流成本与服务水平的制约关系

一般说来，提高物流服务，物流成本即上升，它们之间存在着效益背反。物流服务与物流成本之间并非线性的关系，也就是说，投入相同的成本并非可以得到相同的物流服务的提高。一般而言，当物流服务处于低水平阶段追加成本的效果较佳。

对物流服务和物流成本做决策时应考虑的因素主要包括：首先，保持物流服务水平不变，尽量降低物流成本。不改变物流服务水平，通过改进物流系统来降低物流成本，这种尽量降低成本来维持一定服务水平的方法称为追求效益法。其次，提高物流服务水平，不惜增加物流成本。这是许多企业提高物流服务水平的做法，是企业面对特定顾客或其特定商品面临竞争时所采取的具有战略意义的做法。再次，保持成本不变，提高服务水平。这是一种积极的物流成本对策，是一种追求效益的方法，也是一种有效的利用物流成本性能的方法。最后，用较低的物流成本，实现较高的物流服务。这是一种增加销售、增加效益、具有战略意义的方法。只有要求企业合理运用自身的资源，才能获得这样的成果。企业采取哪种物流成本策略，往往不是凭感觉而定的，而是通盘考虑各方面因素的结果。这些因素包括商品战略和地区销售战略、流通战略和竞争对手、物流成本、物流系统所处的环境，以及物流系统负责人所采用的方针等。

(2) 物流各功能活动的效益背反

物流的各项活动处于这样一个相互矛盾的系统中，想要较多地达到某个方面的目的，必然会使另一方面的目的受到一定的损失，这便是物流各功能活动的效益背反。例如，减少物流网络中仓库的数目并减少库存，必然会使库存补充变得频繁而增加运输的次数；简化包装，虽然可以降低包装成本，但却由于包装强度的降低，在运输和装卸过程中的破损率会增加，且在仓库中摆放时也不可堆放过高，降低了保管效率；将铁路运输改为航空运输，虽然增加了运费，却提高了运输速度，不但可以减少库存，还降低了库存费用。

(3) 构成物流成本的各个环节费用之间的效益背反

例如，为了降低库存，采取小批量订货，那么运输的次数就会相应地增加导致运输费用的上升，也就是说运输费用和保管费用之间有制约关系。此外，对于企业有限的物流费用，如果向某一物流功能多追加了投资，就意味着其他物流功能要素可以支配的费用减少，那么在对各个功能要素追加投资的时候应考虑各个功能要素功能水平的相互制约性，追加物流成本的目的是要使各物流功能要素的功能水平达到匹配，而不应该盲目追加某功能要素成本或者平均分配物流费用。

(4) 各子系统的物流成本与服务水平的效益背反

具体来讲，各个物流功能要素作为独立的个体也会受到效益背反的影响。任何物流子系统功能的增加和完善必须投入资金。例如，信息系统功能的增加，必须购置硬件和开发计算机软件；增加仓库的容量和提高出库的速度，就需要建设更大的库房并实现机械化、自动化。在实际中必须考虑在财力许可的范围内改善物流系统的功能。

如上所述的制约关系不胜枚举。所有这些都表明，在促使物流合理化的过程中必须具备系统观念，对这些相互制约的关系给予充分的注意。要综合考虑各方面因素的影响，使整个物流系统达到最优，任何片面强调某种物流功能的企业都将蒙受不必要的损失。由此可见，物流系统强调的是调整各要素之间的矛盾，把它们有机地结合起来，使成本变为最小，以追求和实现部门的最佳效益。

5. 成本中心说、利润中心说、服务中心说和战略说

成本中心说、利润中心说、服务中心说和战略说作为物流学领域的重要学说，从不同的角度对物流系统的作用及目的进行了阐述，体现出不同学术观点在以上研究领域的不同观点和认识，对应不同学说观点派生出了不同的管理流派和方法。

成本中心说的含义是指物流在整个企业的战略中，只对企业营销活动的成本产生影响，物流是企业成本的重要的生产点，因而，解决物流的问题并不是为了合理化、现代化，也不是为了支持保障其他活动，而是要通过物流管理和物流的一系列活动降低成本。所以，成本中心说既是指主要成本的产生点，又是指降低成本的关注点。物流是“降低成本的宝库”等说法正是这种认识的形象描述。

1962年4月，美国管理学家彼得·德鲁克首次明确提出“物流领域的潜力”，具有划时代的意义，标志着企业物流管理的正式启动。物流领域的方方面面对人们而言还是不清楚的，在“黑大陆”中和“冰山”的水下部分正是物流尚待开发的领域，也是物流的潜力所在。这无疑激起了人们对物流成本的关注，推动了企业物流的发展。但是，成本中心说过分地强调了物流的成本机能，认为改进物流的目标是降低成本，致使物流在企业发展战略中的主体地位无法得到认可，从而限制了物流本身的进一步发展。

利润中心说指的是物流可以为企业提供大量直接和间接的利润，是形成企业经营利润的主要活动。非但如此，对国民经济而言，物流也是国民经济创利的主要活动。物流的这一作用，被表述为“第三利润源”。

服务中心说代表了美国和欧洲等一些国家的学者对物流的认识。这种观点认为，物流活动最大的作用并不在于为企业节约了消耗、降低了成本或增加了利润，而是在于提高了企业对用户的服务水平进而提高了企业的竞争能力。因此，他们在使用描述物流的词汇上选择了“后勤（Logistics）”一词，特别强调其服务保障的职能。通过物流的服务保障，企业以其整体能力来压缩成本、增加利润。

将物流和企业的生存和发展直接联系起来的战略说的提出，对促进物流的发展具有重要意义，企业不追求物流的一时一事的效益，而着眼于总体，着眼于长远，于是物流本身战略性发展也提到议事日程上来。战略性的规划、战略性的投资、战略性的技术开发是近些年促进物流现代化发展的重要原因。

6. 物流的供应链管理

物流科学充分体现了系统的思想，这因为物流具有众多的功能，功能之间相互联系和影响，只有将这些功能集合成一个整体，即一个系统才是物流的根本意义所在。而系统思想和怎样在实践中运用系统思维进行操作是不同的。实际上，物流系统管理实践中的重要运作主要涉及解决物流功能要素之间的效益背反关系，物流科学中解决这一问题的传统方法是沿着物流形成供应链，在各种效益背反、相互矛盾的功能要素环节之间权衡利弊，协调相互的关系，寻求两条背反趋势曲线合成曲线的最优范围，或者放弃链条整体，把管理重点放在部分环节。但是当系统越来越庞大和复杂时，这种处理方式往往不再有效。

物流的供应链管理就是针对以上情况提出的新的管理思想。供应链是指围绕核心企业，通过对信息流、物流、资金流的控制，从采购原材料开始，制成中间产品以及最终产品，最后由销售网络把产品送到消费者手中，将供应商、制造商、分销商、零售商直到最终用户连成一个整体的功能网链结构模式；而供应链管理的含义是对整个供应链系统中参与企业、部门之间的物流、信息流与资金流进行计划、协调、控制和优化的各种活动和过程。因此，这个过程不是孤立的一些行为，而一系列环环相扣的链，物流活动是受到供应链决定和制约的。例如，效益观和库存观，供应链各环节都有不同的利益和观念，各功能之间存在的冲突是必然的和难以避免的。但现代管理和现代技术可以将总体性的信息链条中的各个链节共享，大大扩展了视野，能够实现从总体上管理这个链条，而不是像过去那样只是去管理各个链节之间的“接口”或者只管理其中的一部分链节。因此，供应链管理实际上就是把物流和企业的全部活动作为一个统一的过程来管理，它具有以下几个要点。

1）供应链是一个单向过程，链条中各个环节不是彼此分割的，而是通过链条的联系成为一个整体。

2）供应链是全过程的战略管理，从总体来考虑，如果只依赖于部分环节信息，那么由于信息的局限或者失真，可能导致计划失真。

3）不同链节上的库存观不同，在物流的供应链管理中，不是把库存作为维持生产和销售的措施，而是将其看成是供应链的平衡机制。

4）供应链管理采取新的管理方法，如用简化供应链的方法来防止信号的堆积放大，用解除最薄弱链寻求总体平衡，用经济控制论方法实现控制等。

供应链管理在欧洲较为盛行，这和欧洲对物流的认识有关。在欧洲的物流观念中，始终强调综合的观念而不强调分离的理念。例如，英国采用的新的综合物流观念强调总体战略目标，而不是某一环节先进或在某方面处于领先地位。许多企业通过直接控制供应链均取得了显著的效益。

当然，物流的供应链管理，虽然指明了企业战略需要管理全部供应链，但并不是说这些都要由企业去操作，部分环节在纳入管理前提下，利用社会力量操作也是可行的。

1.2.3 现代物流系统与构成

现代物流系统是指以传统物流系统为基础，以现代科学技术和先进的科学理论为支撑的物流系统。现代科学技术包括硬技术和软技术两个方面，硬技术是指组织物资实物流动所涉及的各种机械设备、运输工具、仓储建筑、站场设施以及服务的计算机、通信设备网络，如集装系统机械制造技术、自动货架系统制造技术、旋转数码选址技术等；软技术是指组成高效率的物流系统而使用的系统工程技术、经济技术、价值工程技术和信息技术等。

1. 现代物流系统的内涵及特点

互联网技术为现代企业接触更多的顾客创造了极其方便的条件，又向企业提出了新的挑战。在商流、资金流和信息流均能通过网络快速完成的情况下，网上商店的综合客户服务能力能否远远超越实体店铺，其关键取决于网上商店的商品配送系统——物流系统。

现代物流是以满足顾客的需求为目标，把制造、运输、销售等市场情况统一起来考虑的一种战略措施，追求的是降低成本、提高效率与服务水平进而增强企业竞争力。随着社会大生产的扩大和专业化分工的深化，专业化的第三方物流应运而生。进入20世纪90年代末期，全世界的制造者和分销商继续承受着各种压力，其中包括：产品订单更小、更频繁，产品需求不断变化且更加用户化和服务价值升高等。经营者必须使工厂的运行适应混合的订单、更短的订单周转时间和更高的生产能力，必须采取一定的策略来适应不断提高要求的库存管理、运行的柔性以及各种过程集成的程度。在供应链中集中对一些过程进行转移、结合或消除，使得工厂以及仓库的物流和信息流更加有效。在这些变化的要求下，现代物流技术从各个方面显示出一些新的发展趋势。

物流系统是指在一定的时间和空间里，由所需输送的物料和包括有关设备、输送工具、仓储设备、人员以及通信联系等若干相互制约的动态要素构成的具有特定功能的有机整体。随着计算机科学和自动化技术的发展，物流管理系统也从简单的方式迅速向自动化管理演变，其主要标志是自动物流设备，如自动导引车（Automated Guided Vehicle，AGV）、自动存储/提取系统（Automated Storage/Retrieve System，AS/RS）、空中单轨自动车（SKY-RAV）、堆垛机（Stacker Crane）等，以及物流计算机管理与控制系统的出现。

发展至今，物流系统是典型的现代机械与电子相结合的系统。现代物流系统由半自动化、自动化以至具有一定智能的物流设备、计算机物流管理和控制系统组成。任何一种物流设备都必须接受物流系统计算机的管理控制，接受计算机发出的指令，完成其规定的动作，反馈动作执行的情况或当前所处的状况。智能程度较高的物流设备具有一定的自主性，能更好地识别路径和环境，本身带有一定的数据处理功能。

现代物流设备是在计算机科学和电子技术的基础上，结合传统的机械学科发展起来的机电一体化的设备。从物流系统的管理和控制来看，计算机网络和数据库技术的采用是整个系统得以正常运行的前提。仿真技术的应用使物流系统设计处于更高的水平。物流已经成为并行工程的基础和现代集成制造系统（Contemporary Integrated Manufacturing System，CIMS）的组成部分。

物流系统技术是先进制造技术中的重要组成部分，从其广义内涵分析可以看出它已从以前简单的物料搬运发展到今天的集机械设计、计算机科学、管理学和自动化控制技术等于一身的综合技术。

与传统物流系统相比，现代物流系统主要有以下几个特征。

（1）专业化与集成化相结合

物流技术的日新月异和分工的细化，导致了物流系统的专业化，尽管传统的物流系统里也存在分工，也有技术的应用，但与现代物流相比，这种分工与技术力量显得非常薄弱。在现代物流系统中，分工非常详细，一个系统被分为若干子系统，子系统继续被分解，直至不能再被细分为止。例如，物流配送系统是物流系统的子系统，它又被分为配送计划、仓库管理、分拣、装卸、传输、包装、运输、客户管理等子系统，其中的运输再被细分为车辆驾驶、信息反馈、卫星定位技术分系统。正是因为这样的高度专业化，才使得每项物流作业运作精确化与高效率化。

物流系统的集成化是指物流系统内不同的物流功能，集成化能够导致物流系统的简化，以减少物流环节和物流作业量，从而降低物流成本，提高资源利用率和作业处理效率。物料需求计划（Material Requirements Planning，MRP）和分销资源计划（Distribution Resource Planning，DRP）的集成就是一个典型的例子，它可以实现企业内外数据的共享，节约企业资源，提高工作效率，产生更高的利润回报。

专业化从技术的角度实现了物流运作效率的提高，而集成化从经济的角度实现了资源的充分利用，提高了利润回报率，专业化为实现集成化打下了坚实的基础，集成化解决了由于专业化可能会造成系统冗繁复杂的后顾之忧，两者相辅相成、互为补充，共同提高了物流系统的现代化程度。

（2）自动化与网络化相结合

随着计算机水平的提高与物流技术软件的进步，现代物流系统已经由传统的以人为主导的系统变为以计算机网络为主导的高度自动化系统。库存水平的确定、运输路径的选择、自动导向车的运行轨迹，甚至一些物流配送中心的经营决策问题在现代物流系统中都能够实现自我运作，而不用纷繁复杂的人工来解决。随着机器人等相关技术的成熟与应用，现代物流系统逐步向智能化前进。智能化是物流自动化的一种高层次应用，是物流领域的又一大进步。

现代物流系统的网络化包括空间结构的网络化、逻辑结构的网络化和物流组织的网络化。空间结构的网络化如物流配送网络、分销网络和计算机系统网络等，逻辑结构的网络化如物流信息系统的功能结构、处理的逻辑结构的网络化等，物流组织的网络化保证了物流节点之间物流活动的系统性和一致性。现代物流系统的网络化能够提高系统的运作效率，充分利用系统资源和提高系统的稳定性。

自动化可以以网络化为平台和基础，网络化以自动化和智能化作为发展目标，两者相互配合，为打造高度现代化的物流体系提供支撑和保证。

（3）服务市场化和国际化

现代物流系统提供的服务更加市场化和国际化。市场化是指物流系统更加以市场为风向标，根据顾客的需求来生产和销售产品，无论是自营物流还是外包物流，都以“服务—成本”的最佳配合为总目标。国际化是现代物流的发展趋势，由于物资资料的生产和贸易发展已经越出了一国的界限，为其服务的物流也必然在世界范围展开。面对这种客观环境的变化和要求，现代物流系统也必须为此做出反应和调整，建立能够适应国际化生产和发展要求的现代化物流系统是现代物流国际化的必然选择。

（4）系统的高度柔性化

系统的柔性化反映了系统适应内外部环境变化的能力，现代化的物流系统应能够根据内外部环境的变化迅速地做出反应，调整生产、订购和销售计划，以满足市场需求和减少环境的改变所造成的负面影响。弹性制造系统（Flexible Manufacturing System，FMS）、现代集成制造系统（CIMS）、制造资源计划（Manufacturing Resource Planning，MRP）、企业资源计划（Enterprise Resource Planning，ERP）以及供应链管理的概念和技术等都是建立柔性化物流系统的必备资源，这些概念和技术都要求根据需求组织安排生产活动、物流活动和销售活动，这大大有利于柔性化的实现。

2. 现代物流系统的构成

（1）现代物流硬件系统

1）基础设施：公路、铁路、航道、港口、机场等。

2）运输工具：货运汽车、铁道车辆、货船、客货船、货机、客货机等。

3）物流中心（配送中心）：仓库、装卸搬运机具、仓储货架、托盘、货箱、自动化设施等。

4）信息技术及网络：通信设备及线路、传真设备、计算机及网络设备等。

（2）现代物流作业系统

现代物流作业系统是由物流的功能要素构成的，它包括包装、运输、仓储、装卸搬运、流通加工、配送等基本作业功能要素。

（3）现代物流管理系统

现代物流管理系统由管理组织、规章制度、业务流程、评价指标、经营活动和管理活动等要素构成。

（4）现代物流信息系统

现代物流信息系统可分为不同的层次：业务处理层、管理控制层、决策分析层、战略规划层。按照功能又可分为：运输管理、仓储管理、库存控制、订单处理及统计分析。

在整个物流系统中，物流作业系统要使用物流硬件系统，在物流管理系统的指挥下，进行物流的具体作业，而物流管理系统指挥功能的有效发挥则完全得益于物流信息系统的信息提供。

1.2.4 现代物流管理

1. 现代物流管理的含义

现代物流管理（Modern Logistics Management，MLM）是指以系统论、信息论和控制论为基础，在社会再生产过程中，根据物质资料实体流动的规律，应用管理的基本原理和科学方法，对物流活动进行计划、组织、指挥、协调、控制和监督，使各项物流活动实现最佳的协调与配合，以降低物流成本，提高物流效率和经济效益。对现代物流管理的理解要注意以下几个要点。

1）现代物流管理是系统整合的协作物流，以企业整体最优为目的。从商品供应体系的角度来看，现代物流不是单个生产、销售部门或企业的事，而是包括供应商、批发商、零售商等有关企业在内的整个统一体的共同活动，从而使物流管理成为一种供应链管理。从供应链战略管理的角度出发，现代物流管理指挥着跨企业组织的物流作业，通过强化流通过程中所有企业的关系，以实现产品供应链全过程的价值和经营行为的最适化。

2）现代企业物流是客户服务物流，客户服务是物流管理创新的原动力。传统物流认为物流是“内部事务”，只对组织内部产生影响，其服务对象是组织内部的生产或销售部门；现代物流则认为物流是“外部事务”，其服务对象是组织外部的顾客，与此相适应，企业经营理念的核心已从产品制造转向市场营销和客户服务。企业的物流活动也以客户服务为价值取向，同时向生产过程的上下游延伸，通过提供顾客所期望的服务，在积极追求自身交易扩大的同时，强调实现与竞争者提供的顾客服务的差别化。

3）现代企业物流管理依靠高度发达的信息网络和全面、准确的市场信息，来实现企业各自的经营目标和整个供应链的高效率。信息已成为物流管理的核心，现代物流活动必须及时了解和反映市场的需求，并将之反馈到供应链的各个环节，才能保证生产经营决策的正确和再生产的顺利进行。

2. 现代物流管理的特点

现代物流通常被认为是由运输、存储、包装、装卸、流通加工、配送和信息诸环节构成的，因此现代物流管理强调运用系统方法解决问题，其具有以下几个特点。

1）以实现客户满意为第一目标。现代物流是基于企业经营战略，从客户服务目标的设定开始，进而追求客户服务的差别化；它通过物流中心、信息系统、作业系统和组织构成等综合运作，提供客户所期望的服务，在追求客户满意最大化的同时，求得自身的不断发展。

2）聚焦于整个流通渠道的商品运动。现代物流管理的范围不仅仅包括销售物流和企业内部物流活动，还包括调达物流、逆向物流及废弃物流。此外，现代物流管理中的销售物流也有新的延伸，也就是说销售物流不是单一阶段的物流活动，例如，制造商到零售商、零售商到消费者的独立阶段的物流活动，而是一种整体的销售物流活动，将销售渠道中的众多参与者，包括制造商、批发商、零售商和消费者结合起来，保证销售活动的顺利进行。

3）以企业整体最优为目的。现代物流管理环境下，企业进行的物流活动既不能单纯追求单个物流功能的最优，也不能片面追求局部物流最优，而应追求企业整体最优。

4）重效率更重效果。传统物流管理以提高物流活动效率、降低成本为重点，而现代物流不仅仅重视效率因素，更注重整个物流过程的效果。因为现代物流管理以实现客户满意为第一目标，物流服务的效果即为保证顾客服务质量，只有物流服务质量达到一定的程度才能确保顾客愿意选择企业的产品或服务，单纯降低物流成本通常会以降低服务质量为代价，大大降低顾客的满意度；此外，有些物流活动虽然成本较高，甚至上升，但有利于整个企业的战略发展，这种物流活动仍然是系统中应该保留甚至加强的活动。

5）现代物流是以信息为中心的供需对应型的商品供应体系，即以信息技术为基础根据市场需求进行生产。

1.3 电子商务与物流的关系

基于互联网的电子商务正引领一场商业领域的变迁与飞跃，可以说是21世纪经济的新亮点，它像杠杆一样撬动传统产业和新兴产业，促进传统产业的嬗变，新兴产业的发展，而在这个过程中，现代物流产业将成为这个杠杆的支点。

众所周知，电子商务主要是通过互联网进行各类商务活动，在完成操作之后，关键还要用物流配送的方式将商品送到消费者手中，因此实现电子商务贸易交易的过程离不开物流。如果没有信息的要求，就没有物流的表现；没有物流配送的具体表现，也不能促成电子商务的发展。电子商务离开物流的支撑体系，就很难有一个实质性的交易，反过来，电子商务也为物流业的发展提供了庞大的市场，电子商务与物流，二者相互制约，相互支撑，相互依托，缺一不可。

1.3.1 电子商务对物流的影响

电子商务的产生和发展对整个经济社会产生了深刻的影响，现代物流产业作为经济社会的重要组成部分，必然受到电子商务的影响和冲击，人们也会不断对物流业提出更高的要求。从社会实践来看，电子商务的实践活动将使物流活动中存在的问题与不足不断凸显，尤其在我国

“重信息、轻物流”的思想影响下，物流水平与电子商务其他环节的差距将更加突出地显现出来。从这个意义上讲，电子商务的发展从客观上使人们更加理解物流的重要性，从而推动现代物流业的发展。另外，电子商务的产生和发展以信息技术作为基础，因此它为物流业的发展提供了技术手段，引入各类信息技术，不断提高物流的运作效率。

电子商务对物流的影响，主要体现在以下几个方面。

1. 电子商务改变了人们对物流理念的理解

首先，电子商务依托现代信息技术，可以为物流业创造一种虚拟的运行空间，人们在进行物流活动时，可以首先借助于这种虚拟空间将物流的各类功能用虚拟化的方式进行模拟，以寻求最佳的物流方案。

其次，当把电子商务作为商业竞争环境时，它对物流理念的影响，可以从以下几个方面来理解。

1）物流系统中的信息成为整个供应链运营的环境基础：以电子商务为手段，依托网络平台，运用信息对供应链主体的一体化进行控制和主导。

2）在电子商务的框架内，联盟化和专业化是互为表里并统一在物流一体化的体系之中的。企业在网络的冲击和作用下，不再是独自参与市场竞争，而是借助网络更好地参与社会分工与协作，将以其商品或服务的专业化作为优势，参与到以核心企业（即有品牌优势或有知识管理优势的企业）为龙头的分工协作的物流体系中去，在更大的范围内建成一体化的供应链，并作为核心企业组织机构虚拟化的实体支持系统。企业要在竞争中占领一席之地，必须适应供应链体系发展的需要，也就是说供应链体系在电子商务的影响下，要么是更广泛的联盟化，要么就是更深度地专业化。

3）企业的竞争将是以物流系统为依托的信息联盟或知识联盟的竞争。物流系统对无形资产信息或知识的管理将是其资源管理的核心，企业必须通过信息资源整合供应链合作伙伴的资源，以供应链成员的身份参与市场竞争。

4）物流系统面临的基本技术经济问题，是在为客户提供个性化服务的基础上使物流总成本最低。供应链成员企业之间的信息资源有效分配方案是实现目标的核心问题。

5）市场供求的变化促使物流系统由供给推动变为需求拉动，现代信息技术的运用使物流系统的各个功能要素的工作效率大大提高，不仅客户服务质量能明显提升，同时经营成本也能得到明显的降低，如降低采购成本、减少库存成本、降低销售和营销成本以及增加销售的机会等。

2. 电子商务改变了物流系统的结构

电子商务对物流系统结构的影响，主要表现在以下几个方面。

1）由于网上客户可以直接面对制造商并可获得个性化服务，因此传统物流渠道中的批发商和零售商等中介将逐步淡出，但是区域销售代理将受制造商委托逐步加强其在渠道和地区性市场中的地位，作为制造商产品营销和服务功能的直接延伸。

2）由于网上时空的“零距离”特点与现实世界的反差增大，即相对于能直接通过网络完成的资金流、信息流和商流，物流的完成周期长得多，与其他三个电子商务要素形成的反差愈发强烈，随之而来的是客户对产品可得性的心理预期加大，将导致企业交货速度的压力变大。因此，物流系统中的港、站、库、配送中心、运输线路等设施的布局、结构和任务将面临较大的调整。例如，尤尼西斯公司在 1988 年采用了 EDI 的 MRP 系统后，将其欧洲的 5 个配送中心和 14 个辅助仓库缩减为 1 个配送中心。在企业保留若干地区性仓库以后，更多的仓库将改造为配送中心。由于存货的控制能力变强，物流系统中仓库的总数将减少。此外，随着运管政策的逐步放宽，更多的独立承运人将为企业提供更加专业化的配送服务，配送的服务半径也将加大。

3）由于信息共享的即时性，制造商在全球范围内进行资源配置成为可能，其组织结构也将趋于分散并逐步虚拟化。当然，这主要是那些拥有品牌的产品在技术上已经实现功能模块化和质量标准化的企业。

4）大规模的电信基础设施建设，将使那些能够在网上直接传输的有形产品的物流系统隐形化。这类产品主要包括书报、音乐、软件等，即已经数字化的产品的物流系统将逐步与网络系统重合，并最终被网络系统取代。

3. 电子商务改变了企业的客户服务

（1）电子商务要为客户提供即时的信息

电子商务要求在企业网站的设计上不仅要宣传企业以及介绍产品和服务，而且要能够与客户在后续的物流服务过程中就产品交付过程中的各类问题进行一对一的、即时的互动，为顾客提供高质量的物流客户咨询服务，这就需要物流系统中每一个功能环节的即时信息提供支持。

（2）电子商务要为客户提供个性化的服务

当企业对客户需求实现了某种程度的个性化应对时，企业就能获得更多的商机。随着电子商务的发展，客户要求企业经营的产品或服务的个性化，而对物流服务的要求也越发趋向个性化。企业要适应客户对物流服务提出的新要求，可以从以下几个方面着手。首先，专业化经营仍然是企业在网络经济环境下竞争发展的第一要务，企业专业化经营能突出其资源配置的比较优势，为向客户提供更细致、更全面、更个性化的服务并有相应的保证。其次，对于物流服务，不少电子商务企业运用自身的专业化资源提供了质量优异而稳定的服务，如京东商城；当然，也不乏运用外部专业化物流资源提供优质物流服务的电子商务企业的实例。同时，按照供应链增值服务的一般性原则，可以把物流服务分成基本的和增值的两类，并根据客户需求的变化进行不同的服务营销组合。

（3）电子商务要为企业提供个性化的客户追踪服务

网络时代客户需求的个性化增大了市场预测的离散度，发现客户个性化服务需求的统计特征将主要依赖于对客户资料的收集、统计、分析和追踪。虽然从技术层面讲并没有什么困难，但是要涉及文化、心理、法律等诸多方面，因此建立客户档案并追踪服务本身，就是一项极富挑战性的工作。

4. 电子商务改变了物料采购

电子商务为众多企业提供了可以广泛获取信息的网络平台，因此企业可以在网上寻找合适的供应商。从理论上讲，企业具有无限选择的可能性，而这种无限选择的可能性将导致市场竞争的加剧，并带来供货价格降低的好处。但是，所有的企业都知道频繁地更换供应商，将增加资质认证的成本支出，并面临较大的采购风险。所以，从供应商的立场来看，作为应对竞争的必然对策，应该积极地寻求与制造商建立稳定的渠道关系，并在技术、管理或服务等方面与制造商结成更具深度的战略联盟。同样，制造商也应该从物流的理念出发来寻求与合格的供应商建立一体化供应链。作为利益交换条件，制造商和供应商之间将在更大的范围内和更深的层次上实现信息资源共享。例如，LOF 公司在建立信息共享机制后，将其产品承运人的数目从 534 位减少为两位：一家物流服务公司为其安排所有的货运事项；另一家物流公司则为其提供第三方付款服务，负责用电子手段处理账单信息，这不仅可减少 50 万美元的运费，而且消除了 7

万件文案工作。事实上，电子商务对物料采购成本的降低，主要体现在诸如缩短订货周期、减少文案和单证、减少差错和降低价格等方面。因此，虚拟空间无限选择的可能性将被现实市场的有限物流系统，即一体化供应链所覆盖。

5. 电子商务改变了企业库存管理

一般认为，由于电子商务增加了物流系统各环节对市场变化反应的灵敏度，可以减少库存，节约成本。相应的技术手段也由看板管理和物料需求计划（MRP）等转向配送需求计划（Distribution Requirements Planning，DRP）、重新订货计划（Re-Order Planning，ROP）和自动补货计划（Automatic Replenishment Planning，ARP）等对需求信息可做出快速反应的决策系统。但从物流的观点来看，这实际是借助于信息分配，在供应链中对存货进行重新安排。存货在供应链中总量是减少的，但结构上将沿供应链向上游企业移动，即经销商的库存向制造商转移，制造商的库存向供应商转移，成品的库存变成零部件的库存，而零部件的库存将变成原材料的库存等。因为存货的价值沿供应链向下游是逐步递减的，所以将引发一个新的问题——下游企业由于减少存货而带来的相对较大的经济利益如何与上游企业一起来分享。供应链的一体化不仅要分享信息，而且要分享利益。例如，耐克公司改用电子数据交换（EDI）方式与其供应商联系，直接将成衣的款式、颜色和数量等条件以 EDI 方式下单，并将交货期缩短至 3~4 个月。它同时要求供应布料的织布厂先到美国总公司上报新开发的布样，由设计师选择合适的布料设计为成衣款式后，再下单给成衣厂商生产；而且成衣厂商所使用的布料也必须是耐克公司认可的织布厂生产的。这样一来，织布厂必须提早规划新产品，以供耐克公司选购。但由于布料是买主指定，买主给予成衣厂商订购布料的时间缩短，成衣厂商的交货期也就越来越短，从以往的 180 天缩短为 120 天甚至 90 天。显然，耐克公司的库存压力减轻了，但成衣厂商为了提高产品的可得性就必须对织布厂提出快速交货的要求。这时织布厂将面临要么增加基本原材料的存货，要么投资扩大其新产品的开发能力的压力。

6. 电子商务改变了运输

在电子商务环境下，物流服务的速度是客户最关注的问题，因此物流系统要提高客户对产品的可得性水平，在仓库等设施布局确定的情况下，运输将是决定性的影响因素。由于运输活动的复杂性，运输信息共享的基本要求是运输单证的格式标准化和传输电子化。由于基本的电子数据交换标准难以适应各种不同的运输服务要求，且容易被仿效，以致不能作为物流的竞争优势所在，所以在物流体系内必须发展专用的电子数据交换能力才能获取整合的战略优势。专用的电子数据交换能力需要在供应链的基础上发展增值网（Value Added Network，VAN），即在供应链内部使用的标准密码，通过管理交易、翻译通信标准和减少通信链接数目来使供应链增值，从而在物流联盟企业之间建立一种稳定的标准化渠道关系。为了实现运输单证，主要是货运提单、运费清单和货运清单的电子数据交换一票通，实现货运全程的跟踪监控和回程货运的统筹安排，将要求物流系统在相关通信设施和信息处理系统方面进行前期的开发投资，如电子通关、条码技术、在线货运信息系统、卫星跟踪系统等，而以现代信息技术作为基础的电子商务恰好为现代物流提供了技术支持。

1.3.2 物流对电子商务的支撑作用

随着电子商务的发展，人们逐渐意识到物流与电子商务的不解之缘。电子商务的任何一笔交易，都包含着几种基本的“流”，即信息流、商流、资金流和物流。信息流、商流、资金流，三种流的流动都可以通过计算机和网络通信设备实现，而物流作为四种流中最为特殊的一种，不能全部在网上实现。对于少数商品和服务来说，可以直接通过网络传输的方式进行配送，如电子出版物、信息咨询、软件产品等无形商品；而对于大多数有形商品和服务来说，物流仍要经由传统的物理方式进行。因此，电子商务交易的顺利完成在很大程度上依赖于较为复杂的物流过程，而从交易消耗的时间、效率来看，电子商务对物流的依赖程度尤为明显。物流对电子商务的支撑作用可以从以下几个方面理解。

1. 物流是电子商务概念的重要内容

尽管国内外对于电子商务的定义至今还没有定论，但可以发现，现有的电子商务定义可以从有无包含物流的角度归纳为两类。

第一类是由美国一些 IT 厂商提出的，将电子商务定位于“无纸化贸易”，如 IBM 公司、康柏等提出的电子商务定义。定义中强调了电子化工具、电子化对象，都未将物流作为电子商务的组成部分。究其原因，美国从 1915 年到 20 世纪 90 年代提出电子商务概念时，物流已经经过了 80 多年的发展，其当时的物流水平已经非常发达。当时美国开展电子商务的根本目的是要解决信息流和资金流处理水平相对滞后的问题，从而进一步提高物流现代化的水平，因此，只需要将电子商务与强大的物流对接即可。

我国作为一个发展中国家，物流业起步晚、水平低，在引入电子商务概念时并不具备能与电子商务相匹配的物流水平。因此，我国的学者在对电子商务的定义中关注到了我国在发展电子商务时的国情，提出了相对于第一种定义内涵更为广泛的第二类定义。在定义中强调了电子化的对象是整个交易过程，不仅仅包括信息流、资金流、商流，还包括物流，电子化的工具也不局限于前三流依赖的计算机和网络技术，还包括叉车、自动导向车、机械手臂等现代化工具。因此，物流电子化是电子商务不可缺少的组成部分，缺少了现代化物流，电子商务过程就不能顺利地、有效地完成。

2. 物流保障生产

无论在传统的贸易方式下，还是在电子商务环境下，生产都是商品流通之本，而生产的顺利进行需要各类物流活动支持。生产的全过程从原材料的采购开始，便要求有相应的供应物流活动，将所需的材料采购到位，否则生产就难以进行；在生产的各工艺流程之间，也需要原材料、半成品的物流过程，即所谓的生产物流，以实现生产的流动性；部分余料、可重复利用的物资的回收，就需要所谓的回收物流；废弃物的处理则需要废弃物物流。可见，整个生产过程实际上就是系列化的物流活动。合理化、现代化的物流，通过降低费用从而降低成本、优化库存结构、减少资金占压、缩短生产周期，保障了现代化生产的高效进行。相反，如果缺少了现代化的物流，生产将难以顺利进行，那么无论电子商务物流是多么便捷的贸易形式，仍将是无米之炊。

3. 物流服务于商流

在商流活动中，商品所有权在购销合同签订的那一刻起，便由供方转移到需方，而商品实体并没有因此而移动。在传统的交易过程中，一般的商流都必须伴随相应的物流活动，即按照需方的要求将商品实体由供方以适当的方式、途径向需方转移。而在电子商务下，消费者通过上网购物，完成了商品所有权的交割过程，即商流过程。但电子商务的活动并没有结束，只有商品和服务真正转移到消费者手中，商务活动才终结。在整个电子商务的交易过程中，物流实际上是以商流的后续者和服务者的姿态出现的。没有现代化的物流，任何轻松的商流活动都是纸上谈兵。

4. 物流是企业电子商务的利润源

现代物流是企业电子商务的利润源，这是相对于“第一、第二利润源”而言的。随着科技的进步，管理水平的提高，企业靠减少物料消耗和节约劳动投入来获得“第一、第二利润源”的空间越来越小，而物流服务一方面可以提升产品附加价值、提升企业形象，不断满足顾客个性化要求，提升顾客满意度，以促进企业收益的增加；另一方面，合理组织物流活动能够降低库存，合理组织运输，流通加工增值，提高包装、储存、装卸水平等，可以大大降低流通费用，提高资金周转速度和效率，拓宽利润来源渠道和空间。因此，无论从增加企业收益和减少经营成本方面来说，物流都是企业利润增长的重要源泉。有关资料表明，物流在我国工业企业中所占用的时间几乎是整个生产经营过程的90%，流通费用占商品价格的50%左右，由此可见，发挥物流的作用能给企业电子商务带来广阔的盈利空间。

5. 物流是实现“以顾客为中心”理念的根本保证

从原始买卖到如今的电子商务，其中最大的改变就是电子商务不受时间、地点的限制。电子商务可以把所有的商品买卖虚拟成一个大的商场，在任何时间、地点都可以买到世界上任何一种商品。电子商务的出现，在最大程度上方便了最终消费者。他们不必再跑到拥挤的商业街，一家又一家地挑选自己所需的商品，而只要坐在家里，在互联网上搜索、查看、挑选，就可以完成他们的购物过程。但如果顾客所购的商品迟迟不能送到，或商家所送并非自己所购，那他们还会选择网上购物吗？其中关键就需要解决物流及配送等问题。因此，电子商务的发展需要物流做基础，物流是实现“以顾客为中心”理念的根本保证。

1.4 电子商务物流与物流的电子商务化

1.4.1 电子商务物流基础

1. 电子商务物流概念的提出

电子商务物流的概念是随着电子商务实践的快速发展而提出并成为研究热点的。

电子商务最初的应用模式主要是黄页。最早使用的黄页，也就是通过互联网来提供企业或产品及服务的黄页，它取代了传统的传播媒介。与传统形式相比，黄页的优势在于使用方便、内容更新迅速、传播范围广、成本低等，目前这种服务仍然得到广泛的应用。此后出现的另一种模式——广告，可以增加多媒体内容，信息量比传统广告大，为消费者和企业、消费者之间、企业之间建立了平等便捷的沟通渠道；同时网络广告不需要较高的成本投入，无疑非常适合中小型企业的发展需要，给他们提供了更多参与竞争的机会，另外网络广告相对传统广告，更容易统计效果，便于对网络广告商进行评估。值得注意的是，以上两种模式都仅仅涉及了信息流和资金流，而未涉及物流问题。

电子商务的第三个应用阶段为交易型模式，即狭义的电子商务（EC）。在这个发展阶段中，各种电子商务模式快速产生、发展，如B2B、B2C、C2C等电子商务网站，电子商务也真正进入了实质的发展阶段。电子商务作为一种新的数字化经营方式，代表新的贸易、消费和服务的发展方向，它需要建立一种整体的生态环境来适应虚拟环境中各参与对象所需的生存环境。因此，打破传统商务环境下的格局，发展以商品代理和配送为主要特征，物流、商流、信息流、资金流有机结合的社会化物流配送体系是电子商务新阶段发展的必然要求。因此，电子商务物流的概念是伴随电子商务技术和社会需求的发展而出现的，它是电子商务真正的经济价值实现不可或缺的重要组成部分。

目前，虽然对电子商务物流还没有形成统一的定义，但可以从两个角度对其进行理解。首先，从宏观角度来说，电子商务物流是电子商务和物流两个行业的结合，是为电子商务这一新兴行业提供相配套即为电子商务客户提供服务的物流。从微观角度看，电子商务物流是信息管理技术和物流作业环节的结合，是运用现代信息技术整合物流环节，实现高度信息化的物流。

2. 电子商务物流的概念及特点

综合从宏观和微观角度对电子商务物流的理解，一般可以将电子商务物流理解为，在电子商务环境下的物流。具体来说，是指基于电子化、网络化后的信息流、商流、资金流下的物资或服务的配送活动，包括数字化商品（或服务）的网络传送和实体商品（或服务）的物理传送。它包括一系列机械化、自动化工具的应用，准确、及时的物流信息对物流过程的监控，使得电子商务中物流的流动速度加快，尽量与电子商务中的其他“三流”——信息流、商流、资金流相匹配。

电子商务时代的来临，既为物流业的发展带来了新的契机，也对物流服务提出了新的要求，带来了巨大的挑战。为了适应新的环境发展需要，能与信息流、商流、资金流进行完美对接，电子商务物流作为信息管理技术与物流作业的结合，与传统环境下的物流活动相比应该具备以下新特点。

（1）信息化

电子商务时代，物流信息化是电子商务的必然要求。物流信息化表现为：物流信息的商品化，物流信息收集的数据库化和代码化，物流信息处理的电子化和计算机化，物流信息传递的标准化和实时化，物流信息存储的数字化等。因此，条码技术（Bar Code）、数据库技术（Database）、电子订货系统（Electronic Ordering System，EOS）、电子数据交换、快速反应（Quick Response，QR）及有效的客户反应（Effective Customer Response，ECR）、企业资源计划等技术与观念在我国的物流中将会得到普遍的应用。信息化是一切的基础，没有物流的信息化，任何先进的技术设备都不可能应用于物流领域，信息技术及计算机技术在物流中的应用将会彻底改变世界物流的面貌。

（2）自动化

自动化的基础是信息化，自动化的核心是机电一体化，自动化的外在表现是无人化，自动化的效果是省力化，另外还可以扩大物流作业能力、提高劳动生产率、减少物流作业的差错等。物流自动化的设施非常多，如条码/语音/射频自动识别系统、自动分拣系统、自动存取系统、自动导向车、货物自动跟踪系统等。这些设施在发达国家已普遍用于物流作业流程中，而在我国由于物流业起步晚，发展水平低，自动化技术的普及还需要相当长的时间。

（3）网络化

物流领域网络化的基础也是信息化，是电子商务下物流活动的主要特征之一。这里指的网络化有两层含义：一是物流配送系统的计算机通信网络，包括物流配送中心与供应商或制造商的联系要通过计算机网络，另外与下游顾客之间的联系也要通过计算机网络通信。例如，物流配送中心向供应商提出订单这个过程，就可以使用计算机通信方式，借助于增值网（VAN）上的电子订货系统（EOS）和电子数据交换技术来自动实现，物流配送中心通过计算机网络收集下游客户的订货过程也可以自动完成。二是组织的网络化，即所谓的企业内部网

(Intranet)。例如，我国台湾的计算机业在20世纪90年代创造出了“全球运筹式产销模式”，这种模式的基本点是按照客户订单组织生产，生产采取分散形式，即将全世界的计算机资源都利用起来，采取外包的形式将一台计算机的所有零部件、元器件、芯片外包给世界各地的制造商去生产，然后通过全球的物流网络将这些零部件、元器件和芯片发往同一个物流配送中心进行组装，由该物流配送中心将组装的计算机迅速发给订户。这一过程需要有高效的物流网络支持，当然物流网络的基础是信息、计算机网络。物流的网络化是物流信息化的必然，是电子商务下物流活动的主要特征之一。当今全球网络资源的可用性及网络技术的普及为物流的网络化提供了良好的外部环境，物流网络化是发展的必然趋势。

(4) 智能化

智能化是物流自动化、信息化的一种高层次应用。物流作业存在大量的运筹和决策过程，如库存水平的确定、运输或搬运路径的选择、自动导向车的运行轨迹和作业控制、自动分拣机的运行、物流配送中心经营管理的决策支持等问题都需要借助于大量的知识才能解决。在物流自动化的进程中，物流智能化是不可回避的技术难题。好在专家系统、机器人等相关技术在国际上已经有比较成熟的研究成果。为了提高物流现代化的水平，物流的智能化已成为电子商务下物流发展的一个新趋势。

(5) 柔性化

柔性化本来是为实现“以顾客为中心”理念而在生产领域提出的一种生产模式，其主要思想是指企业能根据消费者的需求变化来灵活调节生产和工艺。但要真正做到柔性化，即真正地能根据消费者需求的变化来灵活调节生产工艺，没有配套的柔性化的物流系统是不可能达到目的的。20世纪90年代，国际生产领域纷纷推出弹性制造系统（FMS）、现代集成制造系统（CIMS）、制造资源系统（MRP）、企业资源计划（ERP）以及供应链管理的概念和技术，这些概念和技术的实质是要将生产、流通进行集成，根据需求端的需求组织生产，安排物流活动。因此，柔性化的物流正是适应生产、流通与消费的需求而发展起来的一种新型物流模式。这就要求物流配送中心要根据消费需求“多品种、小批量、多批次、短周期”的特色，灵活组织和实施物流作业。另外，物流设施、商品包装的标准化，物流的社会化、共同化也都是电子商务下物流模式的新特点。

3. 电子商务物流的一般流程

电子商务的重要优势是优化业务流程，降低企业运作成本，而这一优势必须以可靠、高效的物流作为保障。

电子商务的发展及其对相应配送服务体系的要求，大大促进了物流的发展。在企业内部的物流微观流程上，电子商务物流流程与传统商务活动的物流流程是类似的，都具备从进货到配送的物流体系。但电子商务物流的各个环节是借助于电子商务信息平台（包括会员管理、订单管理、产品信息和网站管理等功能）整合的，同时依靠这个平台对信息的快速收集、处理、传递、共享，物流作业流程得以与商流、资金流和信息流匹配并形成系统化的管理，如图1-7所示。这种模式对企业提高采购效率，合理规划配送路线，优化电子商务流程和配送体系有着重要的作用；而传统商务活动中的物流则更多是围绕企业的价值链与商流、资金流和信息流进行整合，因此是从实现价值链的目的来安排每个配送的环节，相对来说缺乏电子商务平台的信息支持和整合作用。

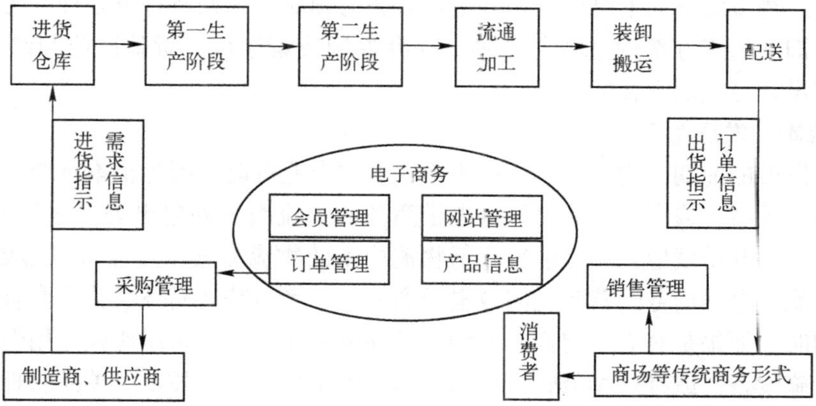

图 1-7 电子商务物流的一般业务流程

1.4.2 物流的电子商务化

物流的电子商务化指的是电子商务环境下物流企业的电子商务化。如果从更广义的角度去理解这一概念，既可以理解为“电子商务时代的物流”，即电子商务对物流管理提出的新要求；也可以理解为“物流管理电子化”，即利用电子商务技术（主要是计算机技术和信息技术）对传统物流管理的改造。因此，物流的电子商务化可以理解为，以计算机网络技术进行物流运作与管理，实现企业间物流资源共享和优化配置的物流方式。

企业的物流电子商务化运作往往不仅包括单一企业内部对于物流作业过程的信息化，还包括在此基础上供应链中合作伙伴以信息技术为基础，协作完成整条供应链的物流运作。以供应链整体角度来理解物流的电子商务化，其流程主要包括订单处理和预生产。首先，在订单处理步骤中，企业要接收消费者的订单。消费者可以通过制造商的网站下订单，而制造商首先检查订单项目是否填写齐全，然后检查订单的付款条件，并按付款条件将订单分类。只有确认支付完款项的订单才会立即自动发出。零部件的订货将转入生产数据库中，订单也随即转到生产部门进行下一步作业。用户订货后，可以对产品的生产过程、发货日期甚至运输公司的发货状况等进行跟踪。此后，进入预生产阶段。在正式开始生产之前，需要等待零部件的到货，这就叫作预生产。预生产的时间因消费者所订的系统不同而不同，主要取决于供应商的仓库中是否有现成的零部件。

物流的电子商务化使制造商及整条供应链的库存量大大降低，存货周转率大幅度提升，企业的毛利率和资本回报率都能得到明显的提高。首先，对于制造商，一方面可以尽量做到按单生产，减少库存风险；另一方面，可以使制造商和物流企业尽快获得用户的预付款和运费，减少对于制造商和物流企业流动资金的占压；既可以满足个性化的用户需求，又通过精简的生产、销售、物流过程，省去一些中间成本，使产品价格进一步降低，同时使用户可以享受到完善的售后服务，包括物流、配送服务等。

物流电子商务化的生命力是增值性物流服务，其需要的不是普通的运输和仓储服务，而是更高质量的物流服务，除了传统的物流服务外，其还需要增值性的物流服务。因此，物流的电子商务化应包含适应客户需求的增值性物流服务，包括以下几层含义和内容。

1. 延伸服务

物流能够在当今发展得如此迅猛，是因为它的核心是成本的降低，但它的额外服务更令企业界赞不绝口。物流服务向上可以延伸到市场调查与预测、采购及订单处理；向下可以延伸到配送、物流咨询、物流方案的选择与规划、库存控制决策建议、货款回收与结算、教育与培训、物流系统设计与规划方案的制作等。

2. 降低成本，发掘第三利润源

电子商务发展的前期，物流成本居高不下，有些企业可能会因为根本承受不了这种高成本而退出电子商务领域，或者是选择性地将电子商务的物流服务外包出去，这是很自然的事情。发展电子商务，一开始就应该寻找能够降低物流成本的物流方案。企业可以考虑的方案包括：采用第三方物流；电子商务经营者之间或电子商务经营者与普通商务经营者联合，采取物流共同化计划；同时，如果是具有一定销售量的电子商务企业，可以采用比较适用但投资比较少的物流技术和设施设备，或推行物流管理技术，如运筹学中的管理技术、单品管理技术、条码技术和其他信息技术等，提高物流的效率和效益，降低物流本。

目前，如何实现物流的电子商务化已是企业面临的重要问题，而能否提供电子商务化的物流增值服务已成为衡量电子商务环境下，一个企业物流是否真正具有竞争力的标准。

1.5 智慧物流

1.5.1 智慧物流的概念

我国智慧物流的概念最早在2009年由中国物流技术协会信息中心、华夏物联网和《物流技术与应用》共同提出。他们将智慧物流定义为“智慧物流将物联网、传感网与现有的互联网整合起来，通过以精细、动态、科学的管理，实现物流的自动化、可视化、可控化、智能化、网络化，从而提高资源利用率和生产力水平，创造更丰富社会价值的综合内涵”。

随着社会经济的发展，为了使智慧物流更加符合我国经济发展状况，专家学者不断提出智慧物流新的内涵。李书芳教授（2010）指出，智慧物流是利用物联网技术实现物流过程的服务最优化、资源配置最优化、生态环境保护化。石亚萍（2011）将智慧物流定义为各种物联网技术通过信息管理平台作用于传统物流中各个环节，从而实现高效管理，更好地降低成本、提高服务水平。贺盛瑜、袁波（2011）指出智慧物流是物流企业通过运用现代信息技术，实现对货物流程的控制，从而降低成本、提高效益的管理活动。雷光临、李俊（2012）在物联网概念的基础上提出了智慧物流的概念，认为智慧物流是由以物联网为核心的信息技术构成的智能化、信息化的互联网物流配送体系，通过先进信息技术实现物流配送的高效运转，认为智慧物流具有感知、决策和反馈等功能，并指出随着物联网在物流领域的应用，必将促进智慧物流产业的快速发展与变革。龚关（2013）表示智慧物流是依靠信息技术，通过整合各种信息资源，应用新兴信息技术，搜集并整理广泛的标准信息，为物流企业以及上下游企业提供优化方案，实现物流系统的创新、精准，从而高效整合和利用物流资源，甚至达到一种“智慧”的状态。王之泰（2014）将智慧物流的概念表述为移动网络和新技术共同应用到物流行业中，形成物流的一种新业态。国外对智慧物流体系（Intelligent Logistics System，ILS）的理论研究与实际案例结合得相当紧密，主要从各企业的实际需求出发，为企业提供 ILS 相关应用产品。R. Padman（1986）集成知识工程、决策支持系统（DSS）和专家决策系统（ES）等技术，很好地建立了解决石油工业中生产、配送、库存等领域相关问题的智能决策支持系统，这一系统融合了数学规划和计算机系统技术，解决了精炼成品油供应、配送以及销售过程中计划与运筹的问题。日本学者入月克已（1993）以货船配装和车辆调度为切入点，重点研究了专家系统（ES）在这两大领域内的应用，在此基础上，结合千叶钢厂“内航船只货运计划”与“产品出厂车辆调度系统”这两个实例，进一步探讨了ES在物流管理中的应用。北冈正敏（1996）提出，智慧物流系统包括系统高度信息化和机器设备智能化两个方面，其中机器设备智能化包括自动仓库、自动拣选设备和搬运机器人等，其发展趋势是实现物流终端装置智能化，也即是由集中式智能转变为分散式智能；系统高度信息化包括柔性制造系统（FMS）、计算机集成制造系统（CIMS）等。此外，还指出了模糊理论、神经网络、遗传算法等计算智能在物流智能化中的发展前景。综上所述，智慧物流的概念综合了作为“智慧”的物联网、云计算、大数据以及互联网+等新兴信息技术，以及作为一般物流的仓储、运输、包装、装卸、搬运、流通加工、配送以及信息服务等各环节。因此，智慧物流就是将物联网、云计算、大数据以及互联网+等新兴信息技术有机、系统、科学地应用于一般物流的仓储、运输、包装、装卸、搬运、流通加工、配送以及信息服务等各个环节，从而达到提高物流效率、降低物流成本的新业态。

智慧物流最早提出的前几年并未引起人们广泛关注，一是由于人们对新概念的理解需要时间，二是当时的技术发展水平制约了智慧物流的进一步发展。但随着人工智能时代的到来，智慧物流逐渐成为物流领域研究的热点。一方面，人工智能时代下，物联网、大数据、云计算、人工智能等技术得到广泛应用，各种算法也日趋成熟，传统物流中存在的一些问题可以通过技术的手段得以解决。另一方面，社会物流总额的增加以及新零售时代下人们对物流时效性要求的提高，要求传统物流在质量和速度上全面提升。在经济全球化和电子商务的双重推动下，传统物流正在向现代物流迅速转型并成为未来发展趋势，智慧物流正是推动现代物流转型升级的关键因素。

1.5.2 智慧物流的特点

智慧物流是以物流互联网和物流大数据为依托，通过协同共享创新模式和人工智能先进技术，重塑产业分工，再造产业结构，转变产业发展方式的新生态。智慧物流的三大核心系统包括思维系统、执行系统和信息传导系统。其中，思维系统是智慧物流最核心的部分，是通过云计算和数学手段对大数据进行分析和优化形成决策，进而促进数据流程化。执行系统是通过物流无人机、机器人等自动化的工具与设备对思维系统产生的决策采取实际操作。信息传导系统也称作智慧物流的网络通信系统，是通过物联网技术和互联网技术把思维系统和执行系统连接在一起。智慧物流的三大系统融合形成了智慧物流系统。

智慧物流与传统物流相比具有智能化、柔性化、一体化和社会化的特点。

1）智能化是智慧物流最典型的特征。随着人工智能技术、自动化技术的成熟，各种智能化手段贯穿于物流活动全过程。

2）柔性化是以顾客为中心，不断以客户为中心增加物流服务的内容，不断强调服务的重要性和个性。

3）一体化是以智慧物流管理为核心，将物流活动各个环节集合成一体化系统，为顾客提供低成本高满意度的服务。

4）社会化是指随着设施、技术的国际化、全球化以及物流服务的全面化，为促进区域经济发展和世界资源优化配置，物流活动的范围将扩大至全球范围。

1.5.3 人工智能与智慧物流

智慧物流与传统物流从服务的本质上看并无实质区别，都是以最大限度地满足客户需求和提高顾客满意度为宗旨，同时降低成本增加，企业利润。但智慧物流更强调物联网、大数据、人工智能、云计算等技术在物流环节中的使用，强调物流系统的感知、决策能力以及物流整体的智慧化。智慧物流利用 AI、大数据、云、机器人实现操作无人化、运营数字化、决策智能化，最终形成从大规模自动化应用到智能无人化发展。人工智能等技术在智慧物流的应用可以分为硬件和软件两部分。硬件部分包括无人仓、无人机、配送机器人等各种自动化的物流设施设备，也就是物流系统的执行层面。软件部分包括利用人工智能等技术实现更准确的库存计划、线路规划、销售预测。同时，这些技术贯穿于物流活动的各个环节，促进物流效率的提高。

1. 仓库选址

人工智能技术能够根据现实环境给出接近最优解决方案的选址模式。仓库选址是一个复杂的过程，需要考虑的因素众多，既包括地质、水文、地形等自然条件，又包含商品特性、物流费用、服务水平、客户分布、基础设施、运输、政策等社会因素。通过大数据、人工智能、云计算等技术可以更精确、更科学地实现仓库的选址和优化，减少人为主观因素带来的干扰，从而提高选址效率和存储质量。

2. 库内作业

传统库存管理很大程度上依赖有经验的员工，在计划、出入库时间、货品位置等方面缺乏有效管理。人工智能技术不仅可以实现货物进出的高时效性和低成本，还能通过大数据和算法优化等工具实现仓库之间的多仓平衡、仓内实现热销品近处放置、关联品一起放置；通过智能布局，保证更精准的销售预测，提高库存管理效率。此外，无人驾驶叉车、机械臂、物流机器人的使用为无人仓的实现创造了可能。无人仓核心是基于人工智能的智能决策系统，应用视觉技术和机器人等相关技术实现了供应商管理、库存采购、库存调拨、订单履约、销量预测等目标。

3. 运输配送

利用大数据与人工智能进行全网干支线路由规划，科学布局分拣中心，实现全链条渠道下沉，全网点高效衔接；通过车辆路径规划，保障城市配送时效精准，配送路径最优。使用无人机、配送机器人等无人技术，解决最后一公里的问题，提高末端配送效率，推动物流网络高效运行。

4. 智能追溯

人工智能等相关技术使得智能追溯成为可能。智能追溯主要通过运用物联网技术，将商品的生产、流通和消费过程与相关信息的采集、传输、处理和查询过程有机联系起来，做到信息流与商流相统一，从而实现商品的来源可查、去向可追、责任可究，便于消费者维权，同时有利于倒逼生产经营者提高安全责任意识，创造放心消费品牌。智慧物流利用智慧排产、智能商品布局、智能路径规划等技术创新，实现“预测-库存-仓储-运输-配送”全链路资源动态调整和自主管理，支撑起复杂网络、庞大库存和海量订单的高效管理。人工智能时代下，各种技术广泛应用于物流的各个环节中，物流效率得到了极大的提高，同时带给顾客的是更高水平的物流服务和更好的消费体验，客户满意度得到了很大提高。

1.5.4 智慧物流面临的问题和挑战

智慧物流依靠物联网等技术实现快速发展，在为顾客提供高效的服务和更好的消费体验的同时，也为企业创造了发展机遇与空间。然而随着电子商务的发展以及人们消费方式的转变，将会产生更多的物流量，对物流时效性、准确性有更高的要求，智慧物流在发展中存在着一些显性的或潜在的问题，将会制约智慧物流的发展。

1. 物流信息标准体系不健全

我国智慧物流在实施过程中缺乏信息的基础标准，不同信息系统的接口成为制约信息化发展的瓶颈，导致物流标准化体系建设不完善，导致物流信息化业务标准与技术标准的制定和修改跟不上物流信息化发展的需要。整个电子化的物流网络之间难以做到兼容，数据难以交换，信息难以共享，使得商品从生产、流通到消费等各个环节难以形成完整通畅的供应链，将严重影响物流行业的管理与电子商务的运作。

2. 智慧物流指标体系构建有待完善

《2017 中国智慧物流大数据发展报告》中首次提出智慧物流“大数据发展评价指标体系和发展指数”，该指标体系中仅包含 3 个一级指标和 6 个二级指标，其中一级指标包括数据化发展指数、智能协同发展指数和数据基础设施指数。这些现有指标较为单一，不能实现对智慧物流发展现状的全面测度。

3. 物流技术应用水平不足

电子标签、手持终端、语音拣选设备、输送系统、箱式立库、分拣系统、自动打包、货到拣选、拣选机器人等智能硬件虽然发展迅猛，但仍存在一些问题。例如，仓内技术中的可穿戴设备技术，最后一公里中的 3D 打印技术，干线技术中的无人卡车，以及数据底盘的物联网、人工智能等尚处于研发测试或小规模应用阶段，未实现全面推广。

4. 物流领域复合型人才缺乏

现在企业在流程设计、智能化物流软硬件设计研发等方面人才比较紧缺，希望能有更多软硬件技术结合的复合型人才加入，以满足物流企业对设备越来越高的要求。虽然目前一方面高校物流管理专业毕业人数在不断增加，但毕业生质量仍有待提高，另一方面，物流专业课程设置与企业实际运作存在脱节的现象。

【案例】

沃尔玛公司中国：自建物流之困

零售大鳄沃尔玛公司在供应链优化方面从来不遗余力。继 2010 年年初与中国香港利丰公司成立合资公司整合全球采购业务之后，2010 年 6 月初，沃尔玛公司总部又宣布将接管供应商的部分配送业务，以降低综合物流成本。

沃尔玛公司负责公司运输业务的副总裁表示，沃尔玛公司的目标是接管供应商，以期能够以更低成本完成物流任务的运输工作，从而将节省的物流成本以降低商品价格的方式返还给消费者。

然而，对于沃尔玛公司主要的商品采购基地，同时也是其未来主要市场的中国区域来讲，这项“看上去很美”的计划却难以推广。关于是否在中国实施接管供应商物流的计划，沃尔玛公司中国区总部称，沃尔玛公司始终努力降低运营成本，并回报顾客，以此实践“为顾客省钱，使他们的生活更美好”的使命。事实上，在中国沃尔玛公司并没有接管运输工作的计划，也没有透露目前其中国区物流配送的模式。2010年年初，部分沃尔玛公司供应商收到了试点“新物流”的通知，但由于供应商情况不尽一致，对此计划内部出现了不同的声音。

尽管零售企业一直探寻在供应链上的成本节省之道，但在供应商意见不统一的背后，是中国沃尔玛公司面临的物流难题：如何协调供应商多元化和配送统一化之间的矛盾，自建物流是否能够真正执行，在执行过程中到底遇到哪些问题？

1. 商品集中配送——第三方物流公司相当于沃尔玛公司收货员的延伸，它将按照沃尔玛公司的标准对供应商的商品进行全面质检

北京天福号食品有限公司总经理透露，沃尔玛公司新物流计划已经有部分供应商参加，但考虑到沃尔玛公司物流是委托第三方进行的，不是很成熟，费用较高，他们公司还未决定是否要参加，具体时间看情况而定。作为沃尔玛公司熟食类商品的供应商，天福号主要依靠自营车队将商品直接配送至沃尔玛公司门店。

然而，同样作为沃尔玛公司的供应商，北京金路易速冻食品却对这项计划表示支持。“沃尔玛公司方面希望我们支付占销售额3.5%的物流费用，虽然我们平均的物流成本要小于3.5%，但有些门店的配送成本相当高，如果能把这项业务外包出去，也是值得的。”金路易食品物流负责人说。

事实上，在生鲜食品的集中配送方面，沃尔玛公司已经做出了些许尝试。

2010年夏天，北京快行线食品物流有限公司（下称快行线）显得格外忙碌。自2010年1月与沃尔玛公司签署协议，成为沃尔玛公司华北区第三方物流服务商以来，快行线为这个“挑剔”的客户做了诸多改变：专门开辟出约1700 m^2的0~4℃保鲜库为沃尔玛公司存放和分拣生鲜商品，设立华北区沃尔玛公司生鲜配送中心（DC）办公室，配合沃尔玛公司生鲜DC项目组开展工作，完成配送任务。快行线食品物流沃尔玛公司华北区生鲜DC，主要为沃尔玛公司华北区14家门店集中配送生鲜商品，其中北京11家、天津2家、廊坊1家。快行线物流有限公司项目经理表示，由于还处于试运营阶段，他们只负责配送部分蔬果类的订购商品，以后打算将沃尔玛公司全部生鲜商品接过来做。

快行线与沃尔玛公司合作流程是这样的：沃尔玛公司门店通过信息系统向生鲜供应商下订单，供货商接到订单后，根据订单信息及商品情况同DC预约送货时间，快行线食品物流接到预约会做一些准备工作，如人员调度、库房调配等。此时的快行线相当于沃尔玛公司收货员的延伸，它将按照沃尔玛公司的标准对供应商的商品进行全面质检。快行线收货完毕，便向沃尔玛公司的门店预约送货时间。作为甲方，沃尔玛公司对快行线物流实施严格的考核制度。沃尔玛公司每天都要对物流进行考核，送货准确度、商品品质、到货及时率，甚至送货人员的服务态度都要纳入考核指标。

在结算方面，沃尔玛公司根据快行线每个月配送的实际商品数量来计算费用。据介绍，收货仓储方面根据货量计费、配送到店根据趟次来计费。事实上，在沃尔玛公司向供应商提交订单的时候，物流的费用基本上统计出来了。只不过沃尔玛公司还要根据上述指标进行考核。

此外，采用第三方物流，沃尔玛公司相当于将收货、验货的岗位进行了迁移。因此，沃尔玛公司会经常对快行线的收货员进行培训，使其熟知沃尔玛公司对商品质量的要求。“自从成立沃尔玛公司华北区生鲜DC以来，沃尔玛公司为我们开辟了送货绿色通道，方便我公司送货人员的交接，送货效率有了很大程度的提高，”快行线表示，“减少排队等待时间，是签约沃尔玛公司以来一个明显的改观。”

不过，对快行线来说，刚开始合作难免会出现一些失误，主要表现在到货不及时。按照协议，到货不能晚于约定时间一个小时，否则需要进行二次到货预约，前期在二次到货预约上做得还不到位。

除了在北京以外包的形式成立的生鲜配送中心以外，沃尔玛公司还在天津建立了配送中心，负责日杂、百货类商品的配送。

2. 供应商之虑——“可能不专业”、“费用的不确定性”以及“让自己的物流系统失去价值”

沃尔玛公司通过整合物流减轻供应商配送商品的负担，同时将降低的成本反馈给消费者，这一项看起来双赢乃至多赢的计划，在供应商看来却未必如此。

保定集宏兴服饰公司北京销售总经理表示，“我们肯定是不会将运输外包出去的，”他担心把物流交给别人来做，“可能不专业”。

集宏兴服饰是河北一家以生产衬衫、西裤为主的服饰企业，它负责供应沃尔玛公司华北区卖场中90%的衬衫，此外，它还是凡客诚品的代工企业。集宏兴认为，衬衫与其他商品不同，根据尺码、颜色不同，分了好多品种，如果把衬衫送到物流中心再分配到门店容易拿乱。据了解，集宏兴服饰的配送是由厂家直接配送至沃尔玛公司门店的。

“这反映出供应商对零售企业自建物流的不信任。”物美集团副总裁说，“一些供应商缺乏对现代物流分工的认识，他们以为把一切环节掌握在自己手中是最放心的。”物美集团华北区配送中心于2009年12月投入使用，与沃尔玛公司类似，物美集团希望供应商将商品运输到物流中心，然后由物流中心来负责向每家门店分配。

到2010年6月，物美北京300多家小型门店商品的自营物流比率达到了90%，100多家大卖场的自营物流比率达到50%。“我们希望2011年大卖场物流自营比率提高到70%。”物美集团副总裁说。在物美集团看来，提高商品物流自营比率的直接好处是减少门店缺货的现象。“尤其逢年过节，供应商配送也很忙，容易出现配送不过来的情况，而这个时候门店缺货会影响到全年的销售额。”

此外，配送费用也是供应商的顾虑之一。据了解，沃尔玛公司推出此计划以后，有两家供货商的官方人士称，沃尔玛公司期望的减价有时达到了运费的两倍。这两家公司就是这种情况，沃尔玛公司算出来进价需降低6%，但供货商估计，运费其实只占进价的3%。此外，一些供应商担心沃尔玛公司将会收取像进店费、通道费、促销费那样复杂多样的费用使得物流费用有更多的不确定性。

供应商的第三重顾虑是，由于多年的代理分销经验，使得供应商自身拥有完备的仓储系统和运输团队，而沃尔玛公司的接管物流计划将使得这些供应商投资上千万元的物流系统失去了使用价值。湖南海龙物流分销有限公司总经理也表示不赞同沃尔玛公司的计划。海龙物流负责为沃尔玛公司长沙的门店配送粮油商品。

“我们有自己的仓库和配送队伍，肯定不希望沃尔玛公司来接管物流。”海龙物流表示。另一方面，中国的物流与分销体系不可分离。每一级的代理商都有自己的销售范围，如果沃尔玛公司接管物流，将打乱商品的分销体系，这也是供应商不愿意看到的。“以金龙鱼为例，我们只代理长沙地区的金龙鱼，如果沃尔玛公司将其配送到湖南娄底去卖，我们也不会同意。”海龙物流表示。

供应商不肯放权物流配送的深层原因，是其与沃尔玛公司对渠道的争夺，谁都想把控供应链的更多环节，从而争取更多利润。

3. 尾声：大物流之难——“自建物流是一笔赔本的买卖?”

接管供应商物流体现出沃尔玛公司的大物流概念。所谓大物流，是指企业的自有物流（车队、仓库、人员等）和第三方物流企业的配送信息与资源的共享，以实现更大限度地利用社会各方面的资源，减少物流总支出、降低运营成本。

从理论上来说，大物流是流通行业将来发展的大势所趋，但有观点认为，以我国目前物流行业整体水平来看，大物流很难付诸实践。

“中国物流业的真正兴起是在近十年左右的时间出现的，而物流业内对物流的理解大部分仍停留在概念的阶段，第三方物流企业所做的还是最初的运输企业要做的运输业务，中国目前的物流行业从根本上没有发展到那样的高度。”物流行业专家表示。而且由于我国第三方物流水平参差不齐，使得沃尔玛公司很难找到一家令自己满意的物流服务商。“在目前的中国内地找一家软硬件基本上能满足其基本需求的第三方物流企业真是像大海里捞针一样难。”

此外，在一些零售物流行业人士看来，物流表现出明显的区域性，不管企业整体销售额如何巨大，如果它在某个区域没有形成足够的市场占有率，自建物流是“一笔赔本的买卖”。“如果你在某个地区只有十来家门店，这样自己供应商配送就可以了，没必要建立物流中心，如果你有数百家门店，这个时候自建物流的优势才能显示出来。”物美副总裁表示。

那么，门店数目达到多少以后方可自建物流呢？“按照德国零售企业巨头阿迪超市（Aldi）的算法，当直径50 km的范围内门店数超过200家的时候，就可以考虑建立配送中心了。”物美副总裁表示。

4. 案例点评：渠道博弈的必然

中国经营报社研究院副秘书长认为，渠道是自建还是外包要以经济学中的“盈亏平衡点”来分析，才能判断出孰优孰劣。不过，经济发展规律和社会变迁证明，专业化的分工无疑是推动企业和社会效率提升的动力。当渠道服务被看作是利润获取的第三源泉时，供给双方就要在博弈中相互挤压，直至最后的平衡。在本案中，我们尚不得知沃尔玛公司是否真的要推出所谓的“新物流”概念。

企业自建物流运营机构而不是寻找第三方形成契约关系，确实可以从中提升一点利润空间，以此来弥补其他方面的利润损失。其实，这等于向上游供应商间接获得了商品采购的返点，增加了机会成本——自己拥有一套新的投资、运营体系和人力资源管理。

至于商品供应商和服务供应商提出否定建议是因为，一方面不愿意看到自己被不易争取到的客户所抛弃；另一方面，对于重资产的服务供应商，会直接面临投入产出的严重失衡，投资回报将受到极不乐观的挑战。这也是近些年来物流企业围绕是做重资产与轻资产公司争论不断的原因——一旦客户自营或者撤离，拥有重资产的物流服务供应商如何迅速获取新的客户业务；而商品供应商需要考虑的问题是，如果零售商的网点不断密集化，再由其来掌控物流配送的末端，那么商品服务商如何控制更加复杂的窜货行为。

资料来源：赵向阳．沃尔玛中国：自建物流之困［EB/OL］．(2018-7-10)．中国经营网．http://www.cb.com.cn/deep/2010_0710/138265.html.

本章小结

电子商务是网络经济时代的全新商务模式，它向物流服务提出了新的要求；物流作为电子商务的重要组成部分，需要和电子商务的其他三要素——商流、资金流和信息匹配才能实现电子商务总体水平的提高。

本章首先对电子商务进行了概述，介绍了电子商务的概念、特点和主要的电子商务模式。其次，对现代物流进行了概述，介绍了现代物流的内涵，并对现代物流的主要相关理论进行了简要介绍，包括商物分离理论、“黑大陆”和物流冰山说、第三利润源泉说、效益背反理论、成本中心说、利润中心说、服务中心说和战略说及物流的供应链管理理论。然后分析了现代物流系统的内涵特点和系统的构成，并在此基础上提出了现代物流管理的含义，分析了现代物流管理的特点。接下来对电子商务与物流的关系进行了阐述，分析了电子商务对物流的影响，对物流对电子商务的支撑作用进行了说明。本章还对电子商务物流与物流电子商务化进行了分析，内容包括电子商务物流的概念及其提出的背景、电子商务物流的特点和其一般流程，物流电子商务化的含义和主要内容。最后，介绍了智慧物流的概念、特点、架构、应用现状及其在发展过程中面临的问题。

习　　题

一、单项选择

1. 电子商务概念模型中，最重要的组成要素是（　　）。
   A. 信息流　　B. 资金流　　C. 商流　　D. 物流
2. Physical Distribution 实际指的是（　　）。
   A. 供应物流　　B. 生产物流　　C. 分销物流　　D. 逆向物流
3. 物流成本冰山理论成立的原因不包括以下的（　　）。
   A. 物流成本的计算范围太大
   B. 物流成本的计算对象问题
   C. 物流费用应包括向外支付的成本
   D. 列入物流成本的费用类型的选择
4. 主张是直接效益的物流认识观点是（　　）。
   A. “服务中心”型　　B. “成本中心”型
   C. “利润中心”型　　D. “管理中心”型
5. 现代物流系统的构成不包括（　　）。
   A. 现代物流配送系统　　B. 现代物流作业系统
   C. 现代物流管理系统　　D. 现代物流信息系统
6. 关于现代物流管理的特点正确的是（　　）。
   A. 以顾客满意和成本为第一目标
   B. 聚焦于整个流通渠道的商品运动
   C. 从局部最优入手追求企业整体最优
   D. 重效果更重效率
7. 以下关于物流与电子商务关系的理解不正确的是（　　）。
   A. 电子商务改变了人们对物流理念的理解
   B. 电子商务改变了物流的实际运作方式
   C. 物流是企业电子商务的利润源泉

D. 物流是实现服务个性化的根本保证

8. 电子商务物流柔性化要求物流配送中心要根据消费需求，进行（　　）形式的配送。

A. 多品种、小批量、多批次、短周期

B. 少品种、多批量、多批次、短周期

C. 多品种、小批量、少批次、长周期

D. 少品种、多批量、少批次、长周期

9. 关于电子商务物流和传统商务活动中物流的一般流程说法不正确的是（　　）。

A. 电子商务物流流程与传统商务活动的物流流程具有类似性

B. 传统商务活动不需要将商流、资金流和信息流进行整合

C. 电子商务物流借助于电子商务平台效率更高

D. 传统商务活动的物流活动的组织是围绕价值链展开的

10. 关于物流的电子商务化所包含的增值性的物流服务不正确的是（　　）。

A. 市场调查与预测　　B. 物流方案的选择与规划

C. 货款回收与结算　　D. 第四方物流服务

二、多项选择

1. B2C 模式电子商务可划分成以下哪些经营的模式（　　）。

A. 虚拟社群　　B. 交易聚合

C. 广告网络　　D. 线上与线下结合的模式

E. C2C 模式

2. 与传统环境下商流和物流合一相比，电子商务环境下商流和物流的分离具有（　　）的特点。

A. 保管　　B. 输送

C. 流通加工　　D. 信息处理

E. 配送

3. “效益背反”是物流领域中很普遍的现象，主要内容包括（　　）。

A. 物流成本与服务水平的效益背反

B. 物流各功能活动的效益背反

C. 物流各功能所耗费用之间相互制约

D. 各物流功能子系统成本与服务水平的关系

E. 物流的各功能与效益之间是相互制约的

4. 关于供应链和供应链管理的特点，以下正确的是（　　）。

A. 供应链是一个双向过程　　B. 供应链是全过程的战略管理

C. 不同链节上的库存观可能不同　　D. 供应链管理采取的是新的管理方法

E. 供应链是固定的

5. 与传统物流系统相比，现代物流系统主要具有的特征包括（　　）。

A. 自动化与信息化相结合　　B. 专业化和协作化相结合

C. 服务市场化和国际化　　D. 高度柔性化

E. 高度智能化

三、简答题

1. 广义的电子商务与狭义的电子商务的区别及联系是什么？

2. 现代物流和传统物流有什么差异？

3. 怎样理解物流对电子商务的支撑作用？

4. 我国电子商务物流目前存在的主要问题是什么？

四、实训题：物流企业类型调查

1. 实训目的：通过实训，了解目前国内的主要物流企业类型名称及基本情况。

2. 实训内容：通过网络资料收集分析及学校所在城市物流市场的实际调研，了解国内目前主要物流企业的类型，了解各类物流企业所包括的主要企业名称及基本情况。

3. 实训要求：参与实训的学生以分组的形式，在教师的指导下，分工协作完成实地调研和网上资料收集，并将资料进行分类整理，形成最终的实训报告。

第2章 电子商务物流配送和配送中心

【学习目标】

1. 了解和掌握配送和配送中心的基本概念、特点和功能。
2. 了解和掌握配送和配送中心的主要作业流程。
3. 了解和掌握电子商务环境下配送关键环节的优化方式和途径。
4. 了解和掌握电子商务环境下配送中心规划的一般方法。
5. 了解和掌握电子商务环境下配送中心选址的方法和模型。

【引例】

北京春溢通：城市配送 专业决胜

随着城市产业布局的调整、现代消费方式的不断升级、电子商务技术的广泛应用以及城市工商业发展模式的多元化，道路货运中小批量、多频次、时效性强的直接配送、住宅配送以及“门到门”配送需求日益增长。因此，城市配送作为一个快速崛起的新兴行业应运而生。

北京春溢通物流有限公司（以下简称“春溢通公司”）董事长、中国物流与采购联合会常务理事表示，城市配送是物流链条中最后一公里的配送，在整个供应链环节内起着极为重要的纽带作用。春溢通公司是一家以“城市配送”为特色的现代化综合型第三方物流企业，拥有两个完善的物流配送中心，配有砖混结构及轻型彩钢结构的常温及保温库房、备货站台、轻型及重型货架、电动叉车等基础设施，可用仓储面积7万多平方米，同时拥有仓储信息管理系统、运输信息管理系统及远程安全视频监控系统等现代化物流信息管理系统。

一直以来，春溢通公司秉承以降低环境污染、减少资源消耗为目标的“绿色物流”理念和集约式发展模式。2008年北京奥运会期间，为响应北京举办一届绿色奥运的号召，春溢通公司投入大量资金将100多辆黄标车全部更换成绿标车，凭借良好的服务水平获得了“奥运绿色车队”资质，光荣地承接了奥运福娃纪念品及部分场馆的后勤物流服务，为北京奥运的成功举办贡献了力量，同时也获得了奥组委颁发的特别贡献殊荣。

从2008年下半年开始，春溢通公司以提高快速消费品配送的快速响应能力和竞争能力为初衷，对快速消费品配送的客户需求进行调研，充分了解到快速消费品行业生产经营单位物流需求无法得到满足的状态。随即，春溢通公司优化配置资源、提升服务质量，开启了“城市配送绿色物流项目”。该项目以集中仓储、整合配送、优化线路和管路为目标，改变了单一客户配送模式，将多客户集中整合优化配送，使生产销售企业降低了成本，同时使得每日出行车次减少40%~82%，油耗降低30%~74%，二氧化碳排放降低30%~65%，缓解了交通压力，达到节能减排、保护环境的目的。

此外，春溢通公司的迅速发展壮大，也得益于“城市配送”业迅猛发展的东风。2009年3月国家出台的《物流业调整和振兴规划》中，城市配送被列入九大工程，提至优先重点发展的高度。规划细则中明确指出，要“鼓励企业应用现代物流管理技术，适应电子商务和连锁经营发展的需要，在大中城市发展面向流通企业和消费者的社会化共同配送，促进流通的现代化，扩大居民消费。加快建设城市物流配送项目，鼓励专业运输企业开展城市配送，提高城市配送的专业化水平，解决城市快递、配送车辆进城通行、停靠和装卸作业问题，完善城市物流配送网络。”

资料来源：崔宇航．北京春溢通：城市配送、专业决胜［EB/OL］．万联网资讯中心(2011-6-10). https://info.10000link.com/newsdetail.aspx?doc=2011061090017.

2.1 物流配送和配送中心概述

2.1.1 配送和配送中心

1. 配送和配送中心的定义

配送是现代物流发展的产物，也是市场竞争的产物。企业受利润、市场份额的驱动，急需寻找一种方法来提高其送货服务水平，降低送货成本，扩大自己的市场。随着物流学的诞生，配送这个新事物一出现就立刻引起企业的关注。于是，配送概念中便出现了合理的货物配备、车辆调配、路线规划、配装及送达等新的内涵，它们进一步延伸就形成了现代社会的配送。

配送业务与运输、仓储、装卸搬运、流通加工、包装和物流信息处理融为一体，构成了物流系统的功能体系。配送是指根据客户需要，按照订货要求和时间计划，对物品进行加工、拣选、分割、包装、组配等相关作业，并按时送达规定地点的物流活动。配送一定是根据用户的要求，在物流据点（配送中心）内进行分拣、配送等工作，并将配装好的货物在适当的时间和地点送交收货人的过程。它是物流中一种综合的活动形式，既包含了物流活动，也包含了商流活动中的若干功能要素。它将物流与商流紧密、有效地结合起来。

配送中心是物流配送活动完成的一个主要地点。国内外诸多学者基于不同的认识对配送中心有着不同的诠释。

(1) 配送中心的一般定义

“配送中心是指接收并处理末端用户的订货信息，对上游运来的多品种货物进行分拣，根据用户订货要求进行栋选、加工、组配等作业，并进行送货的设施和机构”。《物流企业操作指南》在对此进行科学完善的基础上，权威性地指出了配送中心的设计、流程、模式。

(2)《物流手册》中对配送中心的定义

物流配送中心是从供应者手中接收多种大量的货物，进行倒装、分类、保管、流通加工和信息处理等作业，然后按照众多需要者的订单要求备齐货物，以令人满意的服务水平进行配送的设施。

(3)《现代物流学》中对配送中心的定义

配送中心是从事货物配备（集货、加工、分货、拣选、配货）和组织送货，高水平实现销售或供应的现代流通设施。

(4) 日本《市场用语词典》对配送中心的定义

配送中心是一种物流节点，它不以仓库这种单一的形式出现，而是发挥配送职能的流通仓库，也称作基地、据点或流通中心。配送中心的目的是降低运输成本、减少销售机会的损失，为此建立设施、设备并开展经营、管理工作。

(5)《货运物流实用手册》对配送中心的定义

配送中心是实现配送业务的现代化流通设施。配送中的货物配备是配送中心主要的业务，是全部由它完成的；而送货既可以完全由它承担，也可以利用社会货运企业来完成。

综上所述，无论人们是把配送中心看作从事配送活动的经济组织，还是将它称作组织送货等活动的物流设施，配送中心都是配送活动的聚集地和发源地，同时，也是物流活动的枢纽。

2. 物流配送的功能要素

物流配送功能要素包括备货、储存、分拣及配货、配装、配送运输、送达服务和配送加工。

(1) 备货

备货是配送的准备工作或基础工作，包括准备货源、订货或购货、集货、进货及有关的质量检查、结算、交接等。配送的优势之一，就是可以集中用户的需求进行一定规模的备货。备货是决定配送成败的初期工作，如果备货成本太高，会大大降低配送的效益。

(2) 储存

储存有储备和暂存两种形态。储备是按一定时期的配送经营要求，形成对配送的资源保证，可在配送中心附近单独设立仓库。这种类型的储备数量较大，储备结构也较完善，视货源及到货情况，可以有计划地确定周转储备和保险储备的数量。另一种储存形态是暂存，是具体执行配送时，按分拣配货要求，在理货场地内暂时地存储少量货物。由于总体储存效益取决于储存总量，所以，这部分暂存数量只会对工作方便与否造成影响，而不会影响储存的总效益，因而在数量上的控制并不严格。

(3) 分拣及配货

分拣及配货是配送不同于其他物流作业环节的特有功能要素，也是关系配送成败的一项重要工作。分拣及配货是实现送货的准备性工作，是不同配送企业在送货时进行竞争和提高自身经济效益的必然延伸。所以，也可以说它是送货向高级形式发展的必然要求。有了分拣及配货就会大大提高送货服务水平，所以，分拣及配货是决定整个配送系统水平的关键要素。

(4) 配装

在单个用户配送数量不能达到车辆的有效载运负荷时，就存在如何集中和搭配不同用户的配送货物进行装载以充分利用运能、运力的问题。和一般送货的不同之处在于，通过配装送货可以大大提高配送水平及降低送货成本，所以，配装是配送系统中有现代特点的功能要素，也是现代配送区别于传统送货的改进之处。

(5) 配送运输

配送运输属于运输中的末端运输，它和其他运输形态的主要区别在于：配送运输是较短距离、较小规模、较高成本的运输形式，一般使用汽车作为运输工具。

(6) 送达服务

配好的货物运输到用户还不算配送工作的完结，这是因为送达货和用户接货往往还会出现不协调，使配送前功尽弃。因此，要圆满地实现运抵货物的交接，并有效地、方便地处理相关手续并完成结算，还应讲究卸货地点、卸货方式等。送达服务也是配送独具的特殊性。

(7) 配送加工

配送加工这一功能要素虽不具有普遍性，但其却有重要的作用。主要原因是：通过配送加工，可以大大提高用户的满意程度。配送加工是流通加工的一种，但配送加工有它不同于一般流通加工的特点，即配送加工一般只取决于用户要求，其加工的目的较为单一。

3. 发达国家物流配送和配送中心的发展现状

配送的雏形最早出现于20世纪60年代初期，在这个时期，物流运动中单一的送货作业开始向备货和送货一体化方向发展。初期的配送只是一种偶然的、单一性的活动，范围小、规模也不大，企业开展配送活动的主要目的是为了促进产品销售和提高市场占有率。由此可见，这时的配送主要是以促销手段的职能来发挥其作用的。20世纪60年代中后期，在发达国家，随着经济发展速度的逐步加快，以及货运量的急剧增加和市场竞争的日趋激烈，配送取得了进一步的发展。

（1）美国物流配送的发展现状

从20世纪60年代起，商品配送的合理化在美国普遍得到重视。为了在流通领域产生效益，美国企业采取了以下措施：第一，将老式的仓库改为配送中心；第二，引进计算机管理网络，对装卸、搬运、保管实行标准化操作，提高作业效率；第三，连锁店共同组建配送中心，促进连锁店效益的增长。美国连锁店的配送中心有多种，主要有批发型、零售型和仓储型三种类型。批发型配送中心主要靠计算机管理。业务部通过计算机获取会员店的订货信息，及时向生产厂家和储运部发出订货指示单，如美国加州食品批发配送中心。零售型配送中心一般为某零售商独资兴建，专为本公司的连锁店按时提供商品，确保各店稳定经营，以美国沃尔玛公司商品公司的配送中心为典型。仓储型配送中心的主要任务是接受独立杂货商联盟的委托业务，为该联盟在该地区的若干家加盟店负责商品配送，美国福来明公司的食品配送中心是典型的仓储式配送中心。美国的配送中心的经营具有服务质量高、配送价格合理和作业成本低等特点，代表全球最先进的物流配送水平。美国依靠其雄厚的经济实力和深厚的物流理论专长，将物流配送实施全球化战略，在不同地区形成了以美国为中心的自由贸易区。

（2）日本物流配送的发展现状

20世纪60年代以后，日本政府为了提高物流效率、促进经济发展，采取了许多措施扶持企业进行物流设施建设，包括制定相关物流法律、法规，统一规划城市中的仓储设施建设，颁布倡导革新物流技术、更新物流设施的优惠政策。同时企业在建设物流基础设施的同时，也积极探索物流系统化、规范化的可行性理论和方法。日本的物流配送具有以下特点：第一，政府规划在现代物流配送发展过程中具有重要作用。第二，分销渠道发达。为保证有效地供应商品，日本的许多物流公司对原有的分销渠道进行合理化改造，更好地做到与上游或下游公司的分销一体化。第三，物流配送体现出共同化、混合装载化的趋势。共同化、混合装载化的商品配送使原来按照不同生产厂、不同商品种类划分的分散的商品物流转变为将不同厂家的产品和不同种类的商品混合起来运送的聚合的商品物流，从而得以发挥商品物流配送的规模经济效益，大大提高了运货车辆的装载率。第四，频繁、小批量进货。日本物流配送企业的很大一部分服务需求来自便利店，便利店依靠的是小批量的频繁进货，只有利用先进的物流系统才有可能发展连锁便利店，因为它使小批量的频繁进货得以实现。第五，合作型物流配送。在日本，生产企业、零售企业与综合商社、第三方物流公司之间基本上都存在一种长期的物流合作关系，这种合作关系还随着日本工业生产的国际化延伸到国外。日本依靠高新技术构造了日本物流业的无纸化和无人化发展趋势，使物流配送与自动化、计算机化紧密结合在一起。

日本的物流业自20世纪中叶开始发展，同样属于起步较早的国家。至今已在全国20多个城市中建成了规模较大的物流园区。其物流园区一般位于大城市周边或靠近交通枢纽，日本物流园区的主要特点就是物流园区与城市发展相辅相成、互相促进。在日本的三大主要经济圈：大东京经济圈、京阪神经济圈和名古屋经济圈，物流业的发展尤其迅速。仅三大经济圈的物流总量已占整个日本物流量的一半以上。以大东京经济圈为例，由于东京地区自身交通压力已经过大，且市区内部早已是寸土寸金，在市内修建物流园区已不太可能，所以日本政府改在外环路旁建设了4个以公路运输为主的物流园区，这样就构成了一个下辖多个物流园区和物流配送中心的区域物流系统。各级物流园区及物流配送中心的建立，改变了大东京地区的产业布局，优化了相关地区的产业结构，对日本经济的发展起到了支持作用，繁荣和完善了市场体系，并且带动了相关产业的发展，增加了新的就业机会，为国家提供了更多的税收收入。

目前，日本已经建设成为世界上水平最高的物流园区国家之一，拥有优质、高效、全方位的物流服务。大批物流企业纷纷入驻这些物流园区。这些物流企业不仅纷纷加大了对高精尖物流设备的投资和使用，而且还十分重视对物流信息的网络化、信息化处理。与此同时，日本的物流企业还在物流管理方式上不断推陈出新，一些先进的物流管理模式不断得到应用和推广，如有供应链敏捷管理、丰田公司发明的准时制生产等。

（3）德国物流配送中心的发展现状

欧洲的物流业发展以物流园区为主要代表，而欧洲物流园区的发展又以德国最具代表性。尽管其发展时间并不长，却极大地促进了经济发展。物流配送中心作为物流园区中的核心组成部分，其运作情况决定了该物流园区的发展水平。德国的物流园区建设始终离不开政府主导。德国政府从20世纪70年代末、80年代初开始建设物流园区，一次性在全国范围内规划建设了40个左右的“货运中心”，这些货运中心也基本都演化为后来的物流园区。如今仍有超过半数正在使用，其中具有代表意义的是不来梅地区，不来梅的港口物流配送中心占地超过200万平方米。经过长期的发展，德国现有并正在使用的物流园区总数已达33个，基本形成了规模化、网络化的全国物流网络；同时德国的物流园区的建设和运转有效地促进和改善了地方经济的发展，同时也为德国各地区经济的均衡发展做出了贡献。

德国物流园区的发展具有以下几个特点：首先是较注重物流作业组织与运作管理的先进性与合理性；其次是比较重视提供物流服务的企业与接受服务的目标企业之间的战略合作关系；最后是较为注重整个物流系统的效率，这些也是典型的欧洲物流园区的发展特点。

德国物流园区建设由国家政府统筹规划，而园区内的公益设施和基础设施的建设由州政府统一负责实施，再由物流企业根据自己企业的能力、需要等向园区租赁相应的场地，再来自主建设相应的配送中心内部所需的设施设备。

同其他发达地区一样，德国的各类企业也很重视物流的现代化发展，广泛地应用各种信息化、自动化、电子化的设施和技术以及现代化的管理模式和方法，这在促进物流企业发展的同时也进一步推动和加强了物流园区的主导地位，同时为德国的电子商务发展奠定了良好的基础。

另外，德国在物流园区的建设中的一个重要的经验是，必须将物流园区的规划建设与国家宏观的交通干线、主枢纽规划建设等统筹考虑，园区的位置首选是建立在交通发达、人口密集的地区附近，最好是靠近交通干线或运输主枢纽，这样可以降低物流园区的各项作业成本，同时提升多式联运运输链的竞争力。

4. 我国物流配送和配送中心的发展现状

（1）我国物流配送的发展现状

1）我国台湾地区物流配送的发展现状。从20世纪80年代开始，我国台湾地区一直都在努力创造自己的“本土化物流”，因为他们认为自动化不一定适应本地区的物流产业发展。台湾地区在经济实力上没有美国、日本等发达国家强大，中小企业的物流量占80%以上，且资金有限，劳动力价格相对美国、日本较为低廉，引进技术必须考虑企业的财力规模、土地成本、建筑成本、设备成本等条件。因此，台湾地区没有完全照搬美国和日本的发展经验，而是在运作方法、经营理念上融合这些国家现代化的物流经验，根据自己的需求，尽量完善自己的物流薄弱环节。

我国台湾地区的配送中心多为中小规模、平房仓库，并采用适合本地区特点的设施设备，其配送中心大致可以分为专业型配送中心和批发型配送中心。其次，台湾地区物流企业追求“合理化”的物流配送。配送中心大多分布在交通发达的地方，这让它们能最大限度地利用现有物流设施、降低成本，同时能实现物流作业的系统管理。此外，台湾地区的物流企业大多实行共同配送，并以“服务品质”作为企业生存和发展的标志。目前，台湾地区的物流配送发展趋势是从整合到聚集，在物流配送的发展初期，企业是凭借自身力量与外部竞争；在发展阶段，则是通过若干企业间的互助合作与其他企业竞争；在联合阶段则是通过资源共享的结盟来与其他企业竞争，也就是使自己的竞争对手通过聚集成为自己的一部分。这样就达到了高层次竞争的阶段，即通过提供有差异的服务进行竞争，而并非仅通过硬件进行竞争。

2）大陆地区物流配送的发展现状。大陆地区的物流配送在政府积极推动和借鉴国外先进经验的基础上，取得了长足的进步，但由于发展时间短暂，与发达国家还有很大差距。近年来，我国物流配送发展出现了积极趋势，主要体现在以下几个方面。

第一，以境内的“三资企业”、新兴的中小企业、部分国有大型企业为需求主体的物流配送市场需求相当大。但绝大部分的配送需求量仅限于少数发达地区的非常有限的领域，如上海、天津的配煤。绝大多数的物流专业化配送尚未形成，物流配送市场需求的潜力相当可观。

第二，在生活资料领域和生产资料领域出现了各具特色的不同类型的现代物流配送企业。其中包括了一些传统的流通企业，如由运输和仓储业通过改造成为物流企业，如中远集团、中外运集团和中储集团等；一些国有商业批发企业和大型零售企业正在积极探索和尝试开展社会化物流配送服务；一些生产企业开始介入现代物流，如青岛海尔集团；一批专业化的物流企业得到较快发展，物流配送的社会化、专业化发展趋势日益明显，如深圳中海物流都是比较成功的第三方物流公司；外资在物流配送服务领域的发展也非常迅速，如中国储运总公司与日本岗谷钢机株式会社合资组建了天津岗谷物流公司，是集配送、加工、仓储、寄售、租赁、修理、展销和技术咨询为一体的新型流通组织。像这样的合资物流公司，在北京、天津、上海等地已有数十家之多，它们主要是为在中国投资的跨国公司提供物流配送服务。这些企业根据各自特点，发挥特长优势，积极开拓物流服务领域，形成了服务模式多样、多种经济成分并存的现代物流企业群体。

第三，各级政府部门采取措施积极推动物流配送的发展。不少省市已经把发展现代物流列入了日程，如上海、天津、深圳都把物流作为支柱产业。还有许多省市开始制订物流规划。国家有关部门对商品物流和配送采取了积极鼓励和支持的政策，在我国流通领域对外开放政策中，鼓励国外资本投资于物流和配送设施等。目前国内物流和配送服务已有较快的发展，物流配送已经成为许多企业降低成本，提高竞争力的重要手段。例如，相当多实行连锁经营的零售企业建立了自己的配送中心，为企业内部的连锁网点提供物流配送服务，一些连锁企业配送商品比例已经超过企业经营品种的50%。

第四，物流配送已形成了一定规模，并摸索出一些灵活多样的配送形式，加工配送成为一个重要的发展方向。早在2002年，全国物资系统年配送能力已超过200亿元，产品涉及钢材、木材、煤炭、化工、建材、机电产品等各种生产资料以及食品、副食、服装、农副产品等各种生活资料，配送地区遍及全国各重要城市。加工配送不仅可以增加配送产品的附加值，而且更能适应客户的要求。在实际中的钢材剪切、动力配煤、生鲜食品及熟制品等加工配送业务发展较快。

第五，现代物流配送设施和服务功能有了较大改善。一些物流配送企业结合配送进行了物流设施改造，新建了一批配送加工项目，配送中心在硬件设施、管理水平、管理信息系统等方面的建设，获得较大发展，有些已经达到较先进的水平。物流企业在研究开发物流信息技术和物流配送管理技术上取得了许多成果，对于推动我国现代物流发展发挥了积极作用。目前已有相当多的物流和配送技术开始进入中国，并在企业中得到越来越广泛的应用，如条码技术、计算机支持的信息管理技术、EDI、RFID等。

尽管我国物流配送近几年发展很快，但与发达国家相比还处在起步阶段，就目前物流的总体状况来说，与满足我国经济发展、实现物资高效率无障碍流动还有较大的差距。我国物流配送存在的问题主要有以下几个方面。

第一，物流宏观环境有待改进。由于物流活动范围很广，涉及众多的管理部门，管理体制条块分割，至今还没有一个宏观的物流管理协调机构，有关物流管理的法律法规尚在不断建设和完善之中。

第二，物流配送的基础设施有待完善。主要表现在：交通运输基础设施有待进一步发展；各种运输方式有待合理衔接；仓储设施功能单一、利用率低；物流信息技术应用有待进一步加强。

第三，物流配送标准化程度低。目前尚未完全建立起适应物流配送发展和配送业务运作的技术标准和工作标准体系，物流配送非标准化装备、设施和行为仍然相当普遍。

第四，物流配送的区域差异十分明显。地区间的物流配送发展不平衡，东部、中部、西部之间差异巨大，城乡物流发展不平衡。

第五，物流配送方面的理论研究相对薄弱，专业的物流配送管理及相关的技术人才短缺。

（2）我国配送中心的发展现状

与国外发达地区相比，我国正在建设和营运的配送中心基本上是为大型商场或连锁店内部服务的，还没有实现社会化配送。总体来看，我国物流配送中心建设仍处于起步阶段，面临的问题还很多。

第一，配送中心设施利用率低，发展缓慢。近年来，虽然我国的政府和物流企业已经在不断加大对物流配送基础设施建设方面的投入，但总体来看，建设的力度和速度还是远远不够的，还有相当部分的老化仓库仍在使用。虽然全国修建了一批较先进的物流配送中心，但整体而言，大部分仓储物流设施结构不尽合理，低档仓库较多，部分物流配送中心出现了将简易货场当仓库使用的情况；而设施先进合理、能适合特殊功能要求的高端仓库，如恒温库、冷藏库等能专用仓库较少。这使得我国配送中心难以达到产业发展的要求，从根本上制约了物流业的发展。

第二，配送中心配送比重低，采购成本居高不下。从我国目前零售商业的现状来看，除了少数具有较高知名度的大中型商业企业以外，大多数名义上的商业连锁企业都不具备连锁经营的核心，即通过统一采购、统一配送达到降低成本，最终统一结算的经营模式，这些连锁企业无法真正连锁的关键在于它们没有建立自己的物流配送中心或者借助于第三方物流公司来实现统一配送和采购。因此，这些商业企业只是具备了连锁经营的雏形，是“华而不实”的。而即使在那些已经做到统一采购、配送和结算的小部分大型商业企业中，企业的物流配送中心也未能最大限度地发挥作用，这极大影响了连锁企业优势的发挥。

第三，自动化、信息化程度有待提高。随着信息技术的迅猛发展，世界上先进的物流配送中心已经基本做到了利用各种先进的信息技术来提高管理水平，而我国的物流配送中心的现代化程度则相对落后。虽然也有少数物流企业对下辖的配送中心进行了信息化改造，但总体效果不佳。至今仍有大量的物流企业很少甚至没有借助信息化手段来进行物流作业，即便是在已经部分采用依靠信息技术手段进行配送作业的企业中，超过70%的企业其作业过程如到货分拣、商品组配、商品盘点等仍然以传统的手工作业为主，而信息技术只是作为其辅助性的管理技术手段，对计算机技术的运用仅限于配送中心的事务性管理（如货物的进购、销售、储存、配送等基本情况的记录等）；企业对相关信息的管理仍然以互联网、仓库管理系统（Warehouse Management System，WMS）、管理信息系统（Management Information System，MIS）等为主，对于供应链管理、企业资源计划（ERP）等一些较为高端的先进管理技术和方法的应用还处于起步阶段。另外，还有一点制约着我国的物流企业进行信息化改造，即物流专业人才的培养，如果企业对物流配送进行信息化改造，必然要求企业内有相应的专业人才来进行操作，而我国的物流企业大部分还只是劳动密集型企业，更多的是一些从事体力劳动的人员，缺乏相应的人才资源。这也与我国的物流业起步晚，物流人才培养相对滞后于社会发展要求的情况是一致的，所以我国的物流行业的信息化改造必然是一个逐步推进的过程，需要从多方面着手努力。

2.1.2 物流配送的作业流程

物流配送的作业流程如图2-1所示。

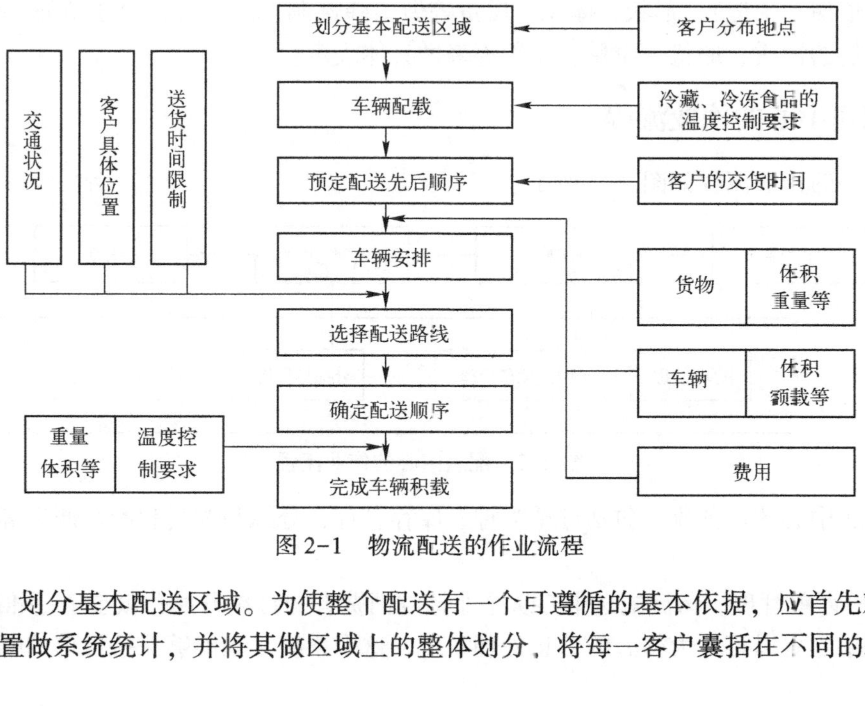

图2-1 物流配送的作业流程

步骤1，划分基本配送区域。为使整个配送有一个可遵循的基本依据，应首先对客户所在地的具体位置做系统统计，并将其做区域上的整体划分，将每一客户囊括在不同的基本配送区域之中，以作为下一步决策的基本参考。例如，按行政区域或依交通条件划分不同的配送区域，在这一区域划分的基础上再做弹性调整来安排配送。

步骤2，车辆配载。由于配送货物品种的特性各异，为提高配送效率，确保货物质量，必须首先对温度要求差异大的商品进行分类。在接到订单后，将货物依特性进行分类，以分别采取不同的配送方式和运输工具，如按冷冻食品、恒温商品、冷藏商品。其次，配送货物也有轻重缓急之分，必须初步确定哪些货物可配于同一辆车，哪些货物不能配于同一辆车，以做好车辆的初步配装工作。

步骤3，预定配送先后顺序。在考虑其他影响因素，做出最终的配送方案前，应先根据客户订单要求的送货时间将配送的先后作业次序做一概括的预计，为后面车辆积载做好准备工作。计划工作的目的是保证达到既定的目标，所以预先确定基本配送顺序可以既有效地保证送货时间，又可以尽可能提高运作效率。

步骤4，车辆安排。车辆安排要解决的问题是安排什么类型、吨位的配送车辆进行最后的送货。一般企业拥有的车型有限，车辆数量也有限，当本公司车辆无法满足要求时，可使用外雇车辆。

步骤5，选择配送路线。知道了每辆车负责配送的具体客户后，应该以最快的速度完成对这些货物的配送，即选择配送距离短、配送时间短、配送成本低的线路，这需要根据客户的具体位置、沿途的交通情况等做出优先选择和判断。除此之外，还必须考虑有些客户或其所在地点环境对送货时间、车型等方面的特殊要求，如有些客户不在中午或晚上收货，有些道路在某高峰期实行特别的交通管制等。

步骤6，确定配送顺序。做好车辆安排及选择好最佳的配送线路后，依据各车负责配送的具体客户的先后，即可将客户的最终配送顺序明确确定。

步骤7，完成车辆积载。明确了客户的配送顺序后，接下来就是如何将货物装车，以及以什么次序上车的问题，即车辆的积载问题。原则上，知道了客户的配送顺序先后，只要将货物依“后送先装”的顺序装车即可。但有时为了有效利用空间，可能还要考虑货物的性质（怕震、怕压、怕撞、怕湿）、形状、体积及质量等做出弹性调整。此外，对于货物的装卸方法也必须依照货物的性质、形状、质量、体积等来做具体决定。

2.1.3 配送中心的作业流程

配送中心的作业流程如图2-2所示。

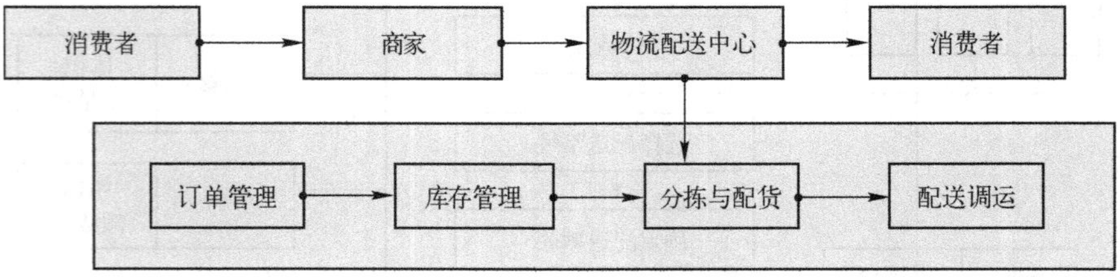

图2-2 配送中心的作业流程

物流配送中心的业务流程包括订单管理、库存管理、分拣与配货和配送调运等环节，具体如下。

步骤1，订单管理。物流配送中心从企业接收消费者的订单开始，就要着手准备货物。物流配送中心要建立以订单为核心的信息处理系统，这个系统必须能够保持订单的畅通无阻和实时更新，通过使用这个系统，物流配送中心、企业、消费者能够分享物流配送信息，并可以通过物流配送中心的订单跟踪系统，了解整个物流配送的业务流程，及时了解消费者的反馈信息，并做出调整，提高消费者的满意度。

步骤2，库存管理。目前我国主要有两种物流配送中心：一种是企业自建的自营物流配送中心；另一种是第三方物流配送中心。自营物流配送中心应把库存量控制到最佳数量，用最少的资源进行物流配送中心的库存管理；第三方物流下的物流配送中心则应该调节好不同货物运送、取货与送货之间由时间差造成的库存量，将第三方物流配送中心的库存控制在容量范围之内。自营物流配送中心的库存一般为储备，是针对一定时期内的企业的运货要求进行的货物存储，这种储存的形式具有储备数量大、结构完善等特点，因为对周转储备和保险储备的结构及数量进行有计划的确定，所以自营物流配送中心一般在其周围建设储存仓库，能够保证配送货物的及时运送。第三方物流配送中心的库存形式一般为存储，是指为了保证每日的正常配送，必须在整理货物的地点，按照一种分拣配货的要求，对企业发出的货物进行整理，经过短暂的存储，进行配送，此外由于第三方物流配送中心使用信息、网络技术，使物流配送中心与供应商、消费者之间可以在短时间内进行大量信息的交互，时间却日益缩短，这就使得“零库存”成为可能。

步骤3，分拣与配货。分拣与配货能够对物流配送中心的配送效率和服务水平起到直接的影响，它是完善和支持物流配送的准备性工作。提高分拣与配货的效率，能够提高物流配送中心的竞争能力和效益水平。物流配送中心能够按消费者要求对货物进行拣货、分类和配货，一般自营物流配送中心将消费者所需商品从物流配送中心的储位或其他区域快速准确地拣取出来，按一定方式进行分类集中、包装、分拣后，等待配装送货；第三方物流配送中心则不需要这一过程，第三方物流配送中心在取货时，商家就已经进行了包装，之后第三方物流配送中心则需要根据消费者所在的区域进行分拣，等待配装送货。物流配送中心有了高水平的分拣和配货功能，才能大大提高物流配送服务水平，故其是评价整个物流配送中心水平的决定性因素。

步骤4，配送调运。配送调运是物流配送中心在完成分拣与配货之后，对车辆进行有效的统筹规划，即在不同的消费者之中，挑选出相同地域或其他特点，使不同货物可以集中到一辆车进行配送，尽可能使每个配送的车辆都达到有效的荷载。物流配送中心的配送调运环节可以提高送货的服务水平和降低送货成本，有效地利用物流配送资源，提升消费者的满意度，对企业进行客户关系管理有十分重要的作用。配送调运环节对第三方物流配送中心有十分重要的意义，第三方物流配送中心每天把不同订单进行分类整合，发往全国各地，而配送调运环节就是要选择合理的运输路线、配备相应的运输设备把满足消费者订单的商品递交给消费者的过程。这个过程需要物流配送中心对运输方式、路线、工具进行合理的选择与规划，更经济、合理、安全地将商品及时地送交于消费者的手中。由于消费者的地域分布分散、范围大，所以物流配送中心必须依据消费者信息合理选择运输方式、运输路线和运输车辆，合理安排调运力量，用最有效率的物流配送方式，完成物流配送服务。

2.1.4 物流配送的典型模式及选择

1. 物流配送的典型模式

（1）自营配送

所谓自营配送是企业自己投资设备，自己进行管理。它是指企业物流配送的各个环节由企业自身筹建并组织管理，实现对企业内部及外部货物配送的模式。

这种模式有利于企业供应、生产和销售的一体化作业，系统化程度相对较高，既可满足企业内部原材料、半成品及成品的配送需要，又可满足企业对外进行市场拓展的需求。其优势总结如下。

第一，企业对供应链各环节有较强的控制能力，易于与生产和其他业务环节密切配合，全力服务本企业的经营管理，确保企业能够获得长期稳定的利润。对于竞争激烈的产业，自营物流配送模式有利于企业对供应和分销渠道的控制。

第二，可以合理地规划管理流程，提高物流作业效率，减少流通费用。对于规模较大、产品单一的企业而言，自营物流可以使物流与资金流、信息流、商流结合得更加紧密，从而大大提高物流作业乃至全方位的工作效率。

第三，可以使原材料和零配件采购、配送以及生产支持从战略上一体化，实现准时采购，增加批次，减少批量，调控库存，减少资金占用，降低成本，从而实现零库存、零距离和零营运资本。

第四，反应快速、灵活。企业自营物流配送模式由于整个物流体系属于企业内部的一个组成部分，与企业经营部门关系密切，以服务于本企业的生产经营为主要目标，能够更好地满足企业在物流业务上的时间、空间要求，特别是要求物流配送较频繁的企业，自营配送能更快速、灵活地满足企业要求。

其不足之处为：企业自建配送体系的投资规模非常巨大，在企业配送规模较小时，配送的成本和费用也相对较高，存在投资风险。一般只有实力较强的大企业才有可能进行自营配送。该模式比较适合于连锁经营企业。

（2）共同配送

共同配送模式是指若干个物流企业在配送网络与服务方面存在优势互补的情况，各方在基于互相信任、风险共担、利益共享的长期战略合作伙伴关系下，通过协作性信息平台将各方的配送中心、运输部门等相关物流服务部门连接成为“虚拟联盟”，通过配送要素之间的双向或多向流动，信息共享以及一系列的决策支持技术来实现对这些物流企业配送业务的统一调度和管理。共同配送模式的另外一种表现形式是：多个客户联合起来共同由一个第三方物流服务公司来提供配送服务。针对商品的配送品种多样化、需求多层化、流通渠道多元化的特点，按照不同的需求进行物流配送，共同配送将成为城市配送的主导力量。

共同配送有以下六大好处。

第一，集约化程度的提高，使物流企业的人工、设备和设施费用分摊到了很多共享的客户身上。这些零散客户共享所带来的生意就像大客户所带来的生意量一样大，使得物流企业可以发挥物流的规模效益，从而节约成本，提高服务水平。

第二，有利于满足顾客要求。有很多客户的需求量并不大，但是商品种类多，对时间又有较高的要求，只有进行共同配送，才能整合多客户资源，满足不同客户的要求。

第三，有利于优化资源配置。共同配送整合了所有参与客户的商品资源，整合了客户和第三方物流的车辆和库房资源，同时整合了所有参与客户的配送线路资源。目前由于交通堵塞和超市收货排队的原因，车辆的装载率与送货点数形成了一个尖锐的矛盾。每个店送货量少，而门店又在不断地增加，如果考虑装载率，把车辆全部装满后同时还要考虑到是否能够在收货时间内送完，加上要考虑驾驶员的在途工作时间等，在这些矛盾下只能选择降低装载率以保证完成客户的送货时间要求。

第四，有利于提高运输效率。共同配送整合了大量客户，使冷藏车辆的载重和车辆载货空间得到了有效利用，避免了车辆不满载导致的浪费，提高了运输的效率。

第五，有利于提高配送科技含量。实施共同配送，有利于配送服务企业提高配送的科技含量，多家企业参与共同配送，一方面有助于共建信息系统与网络，实现信息共享与快速响应；另一方面也有利于在配送过程中，利用射频技术、GPS、传感技术等，对配送过程进行全面监控，为客户提供更多增值服务。

第六，有利于提高社会效益。实施共同配送，大大减少了在途配送车辆，缓解了交通压力，降低了碳排放量，对环境的污染也随之减少。

共同配送的模式从合作主体间的关系角度来看，可以分为横向共同配送、纵向共同配送和共同集配。

1）横向共同配送。横向共同配送是指采取共同配送的合作者处于供应链的相同层次，从合作主体的产业归属可以分为同产业间的横向共同配送和异产业间的横向共同配送。

同产业间的横向共同配送是指相同产业的生产或经营企业为了提高物流配送效率，通过配送中心或物流中心集中运输产品的一种方式。同产业间的横向共同配送节省了各参与企业大量物流设施、设备、人员的投资，而且企业能够集中精力发展自己的核心业务；并且这种配送模式有利于实现专业化，配送水平相对较高，提高了运输效率。

异产业间的横向共同配送是指将从事不同行业的企业生产经营的商品集中起来，通过物流中心或配送中心对顾客进行配送的一种形式。与同产业间的横向共同配送相比，其商品配送范围更加广泛，涉及的部门更加多样化，属于多产业结合型的业务合作。

2）纵向共同配送。它是指供应链上游和下游成员建立合作配送体系，更加高效地完成配送任务。纵向共同配送有三种常见的形式。

① 原料供应商与制造商之间的共同配送。

② 零售商与批发商之间的共同配送，即大型零售业主导的共同配送。

③ 产、批组合型异产业共同配送。这种形式主要是由生产商和批发企业共同出资、参加建立的共同配送企业，以对便利店等现代零售企业多频度、小单位、统一的配送活动。这种共同配送使产、供、销实现了更紧密的合作，更好地满足了消费者的需求。

3）共同集配。共同集配是将共同配送策略引入到物流配送领域之后，对其进一步的深化和发展。

共同集配是一种以大型运输企业或第三方物流企业为主导的合作型共同配送模式，包括集货和送货两个部分，即由大型运输企业或第三方物流企业统一集中货物，然后将商品让渡给指定运输企业，再由各运输企业或第三方物流企业分别向各个地区配送。这种形式既可以依托下游的零售商业企业，成为众多零售店铺的配送、加工中心，又可以依托上游的生产企业，成为生产企业，特别是中小型生产制造企业的物流代理。

（3）第三方配送

第三方配送是指生产经营企业为集中精力搞好主业和节约成本，把原来属于自己处理的物流配送活动，以合同方式委托给专业物流服务企业，同时通过信息系统与物流企业保持密切联系，以达到对配送全程管理控制的一种物流运作与管理方式。

第三方物流配送模式有以下 3 个优点。

第一，将企业的非核心业务外包给专业的第三方物流企业，势必将节省大量的基础设施和设备、网络及人力的成本投入，必然会在一定程度上加强企业自身的核心竞争能力。

第二，可以转移物流过程中的各种风险和潜在风险，包括管理风险、人员劳资风险、交通风险等。

第三，财务核算、成本控制更加清晰明了。企业通过把物流业务外包给专业的第三方物流企业，然后专注于打造其核心竞争力，利用第三方物流的规模效益来降低自己的物流成本，是“双赢”的事情。例如，大众交通股份有限公司、锦江集团旗下的上海食品公司与日本三井物产株式会社合资成立了国内第一家专门从事低温食品物流的企业——上海新天天大众低温物流有限公司。他们通过调查发现，上海每天有 6700 万吨生鲜易腐食品上市，而且冷链食品的年消费增长率在 8%以上。在超市等大卖场中，冷链食品所占比例达到 20%以上，有非常广阔的发展前景。

2. 物流配送模式的选择

（1）矩阵图决策法

矩阵图决策法主要是通过两个不同因素的组合来选择配送模式的方法，如图 2-3 所示。根据企业的配送能力与配送对企业的重要性将判断矩阵分成四个区域，然后分析每个区域应该采用何种配送模式。矩阵图决策法属于定性分析，根据对企业影响较大的指标做出判断。这种方法比较抽象，是从全局上对配送模式的选择做出一个大致的判断，适合企业进行一个大概的决策。

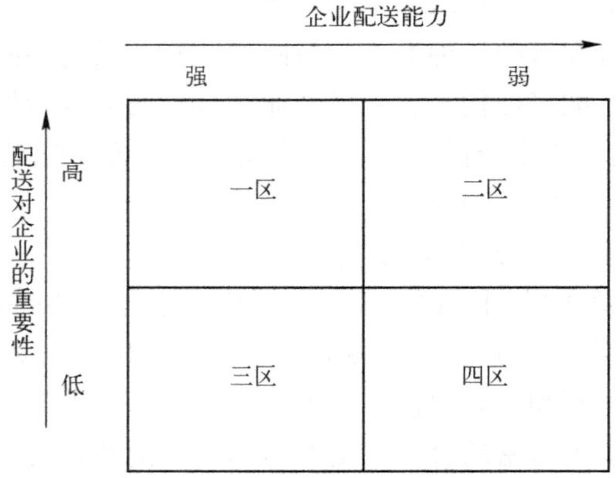

图 2-3　矩阵图决策法

一区：配送对企业具有较高的重要性，企业也有较强的配送能力，在配送成本较低和地理区域较小但市场相对集中的情况下，企业可以采取自营配送模式，以提高顾客的满意度和配送效率，与营销保持一致。

二区：配送虽对企业的重要性较高，但企业的配送能力较弱。此时，可选择的模式有三种：自营配送模式、共同配送模式和第三方配送模式。一般说来，市场规模较大，且相对集中及投资量较小的情况下，企业可以采取自营配送模式，要是情况相反，可采取第三方物流配送模式。

三区：配送在企业战略中不占主要位置，但企业却有较强的配送能力，此时，企业可向外拓展配送业务，以提高资金和设备的利用能力，既可以采取共同配送模式，也可以采用互用配送模式。

四区：企业的配送能力较弱，且不存在较大的配送需求，此时，企业宜采取第三方配送模式或供应商配送模式，将主要精力放在企业最为擅长的生产经营方面，精益求精获得更大的收益。

(2) 比较选择法

比较选择法是企业对配送活动的成本和收益等进行比较而选择配送模式的一种方法。一般有确定型决策、非确定型决策和风险型决策等。

1) 确定型决策。确定型决策是指一个配送模式只有一种确定的结果，只要比较各个方案的结果，就可以做出选择配送模式的决策。

例 2-1：某企业市场份额扩大，拟完善配送系统，现有三种方案可选，各方案配送模式的成本收益如表 2-1 所示。

表 2-1 各配送模式的成本收益

配送模式	成本费用/万元	销售额预计数/万元
自营配送模式	8	160
共用配送模式	7	150
第三方配送模式	5	145

这一类问题为单目标决策，可以运用价值分析解此类问题。根据计算结果，若某一种配送模式的价值系数越大，则说明该种模式的配送价值越大，是企业最佳的配送或满意模式。价值系数公式为

$$V=\frac{F}{C}$$

式中 V——价值系数；

F——功能，在此例中为销售额预计数；

C——成本费用。

解：自营配送模式：$V=\frac{F}{C}=\frac{160}{8}=20$（万元）

共同配送模式：$V=\frac{F}{C}=\frac{150}{7}=21.4$（万元）

第三方配送模式：$V=\frac{F}{C}=\frac{145}{5}=29$（万元）

因为第三方配送模式价值系数最大，所以选择第三方配送模式。

在实际经营过程中，企业对配送模式的选择往往需要考虑许多方面的因素，即需要进行多目标决策。此时，评价配送模式的标准是各模式的综合价值，一般可用综合价值系数来进行选择。若某一模式的综合价值系数越大，则说明该模式的综合价值就越大，就是企业所要选择的配送模式。综合价值系数公式为

$$V=\sum M_iF_i$$

式中 V——综合价值系数；

M_i——各因素所占的比例；

F_i——权数，即该因素的重要性。

例 2-2：某企业在选择配送模式时，有四个要考虑的目标，各配送模式的目标成本如表 2-2 所示，该选择哪种模式呢？

表 2-2　各配送模式的目标成本

配送模式	项目	成本费用/万元	销售额预计数/万元	利润总额/万元	客户满意度(%)
	权重	0.1	0.3	0.4	0.2
自营配送模式		10	220	25	98
共同配送模式		8	180	17	97
第三方配送模式		5	140	15	99

各配送模式的综合价值系数计算如下。

自营配送模式：

$$V=\sum M_iF_i=\frac{10}{23}\times0.1+\frac{220}{540}\times0.3+\frac{25}{57}\times0.4+\frac{98}{294}\times0.2=0.407$$

共同配送模式：

$$V=\sum M_iF_i=\frac{8}{23}\times0.1+\frac{180}{540}\times0.3+\frac{17}{57}\times0.4+\frac{97}{294}\times0.2=0.318$$

第三方配送模式：

$$V=\sum M_iF_i=\frac{5}{23}\times0.1+\frac{140}{540}\times0.3+\frac{15}{57}\times0.4+\frac{99}{294}\times0.2=0.271$$

综上，由于自营配送模式价值系数最大，所以选择自营配送。需要注意的是，在利用确定型决策选择配送模式时，要明确以下几个方面的问题：一是决策的目标要明确；二是至少要有两个可供选择的配送模式；三是未来有一个确定的自然状态或一组确定的约束条件；四是各备选方案的自然状态或约束条件的效益值可以确定。

2）非确定型决策。非确定型决策是指一个配送模式可能出现的几种结果，而又无法知其概率时所进行的决策。

其条件是：决策者期望的目标明确，存在着不以决策者意志为转移的两种以上状态，具有两个或两个以上可供选择的配送模式，不同模式在不同状态下相应的损益值可以获得。非确定型决策作为一种决策方法，虽然带有较大的主观随意性，但也有一些公认的决策准则可供企业在选择模式时参考。

例 2-3：某企业计划通过革新配送系统，提高客户满意度，从而稳定现有客户，开发潜在客户，可供选择的配送模式有三种，企业对客户的满意度无法做出准确的预测，只能大体估计出三种情况，以及相关的成本费用，各配送模式的满意度成本如表 2-3 所示，其后悔值如表 2-4 所示，该问题应如何决策？

表 2-3　各配送模式的满意度成本

自然状态	配送模式		
	自营配送模式	共同配送模式	第三方配送模式
满意度高	100	80	75
满意度一般	70	50	60
满意度低	30	20	30

表 2-4　各配送模式的满意度成本的后悔值

自然状态	配送模式		
	自营配送模式	共同配送模式	第三方配送模式
满意度高	25	5	0
满意度一般	20	0	10
满意度低	10	0	10

解法一：乐观准则

所谓乐观准则是指从每种模式中选择一个最小成本看作必然发生的自然状态，然后在这些最小成本的模式中，选择一个最小成本的模式作为满意方案。这种决策方法一般适用于把握性较大和风险较小的情况。

此例中：

自营配送模式中成本最小为 30。

共同配送模式中成本最小为 20。

第三方配送模式中成本最小为 30。

比较这三种模式中的最小成本，共同配送模式为最小。所以，选择共同配送模式。

解法二：悲观准则

所谓悲观准则是指首先从每种方案中选择一个最大成本作为评价模式的基础，其实际上是对每个局部模式持悲观态度，从不利角度出发，把最大成本作为必然发生的自然状态，将非确定型问题变为确定型决策问题来处理。然后，再从这些最大的成本之中选择成本最小的模式。在现实经济生活中，这种决策方法一般适合于把握性较小和风险较大的问题。

此例中：

自营配送模式中成本最大为 100。

共同配送模式中成本最大为 80。

第三方配送模式中成本最小为 75。

比较这三种模式中的最小成本，第三方配送模式为最小。所以，选择第三方配送模式。

解法三：后悔值法

后悔值法也称沙万奈准则。这种决策方法是以每个模式在不同自然状态下的最小成本值作为理想目标。如果在该状态下，没有采取这一理想模式，而采取了其他模式，会使成本增加，就会感到"后悔"，这样每个自然状态下的其他模式值与理想值之差所形成的损失值，就称为"后悔值"。然后按模式选出最大的后悔值，在最大的后悔值中再选出后悔值最小的成本值，其对应的模式就是企业所要选择的模式，这种决策方法是较为保险的一种决策。

自营配送模式最大后悔值为 25。

共同配送模式最大后悔值为 5。

第三方配送模式最大后悔值为 10。

所以，共同配送是可选模式。

3）风险型决策。风险型决策是指在目标明确的情况下，依据预测得到不同自然状态下的结果及出现的概率所进行的决策。

由于自然状态并非决策所能控制，所以决策的结果在客观上具有一定的风险，故称为风险型决策。风险型决策通常采用期望值准则。一般是先根据预测的结果及出现的概率计算期望值，然后根据指标的性质及计算的期望值结果进行决策。产出类性质的指标，一般选择期望值大的方案；投入类性质的指标，一般选择期望值小的方案。

例 2-4：某企业通过加强配送效率，提高客户满意度来扩大产品的市场需求规模，现有三种配送模式可供企业选择。其中，各配送模式的市场需求规模和实现概率如表 2-5 所示，应选择哪种模式？

表 2-5　各配送模式的市场需求规模成本

市场需求规模	概率	销售量/万元		
		自营配送模式	共同配送模式	第三方配送模式
大	0.5	1000	1200	1500
一般	0.3	800	700	1000
小	0.2	500	400	300

解：

自营配送模式期望值（各种实现概率下的平均值）：

$$E_1=0.5\times1000\text{ 万元}+0.3\times800\text{ 万元}+0.2\times500\text{ 万元}=840\text{ 万元}$$

共同配送模式期望值：

$$E_2=0.5\times1200\text{ 万元}+0.3\times700\text{ 万元}+0.2\times400\text{ 万元}=890\text{ 万元}$$

第三方配送模式期望值：

$$E_2=0.5\times1500\text{ 万元}+0.3\times1000\text{ 万元}+0.2\times300\text{ 万元}=1110\text{ 万元}$$

因为第三方配送模式的期望产出最大，所以选择第三方配送模式。

2.2　电子商务物流配送的路径与流程优化

电子商务中的物流配送作为一种新型物流配送模式能使商品流通较传统的物流配送方式更容易实现信息化、现代化、社会化、智能化、合理化、简单化，使货畅其流，物尽其用。既减少了生产企业库存、加速资金周转、提高物流效率、降低物流成本，又刺激了社会需求，有利于对整个社会的宏观调控，提高整个社会的经济效益，促进市场经济的健康发展。

在传统的物流配送企业中，大量的人从事的都是简单的重复劳动。在智能化的新型物流配送企业中，这些繁重和重复的工作都会交给计算机、网络和自动机械，留给人们的是能够给人激励、挑战的工作，人类自我实现的需求得到充分的满足。因此，推行信息化配送制，发展信息化、现代化、智能化和社会化的新型物流配送是我国发展和完善电子商务服务的一项重要内容，对物流配送路线、流程和工作设备的优化势在必行。

2.2.1　物流配送路径优化

1. 物流配送路径优化问题概述

配送路径优化是建立在一般路径优化的基础之上，由丹齐格（Dantzig）和拉姆泽（Ramser）在 1959 年提出，被归纳为 Vehicle Routing Problem，简称 VRP。它是指在一定的约束下，根据已知的信息，如待服务客户的网点布局、配送中心的位置、车辆的最大负荷等信息，为车队组织出适当的行车路线分送货物，使得在满足客户需求的同时，达到既定的目标，实现诸如路程最短、成本最小、耗费时间最少等目标。

经过 50 多年的发展，通过国内外学者对 VRP 问题不断深入地研究，根据约束条件的不同，VRP 问题形成了许多不同的分类，主要有以下几种。

1）按配送中心的数目进行划分，VRP 可分为单配送中心和多配送中心两种类型。单配送中心 VRP 表示配送车辆发车或回车只有一个配送中心；多配送中心 VRP 的配送车辆则有多个配送中心可供选择。

2）按车辆完成配送任务后是否回到原车场进行划分，VRP 可分为封闭式 VRP、开放式 VRP 和半开放式 VRP。封闭式 VRP 的配送车辆必须回到原发车车场；开放式 VRP 的配送车辆不一定回到原发车车场，回车车场可以是指定的多个车场之一，也可以以完成最后一个配送任务为配送结束标志，不用回到车场；半开放式 VRP 发车车场与回车车场不同，但回车车场固定。

3）按配送的任务进行划分，VRP 可分为单纯送货问题、单纯集货问题、送集混合问题。单纯送货问题是指单纯将货物送到客户手中；而单纯集货问题是指仅仅将客户手中的货回收到配送中心内；送集混合问题是指不仅要考虑将货物从配送中心送到各个客户的手中，与此同时，还要考虑将客户手中的货物运回到配送中心内。

4）按车辆类型数进行划分，VRP 有单车型问题（所有配送车辆的载重量相同）和多车型问题（配送车辆的载重量不完全相同）。

5）按 VRP 的约束类型进行划分，可分为能力约束和时间窗约束。能力约束主要要考虑车辆的实行距离，车辆的载重量。时间窗约束可分为硬时间窗和软时间窗，硬时间窗即客户要求货物必须在规定的时间段内送达，绝对不能早也不能晚；软时间窗即客户要求货物尽量在规定的时间段内送达，可早可晚，但早或晚送达要给负责送货的公司相应的惩罚。

2. 电子商务环境下配送路径优化问题考虑因素分析

在对电子商务环境下的配送路径进行优化之前，必须要对电子商务影响配送路径优化问题的各要素有清晰的了解。传统的配送路径优化问题往往只考虑了一些常规要素，如运输网络、配送中心、客户、货物、目标函数、约束条件和优化算法等；研究的内容一般局限于算法的改进优化，大部分研究仍以最短路径作为目标函数的基础，以此来降低成本和节约时间。

随着科技的发展，电子商务环境下的物流配送已具备现代化、信息化、社会化等特征，且电子商务企业越来越多，竞争不断加剧，导致电子商务企业在货物“最后一公里”优势的竞争白热化，电子商务企业之间的竞争已经从产品价格的竞争延伸到物流配送服务质量的竞争。因此，我们研究电子商务环境下的物流配送问题时，除了要考虑影响 VRP 问题的常规要素之外，还要考虑与电子商务相关的要素，如配送车辆的经济车速，城市的交通条件、道路条件，甚至是当天的天气状况等。

电子商务环境下物流配送路径优化需要考虑的因素具体如下。

（1）运输网络

运输网络主要由配送中心、客户和运输的路线三方面组成，运输的路线将配送中心和客户连接起来，构成一张平面图，对运输网络的了解是对路径优化的基本条件。

（2）配送中心

配送中心作为配送的始发点，其数量和选址都对配送路径优化有着至关重要的影响。

（3）客户

客户作为配送路径中的一个节点，其位置分布、收货的时间、所需货物的量都是路径优化中要考虑的问题。

（4）货物

由于载货车辆的载重量或容积有限，路径优化中要考虑到货物的载重量或容积。

（5）目标函数

VRP 问题的目标主要有以下几种：① 最小化总运输成本；② 最小化配送车辆总配送里程；③ 最小化配送车辆数；④ 最大化客户服务水平；⑤ 其他目标，如最小化配送车辆空载里程，最小化违约时间等。

（6）约束条件

VRP 问题的约束主要有以下几种：① 车辆能力约束，如载重量和容积有限；② 配送里程约束，每种配送车辆都有自己的最大配送距离约束；③ 任务时间窗约束，客户要求货物送达的时间一定。

（7）优化算法

VRP 问题一直是物流和算法研究领域的热点问题，它对提高配送系统效率和节约物流成本有重要的理论和实际意义，目前对于 VRP 问题的求解方法非常多，一般可以分为两大类：精确算法和启发式算法。

（8）经济车速

经济车速指的是汽车行驶中以最节省的方式消耗燃料的速度。车辆在行驶时，耗油量随着车速的变化而变化，根据汽车燃油的特性，当车辆低速行驶时，耗油量随着车速的增加而减少，当车速过了某个临界值时，耗油量又会随着车速的增加而增加，这个临界值就是经济车速。

（9）交通条件

在城市配送中，影响车辆车速的一个主要因素就是交通条件，换言之就是拥堵。目前人们生活的城市，拥堵已经司空见惯，不同程度的拥堵每天都在发生，而每天早晚高峰道路交通量大，导致车辆行驶缓慢。

（10）道路条件

道路条件是指由道路状况决定的，并影响汽车运用的因素。车辆在运行过程中的行驶速度不仅要受交通条件的影响，还要受道路条件的影响。道路条件对车速的影响主要来自于以下几个方面：车道干扰情况、车道宽度、车道数、车流密度、路口数以及施工路段等。此外，路面的质量也对车辆配送有一定的影响。因此，在进行电子商务物流路径优化时一定要先熟悉各种备选路径的道路条件。

（11）天气状况

天气状况对车速的影响主要来自于以下两个方面：① 对驾驶员心理上的影响。天气的阴晴，气候的冷暖都对驾驶员心情有着一定的影响，晴空万里常常给人带来不错的心情，阴天却可能会使驾驶员的心情灰暗沮丧，特别是目前低温和酷暑天气普遍存在，特别容易使驾驶员疲劳，心情不佳，动作迟缓，反应迟钝，从而影响车速，甚至会导致事故。② 对交通状况的影响。相比于心理变化对车速的影响，恶劣天气对车速的影响要明显得多。众所周知，暴雨、暴雪、冰雹都会对车辆行驶的速度有着不同程度的影响。

（12）配送的时效性

电子商务企业之间竞争的加剧让消费者对电子商务配送提出了更高的要求，消费者已经不仅仅要求电子商务企业在恰当的地点将正确数量的产品完好地送达，更要求企业在配送上所花费的时间尽量缩短。根据某电子商务企业的某次“消费者最不能容忍的失误有哪些”的调查，90%的网友选了“最不能容忍公司拖延送货时间”，仅次于 100%的顾客选择的“丢失和损坏包裹是最不能容忍的”这一项。由此可见，配送时效性在消费者心中的地位。鉴于此，当前很多 B2C 电子商务企业提出了“次日达”和“今日达”的服务，以此来确保配送的时效性。

（13）客户配送点的随机性

在传统配送模式中，客户收货地址往往一定，商品的需求量往往也一定。因此在配送的过程中，每天配送的路径不会有太大的变化。而在电子商务配送模式中，配送企业面对的客户是最终消费者，而这些最终消费者分散在城市各处，只有这些客户下达订单后，才能最终确定好配送点的最终位置，因此电子商务每天所面临的客户配送点在城市中呈随机分布，这也给电子商务企业配送的时效性带来了一定的困难。

3. 电子商务环境下配送路径优化问题的目标

电子商务环境下配送路径优化问题的目标一般有以下几种。

（1）配送总成本最低

成本是企业最为关注的焦点问题。因此它也是配送路径优化问题中最常见的优化目标。在以往的路径优化问题中，总认为配送总路程和配送总成本成正比，将二者通常等同于一个目标。但由于现实生活中拥堵问题的普遍存在，导致了目前城市配送中最短路径并不一定是最优路径，也就是说，配送总路程最短的路径也许并不是配送总成本最低的路径。

（2）配送的总等待时间最少

电子商务配送与其他行业的配送相比，客户对配送时间的要求极为苛刻。配送的快捷性已经成为电子商务企业间竞争取胜的有力武器。因此，将配送的总等待时间量化为成本有一定的现实意义。

（3）物流运输所用车辆最少

车辆的使用会产生一定的费用，而且在没有必要的情况增加车辆的使用数量，会导致运输成本的大幅上升。由于增加车辆所需的费用，一般比增加车辆运行距离的成本要高，因此要求使用最少的运输车辆也是比较常见的优化目标。

（4）客户满意度最大

在电子商务行业，配送的个性化十足，提升客户的满意度能够有效地吸引更多的客户，因此将客户满意度作为优化目标是未来 VRP 问题的发展方向之一。

除此之外，电子商务环境下的配送路径优化问题还必须考虑配送对环境的影响，实现企业节能减排的目标。因此，配送路径优化的目标除了以上 4 个方面外，还要考虑配送过程中的碳排放量最低。目前正处于低碳经济的宏观大背景下，政府和社会要求企业为社会经济发展做出贡献的同时也要为环境保护出一份力，进行可持续发展。因此电子商务企业在进行配送路径优化时，不仅要考虑车辆运输的成本，还要考虑配送过程中碳排放量产生的成本，力求在保证完成任务的前提下将碳的排放量降到最低。当然，随着行业的不同和社会的发展，还会产生各种各样的目标。但由于“二律背反”现象的存在，即选择其中的一种优化目标必然会导致另一种或几种优化目标的倒退，所以在确定优化目标时，可以根据现实中各自的情况，选取一种或是多种目标进行优化。

2.2.2 物流配送流程优化

1. 物流配送关键流程分析

不同的物流企业有不同的配送流程。即使是同类物流企业，由于具体情况仍会有所差异，因此配送流程也是不一样的，但总体来说，一般物流企业配送流程的相似性很大，总体流程差别较小。以货物流通的线路为线索，从物流配送包含的作业环节的角度对物流企业配送过程中的重要作业流程进行分析，物流配送的大致流程如图 2-4 所示。

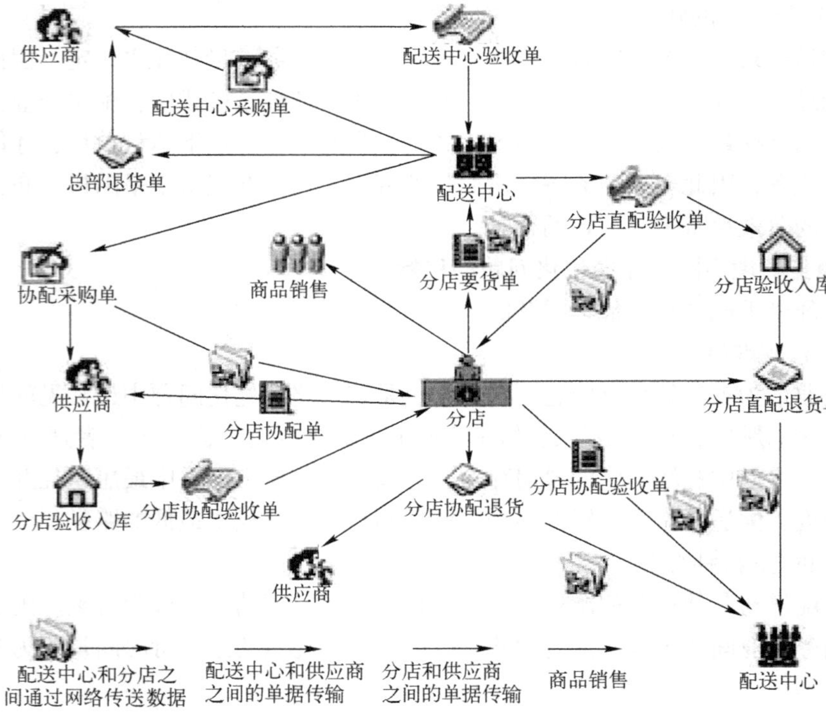

图 2-4　物流配送业务流程

一般情况下，物流配送流程分析主要包括以下几个方面。

（1）订单处理作业流程分析

企业在接到客户订单的通知后，就需要对订单进行处理。订单处理是配送流程的第一个环节，只有将第一个环节做好了，才能使接下的环节顺利进行，因而它对整个配送业务有着至关重要的作用，是其他任何环节不能替换也不能比拟的。确切地说，它是配送业务中最核心的部分，是整个配送业务得以顺利进行的首要条件，订单处理作业流程如图 2-5 所示。

目前大多数物流配送中心在订单处理时，主要包括以下几个作业环节。

1）订单受理环节。订单受理环节的主要工作是：工作人员先将客户的订单信息进行整理、分类并与客户一起确认，然后将确认之后的订单信息发送到配送中心。配送中心在接收到客户的订单信息后，首先对订单进行简单的审核和确认，然后对每位客户建立一个订单文档，用以记载客户的订单情况，以备后续的查询与更新操作。

在传统的订单受理环节中，很多作业程序都是靠工作人员手工完成的，如订单的审核、整理、分类等。手工操作效率低下，出错率较高。因此，目前手工技术大都被淘汰。在现代的订单受理环节中，工作人员首先将订单转换为电子数据，再将电子数据信息发送到配送中心，从而提高作业效率，降低出错率。物流配送中心在收到订单信息后，对客户订单中的详细情况进行审核和确认，并将订单加以分类。一般情况下，订单分类是按照确认后的交易类型进行订单分类的，以便区别处理。最后，配送中心还要为客户设计合适的存储形式。在设计时，需根据用户订单的不同交易类型，严格按照设计的标准进行，要尽量简洁，减少重复数据的输入。

2）订单数据处理。订单信息被确认之后，要根据订单查询这些货物的储备情况；然后根据查询结果进行库存分配，并制定拣货单和出货单等；最后将这些单据打印输出，并根据这些输出单据进行出货物流作业。订单处理作业流程如图 2-5 所示。

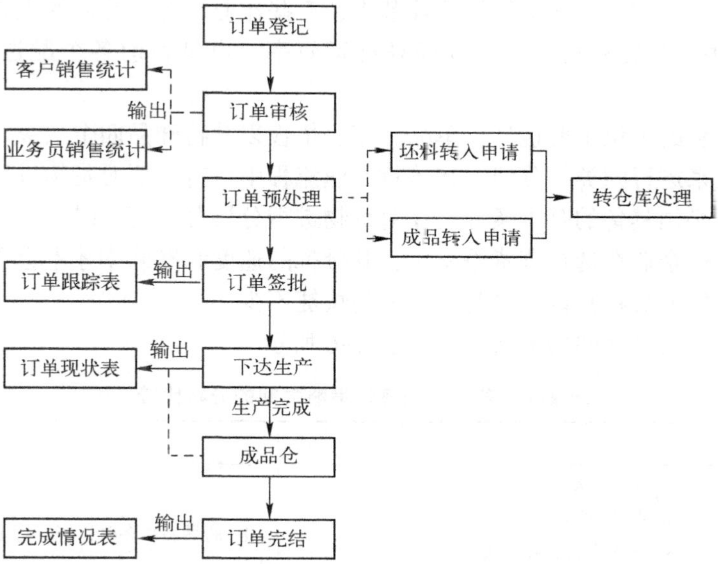

图 2-5　订单处理作业流程图

3）订单状况管理。一般来说，对订单状况的管理主要是指以下两个方面：一方面是指订单资料在执行过程中是否按正常程序进行；另一方面则是指不同工作人员在管理同一客户订单信息时是否存在对接错误。另外，若存在客户要求变动订单信息时，工作人员要及时更新该客户的订单信息，并与客户进行确认，从而避免因订单信息的差错导致企业遭受不必要的损失。

（2）拣货作业流程分析

当配送中心对客户订单信息进行确认和审核后，就会对订单信息进行分类，并同时制定出相应的货物配送清单，安排拣货。拣货作业流程如图 2-6 所示。

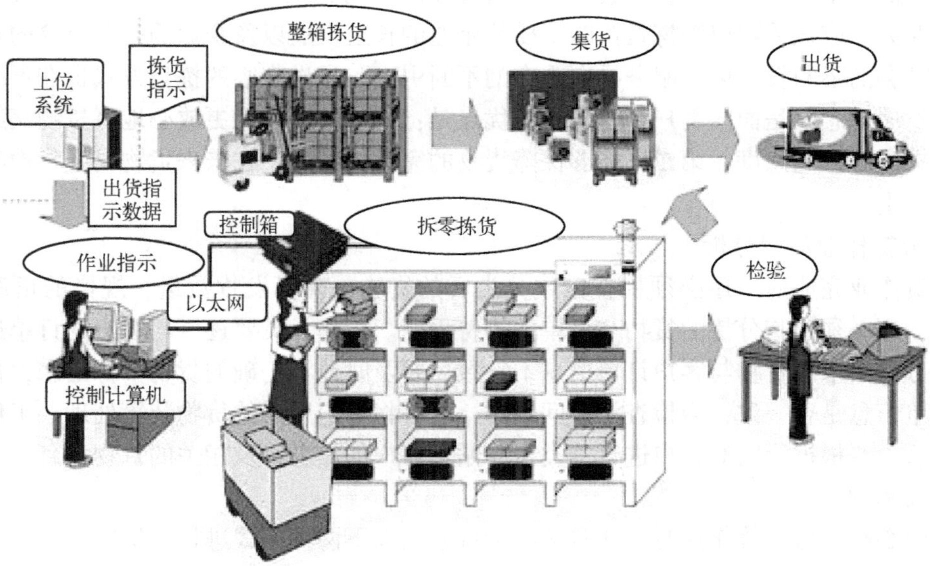

图 2-6　拣货作业流程

在拣货时，工作人员会按照客户的需求，根据订单中货物的种类和数量来安排拣货任务。目前，在一些较大型的物流配送中心都引进了自动拣货系统，这极大地提高了拣货效率，减少了人工操作的出错率。然而，在拣货作业环节中，有些作业程序还是需要人工来完成的，如何将人力资源与自动拣货系统配合起来以提高拣货效率，也是目前各个配送中心急需解决的问题。

目前，国内拣货的单位主要包括：单品、箱、垫板以及特殊品四个层级。不同性质的货物可按照不同的层级来进行归类、分级。在拣货作业流程中，首先要对货物进行分层归类，这也是进行拣货作业时必须具备的基本条件，在对货物进行分层分类管理时，一定要保证货物分层分类的正确性。这样企业在选择拣货策略时，其分拣的速度和准确率才不会受到货物分层分类的影响。此外，工作人员在查询货物时也会方便快捷不少。

各种不同的拣货策略之间的分析比较如表 2-6 所示。

表 2-6　各种不同拣货策略之间的分析比较

拣货策略	优　　点	缺　　点
按订单拣取	1. 作业方法单纯 2. 前置时间短 3. 导入容易且弹性大 4. 作业员责任明确，分工明确，公平 5. 拣货后不用进行分类作业，适用于大量订单的处理	1. 商品品种多时，拣货行走路线加长，拣取效率降低 2. 拣货区域大时，搬运系统设计困难
批量拣取	1. 适合订单庞大的系统 2. 可以缩短拣取时搬运行走的距离，增加单位时间的拣货量	无法对订单做出快速反应，必须等订单积累到一定数量时才做一次性的处理，因此会有停滞的时间产生。（只有根据订单到达的状况做等候分析，决定出适当的批量大小，才能将停滞时间减到最低）

由于拣货策略跟订单性质有很大关系，因此，物流企业在选择拣货策略时，要充分考虑客户的订单性质。当客户订单的需求数量大，并且要求在同时段配送时，可采用批量拣取的方式；当客户的订单多但很零星，并且要在不同时段配送时，则可按订单拣取的方式进行拣取。然而，企业究竟应该采取何种拣货策略，要从企业的长远发展以及企业的服务对象的角度来分析。随着社会的不断发展以及服务导向观念的不断引入，配送中心的拣货方式也在不断地发展当中，其发展理念就是面向客户。这样做的优点是：第一，客户能更放心地将货物交给企业进行配送，提高客户满意度；第二，能够保障货物的完整；第三，在未来货物发生货损时，能分清过失与权责。

（3）分拣作业流程分析

在拣货作业完成后，还必须检查完成分类后的货物，确保发货数量、规格的正确性及质量。此外，还必须检查分拣的货物与订单的相符程度。工作人员要逐一与客户的订单进行比对核查，若分拣出来的货物与客户订单信息不一致，要及时地将正确的货物分拣出来，再次检查货物与订单信息是否一致，当检查没有问题时，便可将客户所需的货物装箱处理。工作人员将货物打包后，要根据货物对客户进行分类，并贴上客户的信息以及相关的货物信息，以便工作人员送货及卸货。

配送中心在进行分拣作业时，通常情况下可采用以下两种方式进行分拣货。

1）人工处理。整个分拣过程都是由现场工作人员来进行操作的，在进行分拣货时，工作人员根据客户订单或是配送中心制定的配送单来进行分拣，将每个客户所订的货物送至已做好的客户标识的区域。

2）自动化处理。这种方式主要是借助自动分类机，通过计算机及辨识系统对货物进行分类，因此不但分类迅速，而且正确率也很高，尤其在拣取数量或分类数量众多的情况下，其分类效率会更高。货物在配送时的正确性与分拣作业的好坏有直接的关系。如果发生分拣错误，不仅会造成排车计划的紊乱，而且会使配送的车辆增加。虽然分拣作业比较简单，但如果分拣失误，会增加物流企业的成本，影响企业配送效率，甚至将影响企业的服务质量，最终导致企业形象受损。

综上所述，无论是拣货系统，还是分拣系统，若在其实际应用中能实现自动化的作业方式，将非常有利于企业的配送作业。然而，目前大多数物流企业在拣货和分拣作业上，还是以人工方式为主。虽然也有物流企业开始使用电子卷标来辅助拣货，但这类企业并不多；而使用电子卷标辅助分拣系统的物流企业则更少。

（4）送货处理流程分析

工作人员在送货之前，要检查货物的相关信息。只有在确认货物信息后，工作人员才会安排具体的送货计划。若企业本身拥有专门的运输部门，则可以直接通知运输部门进行送货；若企业本身没有运输部门，则配送中心可将货物承包给第三方物流公司，由第三方物流公司送货。在安排送货时，也可灵活处理配送中的一些情况，如在货物装车时，由于车辆载重和容积的限制，可以将货物进行轻重混装配送等。完成货物配装后，最后还要根据之前公司的相关运输调度计划以及运输路线，将货物按照客户的要求运送至顾客手中。

2. 配送流程出现的问题及形成原因

目前，大多数物流配送企业的配送流程存在较大的问题。在客户满意度调查中时，大多数客户反映物流企业在配送效率以及配送服务质量方面不能令人满意。但令不少物流企业经营者苦恼的是：由于物流企业在国内的发展还处于初级阶段，配送流程又比较复杂，规范性较差。要提高配送效率以及配送质量，不可避免地要提高其物流成本，这样企业的利润空间就比较小。长此以往，并不利于企业的发展，更不利于企业与客户之间长期合作的伙伴关系的维持。

出现以上问题的主要原因有以下几点。

（1）物流企业在进行业务结算时，其支付系统不能满足客户需求

通常情况下，客户都是要求其所定的货物能尽快送达。然而，物流企业在进行订单处理时，往往需要花费很长时间。因为物流企业在收到订单信息后，还要进行相应的备货和送货以及付款确认程序，而在此期间所花费的时间往往不止一天，从而不能按照客户要求的时间完成配送。因此，物流企业可以考虑换一种结算方式，如现在常见的网上银行付款。另外，为达到客户的送货日期规定，物流企业在进行配送作业时，也应从配送作业中的各个环节着手，在保证送货准确率的前提下，减少货物的配送时间。

（2）客户送货批量的影响

目前，物流企业存在很多送货批量较小的客户。配送中心在安排送货时，会根据送货批量的大小来考虑配送方式，以减少配送成本。但由于送货批量太小，配送流程会变得相对烦琐一些，配送成本也较难控制。

（3）配送网络不完善

分散的物流单体只有形成网络才能满足现代化生产与流通的需要，一些物流的运作过程也只有借助完善的配送网络才能更加完善。但目前，我国很多物流企业信息化建设起步较晚，

信息化程度不高，现有的货运站与货运枢纽之间的网点少，技术设备落后，配送网络还不完善。

3. 配送流程优化的指导思想

物流企业实施配送流程优化的指导思想主要体现在四个方面，具体内容如下。

（1）顾客化

顾客化的指导思想是指物流企业在实施配送流程优化的过程中，要坚持以终端顾客为中心，充分满足顾客提出的各种要求。物流企业应建立与终端客户双向交流的机制，打造信息快速传递与反馈的通道，实现信息动态集成与共享。在顾客化思想的指引下，整个配送流程优化都应该围绕顾客的需求来进行，并以满足他们的需求为流程优化的目标。

（2）流程化

所谓流程化，就是指物流企业在配送流程优化时，以配送流程为导向，将各个部门从以任务为中心变为以配送流程为中心，实现从职能管理到业务流程管理的转变。流程化的指导思想要求物流企业的重组和变革都将以流程化的形式存在并不断推进。

（3）集中化

当物流企业在配送流程优化的过程中实施集中化的指导思想时，应该尽力做到对资源的集中化管理和调配，即由调度中心统一进行资源优化配置。这样既可以降低配送流程的成本，减少内部沟通和流通的阻碍，又可以提高配送流程的效率，更好地满足客户需求。

（4）信息化

对配送流程的优化离不开信息化的支持。由于引入了 GPS 和 GIS 技术，整个配送流程管理中将产生大量的数据。如果不对这些数据进行信息化的处理，将会增加后台的管理难度。因此，坚持信息化的指导思想不仅能提高配送流程的管理效率，而且能增强配送流程管理的准确性和科学性。

4. 配送流程优化的目标

（1）建立“流程企业”

通过对配送流程的优化，物流企业应该最终转变为“流程企业”，这将有助于企业绩效的提升和战略的实现。当物流企业最终成为“流程企业”之后，企业里的每位员工都会对这些流程非常熟悉，而且企业拥有标准来评估这些流程，使得公司进入一个以流程为主导的自我管理状态。

（2）提升配送流程的有效性

在配送流程的优化过程中，物流企业应该紧紧围绕着所有的配送流程来整合企业的各种相关辅助流程，建立完整、系统的价值链管理系统，以提高企业在配送过程中的运转效率和有效性，并最终对市场和顾客需求的变化做出快速反应。

（3）合理调配资源

在配送流程的优化过程中，物流企业应该打破原有的调配流程，尝试建立一个调配决策分析中心。通过对该中心的设立，物流企业可实现统一调配企业的各种资源，通过调配使各种资源得到合理分配，从而提高资源的利用率。

（4）增强信息收集能力

为了进一步提升配送流程管理的有效性，物流企业应该建立统一的信息化工作平台。通过该平台，物流企业将实行各种信息和数据的共享，以便增强各部门的信息收集能力和提高信息反馈速度，最终实现整个配送流程的自动化和信息化。

（5）提升响应速度和服务效率

物流企业应该通过建立完善的客户服务流程，尽力缩短与终端零售商的沟通、服务和反馈时间，提升服务的响应速度和服务的有效性。同时，在配送流程优化后，物流企业应该对客户提出的各种要求以及投诉予以回复和解决。

（6）对车辆进行实时监控

物流企业应该通过 GPS 和 GIS 等信息化的工具和手段，建立完善的车辆监督和控制系统，实现对车辆的实时监控，并最终实现对车辆运行情况的实时掌握和了解。这种实时监控不仅能提升车辆的使用效率，而且还能为不断提高配送有效性提供改进的依据。

5. 配送流程优化的方法

配送流程由一系列活动和环节组成。由于这些活动和环节之间是有联系的，因而要对这些活动或是环节进行改造，才能实现对配送流程的优化。在进行配送流程优化时，要在建立新的流程活动的假设和规则基础上，对现有的业务活动进行重排、新增、合并等操作，从而设计出新的流程。配送流程优化的主要内容包含：分析配送业务过程中各个活动的逻辑关系，判断这些逻辑关系的正确性；分析配送流程设置的合理性问题；分析配送过程的控制状态以及其中的异常情况。此外，在对配送流程进行分析和优化时，还要找出能对配送业务过程起重要作用的关键活动。

配送流程的优化方法主要包含取消、合并、重排、简化和新增，如表 2-7 所示。

表 2-7　业务流程优化的方法

方　法	内　容
取消	取消不再需要的功能和不再增值的活动
合并	变复杂流程为简单流程
重排	不能取消的活动，考虑合并
简化	与其他工作转换顺序
新增	有企业目前不具备，但需要的功能

2.2.3 物流配送设备优化

1. 无人机配送

无人机配送包括干线无人机与配送无人机两类，受制于电池容量和载货量，目前主要用于商品的最后一公里场景的短距离配送。不同的企业都对无人机配送的技术进行了研发投入，并且由于中国政策比较开放，制定了相对完善的无人机管理办法，因此，我国的无人机配送技术的商业化进程领先于国外。例如，京东在 2017 年的 618 期间，已经采用无人机在多省市（包括延安、汉中等）进行农村小件商品配送，完成了 1000 余单配送。亚马逊尽管成立了专门的部门 PRIME AIR，对无人机技术不断迭代升级，但受限于美国无人机政策，距离正式商用仍有距离。

2. 无人车配送

与无人机类似，无人车也可以用于最后一公里的配送，以减少人力的使用。以京东物流为代表的企业也在大力进行无人车的技术研发。例如，京东研发的无人配送车除装有激光雷达、GPS 定位外，还配备了全景视觉监控系统，前后的防撞系统以及超声波感应系统，以便配送车能准确感触周边的环境变化，预防交通事故的发生。通过不断深度学习的能力，无人车能够做出越来越智能的决策。

3. 智能快递柜

现在，为了方便快递员和居民在任意时间投递和取货，很多小区都建立了智能快递柜。当用户不方便收快递时，快递员可以把快递暂时存放在快递柜中，等待用户通过专门的取件码进行收取。但是智能快递柜的建设成本比较高，容量也有限制，而且一旦用户忘记取快递，会导致货物在快递柜中滞留，甚至退货。

2.3 面向电子商务的配送中心的规划设计

2.3.1 配送中心规划设计的目标与原则

1. 面向电子商务的配送中心的规划设计目标

配送中心的规划设计是配送中心长远的、总体的发展计划。建设项目管理将项目设计分为高阶段设计和施工图设计两个阶段，配送中心的规划设计工作就属于项目的高阶段设计过程。配送中心的规划设计是以物流学原理为理论依据，以系统论为基本观点，以定量与定性相结合的方法进行制订的。配送中心的规划和设计强调宏观指导性，是关于配送中心全面长远的发展计划，是进行可行性论证的依据。

电子商务环境下物流配送中心规划具有以下四个方面的目标。

(1) 服务性目标

服务性目标是电子商务下物流配送中心规划的一个主要目标，是指电子商务环境下的物流配送中心能向用户提供各种服务。服务性目标主要包括：能向用户提供多种信息服务；能向企业的不同部门、不同层次和不同环节提供各种信息服务；具有信息的及时反馈功能。

(2) 快捷性目标

配送中心要能够依据用户的要求，把货物保质、保量、准时地送到用户所指定的地点。这就要求企业在配送系统中设立快捷反应系统，以实现快捷目标。

快捷性目标主要包括：快捷灵活的配货系统、发货系统和运输系统；自动化的库存管理系统、分拣系统和理货系统；快捷灵活的订货系统和收货系统；方便、灵活、及时的信息服务系统。

(3) 低成本目标

低成本目标主要包括：有效地利用配送面积和空间；科学合理地选择运输工具和线路；保持合理的库存规模和结构。

(4) 安全性目标

Internet 的开放性同时也带来安全性问题。电子商务配送的一个重要的前提是必须保证电子商务配送系统的安全性，保证用户的商业机密不受到侵犯。安全性目标主要包括：操作系统的安全性目标；防火墙系统的安全性目标；操作人员以及内部人员的安全性目标；程序及数据库系统的安全性目标。

2. 电子商务配送中心规划与设计的原则

电子商务下物流配送中心在进行规划时应该遵循以下原则。

(1) 定量分析与定性分析相结合的原则

物流配送中心系统分析总是遵循着“定性—定量—定性”循环往复的过程，不了解物流配送中心各个方面的性质，就不可能建立起探讨物流配送中心定量关系的数学模型，同样通过数学模型得出的结果也需要重新用于物流配送中心设计的过程中。只有将定性与定量二者结合起来综合分析才能达到物流配送中心整体优化的目的。

（2）当前利益与长远利益相结合的原则

在进行电子商务环境下的物流配送中心方案的选择时，既要考虑当前利益，又要考虑长远利益。如果所采用的方案对于当前和长远都非常有利，这样当然最为理想。但是如果对当前不利，而对长远有利，此时则需要通过全面分析论证后再做结论。

（3）局部利益与整体利益相结合的原则

在分析物流配送中心这一系统时，最理想的状态是既可以保证系统的整体利益最大，也可以保证各个子系统的利益最大。但是由于物流配送中心系统中各个物流环节是相互影响和相互制约的，所以各个子系统的局部利益与整个系统的利益往往并不一致。系统分析的准则是整体利益最大，在这一前提下，尽管某一子系统未获得最大利益，只要方案的整体利益最优，这种方案仍然是可取的。

（4）可持续性发展的原则

电子商务环境下的物流配送中心应该走可持续性发展的道路，为今后的进一步发展提供硬件和软件上的升级空间。

2.3.2 配送中心规划设计的内容

配送中心的规划设计可以分为两类：一类是新建配送中心的规划设计；另一类是原有物流企业向配送中心转型的改造规划。新建配送中心规划设计又可以分为单个配送中心规划和多个配送中心规划两种形式。这几种规划设计的形式、特点和内容如表 2-8 所示。

表 2-8 配送中心规划设计的形式、特点和内容

类 型	新 建		改 造
	单 个	多 个	
委托方	新型企业、跨国企业、政府部门		老企业
规划设计的目的	高起点、高标准、低成本	成为企业、区域新的经济增长点或支柱产业	实现从传统物流组织向现代物流配送中心的转变
关键点	配送中心选址	系统构造、网点布局	作业流程优化、企业重组
规划设计的内容	物流功能规划 场址选择 作业流程规划 物流设施规划 信息系统规划	物流功能规划 物流系统规划 物流网络信息规划 物流网点布局规划 物流设施规划	企业发展战略研究 物流功能设计 物流流程规划 物流设施规划

2.3.3 配送中心规划设计的步骤

配送中心的规划设计是一项复杂的工作，大体上可以按照以下的步骤进行。

（1）前期准备

前期准备工作是为配送中心规划提供必要的基础资料，工作方法以调研为主，包括网上调研、图书资料调研与现场调研。调研的主要内容包括：收集配送中心建设的内部条件、外部条件及潜在客户的信息；分析配送中心经营商品的品种、货源、流量及流向；调查物流服务的供需情况，物流行业的发展状况等。

（2）确定目标及准则

确认配送中心建设的目标是配送中心规划的第一步，主要是依据前期准备工作的资料，确定配送中心建设的近期、中期、远期目标。配送中心建设的原则一般是根据物流学原理及项目的实际情况确定的。

（3）功能设计

功能设计是将配送中心作为一个整体的物流系统来考虑，依据确定的目标，规划设计配送中心为完成业务而应该具备的物流功能。配送中心作为一种专业化的物流组织，不仅需要具备一般的物流功能，还应该具备适合不同需要的特色功能。例如，为适应电子商务的发展，配送中心应该具备延伸服务的功能。

（4）选址规划

配送中心拥有众多建筑物、构筑物以及固定机械设备，一旦建成很难搬迁。如果选址不当，将会付出长远代价，所以对于配送中心的选址规划需要给予高度重视。选址规划主要包括：分析约束条件，确定评价标准，选择选址方法，得出选址结果。

（5）作业流程规划设计

作业流程规划设计是配送中心规划的重要步骤，决定了配送中心作业的详细要求，如设施配备、场所分区等，对后续的建设具有重要的影响。不同类型的配送中心，其作业流程也有很大的不同，在实际规划中，应该根据配送中心的功能结合商品特性与客户需求进行必要的调整。

（6）信息系统规划

信息化、网络化、自动化、社会化是配送中心的发展趋势。信息系统规划是配送中心规划的重要组成部分。配送中心的信息系统规划既要考虑满足配送中心内部作业的要求，有助于提高物流作业的效率；也要考虑同配送中心外部的信息系统相连，方便配送中心及时获取和处理各种经营信息。信息系统规划一般包括两部分：配送中心管理信息系统分析与设计；配送中心的网络平台。

（7）设施设备的选型

配送中心的设施设备是保证配送中心正常运作的必要条件，设施设备的选型涉及建筑模式、空间布局、设备安置等多方面，需要运用系统分析的方法求得整体优化，最大限度地减少物料搬运、简化作业流程，创造良好、舒适的工作环境。在传统物流企业的改造中，设施设备规划要注意企业原有设施设备的充分利用和改造等工作，这样可以尽可能地减少投资。配送中心的设施设备规划包括以下几方面的工作：原有设施设备分析；配送中心的功能分区；设施的内部布局；公用设施及设备规划。

2.3.4 电子商务环境下的配送中心选址

1. 基于电子商务的配送中心选址概述

配送中心选址是指在一个具有若干供应点及若干需求点的区域内，选定设置配送中心地址的规划过程。随着经济的发展，物流配送业务的兴起与完善，配送中心的选址问题逐渐受到人们的重视。在物流配送中，配送中心居于重要的枢纽地位，起着承上启下的作用。合理的配送中心选址方案可有效节省配送费用，促进生产和消费的协调与配合，保证物流系统平衡发展。配送中心一经选定就将长期运营，它不仅与运行费用直接相关，而且对配送效率及物流控制水平会产生很大影响。因此，配送中心选址对物流企业提高物流运作水平具有十分重要的意义。

与传统商业活动相比，电子商务在经营模式、成本构成和经营观念上有本质的不同。传统的城市配送活动大多发生在连锁商业内部，由设立在城市边缘交通干道出口附近的配送中心向城区商店配送所需商品，而电子商务的配送活动面向的是分布在城区或区域内的零散客户。两者的配送活动显著不同：第一，传统商业的配送中心只向固定的网点送货，送货的数量、频率基本稳定，而电子商务企业的配送中心要向整个区域内的各个地点送货，且数量、频率和方向具有不确定性；第二，传统商业的配送是大批量、小批次，而电子商务环境下的配送具有小批量、大批次的特点。

基于此，电子商务下配送中心的选址问题呈现出一些新的特点。

（1）更加注重降低配送费用

互联网的无边界性导致了电子商务客户区域的分散性和不确定性，过于分散的配送使配送成本大大增加，因此基于电子商务的物流配送中心选址更加注重配送费用的降低。

（2）更加注重时效性

电子商务对物流配送中心提出了更高的要求，不仅要尽量降低物流配送成本，还要大大加快配送速度，保证货物及时送到客户手中，提高客户满意度。因此基于电子商务的配送中心选址必须考虑使配送时间最短。

（3）更加注重系统最优化

物流配送中心对电子商务平台的所有配送活动进行统筹规划，应该在力求整体活动最优化的前提下追求单个活动的最优化。因此配送中心选址也应以整个配送系统最优化为主。

（4）更加注重客户服务网络的定位与集中

电子商务客户的分散性不利于配送中心集中配送，达到规模效益。因此物流配送中心选址应从区域与市场上对客户网络进行定位，尽量选择利于配送资源集中的位置。

由此可见，电子商务对配送系统的速度和效率提出了更高的要求。网上交易对顾客在网上所发订单，应尽可能在最短的时间内将货物送到顾客手中，这体现了网上购物的优越性。在基于电子商务的配送中心选址过程中要着重考虑和体现配送总费用最小和配送时间最短的特点，以便更好地为顾客服务。因此，合理选择配送中心，建立高效率的配送系统，达到降低企业送货的成本、提高货物到达速度、保障服务质量的目的成为电子商务环境下物流企业发展面临的重要问题。

2. 配送中心选址的程序和步骤

（1）选址约束条件分析

选址约束条件分析，首先要明确配送中心的必要性、目的和意义；然后根据物流系统的现状进行分析，确定需要了解的基本条件。这些基本条件一般包括需求条件、运输条件、配送服务条件、用地条件、法规制度等。

（2）收集整理资料

收集整理资料主要是要掌握业务量，包括工厂到配送中心之间的运输量、向顾客配送的货物数量、配送中心保管数量、配送路线上的业务量，以及相关的费用，包括运输费、配送费、可变费用、固定费用等，还有工厂方位、各候选地址的配送路线及距离等。

（3）地址筛选

地址筛选是对收集的资料进行充分的整理和分析，初步确定选址范围，即初始候选地点。

（4）定量分析

定量分析是指针对不同的情况选用不同的选址模型进行计算，得出结论。

（5）结果评价

结果评价是指结合市场适应性、服务质量等，对计算结果进行评价，看是否可行。

（6）复查

复查是指对其他影响因素赋予一定的权重，采用加权法对结果进行复查。

（7）确定最终选址结果

根据以上结果，结合选址的决策要求，选择最优点作为最终的选址结果。

3. 电子商务环境下的配送中心选址应考虑的影响因素

影响配送中心选址的因素很多，既有微观的，又有宏观的；既有定量的，又有定性的。归纳起来，电子商务环境下的配送中心选址应该考虑的影响因素大致可分为以下几种。

（1）自然环境因素

1）气象条件。该因素主要考虑自然环境中的湿度、盐分、降雨量、降雪量、风向、风力等。特别要考虑地震、山洪、泥石流、台风等自然灾害对配送中心的影响，必须特别留意并避免被损害。选址时还要避开风口以避免加速露天堆放商品的老化。

2）地理条件。配送中心应选择地势较高、地形平坦之处，且应具有适当的面积与外形。地形坡度应在1%~4%，在外形上可选择长方形，不宜选择狭长或不规则形状。另外还要考虑地质情况，要求土壤承载力要高。

（2）经济环境因素

1）商品特性。经营不同类型的商品的配送中心选址需考虑分布在不同地域的产业结构、产品结构和产业布局。

2）服务水平。在电子商务环境下，能否实现准时运送是配送中心服务水平高低的重要指标。因此，在配送中心选址时，应保证客户在任何时候向配送中心提出物流需求，都能获得快速满意的服务。

3）物流费用。物流费用是配送中心选址的重要考虑因素之一。大多数配送中心选择接近物流服务需求地，如接近大型工业、商业区，以便缩短运距、降低运费等物流费用。

4）人力资源条件。在高效的配送作业中，数量充足和素质较高的劳动力也是很重要的因素。因此配送中心选址时必须考虑专业技术工人、熟练工人和其他劳动力的来源及数量、质量要求能否满足配送中心的需求。

（3）基础设施状况

1）交通条件。交通条件是影响物流配送成本及效率的重要因素之一，交通不便将直接影响车辆配送的进行。因此，配送中心一般都选择在靠近交通枢纽的位置，如紧邻港口、交通主干道枢纽、铁路编组站或机场等，而且要便于两种或两种以上的交通方式联运。

2）公共设施状况。配送中心所在地要求城市道路、通信等公共设施齐备，有充足的动力、能源供应条件，且周边要有污水、废物处理能力。

（4）社会环境因素

1）政策环境。政策环境也是影响配送中心选址的重要因素之一。如果有政府的政策支持，将更有助于配送中心的发展。政策环境条件包括企业优惠措施、城市规划、地区产业政策等。

2）环境保护要求。配送中心选址既要考虑保护自然环境与人文环境等因素，还要尽可能降低对城市生活的干扰。

3）居民生活状况。该因素主要了解当地居民的生活习惯情况，包括教育发展情况、宗教信仰、生活水平等。

（5）货流的大小和流向

电子商务环境下的物流配送中心设立的根本目的是降低物流配送成本，提高效率。如果没有足够的货流量，配送中心的规模效益便不能发挥，所以物流配送中心的建设一定要保证有足够的货流量。另外，对于电子商务销售物流来说，物流配送中心的主要职责是将产品集结、分拣，配送到门店或用户手上，故应选择靠近客户的地方。

（6）客户分布状况

电子商务客户分布范围广泛，而且具有不确定性，因此需要根据历史统计资料，分析客户的分散程度，并对未来客户的数量和位置进行预测，选择客户最集中的区域建立配送中心。

（7）地区的网络化发展水平

网络是电子商务的重要组成部分，电子商务的许多环节都是依靠网络来完成的。如果地区网络化水平低，则会阻碍电子商务业务在此地区的发展，从而配送需求也会大大减少；另外，电子商务配送采用先进的计算机技术和自动化设备为客户提供服务，如果网络化水平低，也会阻碍先进技术的运用。因此，应该考虑在网络化水平较高的地区设立物流配送中心。

4. 配送中心选址常见的方法和模型

（1）配送中心选址常见的方法

学者们非常关注配送中心的选址问题，提出了许多关于配送中心选址的解决方法，总体来说主要有以下几种。

1）最优化规划方法。在实际的选址过程中，人们通常会遇见一些约束条件，如时间约束、路线约束和成本约束等。相应地，在理论上出现了解决这些问题的方法。最优化规划方法就是其中的一种。最优化规划方法是指在某些特定的约束条件下，从给定的几个可用的选择中挑选出一个最佳的方法。随着计算机计算速度和能力的迅速增强，人们可以用最优化规划方法求解复杂的配送中心选址问题。最优化规划方法中目前应用最多的是0-1整数规划技术以及线性规划技术。

2）解析方法。解析方法是指以距离、需求量、时间中的某一变量或者是三变量的结合为坐标系，以配送中心的位置为因变量，解析出若干自变量来，再用相应的数学方法求出配送中心的位置坐标。解析方法考虑的影响因素比较单一，主要适用于比较简单的情况下单个配送中心的选址问题。对于在选址时运输成本并不是主要考虑因素的时候，解析方法通常并不适用，需要借助其他方法来解决。

3）启发式方法。启发式方法是一种逐次逼近最优解的方法。大部分启发式方法是在20世纪中叶被提出的，如遗传算法、模拟退火算法等。用启发式方法进行选址问题研究，第一步要定义目标函数，即计算总费用，然后规定判别规则、改进途径，接下来需要给出初始方案，最后迭代求解。启发式方法不是精确算法，不能保证给出的解决方案一定是最优的；但只要规则设立恰当，获得的可行解会非常接近最优解。随着计算机的广泛运用，借助计算机来实现启发式方法的计算过程变得十分容易。因此在实际操作过程中，启发式方法是一种使用频率很高的方法。

4）仿真方法。兴建配送中心是一个投资额比较巨大的工程。在实际操作中，时间、配送成本等各个方面的因素都是会变化的，如果不考虑这些变化，往往会造成投资的失败，损失巨大。为避免这一问题，可以通过计算机模拟系统模型，使其重现系统的行为或行动，然后通过反复改变那些影响因素的参数或者参数的组合，最后多次运行并评价不同的方案。称这种方法称为仿真方法。由于仿真方法可以以极低的成本考虑不同情况下配送中心的选址结果，因此常用来求解较大型的、无法手工计算的选址问题，具有很强的实用价值。一般而言，仿真方法的初始方案会对最终决策结果产生很大的影响，因此如何找出合适的初始方案，是目前利用仿真方法解决选址问题的一个热点方向。

5）综合因素评价法。综合因素评价法是指全面考虑各种影响因素，并根据各影响因素相对重要性对各备选方案进行评价、打分、择优，从而找出最终的选址方案，如 AHP 方法，模糊评价法。

（2）配送中心选址的定量模型

配送中心选址模型的研究起始于 1909 年著名的 Weber 问题，目的是找到一个仓库的位置，使得这个仓库到所有顾客之间的总距离最短。传统的选址问题分为三类，分别是：p-中位问题，p-中心问题和覆盖问题。这三个问题是一切选址问题的基础，后来扩展出来的许多选址问题都以它们为出发点。

1）p-中位问题。哈基米（Hakimi）提出 p-中位问题是研究如何选择 p 个设施，使得设施和顾客之间的距离和需求量的乘积之和最小。随后他又提出了 p-中位问题的 Hakimi 特性，证明其复杂度为 $O(n^3)$。对于一般化的空间 p-中位问题被加里（Garey）和约翰松（Johnson）证明为是 NP-hard 问题，在参数量非常庞大的情况下，无法得到精确解，需要求助于启发式算法。

p-中位问题的一般描述为：

S　　图 G 中的点集合

A　　图 G 中的顶点集合

E　　图 G 中的边集合

则　$S=\{s_1,s_2,\cdots,s_n\},s_i\in G,i=1,2,\cdots,n$

　　$A=\{a_1,a_2,\cdots,a_p\},a_j\in G,i=1,2,\cdots,p$

$d(s_i,s_{i'})$　图中任意两点的距离

则　　$D(s_i,s_{i'})=\min d(s_i,s_{i'})$，且 $\forall s_i\in \mathrm{S},\forall s_{i'}\in \mathrm{S}$

w_i　　需求点 i 的需求量

函数 $f(S)=\sum w_i[D(a_j,s_i)]$，若存在 $f(S^*)=\min f(S)$，且，

$S^*\subset A$，则称为顶点 p-中位问题；

$S^*\subset S$，则称为绝对 p-中位问题；

$w_i=1$，$\forall i$，则称为不加权的中位问题。

2）p-中心问题。p-中心问题是研究如何在网络中选择 p 个设施使得任意的需求点到距离最远的设施的路径最短。同样，p-中心问题也是最早由哈基米（Hakimi）提出，随后他和卡里（Kariv）合作证明了 p-中心问题是 NP-hard 问题，其算法难度为 $O(n)$。

p-中心问题的一般描述为：

S　　图 G 中的点集合

A　　图 G 中的顶点集合

E　　图 G 中的边集合

则　$S=\{s_1,s_2,\cdots,s_n\},s_i\in G,i=1,2,\cdots,n$

　　$\mathrm{A}=\{a_1,a_2,\cdots,a_p\},a_j\in G,i=1,2,\cdots,p$

$d(s_i, s_{i'})$　图中任意两点的距离

则　$D(s_i, s_{i'}) = \max d(s_i, s_{i'})$，且 $\forall s_i \in S$，$\forall s_{i'} \in S$

函数 $f(S) = \sum [D(a_j, s_i)]$，若存在 $f(S^*) = \min f(S)$，且，

$S^* \subset A$，则称为顶点 p-中心问题；

$S^* \subset S$，则称为绝对 p-中心问题。

3）覆盖问题。覆盖问题中假设顾客并不一定总是去离它距离最近的设施点接受服务，而是可以选择在一定距离以内任意的设施点的服务，这个“一定的距离”就叫作覆盖半径，在覆盖半径以内的顾客称为“被覆盖”，否则称为“没有被覆盖”。覆盖问题分为集合覆盖和最大覆盖。集合覆盖的特点是将所有的需求点和需求量无差别化处理，因此如果覆盖半径比较短，必然导致设施点数量的增加；如果覆盖半径比较长，必然会导致覆盖的成本升高。集合覆盖模型几乎忽略考虑成本，强制性地覆盖所有的需求点，是一种适合于应急、军事等背景的模型。在更多的应用场合，由于资源是有限的，决策的目标是在固定数目的设施点下覆盖尽可能多的顾客需求。这样就演变成最大覆盖问题。

集合覆盖问题最早由罗斯（Roth）和 Toregas 等提出，是指在已知候选设施点和需求点的情况下，寻找到一个最优的设施点集，这个集合要满足覆盖所有的需求点至少一次，并且总的建设成本要最低。集合覆盖问题最初是用来解决医疗应急服务的，是一个 NP-hard 问题。

集合覆盖问题的一般描述为：

$G = \{A, E\}$	为一给定的图
A	图的顶点集合
E	图的边集合
I	需求点集合，且 $I \in A$
i	需求点，且 $i \in I$
J	设施点集合，且 $J \in A$
j	设施点，且 $j \in J$
$\lambda_i, \forall i \in I$	候选的设施点的子集合，表明这些设施点为选中的设施，该设施点组成的子集和要为需求点 i 提供服务
H_j	候选设施点 j 的固定建设费用
X_j	决策变量

$$X_j = \begin{cases} 1, & \text{在设施候选点 } j \text{ 建站} \\ 0, & \text{不在设施候选点 } j \text{ 建站} \end{cases}$$

c_{ij}　　0-1 决策变量

$$c_{ij} = \begin{cases} 1, & \text{设施候选点 } j \text{ 覆盖需求点 } i \\ 0, & \text{设施候选点 } j \text{ 不覆盖需求点 } i \end{cases}$$

集合覆盖问题的一般数学模型如下：

$$\min \quad \sum_j H_j X_j \tag{2-1}$$

$$s.t. \quad \sum_j c_{ij} X_j \geqslant 1 \qquad \forall i \in I \tag{2-2}$$

$$X_j = 0 \text{ 或者 } 1 \qquad \forall j \in J \tag{2-3}$$

集合覆盖模型的说明如下。

- 目标函数（2-1）表明选中的候选设施点的总的建站费用最小。

- 约束函数（2-2）表明每个需求点至少被一个设施点覆盖。
- 约束函数（2-3）表明候选的设施点的状态要么为选中，要么没有被选中。

最大覆盖问题最早由丘奇（Church）和雷维尔（Revell）提出，也叫 p 覆盖问题，是研究在已知候选的设施数目和设施的服务半径的前提下，如何选择 p 个设施使得它们可以满足需求最大化的问题。在所有的选址问题中最大覆盖问题被证明是在理论和实践中应用最为广泛的问题，同时也被证明为是一个 NP-hard 问题。因此对于最大覆盖模型的研究也主要集中在模型的变形、约束和求解算法上。

最大覆盖问题的一般描述为：

$G=\{A,E\}$　为一给定的图

A　图的顶点集合

E　图的边集合

I　需求点集合，且 $I\in A$

i　需求点，且 $i\in I$

J　设施点集合，且 $J\in A$

j　设施点，且 $j\in J$

q_i　需求点 i 的需求量

p　准备建站的设施点数目，是确定已知值

X_j　0-1 决策变量

$$X_j=\begin{cases}1, & \text{在设施候选点 } j \text{ 建站}\\ 0, & \text{不在设施候选点 } j \text{ 建站}\end{cases}$$

c_{ij}　在候选站点半径已知的前提下是一个确定的［0，1］矩阵

$$c_{ij}=\begin{cases}1, & \text{设施候选点 } j \text{ 覆盖需求点 } i\\ 0, & \text{设施候选点 } j \text{ 覆盖需求点 } i\end{cases}$$

y_i　0-1 决策变量

$$y_i=\begin{cases}1, & \text{需求点 } i \text{ 被覆盖}\\ 0, & \text{需求点 } i \text{ 不被覆盖}\end{cases}$$

最大覆盖问题的一般数学模型如下：

$$\max \quad \sum_i q_i y_i \tag{2-4}$$

$$s.t. \quad \sum_j c_{ij}X_j \geqslant y_i \quad \forall i \tag{2-5}$$

$$\sum_j X_j = p \tag{2-6}$$

$$X_j=0,1 \qquad \forall j \tag{2-7}$$

$$y_i=0,1 \qquad \forall i \tag{2-8}$$

最大覆盖模型的说明如下。

- 目标函数（2-4）表明选中的候选设施点覆盖的范围最大。
- 约束函数（2-5）表明只有覆盖状态为 1 的情况下，需求点才能称其为被覆盖。
- 约束函数（2-6）表明建站的总个数。
- 约束函数（2-7）表明设施点的状态要么为选中，要么为没有被选中。
- 约束函数（2-8）表明需求点的覆盖状态只有两种，覆盖或没有被覆盖。

由以上分析可知，采用覆盖方法解决传统的选址问题，需要 3 个必要条件。

① 需求点位置和需求量。

② 候选设施点位置。

③ 需求点、设施点以及路径构成的网络图。

【案例】

沃尔玛公司物流配送体系

1. 背景介绍

截至 2014 年，沃尔玛公司在美国有 4000 多家实体店铺。它以比较低廉的价格为人们提供日常用品。除了商场之外，沃尔玛公司还有一类沃尔玛超级中心（Wal-Mart Supercenter），这是美国于 1988 年在密苏里州华盛顿市开创的一种全新的零售模式。该模式第一次将百货零售和食品（包括生鲜食品和袋装食品）的零售结合起来。这一创举不但为沃尔玛公司创造了骄人的业绩，也深刻地改变了整个世界零售行业的面貌。现在沃尔玛公司在美国新开的商场都是这种超级中心。

从国际范围讲，沃尔玛公司在阿根廷、巴西、加拿大、中国、德国、韩国、墨西哥、波多黎各、英国都有很多店铺。早在 1999 年，沃尔玛公司在物流方面的投资就高达 1600 亿美元，并且在其后的一段时间，沃尔玛公司在物流方面的投资一直有增无减。通过了解沃尔玛公司的发展情况，就会发现物流配送在沃尔玛公司中的重要性，也就会明白为什么沃尔玛公司要花费很大的精力在物流方面进行投资。

2. 配送中心

沃尔玛公司的集中配送中心是相当大的，而且都位于一楼。配送中心之所以都在一楼，是因为沃尔玛公司希望产品能够流动起来，能够从一个门进另一个门出。如果有电梯或其他物体，就会阻碍流动过程。因此，沃尔玛公司的配送中心都是一个非常巨大的地面建筑。为了让产品能够有效地流动，沃尔玛公司运用无缝连接的传送带对产品进行一次性处理。沃尔玛公司所有的系统都是基于 UNIX 的配送系统，另外还采用了开放式的平台、产品代码、自动补发系统以及激光识别系统，所有的这些加在一起为沃尔玛公司节省了相当多的成本。

配送中心的职能如下。

（1）转运

沃尔玛公司把大型配送中心所进行的商品集中以及转运配送的过程叫作转运，大多是在一天当中完成进出作业的。

（2）提供增值服务

沃尔玛公司配送中心还提供一些增值服务。例如，在服装销售前需要加订标签，为了不损害产品的质量，加订标签需要在配送中心采用手工进行比较细致的操作。

（3）调剂商品余缺，自动补进

每个商品都需要一定的库存，如软饮料、尿布等。在沃尔玛公司配送中心可以做到这一点，每一天或者每一周它们根据这种稳定的库存量的增减来进行自动的补进。这些配送中心可以保持 8 000 种产品的转运配送。

（4）订单配货

沃尔玛公司配送中心在对于新商场开业的订单处理上，采取这样的方法：在这些新商场开业之前，沃尔玛公司要对这些产品进行最后一次的检查，然后运输到这些新商场，沃尔玛公司把它称为新商场开业的订单配货。

3. 沃尔玛公司配送体系的特色

沃尔玛公司作为全美零售业的著名企业，素以精确掌握市场、快速传递商品和最好地满足客户需要著称，这与沃尔玛公司拥有自己庞大的物流配送系统并实施了严格有效的物流配送管理制度有关，因为它确保了公司在效率和规模成本方面的最大竞争优势，也保证了公司顺利地扩张。

沃尔玛公司现代化的物流配送体系，表现在以下几个方面：

（1）设立了运作高效的配送中心

沃尔玛公司早就意识到有效的商品配送是保证公司达到最大销售量和最低成本的存货周转及费用的核心。而唯一使公司获得可靠供货保证及提高效率的途径就是建立自己的配送组织，包括送货车队和仓库，配送中心的好处不仅使公司可以大量进货，而且可以要求供应商将商品集中送到配送中心，再由公司统一接收、检验、配货、送货。

（2）采用先进的配送作业方式

沃尔玛公司在配送运作时，大宗商品通常经铁路送达配送中心，再由公司卡车送达商店。每店每周收到1~3卡车货物，60%的卡车在返回配送中心的途中又捎回沿途从供应商处购买的商品，这样的集中配送为公司节约了大量的资金。

（3）实现配送中心自动化的运行及管理

沃尔玛公司配送中心的运行完全实现了自动化。每种商品都有条码，通过几十千米长的传送带传送商品，激光扫描器和计算机追踪每件商品的储存位置及运送情况，每天能处理20万箱的货物配送。

（4）具有完善的配送组织结构

沃尔玛公司为了更好地进行配送工作，非常注意对自己企业的配送组织进行完善。其中一个重要的举措便是公司建立了自己的车队进行货物的配送，以保持灵活性和为一线商店提供最好的服务。这使沃尔玛公司享有极大的竞争优势，其运输成本也总是低于竞争对手。

4. 沃尔玛公司物流配送体系的运作

（1）注重与第三方物流公司形成合作伙伴关系

在美国本土，沃尔玛公司做自己的物流和配送，拥有自己的卡车运输车队，使用自己的后勤和物流方面的团队。但是在国际上的其他地方，沃尔玛公司就只能求助于专门的物流服务提供商了。飞驰公司就是其中之一。飞驰公司是一家专门提供物流服务的公司，它在世界上的其他地方为沃尔玛公司提供物流方面的支持。飞驰公司成为沃尔玛公司大家庭的一员，并百分之百献身于沃尔玛公司的事业。飞驰公司同沃尔玛公司是一种合作伙伴的关系，它们共同的目标就是努力做到最好。

（2）挑战“无缝点对点”物流系统

在物流方面，沃尔玛公司尽可能以最低的成本为顾客提供快速服务。为了做到这一点，沃尔玛公司给自己提出了一些挑战。其中的一个挑战就是要建立一个“无缝点对点”的物流系统，即能够为商店和顾客提供最迅速的服务。这里“无缝”的意思是指使整个供应链达到一种非常顺畅的链接。

（3）自动补发货系统

沃尔玛公司之所以能够取得成功，有一个很重要的原因是沃尔玛公司有一个自动补发货系统。每一个商店都有这样的系统，包括在中国的商店。它使得沃尔玛公司在任何一个时间点都可以知道，目前某个商店中有多少货物，有多少货物正在运输过程中，有多少是在配送中心等。同时补发货系统也使沃尔玛公司可以了解某种货物上周卖了多少，去年卖了多少，而且可以预测将来的销售情况。

(4) 零售链接系统

沃尔玛公司还有一个非常有效的系统叫作零售链接系统，这是一个可以使供货商们直接进入到沃尔玛公司的系统。任何一个供货商都可以进入这个零售链接系统中来了解他们的产品卖得怎么样：可以知道昨天、今天、上一周、上个月和去年卖得怎么样，可以知道这种商品卖了多少，这些信息均可以在24小时内就进行更新。供货商们可以在沃尔玛公司每一个店当中，及时了解到有关情况。

5. 骄人的业绩

2001年、2002年，沃尔玛公司连续成为美国《财富》杂志的榜首。这标志着沃尔玛公司不仅成为零售业的奇迹，而且成为世界经济的奇迹。美国沃尔玛公司之所以能取得如此好的成绩，与它的物流运作体系是分不开的。

(1) 有统一明确的配送目标

沃尔玛公司配送部门的每位职员都能根据自己的任务准确、高效地完成作业，并向下一作业环节推进。不管是人工作业还是自动化作业，整个流程协调一致形成一个有机整体共同完成配送任务。

(2) 配送体系有高度的灵活性

沃尔玛公司的配送体系能利用信息系统的配送数据进行预测，能实现多品种、少批量商品的及时送达，并注意减少库存，节约物流费用，实现效益最大化。

综上所述，沃尔玛公司的物流配送运作体系有许多值得我们学习的地方：一是使现代物流观念进入每个员工的心中；二是物流配送的系统性思维及其运用方式；三是时刻为顾客着想的服务理念。

资料来源：芮约翰，戴豪文．零售巨人何以制胜——记沃尔玛物流配送体系［J］．中国交通信息化，2001（2x）：70-72.

本章小结

本章首先概述了物流配送的概念、功能要素、分类；国内外物流配送和配送中心的发展现状；物流配送和配送中心的作业流程。然后分析了电子商务环境下配送过程中关键的智能优化问题，包括配送路径优化问题、配送流程优化问题和配送设备优化问题，给出了一套基础的、完整的，在电子商务环境下能够提升物流配送效率的解决方案。最后，阐述了电子商务环境下配送中心规划设计的目标、原则、内容和步骤，给出了配送中心规划设计中最重要的一个环节——配送中心选址的一般方法和模型。

习　　题

一、单项选择

1. 在配送中心的运作过程中，(　　) 是配送中心的首要功能。

A. 采购功能　　B. 存储功能　　C. 分拣功能　　D. 集散功能

2. (　　) 是根据采购计划与实际进货单据，以及供应商的送货规律，送货方式来制订的。

A. 进货作业计划　　B. 搬运作业计划　　C. 存储作业计划　　D. 补货与出货计划

3. (　　) 是最终解决用户企业担心断供之忧，大幅度提高供应保证能力的重要手段。

A. 加工配送　　B. 共同配送　　C. 准时配送　　D. 即时配送

4. 一般情况下，配送中心的（　　）主要是根据企业使命、市场需求来确定的。

A. 功能定位　　B. 商品定位　　C. 区域定位　　D. 模式定位

5. 在经济合理区域范围内，根据用户要求，对物品进行拣选、加工、包装、分割、组配等作业，并按时送达指定地点的物流活动是指（　　）。

A. 配送　　B. 运输　　C. 分拣　　D. 装卸搬运

6. 下列哪项是按照配送中心功能划分的配送中心？(　　)

A. 城市配送中心　　B. 流通加工配送中心

C. 共同配送中心　　D. 第三方配送中心

7. 配送中心核心作业项目是（　　）。

A. 接受订单　　B. 进货作业　　C. 理货配货　　D. 出货作业

8. 配送是物流系统的（　　）环节。

A. 起始　　B. 中间　　C. 终端　　D. 以上答案均不正确

9. 下列关于物流配送的重要作用的描述不正确的是（　　）。

A. 有利于促进物流运动的社会化　　B. 有利于提高客户满意度

C. 有益于实现物流资源的合理配置　　D. 有利于创造社会整体效益

10. 下列不是常见的物流中心选址的定量模型的是（　　）。

A. 德尔菲选址法　　B. 集合覆盖选址法　　C. 最大覆盖选址法　　D. p–中位选址法

二、多项选择

1. 配送中心选址时必须考虑的因素有（　　）。

A. 保证一定的物流服务水平　　B. 配送距离　　C. 配送时间

D. 配送成本　　E. 配送中心的功能

2. 配送线路确定的原则有（　　）。

A. 以效益最高为目标　　B. 以成本最低为目标　　C. 以准确性最高为目标

D. 以路程最短为目标　　E. 以方便性为目标

3. 配送中心的规划设计主要包括（　　）。

A. 作业流程的规划设计　　B. 作业区域的能力规划

C. 作业区域的功能规划　　D. 作业区域设施规划

E. 作业区域的工作时间

4. 配送中心的功能主要包括（　　）。

A. 采购功能　　B. 存储功能　　C. 分拣功能　　D. 加工功能　　E. 付款功能

5. 配送具有（　　）两种基本功能。

A. 采购　　B. 存储　　C. 送货　　D. 订货　　E. 商品组配

三、简答题

1. 简述配送与送货的异同。

2. 什么是共同配送中心？

3. 配送包括哪些功能要素？

4. 简述配送在物流中的作用。

四、实训题：物流配送中心实务操作

1. 实训目的：通过实训，了解并掌握目前国内主流物流配送中心的操作规范和流程。

2. 实训内容：了解并掌握国内主流配送中心的工作模式、操作规范和流程。

3. 实训要求：参与实训的学生以分组的形式，在教师的指导下，深入到物流配送中心内部，观察并记录物流配送中心的操作规范和流程，并形成最终的实训报告。

第3章　电子商务物流的仓储和库存管理

【学习目标】

1. 了解和掌握仓储的基本概念和功能。

2. 了解和掌握电子商务环境下仓储的重要作用，仓储和库存的特征及仓储模式选择。

3. 了解和掌握电子商务环境下仓储作业的流程和管理。

4. 了解和掌握传统仓储库存管理模式：定量与定期订购库存控制法、MRP 库存控制法及 JIT 库存控制法。

5. 了解和掌握牛鞭效应的产生和成因分析及弱化。

6. 了解和理解电子商务环境下减弱牛鞭效应的库存管理模式创新：电子商务环境下的 VMI 和电子商务下的“云仓储”。

【引例】

朵朵云的仓储布局术

电商自建物流，异地建立自有仓储，早已不是新鲜事。近几年，一些自营型 B2C 电商企业已选择了自建物流，如京东商城、苏宁易购、凡客诚品等。这其中仓储中心的建立成为布局的重中之重，如唯品会在全国的物流仓储面积已经超过 10 万 m^2，酒仙网的分仓已覆盖一半以上的省会城市，而京东商城将在全国建设 20~40 个大家电的仓储中心。但随着“菜鸟”网的出现，物流仓储的格局已被改变，这也加速了电商对物流仓储布局的重视和投入。

当前，淘宝店铺之间的竞争早已白热化，在做好产品的前提下，更是进入了速度和后端服务比拼的时代。对于不少淘宝大卖家来说，一个仓库已经无法满足他们日益庞大且地域差异极大的客户群，在各地建立自有仓储系统，成为后端发力的重要一环，异地建仓正成为电商竞争的有力武器。

根据淘宝店铺自身的情况，寻找合适的地址建立自有仓储中心，一方面可以节省物流成本；另一方面也可以就近配送提高物流速度，这种模式正在淘宝店铺中兴起。2013 年 6 月份，淘宝四金冠母婴店铺朵朵云便正式在武汉建立了分仓，异地建仓可以说是其布局物流仓储、后端发力的证明，但也因此给企业的正常运作流程带来考验。

其一：分仓选址，成本为大。随着店铺的发展，上海本部的仓储场地已经开始捉襟见肘，这让朵朵云开始着手在物流、仓储上进行布局。经过一段时间的考察，其仓储面积达 6000 m^2 的武汉分仓于 6 月份正式建立。根据其规划，该店铺上海仓将以江浙沪皖的快递为主，武汉仓以江浙沪皖的外围为主，理论上占总量的 45%。不过，目前由于货物没有全部调配到位，武汉仓只承载了 30%的发件量。

之所以在武汉建仓，主要是因为进行了周密的成本核算。相对上海而言，武汉不管是人工、场地，还是快递费用都偏低。武汉仓没有建起来之前，其发货人员占据了 90 人（上海总部有 160 人左右），武汉仓建起来后，效率高了，上海仓仓储人员减少到 60 人，武汉仓有24~25人，全部负责仓储物流，分为打包组、配件组、收货组。据朵朵云联合创始人介绍，目前店铺整体的平均日单量为6000单左右。武汉仓建立后，湖北省内的快递包裹基本能够实现24小时完成配送，而距湖北省周边1500km范围内的其他9个省份则能在第2天或第3天完成配送，使得更多省内的消费者享受到快捷的物流体验。

其二：借助系统，灵活配单。异地建仓，除了考验店铺的资金实力外，还需要考虑管理系统支持能力。在最初的时候，朵朵云使用的管理系统无法支持异地仓储管理，改善后仍会受网络速度、稳定性等因素的影响。仓库建好了，却无法进行正常的运作，这不免让大家都很头疼，最终店铺不得不更换ERP系统。通过更换新的ERP系统"旺店通"，针对异地仓储进行新的功能设定，朵朵云最终将两地的仓库很好地结合在一起，在整个店铺运营中将上海、武汉两地仓储物流打通，店铺的采购、销售、售后、制单等各环节都通过新的管理系统实现了无缝对接和正常的运作。

其三：优化细节，提升效率。武汉仓建设的目的是让店铺吞吐量扩容。当然，对于异地加仓，店铺需要做好的方面还包括物流控制，以及对供应链各环节的优化和控制。目前朵朵云已将更多的精力花在运营环节的优化和成本的缩减上，以及提高用户体验方面。

另一方面，在物流快递成本上的精简，也是该店铺一直在尝试的方向。通过精确的成本预算进行选址，结合量身定做的ERP系统进行良好的对接，同时做好店铺各环节的优化和控制，店铺获得了一定程度的成本缩减。但店铺不能简单将减少的成本收归囊中，而是用来反哺客户。就如朵朵云所做的，利用缩减的成本加大包邮力度，让更多的客户真正得到实惠。

对物流仓储的规划和布局，朵朵云创始人表示，如果物流的速度、成本没有改善，开分仓没有意义。就如马云的"菜鸟"网给大家勾画的蓝图那样，未来中国的智能物流网络将能实现中国任何两个城市之间购物的24小时必达，仓储物流的发展将会使得消费者的消费体验越来越好。

资料来源：吴蚊米．朵朵云：淘宝四金冠的仓储布局术[EB/OL]．(2013-9-25)．亿邦动力网．http://www.ebrun.com/20130925/82431.shtml.

3.1 电子商务环境下的仓储和库存概述

3.1.1 仓储概述

1. 仓储的基本概念

仓储活动是随着人类社会的产生而出现的。自从人类社会有了剩余产品开始就有了储存，但这时候的储存主要是由于人们的生活物资没有消耗完，有多余的剩下来，因此是被动储存。直到战争和自然灾害的出现，人们为了防备，平常有计划、有目的地进行储备，由原先被动储存到主动储存，这个时候真正意义上的仓储活动才产生了。这时的仓储主要是对生活物资的一种保险储备。例如，"积谷防饥"即将丰年剩余的粮食储存起来以防歉年之虞。

在原始社会末期，产生了专门储存产品的场所——"窖穴"。而随着农业、手工业的发展，出现了多环节的生产过程和流通过程，为保障生产和流通顺利进行，需要进行储备，这时候就由原先的保险储备逐渐发展到了周转储备，这使得仓储从物品储存的静态过程，发展为包含对物品存取、保管、控制的动态过程。中华人民共和国国家标准《物流术语》(GB/T18354-2006)对仓储的定义为："利用仓库及相关设施设备进行物品的入库、存贮、出库的活动。”“仓”即仓库，是指特定场所，可以是房屋建筑、大型容器或洞穴；“储”表示收藏以备使用，包括收存、保管、交付使用，又称为储存。

在当今社会，很多产品此时有余而彼时不足，此地有余而彼地欠缺。在当前信息技术和电子商务快速发展环境下，如何在生产与消费或者供给与需求的时间差里，妥善地保持物质实体的使用价值，快速衔接不同的地域需求，平衡社会产品和物资的价格，是物流系统仓储环节所要解决的问题。现代仓储远远不是传统意义上的仓库管理，而是以满足供应链上下游的需求为目的，依托仓库设施与信息技术对物品的进出、库存、加工、包装、分拣、配送及其信息进行有效计划、执行和控制的物流活动。现代仓储的四大基本特征如下。

一是动态管理，即存储的商品越少越好，商品进出仓库的速度越快越好。

二是增值服务，如加工包装、分拣配送、信息资讯、监管服务等。

三是信息化管理，如协助盘点、库存查询、进出库跟踪等。

四是机械化与自动化作业。现代仓储的典型模式就是各类物流配送中心，即物流与供应链管理中的库存控制中心、加工配送中心、增值服务中心与现代物流设备技术的应用中心。

总之，库存控制是现代仓储服务的核心，信息化与自动化是现代仓储发展的关键，融入供应链并不断创新增值服务是现代仓储的发展方向。

2. 仓储的功能

从仓储环节对社会生产生活的作用和意义来看，其功能主要有基本功能、增值功能和社会功能，如表 3–1 所示。

表 3–1　仓储的功能

功　　能	含　　义	具体体现	作用与意义
基本功能	为了满足市场的储存和流通需求，仓储所具有的基本操作或行为	储存、保管、拼装、分类等基础作业	保持劳动产品价值；质量管理，数量管理；方便流通；实施有效的物流管理
增值功能	带来附加价值的操作，主要有提高客户的满意度；信息的传递等	仓单质押、信息决策增值、对存货的各种流通加工和延期交货	提供信用保证；收集和传递市场信息；形成来自“第三个利润源”的利润；提供现货交易的场所，交易中介
社会功能	主要是指满足社会正常运转的操作	时间调整、价格调整、流通调控（存期控制）、配载	保证社会生产顺利进行；调整生产和消费的时间差，维持市场稳定；创造“时间效用”；衔接流通过程

3. 仓储的作用

在商品的流通过程中，仓储具有两面性，既有积极作用，也有消极作用。其积极作用如下：

（1）仓储是保持物资原有使用价值和物资使用合理化的重要手段

社会生产和消费在供需上的不均衡和不同步，会导致物资使用价值的变化，如质量的降低和数量的减少，在这些时间差里，必须通过仓储的环节最大限度地减少物资的损耗和过剩浪费，调配余缺和价格差异，使物资在合适的时间发挥最大的效用或者在效用最大的时间发挥作用，实现其最大效益。

（2）仓储是加快资金周转，节约流通费用，降低物流成本，提高经济效益的有效途径

在流通中，仓储作为一个节点，在减少生产和销售的库存积压、加快资金周转、整合运输并为运输做好必要的准备、节约流通费用、降低物流成本方面都起着必不可少的作用。

（3）仓储可以实现物流增值服务

当前社会，个性化的产品需求愈来愈甚，对产品外观尺寸大小的不同需求、功能的拓展，很多都是在仓储环节通过简单的流通加工完成，如鱼和肉类的冷冻、蛋品加工、生鲜食品和大米的包装、家具的组装、地毯剪切、玻璃套裁、钢板切割、水泥熟料加工包装、防锈除锈加工、上色、贴标签等。这些生产性的服务，可以满足消费者多样化的需求和极大地提高商品的附加值，实现物流增值。

（4）仓储有安全保障作用

为了保证生产稳定和促进销售，很多物资和商品需要仓储，特别是当前，自然灾害和一些突发事件频发，很多生活物资和医药品、疫苗需要仓储作为应急物流的必要保障。另外，维持社会国家机器正常运转的一些大宗食品（如食盐、粮食等）和能源也需要仓储作为安全储备。

虽然仓储是物流系统的必要环节，但是开展各种仓储作业，需要相应的投入，主要体现在：第一，仓储设施设备投入、员工工资待遇等固定成本和伴随仓储作业开展的各项变动成本，如保管保养成本、水电及原材料费、仓储保险费、税金等；第二，库存物资占用资金导致的机会损失以及可能有资金利息；第三，储存期控制不当造成的陈旧损失和贬值损失。这些都是仓储的消极作用，并且如果控制不当，还会冲减物流系统的整体效益，特别是仓储中的库存，有时候会掩盖企业很多的管理问题，甚至被认为是“万恶之源”。

3.1.2 电子商务环境下的仓储和库存

1. 电子商务物流仓储的重要作用

电子商务物流仓储是网络经济和现代物流一体化的产物，是指基于电子化、网络化的仓储活动，包括软体商品或服务的网络传送和实体商品或服务的物理传送，构成一个四流（即信息流、商流、资金流和物流）合一的完整的商务过程。电子商务物流仓储的重要作用主要体现在以下两个方面。

（1）仓储物流是实现电子商务的基本保障

电子商务的终极目的是将商品和服务的所有权从卖方转移到买方，仓储物流在电子商务交易中起着后续和服务的作用，如果没有仓储物流，电子商务就难以完成。

（2）仓储物流决定着电子商务的效率和效益

1）在电子商务条件下，顾客通过网络购物，完成了商品所有权的交割过程，但电子商务活动并未结束，只有商品和服务真正到达顾客手中，商务活动才宣告结束。在整个电子商务运作中，物流实际上是其后续和服务环节，也是其最重要的关键环节。物流是电子商务实现以顾客为中心理念的最终保证，缺少现代化物流技术与管理，电子商务不能发挥真正的作用。

2）仓储物流占据着物流相当大的比重，是物流体系中至关重要的环节，因此会对电子商务产生举足轻重的影响。好的电子商务仓储物流模式可以帮助企业在降低经营成本的同时，提高客户响应速度和客户满意度。

2. 电子商务物流仓储的特点

电子商务仓储物流和传统仓储物流具有较大差异，具有自身的特点。

（1）信息化

仓储物流通过现代化的物流系统，实现仓储—供应商或制造商—顾客的联系，能快速对市场和顾客的个性化需求做出准确、及时、高效的反应，信息化是电子商务运行的必然要求。

（2）柔性化

电子商务仓储物流服务根据具体订单灵活掌控和实施物流作业，可以满足“小批量、多批次、多品种、短周期”的消费需求。

（3）系统化

与传统仓储物流单纯提供出租库房的简单服务所不同，电子商务仓储物流通过先进的管理手段和技术支持，对商品的采购、进货、储存、分拣、配送等流程进行统一管理，形成了有序、系统的物流作业模式。

3. 电子商务环境下的库存管理的新特点

库存（Inventory）是以支持生产、维护、操作和客户服务为目的而存储的各种物料，包括原材料和在制品，维修件和生产消耗品，成品和备件等。因此，库存管理的主要目的，就是将各种物料储备保持在经济合理的水平上。

库存管理是企业管理中最为重要的环节，企业的库存管理实际上就是企业物资运动的管理，一般包括订货管理、订货处理、配送作业、运输、采购等，是一项系统性较强的活动，需要制订周密的计划。库存管理主要包括：采用商业建模技术对企业的库存策略、提前期和运输变化的准确度进行评价；测算存货经济订货量时，考虑对供应链企业的影响；充分了解库存状态，确定适当的服务水平。电子商务环境下的库存管理的新特点如下。

（1）管理信息化

当今市场在急剧变化，企业要想在激烈竞争的环境中取得持续发展，最主要的是要掌握用户需求的变化和在竞争中知己知彼。信息技术的应用是推进供应链系统中信息共享的关键，改进整个供应链的信息精度、及时性和流动速度，被认为是提高供应链绩效的必要措施。企业管理战略的一个重要内容就是搭建供应链运作的信息支持平台，构建企业的供应链信息集成系统。

（2）横向一体化与网络化

从 20 世纪 80 年代后期开始，“横向一体化”的供应链思想开始兴起，即利用企业外部资源快速响应市场需求，本企业只抓最核心的东西：产品的方向和市场。“横向一体化”形成了一条从供应商到制造商再到分销商的贯穿所有企业的“链”；利用现代信息技术改造和集成业务流程、与供应商和客户建立协同的业务伙伴联盟。

（3）生产经营的敏捷柔性化

全球性市场竞争的加剧，单个企业已经难以依靠自身的资源进行自我调整。在 20 世纪末，美国提出了以虚拟企业或动态联盟为基础的敏捷制造模式。敏捷制造面对的是全球化激烈竞争的买方市场，采用可以快速重构的生产单元构成的扁平组织结构，以充分自治的、分布式的协同工作代替金字塔式的多层管理结构，注重发挥人的创造性，变企业之间的生产竞争关系为“共赢”关系，强调信息的开放和共享，集成虚拟企业。电子商务的兴起为实现敏捷制造提供了可能。

（4）物流系统化、专业化

在此前的企业经营管理中，物流作为商务活动的辅助职能而存在，其本身并不构成企业管理的重要领域，其业务管理也往往是分散进行的，没有总体统一的协调和控制。在电子商务时代，物流上升为企业经营中重要的一环，其经营的绩效直接决定整体交易的完成和服务的水准，尤其是物流信息对于企业及时掌握市场需求和商品的流动具有举足轻重的作用，物流活动必须综合起来，进行系统化管理。在这种要求下，人们利用系统科学的思想和方法建立物流系统，包括社会物流系统和企业物流系统，使得物流活动能够全方位、全过程、纵深化地得到管理和协调。

4. 电子商务环境下仓储物流模式的分析和选择

根据国内外电子商务市场的具体情况，电子商务的仓储物流模式可以分为自建仓储物流模式、外包仓储物流模式、混合仓储物流模式、仓储物流联盟模式和共同集配仓储物流模式。

（1）自建仓储物流模式的分析和选择

自建仓储物流模式是指电子商务企业为了满足自身物流业务的需要，由企业自己建设物流仓储的模式。这种模式在有助于增强企业对仓储的控制力的同时，由于物流服务柔性强，还有利于保证服务质量和提升企业形象。此外，自建仓储物流模式从长远发展来看，还具有节约物流成本的优点。然而，自建仓储物流模式同样具有一些劣势：业务覆盖范围有限、资源规模大、周期长、资金占用多和需要具备较强的综合物流管理能力。选择自建仓储物流作为电子商务企业的物流模式，要求企业具有较强的仓储物流管理能力和雄厚资金支持；同时要注重建立现代化、信息化、高效率的仓储物流团队，不断扩展仓储物流的服务范围和规模。

（2）外包仓储物流模式的分析和选择

外包仓储物流模式是指电子商务企业以增强企业核心竞争力为重，将仓储物流业务外包给第三方物流公司的模式。这种模式具有覆盖区域广泛、企业投入精力较少、有利于社会物流资源的开发利用和提升企业核心竞争力等优点。然而，由于企业对物流的控制力较低，造成对第三方物流的依赖性较强。企业业绩会受到第三方公司水平的影响，从而使企业的发展产生一定的风险和不确定性。

外包仓储物流模式适合仓储物流管理能力弱、企业资金实力一般的电子商务企业。它同样适用于平台交易数量小，但交易批次多的企业。企业在采用外包仓储物流模式时，需要选择适合企业自身特点的第三方物流公司来合作，并维持与第三方物流的密切沟通。

（3）混合仓储物流模式的分析和选择

混合仓储物流模式是指企业在拥有自己仓储的同时，还将一部分非核心仓储物流业务外包给第三方物流企业的仓储物流模式。这种模式有助于电子商务企业扩大仓储物流业务的范围和保存实力、全力以赴处理核心业务的仓储物流服务。其缺点一方面是建设自身物流体系需要大量资金投入，而且经营时存在较大的风险；另一方面，这种两手抓的模式，不易实现管理的标准化。混合仓储物流模式适合仓储物流管理能力较强但物流成本优势较小的企业，这样有助于核心仓储物流业务的保障。需要注意的是，企业要选择质量和服务佳的外包公司进行合作，并持续保证对其的掌控能力。

（4）仓储物流联盟模式和共同集配仓储物流模式的分析和选择

仓储物流联盟模式是指多个电子商务企业为了实现自身目标，通过协议达成共同进行仓储物流业务的企业战略联盟。它具有降低仓库成本、降低运营风险、提高整体仓储物流能力和扩展仓储物流业务的优势。然而在这种模式下，各企业对仓储物流业务的控制力较弱、联盟管理和资金分配艰难使得冲突容易发生。

共同集配仓储物流模式是指电子商务企业虽然具有自有仓储物流服务，但是为了调配商品更快速、便捷，将货物聚集到集配中心，并配送到各地的企业协同仓储物流管理模式。这种模式有助于解决企业单独备货不足的问题，降低了仓储物流成本，但是不便于企业对集配中心的管理。

对于电子商务企业仓储物流管理能力不强，且物流成本优势较弱的企业来说，这两种模式都可以选择。共同集配仓储物流要求的管理能力更高。仓储物流联盟更有助于缓解单个企业的仓储压力。总而言之，影响仓储模式选择的因素主要有三个要素，即货物的周转总量、市场需求的稳定性和市场密度。一般来说，周转总量越大，需求稳定性越高，市场密度越集中，则越趋向于自建仓储模式，反之则趋向于外包仓储和仓储物流联盟模式。

3.2 电子商务环境下的仓储作业管理

电子商务环境下的仓储业务，每个作业流程都会涉及大量数据的处理。这些数据处理工作需要后台的仓储管理信息系统来完成，包括在商品入库过程中的质检通过确认、返厂操作、数据更新、进货日志查询；在出库过程中的订单分配与打印、拣配货批次与路线规划、打包记录、配送单打印、收货确认以及其他相关数据的处理等。而目前仓储管理系统（WMS）是信息技术对仓储系统进行支持和辅助的主要表现形式，它的具体目标如下。

一是满足基本的事务管理要求（含出入库及盘点管理）。

二是加强子系统内部的分析和控制功能。即着重加强库存分析和库存控制，分类分析各种储备定额（含 EOQ）。库存分析包括库存量和库存资金的构成分析。库存控制包括存量标准、订货期、订货量的确定、库存报警等。

三是强化库存管理和信息集成。即与物资财务信息的集成，其集成要求体现在出入库信息在登账时自动生成相应的机内凭证；与采购合同信息的集成，主要是动态反映合同执行情况和内部银行账单；与用料管理系统的集成，反映各生产部门的物资耗用情况，便于限额和供料计划的编制，也便于企业内部材料成本的结算；与物料需求计划的集成，便于平衡库存资源，编制各类物资计划。

四是提升和扩大仓库管理功能。仓储管理系统（WMS）通过不同的功能模块支持企业仓储配送的执行并适应不断变化着的商务策略、电子商务、客户需求、现代化设备、订单的大小和结构环境，通过提高作业效率与资源利用率来降低物流成本和增强客户服务水平，实现对一个大型仓库或配送中心的所有执行过程的有效管理，极大地实现了仓库管理功能的提升和扩大。

3.2.1 电子商务环境下的仓储作业流程

1. 入库流程

在电子商务零售企业中，货物的仓储主要经过入库、出库、盘点与质量控制等流程。货物入库过程中，首先需要按照商品的质量标准对货品进行检测，通过检测的商品方能成功入库，否则将进行返厂检修，入库的货品则要按照已有的规则摆放在指定的存储场所（即上架操作），以便于后期的盘点或拣货。B2C 电子商务零售业仓储入库业务的基本流程如图 3-1 所示。

2. 出库流程

当有订单下达时，货品则要经历出库操作。出库操作的流程则相对复杂，包括订单的分配及打印，按照订单进行拣货、配货，订单所需货品配装完整后则进行打包、配送，直至将货品送到客户手中。货品的出库流程以客户成功收货为终点，但当客户收到的商品存在瑕疵或其他问题时，还需要进行退换货的处理。在这种情况下，货品将再次经历入库的质检流程进入到仓储系统中。B2C 电子商务零售业仓储出库业务的基本流程如图 3-2 所示。

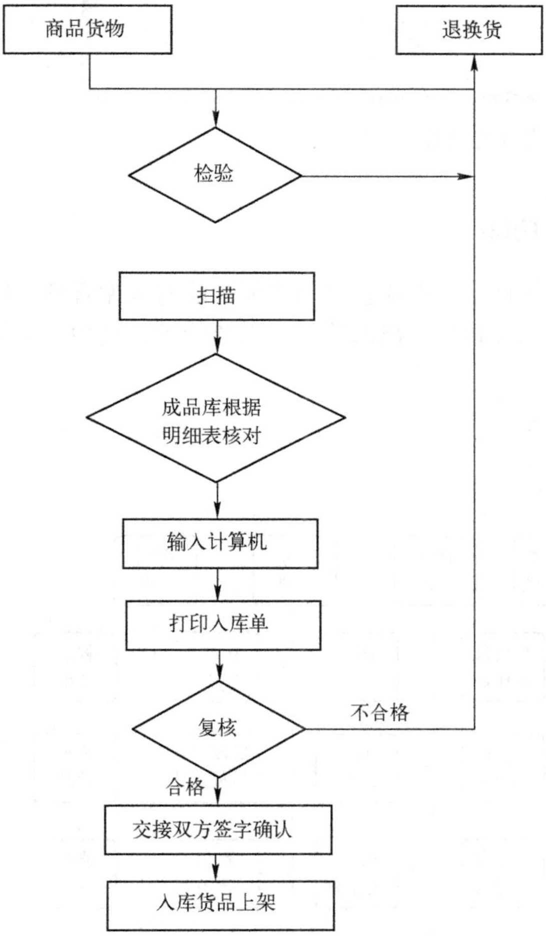

图 3-1 电子商务零售业仓储入库业务的基本流程

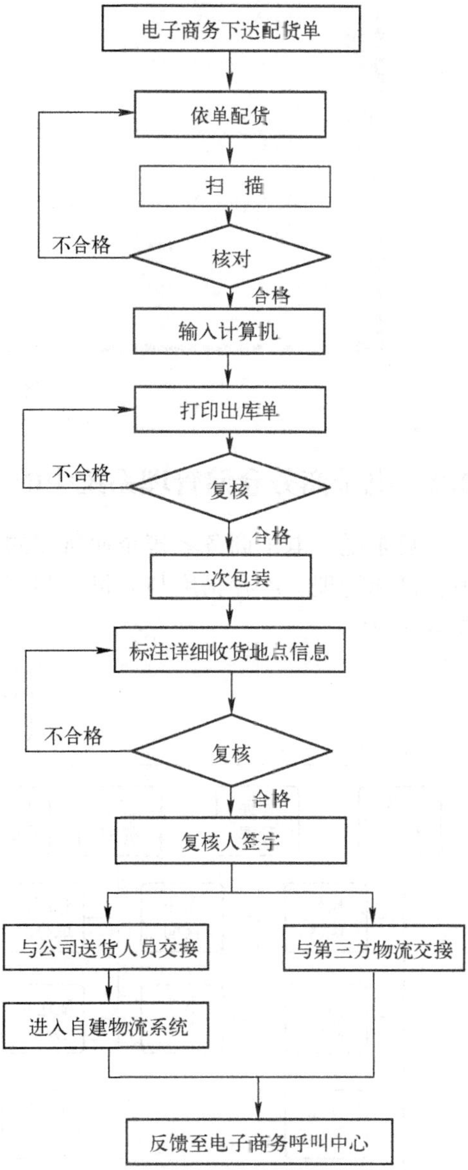

图 3-2 电子商务零售业仓储出库业务的基本流程

3. 发货流程图

发货流程图如图 3-3 所示。

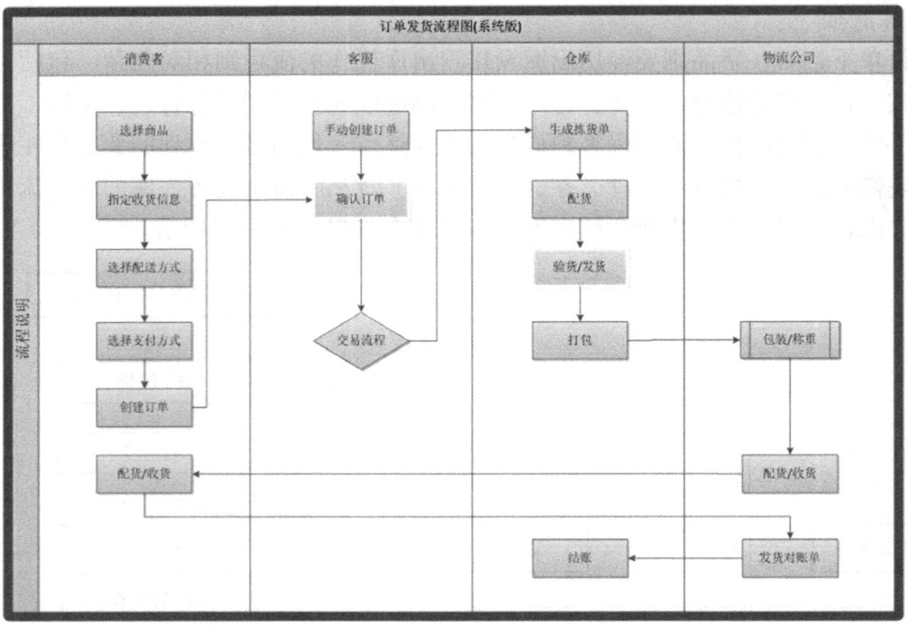

图 3-3　发货流程图

3.2.2　电子商务仓储管理系统中的主要功能

一般来说，电子商务零售企业所需的仓储管理系统中应包含的主要功能有入库管理、库存管理、订单管理、库存精度与质量控制管理、调拨管理、出库管理、系统管理，其功能架构如图 3-4 所示。

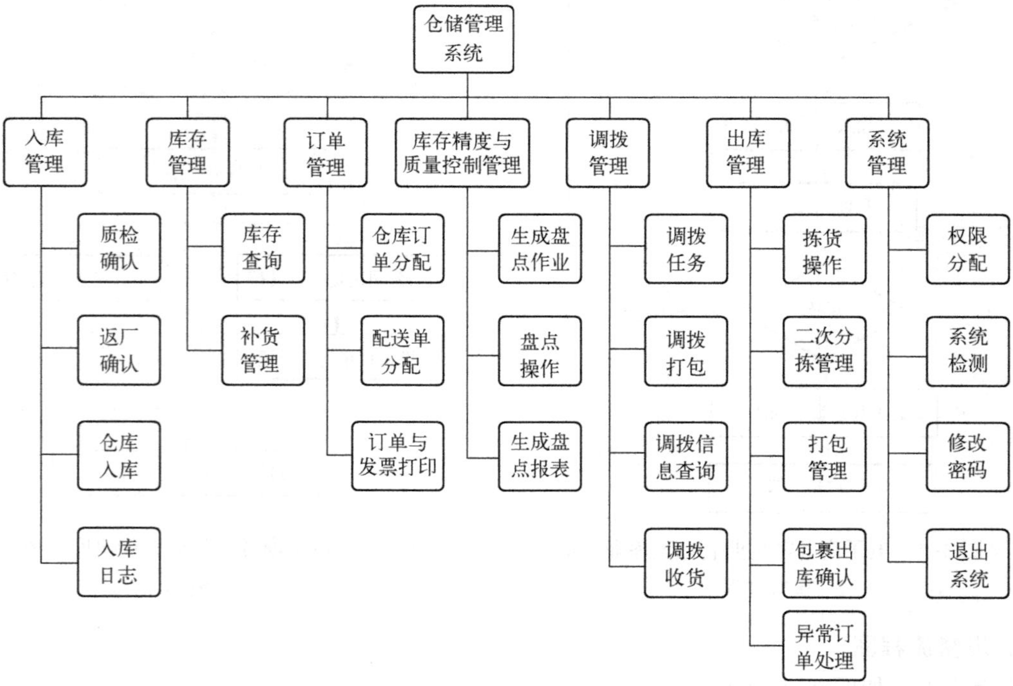

图 3-4　WMS 功能架构

1. 入库管理

入库管理是仓储管理系统的基本功能之一。入库管理主要是针对入库前货物的质检与登记入库阶段，入库管理模块又分为质检确认、返厂确认、仓库入库、入库日志等子模块。由于B2C电子商务仓库中的商品都是直接配送给下单的客户，所以要确保入库的商品都符合质量要求才能提高客户满意度，因此货品在入库前需要进行质检确认操作，质检通过的商品会在系统中进行记录，并可标志为“等待入库”状态，而对于质检不合格的货物则需要做返厂确认处理。仓库入库操作主要是把各类入库信息登记到后台数据库中，这些信息主要包括货物自身信息、入库数量、成本价格、入库时间、入库操作人员、库存货位、供应商信息等。入库日志主要是通过商品库存量单位（Stock Keeping Unit，SKU）或者入库单号等条件来查询入库记录，为库存决策和质量管理等提供数据来源。同一型号的商品或者说同一个产品项目，由于产品与产品之间有某些属性不同，可区别开这些不同商品的属性即商品变异属性，又称作SKU属性，因为它决定了SKU的绝对数量。

2. 库存管理

库存管理包括库存查询与补货管理等子功能。库存查询主要是通过商品SKU对货物的库存进行查询，也可以通过预设的安全库存直接把接近或者低于安全库存的货物商品查询结果反馈，为补货决策提供依据。补货管理功能是库存查询后，针对需要补货的商品，提交补货采购申请给采购部门。

3. 订单管理

订单管理也是仓储管理系统的基本功能之一。在订单管理系统中，订单管理模块主要由仓库订单分配、配送单分配、订单与发票打印三个子模块组成。仓库订单分配主要是根据电子商务网站前台客户订单中的客户收货地理位置、是否允许拆单发货等信息将此订单任务分配给指定仓库。仓库订单分配的功能主要是针对在多地区拥有仓库（即分布式仓库）的企业，它综合分析分布式仓库的库存、调拨成本、配送成本等信息，选择一个最优的发货仓库，并把此订单分配给该仓。当然，操作人员也可以根据实际情况把某个仓库的某些订单全部或者部分转移给其他仓库。配送单分配模块是指通过配送地址、配送商网点分布、配送价格、配送商等级等信息计算出成本最优配送商，把包裹所对应的配送单分配给所选择的配送商，以便于处理客户的包裹追踪、配送投诉、退换货服务等其他要求。订单与发票打印是指把客户下单的基础信息通过排版程序打印出客户订单与发票，客户订单同时也是仓库拣货、二次分拣、打包的纸质凭证。

4. 库存精度与质量控制管理

库存精度与质量控制（Inventory Control Quality Assurance，ICQA）模块主要由生成盘点作业、盘点操作、生成盘点报表子模块组成。仓库质量管理人员会根据实际情况生成盘点作业，仓库质量操作人员根据盘点作业所抽取的盘点货位，进行库存盘点操作，以便生成库存记录数差异率（Integrated Research on Disaster Risk，IRDR）、百万机会的缺陷数（Defects Per Million Opportunities，DPMO）等盘点报表。

5. 调拨管理

调拨管理主要针对拥有分布式仓库的企业，根据销售与库存状况，对分布式仓库间的库存进行调整，使货物在仓库之间运输。它包括调拨任务、调拨打包、调拨信息查询、调拨收货等几个子模块。

6. 出库管理

出库管理是仓储管理系统中处理商品分拣、配货以及出库等主要业务的功能模块。出库管理模块主要分为拣货操作、二次分拣管理、打包管理、包裹出库确认、异常订单处理等子模块。拣货操作主要是通过无线手持终端为拣货人员提供商品信息、货位信息以及拣货路线等，便于拣货人员以较高的效率将订单中购买的商品从货位取出。二次分拣管理主要是针对“一单多件”（即一个订单购买多件商品）的订单进行拣货操作后的再次分拣，按照订单对拣出的商品进行归并分拨，使得属于同一订单的商品同时传送给打包工作站进行整体打包。打包管理功能则是协助操作人员对分拣出的商品进行打包称重处理，在这个过程中操作人员需要通过扫描枪依次扫描纸质订单编号与商品条码，匹配确认后方可进行商品打包、装箱、称重并打印出配送单，同时在仓储管理系统内记录此订单打包信息，并将订单状态更改为“打包而未出库”状态。包裹出库确认是指出库操作人员把打包完成后的包裹整理转移到待发货区域，等待配送商取货配送，仓储管理系统通过这一功能将此订单的状态更改为“出库而未配送”。异常订单处理子模块主要处理出库过程中发生的各类异常问题，如拣货错误、称重错误等，并把异常订单处理成正常状态。

7. 系统管理

系统管理由权限分配、系统检测、修改密码、退出系统等子模块组成。权限分配是指按照业务流程作业需求给用户账号授权，使其可以操作对应的系统功能。系统检测是当仓储管理系统客户端出现故障时，对仓储管理系统服务器、数据库服务器、图片服务器等进行通信检测，并将检测报告反馈给操作用户，以便排除系统网络等故障。

3.2.3 电子商务对仓储管理系统性能需求分析

与其他行业相比，电子商务零售业的仓储业务具有其特征，因此，电子商务企业对仓储管理系统在性能方面提出了一些特殊的需求，主要体现在以下几方面。

1. 高效率与高负载

电子商务企业的网站 IP 流量普遍较高，尤其是大型 B2C 网站，其 IP 流量以日均千万计，限时抢购、秒杀等促销活动更可能带来数倍甚至数十倍的流量和更高的订单转换率。我国领先的电子商务企业的仓库每天需要处理几十万、上百万件的商品配送，并且这些仓库往往建设在不同的国家与城市。这些区别于传统行业仓储物流的特征，对电子商务企业的仓储管理系统提出了更高的要求，主要体现为高负载性及高效性。为了实现这样的性能需求，可采用以下方法：良好的关系数据库设计、数据库群集部署等技术；利用无线网络、无线射频终端与条码技术等仓库数字化应用以简化仓储管理系统的输入/输出，提高系统的输入/输出性能；利用高性能的私有云或 IDC 中央数据中心给仓储管理系统流畅运行提供一个高效的硬件平台。

2. 高可用性与高稳定性

电子商务网站都需要实时在线交易，分布式的仓库需要处理来自于各国家或地区的订单。订单不仅可能发生在任何时点，而且受到季节、地域、节假日、促销活动等因素的影响，因此订单高峰期难以准确预测。这就要求仓储管理系统具有非常高的可用性与稳定性，以确保客户体验和业务运营。提高仓储管理系统的可用性与稳定性可以考虑借助备份容灾设施、负载均衡设备等。

3. 界面友好与高普适性

电子商务企业仓储管理系统的使用者涵盖了一线操作员工、数据与效率分析人员、管理人员等诸多部门的操作人员，这些使用者的计算机应用水平参差不齐，为了降低培训成本，提高操作效率，仓储管理系统需要具有清晰友好的界面，并且便于使用和容易掌握。这一需求主要是通过合理的用户输入/输出接口、友好的界面设计、与实际操作相符合的设计理念来实现的。

4. 良好的安全性

仓储管理系统的安全性能以及信息数据的安全，决定了仓储业务中数据的完整性以及私密性，影响电子商务网站业务运营数据的机密，是仓储管理需要克服的主要难题。确保系统安全的关键是实现对系统自身管理和数据资源存取的权限管理，这不仅需要借助数据库技术，同时可以通过多层次的访问控制技术有效地控制用户访问操作的合法性，特别是在分布式仓储环境下，对异地站点间应用系统访问控制模型的动态性和灵活性提出了更高的要求。并且，可以结合企业自身部署的活动目录等企业目录数据库进行访问控制。

3.3 传统仓储库存管理模式

库存（Inventory）是指储存作为今后按预定的目的使用而处于闲置或非生产状态的物品。广义的库存还包括处于制造加工状态和运输状态的物品（GB/T18354-2006）。为了保证企业的正常经营活动，库存是必要的，但是库存同时又占用了大量的资金，增加了企业成本。怎样既能保证经营活动的正常进行，又使流动资金的占用量最小，即在期望的客户服务水平和相关的库存成本之间寻找平衡，是库存管理人员最关注的问题。要解决这个问题，就必须对仓库中的库存量进行合理的控制。常见的库存控制方法有定量与定期订购库存控制法、MRP 库存控制法及 JIT 库存控制法。

3.3.1 定量与定期订购库存控制法

定量与定期订购库存控制法是通过控制物资采购的量来达到控制仓库库存的目的。

1. 定量订购库存控制法

（1）定量订购库存控制模型的工作原理

定量订货法是预先规定一个订货点和订购批量，随时监控货物库存，当实际储备量降到订货点时，就按固定的订购批量发出订货的一种监控技术。运用这种方法，每次订购的数量不变，而订购时间由市场对物资的需求速度来决定。定量订货法可以分为不确定型的定量订货法和确定型的定量订货法。定量订货法模型图如图 3-5 所示。

1）不确定型的定量订货法。

在表示定量订货法的坐标系中，纵轴表示库存的数量，用 Q 表示，横轴表示时间，用 t 表示。在纵轴上有几个重要的点，Q_S 为安全库存，Q_K 为订货点，Q_{max} 为名义最高库存量。

由于库存量和提前期的变化是随机的，也就是库存量下降速度 $R_1 \neq R_2 \neq R_3 \neq L$，提前期 $T_{K_1} \neq T_{K_2} \neq T_{K_3} \neq L$，因而提前期需求量 $Q_{L_1} \neq Q_{L_2} \neq Q_{L_3} \neq Q_L$，各个提前期的平均需求量就是 Q_{LP}。

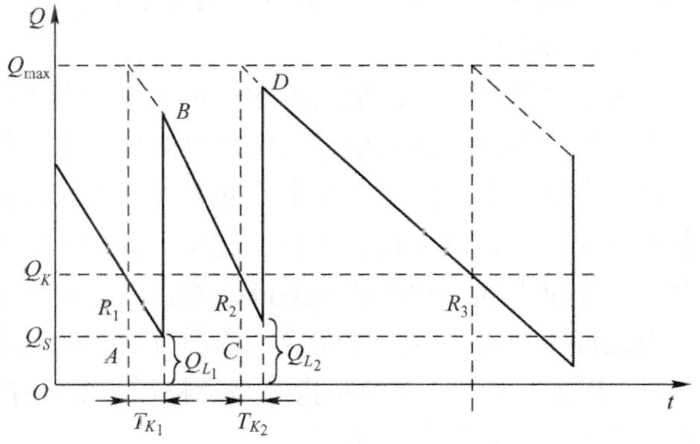

图 3-5 定量订货法模型图

实施订货点控制技术之前，已经确定了订货点 Q_K 由两部分构成：一部分是安全库存 Q_S，另一部分是提前期需求量

Q_L，即 $Q_K = Q_S + Q_L$。在系统开始运作之时，从 O 时刻开始，每天检查库存，假设在第一个周期，随着生产和销售的进行，库存量以 R_1 的速度下降到 A 点，即订货点 Q_K，系统发出订货信息，订货量为 Q^*。随后进入订货量提前期 T_{K_1}。在提前期内，生产经营继续进行。提前期 T_{K_1} 结束时，在 T_{K_1} 内消耗的库存量 Q_{L_1} 使库存水平下降到最低。在 T_{K_1} 周期末，库存水平正好下降到安全库存 Q_S。这时所订货批量到达，实际库存上升一个 Q^*，到达 $Q_{\max} = Q_S + Q^*$（B 点时），然后进入第二个周期的循环。假设第二个周期的销售速度为 R_2，库存下降到 C 点，即订货点 Q_K 时，系统又发出订货信息，订货批量为 Q^*。随后进入第二个订货进货提前期 T_{K_2}，T_{K_2} 结束时，T_{K_2} 内所消耗的库存数量为 Q_{L_2}，使库存水平又下降到最低，由于提前期需求量小于提前期平均需求量 Q_{LP}，因而实际库存高于安全库存 Q_S。这时所订的货物批量到达，实际库存又增加一个 Q^*，再次达到高库存（D 点）。随着生产经营的不断进行进入第三个周期，并不断循环下去。

2）确定型的定量订货法。

确定型的系统运行原理和不确定型的系统运行原理是一样的，只是由于库存量和提前期的变化是稳定的，也就是库存量下降速度 $R_1 = R_2 = R_3 = L$，提前期 $T_{K_1} = T_{K_2} = T_{K_3} = L$，因而提前期需求量 $Q_{L_1} = Q_{L_2} = Q_{L_3} = Q_L$，各个提前期的平均需求量 Q_{LP} 等于每个提前期的需求量 Q_L。所以每个周期发出订单后订货批量到达的时间及实际的最高库存量是相同的。

定量订货法系统运行的结果，由于控制了订货点和订货批量，所以就控制了最高库存水平。名义最高库存（虚线表示）$Q_{\max}$ 不会超过 $Q_K + Q^*$，实际各点的最高库存不会超过 $Q_K + Q^* - Q_{LP}$。

综上分析，不管是确定型的还是非确定型的定量订货法，对用户需求的满足程度主要取决于安全库存量大小的设置，应根据库存满足率要求的大小来设定安全库存的数量。如图 3-5 所示，在整个库存变化中所有的需求量均被满足，没有缺货现象，但是第三周期的消耗量，安全库存 Q_S 被动用了，如果 Q_S 设定太小，则 T_{K_3} 期间的库存曲线会下降到横坐标线以下，出现负库存，即缺货。安全库存程度越高，则库存满足需求的程度也就越高，但是相应的成本也提高了。

（2）定量订货法的控制要求

1）确定一个订货点，解决什么时候订货的问题。

2）确定每次订购的数量，解决每次订货多少的问题。

3）确定订货如何具体实施与操作，以及库存系统的基本库存、安全库存和周转率等。

4）对库存物资进行动态盘点，随时了解货物的储存数量。

（3）订货点的确定

在定量订货法中，订货点以库存水平作为参照点，当库存水平降低到某个库存水平时就发出订货信息。因此，将发出订货信息时的库存水平称为订货点。

订货点的设立是控制库存水平的关键因素，订货点的高低决定了库存成本和服务水平。订货点不能太高，如果太高，库存量过大，就会导致占用资金和库存成本增大。同样订货点也不能太低，如果太低，就可能会造成缺货损失，妨碍企业经营活动的持续进行，进而降低服务水平，因此订货点要适度。影响确定合理订货点的因素有以下三个。

1）需求速率。需求速率指的是货物需求的速率，用单位时间内的平均需求量 R_P 表示。需求速率越高，则订货点就越高。

2）提前期。提前期是指从向供应商发出订单到收到货物的这段时间，用 T_K 表示。提前期的长短取决于路途的远近和运输工具速度的快慢以及其他某些提前不能预测的影响因素。提前期越长，则订货点就越高。

3）提前期需求量。提前期需求量是指按照已有的需求速率在提前期内发生的需求量，用 Q_L表示，且，提前期需求量 $Q_L=R_P \times T_K$。

因此，合理的订货点量（Q_K）等于提前期需求量加上安全库存量，关系式为

$$Q_K=Q_L+Q_S= R_P \times T_K+Q_S$$

例 3-1：企业某种物资的订购批量为 2 000 个，平均提前时间为 10 天，平均每日正常需用量为 50 个，预计日最大耗用量为 80 个，则

安全库存量=(80-50)×10=300(个)

订购点量=50×10+300=800(个)

这就是说，当实际库存量超过 800 个时，不考虑订购；而当降低到 800 个时，就应及时按规定的订购批量 2 000 个提出订购。

(4) 订货批量的确定

订货批量是指每一次订货的数量。订货批量的高低不仅直接影响库存量的高低，而且直接影响货物供应的满足程度。因此，订货批量要合理。影响订货批量大小的因素主要有以下几种。

1）需求速率。需求速率越高，订货批量就越大；反之，订货批量就越小。

2）经营费用。经营费用分配越低，订货量可能就越大；反之，订货批量就越小。

(5) 定量订购控制法的优缺点

1）优点。

- 能经常地掌握库存储备动态，及时地提出订购，不易出现缺货。
- 保险储备量较少。
- 每次订购量固定，故能采用经济订购批量模型，亦便于包装运输和保管作业。

2）缺点。

- 要随时掌握库存动态，对安全库存和订货点进行严格控制，占用了一定的人力和物力。
- 订货模式过于机械，缺乏灵活性。
- 订货时间不能预先确定，不利于人员、资金、工作业务的计划安排。
- 受单一订货的限制，难以享受到合并订购的好处（如价格优惠、减少运输和采购费用等）。

(6) 定量订货法的适用范围

1）单价比较便宜，不便于少量订货的产品，如螺栓、螺母等。

2）需求预测比较困难的维修材料，如马达的机修配件。

3）品种数量繁多、库房管理事务量大的物品。

4）消费量计算复杂的产品。

5）通用性强、需求量比较稳定的产品等。

(7) 经济订货批量模型

1）经济订货批量模型的原理。

经济订货批量模型（Economic Order Quantity，EOQ）就是通过平衡采购订货成本和仓储保管成本，确定一个最佳的订货批量来实现最低总库存成本的方法。它可以根据需求和订货、到货间隔时间等条件是否处于确定状态分为确定条件下的模型和概率统计条件下的模型。

2）经济订货批量的基本模型。

① 不允许缺货、瞬时到货的确定型存储模型。这种情况有以下假设条件。

- 只涉及一种产品。
- 缺货费用为无穷大，因此不允许缺货。
- 货物需求是连续的、均匀的，即货物每天的需求量为常数。
- 货物储存量减少到零时，可即刻得到补充。
- 每次订货费用不变。
- 货物单位时间储存费用不变。

此时，与物资仓储有关的成本分为三大类：采购成本、订货成本和保管成本。因需求是均匀连续的，所以有以下结论。

平均库存量等于订购批量的一半，即 $\overline{Q}=\frac{1}{2}Q$

年保管成本=平均库存量×年单位物资存储费用，即 $\overline{Q}H=\frac{1}{2}QH$

年采购成本=年需求量×单价，即年采购成本=DP

年订购成本=年订购次数×每次订购费用，即年订购成本=$\frac{D}{Q}C$

设年库存总成本为 TC，则有

$$TC=DP+\frac{D}{Q}C+\frac{1}{2}QH$$

式中 D——物资的年需求量；

P——物资单价；

H——单位物资年存储费用；

C——每次订购费用；

Q——订货批量。

目的是使总费用即 TC 值最小，对 Q 求导，并求 TC 的极小值，即令

$$\frac{\mathrm{d}TC(Q)}{\mathrm{d}Q}=-\frac{DC}{Q^2}+\frac{1}{2}H=0$$

得出

$$Q^*=\sqrt{\frac{2DC}{IP}}$$

这就是著名的经济订货批量公式。

在实际中，因单位物资存储费用直接收集较烦琐，一般运用单位物资存储费用率来求得。令 I 为单位物资年存储费率，则 $H=IP$。

相应的经济订货批量公式就变为：$Q^*=\sqrt{\frac{2DC}{H}}$

例 3-2：某企业每年耗用某种材料 3600 kg，该材料单位成本 10 元，单位存储成本 2 元，一次订货成本 25 元。则

$$Q^*=\sqrt{\frac{2KD}{K_c}}=\sqrt{\frac{2\times3600\times25}{2}}=300(\text{kg})$$

即该材料经济订货批量为 300 kg。

② 不允许缺货、持续到货的确定型存储模型。该模型在假设条件下，除进货需持续进行的条件以外，其余皆与不允许缺货、瞬时到货的确定型存储模型相同。而且本模型的货物不是一次全部到达，而是持续到达。储存量也不是一下由 0 增至最大值，而是逐步地增加。在进货的过程中，货物同时也被消耗。

设每日送货量为 r，故该批货全部送达所需日数为$\frac{Q}{r}$，称为送货期。设物品每日耗用量为 d，故送货期内全部耗用量为$\frac{Q}{r}d$。由于物品是边送边用，所以每批物品送完时，最高库存量为 $Q-\frac{Q}{r}d$。平均存量则为$\frac{1}{2}\left(Q-\frac{Q}{r}d\right)$，于是，总库存成本公式变为

$$TC=DP+\frac{D}{Q}C+\frac{1}{2}\left(Q-\frac{Q}{r}d\right)H$$

对 Q 求导，并计算 TC 的极小值，最后得出

$$Q^*=\sqrt{\frac{2DC}{H}\cdot\frac{r}{r-d}}$$

例 3-3：某零件年需用量为 3 600 件，每日送货量为 30 件，每日耗用量为 10 件，单价为 10 元，一次订货成本为 25 元，单位储存变动成本为 2 元，则

$$Q^*=\sqrt{\frac{2DC}{K}\cdot\frac{R}{R-d}}=\sqrt{\frac{2\times25\times3600}{2}\times\frac{30}{30-10}}=367(\text{件})$$

即该零件经济订货批量为 367 件。

3）考虑有数量折扣的经济订货批量模型。

供应商为了吸引顾客一次购买更多的商品，往往会有批量折扣购货的政策，即对于一次购买数量达到或超过某一数量标准时给予价格上的优惠。这个事先规定的数量标准，称为折扣点。在批量折扣的条件下，由于折扣之前购买的价格与折扣之后购买的价格不同，因此，需要对原经济批量模型做必要的修正。其计算步骤如下：

① 计算经济批量。用确定型经济批量的方法，按原价计算经济订货批量（EOQ）。

② 计算总成本。按照步骤①的计算结果分别计算出按原价采购的经济批量的总成本（TC）和按享受折扣单价时的经济批量采购的总成本（$TC_{折}$）。

③ 进行判断分析。把按原价采购的经济批量的总成本（TC）和按享受折扣单价时的经济批量采购的总成本（$TC_{折}$）进行比较。若 $TC>TC_{折}$，则以供应商提供的折扣数量为最佳采购批量；若 $TC\leqslant TC_{折}$，则以按原价计算的经济订货批量（EOQ）为最佳采购批量。

2. 定期订货库存管理法

（1）定期订货法的工作原理

定期订货法是指从时间上控制订货周期，从而达到控制库存量目的的一种库存控制方法。这种方法不需要每天检查库存，只是在订货周期来临前检查即可。

其基本工作原理是：预先确定一个订货周期 T 和一个最高库存量 Q_{max}，周期性地检查库存，发出订货。订货批量的大小应使得订货后的名义库存量达到额定的最高库存量 Q_{max}。定期订货法的模型图如图 3-6 所示。

在表示定期订货法的坐标系中，纵轴表示库存量，用 Q 表示，横轴表示时间，用 t 表示。在纵轴上有 Q_K、Q_{max} 等重要的点。

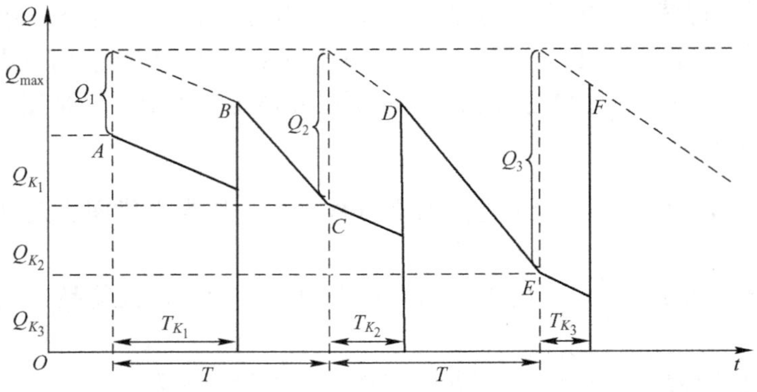

图 3-6　定期订货法模型图

在系统运行前，先确定好订货周期，假设为 T，也确定好仓库库存控制的最高库存量，假设为 Q_{max}。假设在时间轴的 O 点开始执行定期订货法，到订货周期来临时检查库存量，库存水平如果处在 A 点，库存量为 Q_{K_1}，则发出订单。订货量取 Q_{max} 与 Q_{K_1} 的差值，即第一次的订货量 $Q_1=Q_{max}-Q_{K_1}$。随后进入第一个订货提前期 T_{K_1}。提前期结束，所订购 Q_1 的商品到达，实际库存升高 Q_1，达到高库存（B 点）。然后进入第二个周期，生产或销售仍然按正常进行，整个过程中可以不管库存量的变化。经过一个订货周期，到了周期末的日子，又检查库存量，假设这时（C 点）的库存量为 Q_{K_2}，又发出订货量 Q_2，Q_2 的大小等于 Q_{max} 与 Q_2 的差值。随后进入第二个订货提前期 T_{K_2}。随着生产经营的进行，随即进入下一个周期，这样不断循环下去。

这样的库存操作为何能既控制库存量又满足用户的需求呢？实际上，刚订货时，包括订货量在内的名义库存量最高是 Q_{max}，待经过一个订货提前期消耗，所订商品到达，实际最高库存量比 Q_{max} 还要少一个提前期平均需求量 Q_{LP}，等于 $Q_{max}-Q_{LP}$。所以 Q_{max} 就是最高库存量的控制线，它是定期订货法用以控制库存量的一个关键性控制参数。

（2）定期订购法的控制要求

1）确定订货周期，解决隔多长时间订货的问题。

2）确定最高库存量 Q_{max}，解决企业库存量的高库控制线是多少的问题。

3）确定订货量，解决一次订货多少的问题。

（3）订货周期的确定

订货周期与定量订货法的订货间隔期不同，定量订货法的订货间隔期是随机的，可能不等，而定期订货法的订货间隔周期总是相等的。订货周期的长短直接决定着最大库存量的大小，因而决定了库存费用的大小。

实际操作过程中，经济订货周期可结合供应商的生产周期和供应周期来调整，从而确定一个切实可行的订货周期。当然也可以结合人们比较习惯的时间单位，如周、旬、月、季、年等来确定经济订货周期，从而吻合企业的生产计划、工作计划。

（4）最高库存量的确定

假设 T 为订货周期，T_K 为提前期，每天的需求速率为 R_P。定期订货法的最高库存量是为了满足 $T+T_K$ 期间的库存需求的。因此，以此时间为基础，考虑到不确定因素，增加一个安全库存量 Q_S，则有

$$Q_{max}=R_P(T+T_K)+Q_S$$

(5) 订货量的确定

每个周期订货量的大小都是按当时的实际库存量的大小确定。每次检查的值不同，则订货量也不同。

(6) 定期订购控制法优缺点

1）优点。

- 由于定期订购可以将多种物品合并订购，这样可以降低订购和运输等费用。
- 库存管理计划性强，对于工作计划的安排，实行计划管理十分有利。

2）缺点。

- 每次订货批量不一致，无法制订出经济订货批量，运营成本降不下来，经济性较差。
- 安全库存量不能设置太少，因为它的保险周期较长，期间的需求量也较大，需求标准偏差也较大，因此需要设置较大的安全库存量来保障需求。

(7) 定期订货法适用范围

1）消费金额高、需要实施严格管理的重点物品。

2）根据市场状况和经营方针经常调整生产或采购数量的物品。

3）需求量变动幅度大，但变动具有周期性，可以判断其周期的物品。

4）建筑工程、出口等对时间可以确定的物品。

5）受交易习惯的影响，需要定期采购的物品。

6）多种商品一起采购可以节省运输费用的物品。

7）同一品种物品分散保管、同一品种物品向多家供货商订货、批量订货分期入库等订货、保管和入库不规则的物品。

8）取得时间很长的物品，定期生产的物品。

9）制造之前需要人员和物料的准备、只能定期制造的物品等。

定量订货法和定期订货法的比较如表 3-2 所示。

表 3-2 定量订货法和定期订货法的比较

特　征	定量订货法	定期订货法
订货数量	每次订货数量相同	每次订货数量不同
订货时间	在库存量降低到订货点时订购	订货周期到来时订购
订货周期	每次订货周期发生变化	每次订货周期发生不变
库存检查	随时进行货物库存状态检查	在订货周期到来时检查库存
订货种类	每个货物品种单独进行订货	多品种统一进行订货
缺货情况	只发生在提前期	整个订货周期及提前期都有可能发生
订货对象	一般物资	昂贵、关键或重要物资

3.3.2 MRP 库存控制法

1. 物料需求计划的定义

物料需求计划（Material Requirement Planning，MRP）是指根据产品结构各层次物品的从属和数量关系，以每个物品为计划对象，以完工时期为时间基准倒排计划，按提前期长短区别各个物品下达计划时间的先后顺序，是一种制造企业内物料计划管理模式（GB/T18354-2006）。物料需求计划解决的是相关需求物料的库存控制问题。

MRP 系统运行的逻辑思想如表 3-3 所示。

表 3-3　MRP 系统运行的逻辑思想

处理的问题	所需要的信息
生产什么？生产多少？	切实可行的主生产计划（MPS）
要用到什么？	准确的物料清单（BOM）
已具备什么？	准确的物料库存数据
还缺什么？何时需要？	MRP 的计算结果（生产计划和采购计划）

MRP 逻辑原理图如图 3-7 所示。

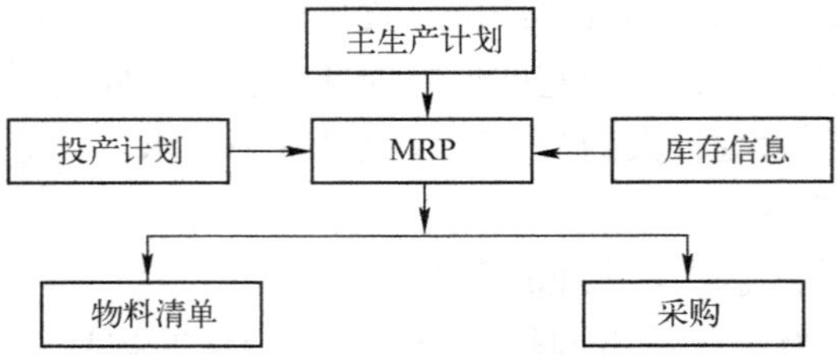

图 3-7　MRP 逻辑原理图

2. MRP 的提出和产生

由于相关需求物料破坏了使用订货点方法的前提，即物料需求是连续的和库存量消耗是稳定的，所以对于这些非独立性需求的原材料、零部件等库存项目就不适合采用传统的定量或定期库存管理方法组织生产供应。

为此，美国生产与库存管理学会冲破了当时在企业生产线上必须保持大量库存以预防发生停工待料的传统观念的束缚，对生产所需非独立性需求原材料、零部件等库存项目，实行与企业多阶段批量生产类型相适应，适时、适量订购，适时到货，保证了生产按节拍不间断地进行，从而降低了库存水平，节省了资金占用和保管费用。这种管理方法称之为物料需求计划的库存控制法。

由此可看出，MRP 是为了更有效地适应相关需求物品而发展起来的，是在当时库存管理专家们为解决传统库存控制方法的不足，不断探索新的库存控制方法的过程中产生的。对相关需求的物品，由于其需求取决于最终产品的生产数量和交货期，因此要采用 MRP 对其进行控制，按最终产品的需求量和需求时间，来确定各种物资的需求数量和订购时间。所以，MRP 既是一种精确的排产（按优先次序）系统，又是一种有效的物料控制系统，它的目标是将库存量既保持在最低限度，又能保证及时供应所需数量的物料。即怎样才能在需要的时间，按需要的数量得到相应的数量。

3. MRP 基本原理

MRP 系统并不是仅仅代替订货点法开订单的库存管理系统，而是一种能够提供物料计划及控制库存，决定订货优先度，根据产品的需求自动地推导出构成这些产品的零件与材料的需求量，由产品的交货期展开成零部件的生产进度日程和原材料与外购件的需求日期的综合管理系统，即将主生产计划转换为物料需求表，然后按物料需求量和需求时间进行生产或安排采购。MRP 系统不仅给出需求数量，而且特别强调需要的时间，因此，系统的输出可以作为采购、生产等工厂中各项管理的输入。

MRP 是通过主生产计划（Master Production Schedule，MPS）明确企业将要生产什么、什么时候需要；通过物料清单（Bill Of Material，BOM）回答企业用什么生产、需要用些什么、什么时候需要；最后，库存信息（也叫库存状态文件）显示企业有什么，通过与库存记录比较回答企业还需要再得到些什么、什么时候需要。

（1）主生产计划

主生产计划主要描述主产品及由其产品结构文件决定的各种零部件的制造进度。主生产计划说明在可用资源条件下，企业在一定时间内，生产什么、生产多少、什么时间生产，如表 3-4 所示。

表 3-4　主生产计划

产品 需求时间/周	1	2	3	4	5	6	7	8	9	10
产品 A/台					80				20	
产品 B/台						80		10		50

从表 3-4 中可以看出，产品 A 在第 5 周需要 80 台、第 9 周需要 20 台；产品 B 在第 6 周需要 80 台、第 8 周需要 10 台、第 10 周需要 50 台。

（2）物料清单

物料清单又可以称为产品结构文件，反映产品的层次结构，即所有零部件的结构关系和数量组成，通常用产品结构树来分析，如图 3-8 所示。

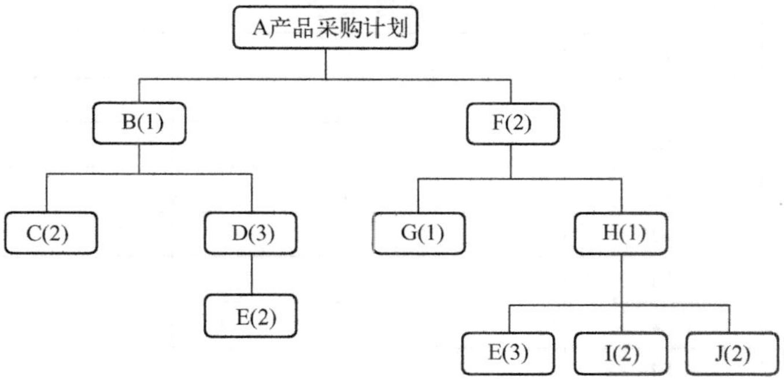

图 3-8　A 产品物料清单

该结构树反映出产品 A 由 1 个单位 B 和 2 个单位 F 组成。部件 B 又是由 2 个单位 C 和 3 个单位 D 构成。部件 F 又是由 1 个单位 G 和 1 个单位 H 构成。零件 D 需要 2 个单位 E。零件 H 又是由 3 个单位 E、2 个单位 I 和 2 个单位 J 构成。

（3）库存信息

库存信息反映的是对相关需求物料企业已有什么，是对企业的原材料、零部件、在制品等库存状态的一种反映，其主要参数如下。

1）总需求量是指部件或原材料等在需求时间内的需求总量，不考虑当前库存量。

2）预计入库量是指已经确定的，在规定时间内将到达的采购物料的数量。

3）现有库存量是指企业的仓库中可用的物料库存数量。

4）净需求量是指各具体的时间实际需求数量。

5）已分配量是指目前保存在企业仓库中，但已经分配出去了的物料数量。

6）计划订货量是指根据需求时间计算出的物料需求的数量。

7）计划下达量是指企业根据订货提前期应当发出订货的物料数量。

其中总需求量和净需求量可以根据主生产计划及物料清单和其他库存信息计算得出。

例 3-4：已知 A 为最终产品，独立需求，其需求量由客户或市场所决定。且已知 A 在第 9 周的需求量为 100，计算其他零部件的最佳需求量及发出订单时间。

A 产品物料清单如图 3-9 所示。

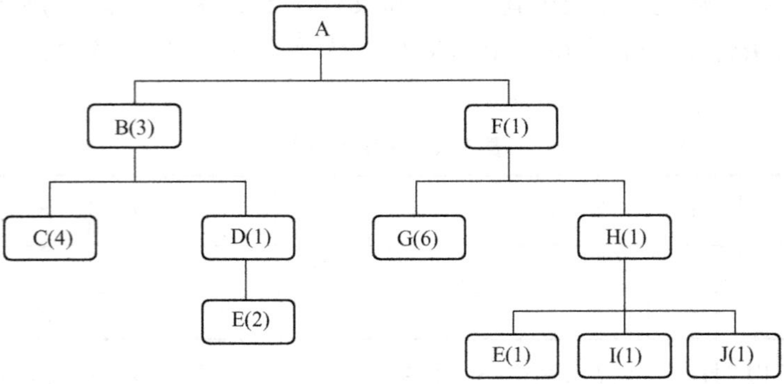

图 3-9　A 产品物料清单

A 产品库存信息如表 3-5 所示。

表 3-5　A 产品库存信息

名　称	库　存　量	总 需 求 量	实际需求量
A	0		
B	250		
C	14		
D	20		
E	40		
F	16		
G	54		
H	10		
I	6		
J	40		

根据图 3-9 中 A 产品物料清单和表 3-5 中 A 产品库存信息可以计算出 A 产品的总需求量和实际需求量，如表 3-6 所示。

表 3-6　A 产品的总需求量和实际需求量

名　称	库　存　量	总 需 求 量	实际需求量
A	0	100	100−0＝100
B	250	3×100＝300	300−250＝50
C	14	4×50＝200	200−14＝186
D	20	50	50−20＝30
E	40	2×30+1×74＝134	134−40＝94
F	16	1×100＝100	100−16＝84
G	54	6×84＝504	504−54＝450

（续）

名　称	库　存　量	总 需 求 量	实际需求量
H	10	1×84＝84	84−10＝74
I	6	1×74＝74	74−6＝68
J	40	1×74＝74	74−40＝34

根据以上信息，可以得到A产品的物料需求计划中各零件的需求时间和生产或者订货时间。A产品物料需求计划如表3-7所示。

表3-7　A产品物料需求计划

名称	需求计划＼时间	1	2	3	4	5	6	7	8	9	提前期
A	需求时间									100	A提前期一周
	生产或者订货时间								100		
B	需求时间								50		B提前期一周
	生产或者订货时间							50			
C	需求时间							186			C提前期二周
	生产或者订货时间					186					
D	需求时间							30			D提前期二周
	生产或者订货时间					30					
E	需求时间					94					E提前期一周
	生产或者订货时间				94						
F	需求时间								84		F提前期一周
	生产或者订货时间							84			
G	需求时间							450			G提前期一周
	生产或者订货时间						450				
H	需求时间							74			H提前期二周
	生产或者订货时间					74					
I	需求时间					68					I提前期一周
	生产或者订货时间				68						
J	需求时间					34					J提前期一周
	生产或者订货时间				34						

4. MPR的特点

1）需求的相关性。在流通企业中，各种需求往往是独立的。而在生产系统中，需求具有相关性。例如，根据生产经营的目的确定了所需主产品的数量之后，由产品结构文件BOM即可推算出各种零部件和原材料的数量，根据这种逻辑关系推算出来的物料数量称为相关需求。不但品种数量有相关性，需求时间与生产工艺过程的决定也是相关的，即有先主后从的依存关系。

2）需求的确定性。MRP 的需求都是根据主产品的生产计划、产品结构文件和库存文件精确计算出来的，一旦主产品的需求量和需求时间确定，则相应物料的需求品种、数量和需求时间就随之确定下来，不可改变。

3）计划的复杂性。MRP 要根据主产品的生产计划、产品结构文件、库存文件、生产时间或者采购时间，把主产品的所有零部件需要数量、时间、先后关系等准确计算出来。当产品结构复杂，零部件数量特别多时，其计算工作量非常庞大，人力根本不能胜任，必须依靠计算机实施这项工作。

3.3.3 JIT 库存控制法

JIT（Just In Time）直译为“正好准时”，所表达的含义是“只在需要的时候，按需要的量，生产所需的产品”。JIT 由日本的丰田公司在 20 世纪 70 年代首先提出。JIT 的目的是使生产过程中物品（零部件、半成品及制成品）有秩序地流动并且不产生物品库存积压、短缺和浪费，同时暴露出系统在生产过程中的问题和存在的瓶颈。

1. JIT 的工作原理

JIT 的工作原理是以需定供，即供方根据需方的要求（或称看板），按照需方需求的品种、质量、数量、时间、地点等要求，将物品配送到指定的地点。

与传统推动式物流控制原理相反，JIT 采用的是拉动式物流控制原理，即逆着生产工序，由顾客需求拉动，由订单到产成品、组件、配件、零件和原材料，最后到供应商。整个生产是动态的，逐个向前逼进的，上道工序提供的正好是下道工序所需要的，且时间和数量上正好。JIT 工作原理如图 3-10 所示。

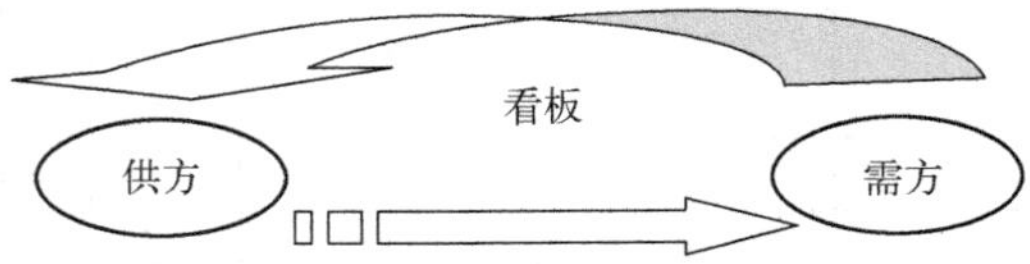

图 3-10　JIT 工作原理

其中，看板是一种信息系统，用它来传递信息，是信息的载体，实际中可以用卡片、周转箱、容器等来充当。看板可以协调所有的生产过程以及各生产过程中的每个环节，使生产过程同步。它可用于在一条生产线内、一个公司范围内、协作厂之间。

看板可以分为三种：传送看板、生产看板、临时看板。

传送看板分为工序间看板和外协看板。工序间看板是指工厂内部后工序到前工序领取所需的零部件时所使用的看板。外协看板是指针对外部的协作厂家所使用的看板。对外订货看板上必须记载进货单位的名称、进货时间和每次进货的数量等信息。

生产看板分为工序内看板和信号看板。工序内看板是某工序进行加工时所用的看板。信号看板是在不得不进行成批生产的工序间所使用的看板。信号看板挂在成批制作出的产品上，当该批产品的数量减少到基准数时摘下看板，送回到生产工序，然后生产工序按该看板的指示开始生产。另外，从零部件出库到生产工序，也可利用信号看板来进行指示配送。

临时看板是在进行设备保全、设备修理、临时任务或需要加班生产的时候所使用的看板。与其他种类的看板不同的是，临时看板主要是为了完成非计划内的生产或设备维护等任务，因而灵活性比较大。

看板使用时需遵循以下规则：后道工序必须准时到前道工序领取适量的零件；前道工序必须及时、适量地生产后道工序所需的产品；决不允许将废次品送给下一道工序；看板的数量必须减少并控制到最少；看板必须和实物在一起。

2. JIT 系统的主要要素

（1）零库存

零库存是一种现代库存管理方法，是指在生产与流通领域按照准时制组织物品供应，使整个过程库存最小化的技术总称。它基于在准确的时间把准确的数量送到准确的地点，任何多余的库存都是浪费。JIT 理念认为，库存是由于计划不当、能力不够、供应商过失、订单处理延迟和生产运作不规范、设备保养差等原因所造成的。JIT 追求零库存，认为任何库存都是浪费，是不允许的，甚至将库存视为“万恶之源”。

（2）备货期短

由于采用小批量供货和比较短的供货周期，JIT 使备货时间大大地缩短了。相应地，生产提前期的缩短也使成本下降。

（3）高频率小批量补货

高频率小批量供货可以减少和避免存货，当发现问题时容易得到改进和实现均衡作业及柔性化生产的实现等。

（4）高质量和零缺陷

JIT 要求消除各种引起浪费的不合理的原因，要求在整个生产过程中每一个操作都要达到精益求精，将质量管理引入每一个操作中，对产品质量进行及时的监测和处理，努力追求零缺陷。

3. JIT 的特点

（1）采用单源的供应方式

JIT 采用有别于传统供应商多源的供应方式，是与供应商建立长期的合作伙伴关系，而不是传统的交易关系。这样可以享受长期的、规模的低成本效益，并且在原材料和外购零部件等质量上得到保证。由于长期的合作伙伴关系，JIT 把质量的保障责任放在供应商处，而不需要企业部门来把关。供应商参与生产企业从产品设计到生产管理的整个过程，而不仅仅是按指令进行供货。从源头上保证供货质量，将供应商所供的货直接送到生产线上，减少了一系列的中间传统环节，从而达到降低成本的目的。

（2）小批量供货和较短的备货时间

小批量供货是 JIT 的特点之一，以保证按时、按质、按量地供货。由于小批量供货要求和较短的备货时间要求，在采用 JIT 模式时，供应商或仓储设施应建在生产企业的周围。

（3）高效的信息共享

要达到消除浪费、降低成本和零库存的目的，从供应商供货到产品的生产及产品出厂销售等整个供应链就需要依赖高效的信息来协调整个系统。及时、准确的信息可以使产、供、销之间的时间差、地区差和空间差降低到最低限度，以达到降低成本和提高企业效益的目的。

4. JIT 的实施条件

从企业内部来讲，强调全面性预防维护，实行全面质量控制，鼓励全员参与是实施 JIT 的基本保障。具体的实施条件包括以下几点。

1）客户至上，信息技术发达。

2）标准化的流水生产线，生产区域的合理组织，制订符合逻辑、易于产品流动的生产线。

3）生产系统要有很强的灵活性，为改变产品品种而进行的生产设备调整时间接近于零。

4）完善的质量保证，无返工，次品、不合格品为零，人员生产高度集中，事故发生率为零，要求平时注重设备维修、检修和保养。

5）JIT 存货管理只是 JIT 系统的一个子系统，其管理水平的提高有待于企业 JIT 系统整体管理水平的提高。而整个 JIT 系统的成功运作需要企业各个部门、每个员工的通力合作，因此，实施 JIT 必须鼓励全员参与。

从企业外部来讲，全社会科技水平、管理水平的提高，企业之间的真诚、密切协作是实施 JIT 的有利环境。具体的实施条件包括以下几点。

1）完善的市场经济条件。

2）全社会科技水平、管理水平的提高。

3）企业与外部供应商要建立良好的互动关系。

要推行 JIT 库存控制除了具备上述的条件外，还需要其他的一些条件。例如，在信息时代要充分利用信息优势，建立灵敏、可靠的采购渠道网络，快速高效地满足采购需要；其次，要进行生产经营环节的高度自动化，这样一方面能随时满足客户需要，另一方面，最大限度降低生产过程中人工不可避免的缺陷，消除因生产出次品对整个生产作业流程带来的不良影响。

5. JIT 实现的基本步骤

（1）进行准备工作

实施 JIT 系统的第一步就是要进行人员培训。企业高级管理人员对 JIT 系统的支持是实施 JIT 的首要条件，因此必须首先让企业的高层人员深刻理解和领会 JIT 思想的实质，明确各自的职责；其次就是对工人进行培训和激励，使所有人员都参与 JIT 系统的建设。

（2）实行全面质量管理

全面质量管理是与 JIT 系统紧密联系的。JIT 系统的各个环节，需要在全面质量管理的思想指导下，才能协调一致。也只有在全面质量管理的作用下，才能在每一个环节上把好质量关，使之尽力实现“零缺陷”，进而实现“零库存”。

（3）对现行系统进行分析

在实施 JIT 系统之前，首先要对现行的制造系统进行仔细分析和解剖，找出现行系统存在的缺陷与不足，明确改进目标。

（4）工艺和产品设计

运行 JIT 要求企业的生产工艺流程具有很强的柔性。目前一些高科技的企业成功地把 JIT 与柔性制造系统（FMS）结合在一起，产生了巨大的经济效益。JIT 要求尽可能地采用标准件以降低 JIT 生产系统的复杂性。

（5）使供应商成为 JIT 系统的一部分

供应商能否及时向企业提供优质的材料是 JIT 系统运行的前提条件。把企业 JIT 系统与供应商的 JIT 系统联结在一起，使供应商成为企业 JIT 系统的一部分，将有利于保证物料供应的及时性和可靠性。

（6）不断改善

JIT 生产系统是一个生产过程，是一个需要不断改进完善的过程。理想 JIT 系统的最高目标是“零机器调整时间”“零库存”“零缺陷”“零设备故障”，而这些目标的实现是以企业各项工作不断改进和完善为前提的，因而JIT是一个永不停止的过程。

3.4 电子商务环境下的库存管理模式创新

物流作为电子商务行业线下对接的保障环节，在整个模式运作中起到了举足轻重的作用，任何规模的电子商务商家都无法忽视仓储管理的问题。仓储效率的提高是衡量仓库管理状况的重要指标，也直接影响电子商务企业的绩效和客户服务质量。

仓储系统的库存管理不仅对于企业提高资金使用效率、降低经营成本等有着非常重要的意义和作用，而且也是整个电子商务供应链中最可控的环节，提高这一环节的效率和质量，对于提升用户体验、形成美誉度有着巨大的帮助。电子商务的快速发展需要其仓储库存管理模式的不断创新。

目前，信息技术已成为仓储库存管理模式创新的主要手段。本节将从仓储库存产生的牛鞭效应和成因分析及弱化为基础，探讨减弱库存牛鞭效应的电子商务库存管理模式的创新途径。

3.4.1 牛鞭效应的产生和成因分析及弱化

1. 牛鞭效应的产生

（1）牛鞭效应的提出

牛鞭效应最早发现于美国麻省理工学院斯隆管理学院的福里斯特（J. W. Forrester）教授的供应链系统动力学仿真实验中。1961年，福里斯特教授在其研究著作*Inaustrial Dynamics*中描述了牛鞭效应现象并提出了相应概念，最早对牛鞭效应现象进行了分析。而在企业界，越来越多的实际企业案例证实了牛鞭效应的存在。例如，20世纪90年代初，宝洁公司发现其“帮宝适”牌纸尿裤的客户的需求量和销售商的订货数量之间有很大的偏差。通常该纸尿裤的消费量在它的顾客群中相当的稳定，但批发商的订单量总是随着时间的推移不停地波动，他们还发现，原材料供应商接收到的订单量的波动比批发商还要大。为此，宝洁公司使用“牛鞭效应”这一名称来形容供应链中顾客的需求信息在向上游传递的过程中发生的被扭曲和放大的现象。

当供应链的各节点企业只根据来自其相邻的下级企业的需求信息进行生产或供应决策时，需求信息的不真实性会沿着供应链逆流而上，产生逐级放大的现象，达到最源头的供应商时，其获得的需求信息和实际消费市场中的顾客需求信息发生了很大的偏差，这样“牛鞭效应”就产生了。

（2）牛鞭效应的普遍性

福里斯特教授通过一系列案例研究，发现该现象普遍存在于季节性商品中。1961年，福里斯特从工业动力学的角度进行分析，认为牛鞭效应是工业动力学或者是工业组织随时间变化的行为的结果，他认为牛鞭效应可以通过改变组织行为方式来加以克服。

在此之后，很多学者继续对牛鞭效应现象进行了深入的研究。1989年，美国麻省理工学院的斯特曼（Sterman）通过“啤酒分销博弈”的模拟实验，进一步证明了牛鞭效应存在的普遍性，归纳出了供应链动态性的三大基本特征：振动、放大和阶段延迟，并再次强调了将供应链整体考虑的重要性，深化了对牛鞭效应的研究。在他之后，古德温（Goodwin）和富兰克林（Franklin）、埃文斯（Evans）和霍姆斯特姆（Holmstrom）等利用斯特曼的啤酒分销模型从库存水平等其他方面再一次证明了牛鞭效应存在的普遍性。

(3) 牛鞭效应的定义和研究进展

牛鞭效应的成因众多，传播机理复杂，并且其作用效果涉及供应链系统运作的方方面面。虽然目前还没有对牛鞭效应的统一定义，但学术界和企业管理界普遍接受的牛鞭效应定义是由李效良（Haul Lee）等人提出的：牛鞭效应描述的是在一个供应链中，供应商收到的订单量相对于终端顾客的需求量具有更大的方差，即需求信息扭曲现象；同时，需求信息误差在沿供应链向上游节点企业传递过程中会逐级放大，具体体现在方差放大现象上。这种需求信息的扭曲放大效应广泛地存在于各类生产领域和经济系统中，为企业的生产运作管理和经济系统的稳定发展带来一系列的负面影响。例如，对顾客真实需求信息的扭曲导致制造商产品预测能力下降，引起过量生产或缺货；需求变动性的增大促使供应链上各参与者为了维持已有的服务水平而增加安全库存，从而导致库存持有成本增加；过度的需求不确定性及需求变化还使得产品销售不畅，有效需求得不到满足，客户服务水平下降，潜在顾客流失。所有这些危害导致供应链上的资源被无效利用，整条供应链的运作效率严重受损，从而人为地增大了上游供应商的生产、供应、库存和市场营销的风险。

在 2005 年匈牙利首都布达佩斯举办的欧洲运营管理协会（European Operations Management Association，EurOMA）国际会议上，霍尔韦格（Holweg）和迪士尼（Disney）将供应链牛鞭效应的研究进展分成了以下六个阶段。

1）早于 1958 年，生产和库存控制研究时期。

2）1958—1969 年，生产平稳化理论研究时期。

3）1970—1989 年，牛鞭效应控制理论发展时期。

4）1989—1997 年，“啤酒游戏”的研究时期。

5）1997—2000 年，牛鞭效应再认识时期。

6）2000 年以后，牛鞭效应的预防和控制研究时期。

2. 牛鞭效应成因分析

在牛鞭效应产生的原因这个问题上，主要有非理性根源说和理性根源说两种观点，另外还有一些其他学者从各自的角度分析了牛鞭效应的原因。对比情况如表 3-8 所示。

表 3-8　不同学者对牛鞭效应产生原因分析的对比

产生的原因	代表学者	说　明	对牛鞭效应研究的贡献
非理性根源说	以美国麻省理工斯隆管理学院的福里斯特等为代表的案例研究者和以斯特曼为代表的模拟实验者	提出从供应链动态性的角度考虑，认为供应链个体成员的非理性决策和供应链本身的阶段延迟问题是牛鞭效应产生的最根本原因。即决策者总是过分响应顾客需求的变化，导致向上游订货过量，而且供应链成员之间的阶段延迟加剧了这种动态性	福里斯特：在供应链系统的系统动力学仿真建模分析中首次发现了牛鞭效应的存在，并进行了开创性的研究。斯特曼：强调了系统思维对供应链运作管理的重要性，将供应链管理从企业管理层面提升到了系统管理层面
理性根源说	斯坦福大学的李效良（Haul Lee）	更关注供应链的结构和相关的运作过程，认为牛鞭效应是供应链成员在供应链结构下进行理性决策的结果，需求预测、批量订货、价格波动和配给短缺博弈是牛鞭效应的四个主要原因	从定量化研究角度对牛鞭效应的成因、表现进行了数理描述和分析，总结出牛鞭效应的四种成因并针对各类成因探讨了可能的管理策略
其他观点	其他学者，如怀尔丁（Wilding）和泰勒（Taylor）	提出确定性混沌、平行交互作用、需求放大、机器故障、产出波动和产品质量差异加剧了供应链的波动性	有关牛鞭效应问题的研究向着更加细化、更加深入的方向发展，并且从经济管理领域扩展到了工程领域，相关工程技术方法也被大量应用于牛鞭效应分析研究中，呈现出了多学科交叉研究的局面

综合分析以上各学说，牛鞭效应产生的原因不外乎系统原因和非系统原因，具体来说包括以下八个方面。

（1）供应链的层级结构

供应链是由若干成员组成的链状结构，在传统的供应链结构下，供应链中每个成员总是以其直接下游的需求信息作为自己需求预测的依据，并据此安排生产计划或供应计划。因此，供应链中的成员个数越多，信息被加工的次数越多，其被扭曲的现象就越严重。

（2）顾客需求的变化

顾客需求的变化，即顾客需求自身的波动幅度。顾客受季节、价格、购买心理等因素的影响，其需求往往呈现出上下波动的形式，这在一定程度上增加了供应链的不稳定性。因此，需求波动大，牛鞭效应相应强烈；需求平稳，则效应减弱。

（3）时间延迟

由于顾客的订货信息需要经过零售商、批发商进行订单处理之后才能传递到制造商，这就造成了信息延迟；同样，制造商生产的产品也需要经过批发商和零售商等中间环节才能交付到顾客手中，势必引起物流延迟。上述两者都使得供应链上各成员企业无法同步响应市场需求变化，大大增加了供应链的牛鞭效应。

（4）供应变动

这种变动性来源于机器的不可靠性，如机器故障、产出波动和产品质量差异等。例如，一家制造商的每星期平均需求是800个单位，如果在第一个星期由于机器故障只能产出700个单位，那么在第二个星期就必须产出900个单位来弥补第一个星期的不足。这种机器的可靠性问题就导致了需求波动。同样，如果上游成员不能持续提供完美的产品，那么其下游成员每次接收到的有用产品的数量就不确定了，这种变动性加剧了需求波动。

（5）多级需求预测

当零售商在某时期发现顾客需求增加时，往往会认为这是未来需求增长的预兆，从而大幅度地增加订货量，造成信息的失真。在传统的运作管理中，每个上游成员仅仅依靠其下游买方的需求数据做出预测和决策，因此其制订的订货数量和库存水平将更加偏离真实需求。这样，顾客需求在往上层各级供应链成员的传递过程中将不断被放大，多级预测明显加剧了牛鞭效应。

（6）批量订货

传统上，供应链中的成员是通过监控自己的库存水平来决定是否向上游企业订货。因此，当市场需求增加时，由于有安全库存，并不立即向供应商订货，而是等需求累积到一定程度时按批量订货。此外，由于处理订单的时间和成本考虑以及运输的经济性等问题，也使得订货一般是周期性的。如果所有客户的订货均匀分布在各周期，那么牛鞭效应会小一些。然而，客户往往随机地订货，这种现象越明显，牛鞭效应就越显著。

（7）价格促销

在目标市场中，预先购买由价格波动而产生，如制造商和分销商经常采用特殊促销方式，如价格折扣、数量折扣、赠票等；制造商还向分销商、批发商提供交易特权，如特别折扣、价格条款与分期付款。这些特殊促销方式的运用导致客户的预先购买行为，结果造成客户的购买模式无法反映实际的需求情况，并且购买数量的变化大于消费数量的变化，产生了牛鞭效应。

（8）缺货博弈

当制造商的生产能力不能满足潜在的需求时，制造商理性的决策是按客户订货量的一定比例实施定量配给。买方为避免潜在的缺货可能，就会在订货时故意提高订货量，而当需求降温后，订货又突然下降甚至取消。由于供应商无法获取准确、真实的需求信息，常常为这些抽象需求信息付出超量存货、增加生产能力或赶工引起成本增加的代价。

在以上这八种原因中，供应链的层级结构、顾客需求的变化、时间延迟和供应变动属于供应链系统原因或者客观原因，是供应链系统本身客观存在的因素，也是导致牛鞭效应无法真正消除的原因。而多级需求预测、批量订货、价格促销和缺货博弈是供应链成员在自身利益的驱动下所做出的理性行为造成的，可以利用特定的手段加以管理和改善，从而大大弱化牛鞭效应。

3. 牛鞭效应的弱化

牛鞭效应是由供应链的系统原因和非系统原因共同造成的，鉴于供应链本身必然存在的层级结构和时间延迟等问题，无法从根本上消除牛鞭效应。然而，大量的研究表明，在了解牛鞭效应产生的各种原因的基础上，有针对性地实施一些策略能够对牛鞭效应起到很大的抑制和减轻作用，从而大大提高整个供应链的运作效率。

针对牛鞭效应产生的系统原因和非系统原因，可以从减少需求的不确定性、缩短提前期和建立有效的战略联盟三个方面考虑以弱化牛鞭效应。

（1）减少需求的不确定性

需求的不确定性主要来源于顾客需求本身的波动、需求信息在传递过程中的扭曲和由于广告等促销行为带来的提前购买。由于顾客需求本身自然的波动是不可避免的，而且有研究已经证明它对整个牛鞭效应的影响不大，因此可以主要考虑从抑制信息扭曲和减少价格波动两方面探索降低需求不确定性的方法。

首先，利用信息共享有效地抑制需求信息的扭曲。需求信息的个别占有是信息扭曲的一个重要原因，于是信息的共享便为减轻牛鞭效应提供了一条途径。这是因为，采用信息技术后，需求信息的传递由原来的线性结构变为网状结构，即供应链中的每个成员不仅接收其直接下游传来的订单信息，同时还接收来自最终顾客的需求信息，每个成员利用流向自己的各种信息来预测实际需求和向上游企业的订货量，能够有效地避免由多头预测引起的信息失真。同时，现代先进的信息技术如 POS、EDI、ERP、Internet 等，也为实现供应链成员之间的信息共享，减少信息传递过程中的失真，使信息在传递过程中更加快捷、便利提供了可行条件。

其次，稳定价格，减少提前购买。由于分销商和零售商在销售过程中经常采用一些促销方式，如打折、数量折扣、分期付款等，导致了顾客的提前购买行为，使顾客的购买模式脱离真实需求，变得更难以预测，这在很大程度上加剧了牛鞭效应。因此，企业应通过限制促销行为来降低牛鞭效应，如可以学习沃尔玛公司采用“天天低价”的策略，通过给顾客提供一个固定的价格，而不是周期性的促销价，这样可以减少需求的变化，产生相对稳定的顾客需求模式。

（2）改善供应链结构，缩短提前期

订货提前期越长，牛鞭效应越显著。所谓订货提前期是指从下游企业发出订单到收到货物所需要耗费的时间，提前期又包括信息时间、决策时间、生产和运输时间。提前期越长，预测的准确性越差，因此，要通过改善供应链结构等各种其他手段缩短订货的提前期。

首先，减少供应链环节。供应链环节越冗长，需要的订货提前期越长，而需求信息经过越多的环节到达生产者，越可能产生信息的扭曲，越接近顾客越能够了解顾客的真实需求。因此，对于环节过多、链条过长、联系错综复杂的供应链应该进行详细分析，对其中的一些赘余环节应该进行简化处理，同一节点企业间应该进行业务的优化整合，以减少顾客信息的传播途径和订货的提前期，提高各环节的响应速度。

其次，利用其他手段缩短订货的提前期。例如，通过应用先进的信息技术和高效、快速的物流技术来缩短提前期，而且可以针对不同的订货周期采取不同的措施。例如，针对信息提前期（即处理订单的时间），可以采用先进的网络技术来缩短；针对产品决策期（即安排产品生产的时间），使用决策支持系统来加速；针对订货提前期（即生产和运输产品的时间），利用现代化的物流技术和管理手段来减少。另外，在需求变动很大的情况下，缩短交货期更是一种很好的解决办法。

（3）加强供应链协调，建立有效的战略联盟

通过建立战略联盟改变信息独享的状态，实现供应链内部的库存管理，从而降低牛鞭效应。例如，使用卖方库存管理（Vendor Inventory Management，VIM）的库存管理方式。VIM 是正在流行的敏捷物流合作关系协议。在 VIM 的协议下，供应商监视零售商的分销网络中的库存状况，确定库存补充时间和数量，而不是被动地响应零售商的订货。这样的协议对供应商和零售商是双方有益的。零售商减轻了监视库存、采购订货的负担，享受有保障的服务；供应商由于需求预测误差大大减少，降低了安全库存水平，减少了交货时间，节约了物流成本。

再如，调整库存补充策略。零售商可以利用电子数据交换，减少每次订货的成本，从而可以减少每次订货的批量，提高订货频率。小批量经常性的订货，可以更有效地控制库存，并且更加有效地响应客户的需求。

另外，加强契约管理，建立更加完善的契约制度与激励机制，也是促使供应链成员强化战略联盟伙伴关系，强调整体利益最大化的重要手段。

总之，为减轻牛鞭效应，有很多不同的运作方法，如减少不确定性、缩短提前期和供应商管理库存等，但无论采用什么方法，最根本的是供应链成员间必须实现信息共享。有研究表明，信息共享可以增加供应链的整体绩效，但并不是所有的企业都能从中得到更多好处。为了解决牛鞭效应，要求下游企业向上游企业提供原本属于自己的私有信息，这会给上游企业带来额外的收益，但下游企业获得的收益不明显。另外，链中所有的企业都可能担心这些私有信息会泄露给自己的竞争对手。因此信息共享在具体的运作中很难实施。如何协调各成员企业的利益目标，如何将信息共享所得的利益进行再分配等问题还有待进一步的研究。

3.4.2 VMI 库存管理

从牛鞭效应的根源来看，主要是受需求信息波动的影响，因此实施有效的信息共享，保证供应链中信息流的畅通，可以有效减弱牛鞭效应。但需求信息仅占供应链系统信息流的一小部分，供应链的正常运行同时也离不开库存状态信息、订货策略、库存控制策略、生产计划安排、企业财务构成等众多信息。随着信息技术的发展，各种电子数据交换系统使得需求信息能够更快捷、更准确地在供应链系统成员之间传递。以下内容着重从库存管理方面来探讨如何减弱牛鞭效应。

库存管理，作为供应链管理中的一个重要环节，是电子商务中供应链管理的重要内容，在新时代对企业的生产成本、盈利能力以及服务水平等都将有着比以前愈发重要的影响。供应商管理库存（Vendor Managed Inventory，VMI）作为一种集成化的供应链库存管理方式，从企业组织层面化解了供应链企业之间的组织隔阂，从供应链整体上优化了供应商和零售商之间的库存管理。特别是信息技术的持续发展使 VMI 相关领域的许多书面理论转变为可操作的现实，

RosettaNet 和 VMI 两者的结合正好是其表现之一。

1. VMI 概述

供应商管理库存（Vendor Managed Inventory，VMI）是供应链环境下的一种库存运作模式，也有个别学者将之称为寄售库存，即 Consignment Inventory。供应商管理库存与零售商管理库存完全相反。VMI 是希望供应链能够通过这种管理模式在供应方和零售方之间达到整体最低成本，即在接收方与供应方之间双方签订达成共识协议的条件下，由供应商负责对库存进行管理，实时监督反馈实施情况和不断完善协议，是一种持续性改进的库存管理的方略。

VMI 的基本内容是：客户将库存决策的代理权交由供应商管理，由供应商即批发商和零售商代理行使库存的相关管理以及何时订货等决策的权利。一方面实现了由终端销售信息拉动上下游信息共享，使得供应商在下游用户的协助下更有效地做计划；另一方面是寄售方式的运作，在一个合作协议下由供应商管理甚至拥有库存直到将其售出。

VMI 需要准确和实时的库存信息，因此，对实施 VMI 的企业有两点要求：一是客户库存状态信息必须共享，即供应商必须有能力且被授权实时跟踪客户的库存信息；另一是双方业务流程的标准必须统一，这里指的是订单形式的统一化，有一个一致的模式。达到这个要求，信息系统和网络技术的支持必不可少，因为当一个企业有成百上千家供应商、上千上万件原材料时，依赖手工计算无法每天将需求信息完整、准确地发送给供应商，而一旦供应商无法获得实时准确的库存信息，VMI 系统的实施就失去了现实意义。随着互联网的发展和虚拟专用技术以及加密传输技术的发展，物流综合管理系统的出现，使 VMI 的应用得以实现。

2. VMI 的实施价值

VMI 的实施价值体现于它的应用成效。它的实施可以使得终端库存信息和销售信息实现上游和下游企业信息的共享，让供应商可以做出更为有效的安排，在遵从同一合作协议下由供应商管理甚至拥有库存直到用户使用里面的库存。这对客户来说不但可以节约成本，而且可以节约时间，大大提高了客户供应链的效率和降低了相应的管理费用和成本。其实质是通过 VMI 将多级供应链转变成单一库存管理的问题，通过查看客户销售信息和库存状况，供应商能够及时地做出需求预测和制订正确的库存补货方法，而作为客户把库存管理这一主动权授权给了供应商，客户需要做的就是监督，而供应商则是负责实施。和以前实行的由客户发出订单，再由供货商发货进行补货的传统方法相比，VMI 是按照实时的销售数据进行跟踪补货的。也就是说，VMI 实际上可以说是实时、自动的补货计划。一旦觉察到客户的库存有可能低于安全水平，就自主地补货到客户的 VMI 仓，客户使用了货物的那天才开始作为付款的结算点。

在以前的管理模式下，由于各个企业间非合作竞争关系的存在与 IT 技术发展局限性的原因，即便是自己的供应商，企业也还是无法完全了解供需的匹配状态，市场流通环节中的每一个部分（包括供应商、供应商的代理商）都有自己的库存，各自拥有完全保密的库存管理方式，导致需求量的放大。在这样的库存管理方式下，信息扭曲不可避免，由供应链下游企业积累到上游企业的需求放大，即是所谓的牛鞭效应。在这种形势下，要求实现供应链整体的成本最低化是完全不可能的。

由于电子商务的蓬勃发展，库存管理信息可以通过虚拟专用网等方式在任意企业之间实现共享。因此，VMI 可以依靠信息技术的发展将之前相对隔离状态的库存管理模式彻底革新，使用整合整条供应链的方式进行库存的管理，使不同企业之间以合作为基础打造高效的供应链系统，使得牛鞭效应得以避免。总结而言，VMI 实施价值如下。

1）由供应商自主进行库存管理，既可以降低双方的管理成本，又可以使下游企业集中财力、人力打造核心竞争力。

2）可以使整条供应链上各个企业的缺货率下降，同时克服产品积压状况的产生。

3）由于供应商对下游企业的库存信息实施掌控，使得对产品的需求预测更加精准，能指导合理安排生产，完善相关采购计划，并且能按客户要求改进生产；控制不确定性需求的产品保有和由此带来的成本增加；使得安全库存量得以下降。

4）库存节省的开支可以使产成品的成本下降，最终增强了企业的市场竞争力并增加销售量，提高企业的经营效益。

5）与客户深入培养长期的合作伙伴关系、增强战略互信，使得供应商的发展策略能平稳有效地施行，在市场竞争中保持客户的稳定性。

6）使供应商可以提供更专业、更高效的库存管理服务，增强供应链的专业分工合作。

7）显著削减供求双方花费在物流、库存管理上的时间成本和交易成本。

8）增进上下游企业的战略关系，为供应链的持续发展提供基础和可能。

3. 电子商务 RosettaNet 标准下的 VMI

在信息化、网络化不断深入应用的时代，企业更多地运用管理信息系统（Management Information System，MIS）来辅助实现企业经营管理。依靠电子商务理念和技术帮助供应链实现集成化管理已是不争的事实。而集成化的供应链管理模式可以让企业管理者很方便地获得各个部门的数据信息，RosettaNet 标准下的 VMI 是其模式之一。

RosettaNet 是一个非营利机构，它致力于为电子行业 B2B 商业行为创建数据交换标准，由著名的法迪·切哈德（Fadi Chehade）创建于 1998 年，是一种不限制于任何软件之间进行文件传输的平台软件，简称 RN。它实际上是一个业务协议，主要致力于建立、应用并提倡开放性的电子商务标准，目标是以开放商业流程标准为手段，使全球的企业都能够实现 B2B 集成。目前，RosettaNet 标准逐步填补了电子商务交换标准体系中众多的空白，有效地帮助企业加强了贸易联系，提高了操作效率，与此同时，创造了大量的商业机会。RosettaNet 标准的系统构架大体可以分为三个部分：合作伙伴接口流程（Partner Interface Processes，PIPs）、实施框架（Implementation Framework）和字典（Dictionary）。

RosettaNet 合作伙伴接口流程（PIPs）：RosettaNet 标准是由许许多多的 PIP 组合而成的，而每个 PIP 都定义了一项合作伙伴之间的业务流程，所谓的业务流程包括采购订单管理、新产品信息的发布等，每个都含有一个文件模板和一个业务流程图解。文件，这里称作信息，包含了一些字段，而操作方可以在字段里输入针对这次信息交换的信息进去。信息通过网络连接送到合作方的系统里。PIPs 里的图解说明了在一个 PIPs 传输之前和之后都必须马上进行的业务流程。如果一个 PIP 的传送信息假设 PIPs 的信息交换已经发生了，图解就会指出来。PIPs 还有关于基于有传递需求的，与业务有关的文件的格式和结构的定义，还包括相关信息交换流程的实时性、保密性等多方面的要求。

RosettaNet 实施架构（RNIF）：规范化了在日常业务文件传递过程中所有相关的 RN 业务内容格式，包括授权和加密认证等应用在传输格式方面的支撑；还限定了备选的数据交换协议的范畴；另外，实施架构还指出了有效保障上下游企业在 RN 框架下数据交换的安全性所必须遵守的规则。

RosettaNet 词典：RN 词典是用于说明 PIPs 的使用方式和相关业务文件需要使用的属性的集合，经过简单的划分，它包括商务词典和技术词典。技术词典是一份 XML 文件，里面包含了电子元件、信息技术和半导体制造行业电子产品的品名和描述。RosettaNet 商务词典的作用是保存所有相关属性的定义，而这些相关属性来自供应商和客户方之间一些最基本的业务活动。它为公司文件定义了标准的抬头还有字段名字，如发票和产品信息清单等。值得特别注意的是，纵使不同的行业在具体的业务操作方式上存在不同，但事实上所有行业的 RN 标准都是共用相同的 RN 商务词典。

4. 基于 RosettaNet 标准的 VMI 系统的优越性

基于 RosettaNet 标准的 VMI 系统，由于传输的报文是 XML 格式，与具体应用无关。因此，常见的网络架构、通信协议、加密协议都可与其相结合，从而构成多样化的解决方案。同时，其通过合作伙伴接口流程（PIPs）定义业务流程，赋予了采用 RosettaNet 标准的企业很大的灵活性，可以自己实现 PIPs 规范。

RosettaNet 已大概有 100 个 PIPs，但并不需要客户一次全部购买。因为每个 PIP 都有自己特有的功能。客户可以根据自己的实际需求来定制适合自己的优化计划从而订购 PIPs。基于 RosettaNet 标准的 VMI 系统的优越性主要体现在兼容性、灵活性高，可扩展性、实时性强，效率高，成本低。

RosettaNet 可以提供整条供应链中的信息共享，利用互联网服务实现从产品检索到供应商选择，从商品议价到下单，从订单处理到在线送货、在线支付以及实时反馈与售后服务等全过程解决方案。而传统的电子数据交换（EDI）则局限于从下单到支付的过程，归根结底主要是因为 EDI 的费用太高，局限了自身的发展。当然两者都需要强大的物流体系做保障。

RN 标准在电子产业链中使用的一大突破性表现是允许上下游企业共享彼此的 ERP 系统和销售预测报告，甚至生产计划和销售计划安排等。RosettaNet 可以很好地支持供应链上下游企业高度整合的管理方式。在这种状态下，PIPs 和RosettaNet 词典不限于普通的交易文件的传输，它更看重的是合作伙伴之间库存信息和预测信息的实时共享，特别强调在实时方面的功能。总而言之，RN 模式下的供应链信息共享是较高的信息共享层级。

与 EDI 相比，RosettaNet 解决的重要问题是对供应链的优化。为了使供应链的效率和性能得以加强，RN 不断增强 B2B 的集成度。RosettaNet 还完全消除了 EDI 的主要成本花费之一，即业务程序中上下游合作企业的信息主管部门必须要为与它们企业进行业务往来的对方单位设计、研发和测试新的业务流程。相较于传统的基于 EDI 的 B2B 集成方式，RN 在安全性和按需集成方面占有绝对优势，而这大大提高了业务处理效率。EDI 和 RN 之间的主要区别在于，EDI 在公司之间交换文档，而且 EDI 只能实现 10%左右的 B2B 流程。而 RosettaNet 跨网络定义业务流程并对其进行集成，能完成 100%的 B2B 流程，并通过流程设计制订最佳操作过程。RN 在各个方面优于 EDI。目前公认的由 RN 带来的好处可以总结为：一是便捷性和高效率的实现方式，投资回报率增大；二是大量业务数据流量的处理能力，实现了自动化；三是对数据的实时处理能力；四是更高的可伸缩性；五是更适合跨国中大企业；六是适合企业间的紧耦合。

3.4.3 云仓储

1. 云仓储的基本概念

云仓储是一个非常新的概念，目前，理论和实践领域都没有对它做出确切的定义。不同学者通过自己的认识和研究，尝试着给出了对云仓储的理解。他们认为云仓储是基于云计算，在全国各区域中心建立分仓，分仓为云，由总公司建立一体化信息系统，实现网络货物就近配送的一种模式。在此基础上，云仓储的实施思路：建立实体分仓，实现就近配送；完善社会化信息系统，实现货物信息共享；物流企业整合，形成物流集团；加快物流网络架设，形成区域配送网络。简单地说，云仓储就是一种利用云计算，整合全社会资源的仓库体系模式。云仓储实施的关键是配送中心的选址问题和配送中心的库存策略。

在现有的电子商务物流模式下，电子商务企业通常在接到订单后，会先将货物从自己的仓库交至第三方物流企业仓库，再由第三方物流实现配送。这样大大增加了配送的冗余环节，尤其是在存在加盟商的电子商务配送模式中，还会存在由于加盟而导致的多次转手问题。云仓储是一种全新的仓库体系模式。其实质就是实体分仓，即基于“云”的思路，整合整个社会资源，在全国各区域中心建立分仓，并由公司总部建立一体化的信息系统将全国各分拣中心联网，形成公共仓储平台。在云仓储模式下，商家可以就近安排仓储，物流公司可以就近配送，实现快递网络的快速反应。无论是消费者、快递公司，还是其他参与的当事人，都可以透明、方便地访问服务器，实现网络货物的就近配送，极大地减少配送时间，提升用户体验，甚至整个社会物流的生态都可能发生改变，这也给其他企业带来了新的机遇和挑战。

云仓储对整个物流过程进行动态调控，按照电子商务企业的物流运营现状，通过构建云仓储设施选址模型和库存策略模型，解决企业区域商品配送网络的节点选址和库存管理问题；通过构建“云物流”信息平台，解决企业产品链的信息共享问题，为云仓储的实施提供信息支撑和技术支持。

2. 云仓储的实施思路

1）建立实体分仓，实现就近配送。根据客户需求地的不同，将客户购买的商品送往指定的、离客户较近的仓储中心，并由适合的物流承运商负责配送，当客户退货换货时，若商品没有损坏，便不用退回到仓储中心，而是直接存放在中转站或配送站，等待下一次的客户配送。

2）完善社会化信息系统，实现货物信息共享。通过信息平台，整合社会物流资源，通过公共信息平台，实现公共分仓，降低信息失灵或不顺畅带来的成本增加。

3）物流企业整合，形成物流集团。由邮政总局或政府部门牵头，形成几家信誉好、规模大、资金足的大物流快递集团，实现整体快递企业的整合。

4）加快物流网络建设，形成区域配送网络。加大基础设施投资，加快物流通道建设，尽快形成全国公路、铁路、航空、水路等运输网络，实现区域配送一体化。

以淘宝网为例，其云仓储实施主要是在全国七大区域选择区域中心城市建立实体分仓，同时由公司总部建立一体化的信息系统，用信息系统将全国各分仓分拣中心联网，分仓为云，信息系统为服务器，实现快递网络的快速反应。例如，某货物从广州发往武汉，如果客户拒收，货物就送到武汉中转站，但会通知广州的分公司，说货物没有卖出去，实物还放在武汉当地。如果另有客户购买的话，就把 A 客户改为 B 客户，可以在短时间内再次就近配送。即通过提供一个信息交换平台，同时利用全国布局的分仓，解决了供给能力的调配问题，从而，在一定程度上化解了快递“爆仓”现象。

在电子商务环境下，消费者根据自身的消费习惯，在网上购买了其所需的产品，通过网银支付货款，按网店的购物流程填写收获地址。在这个过程中，消费者可能是在给自己购买货品，也可能是在给其亲人、朋友购买货品。其收货地址可能与其居住地址一致，也可能存在很大的差别。

电子商务网站在收到消费者订单后，其内部的云仓储系统出现两种运行方式。其一，是根据消费者的订单要求在其全国各直营卖场和公司仓库中搜索该名消费者订购的货品，在找到有消费者需求货品的门店后，系统会根据之前设定的参数：货品在该门店的成本（实际成本、公司送到该门店的运费）、该名消费者所支付的货款金额、消费者网上所写的收货地点、送货时间、最大利润，计算出在企业能获得最大利润或较大利润的情况下，送至该名消费者的收货地点的最佳路线。使企业的利润相对最大，送货时间相对最短。其二，是根据消费者收货地点和企业所有门店的地址进行比较，找出距离消费者所填写地址较近的几个门店，并在查出该门店后对这些门店的库存进行搜索，若发现门店有所需要的库存，则系统会根据之前所设定的参数：货品在该门店的成本（实际成本、公司送到该门店的运费）、该名消费者所支付的货款金额、消费者网上所写的收货地点、送货时间、最大利润，计算出企业能获得最大利润或较大利润的情况下，选出满足该消费者所需货品所在的门店。

综上所述，云仓储的运作流程为：企业将各个门店和地址、总公司及分公司地址、总公司及分公司库存单品、各门店的库存单品、每个单品的库存量存入系统，并根据实际的销售情况，随时变更所属门店或公司仓库的库存量，从而达到"云仓储"的目标。整个系统可以通过互联网、条码扫描技术从商品进入企业仓库开始，就做到了每个单品货物的实时跟踪。通过这种"云仓储"系统，企业可以及时地对消费者的订单做出回应，通过查看客户地址，对比公司、分公司仓库、各门店总仓库存数量，经过对数据的计算之后，筛选出送到客户最短时间的门店地址，从而从系统中在该门店下发货单，通过门店营业员的快递发送，达到最短时间响应客户收货的目的。

3. 实施云仓储的意义

电子商务已经不是几个人、几台计算机就能"打天下"的原始阶段，现在的电子商务正在向专业化的方向发展。电子商务企业如果想在激烈的竞争中取得胜利，就必须关注企业运行的每个方面，从企业的组织架构、产品营销、市场销售、售后服务、产品质量等各个方面做到精益求精。

每个企业的经营状况和战略不同，企业所具有的竞争优势也不尽相同。在如此巨大的竞争压力下，企业必须最大限度地发挥自身公司的优势，整合周边资源才能脱颖而出，在电子商务的市场中占据自己的一席之地。传统企业较一般的电子商务企业，具有的一个很明显的优势在于，其多年经营所积累的门店数量和顺畅的地面分销渠道。"云仓储"平台的搭建，充分利用了传统企业这一竞争优势，合理整合企业的现有资源，节省了企业在电子商务方面的投入，避免了企业的资源浪费。

云仓储是现代物流业在信息技术支撑下衍生出来的一种全新的物流仓储运作模式，本质上，云仓储就是通过实体分仓的方式，以"云"的思路为指引，集合社会各方面的资源，实现分仓的全面覆盖，同时通过构建一体化的信息系统实现对供应商及销售商的联网管理，这样各个供应点、销售商或客户则成为"云"，一体化的信息系统则扮演了服务器的角色，从而形成了一个完整的公共仓储体系，进一步扩大了"仓储"的概念。在云仓储模式下，各物流参与主体可以通过便捷的信息网络，快速地完成货物的配送和仓库的选择，同时也极大地提升了物流风险的可控性和效率，有效地降低了物流企业的经营成本，为客户带来了全新的物流感受，这将成为现代物流实现飞跃发展的"助推剂"。

4. 云仓储的战略分析

云仓储是一种全新的仓库体系模式。在这一模式下，商品可直接由公共分拨点实现就近配送，这极大地减少了配送时间，提升了用户体验，甚至改变了整个物流社会的生态环境，给物流企业带来了新的机遇，同时也带来了巨大的挑战。

首先，云仓储的基本问题和一般的仓库体系一样，主要包括仓库选址、仓库数量及规模、库存决策这些问题。要想实施好云仓储战略，首先必须解决好这些问题。

其次，云仓储战略实施的关键在于预测出消费者的需求分布特征。只有把握了需求分布，才能确定出最佳仓库规模，并进行合理的库存决策从而有效地降低物流成本，获得较好的利益，达到较高的服务水平。那么怎样才能把握好用户需求分布呢？这需要充分利用云物流平台的信息优势，通过云计算进行计算和分析。

最后，仓库选址、仓库数量和规模以及库存决策这些问题并不是相互独立的，而是密切关联的。云仓储战略需要从整体出发，以整体最优和总成本最小为目标。云仓储的建立是一个长期的过程，而且投资巨大，必然会伴随着风险。面对风险问题的时候，可以仿照标杆企业的成功经验。例如，亚马逊在高峰期将服务器和仓库租赁给一些其他的企业，以获得收益，减少损失。

5. 云仓储的设施选址

云仓储的设施选址是指电子商务企业在全国各区域建立配送中心，形成公共仓储平台，使得企业可以就近安排仓储，物流公司可以就近配送。由于电子商务企业的物流配送业务物品品种多、批量小，区域广泛，客户众多且分散，配送的业务量较大，配送频繁，这就给电子商务企业的物流带来了较为严峻的挑战。

目前，云仓储的设施选址是按照消费者的分布特征，采用统一的观点全面布局所有的配送中心。由于电子商务企业的客户众多且分布区域广泛，单一的配送中心可能不能按时完成配送量，而且由于配送线路过长，配送费用也会较高。因此，在当前大物流环境下，云仓储的设施选址问题应考虑建立多级、多设施的配送网络体系。以京东商城和亚马逊网上商城为例，其企业都是在各个区域建立一级配送中心，由各一级配送中心覆盖各城市的配送站，形成“配送中心—配送站”的物流网络体系。其物流网络体系如图 3-11 所示。

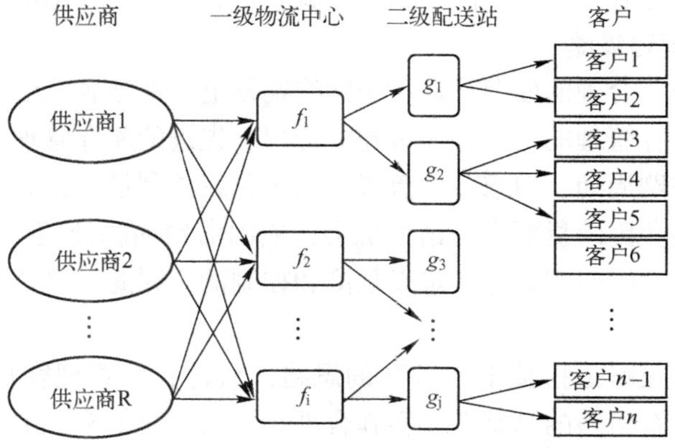

图 3-11　基于云仓储的物流网络体系图

在该配送中心体系中，供应商为一级物流中心送货，其物流费用计入供应商物流费用中，不计入电子商务企业的物流费用。因此，在选址过程中，其物流费用不考虑供应商到一级物流中心的配送。一级物流中心处于主导地位，通常设立在资源集中的产地或处在枢纽城市，主要是向二级配送站进行配送，具有配送货物批量大，辐射能力强，占地面积大等特点。二级配送站处于被辐射的地位，主要是直接向客户进行配送，通常设在靠近客户需求点的位置，具有配送货物批量小、占地面积不大、分布地区广、配送方式灵活等特点。

云仓储设施选址的影响因素很多，除了考虑自然环境因素、人力资源因素、社会环境因素等一般配送中心应该考虑的因素外，还需要结合电子商务企业的特点和大物流环境下云仓储的特殊要求，考虑其特有的影响因素。

1）总物流费用。物流费用是配送中心选址的重要考虑因素之一。对于电子商务企业的商品流通来说，供应商到配送中心的流通费用不列入电子商务的物流费用中，因此，商品从一级配送中心，经过二级配送站到达客户手中，其物流费用指的是从一级配送中心到客户的整个流通环节的流通费用，包括一级配送中心的建设费用和存储费用，二级配送站的建设费用和存储费用。因此，其配送中心越接近客户需求地，其物流费用最低，电子商务环境下云仓储要求设立的新型物流中心的选址应考虑是否靠近客户群。

2）客户的分布情况。网上购物的销售量总是在经济发达的地区较高，而贫困落后的地区其销售量较低，为了降低物流配送成本，提高效率，物流配送中心的建设一定要保证有足够的货流量。因此，电子商务环境下云仓储要求设立的新型物流中心的选址必须考虑客户的分布和货流量的流向、大小，在客户分布密集、货流量大的地区建立配送中心。

3）区域网络化发展水平。无论是一级配送中心还是二级配送站，其主要功能就是货物的集、疏、运，若区域物流网络化水平低，则会阻碍电子商务企业的业务发展，从而减少配送需求。因此，物流网络是否完善是决定物流配送中心和配送站是否发挥其物流功能的主要决定因素之一，大物流环境下云仓储要求设立的新型物流中心的选址必须考虑区域网络化发展水平。

4）各级配送中心需实现的物流功能。明确各级配送中心的物流功能，针对所需建立的物流配送中心的物流功能，做出建立或租赁实现物流功能最大化、费用最小化的物流配送中心。对于本文所建立的一级配送中心，所实现的主要功能是商品的存储、配送到二级配送站，具有批量存储、存储时间长、批量配送、配送间隔时间长等特点，其存储费用和配送费用较低。二级配送站的主要功能是商品的集结、分拣，配送到客户手上，具有存储时间短，甚至有的直接就不入库组织配送，分摊到每个商品的存储费用就较低，但配送费用却较一级配送高。

6. 云仓储的库存管理策略

在电子商务环境下，合理的库存策略和采购周期是电子商务企业建立云仓储应该考虑的两个核心问题。云仓储库存管理的目标是通过建立合理、先进的库存管理方法，准确确定电子商务企业的库存策略和采购周期，力求其物流成本最小化或盈利最大化。建立库存策略和采购周期的目的是为了避免企业因缺货而失去销售机会，或因滞销而积压资金。然而在现实情况下，客户的需求和企业的订货时间都是非常难以预测和控制的，因此，这个问题一直以来都是库存管理的难点。

云仓储的库存管理策略是指基于“云”的思路，通过有效管理客户的需求分布和交易信息等，在传统的企业库存策略的基础上，实施合理有效的库存策略，准确获得客户的需求和订货的时间，从而有效地降低物流成本，获得较好的利益，达到较高的服务水平。

云仓储库存管理策略的影响因素有以下三方面。

1）存储成本。在电子商务物流模式中，需要使其配送中心仓库保持一定的库存量，保证客户在购买时，能够及时地供应客户。尽管现在大多数企业提出“零库存”策略，但是在电子商务库存策略中，却仅仅适用于大件家电产品，可将其库存转移到供应商库存上。而其他中小产品都不适用于“零库存”，也很难达到“零库存”。因此，云仓储存在一定的存储成本。

2）缺货成本。目前，我国大多是电子商务企业异军突起。当客户需要购买所需货物，而该货物在某一电子商务网站上显示缺货时，客户就很可能转投其他电子商务网站进行购买。其次，缺货也容易造成客户商品配送送达时效性低下，影响客户对该电子商务网站的满意度。因此，从一定程度上讲，一旦发生缺货，就必然存在缺货成本。

3）销售收入。对于一级配送中心，上游面对的是电子商务企业的供应商，下游面对的本企业内部的二级配送站；而对于二级配送站，上游面对的是本企业内部的一级配送中心，下游面对的是需求点的客户。一级配送中心和二级配送站同属一个企业，合作模式为紧密合作，一级配送中心可直接根据客户需求信息制订相应的订货策略和出货策略，该策略的制订将直接影响企业的收益水平，因此，在构建一级配送中心库存模型过程中，应以收益最大化为目标函数，这就要求必须考虑企业的销售收入。

3.4.4 智能仓储

1. 智能仓储概述

智能仓储是指设计改进仓储的设施、业务系统、行为规范和标准，通过科学合理规划，构建由现代化智能设备打造的仓储网络，进行仓储业务的统一管理和调度，实现仓储管理的自动化和智能化。

智能仓储的概念在一般意义上而言，是指两条映射的主链相互作用而构成的现代信息管理系统，信息加工链包含了与物联网相关的先进信息技术，可以智能化完成仓储物流业务环节链的各个业务管理过程，如物料位置状态实时监控、仓储货架的优化使用可以通过智能化系统动态分配物料库位，可极大提升仓储货架的使用率，还可以通过智能化系统记录数据形成报表输入给对应人员进行展示。智能化仓储的各环节操作效率高、物流成本不断下降，提高了仓储物流及整条产业链的智能化、数字化的水平，从而使整个产业在其带动下得到良好的发展。

2. 智能仓储的特征和优势

智能仓储的特征主要表现在两个方面。

（1）智能化

智能化仓储采用大量物联网感知的相关技术（RFID 标签、传感器），通过智能仓储系统可实时看到仓库物料的当前状态，同时可以查询此零件的之前移动轨迹，对于在仓储管理的过程中物料出现非正常情况，智能仓储系统将主动判断非正常情况的信息并发出报警。

（2）自动化

智能仓储将调度与数据处理连接在一起，系统获取到信息后按照已经设定的逻辑进行数据整合与分析判断，在建立大量的历史数据以及智能分析建模的基础上，系统给予最优解，通过系统分析企业管理人员可以及时了解仓储物流当前状态，依靠系统做出正确的生产决策，使得日益丰富的仓储个性化需求得到更加灵活的响应。

与传统仓储相比较，智能仓储有很多突出的优势。

1）智能仓储整合仓储内所有系统，形成数据交互的信息平台中心，这样既可以使各系统信息共享、统筹规划，也可以提高智能仓储系统管理的安全性。

2）智能仓储对新技术要求很高，所以使用新型的智能仓储管理设备是必需品，通过新型电子设备的使用，优化原有人员操作，降低仓储的人员成本。

3）智能仓储可以有智能手机 APP 绑定的服务器进行业务操作，及时有效地登录系统进行操作，大大提高了整个环节处理事务的工作效率。

4）智能仓储对于特殊物料的管控，使用无线传感对仓库内的一些已经设定的指标如温度、湿度进行监控，一旦超标立即报警，可保证物料储存可靠。

3. 智能仓储管理的工作目标

随着智能技术发展快速，智能仓储管理可实现以下三个目标。

（1）“零库存”管理

现有许多制造企业利用智能化技术，实施VMI（供应商管理库存）管理模式，就可以实现“零库存”管理。例如，由于运输周期较长，许多远距离的供应商将备库放在制造商旁边，形成VMI仓库，并由专业的团队进行库存管理。这样既可以降低生产商的物料库存，也可以降低供应商由于长途运输物料紧急情况下存在停线的风险。

（2）整合化管理

整合化管理是指把各家的仓储设施空余资源，统一调配，达到整个供应链仓储设施的优化使用。例如，某汽车工厂周边距离近的配套供应商大约有几十家，其中大部分供应商在一个园区内，每家供应商工厂均有自建的仓储区域，包括设施、设备、人员，样样齐全。若该汽车工厂新增一个车型，将导致其中一些供应商仓储要加大零件的备料，会导致一次性的投入成本增加。但另外一些同样为该汽车制造商供货的供应商的库存可能存在不满的情况。因此，利用整合化管理，制定园区内统一的仓储管理体系，并允许各供应商交换数据，这样就实现供应链仓储管理优化了。

（3）网络化管理

网络化管理是指计算机系统自动记录操作明细并分配任务，从而大幅度提高工作效率。计算机网络系统是仓储管理的“中央大脑”，它能够自动识别业务并具有提醒机制；能够及时发出各种指令，安排仓储的日常运作并记录每步操作的步骤；能够形成自己的大数据分析，并为智能化仓储管理提供有效的保障。

4. 智能仓储管理的功能

智能仓储解决方案除了具备全面物资管理功能外，还具有如下功能。

1）动态盘点：支持“多人+异地+同时”盘点，盘点的同时可进行出入库记账，盘点非常直观。在仓库管理工作中，许多公司存在物料采购数据不精准的问题，这就导致了物资过剩和刚需物资补货不及时的现象。而智能仓储管理系统的库存盘点功能可以帮助企业及时获取物资信息，以供企业对物资采购进行规划。运用库存盘点功能，仓库管理员可以对各个仓库的库存进行盘点，通过查看预警信息，进行物资采购或仓库调拨的决策，对预警下限的库存物品及时补充仓库库存，保障仓库资源完备性。

2）单据确认：入库、出库、调拨制单后需要确认并更新库存。智能仓储管理系统的出入库统计功能可以帮助仓库管理员调拨不同仓库之间的储备物资，及时补充物资储备，为企业经营保驾护航。仓库管理员可以根据出入库管理进行出入库登记，及时更新仓库库存信息，对于多个仓库之间的货物移动，通过调拨登记编制单据，调出的减少库存，调入的增加库存，良好控制库存保持水平。

3）库位管理：利用RFID技术，可以对库架层位进行关联和定位。

4）质检管理：强检物品登记、入库质检确认、外检通知单。定额管理：领料定额、储备定额、项目定额。

5）全生命周期管理：物资从入库到出库直至报废全过程管理。智能仓管理系统通过条码技术及大数据智能分析系统，将以前的手工作业变成了现在的电子化作业，在物资资料的全生命周期管理中大大提高了工作效率，使仓储管理的人机料得到最高效率的使用。

【案例分析】

泰仕：仓储物流智能化升级的样板

随着经济全球化的深入发展，国际贸易竞争变得愈加激烈，突出表现在产品的竞争、管理的竞争以及技术的竞争。在空前激烈的贸易竞争中，有远见的外贸企业早已通过技术创新提升竞争力，并在市场竞争中获得主动权，宁波泰仕国际贸易有限公司（简称泰仕公司）就是这样的一家企业。

外贸商品的生产和消费在时间上有一定间隔，在离开生产领域，但尚未进入消费领域之前，需要进入仓储环节。而这个仓储环节就是通过仓库对物资进行储存、保管，以及其他相关储存活动的总称。在现代化的外贸产业链中，仓储是调节外贸商品生产、流通和消费的重要环节，在整个国际贸易活动中有着不可忽视的重要地位和作用。甚至可以说，没有仓储物流就没有国际贸易。因此一直以来，仓储物流都备受外贸企业重视，并因其对贸易流程和成本的显著影响，成为决定外贸企业发展的关键性因素之一。根据国际贸易行业发展的需要，泰仕公司自主研发了基于 RFID 技术的新型智能仓储系统。该智能仓储系统能够使货物归类和库存管理更加高效，一方面有效避免了库存积压、发货错误等国际贸易中的典型问题；另一方面也提高了企业在外贸货物管理方面的效率和能力，顺应了科技时代对于企业发展的要求。

1. 传统的物流仓储作业受到挑战

随着现代科技的发展，仓储物流技术也在不断进步，传统的仓储物流模式受到空前挑战。近年来，国际贸易行业发生了很大的变化。受经济全球化的影响，国际贸易的规模迅速扩大，产品结构也变得越来越多样，这给外贸仓储增加了很大的难度。当前，传统的仓储技术已经无法满足国际贸易的新形态，甚至其滞后的运作模式已经阻碍了行业的健康发展，成为全行业所面临的共同难题。

2. 应对之策：技术创新

面对行业发展的新形势，外贸企业必须加强仓储管理，全面开展技术创新，以提高货物仓储的作业效率，来满足日益增长的外贸仓储需求。否则，企业的外贸交易将会因仓储技术的滞后而被制约，客户也会因为混乱的仓储管理而流失。

作为国内知名的一家外贸企业，泰仕公司自成立之日起，就将技术创新作为公司的一个重要发展策略。在企业发展实践中，泰仕公司针对国际贸易中存在的多种问题进行研究，并取得了多项具有实用价值的技术成果。其中，新型智能仓储技术是泰仕公司最为重要的技术创新成果之一。该项技术基于先进的射频识别技术，对传统的仓储模式进行变革，用现代化的计算机管理取代传统的人工管理，大幅度提高了仓储管理的效率，为企业缩短了商品流通的时间，减少了货损货差，节约了流通费用，实现了库存的科学管理，在企业发展中起到了重要的促进作用。泰仕公司认为，技术创新是解决国际贸易行业发展难题的根本性举措，在外贸企业发展中发挥着越来越重要的作用，贸易企业不应当仅仅关注产品的创新和管理的创新，更应当关注技术的创新。

3. 仓储物流智能化势不可挡

在进行仓储技术研究时，泰仕公司将创新的重点放在了仓储管理的智能化上。智能化改造是当前物流业的发展重点和必然趋势。在互联网、大数据、物联网和人工智能等技术的推动下，各行各业的发展都呈现出智能化的动向。面对国际贸易量日益增长的压力，传统物流仓储的升级改造迫在眉睫，毫不夸张地说，仓储智能化成为当前外贸企业解决仓储效率问题的不二之选。目前，泰仕公司的新型智能仓储技术已经在其贸易活动中得以全面落地和应用。事实证明，与传统的仓储模式相比较，采用智能化手段能够更加合理地利用仓储空间，更加方便地进行仓储管理，而且出错率、货损率都明显降低。总而言之，不但提升了物流作业效率，还减轻了工作人员的劳动强度，同时也有助于外贸企业优化资源、降低成本，具有十分明显的经济效益和社会效益。

众所周知，传统的仓储物流作业属于劳动密集型工种。当前，随着我国人口红利的削减，企业的人力成本日渐提升，企业的发展存在不小的压力。而仓储智能化减少了人力资源对仓储效率和成本的束缚，具有非常广阔的发展前景。泰仕公司对于智能仓储技术的革新，实现了公司仓储物流的智能化升级，在行业内起到了良好的示范效应，在物流技术方面的创新等实际行动推动了国际贸易的新发展。除了智能仓储之外，泰仕公司研发的物流扫码器、智能转运车装置、自动装卸货装置以及新型自动化集装箱装卸技术等，均在业界引起了诸多同行企业的关注和热议。正是借助于先进的物流技术，泰仕公司获得了快速发展。

资料来源：庞彪．泰仕：仓储物流智能化升级的样板［J］．
中国物流与采购，2019（08）：33-34.

本章小结

本章首先概述了仓储、库存的基本概念、功能和作用；然后介绍了电子商务环境下仓储的重要作用、仓储和库存的特征及仓储模式选择；接着分析了电子商务环境下仓储作业的流程和管理以及四种传统仓储库存管理模式，包括定量与定期订购库存控制法、MRP 库存控制法及 JIT 库存控制法；最后讨论了电子商务环境下减弱牛鞭效应的库存管理模式创新途径，包括 VMI 库存管理、云仓储管理和智能仓储。

习　　题

一、单项选择

1. 仓储具有（　　）和静态仓储两种。

A. 动态　　B. 流动　　C. 静止　　D. 停滞

2. 电子商务物流仓储是网络经济和现代物流一体化的产物，是指基于电子化、（　　）的仓储活动。

A. 数据化　　B. 无纸化　　C. 网络化　　D. 现代化

3. （　　）是指企业在拥有自己仓储的同时，还将一部分非核心仓储物流业务外包给第三方物流企业的仓储物流模式。

A. 自建仓储物流模式　　B. 混合仓储物流模式

C. 仓储物流联盟模式　　D. 外包仓储物流模式

4. （　　）主要是针对入库前货物的质检与登记入库阶段，入库管理模块又分为质检确认、返厂确认、仓库入库、入库日志等子模块。

A. 库存管理功能　　B. 入库管理功能

C. ICQA 管理功能　　D. 订单管理功能

5. SKU 是 Stock Keeping Unit 即（　　）的简称。

A. 订单量　　B. 安全库存量

C. 库存周转量　　D. 库存量单位

6.（　　）是当 WMS 客户端出现故障时，对 WMS 服务器、数据库服务器、图片服务器等进行通信检测，并将检测报告反馈给操作用户，以便排除系统网络等故障。

A. 权限分配　　B. 系统检测

C. 退出系统　　D. 修改密码

7. 1961 年，（　　）教授在其研究著作 *Industrial Dynamics* 中描述了牛鞭效应现象，并提出了相应概念，最早对牛鞭效应现象进行了分析。

A. Forrester　　B. Lee

C. Sterman　　D. Goodwin 和 Franklin

8. 针对牛鞭效应产生的系统原因和非系统原因，可以从减少不确定性、缩短提前期和（　　）三个方面考虑以弱化牛鞭效应。

A. 时间延迟　　B. 供应变动

C. 价格促销　　D. 实行有效的战略联盟

9.（　　）作为一种集成化的供应链库存管理方式，从企业组织层面化解了供应链企业之间的组织隔阂，从供应链整体上优化了供应商和零售商之间的库存管理。

A. JIT　　B. VMI　　C. MRP　　D. EOQ

10. 以下库存控制方法中，订货周期相同的是（　　）。

A. ABC 分类法　　B. 订货点法　　C. 定量订货法　　D. 定期订货法

二、多项选择

1. 从仓储环节对社会生产生活的作用和意义来看，其功能主要有（　　）。

A. 基本功能　　B. 增值功能　　C. 社会功能　　D. 保管功能　　E. 增值功能

2. 一个企业具体采用何种仓储管理模式，主要由（　　）三大因素决定。

A. 经济成本　　B. 货物周转总量　　C. 需求的稳定性　　D. 市场密度　　E. 市场要求

3. 仓储物流在电子商务交易中起着（　　）和（　　）的作用，如果没有仓储物流，电子商务就难以完成。

A. 前续者　　B. 后续者　　C. 服务者　　D. 引导者　　E. 中继者

4. 电子商务下仓储的特点有（　　）。

A. 信息化　　B. 柔性化　　C. 系统化　　D. 智能化　　E. 个性化

5. 库存管理功能包括（　　）与（　　）等子功能。

A. 库存查询　　B. 盘点操作　　C. 补货管理　　D. 订单分配　　E. 采购管理

三、简答题

1. 电子商务环境下库存管理的新特点有哪些？

2. 熊猫电子集团与中外运苏州公司合作，将全国 128 个库存点收缩为 8 个，经由销售网络信息化及专业化的物流和配送服务，使彩电库存资金由 2.5 亿元减至 5 000 万元，节省了大笔资金，也规避了彩电跌价的巨大损失。熊猫电子集团这种仓储模式是哪一种，有何优势？

3. 电子商务零售企业所需的仓储管理系统中包含的主要功能有哪些？

4. 云仓储的内涵是什么？

四、实训题：电子商务环境下物流企业库存管理模式创新的调查

1. 实训目的：通过实训，了解目前国内电子商务环境下，物流企业有哪些库存管理模式。

2. 实训内容：通过网络资料搜集分析、学校所在城市物流企业的实际调研，了解电子商务环境下，有哪些库存管理模式创新，这些库存管理模式的代表物流企业有哪些，分析其库存管理模式的优势和不足，并将这些库存管理模式进行对比。

3. 实训要求：参与实训的学生以分组的形式，在教师的指导下，分工协作完成实地调研和网上资料收集，并将资料进行分类整理，进行小组讨论归纳，形成最终的实训报告。

第4章　电子商务物流的包装、装卸搬运和流通加工

【学习目标】

1. 了解包装、装卸搬运和流通加工的基本概念及其在现代物流系统中的地位。
2. 熟悉电子商务条件下的包装、装卸搬运及流通加工的作用与管理。
3. 了解电子商务物流包装和装卸智能化的发展和主流技术。
4. 掌握常见的包装法并判断包装的合理性，根据实际需要合理选择包装，判断装卸搬运的合理性、流通加工的合理化。

【引例】

几个典型的日本企业包装减量化的案例

1. 索尼公司电子产品的新包装

索尼公司不但遵循“减量化、再使用、再循环”循环经济的“3R”原则，而且还在替代使用（Replace）上想办法，对产品包装进行改进。1998年索尼公司对大型号的电视机的泡沫塑料材料（EPS）缓冲包装材料进行改进，采用八块小的EPS材料分割式包装来缓冲防震，减少了40%EPS的使用；有的产品前面使用EPS材料，后面使用瓦楞纸板材料，并在外包装采用特殊形状的瓦楞纸板箱，以节约资源；另外对小型号的电视机采用纸浆模塑材料替代原来的EPS材料。

2. 大日本印刷株式会社的新型包装

大日本印刷株式会社的产品包装贯彻环境意识的四原则，即包装材料减量化、使用后包装体积减小、再循环使用、减轻环境污染的原则。

1）包装材料减量化原则。具体是指采用减少容器厚度、薄膜化、削减层数、变更包装材料等方法。

2）使用后包装体积减小原则。具体是指采用箱体凹槽、纸板箱表面压痕、变更包装材料等方法。

3）再循环使用原则。例如，采用易分离的纸容器，纸盒里面放塑料薄膜，使用完毕后，纸、塑分离，减少废弃物，方便处理；还有一种可易分离的热塑成型的容器。

4）减轻环境污染原则。该企业在包装产品的材料、工艺等方面进行改进，减少生产过程中二氧化碳（CO_2）的排放量，从而保护环境。

3. 东洋制罐株式会社的包装产品

由东洋制罐株式会社开发的塑胶金属复合罐（Toyo Ultimate Can），以PET及铁皮合成的二片罐，主要使用对象是饮料罐。这种复合罐既节约材料又易于再循环，在制作过程中低能耗、低消耗，属于环境友好型产品。东洋制罐还研发生产一种超轻的玻璃瓶。像用这种材料生产的187 ml的牛奶瓶的厚度只有1.63 mm，重89 g，而普通牛奶瓶厚度为2.26 mm，重130 g，这种超轻瓶重量比普通瓶轻40%，可反复使用40次以上。该公司还生产不含木纤维的纸杯和可生

物降解的纸塑杯子。东洋制罐为了使塑料包装桶、瓶在使用后方便处理，减少体积，在塑料桶上设计几根环形折痕，废弃时可方便地折叠以缩小体积。

资料来源：陈慕．日本企业包装减量化案例［J］．市场周刊．新物流，2008（09）：36-37.

4.1 电子商务物流的包装

4.1.1 电子商务物流包装的基本概念

1. 包装的概念

我国国家标准《包装术语第1部分：基础》（GB4122.1—2008）将包装定义为：为在流通过程中保护产品，方便储运，促进销售，按一定技术方法而采用的容器、材料及辅助物等的总体名称。"包装"一词的含义可以从两个方面来理解：一是从静态的观点来解释，认为包装仅是用有关包装材料或容器将产品包装起来使之起到保护作用，这是一种传统的看法。二是用动态的观点加以说明，认为包装是使产品处于稳定状态，使之在运输、储存、搬运移动时保持完整无损并便于销售。

包装也是为了达到上述目的而在采用容器、材料和辅助物的过程中施加一定技术方法的操作活动。在社会再生产过程中，包装既是生产的终点，又是物流的起点。作为生产的终点，包装必须根据产品的性质、形状和生产工艺的要求来进行，满足生产的要求。作为物流的起点，包装完成之后，被包装的产品有了物流的能力，在整个物流的过程中，包装便可以发挥对产品的保护和方便物流的作用，最后实现销售。

产品作为商品要能开拓市场，占领市场，具有竞争地位，要满足广大消费者日益增长的要求，就必须做到下述两点：一是要有好的内在质量；二是要有好的包装。大量的实际经验说明，落后的包装会使商品在储运过程中造成破损，使商品的使用价值降低，甚至完全丧失，因而无法实现商品的价值。

2. 包装的类型

现代包装门类繁多、品种复杂，这是由于要适应各种商品性质的差异和不同装载工具的要求，使包装的设计、选料、包装技法、包装形态等出现了多样化。

（1）按包装的作用划分

按包装在流通中的不同作用划分，包装可分为销售包装和运输包装两大类。

1）销售包装。销售包装又称商业包装，是以促进商品销售为主要目的的包装。它主要是根据零售业的需要，作为商品的一部分或为方便携带所做的包装。这种包装的特点：外形美观、有必要的装潢，包装单位适合顾客的购买量以及商店陈设的要求。在流通过程中，商品越接近顾客，越要求包装有促进销售的效果。

2）运输包装。运输包装又称工业包装，是商品运输、保管等物流环节所要求的必要包装。它是以强化输送、保护商品、便于储运为主要目的的包装。

在运输包装中主要考虑的问题是：抵御在储运过程中温度、湿度、紫外线、雨、雪等气候和自然条件对商品的侵害；减缓静压力、震动、冲击、摩擦等外力对商品的作用；防止商品散漏、溢泄、挥发而造成的污染；便于流通环节中装卸、搬运、保管等各项作业；提高运载工具的载重力和容积；缩短各种作业时间，提高作业效率。

（2）按包装的层次划分

按包装的层次划分，包装可分为单件包装、内包装和外包装三种。

1）单件包装。单件包装又称小包装、个体包装，是指直接用来包装物品的包装，通常与商品形成一体，在销售过程中直接送到用户手中。单件包装属于销售包装。

2）内包装。产品的内包装，即考虑到水分、潮湿、光照、碰撞、震动等因素对产品的影响，选择相应的材料或包装物对物品所做的保护性包装。

3）外包装。商品包装的最外层，一般属于运输包装，在物流过程中有保护产品的作用。

（3）按包装的适用性划分

按包装的适用性划分，包装可分为专门包装和通用包装。

1）专门包装。它是指根据被包装物的特点进行专门设计、专门制造，只适用于某种专用产品的包装。

2）通用包装。它是指不进行专门的设计、制造，而是根据标准系列尺寸制造的包装，用于包装各种标准尺寸的产品。

（4）按包装容器划分

1）按包装容器的抗变形能力划分，包装可分为硬包装和软包装两类。硬包装又称为刚性包装，包装体有固定形状和一定强度；软包装又称柔性包装，包装体可有一定程度变形，且有弹性。

2）按包装容器的形状划分，包装可分为包装袋、包装箱、包装盒、包装瓶、包装罐等。

3）按包装容器的结构形式划分，包装可分为固定式包装和拆卸折叠式包装两类。固定式包装，其尺寸、外形固定不变；拆卸折叠式包装是通过折叠拆卸在无须包装时缩减容积以利于管理及返运。

4）按包装容器的使用次数划分，包装可分为一次性包装和多次周转包装两类。

（5）按包装技术划分

1）按包装层次及保护要求划分，包装可分为个装、内装、外装三类。

2）按包装保护技术划分，包装可分为防潮包装、防锈包装、防虫蚀包装、防腐包装、防震包装、危险品包装等。

3. 包装的功能

一般来说，包装的功能可以概括为：保护商品、方便流通、促进销售和信息传递。

（1）保护商品

这是包装的首要功能，它可以达到维护商品质量、保护商品安全的目的。商品在流通过程中一般会受到两种因素的影响和损害：一种是流通环境的自然因素，如温度、湿度、光线、有害气体等对商品的影响；另一种是遭受外力破坏的因素。通过包装，可以有效地保护商品，使商品安全地完成流通过程，实现商品在空间位置上的转移。

包装的保护功能主要包括以下几种。

1）防止商品破损变形。商品包装可以保护商品在流通过程中避免或减轻在装卸、运输、保管等过程中的冲击、振动、颠簸、挤压、摩擦等外力的损害，形成对外力的防护，而且包装要具有一定的强度。

2）防止商品发生化学变化。为防止商品受潮、发霉、腐败变质、锈蚀等化学变化，商品包装必须在一定程度上起到阻隔水分、潮气、光线以及空气中各种有害气体的作用，避免外界环境中不良因素的影响。

3）防止有害生物的影响。为了防止鼠、虫及其他有害生物对商品的破坏，要求包装有阻隔霉菌、鼠、虫侵入的能力，形成对生物的防护作用。

4）防止异物混入、污物污染、丢失、散失等现象的发生。

（2）方便流通

在流通过程中，商品要经过多个环节，合理地包装会提供很大的方便，从而提高整个物流效果。因此包装的方便流通功能显得十分重要。

包装的方便流通功能主要包括以下几种。

1）方便商品的运输。包装后的商品要便于装载，运输途中不容易碰撞、散失和损坏。由于商品包装的规格、形状、重量与运输的关系密切，因此包装尺寸与运输车辆、船、飞机等运输工具的箱、仓容积应具有吻合性，以方便运输，提高运输效率。

2）方便商品的装卸。商品的包装要便于各种装卸、搬运机械的作用，要有利于提高装卸、搬运机械的生产效率。包装的规格尺寸标准化为集合包装提供了条件，从而能极大地提高运输装卸效率。

3）方便商品的储存。商品的包装为仓库的搬运、装卸作业提供了方便；包装物本身也为商品的保管提供了方便条件，可以起到保护商品的作用；商品包装件外部印刷的各种储运标志能正确指导商品的储运操作与管理，便于识别、易于存取、易于盘点，对有特殊保管要求的易引起注意，为仓库的管理提供了便利；易于开包、便于重新打包的包装方式为验收提供了方便；包装的集合方法、定量性，对节约验收时间、加快验收速度也会起到十分重要的作用。

（3）促进销售

产品经过包装后，可利用包装物的造型及其外部印刷的文字、图案、色彩等装潢设计来美化产品，宣传商品的性能，介绍商品的使用方法，增强商品销售的陈列效果，使消费者通过包装了解内装商品，从而喜爱、购买商品。在商品经营中促进销售的手段很多，包装策略是其中之一。包装对消费者的购买行为起着说服作用，促进了商品的销售。

（4）信息传递

最明显的信息传递作用是识别包装的物品。信息通常包括制造厂、商品名称、容器类型、个数、通用的商品代码等数字。在收货人入库、拣选和出运查验过程中，包装上的信息用来识别商品。信息易识别是主要要求，同时操作人员应能从各个方向，在合适的距离看到标签。同时包装也能在收货、储存、出运的各个环节跟踪商品。使用扫描设备和代码的标准化提高了商品跟踪能力和效率。另外商品的包装提供了有关装卸和防止货损的说明书，说明书为专门的商品装卸提出容器、温度控制、堆垛要求、潜在的环境要求等。

4. 包装对于电子商务物流的影响

电子商务对传统物流提出了新的要求，无论是 B2C 模式还是 B2B 模式，都要求交货速度要快；对用户、供应商、承运商之间能进行高效的信息交互；服务的方式更直接，“门对门”或“门对人”；对采购、仓储、包装、分拣、配送等管理的高效一体化管理方案的迫切需求。在这样的情形下，电子商务对包装产品结构有如下影响。

（1）电子商务对包装基本功能的影响

按照传统的包装理论，包装的功能主要有：保护产品、方便储运、促进销售和信息传递。任何商品从生产者到达消费者，都要经历运输、储存、销售等一系列的环节。因此在传统的商务环境下，销售是一个重要的环节。而在电子商务时代，销售是在互联网上完成的，消费者是从网上选择自己需要的商品，因此绕过了中间的零售环节，实现了销售渠道的“扁平化”。那么这时对包装功能的要求向其基本要求回归，即保护产品、方便储运功能显得相对重要。

（2）电子商务会促进个性化的包装

假设有一家经营化妆护肤美发的电子商务网站，顾客进入网站后，可以输入头发长度、发质类型，皮肤是否油性，皮肤颜色等因素去选择香波和护发剂、沐浴露和润肤霜、粉底和口红、指甲油等，一旦选择了一种产品，屏幕上就提示消费者选择设计的包装，消费者依据自身的喜好，选择个性化的包装。从手工作坊生产到工业化革命到现今的大批量商品销售时代，以至到电子商务，制造领域的供应链又回到了单一体——仅仅是为个体制造产品，当然这并不是回到原来的地方，而是社会的大大进步。这种个性化的包装，因为产品不是零售（属于电子零售 E-Retailing 而不属于传统零售）出去的，而是专门为客户定制的，所以产品的价格可能贵些。

（3）电子商务对包装工艺提出多样化的要求

因为订购数量的不同，就要求采用不同的包装工艺流程，包装生产线也就有所不同。在 B2C 模式中，为了适应小批量包装生产和快速变换包装规格的需要，加强初级包装（内包装）和二级包装（中包装）的研究开发（包括结构、材料和功能），使它能应对小包裹直接运输到消费者手中而不损坏。

（4）电子商务要求包装全球化

当今市场全球化趋势日趋明显，这导致产品的包装方式发生什么变化呢？从一个市场（比如中国市场）到另一个市场要保持包装外观的统一性，这一点非常重要。在产品开发中，企业在考虑产品具有一定生命周期的条件下，应迎合消费者的要求不断开发出多元化和系列化的包装。系列化的包装是指一个企业或一个商标、品牌的不同种类产品用一个共性的包装特征进行统一风格的设计，如统一画面设计、统一色彩设计、统一文字设计、统一图形设计等，使品种繁多的产品在包装特点上具有共同的辨认性，从而树立产品的整体形象，加深消费者对产品与企业的印象。系列化包装有助于塑造企业的产品形象，有利于巩固和发展名牌产品，提高企业在国际市场中的竞争力。为了能推向全球市场，包装的大小要发生一定的变化，如原先用 OZ（ounce 盎司）作单位的要代之以公制的单位，公制的尺寸在世界范围内更为人所熟知。

4.1.2 电子商务物流的包装技术

1. 包装材料

包装材料是形成商品包装的物质基础，是商品包装各种功能的具体承担者，是构成商品包装使用价值最基本的要素，它是发展包装技术，提高包装质量和降低包装成本的重要基础。包装材料在商品包装中占有重要的地位，包括木材包装材料、纸质包装材料、金属包装材料、玻璃包装材料等类型。在强调可持续发展的今天，应该提倡使用绿色包装材料。绿色包装材料又称环保包装，是指包装节省能源，可回收利用，焚烧时无毒害气体，填埋时少占耕地并能生物降解和分解的包装。

2. 包装技术

（1）包装容器技术

包装容器是以方便储存、运输、销售为目的而使用的任何容纳、限制或封闭物品（或内包装件）的器具，如袋、盒、瓶、罐、箱等。其中用金属、木材、玻璃、硬质塑料等刚性材料制成的容器，装填或取出物品后其形状和尺寸不发生变化的称为刚性容器。用软质塑料、瓦楞纸板等制成的容器，受到一定的外来压力会变形，压力取消后就恢复成原样的称为半刚性容器。另外，用纸、塑料薄膜、铝箔或布等柔性材料制成的容器，具有柔软性，装填或取出物品后其形状尺寸会发生变化的称为挠性容器。

（2）包装保护技术

由于产品的种类繁多，性能各异，所以包装必须根据产品的类别、性能及聚集状态等因素，采用正确的包装及相应的包装技术，才能以最低的货物消耗保障产品完整地送到消费者手中。

1）一般包装方法。

① 个包装方法。个包装方法的类型与用途如表4-1所示。

表4-1　个包装方法的类型、用途表

类　型	具体内容	用途与优缺点
机械性保护包装	使产品稳定于容器内，在储运时不因外力而发生移动，并防止其受震动或互相碰撞的包装	不密封，外界的水或水汽均可侵入，是一种保护程度最低的包装方法
保护剂保护包装	将产品外表涂上一层防护油剂，再适当包裹后放入容器中的包装	不密封，外界的水或水汽仍可与涂有防护剂的产品接触，用于包装工具盒一般金属产品
抗水包装	用防水或抗水包装材料或容器，如塑料袋、沥青纸、防水纸等将产品密封	外界的水或水汽不能侵入，但包装内仍存留有原包装的水汽。如电扇、食品、书籍、纸张等都采用这种包装方法
防水、防水汽包装	产品涂以防护剂，再用防水、防水汽材料或容器（如密封罐、玻璃容器及防水汽的密封袋）	仅遗留少量水汽与产品相接触，外界水和水汽均无法侵入，防护性强，适用于包装精密制品，如仪器、仪表等
存放吸湿剂的防水、防水汽包装	在防水、防水汽密封包装内存放吸湿剂以吸去遗留的水汽，以提高保护性能	一般精密仪器、光学器材等均采用此种包装方法
可剥除的化合物保护包装	先将产品侵入加温熔融的可剥除的化合物中，取出冷却后，即形成一层薄膜紧密包裹于产品上，中间无遗留水汽存在，外界水汽也不能侵入	适合于包装不受温度影响，体积小，并且表面平坦的金属产品，如工具、齿轮等

② 内包装方法。产品经个包装后，置入内包装容器内，并适当加以衬垫，即完成内包装。内包装中加衬垫的目的是吸收震动，防止产品在容器内发生移动和摩擦，避免产品与包装容器相撞，以保护产品，这对于易碎或精密产品极为重要。内包装容器外表应粘贴适当标志，尽可能按需要说明产品名称、规格号码、数量、单位、合同号码、生产厂名及地址、包装日期、包装方法、产品批号等。对一些体积小的内包装件，还要进行中包装，即将两个以上的内包装件放入中包装容器中，以方便搬运及装箱，增加保护作用。

③ 外包装方法。外包装的主要目的是方便储运，使产品获得足够的保护。外包装主要包括档塞与支撑、衬垫、防水设施、包装容器、捆扎与标志。若使用内包装容器再装入外包装容器的产品，通常可省去档塞及支撑。外包装容器需有足够的强度，可以在运输过程中抗拒一切外力的危害，同时外包装容器的形状和外径尺寸，必须便于储运作业。外包装容器种类很多，可分为木制、纸制、金属制及塑料制等，可视产品装载、产量、形状及性质等，选用相应的外包装容器。产品装入外包装容器后，视其载重量的大小，可相应采用退火或回火的钢皮束或钢丝、塑料扁带在箱外捆扎，以使外包装容器再震动或冲击时不溃散，并可使箱内档塞与支撑不易松动。

2）集合包装技术。集合包装技术是指将若干包装件或商品组合在一起形成一个适合运输的单元。它能使装卸合理化，包装合理化，方便运输及保管作业，便于管理，有效利用运输工具和保管场所的空间，改善环境。

集合包装主要以集装箱为主，可以将装满货物的托盘和集装容器、集装货捆在一起装进大型的集装箱内，以便搬运、装卸和运输。

托盘包装是为了有效地装卸、运输、保管，将其按一定的数量组合放置于一定形状的台面上。这种台面有供叉车从下部插入并将台板托起的插入口。以这种结构为基本结构的平板台板和各种在这种基本结构基础上所形成的集装器具都叫作托盘包装。

集装箱是一种用于货物运输、便于用机械装卸的集合包装容器。

3）其他特殊包装技术。它涉及防震包装、防破损包装、防锈包装、防霉包装、防虫害包装、危险品包装方面的技术，以及空气包装、真空包装、收缩包装、拉伸包装、脱氧包装等技术。

① 防震包装技术。在机械、电工、仪器和仪表等产品中，有的比较精密，有的比较脆弱，经受不了运输和装卸过程中发生的较大冲击和振动等外力的影响，必须采用防震包装来加以保护，才能保证这些产品的功能和形态。防震包装的作用主要是克服冲击和振动对被包装物品的影响。克服冲击所采用的防范通常叫缓冲，所用材料叫缓冲材料；克服振动而采用的方法通常叫防振、隔振，所用的材料叫防振材料、隔振材料。缓冲材料与防振材料、隔振材料统称为防震材料。防震包装是综合考虑了冲击和振动的影响而采用的方法，所用的防震材料起着重要的作用，是防震包装的关键因素之一。

防震材料的种类很多，包括天然、合成、定形、无定形等。按材质分类，防震材料可分为以下几种。

纤维素类：如纸屑、纸浆、稻草、麦草、合成纤维等。

动物纤维类：如猪鬃、羊毛、毛毡等。

矿物纤维类：如玻璃纤维、石棉、矿物棉等。

气泡结构类：如天然橡胶、合成橡胶、泡沫塑料、气泡塑料薄膜、气泡片材、发泡板材和就地发泡材料等。

纸类：如瓦楞纸板、开槽隔板、玻璃纸材料、旧报纸和纹纸等。

防震装置类：如弹簧、悬挂装置等。

防震材料的基本特性包括：冲击能量吸收性、回弹性、吸湿性、温湿度稳定性、酸碱度、密度、加工性、经济性等。若使一种防震材料同时具备冲击能量吸收性能好、回弹性好、密度低、温湿度稳定性高、吸湿性高、加工性好等优点，是难以做到的，可以根据产品的具体情况选择具备其中某些特性的材料，使之满足防震包装要求，还可以灵活利用各种材料的特点，搭配使用。

防震包装结构是指对产品、包装容器、防震材料进行系统考虑后，对所采用的防震材料进行系统考虑后，采用的防震固定方式。一个典型的防震包装结构有五层：产品（包括内衬）、内包装盒（箱）的防震衬垫、内包装盒（箱）、外包装箱内的防震衬垫、外包装箱。而一般的防震包装结构为三层：产品（包括内衬）、包装箱内防震衬垫和包装箱。

防震包装方法一般区分为全面防震、部分防震和悬浮式防震三类。在具体选择防震包装方法时，往往还需要根据产品的特殊形状、质量、尺寸、大小等情况采用一些特殊的处理措施。

综上所述，各种防震包装方法都在最后形成一定的防震包装结构和形成一个整体的防震能力来抵御外部各种作用力的影响。

② 防潮包装技术。防潮包装技术就是为防止因潮气影响内装物质量所采取的一定防护措施的包装。即采用防潮材料对产品进行包装，以隔绝外部空气相对湿度变化对产品的影响，使得包装内的相对湿度符合产品的要求，从而保护产品质量。

由于被包装的物品种类繁多、性能差异，有的商品对水十分敏感，少量的湿度变化即会影响商品的品质。而有的商品可以承受较大的湿度（含水量）的变化范围，此时就可以降低防湿包装的要求，降低包装成本，减少不必要的费用。因此在实施包装前，要预先对商品进行了解，确定其包装的等级，然后进行包装。

依据被包装产品的性质、储运期限与储运过程的温湿条件，防潮包装可分为三级，如表 4–2 所示。

表 4–2　防潮包装的等级

等级	包装储运条件		
	储运年限	气候种类	内装物性质
1	一年以上，二年以下	A	贵重、精密，对湿度敏感，易生锈、长霉变质
2	半年以上，一年以下	B	较贵重、较精密，对湿度轻度敏感
3	半年以下	C	对湿度不大敏感

表 4–2 中的气候种类分为 A、B、C 三种，它是依据包装储运气候与环境的温湿条件来划分的，如表 4–3 所示。

表 4–3　防潮包装的气候种类

气 候 种 类		A	B	C
气候特征		高温高湿	中温中湿	常温常湿
气候条件	湿度/℃	>30	30～20	<20
	相对湿度/%	>90	90～70	<70
	绝对湿度/mb	>38	36～16	<16

防潮包装应采用密封包装。根据产品性质与实际流通条件，需要恰当地选择包装方式。

绝对密封包装：绝对密封包装是指采用透湿度为零的刚性容器包装，如将产品装入金属容器内。但此时应注意检查容器壁面及焊封处有无缺焊、砂眼、破裂等造成漏气的隐患。

- 真空包装：将包装产品容器内残留的空气抽出，使其处于符合要求的负压状态，从而可以避免容器内残留的湿气影响产品的品质，同时还可以利用抽真空造成负压来减小膨松物品的体积，减少商品占用的储存空间。
- 充气包装：将包装容器内部的空气抽出，再充以惰性气体，可以防止湿气及氧气对包装物产生不良影响，充入的气体应进行过滤干燥。充气包装除了防湿防氧外，还可以克服真空包装中容器被商品棱角和突出部分戳穿的缺点。
- 贴体包装：用抽真空的方法使塑料薄膜紧贴在产品上并热封容器封口可大大降低包装内部的空气量及其影响。
- 热收缩包装：用热收缩塑料薄膜包装产品后，经加热薄膜可紧裹产品，并使包装内部空气压力稍高于外部空气，从而缓解外部空气向包装内部的渗透。
- 泡罩包装：采用全塑的泡罩包装结构并热封，可避免产品与外部空气直接接触，并减缓空气向包装内部的渗透。

- 泡塑包装：将产品先用纸或塑料薄膜包裹，再放入泡沫塑料盒内或就地发泡，这样可不同程度地阻止空气渗透。
- 油封包装：机电产品涂以油脂或进行油浸后，金属部件不与空气直接接触，可有效地减缓湿气的侵害。
- 多层包装：采用不同透湿度的材料进行两次或多次包装，从而在层与层之间形成拦截空间，不仅可减缓水蒸气的渗透，且可使内部气体与外界空气掺混而降低湿度。多层包装除湿效果较好，但操作麻烦，然而在一般情况下比采用复合材料的成本低。
- 使用干燥剂的包装：在包装产品的容器内放入干燥剂，它可吸收湿气而保护产品。

③ 防水包装技术。防水包装是为防止因水浸入包装件而影响内装物质量所采取一定防护措施的包装。例如，用防水包装材料衬垫包装容器内侧，或在包装容器外部涂刷防水材料等。防水包装属于外包装，与内装物的个装或其他防护包装特性的包装措施、方法、容积和重量等没有直接的联系。但是在外包装采取防水措施时，有时也可利用内包装兼作防水措施。例如，外包装用花格木箱，用防潮内包装兼作防水措施，这对防潮防水要求不高，一般的防水防潮包装可考虑这样的措施。

一些具有防护性的内包装，如防潮包装、防锈包装、防震包装等，可以与防水包装相结合考虑，但不能相代替。一般来说，外包装采用防雨结构，内包装采用防潮或是防锈、防霉等结构。虽然液态的雨水和气态的水蒸气（潮湿空气）的物理化学性质是相同的，但它们对包装件的侵袭方式和现象是不尽相同的。所以防雨包装结构不一定能起到防潮包装的作用，因为防雨包装仅单纯是为防止外界雨水（包括雪、霜、露等）渗入包装内侵害内装物，对外界潮湿空气的侵蚀影响是防止不了的，也不能起阻止作用，除非是采用气密性容器作为防水包装容器。一般防水包装对包装内的残存潮气，及内装物蒸发出来的潮气的影响更是未考虑和加以防护的，这就需要采用防潮包装来解决。

防潮包装或是防锈包装所用的阻隔层材料，有时虽然和防水包装相接近，甚至部分相同，但其包装的工艺措施是截然不同的。所以防水包装不能代替防潮包装。反之防潮包装可防止雨水的侵入，但是它不能防止储运过程中过分的机械力的破坏。通常，当遭到机械损伤后，将降低或破坏其防潮性能，失去防潮作用，故对防潮包装要求防水时，其外包装仍需采用防水包装。

④ 防锈包装技术。金属由于受到周围介质的化学作用或电化学作用而发生损坏的现象叫金属锈蚀。按腐蚀介质的不同，可分为大气锈蚀、海水锈蚀、地下锈蚀、细菌锈蚀等。锈蚀对于金属材料和制品有严重的破坏作用。据试验，钢材如果锈蚀 1%，它的强度就要降低 5%~10%，薄钢板就更容易因锈蚀穿孔而失去使用价值。金属制品因锈蚀而造成的损失远远超过所用材料的价值。

用包装的方法来防锈，要求当包装件中的产品投入使用时，该防锈包装材料可以顺利地除去。经验证明，防锈包装的有效期为几个月到数年，有时甚至超过 10 年以上，因此防锈包装技术对金属或合金制品的生产、运输和储存具有重大意义。

防锈包装技术是按清洗、干燥、防锈处理与包装等步骤逐步进行的，应选择各种适当的方法加以应用。

第一步，清洗。清洗时尽可能消除金属制品表面的油迹、汗迹、灰尘、加工残渣等。清洗的方法主要有浸洗、擦洗、喷淋和超声波清洗等，通常根据清洗物的大小、形状繁简、批量大小等条件来选择清洗方法。

第二步，干燥。干燥是指清除在清洗后残存的水和溶剂。干燥方法有压缩空气吹干、烘干、红外线干燥、擦干、滴干、晾干和脱水干燥。压缩空气吹干是用经过净化处理的压缩空气来吹干；烘干是将产品或零部件放在烘房或烘箱内烘干；红外线干燥是用红外灯或远红外线装置直接进行干燥，此法效果好且适合大量生产；擦干是用干净的布或棉纱擦干但要注意不要将纤维物、指纹等留在金属表面上；滴干、晾干适用于用石油系列溶剂清洗的制件；脱水干燥适用于用水基清洗剂清洗的制件。

第三步，防锈处理。所谓防锈处理就是将腐蚀抑制剂使用到金属表面上来防锈。通常采用防锈油脂、气相防锈和可剥离性塑料。防锈油脂能在金属表面形成隔膜，借此隔离外界种种腐蚀介质；气相防锈是采用挥发性缓蚀剂，在密封包装条件下对金属表面进行防锈的技术；可剥离性塑料就是在可塑性树脂中加上腐蚀抑制剂而制成的。它可在金属表面上形成塑料薄膜，在薄膜的防潮性和薄膜中所含有的防锈剂的共同作用下，发挥出防锈效果。

选择合适的防锈处理时，必须综合考虑下列几个方面的需要：制品特点（组成、形状、结构和加工精度）提出的要求；防锈程度和期限的要求；对处理的难易程度和方法的要求；使用时清楚防锈材料的难易程度和方法的要求；防锈处理后包扎的要求和经济性要求。总之在选择防锈处理时，要特别注意将制品的特点和防锈剂的特性结合在一起考虑。包装是防锈包装技术的最后阶段，从防锈角度看，包装的目的是为了防止外部冲击造成防锈薄膜的损伤，防止防锈剂的流失而污染其他物品。

在选择一个合理的防锈包装方法时，需要把包装对象制品的种类等储运环境，运送过程中的搬运状况以及包装材料费用、操作费用和时间等经济性都考虑进去。当然防锈期限是一项最重要的因素。在具体进行防锈包装时，需要特别注意包装材料的选择，如选用包装纸、隔离材料、容器、缓冲材料、衬垫材料、黏胶带和捆绳等，应共同注意以下几点：应该干燥无吸湿性；应没有异物附着；应不含有酸性组成成分或可溶性盐类。

⑤ 防虫害包装技术。防虫害包装是以用包装容器将易遭虫害的产品密封起来为主要手段，并以防虫、驱虫或杀虫为辅助手段，从而达到使产品免遭虫害的目的。不仅要用包装来达到防虫的目的，而且需要净化生产环境，尤其需要注意包装材料、包装容器加工以及包装操作等环节的防虫。

防虫害包装技术通过各种物理因素（光、热、电、冷冻等）或化学药剂作用于害虫的肌体，破坏害虫的生理机能和肌体结构，劣化害虫的生活条件，促使害虫死亡或抑制害虫繁殖，以达到防虫害的目的。主要的防虫害包装技术有以下几种。

第一，高温防虫害包装技术。高温防虫害包装技术就是利用较高的温度来抑制害虫的发育和繁殖。高温杀虫包装技术可以采用烘干杀虫、蒸汽杀虫灯方法来进行。烘干杀虫一般是将待装物品放在烘干室或烘道、烘箱内，使室内温度上升到65~100℃，也可以按照待装物品的品种规格，容易滋生害虫种类的特性来定出温度和升温时间的要求，进行烘烤处理。蒸汽杀虫是利用高热的蒸汽杀灭害虫，一般利用蒸汽室，室内温度保持在80℃左右，要处理的受害商品在室内处理15~20 min，害虫即可以完全被杀死。

第二，低温防虫害包装技术。低温防虫害包装技术利用低温抑制害虫的繁殖和发育，并使其死亡。为了破坏害虫的抗寒性，加速它的死亡，在低温处理时应注意以下两个问题：害虫的抗寒性与其食物的含水量有密切的关系，害虫的抗寒性与冷却速度有密切的关系。冷却越慢则害虫体内热量散失越慢，害虫存活时间较长；反之冷却速度越快，害虫体温在较高的温度下，体液骤然进入到结晶状态，则可以加快害虫死亡。如果在短时间内一次接一次重复急剧加温、急剧冷却，也可以降低害虫的抗寒性，加速害虫的死亡。

第三，电离辐射防虫害包装技术。电离辐射防虫害包装技术利用 X 射线、γ 射线、快中子等辐射的杀伤能力使害虫死亡或者不育，从而达到防虫害的目的。

第四，微波与远红外线防虫害包装技术。微波杀虫原理是，害虫在高频的电磁场作用下，虫体内的水分、脂肪等物质受到微波的作用，其分子发生振动，分子之间产生剧烈的摩擦，产生大量的热能，使虫体内部温度迅速上升，可达 60℃ 以上，因而致死。微波杀虫具有处理时间短、杀虫效力高、无残害、无药害等优点。但是微波对人体健康有一定的影响，会引起贫血、嗜睡、神经衰弱、记忆力减退等病症，因此操作人员不要进入有害计量（150 MHz 以上）的微波范围，或采取必要的防护措施。远红外线具有与微波相似的作用，主要是能迅速干燥储藏物品和直接杀死害虫。远红外线杀虫的优点与微波杀虫的优点也基本相似，是一种有效地防治害虫的包装技术方法。

第五，化学药剂防虫害包装技术。利用化学药剂防虫，通常使用防虫剂、杀虫剂处理包装材料，或在包装容器中加入杀虫剂或驱虫剂，以保护内装商品免受虫类侵害。最常用的杀虫剂是从除虫菊中提取的除虫菊酯。这是一种神经毒剂，它在较高的温度条件下会快速分解，因此对于具有较高体温的鸟类和哺乳动物等毒性较低。在较高温度下，昆虫也对除虫菊酯呈现较高的抵抗能力。除虫菊酯对人、畜几乎无毒性，使用安全。

4.1.3 电子商务物流包装的合理化

1. 包装作业合理化

包装作业合理化是物流合理化的组成部分，从物流的角度看，包装合理化不仅仅是包装本身合理化与否的问题，而是在整个物流大环境下的包装合理化。包装合理化，一方面包括包装总体的合理化，这种合理化往往用整体物流效益与微观包装效益来统一衡量；另一方面包括包装材料、包装技术、包装方式的合理组合及运用。

（1）包装合理化的要求

1）防止包装不足。包装不足是指包装强度不足；包装材料水平不足；包装容器层次与容积不足；包装成本过低，不能保证有效地包装。

2）防止包装过剩。包装过剩是指包装物强度设计过剩；包装材料选择过高；包装技术过高；包装层次过多；包装体积过大；包装成本过高。

3）用科学方法确定最优包装。确定包装形式，选择包装方法，都要与物流诸因素的变化相适应，必须考虑装卸搬运、保管、运输等因素的变化与影响。

（2）包装合理化的途径

1）包装的轻薄化。由于包装只是起到保护作用，对产品使用价值没有任何意义，因此在强度、寿命、成本相同的条件下，更轻、更薄、更短、更小的包装，可以提高装卸搬运的效率，而且轻薄短小的包装一般价格比较便宜，如果用作一次性包装还可以减少废弃包装材料的回收。

2）包装的标准化。包装的规格和托盘、集装箱关系密切，也应考虑到与运输车辆、搬运机械的匹配，从系统的观点制订包装的尺寸和标准。

3）包装的单纯化。为了提高包装作业的效率，包装材料及规格应力求单纯化，包装形状和种类也应单纯化。

4）包装的机械化。为了提高作业效率和包装现代化水平，各种包装机械的开发和应用是很重要的。

5）包装的大型化。随着交易单位的大型化和商品流通过程中搬运装卸的机械化，包装的大型化趋势也在增强。

6）包装的绿色化。绿色包装是指无害、少污染的符合环保要求的各类包装物品。主要包括纸包装、可降解塑料包装、生物包装和可食用包装等，这是包装合理化的发展主流。

2. 包装作业标准化

所谓包装标准化是指对包装的类型、规格、容量、包装材料、包装结构、造型、印刷标志及产品的盛入、衬垫、封装、名词术语、检验要求等加以统一的规定并贯彻实施的政策和技术措施。其中主要是统一材料、统一规格、统一容量、统一标记和统一封装方法。

包装标准是对包装标志，包装材料规格、容量，包装的技术要求，包装件的实验方法等的技术规定。包装标准可分为下列五类。

（1）包装基础标准和相关标准

包装基础标准是包装的最基本标准，具有广泛的使用性。它包括名词术语、包装尺寸系列、包装标志和运输包装基本实验四大类。相关标准主要由包装管理标准、集装箱与托盘标准、运输储存条件标准构成。

（2）包装材料与实验方法标准

包装材料与实验方法标准对各类材料及包装辅助材料规定了不同技术质量标准及相应的物理、化学指标、具体的实验测定和卫生标准及检验方法。

（3）包装容器与实验方法标准

不同的包装材料所指定的各种容器，或用同一材料包装不同的物品容器及实验方法的技术指标、质量要求、规格容量、形状尺寸、性能测试方法等都有具体的规定。

（4）包装技术标准

包装技术标准对各种防护技术的防护等级、技术要求、检验规则、材料选择、防护试剂、防护方法、防护性能等都做了明确的规定。

（5）产品包装标准

产品包装标准是对某一具体产品的包装用料要求、包装技术、包装含量、包装标志、容器形状、填充要求、捆扎方法等的具体规定。

4.1.4 电子商务物流包装的智能化发展

材料科学、计算机技术、现代控制技术、人工智能等相关技术的进步带动了智能包装的飞速发展。德国于 2013 年 4 月推出“工业 4.0”概念，即“生产制造智能化”。2015 年，作为我国未来 10 年实施制造强国战略的行动纲领和未来 30 年实现制造强国梦的奠基性文件《中国制造 2025》颁布，旨在加快制造业与新一代信息技术的深度融合，以实现智能制造和智能管理。文件明确提出：智能制造是新一轮科技革命的核心，也是制造业数字化、网络化、智能化的主攻方向。从《中国包装工业“十三五”发展规划》《关于加快我国包装产业转型发展的指导意见》可知，包装工业的发展重点是：面向建设包装强国的战略任务，坚持自主创新，突破关键技术，全面推进绿色包装、安全包装、智能包装一体化发展，有效提升包装制品、包装印刷、包装装备等关键领域的综合竞争力。为了推动智能包装的快速发展，《中国包装工业“十三五”发展规划》提出：以智能包装为两化深度融合的主攻方向，推进生产过程智能化，着力发展智能包装商品，大力提升包装产业信息化水平。因此，智能包装在我国获得了快速发展的新契机，被赋予了新的意义和使命，已成为我国现代包装行业新的发展方向。

1. 包装数字化技术

数字化是实现信息化和智能化的基础，有句名言："凡是能够数字化的都终将数字化。"印刷包装也不例外。包装数字化是包装科技发展的必然要求和趋势，是提高包装设计和制造效率、拓展包装功能、实现包装智能化的根本途径。广义的包装数字化是指从包装设计到包装加工直至包装储运和商品流通与使用的整个过程，均采用数字化技术来完成或辅助完成。包装数字化体系包括包装设计数字化、数字建模与过程规划、加工制造及检验数字化、管理过程数字化、营销及供应链数字化及商品服务数字化这一商品包装和流通销售的整个生命周期。然而，对于信息型智能包装而言，包装数字化主要指的是在包装商品上实施的数字化策略，包括在包装商品外观上印制信息码如条形码、二维码、点阵码、图像特征码等，或者在包装中嵌入RFID/NFC 电子标签或其他传感器，使该包装商品具备数据采集和信息交互功能。也就是说，包装数字化是以包装为载体，利用二维码、特征图像、RFID、近场无线通信（Near Field Communication，NFC）、时间—温度传感器（time-temperature indicator，TTI）、智能传感器等感知元件，对商品的原材料、生产、仓储、物流、销售、消费等全生命周期进行数据采集和信息传递，给智慧物流大数据平台提供数据源，从而使包装成为实现万物互联的入口。

（1）图形码技术

图形码技术是对根据编码规则得到的一组包含特定信息的图形标识符进行表达和识别的技术。该技术主要是将商品的选购和使用信息以数字形式贮存于编码中，使顾客能用手机便捷地获取商品信息。该技术使消费者实现了方便的采购行为，在商品零售中得到了广泛应用。目前，主要的图形码有一维条形码和二维图形码。一维条形码是按照一定的编码规则将不同宽度的线条和空格进行排列；二维图形码是按照一定的规律在平面上将特定的几何图形生成黑白相间的图形。相同的是二者都能表达一组信息，不同的是二维图形码具有信息量大、编码密度高、容错能力强、编码范围广、译码可靠性高、成本低等特点。由于二维码比传统条形码能存储更多信息，也能表示更多的数据类型，因此成为近年来商品包装和移动设备上非常流行的编码方式。目前，二维码是智能包装上应用最广泛的数据入口。例如，在物流包装中，通过在每个商品包装上印制具有唯一性的二维码，在装箱时关联到箱码，箱码再和集中物流的托盘码关联，这样商品出入库时只需要扫描托盘码就可以关联经销商数据到每一个单独商品上。对比RFID 的应用，二维码的一个最明显的优势就是价格低廉，且消费者已经习惯了二维码扫描模式。当然二维码应用于商品的防伪溯源需要每一件商品都经过扫码采集，所以许多快消品包装生产线的改造也需要有一定比例的投入成本。然而，由于采用可变数据的数字印刷技术实现了二维码印制唯一性（一物一码），以及只允许一次扫描和认证信息，利用该技术可以辨别真伪、商品溯源、防止窜货以及开展营销活动获取客户资料、进行市场分析等。

（2）图像特征识别技术

在商品包装外观上印制特殊处理的图形图像，通过扫描或拍照等方式，提取和识别包装外观图像中嵌入的相关信息，也可以实现包装流通的数字化跟踪、追溯、防伪、多媒体互动等功能。增强现实技术（augmented reality，AR）是利用图像特征识别、跟踪注册并链接到云平台的典型应用，任何有足够特征点的物体和图像都可以通过图像处理和识别算法建立形成物联网入口的数据链接。最近，阿里巴巴和京东大力推广的新零售概念和无人超市的方案中，为了解决快速结算问题，两家电商使用了计算机图像自动识别技术。该技术能自动获取物品信息，并将其传送给后台的计算机处理系统以完成后续处理。当然，考虑到降低计算机商品识别错误的需求，智能化包装对商品包装的设计端提出了更高的要求。而为了后期与消费者能继续产生互动，图像识别技术和二维码相结合的整体系统运作在未来的一段时间内将会成为快消品包装发展的主流。

（3）RFID、NFC 技术

智能化包装理念最初的数字化感知入口便是 RFID 系统。通常 RFID 系统由 4 部分组成，即电子标签、天线、阅读器和通信系统。RFID 是一种非接触式的自动识别技术，利用射频信号识别商品包装上的电子标签以获得相关数据，即利用 RFID 标签产生特定工作频率的特性，将商品信息传递给 RFID 读写器，完成信息的录入和输出，实现商品信息的统计。因此，只要在商品包装上植入 RFID 标签，通过信息感应就能实现数据传输，识别过程既不需要人工操作，也不需要可视或扫描特定方向，这可节省大量的人力成本。RFID 还有编码功能，能存储更多的商品信息，如商品的序列号、规格、生产日期、物流信息等。

RFID 是物联网应用中最为广泛的感知技术之一，具有读取距离远、存储量大、对环境的光线要求不高等优点，已在智能包装的开发与应用等领域展示出巨大的市场应用潜力。RFID 包装是在商品和物流单体放置具有独占性和唯一性的芯片，以实现商品的生产、仓储、物流、销售环节的信息完整录入，同时构建自动纠错的智能系统、查询系统、防伪系统、防窜货系统和促销系统。目前，RFID 标签发展迅速，成本不断降低，其应用领域也在不断扩大。

NFC 是当 NFC 感应设备（如手机）彼此靠近时实现数据交换的技术，是由非接触式 RFID 及互连互通技术相结合演变而来的，在单一芯片上集成感应式卡片、感应式读卡器和点对点通信功能，利用移动终端设备实现移动支付、门禁人脸识别、移动身份识别、电子票务、防伪等应用。NFC 与现有非接触智能卡技术兼容，已成为越来越多的设备厂商支持的正式标准，目前市场上的大部分手机都支持 NFC，这为 NFC 嵌入商品包装提供了可能。NFC 智能包装操作简单，无须打开应用，无须扫描，只需靠近即可使用。

（4）多传感器集成的组合型感知系统

为了实现全方位多元数据的采集和信息记录，可以在一个包装上集成多种传感器和信息识别技术。例如，一些嵌入了 RFID 芯片的包装上通常还会印制二维码，这样既可适应 RFID 的非接触信息识别和数据传输场合，也可进行扫码识别、记录和互动；一些包装上分别采用有条形码、二维码及图像特征码等多种信息码，以适应不同的扫码设备和满足不同的 AR 扫描识别需求；将 RFID 与 TTI、二氧化碳传感器等组合使用，则可同时记录和传输食品的新鲜度、温度等数据；有专家学者提出在 RFID 防伪系统中加入 GPS 和地理信息系统技术（geographic information system，GIS），以此设计了基于 GPS 定位和 GIS 的信息追溯服务系统，系统的跟踪、监控和防伪能力得到提高。

（5）印刷电子及印刷传感器技术

利用具有导电功能的油墨印制电路即为印刷电子技术。它是迅速崛起的新技术，能在柔性包装材料（薄膜、薄片、纸、复合包装材料）上印制电子元件（RFID 标签、传感器、显示器、电池等）。以导电材料、智能感知材料等为油墨，以先进的印刷技术为手段，将敏感元件印制于柔性包装材料上，即为印刷传感器技术，该技术是制作传感器的最佳方法。这类柔性印刷传感器的制作成本低，且与包装材料和包装结构的融合很好，将彻底改变智能包装的开发和生产。预计未来在大部分的智能包装应用中，印刷电子技术的融入将使更多“智能”属性的实现成为可能，如记录仓储、运输、销售过程中的质量信息等，且智能包装具备柔性、环保、低成本等优势。

（6）其他智能传感识别技术

根据智能包装的不同需要，可以选择使用的智能传感技术还有很多。例如，有些商品对温度非常敏感，因此在物流链中必须严格控制其环境温度，这时可选择使用 TTI。TTI 是一种监测包装商品温度变化历程的有效手段，可以对商品整个货架期中的一些关键参数进行监控和记录，通过时间温度积累效应指示冷链食品药品的温度变化历程；为了保证重要物资或商品的运输监控，可在包装上安装 GPS/北斗卫星定位芯片，利用该技术可记录商品运输的移动轨迹，也可实时查到商品所处的地理位置；对湿度有严格要求的商品，则可在包装中加入湿度传感器，以记录和监控包装流通过程中的湿度变化；食品包装中使用二氧化碳传感器可监测内装食品的新鲜状态；对承压和震动敏感的商品，则可在包装中安装压力和震动传感器，以记录商品在包装流通过程中所受的压力或震动及跌落的强度和频次情况，这对于武器弹药的物流包装极为有用。

2. 包装可视化技术

包装可视化是近年来提出的另一个新概念，它是智能包装的核心技术和功能之一。可视化是指将不可见的数据、现象转化为可见的图形符号，将错综复杂、难以理解和关联的数据建立联系和关联，进而发现规律和特征，获得更有商业价值的洞见。可视化通常是利用合适的图表清晰而直观地表达数据，实现数据自我解释、让数据说话的目的。此外，也可以借助可视化的图形、图像寻找数据规律，分析推理，预测未来趋势。由于人类右脑记忆图像比左脑记忆抽象文字的速度快 100 万倍，因此，数据可视化能够加深和强化受众对于数据的理解和记忆。此外，利用可视化技术可以实时监控业务运行状况，使之更加阳光透明，便于及时发现问题并第一时间做出应对。总之，数据可视化最终目的是准确而高效、精简而全面地传递信息和知识。可视化要求做到简单、充实、高效、兼具美感。高效成功的可视化，可以让观察者一眼就能洞察事实并产生新的理解，管理者能够借助可视化的结果迅速找到和发现决策之道。随着计算机技术和新媒体技术的发展，可视化的概念已经超越了传统的符号化视觉变量（文字图表等）表示法的水平，进入了动态、可交互、时空变换、多维的乃至于虚拟现实的条件下，探索信息传输的有效方式和提高视觉感受功能的新阶段，特别是三维动态图像和虚拟现实（virtual Reality，VR）/增强现实（augmented reality，AR）/混合现实（mixed reality、MR）技术正被越来越广泛地采用。

在智能包装领域，包装可视化是利用数字化技术让包装变成自媒体和物联网载体，并将商品的位置、状态及原材料、生产、仓储、物流、销售等全生命周期的数字化信息，以文字、图像、图形、动画及音视频等可视化的方式，在包装盒体、终端设备或后台屏幕上能实时呈现，以达到实时监控、交互、分析、调整和决策的目的。可见，可视化有两层含义，一是指将智能包装采集和处理的数字信息以便于使用者（人类）认知的方式展现出来，实现数字信息与用户及管理者之间的沟通交流；二是指包装商品的性质、状态、位置、流通、消费等信息都是实时跟踪和显示的，即通过智能包装使商品的任何状态都处于透明和可监控之下。因此，包装可视化的意义在于：观察和监控商品在仓储、流通及销售过程中的状态（监控管理功能）；向用户传达信息并实现与用户的互动（自媒体功能）；通过大数据来分析商品的营销状况及规律，进而做出相应决策（分析预测及辅助决策功能）。包装盒体的外表面是最基本的可视化载体，最初的可视化就是在包装盒上印刷图像和文字，以传递有关商品的名称、功能、生产日期等基本信息；而智能包装的可视化，则是通过一些智能标签实时显示包装体内的温度、湿度及新鲜度等随时间变化的情况，或者将通过智能传感器获得的数据，在系统平台的显示终端上实现商品的仓储、流通及位置和环境等各类信息的可视化。智能包装的可视化显示介质包括智能标签本身的颜色变化、嵌入在包装上的电子屏对数据或图案的显示、智能包装信息平台上的移动终端（手机 /iPad/PDA）或后台管理终端的显示设备（计算机屏幕/ 投影屏幕）等。其中，可直接附着于包装盒体上的柔性显示屏以及 VR/AR 技术将在未来的智能包装可视化中发挥重要作用。

（1）TTI 等智能标签在包装可视化中的应用

其通过 TTI、密封性指示器、新鲜度指示器等智能标签，将环境因素的变化通过可视化的颜色变化或数据呈现在包装上，使消费者能快速对商品进行选取和判别。

（2）RFID 电子标签在包装可视化中的应用

以包装为载体，采用超高频远距离感应技术对商品信息进行数据化采集，以完成数据的高效传输和交互，实现出入库、物流、商品盘点以及食品安全溯源等方面的可视化。

（3）AR 技术在包装可视化的应用

AR 技术借助计算机图像处理的可视化技术，在物理世界中添加不存在的数字化信息，使真实的包装和虚拟的景象实时地叠加在同一个画面或空间中。让人们体验一个感官丰富的世界，这使商品信息的可视化效果得到大幅提升，让消费者能更直观地了解并选择商品，以此达到创意营销的目的。

3. 智能包装云平台（大数据平台）

由于智能包装是互联网+芯片+包装的应用，能够建立商品全生命周期大数据，包括供应链大数据、防伪溯源大数据等，因此构建基于互联网和云计算的智能包装云平台，收集、处理和应用大数据是智能包装的核心技术与功能之一。

智能包装云平台主要包括以下模块及功能。

1）商品防伪：平台提供扫码识别认证功能，通过一物一码及防伪码赋予包装商品的信息唯一性，让造假者无从下手，商家及消费者均可查询了解商品被查次数及时间，帮助消费者辨别真伪。

2）追踪溯源：平台通过一物一码及防伪码实现对商品生产、运输、销售等全过程追溯追踪管理，实现来源可查、去向可追、责任可究、风险可控。

3）渠道管控：平台通过防伪码与物流码的对应关系，让企业掌握商品的流向，一旦有窜货发生，系统便可自动报警，增加渠道管控力，使市场价格规范化。

4）品牌营销：消费者扫码查询真伪后能够实时获取话费、红包、快递实物等福利，增加用户对品牌的好感，形成二次传播效应，提升用户重购率，从而增加商品销量；同时，根据抽奖活动开展情况分区分时运营，可实现动态调整活动页面、分区调控中奖率，分时间段调整奖励类型，以满足消费者心理预期。

5）个性化营销：一物一码是数字营销活动的入口，借助微信红包、积分、大转盘、小游戏等活动，打通多源数据对接，实现商品个性化及大数据营销。

6）决策支持：通过扫码历史以及各类数字营销活动的数据，调整商品投放地域及活动类型，实时掌握市场动态，调整企业决策方向。

7）其他服务：包括商品使用方法介绍、注意事项提醒、咨询回复及新商品推介等。

4.2 电子商务物流的装卸搬运

4.2.1 电子商务物流装卸搬运的含义与特点

1. 装卸搬运的概念

按照中华人民共和国国家标准《物流术语》（GB/T 18354—2006）中对装卸的定义是：“物品在指定地点以人力或机械装入运输设备或卸下。”搬运的定义是：“在同一场所内，对物品进行水平移动为主的物流作业。”由此可见，在同一地域范围内，装卸是改变“物”的存放、支撑状态的活动，而搬运是改变“物”的空间位置的活动。两者全称为装卸搬运。在物流领域中，常将装卸搬运这一整体活动称作“货物装卸”；在生产领域中，常将这一整体活动称作“物料搬运”，实际上内容都是一样的，只是领域不同而已。在实际操作中，装卸与搬运密不可分，两者是伴随在一起发生的。

2. 装卸搬运作业的类型

装卸搬运作业的分类方法有很多种，可按作业场所、操作特点等进行分类。

（1）按作业场所分类

根据装卸搬运作业场所的不同，流通领域的装卸搬运作业可以分为铁路装卸、港口装卸和场库装卸三类。

1）铁路装卸。铁路装卸是指在铁路车站进行的装卸作业。除了装、卸火车车厢的货物以外，还包括汽车在铁路货场和站台旁边的装卸作业，铁路仓库和堆场的堆码、拆散、分拣、配货、中转等作业。

2）港口装卸。港口装卸是指在港口进行的各种装卸作业。它包括在码头前沿的装卸船作业，前方与后方间的搬运作业，港口仓库的堆码、拆取、分拣、理货等作业。

3）场库装卸。场库装卸是指在货主处进行的装卸作业，即铁路车辆和汽车在厂矿或储运业的仓库、堆场、物流中心等进行的装卸作业。

（2）按操作特点分类

根据装卸作业操作特点的不同，流通领域的装卸搬运作业可以分为堆码拆取作业、分拣配货作业和挪动移位作业三类。

1）堆码拆取作业包括车厢、船舱、仓库内的码垛和拆垛作业。

2）分拣配货作业包括将货物按品类、到站、货主等不同特征进行分类的作业；按去向、品类构成等一定原则要求，将已分类的货物集合为车辆、汽车、集装箱、托盘等装货单位的作业。

3）挪动移位作业，即单纯地改变货物的支撑状态的作业（如从汽车上将货物卸到站台上等）和显著（距离较远）改变空间位置的作业。

（3）按作业方式分类

根据装卸搬运作业方式的不同，流通领域的装卸搬运作业可以分为吊装吊卸法和滚装滚卸法两类。

1）吊装吊卸法（垂直装卸法）。它主要是使用各种起重机械从货物上部起吊，依靠起吊装置的垂直移动实现装卸，并在吊车进行的范围内或回转的范围内实现搬运或依靠搬运车实现小搬运。

2）滚装滚卸法（水平装卸法）。它主要是以改变货物水平方向的位置为主要特征的方法，如各种轮式、履带式车辆通过站台、渡板开上开下装卸货物，用叉车、平移机装、卸集装箱、托盘等。

（4）按作业对象分类

根据装卸搬运作业对象的不同，流通领域的装卸搬运作业可以分为单件作业、集装作业和散装作业三类。

1）单件作业。单件作业主要是指装卸的单件货物，通常是逐件由人力作业完成的，对于一些零散货物，诸如搬家货物等也常采用这种作业方法；长大笨重货物，不宜集装的危险货物以及行包等仍然采用单件作业法。单件作业依作业环境和工作条件可以采用人工作业法、机械或半机械化作业法。在特定场所，有些像包裹那样的货物也可采用半自动化作业法，如采用自动或半自动控制的分拣传输设备进行有关作业。

2）集装作业。集装作业是将货物集装化后再进行装卸作业的方法，具体包括以下方法。

① 托盘作业法。托盘作业法是用托盘系列集装工具将货物形成成组货物单元，以便采用叉车等设备实现装卸作业机械化的装卸作业方法。其中托盘可分为平板托盘、柱型托盘、笼式托盘、箱式托盘、轮式托盘、特种专用托盘。在托盘作业中，一些不宜采用平板托盘的散件货物可采用笼式托盘形成成组货物单元，一些批量不是很大的散装货物，如粮食、食糖、啤酒等可采用专用箱式托盘形成成组货物单元，再辅以相应的装卸机械、泵压设备等配套，实现托盘作业。

② 集装箱作业法。集装箱作业法通常采用垂直装卸法和水平装卸法进行，有的集装箱在货物堆场也可采用功能很大的集装箱叉车装卸。按集装箱装货物分类，集装箱可分为保温集装箱、通风集装箱、罐式集装箱、动物集装箱、汽车集装箱。按集装箱主体材料分类，集装箱可分为钢制集装箱、铝制集装箱、不锈钢制集装箱、玻璃钢制集装箱。

③ 框架作业法。管件以及各种易碎建材，如玻璃产品等，一般适用于各种不同集装框架实现装卸机械化，以确保装卸质量，降低装卸过程中的损耗，提高装卸效率。框架通常采用木制或金属材料制作，要求有一定的刚性、韧性，质量较轻，以保护商品、方便装卸、有利于运输作业。

④ 货捆作业法。货捆作业法是用捆装工具将散件货物组成一个货物单元，使其在物流过程中保持不变，从而能与其他机械设备配合，实现装卸作业机械化。木材、建材、金属之类的货物最适于采用货捆作业法。

⑤ 滑板作业法。滑板是用纸板、纤维板、塑料板或金属板支撑，与托盘尺寸一致的、带有翼板的平板，用以承受货物组成的搬运单元。在此作业过程中，叉货时推拉器的钳口夹住滑板的翼板，将货物支上货叉，卸货时先对好位，然后叉车后退，推拉器前进，货物放置到位。

⑥ 网袋作业法。将粉粒状货物装入多种合成纤维和人造纤维编织成的集装袋，将各种袋装货物装入多种合成纤维或人造纤维编织的网，将各种块状货物装入用钢丝绳编成的网，这种先集装再进行装卸作业的方法称为网袋作业法。它适宜于粉粒状货物、各种袋装货物、各种块状货物、粗杂物品的装卸作业。

⑦ 挂车作业法。挂车作业是先将货物装到挂车里，然后将空车拖上或调到铁路平板车上的装卸方法。通常将此作业完成后形成的运输组织方式称为背负式运输，是公路联运的常用组织方式。

3）散装作业。散装货物装卸方法通常可以分为重力法、倾翻法、机械法、气力输送法。

重力法是利用货物的势能来完成装卸作业的方法，主要适用于铁路运输，汽车也可以采用这种装卸方法。重力法卸车主要是指底门开车或漏斗车在高架线或卸车坑道上自动开启车门，煤或矿石依靠重力自行流出的卸车方法。倾翻法是将运载工具的载货部分倾翻而将货物卸出的方法。它主要适用于铁路敞车和自卸汽车的卸载方法，汽车一般是依靠液压机械装置顶起货厢实现卸载的。机械法是采用各种机械，使其工作直接作用于货物，如通过舀、抓、铲等作业方法达到装卸目的的方法。气力输送法是用风机在管道内形成气流，应用动能、压差来输送货物的装卸作业方法。

（5）按装卸设备作业原理分类

根据装卸设备作业原理的不同，流通领域的装卸作业可以分为间歇作业法和连续作业法两类。

1）间歇作业法。它是指货物支撑状态和空间位置的改变是以断续、间歇、重复、循环方式进行的，主要使用起重机械、工业车辆、专用机械进行作业，具有较强的机动性，装卸地点可在较大范围内变动。其主要适用于货流不固定的各种货物，尤其适用于包装货物、大件货物。

2）连续作业法。它是指货物支撑状态和空间位置的改变是以连续、持续、流水式进行的，主要使用连续输送机械组合成的专用机械进行作业，中间无停顿，货物间隔短。散堆货物一般可采用连续作业法，重量轻、体积小的包件货物也可采用此方法。

3. 装卸搬运的特点

（1）装卸搬运是附属性、伴生性的活动

装卸搬运是物流每一项活动开始及结束时必然发生的活动，因而有时常被人忽视，有时被看作其他操作时不可缺少的组成部分。例如，汽车运输就实际包含了相随的装卸搬运，仓库中泛指的保管活动，也含有装卸搬运活动。

（2）装卸搬运是支持、保障性活动

装卸搬运的附属性不能理解成是被动的，实际上，装卸搬运对其他物流活动有一定的决定性。装卸搬运会影响其他物流活动的质量和速度。例如，装车不当会引起运输过程中的损失；卸放不当会引起货物下一步运动的困难。物流活动只有在有效地装卸搬运支持下才能实现高水平、高效率。

（3）装卸搬运是增加物流成本的活动

对传统物流而言，物流过程中多次的装卸搬运活动，不仅延长了物流时间，而且要投入大量的活劳动和物化劳动，这些劳动不能给物流对象带来附加价值，只是增大了物流成本。由于装卸搬运反复进行的次数多，累计成本的数量是不可忽视的。

4.2.2 电子商务物流装卸搬运的设备

1. 装卸搬运设备的类型

装卸搬运设备是指工厂内、仓库内、货物中转中心、物流配送中心等物流现场用来从事货物装卸搬运运用的各种机械设备的总称。装卸搬运设备是进行装卸搬运作业的物质基础，它的技术水平是装卸搬运作业现代化的重要标志之一。对设备的类型、主要参数以及各种类型机械特征的了解，是使用选择装卸搬运设备必须具备的条件。常用的装卸搬运设备有以下几类。

（1）起重设备

起重机是将货物吊起，在一定范围内做水平移动的机械设备。起重机按其构造或形状可分为吊车、悬臂起重机、桥型起重机、集装箱起重机、巷道堆垛机或库内理货机、汽车起重机、龙门起重机等各种悬臂（转臂）式起重机等。

(2) 输送设备

在物流中心的内部作业中，如果搬运的数量非常大且是连续作业，输送机的采用就非常有效且合适。输送机按自动化水平可分为无动力式（重力式）、半自动化、自动化和无人化四种；输送机按形式的不同，又可分为滚筒输送机、皮带输送机、搁板输送机、悬吊式输送机、可积累式输送机、链条输送机、可伸缩式输送机和自动分类输送机等。

未来的物流中心厂房有朝高楼发展的趋势，但是传统的电梯无法满足物流频繁的进出库作业，唯有利用高速的垂直输送机。垂直输送机按货物形态不同可以分为托盘式和箱式两种，若按进、出口来分则有单进单出的垂直输送机和多进多出的垂直输送机两种。

(3) 升降机和绞车

升降机和绞车是使物体做垂直方向移动的机械。升降机被广泛应用于多层楼房仓库。绞车是使用缆绳和链条吊升重物的装置，有电动和手动两种。

升降机又称堆高机，搬运效率非常高且富有机动性，是仓储搬运作业中使用最普遍的搬运设备。堆高机的种类形式非常多，若按动力来区分，有人力、电力、天然气动力及柴油动力四种。若按功能来区分，有油压拖板车、电动拖板车、手动式堆高机、配重式堆高机、伸缩式堆高机、窄道式堆高机、拣货式堆高机、薄片式托盘专用堆高机、无人堆高机等。

在操作堆高机时必须注意其动力、最大荷重、最大扬高、直角作业宽度、机高和机宽等几个因素。

(4) 工业车辆

在厂区、仓库、运输的起止点专用于搬运的车辆统称为工业车辆。工业车辆有用内燃机（汽油、柴油）做动力的，也有使用电池组驱动的。工业车辆的分类主要有叉车、拖车、卡车、手推车、手推托盘车、电瓶车、牵引车、台车、搬运车、跨运车等。在物流现场使用最多的是叉车，从其基本构造来说有平衡重式、前移式、侧叉车。

(5) 专用设备

专用设备包括翻车机、堆取料车、堆垛机、拆垛机，以及分拣专用设备、集装箱专用装卸机械、托盘专用装卸机械、船舶专用装卸机械、车辆装用装卸机械。

2. 装卸搬运设备的选择

不同类别的货物，不同的装卸搬运场所，所需要的装卸搬运设备不尽相同。合理选择装卸搬运设备，无论在降低装卸搬运费用上，还是在提高装卸搬运效率上，都有着重要意义。

装卸搬运设备的选择，应本着经济合理、提高效率、降低费用的总要求，在考虑货物的特性、作业的特性、机械特性、作业环境以及经济性等方面的因素后，做出综合判断，以便使设备发挥出最大的效益。

4.2.3 电子商务物流的装卸搬运合理化

1. 装卸搬运作业的指导原则

(1) 降低装卸搬运作业次数原则

虽然装卸搬运是物流过程中不可避免的作业，但是有必要将装卸搬运的次数控制在最小范围内。可以通过合理安排作业流程、采用合理的作业措施以及仓库的合理化设计来实现物品装卸搬运次数最小化。

(2) 移动距离（时间）最小化原则

移动距离的长短与搬运作业量的大小和作业的效率是联系在一起的，在货位布局、车辆停放位置、出入库作业程序等设计上要充分考虑货物移动距离的长短，以货物移动距离（时间）最小化为设计原则。

(3) 提高装卸搬运灵活性原则

货物所处的状态会直接影响到装卸和搬运的效率，在整个物流过程中物品要经过多次装卸和搬运，前者的卸货作业与后者的装载或搬运作业关系密切。因此在组织装卸搬运作业时，应灵活运用各种装卸搬运工具和设备，前者作业要为后者作业着想。从作为物流起点的包装作业开始，应以装卸搬运灵活性指数最大为目标。一般将灵活性指数分为 5 个等级，即散堆于地面上为 0 级，装入箱内为 1 级，装在货盘或垫板上为 2 级，装在车台上为 3 级，装在输送带上为 4 级，如表 4-4 所示。

表 4-4 灵活性指数

放置状态	活性指数
散放地上	0
装入箱内	1
装在货盘或垫板	2
装在车台	3
装在输送带	4

(4) 集装单元化原则

集装单元是指用各种不同的方法和器具，把所有包装或无包装的物品整齐地汇集成一个扩大了的、便于装卸搬运的作业单元，这个作业单元在整个物流过程中保持一定的形状。采用集装单元化技术，使货物的储运单元与机械等装卸搬运手段的标准一致，从而把装卸搬运劳动强度减少到最低限度，便于实现机械化作业。通过集装单元不仅可以降低物流费用，提高装卸搬运效率，而且可以防止货物的损坏与丢失，数量的确认也变得更加容易。

(5) 机械化原则

机械化原则是指自装卸搬运作业中用机械作业替代人工作业。实现作业的机械化是实现省力化和效率化的重要途径，通过机械化改善物流作业环境，将人从繁重的体力劳动中解放出来。当然机械化的程度除了技术因素外，还与物流费用的承担能力等经济因素有关。机械化的原则同时也包含了将人与机械合理地组合到一起，发挥各自的长处。在许多场合，简单机械的配合同样可以达到省力和提高效率的目的。片面强调自动化会造成物流费用的膨胀，在经济上难以承受。

(6) 利用重力原则

利用重力原则是指借助货物本身的重力实现货物的移动。在搬运时，最好能利用重力将货物从高处移向低处，达到降低人工作业强度的目的。

(7) 搬运的顺畅原则

在搬运货物时，常常将搬运前后的相关作业进行有机结合，各工序之间要紧密衔接。作业路径尽量为直线，消除迂回和交叉，使货物的运动十分顺畅，从而提高搬运效率。这样在货物连续流动时，才能获得较好的经济效果。

（8）系统化原则

所谓系统化原则是指将各个装卸搬运活动作为一个有机整体实施系统化管理。也就是说运用综合系统的观点，提高装卸搬运活动之间的协调性，提高装卸搬运系统的柔性，以适应多样化的物流需求，提高装卸搬运的效率。

2. 装卸搬运作业的合理化

所谓无效作业是指在装卸活动中超出必要的装卸量、搬运量的作业。显然防止和消除无效作业对装卸作业的效率有重要作用。为了有效地防止和消除无效作业，可以从以下几个方面入手。

（1）尽量减少装卸次数

在物流过程中，货损主要发生在装卸环节，而在整个物流过程中，装卸作业又是反复进行的。从发生的频率来讲，装卸作业超过了任何其他活动，过多的装卸次数必然导致货损的增加。从发生的费用来讲，一次装卸的费用相当于几十公里的运输费用，因此每增加一次装卸，物流费用就会较大比例地增加。此外减少装卸次数又是提高物流速度的重要因素。

（2）提高被装卸物料的纯度

物料的纯度是指物料中含有水分、杂质等与物料使用无关的物质的多少。在反复装卸时，实际对这些物料反复消耗劳动，因而形成无效装卸。物料的纯度越高则装卸作业的有效程度越高。

（3）包装要适宜

包装是物流过程不可缺少的辅助作业手段。包装重量过大，在装卸时实际上是反复在包装上消耗较大的劳动，包装的轻薄化、简单化、实用化会不同程度地减少作用于包装上的无效劳动。

（4）缩短搬运作业的距离

物料在装卸搬运过程中，要实现水平和垂直两个方向的位移，选择最短的路线完成这一活动，就可避免超过这一最短路线以上的无效劳动。

3. 重力利用原理

装卸搬运使物料通过做功实现垂直或水平位移，在这一过程中，要尽可能实现装卸作业的省力化。

在装卸作业中应尽可能地消除重力的不利影响。在有条件的情况下利用重力进行装卸，可减轻劳动强度和能量的消耗。利用货物本身的重量，进行有一定落差的装卸，以减少或从根本上消耗装卸的动力，这是合理化装卸的重要方式。将没有动力的小型运输带（板）斜放在货车、卡车或站台上进行装卸，使物料在倾斜的输送带（板）上移动，这种装卸就是靠重力的水平分力完成的。在搬运作业中，不用手搬，而是把物料放在台车上，由器具承担物料的重量，人们只要克服滚动阻力，使物料水平移动，这无疑是十分省力的。

利用重力式移动货架也是一种利用重力实现省力化的装卸方式之一。重力式移动货架的每层格均有一定的倾斜度，利用货厢或托盘物料可以沿着倾斜的货架层板滑到输送机械上。为了使物料滑动的阻力越小越好，通常货架表面处理得十分光滑，或者在货架层上装有滚轮，也有的在承重物资的货箱或托盘下装上滚轮，这样将滑动摩擦变成滚动摩擦，物料移动时所受到的阻力会更小。

4. 提高装卸搬运灵活性

装卸搬运灵活性的含义是从物的静止状态转变为装卸搬运状态的难易程度。如果很容易转变为下一步的装卸搬运而不需要过多做装卸搬运前的准备工作，则灵活性就高；如果难于转变为下一步的装卸搬运，则灵活性就低。

为了对灵活性有所区别，并能有计划地提出灵活性要求，使每一步装卸搬运都能按一定灵活性要求进行操作，应对不同放置状态做出不同的灵活性规定。“灵活性指数”就是标定灵活性的一种方法。灵活性指数分为0~4共5个等级，如表4–5所示。

表4–5 灵活性指数

放置状态	需要进行的作业				灵活性指数
	整理	架箱	提起	托运	
散放地上	需要	需要	需要	需要	0
置于一般容器	0	需要	需要	需要	1
集装化	0	0	需要	需要	2
无动力车	0	0	0	需要	3
动力车辆或传送带	0	0	0	0	4

由于装卸搬运是在物流过程中反复进行的活动，因而其速度可能决定整个物流速度，每次装卸搬运的时间缩短，多次装卸搬运的累计效果则十分可观。因此提高装卸搬运灵活性，对合理化是很重要的因素。

5. 合理组织装卸搬运作业设备

合理组织装卸搬运作业具体包括下列内容。

（1）确定装卸任务量

物流企业应根据物流计划、经济合同、装卸作业不均衡程度、装卸次数和装卸车时等，确定作业现场年度、季度、月、旬、日平均装卸任务量。装卸任务有事先确定的因素，也有临时变动的可能。因此要合理地运用装卸设备，就必须把计划任务量与实际装卸作业量之间的差距缩小到最低水平。同时装卸作业组织工作还要对装卸作业的物资对象的品种、数量、规格、质量指标以及搬运距离尽可能地做出详细的计划。

（2）确定装卸设备数量

物流企业应根据装卸任务和装卸设备的生产率，确定装卸搬运设备需用的台数和技术特征。

（3）编制装卸计划

物流企业应根据装卸任务、装卸设备的生产率和需用的台数，编制装卸搬运作业进度计划。它通常包括装卸搬运设备的作业时间表、作业顺序、负荷情况等详细内容。

（4）下达作业进度计划

物流企业应下达装卸搬运作业进度计划，安排劳动力和作业班次。

（5）效益评价

物流企业应统计和分析装卸搬运作业成果，评价装卸搬运作业的经济效益。

6. 合理安排装卸搬运作业过程

装卸搬运作业过程是指对整个装卸搬运作业的连续性进行合理地安排，以减少运输距离和装卸次数。装卸搬运作业现场的平面布置是直接关系到装卸搬运距离的关键因素，装卸搬运设备要与货场的长度、货位面积等互相协调。要有空的场地集结货场，并满足装卸搬运设备工作面的要求，场内的道路布置要为装卸搬运创造良好的条件，有利于加速货位的周转。要使装卸搬运距离达到最小，平面布置是最理想的方法。提高装卸搬运作业的连续性应做到：作业现场装卸搬运设备合理衔接；不同的装卸搬运作业在相互连接使用时，力求使它们的装卸搬运效率相等或接近；充分发挥装卸搬运调度人员的作用，一旦发生装卸搬运作业障碍或停滞状态，应立即采取有力的措施予以补救。

4.2.4 电子商务物流装卸搬运的智能化发展

展望未来，智能化是物流装卸搬运行业发展的必由之路。这是因为，一方面在实际生产中，作业区内单台机组的生产能力都能被最大化利用，但整体配合很难实现精益生产中的“准时化”，影响生产效率；另一方面一提到智能物料的装卸和搬运，人们往往想到的是传送带、叉车或者AGV，但实际上智能物料的装卸和搬运并非如此简单，其涉及的是整个体系的改造和优化，除了传送带、AGV等自动化设备外，还包含自动上料、自动堆积、自动码放、印后智能联动线、AGV转运、智能立体库等环节。

1. 自动化装卸搬运设备

（1）自动导向车辆系统

自动导向车辆（AGVS）能取代机械化拖车，两者之间的本质区别为AGVS是无人驾驶，可以自动运行和定位。AGVS设备主要依靠光导或磁导系统来进行运作。在光导应用系统中，方向导线置于仓库的地板上，通过聚集在指导路线上的光束来引导AGVS运作。AGVS的主要优点是人力的大幅减少和预先确定了仓库货运的方向。物流装卸搬运作业是比较频繁、不断重复的工作，因此仓库常常是比较拥挤的区域，而AVGS的低成本，尤其是更高的灵活性，大大地提高了仓库中进行物料装卸搬运作业的能力。

（2）工业机器人

工业机器人是一种能自动定位控制、可重复编程、多功能、多自由度的操作机。它能搬运材料、零件或操持工具，以完成各种装卸作业。

在仓储活动中，机器人技术主要应用于单元装卸和单元拆分。在单元拆分过程中，机器人可以按照设定的程序，对组合装载的货物进行区分，并按照相应的堆放模式把货物放在传送带的理想位置上。使用机器人完成单元装载的过程正好与之相反。在仓储活动中，机器人技术的另一个用途表现在人力难以发挥作用的作业环境里。例如，高噪音地方的物料处理作业、危害性材料、极点温度时的作业（如冷冻食品）等。

利用机器人技术的更大潜力在于使用机器人在机械化的仓库中承担分拣作业的工作。人工智能的含量、机器人作业的速度、可靠性以及准确性，使得机器人更适合在特定情况下作业，例如，繁重重复的作业或在对人类非常不利的环境下作业。与传统的人工作业相比，这当然是一种更为明智的选择。

（3）信息导向系统

信息导向管理是一个全新的概念，并且是一个有待于研究和发展的课题，它把自动化作业控制和机械化的灵活性紧密地结合起来。常见的由信息来指导物料搬运装卸作业的系统有无线电频控制设备和灯控操作。

1）无线电频控制的作业设备。无线电频信息通信（RFDC）可以控制和管理标准的、机械化的物料装卸搬运作业设备。它可以通过信息技术为操作人员提供实时的方向和控制信息。常见的应用是将RFDC技术用于叉车。目前，利用RFDC指导叉车作业的应用已经成为高度整合的物料搬运装卸作业系统中非常重要，不可分割的一部分。

2）光导拣货系统。利用光导拣货系统，拣货作业人员从光照的旋转位置或在储存箱里挑拣制定的产品，并且直接把货物放进货箱里或传送带上。每一个选择位置的前面都有一系列光亮或光束，这些光亮也能表明从每个位置所拣的货物数量。光导系统的使用也使拣货作业更加便利。在系统中，如果针对某一种产品需要完成多个订单的装货，分拣指示码将显示给拣货作业人员每个货箱到底需要多少件该种产品才能够满足某一订单的需要。另一种光导拣货系统是有光导选货，分拣作业人员把分拣出来的产品放进光照的货箱中。每一个货箱都分配给特定的订单或客户，因此特定的光线可以说明哪一个客户应该接受哪一种货物。

2. 采用先进技术，不断提高装卸机械性能

（1）采用新材料、新工艺

采用轻金属擦聊（铝、镁、钛等）和新型合金（非晶态合金、形状记忆合金等）、非金属材料（工程塑料、精细陶瓷、橡胶等）、复合材料（FRP、FRM、FRC 等）替代钢铁材料，以增加强度、降低质量。

（2）提高装卸机械的自动化程度

装卸机械的自动化是用人工控制的机械来代替人工操作机械，如自动引导小车、自动货架、自动装卸机器人等。总的发展趋势是，所有的物流装卸机械都可以实现自动控制，进一步节省时间，提高效率和工作质量。

（3）物流装卸工作的智能化

装卸工作的智能化是现代人工智能技术在物流领域的应用，将设备的局部自动化纳入整个计算机控制和管理网络系统。计算机之间，数据采集之间，机械设备的控制器之间，以及它们与计算机之间的联系可以完全做到智能化，及时地汇总信息，做出最优的决策或指令。

4.3 电子商务物流的流通加工

4.3.1 电子商务物流流通加工的含义与功能

1. 流通加工的概念

流通加工是指某些原料和产品从供应领域向生产领域，或从生产领域向消费领域流动的过程，为了有效利用资源、方便用户、促进销售、维护产品质量和提高物流效率，在流通领域对产品进行初级或简单再加工，使原料和产品发生物理、化学变化。

流通加工是物流系统构成要素之一，但有人认为流通加工不属于物流，产生场所效能和时间效能的是物流，加工是通过改变物品的形态或性质而创造价值，因此流通加工属于生产活动。但是在流通阶段中的加工即流通加工，处于不易区分生产还是物流的中间领域，其目的在于提高物流系统效率。尽管它也可以创造性质和形态的使用效能，但还是应该从物流机能拓展的角度将其看作物流的构成要素为宜。流通加工的内容一般包括袋装、配货、拣选、分类、混装、拴牌子、贴标签、刷标记等。生产的外延流通加工包括剪断、打孔、折弯、拉拔、挑扣、组装、改装、配套以及混凝土搅拌等。从简单地贴标价牌，直到一些需要高科技手段才能完成的加工，加工形态是多种多样的。流通加工受市场竞争、消费需求及技术革新等因素的影响，今后将会越来越趋向多样化。

2. 流通加工的类型

在物流过程中，根据流通加工目的和作用的不同，流通加工可分为以下类型。

（1）以保存产品为主要目的流通加工

这种加工形式的目的是使产品的使用价值得到妥善的保护，以延长产品在生产与消费、使用时间之间的间隔。例如，使肉、禽、蛋、水产品保鲜保质的冷冻加工、防腐加工等；棉、麻、丝、毛织品的防霉、防虫加工等；为了防止金属材料的锈蚀而喷漆、涂防锈油等措施，运用手工、机械或化学的方法除锈；木材的防腐、防干裂加工；水泥的防潮、防湿加工；煤炭的防高温自燃加工等。

（2）为适应多样化需要的流通加工

这种加工形式的目的是通过对标准产品进行改制加工，使产品品种、规格、质量多样化，这既保证了高效率的社会化大生产，又满足了用户多样化的需要。例如，对钢材卷板的舒展、剪切加工；木材改制成枕木、方材、板材的加工；平板玻璃按需要规格的开片加工等。

（3）为提高原材料利用率的流通加工

通过在流通领域的集中加工来替代分散在各使用部门的分别加工，可以提高物资的利用率。集中加工形式可以减少原材料的消耗，提高加工质量。例如，钢材的集中下料，可以充分进行合理规划、搭配套裁，减少边角废料，从而达到提高原材料利用率，减少浪费的目的。

（4）为提高物流效率、降低物流损耗的流通加工

通过改变一些产品本身的形态，使之更易于流通操作，如自行车在消费地区的装配加工，可防止整车在运输过程中的低效率；造纸用木材磨成木屑的流通加工，可大大提高运输工具的装载效率；集中煅烧熟料、分散磨制水泥的流通加工，可有效地防止水泥的运输损失，减少包装费用，也可以提高运输效率；石油气的液化加工，使很难输送的气态物转化为更容易运输的液态物，也可提高运输效率。

（5）为促进产品销售的流通加工

通过对一些产品各种形式的流通加工，可以从若干方面起到促进产品销售的目的。例如，将过大包装或散装产品进行适合一次性销售小包装的分装加工；将原有保护产品为主的运输包装改换成销售包装；将蔬菜、肉类进行清洗、包装等。

3. 流通加工的特点

相对于生产而言，流通加工在加工方法、加工组织、生产管理方面与生产加工并无显著区别，但在加工对象、加工程度方面差别较大。流通加工的主要特点如下。

（1）加工对象的属性不尽相同

生产加工贯穿于整个生产过程，就其对象而言，除了加工原材料以外，而且也可以加工半成品和成品（为了满足个别消费者需要而加工的产成品）。因后者（指处于生产过程中的半成品）是尚未进入流通领域的劳动产品，故不具有商品属性。由此不难看出，生产加工的对象不完全是商品，但流通加工的对象（不管是成品还是半成品）均为通过交换而获得的劳动产品，具有商品的属性，亦即完全性的商品。

（2）加工的复杂程度和深度不同

生产加工较流通加工不但作业范围广，而且加工的技术，程序也很复杂，加工的深度很强，并且常常形成系列化的操作。而一般性的流通加工多为简单的初级加工活动，其复杂程度和加工的深度都远远不及生产加工。在一般情况下，流通加工常常是作为生产加工的外延或补充形式而存在和开展起来的。从这个意义上说，流通加工绝对不是对生产加工的否定和取代，

而是生产加工的延伸。

(3) 加工的主体各异

生产加工的组织者是生产者，流通加工的当事人是从事流通活动的经营者。在我国，从事流通加工活动的单位是流通企业、商业企业、电子商务的个体商户，而生产加工是生产企业组织完成的。

(4) 加工的目的不完全一致

在商品经济条件下，无论是生产加工还是流通加工，其目的都是为了方便生产和满足市场需要，但开展流通加工又是为了发展和完善流通自身。

从流通加工的特点可以看到：延伸到流通领域内的加工即流通加工，实际上是一种辅助性的生产作业，其结果只是部分地改变了加工对象的物理形态和化学性质。虽然流通加工的深度和范围有限，但它在流通即再生产运动中所起的作用同样是很大的。

4. 流通加工的功能

流通加工的具体功能主要体现在以下几个方面。

(1) 提高原材料的利用率

利用流通加工环节进行集中下料，可将生产厂家直接运来的简单规格产品按使用部门的要求下料。

(2) 完善商品功能，增加商品价值，提高经济效益

在流通过程中可以进行一些改变产品某些功能的简单加工，其目的除了上述几点外，还在于完善商品功能、增加商品价值，提高产品销售的经济效益。

(3) 提高加工效率及设备利用率

可以采用效率高、技术先进、加工量大的专门机具和设备，建立集中加工点。这样做的好处有：一是提高加工质量；二是提高设备利用率；三是提高加工效率。其结果是降低了加工费用及原材料成本。

(4) 进行初级加工，方便用户

对于一些用量小或临时需要的使用单位，由于缺乏初级加工的能力，依靠流通加工可使使用单位省去进行初级加工的投资、设备及人力，从而搞活了供应，方便了用户。

(5) 充分发挥各种运输手段的最高效率

流通加工环节将实物的流通分成两个阶段。一般来说，由于流通加工环节设置在消费地，因此从生产厂商到流通加工的第一阶段输送距离长，而从流通加工到消费环节的第二阶段距离短。第一阶段是在数量有限的生产厂商与流通加工点之间进行定点、直达、大批量的远距离输送，因此可以采用船舶、火车等大量输送手段；第二阶段则是利用汽车和其他小型车辆来输送经过流通加工后的多规格、小批量、多用户的产品。这样可以充分发挥各种运输手段的最高效率，加快输送速度，节省运力运费。

(6) 提高生产效益和流通效益

由于采用流通加工，因此生产企业可以进行标准化、整包装生产，这样做不仅适应了大生产的特点，提高了生产效率，节省了包装费用和运输费用，降低了成本；而且流通企业可以促进销售，增加销售收入，也提高了流通效益。

(7) 提高物流效率和服务质量

进行多样化的流通加工，可以使商品满足用户的个性化、多样化需求，使物流功能得以完善和提高。

4.3.2 电子商务物流流通加工的常见技术

流通加工功能是物流功能中的辅助性或延伸性功能，它可以方便客户，提高物流服务水平，提高物流对象的附加价值，提高物流行业的经济效益。仅从技术角度看，流通加工技术与生产技术、包装技术等并无多大区别。

（1）生鲜食品的流通加工

1）冷冻加工。它是指为解决鲜肉和鲜鱼、虾等水产品保鲜及搬运装卸问题，采取低温冻结方式的加工，这种方式也可用于某些流体商品、药品等。

2）分选加工。农副产品的规格、质量差异较大，为获得一定规格的产品，采取人工或机械分选的方式进行加工称为分选加工。它广泛用于果类、瓜类、谷物、棉毛原料等的加工。

3）精制加工。它是指农、牧、副、渔等产品精制加工时在产地或销售地设置加工点，去除无用部分，甚至可以进行切分、洗净、分装等加工。这种加工不但大大方便了购买者，而且还可以对加工的淘汰物进行综合利用。

4）分装加工。许多生鲜食品零售起点较小，但为保证高效输送，出厂包装却较大，还有一些是采用集装运输方式运达销售地区。因此为便于销售，需要在销售地区按所要求的零售起点进行新的包装，即包装改小、散装改小包装、运输包装改销售包装，这种方式称为分装加工。

（2）木材的流通加工

1）磨制木屑、压缩运输。这是一种为了实现流通的加工。木材是容重轻的货物，在运输时占有相当大的容积，往往使车、船装满但不能满载，同时装车、捆扎也比较困难。例如，从林区外送的原木中有相当一部分是造纸木材，美国采取在林木生产地就将原木磨成木屑，再采取压缩方法，使之成为容重较大、容易装运的形状，然后运至靠近消费地的造纸厂，取得了较好的效果。根据美国的经验，采用这种方法比直接运送原木要节约一半费用。

2）集中原木下料。它是指在流通加工点将原木裁成各种规格的锯材，同时将碎木、碎屑集中加工成各种规格的材料，甚至还可以进行打眼、凿孔等初级加工。过去用户直接使用原木，不但加工复杂、加工场地大、加工设备多，更严重的是材料浪费大，木材平均利用率不到50%。实行集中下料后，按用户要求供应规格材料，可以使原木利用率提高到95%，出材率提高到72%左右。木材加工从原来锯成板、方材为主的加工，演化到如今加工生产宝丽板、密度板等深加工形式。

（3）平板玻璃的流通加工

平板玻璃的“集中套裁，开片供应”是重要的流通加工方式。这种方式是在城镇中设立若干个玻璃套裁中心，负责按用户提供的图样，统一套裁开片，为用户供应成品，用户可以直接安装使用。在此基础上可以逐步形成从工厂到套裁中心的稳定的、高效率的大规模的平板玻璃“干线输送”，以及从套裁中心到用户小批量、多用户的“二次输送”这样一种现代化模式。采用专用设备进行集中套裁，可以使平板玻璃的利用率由不套裁时的62%~65%提高到90%以上，并且使废玻璃易于集中处理；同时还可以促进平板玻璃包装方式的改革，节约包装材料，防止流通中的大量破损。

（4）煤炭及其他燃料的流通加工

1）除矸加工。这是一种以提高煤炭纯度为目的的加工形式。一般煤炭中混入的矸石有一定的发热量，混入一些矸石是允许的，也是比较经济的。但是有时则不允许煤炭中混入矸石。在运力十分紧张的地区，要求充分利用动力，多运“纯物质”，少运矸石。在这种情况下，可以采用除矸的流通加工来排除矸石。

2）为管道输送煤浆进行的煤炭加工。煤炭的运输方式主要采用容器载运方法，运输中损失浪费较大，又容易发生火灾。采用管道运输，是近代兴起的一种先进技术。目前一些发达国家已开始投入运行。有些企业内部也采用这一方法进行燃料输送。在流通的起始环节将煤炭磨成细粉，本身便有了一定的流动性，再用水调和成浆状，则具备了流动性，可以像其他液体一样进行管道输送。这种方式不和现有运输系统争夺运力，输送连续、稳定而且快速，是一种经济的运输方法。

3）动力配煤加工。在使用地区设置集中加工点，将各种煤及一些其他发热物质，按不同配方进行掺配加工，生产出各种不同发热量的燃料，称作配煤加工。这种加工方式可以按需要发热量生产和供应燃料，防止热能浪费和“大材小用”的情况，也防止发热量过小，不能满足使用要求的情况出现，在经济上及技术上都有价值。目前，借助于计算机，运用数字模型技术，对煤炭进行合理、科学的配方，提高了配煤加工水平。

4）天然气、石油气的液化加工。由于气体输送、保存都比较困难，天然气及石油气往往只好就地使用。如果当地资源充足，使用不完，往往就地燃烧掉，造成浪费和污染。天然气和石油气的输送可以采用管道运输，但因投资大，输送距离长，也受到制约，而将产地的天然气和石油气压缩到临界压力，使之由气体变成液体，就可以用容器装运，使用时机动性也较强，这是目前采用较多的方法。

（5）水泥的流通加工

在需要长途调入水泥的地区，变调入成品水泥为调进熟料这种半成品。在该地区的流通加工据点（粉碎工厂）粉碎，并根据当地资源和需要的情况掺入混合材料及添加剂，支撑不同品种及标号的水泥，供应给当地用户，这是水泥流通加工的重要形式之一。

（6）机械产品及零配件的流通加工

1）组装加工。多年以来，自行车及机电设备储运困难较大，主要原因是其不易进行整体包装。如进行保护包装，包装成本过大，并且运输装载困难，装载效率低，流通损失严重。但是这些货物有一个共同特点，即装配较简单，装配技术要求不高。所以，为解决储运问题，降低储运费用，采用半成品（部件）高容量包装出厂，在消费地拆箱组装的方式，组装之后随机进行销售。

2）石棉橡胶板的开张成型加工。石棉橡胶板是机械装备、热力装备、化工装备中经常使用的一种密封材料，单张厚度 8 mm 左右，单张尺寸有的达 4 m，不但难于运输，而且在储运过程中，极易发生折角等损失。尤其是用户单张购买时，更是容易发生这种损失。此外许多用户所需的垫塞圈，规格比较单一，不可能安排不同尺寸的垫圈的套裁，利用率也很低。石棉橡胶开张成型加工，可以安排套裁，提高利用率，减少边角预料损失，降低成本。这种流通加工套裁的地点，一般设在使用地区，由供应部分组织。

（7）钢板剪板及下料加工。热轧钢板和钢带、热轧后钢板等板材最大交货长度可达 7~12 m，有的成卷交货，对于使用量不大的企业和多数中小型企业来讲，单独设置剪板、下料的设备有设备闲置时间过长、人员浪费大、不易采用先进方法的缺点。钢板的剪板及下料的加工可以有效地解决上述弊端。以往钢材加工基本局限于卷板展平、气割剪切、线性拉直、钢筋剪断等，目前的剪板加工已从切割方式转化到具有横剪、纵剪的流通加工生产线，加工质量已从过去的 10 mm 左右的气焊发展到今天的±0.2 mm 以上的精度要求。

（8）搅拌供应商品混凝土。改变以粉状水泥供给用户，由用户在建筑工地现制现拌混凝土的习惯使用方法，而将粉状水泥输送到使用地区的流通加工据点（集中搅拌混凝土工厂或生混凝土工厂），在那里搅拌成生混凝土，然后供给各个工地或小构件使用，这是水泥流通加工的另一种重要方式。它优于直接供应或购买水泥在工地现制混凝土的技术、经济效果，因此受到许多发达国家的重视。商品混凝土除采用搅拌站集中加工方式外，还与混凝土专用搅拌车相联系，形成了新的流通加工形式。

4.3.3 电子商务物流的流通加工作业管理

1. 流通加工的生产管理

（1）流通加工可行性分析

流通加工只是生产加工制造的一种补充形式，是否需要进行流通加工应进行认真的可行性分析。

1）研究是否可以延续生产过程或改造生产方式，使之充分与需求衔接。在技术不断进步的情况下，原来难以实现的多品种灵活生产现在已经可以实现，因此无须设置流通加工来衔接，只有在生产过程确实不能满足要求或经济效益不好的前提下才考虑设置流通加工。

2）充分考虑技术进步的因素，研究是否可通过集装、专门装运等方式，而不进行未实现流通的加工。有些加工如增加防护性运输包装的加工，是在运输技术水平较低的情况下所需进行的加工。因此如果开拓少包装的运输技术，则可以不进行此种加工。

总之，流通加工虽然有许多优越性，但毕竟造成了产需之间的中间环节，也存在许多降低效益的因素。因此，即使在技术上可行，也还要研究效益问题，要进行效益对比以及加工中心投资回收的计算等。

（2）流通加工的生产管理

流通加工的生产管理内容和项目很多，如劳动力、设备、动力、物资等方面的管理。对于套裁型流通加工，其最具特殊性的生产管理是出材率的管理，这种主要流通加工形式的优势就在于利用率高、出材率高，从而获取效益。为了提高出材率，需加强消耗定额的制订和管理，采取科学防范进行套裁的规划和计算。

（3）流通加工的质量管理

流通加工的质量管理，重要的是对加工产品的质量控制。由于流通加工产品一般是国家质量标准中没有的品种规格，因此对这种产品进行质量控制的依据，主要是根据用户的要求。各用户对加工产品的要求不尽相同，对质量的宽严程度也不一样，流通加工企业必须能够进行灵活的柔性生产，才能满足不同用户的质量要求。

（4）流通加工的技术经济指标

衡量流通加工的可行性，对流通加工环节进行有效的管理，可以采用两类管理指标。

1）流通加工建设项目可行性指标。流通加工的投资特点是投资额较低，投资时间短，投资回收快，投资收益大。因此投资可行性研究可用投资时间的长短、投资回收期的快慢等指标进行分析。

2）流通加工日常管理指标。由于流通加工的特殊性，不能全部搬用考核一般企业的指标。例如，在八项技术经济指标中，对流通加工较为重要的劳动生产率、成本利润率指标，此外还有反映流通加工特殊性的指标。

① 增值指标：反映流通加工后单位产品的增值程度。

$$增值率=\frac{产品加工后价值-产品加工前价值}{产品加工前价值}\times 100\%$$

② 品种规格增加额及增加率。

$$品种规格增加率=\frac{品种规格增加额}{加工前品种规格}\times 100\%$$

③ 资源增加量指标。

$$新增出材率=加工后出材率-原出材率$$

$$新增利用率=加工后利用率-原利用率$$

(5) 流通加工中心的布局

1) 设置在靠近生产地区，以实现物流为主要目的加工中心。这种加工中心的货物能顺利、低成本地进入运输、储存等物流环节，如肉类、鱼类的冷冻食品加工中心，木材的制浆加工中心等。

2) 设置在靠近消费地区，以实现销售、强化服务为主要目的的流通加工中心。经这里加工过的货物能适应用户的具体要求，有利于销售，如平板玻璃的开片套裁加工中心等。

2. 电子商务物流流通加工不合理的加工形式

流通加工是在流通领域中对生产的辅助性加工，从某种意义来讲它不仅仅是生产过程的延续，实际上是生产本身或生产工艺在流通领域的延续．但是不合理的流通加工往往会破坏甚至是抵消电子商务物流流通加工的经济效益。

几种不合理的流通加工形式如下。

(1) 流通加工地点设置的不合理

流通加工设置即布局状况是使整个流通加工是否有效的重要因素。一般而言，为衔接单品种大批量生产与多样化需求的流通加工，加工地设置在需求地区，才能实现大批量的干线运输与多品种末端配送的物流优势。

如果将流通加工地设置在生产地区，其不合理之处有以下两点。

1) 多样化需求的产品多品种、小批量由产地向需求地的长距离运输会出现不合理。

2) 在生产地增加了一个加工环节，同时增加了近距离运输、装卸、储存等一系列物流活动。所以在这种情况下，不如由原生产单位完成这种加工而无须设置专门的流通加工环节。

一般而言，为方便物流的流通加工环节应设在产出地，设置在进入社会物流之前。如果将其设置在物流之后，即设置在消费地，则不但不能解决物流问题，又在流通中增加了一个中转环节，因而也是不合理的。即使是产地或需求设置流通加工的选择是正确的，还有流通加工在小地域范围的正确选址问题，如果处理不善，仍然会出现不合理。这种不合理主要表现在交通不便，流通加工与生产企业或用户之间距离较远，流通加工点的投资过高（如受选址的地价影响），加工点周围社会、环境条件不良等。

(2) 流通加工方式选择不当

流通加工方式包括流通加工对象、流通加工工艺、流通加工技术、流通加工程度等。流通加工方式的确定实际上与生产加工的合理分工有关。如果分工不合理，本来应由生产加工完成的，却错误地由流通加工完成，本来应由流通加工完成的，却错误地由生产过程去完成，都会造成不合理性。

流通加工不是对生产加工的代替，而是一种补充和完善。所以一般而言，如果工艺复杂，技术装备要求较高，或加工可以由生产过程延续或轻易解决者都不宜再设置流通加工，尤其不宜与生产过程争夺技术要求较高、效益较高的最终生产环节，更不宜利用一个时期市场的压迫力使生产者变成初级加工或者前期加工，而由流通企业完成装配或最终形成产品的加工。如果流通加工方式选择不当，就会出现与生产夺利的恶果。

(3) 流通加工作用不大，形成多余环节

有的流通加工过于简单，或对生产及消费者作用都不大，甚至有时流通加工的盲目性，同样未能解决品种、规格、质量、包装等问题，相反却实际增加了环节，这也是流通加工不合理的重要形式。

(4) 流通加工成本过高，效益不好

流通加工之所以能够有生命力，重要优势之一是有较大的投入产出比，因而起着有效补充完善的作用。如果流通加工成本过高，则不能以较低投入实现更高使用价值。除了一些必需的、由政策要求即使亏损也要进行的加工外，都应看成是不合理的。

3. 电子商务物流流通加工合理化方式

流通加工合理化的含义是实现流通加工的最优配置，不仅要做到避免各种不合理现象，使流通加工中存在的价值增加，而且要做到最优的选择。

为了避免各种不合理现象，对是否设置流通加工环节，在什么地点设置，选择什么类型的加工，采用哪些技术装备等都需要做出正确选择。实现流通加工合理化主要考虑以下几个方面。

(1) 加工与合理商流相结合

通过加工，有效促进销售，使商流合理化，也是流通合理化的考虑因素之一。加工和配送的结合，通过加工，提高了配送水平，强化了销售，是加工与合理商流相结合的一个成功例证。此外，通过改变包装加工，形成方便的购买量，通过组装加工，解决用户使用前进行组装、调试的难处，都是有效促进商流的例证。

(2) 加工与配送相结合

这是将流通加工设置在配送点中，一方面配送过程有加工的需求；另一方面加工也是配送业务流程中分货、拣货、配货中的一环。加工后的产品直接投入配货作业，这就无须单独设置一个加工的中间环节，使流通加工有别于独立的生产，而使流通加工与中转流通巧妙地结合在一起。同时由于配送之前有加工，可使配送服务水平大大提高。这是当前对流通加工做合理选择的重要形式，在煤炭、水泥等产品的流通中已表现出较大的优势。

(3) 加工与合理运输相结合

流通加工能有效衔接干线运输和支线运输，可以促进两种运输形式的合理化。利用流通加工，在支线运输转干线运输或干线运输转支线运输这本来就必须停顿的环节，不进行一般的支转干或干转支，而是按干线或支线运输合理的要求进行适当加工，从而大大提高运输及运输转载水平。

(4) 加工与配套相结合

在对配套要求较高的流通中，配套的主体来自各个生产单位。但是完全配套有时无法完全依靠现有的生产单位，进行适当的流通加工，可以有效促进配套，大大提高流通的桥梁和纽带作用。

(5) 加工与节约相结合

节约能源、节约设备、节约耗费是流通加工合理化的重要考虑因素。对于流通合理化的最终判断，要看其是否能实现企业本身的经济效益和社会效益，而且是否取得了最优效益。流通加工企业与一般生产企业有一个重要的区别，就是流通加工企业更应树立社会效益第一的观念。如果只是追求企业的微观利益，不适当地进行加工，甚至与生产企业争利，这就有违流通加工的初衷，或者其本身已不属于流通加工范畴。

【案例分析】

京东物流包装可持续发展之路

1. 背景介绍

近年来，电商行业的迅猛发展，使得快递业务量剧增。2017 年达到了 419 亿件，数据虽然喜人，但由此产生的电商包装垃圾却给人们的日常生活带来了很多困扰，生态环境遭遇了史上最严重的破坏，解决包装垃圾问题迫在眉睫。为此，国家邮政局、发改委、科技部、工信部、环保部等联合发布了《关于协同推进快递业绿色包装工作的指导意见》，明确了“十三五”期间快递业绿色包装工作要实现的三大目标，即绿色化、减量化、可循环，并取得明显效果，科技创新和应用水平大幅提升，治理体系日益完善。可降解的绿色包装材料应用比例提高到 50%，基本淘汰重金属等特殊物质超标的包装物料，基本建成专门的快递包装物回收体系。主要快递品牌协议客户电子运单使用率达到 90% 以上，平均每件快递包装耗材减少 10% 以上，推广使用中转箱、笼车等设备，编织袋和胶带使用量进一步减少。基本建立快递业包装治理体系。

为此，京东成立了京东物流子集团，并于 2017 年 12 月 8 日联合中国智慧物流研究院共同提出新一代物流的发展方向——短链、智慧、共生，在引领物流行业发展的同时，始终秉持绿色可持续、协同共享的发展理念。在全球新一代物流峰会上，京东物流携手 DHL、法国邮政、雅玛多、顺丰、普洛斯、绿色消费与绿色供应链联盟、雀巢、达能、达达等全球物流巨头、商业巨头及绿色环保公益机构，共同启动了“青流计划——全球绿色供应链环保行动”，并宣布成立“京东物流绿色基金”，京东物流将先期投入 10 亿元，致力于推进供应链全链条的低碳环保、节能降耗的探索和应用，协同行业合作伙伴和社会力量，加速物流行业的绿色升级，共同打造绿色消费社会。

2. 物流包装可持续化发展路径

（1）规范物流

京东物流在绿色可持续发展的道路上一直不断探索和尝试。他们深知要做到绿色包装，物流规范是关键。于是，他们通过规范物流中的每一个环节，在入库→拣货打包→分拣→运输→配送整个过程中逐步采用自动化技术，并对每个一线员工严格要求，禁止野蛮装卸，以减少物流环境对货物的损害。

（2）减量化包装

京东物流使用的纸箱在保证保护商品不受损害的情况下，尽量降低用纸定量和层数，3 层瓦楞纸箱使用比例超过 95%，每年可减少使用 20 万吨以上纸浆（据统计，中国电商 3 层纸箱使用比例仅 40%，欧美约 90%）。同时，通过上万次运输测试，对封箱胶带进行“瘦身”，胶带宽度降低了 15%，既减少了胶带的用量，又不影响货物的安全。同时还规范了封箱胶带的使用，规定不同尺寸箱型使用胶带的长度，禁止层层缠绕。这样一来，每年可减少使用数亿米胶带。值得一提的是，传统打包也采用了高科技，即京东仓库使用的耗材推荐系统，其采用大数据算法，能实现包装型号和商品体积的最佳匹配，减少缓冲包装使用和包装浪费。此外，京东也是国内首家最早100%推广电子面单的电商企业，通过物流系统的升级和作业流程的优化，在库内推广无纸化作业，打包发货取消使用A5面单纸或五联纸，大大减少了纸张的使用，每年可减少纸张5000吨以上。

(3) 生物降解包装

为应对塑料包装垃圾对土壤和海洋的破坏，京东物流联合原材料企业研发了生物降解包装袋，采用全生物降解材料组合PBAT+PLA，不仅能满足降解要求，同时也是满足B2C物流性价比最高的材料。降解包装袋可在堆肥条件下分解为二氧化碳和水，对环境无污染。由于国内生物降解材料生产企业的产能不足和市场需求受限，生物降解材料成本较普通PE材料来说高出2倍以上，这对于绝大多数企业来说短期内都难以接受。但京东始终大力投入环保材料的应用，引领行业向绿色方向发展。

(4) 循环包装

解决一次性包装垃圾问题，循环包装将是最有效的解决方案。京东物流自主研发的可折叠保温周转箱，保温性能是普通EPP保温材料的3倍以上，且每个周转箱可循环使用200次左右，配送员完成派件后带回站点，通过逆向物流返回生鲜仓库循环使用，每年可减少一次性泡沫箱5000万个以上。值得一提的是，京东物流在普通业务中不断研究循环包装，已成功研发出循环快递箱和快递袋——青流箱和青流袋，可以代替一次性快递箱和快递袋，并可多次循环使用，同时引入了第三方回收合作模式，协同社会化专业资源，京东配送员上门派单后将循环包装取回放置在站点，由专业的回收企业进行回收和清洗，返回京东仓库循环打包使用。

此外，京东物流也在尝试将循环包装推广到电商供应链中，品牌商生产时使用循环包装，由第三方企业进行回收，并被电商企业再次使用，实现B2B2C供应链循环包装的共享共用。循环包装落地的难点是回收体系，当前仅具备基础的B2B点对点回收网络，如托盘共用带板运输。目前，人们的生活已离不开电子商务，C端的包装回收需要完善的回收体系来支撑，例如，社区回收网络和传统回收网络相结合，可彻底解决行业一次性包装垃圾难题。

(5) 纸箱回收使用

京东物流同时也启动了纸箱回收使用活动，配送员完成订单派送后将客户家中闲置的纸箱回收，经京东逆向物流返回仓库继续打包使用，目前已覆盖北京、上海、广州等12个核心城市。此外，品牌商商品入仓后，拆箱后的纸箱也可二次打包使用，通过推行简约包装，二次纸箱使用比例达80%以上，每年可节约使用新纸箱5000万个以上。

(6) 其他绿色措施

京东大力推进自动化包装，采用喷胶替代胶带封箱，可取消胶带使用，最大限度地减少纸张的使用。同时，京东研发了新型快递包装，如紧固一体包装，取消了缓冲包装的使用且具备多次循环使用功能；自主研发防撕袋，消费者收到包裹后可轻易打开包装，快递袋变身为手提袋，达到多次使用的目的。此外，在封箱胶带上印刷绿色理念提示语——包装回收再利用，共同助力环保，提升消费者绿色理念，鼓励更多的社会人士共同支持绿色包装。

3. 关于物流包装的进一步思考

近年来，绿色包装已成为社会性话题，但目前看来还存在一些问题，例如，物流操作不规范、垃圾分类不落地、回收体系不健全、降解包装成本偏高等。要想解决以上问题，需要建立规范化物流操作标准，并进行有效的监管，出台相关的奖惩制度；通过社区宣传引导或多种媒体渠道模式，提高消费者垃圾分类常识；统一不同功能的包装标识，垃圾回收车功能升级，可实现不同的包装垃圾单独存放；鼓励建立较完善的社会化回收体系，形成社区回收、回收企业、电商物流企业相结合的循环包装回收系统。解决包装垃圾问题绝不是一两家企业的问题，也不是一两个行业的事情，需要社会各行业资源协同，相信通过行业的不断探索尝试，一定可以找到电商物流包装绿色可持续发展的道路。

资料来源：段艳健．京东物流包装可持续发展之路 [J]. 印刷技术，2018 (02)：26-28.

本章小结

电子商务模式拓展了人们的购物形式，给人们带来极大的便利。同时快递业在电子商务的影响下业务量急速增长。电子商务快递包装占快递总业务量的七成以上，但高速的发展却带来了一系列不可忽视的问题，如过度包装的资源浪费、包装用材的环境污染及回收利用难、包装视觉污染等。电子商务的快递包装作为第一时间与消费者接触的媒介，在消费者的购物中扮演着重要角色。

本章分三个部分，分别介绍了电子商务物流的包装、电子商务物流的装卸和搬运以及电子商务物流的流通加工。每一个部分的内容大致是：概念介绍、主流技术、特点、合理化建议以及智能化的发展方向。

习　题

一、单项选择

1. 装卸搬运按货物运动形式分类有垂直装卸和（　　）。
   A. 吊上吊下　B. 叉上叉下　C. 滚装方式　D. 水平装卸
2. 装卸搬运按作业特点分类有连续装卸和（　　）。
   A. 垂直装卸　B. 间歇装卸　C. 滚装方式　D. 水平装卸
3. （　　）是指将货物集中成一个单位进行装卸搬运的原则。
   A. 单元化原则　B. 机械化原则　C. 利用重力原则　D. 系统化原则
4. 包装技术的选择应遵循科学、经济、牢固、美观和（　　）的原则。
   A. 高标准　B. 适用　C. 标准化　D. 一次性
5. 包装按包装保护技术方法可分为（　　）、防虫害包装、防腐包装等。
   A. 防潮包装　B. 硬包装　C. 运输包装　D. 出口包装
6. 我国常用的流通加工主要形式有：剪板加工、集中开下料、燃料掺配加工、冷冻加工和（　　）等。
   A. 产品加工　B. 精制加工　C. 配额加工　D. 库存加工
7. 以下项目中不是物流中心功能的是（　　）。
   A. 运输功能　B. 包装功能　C. 出售功能　D. 流通加工功能
8. 为加速出入库而采用的托盘堆叠储存时，一般用（　　）存取。
   A. 人工　B. 叉车　C. 吊车　D. 堆垛机
9. 属于专用分拣机的类型是（　　）。
   A. 链式分拣机　B. 胶带分拣机　C. 悬挂式分拣机　D. 辊道分拣机

10. 下列属于输送机械的是（　　）。

A. 堆料机　　B. 斗式提升机　　C. 机船　　D. 翻车机

二、多项选择

1. 按照包装保护技术划分，包装可分为（　　）。

A. 防潮包装　　B. 防锈包装　　C. 缓冲包装

D. 收缩包装　　E. 真空包装

2. 下面哪些属于包装的一般技法（　　）。

A. 对内装物的合理置放、固定和加固　　B. 包装外的捆扎

C. 缓冲包装技法　　D. 外包装形状尺寸的合理选择

E. 防锈包装技法

3. 装卸搬运按作业方式分类，可分为（　　）。

A. 吊上吊下　　B. 叉上叉下　　C. 滚张方式

D. 移上移下　　E. 散装散卸

4. 拟定装卸搬运作业计划应考虑（　　）。

A. 移动转运的规模经济性　　B. 搬运过程的流畅性

C. 搬运设备之间转移货物是否频繁　　D. 搬运效率

E. 搬运的距离

5. 流通加工分为（　　）。

A. 深度加工　　B. 延续加工　　C. 后期服务加工

D. 促销加工　　E. 时效加工

6. 装卸搬运机械的选择因素包括（　　）。

A. 货物特性　　B. 作业特性　　C. 环境特性

D. 装卸机械特性　　E. 经济性

7. 物流搬运技术装备的主要作用有（　　）。

A. 提高装卸效率，节约劳动力，减少装卸工人的劳动强度，改善劳动条件

B. 缩短作业时间，加速车辆周转

C. 提高装卸质量

D. 降低物料搬运作业成本

E. 充分利用货位，加速货位周转，减少货物堆码的场地面积

8. 下列属于臂架起重机械的有（　　）。

A. 桅杆起重机　　B. 甲板起重机　　C. 流动起重机

D. 门座起重机　　E. 浮式起重机

9. 起重机的工作速度有（　　）。

A. 起升速度　　B. 变幅速度　　C. 旋转速度

D. 变频速度　　E. 下落速度

10. 下列运输机械中能用于终端距离需倾斜给料的机械有（　　）。

A. 带式输送机　　B. 刮板式输送机　　C. 埋刮板式输送机

D. 斗式提升机　　E. 辊子输送机

11. 带式输送机布置方式有（　　）。

A. 水平式　　B. 倾斜式　　C. 带凸弧

D. 带凹弧　　　　　E. 带凸凹弧

12. 叉车按性能和功用分为（　　）。

A. 平衡重式叉车　　　B. 侧面叉车　　　　C. 前移叉车

D. 插腿式叉车　　　E. 内燃式叉车

三、简答题

1. 包装的合理化需要哪些要素？
2. 在实现物流包装现代化过程中遇到了哪些问题？
3. 在物流活动中，流通加工具有哪些作用？
4. 流通加工有哪些类型？
5. 流通加工有哪几种不合理形式？
6. 流通加工的合理化措施有哪些？
7. 装卸与搬运在物流中的作用如何？
8. 装卸搬运具有哪些合理化的原则？

四、实训题：电子商务环境下物流流通加工服务类型及水平调查

1. 实训目的：通过实训，了解目前国内电子商务环境下，物流企业所提供的流通加工服务的类型及水平。

2. 实训内容：通过网络资料收集分析、学校所在城市物流市场的实际调研，了解电子商务环境下各类物流企业的代表所提供的流通加工服务内容，分析其服务水平，并将各类物流企业所提供的流通加工服务水平加以对比。

3. 实训要求：参与实训的学生分组的形式，在教师的指导下，分工协作完成实地调研和网上资料收集，并将资料进行分类整理，进行小组讨论归纳，形成最终的实训报告。

第5章　电子商务物流服务的成本管理及定价方法

【学习目标】

1. 了解和掌握电子商务物流服务和物流成本的基本概念和特点。
2. 了解和掌握物流服务与物流成本之间的制约与协调关系。
3. 了解和掌握物流成本控制的基本概念、目标和原则。
4. 掌握物流成本控制的策略。
5. 了解和掌握物流服务价格制定的方法和策略。

【引例】

神龙汽车有限公司的物流成本管理

随着顾客个性化、快速化消费潮流的兴起，加上采购和销售市场的日益国际化，企业的物流活动逐渐由少品种、大批量向多品种、小批量、快速化、国际化方向发展，企业的物流任务越来越繁重，物流成本占销售成本的比例也越来越高。物流成本成为材料成本控制、人工成本控制之后的“第三利润源”。物流成本控制是当前企业重要的竞争领域。近年来，尽管物流技术的发展速度很快，但专门研究物流成本的理论成果并不多见。本案例以神龙汽车有限公司（以下简称神龙公司）的物流成本控制为例，探讨企业深化改革中的物流成本控制问题。

1. 神龙公司的基本背景和物流运行总体方案

神龙公司是由中国东风汽车公司与法国标致雪铁龙集团各出资50%于1992年5月成立的轿车生产经营企业。神龙公司分别在武汉、襄阳两地建有武汉一厂、武汉二厂、襄阳工厂三家工厂，外购零部件来自全国各地和法国标致雪铁龙集团，现具备年产45万辆整车、60万台发动机的生产能力。目前，神龙公司主要生产经营东风雪铁龙C5，凯旋，世嘉和东风标致408、307、207等多种车型，在全国240余座城市拥有东风雪铁龙、东风标致两个品牌490家4S店和474家二级网点、直营店。2010年，神龙公司生产销售37.3万辆整车，实现销售收入370亿元。

神龙公司处于汽车产业供应链的核心。一方面，它是供应链物流的组织者、领导者，通过对上下游企业的工厂和仓库选址、物流标准制定、物流信息系统建设、物流模式优化等方面的积极影响，领导供应链物流系统的建设和管理；另一方面，它也是供应链物流的参与者，其自身物流活动也非常频繁。与一般生产性企业的物流管理相比，神龙公司在物流成本控制方面面临着更大的挑战。

1）供应物流面对的是国内外数百家供应商、万余种零部件，不仅运输和库存的成本高，而且物流管理工作的难度很大，缺货风险成本与库存成本这对矛盾很难平衡。

2）生产物流要同时保证生产线上数千种零部件的及时供应，线边空间异常紧张，上线物流的组织工作也很困难，生产物流成本居高不下。

3）销售物流需要在3~5天内满足全国各地客户对整车和维修备件的需求，尤其是整车的价值高、体积大、不能挤压和碰撞，其物流成本也很难控制。

2. 神龙公司物流成本的控制途径

像我国大部分企业一样，神龙公司在初建阶段的物流基础并不好，存在供应商分布广、工厂布局散、物流流程与制造工艺不协调等问题。经过十几年的不断探索和改进，神龙公司逐步实现了对物流成本的有效控制，其成本控制的基本经验如下。

（1）夯实物流作业基础，努力降低各项物流功能成本

为了减少在物流方面的投资，充分享受专业物流企业的优质服务、提高物流活动的规模经济性，神龙公司与捷富凯—大田物流有限公司、金鹰国际货运代理有限公司、中国远洋物流公司、武汉邮政物流公司等物流公司建立了战略合作关系，有序并可靠地外包了大部分的物流业务，使运输、库存、装卸搬运等功能成本得到了较大幅度的降低。对必须自营的物流业务，神龙公司构建了现代化的物流基础设施和管理系统，提高了自营物流的效率。神龙公司通过拉动式供货、供应商管理库存供货、看板供货、多批次小批量供货、直送供货和同步供货等先进物流模式压缩中间库存，努力实现零库存，降低库存成本；通过与供应商共同投资和循环使用包装容器，减少转包作业成本和包装容器的摊销成本，降低包装成本；建立基于互联网的连接企业内部各职能部门和外部所有供应商、经销商、第三方物流服务提供商的物流信息系统，为加速货物流转和成本控制创造有利条件；整合内部物流组织，明确采购部、生产部、销售部、武汉一厂、武汉二厂和襄阳工厂下属各物流机构的职责，建立了覆盖全部业务的物流管理组织和统一的物流管理模式，为物流成本控制提供了组织保障和制度保障，提高了物流管理的效益。

（2）优化物流流程，降低物流流程成本

近年来，神龙公司一直致力于物流流程的优化，先后实施了采购物流的“KD件批组转按件进货项目”、生产物流的“工位优化和交替式物流（APOLO）计划”、销售物流的“地区库存调整”等改造项目，有效地降低了各项流程成本。以APOLO计划为例：由于需要在一条生产线上同时组装数十种型号的汽车，生产线边无法容纳多种型号零部件的同时堆放，导致装配效率下降，影响了企业的整体经济效益。增加新的生产线或者降低生产节拍，虽然能解决线边空间紧张的问题，但显然都不是好的解决方案。神龙公司从生产现场物流流程的改进入手，通过减小工位零部件的包装容器尺寸并配合多频次配送，既减少了待装零部件对线边空间的占用、缩短工人的操作时间，也保证生产线零部件的供应，降低企业的总成本。

（3）协调供应链关系，降低供应链物流成本

在关注内部物流成本控制的同时，神龙公司还通过整合供应链物流资源来降低物流成本。神龙公司先后动员了座椅、车灯、玻璃、结构件等多家供应商在神龙公司附近建厂，不仅提高了供应链的弹性和抗风险能力，而且降低了供应链整体的运输成本和库存成本。为了解决各个供应商独自向神龙公司配送零部件过程中运输批量性与库存量上升的矛盾，神龙公司积极推进在供应商比较集中的地区采用集配方式进行配送。由于集配商能同时为多家供应商提供集、配、送功能，在降低供应链库存成本的同时还能保证运输的规模经济性，并且简化了神龙公司和供应商的物流管理工作，降低了供应链整体的物流成本。

3. 神龙公司物流成本控制中存在的问题

尽管神龙公司在物流成本控制方面取得了不错的成绩，但还存在许多不足。神龙公司物流

成本控制存在的主要问题如下。

(1) 物流成本核算不完善

该公司虽然构建了物流成本核算模型，但该模型只能核算各项物流功能成本中的经济成本部分，未包含机会成本、风险成本、时间成本等成本要素，也不能核算物流流程成本和供应链物流成本，使物流成本信息对物流管理的支撑作用大为降低。

(2) 基于物流流程的成本控制工作尚待加强

受传统部门分割思想的影响，该公司物流成本控制的主要着力点还是功能成本控制，较少从流程成本总额的角度对物流流程进行优化，从而影响了企业物流成本控制的整体效果。

(3) 供应链成本控制的基础薄弱，工作力度尚需加大

由于起步阶段在物流选址方面缺乏战略考虑，该公司在武汉和襄阳两地设厂，且其大部分供应商距其总装线较远，增加了供应链的运输成本和库存成本；对上下游企业的物流协调不到位，未能建立起与供应商、分销商分享物流改革成果的分配机制，影响了供应链成员参与物流合作的积极性；销售物流中运输车的回程空载率仍然较高，未能建立起与其他汽车厂商分享物流资源的横向合作机制，这些都降低了供应链物流成本控制的效果。

资料来源：陈正林．企业物流成本生产机理及其控制途径——神龙公司物流成本控制案例研究［J］．会计研究，2011．(02)：66-72.

5.1 电子商务物流服务的成本管理

5.1.1 电子商务物流服务概述

电子商务物流服务是物流企业根据电子商务企业或个人的需要，为顾客提供的完成网上交易的一系列物流活动。对于电子商务而言，优质卓越的物流服务是提高客户满意度和企业竞争力的重要手段。电子商务物流服务最大的吸引力在于帮助电子商务企业充分利用物流能力获得竞争优势。

不同模式下的电子商务物流服务存在着相似性，本节对电子商务物流服务的内容、特征以及存在的问题从以下三个方面进行讨论。

1. 电子商务物流服务内容

电子商务物流服务内容一般包括以下几个方面。

(1) 订单管理与数据分析

此项服务包括接收订单、整理数据、确认订单、支付处理（包括信用卡结算以及赊欠业务处理）等。在电子商务物流的订单管理服务中需要通过软件系统来处理繁杂的业务环节，从而实现为客户提供高质、高效的订单服务。对于顾客提交的订单，物流系统会对相关数据进行分析，产生一些深度分析报告。这些经过分析的信息可以帮助制造商以及经销商及时了解市场信息，以便随时调整目前的市场推广策略。这项服务是电子商务物流服务提供商向客户提供的一项延伸服务。

(2) 仓储与分拣

仓储中心接到订单后，就会根据订单内容承担起分拣、包装以及运输的任务。在这个阶段，有的物流服务提供商还会提供一些增值服务，如根据顾客的特殊需求对物品进行包装等。

同时，仓储与分拣中心还负责存货清审管理以及存货的补给工作，并由电子商务物流服务系统进行监测。这种服务将会为制造商提供有效的库存管理信息，使制造商或经销商保持合理的库存。在电子商务环境下仓储最大的特点就是利用电子商务的信息网络，将供应链上各环节信息系统进行有效集成，尽可能地通过完善的信息沟通，将实物库存暂时用信息代替，即将信息作为虚拟库存（Virtual Inventory）。

（3）运输配送与交付

这一环节包括了对长途运输与末端配送的全程管理，具体包括：处理运输、配送需求、设计运输、配送路线、运输配送的实施、货物的最终交付及货款回收与结算等，同时还包括向客户提供通过互联网对货物运输配送状态进行的实时跟踪服务。电子商务企业在提供该项服务时往往会选择将其外包给运输服务力量较强的第三方物流公司（诸如 UPS、FedEx、EMS 等），以满足客户的运输需求，再具体组织网络内部的运输作业，并在规定的时间内将客户的商品运抵目的地，这里包括最后的市内配送，以尽可能方便客户。

（4）逆向物流服务

电子商务的逆向物流服务主要是网络交易的退换货管理业务，承担货物的退回、修复、重新包装与发货等任务。这个过程需要进行处理退货授权认证、分拣可修复货物、处理受损货物等工作。有效的退换货管理能够提高电子商务企业尤其是 B2C 和 C2C 的顾客满意度。同时在环境影响方面，随着整个社会对废弃物处置问题的重视程度不断提高，人们意识到某些产品、零配件或循环物资可以回收再利用，电子商务的逆向物流增加了回收物流服务。这项服务有利于提高物流企业在电子商务市场上的绿色竞争力。

（5）客户服务

电子商务物流的客户服务与其他服务环节密切联系，相互支持。它主要包括客户开发、客户调查、客户业务服务、客户信息反馈、客户沟通等内容，如对顾客的电话、传真、QQ、电子邮件的迅速响应，处理的内容包括存货信息、货物到达时间、退货信息以及顾客意见等，其目的是克服传统物流信息的不及时与误差。目前许多电子商务物流服务商通过内部或者外部的呼叫中心向顾客提供“24×365”的客户服务。

综上，由电子商务物流服务的内容看出，电子商务需要的不仅仅是传统的物流服务，更需要增值性的物流服务，即为客户提供超出常规服务范围的服务，或者采用超出常规的方法提供的服务。创新、超出常规和满足客户需求是增值性服务的本质特征。一切能够增加电子商务便利性、加快反应速度、降低成本的服务以及将供应链集成在一起的延伸服务都是电子商务物流的增值服务。例如，在提供电子商务的物流服务时，推行“一条龙”“门到门”服务，提供完备的作业或操作提示、免培训、免维护、代办业务、一张笑脸接待客户、24 小时客服、自动订货、传递信息和转账（分别利用电子订货系统、电子数据交换、电子资金转账）、物流全过程追踪等都是对电子商务销售有用的增值性物流服务。

2. 电子商务物流服务特征

电子商务物流服务融合了电子商务和物流各自的特点，呈现出以下新特征。

（1）实体性与虚拟性并存

在传统商务环境中，物流活动大都具有一定的实体形态，如物流作业的工具、对象等。随着信息技术及电子商务的发展和应用，物流具有了虚拟化的特征，如虚拟管理、虚拟仓库、虚拟作业等，从而使电子商务物流具有虚拟性的特点。但是，这并不能完全取代物流的实体性质。因为，物品及进行物品运作的工具是不会被“数字化”的，它仍然具有实体的性质。所以，在现代信息技术与电子商务下，物流服务具有实体与虚拟并存的特点，其涉及的对象既有实体特征的物品，也有虚拟产品“信息”以及对物流进行的虚拟化管理等。

（2）远程化与现场化并存

在现代信息技术与电子商务环境下，电子商务物流服务可以以远程化的方式提供。在不同地域的用户可以通过网络查询所需要的物流信息，寻找适合自身的合作伙伴，进行洽谈与物流委托，并对自身的物流活动进行监控。同时，电子商务物流服务中货物的转移最终还是要通过与物流公司或其服务人员接洽、现场接收来完成。所以，电子商务物流服务具有远程化与现场化并存的特征。

（3）个性化与大众化并存

信息技术及电子商务的发展为物流企业提供个性化服务奠定了良好的基础。在电子商务物流运作过程中，企业可以根据某些用户的特殊需要，为用户提供个性化的物流服务，从而扩大市场份额、吸引用户。但对于物流企业来说，还应根据用户对物流服务的共同需求，开展大众化的物流服务。这样，企业的物流规模才能得到有效地扩大，效益才能得到有效地提高。

（4）开放性与安全性并存

对于物流企业来说，其网络系统具备开放性的特点。用户可通过网络查询相关的物流信息，掌握企业所提供的物流服务项目及自身委托物流服务项目的实施等情况。物流企业也可通过网络掌握和了解用户所需要的物流服务，传输物流信息，与用户进行沟通，对物流活动进行协调。网络的开放性同时也带来了安全性问题。对于企业和用户来说，网上信息的安全传输和存放是电子商务物流服务中一个值得重视的问题。

此外电子商务物流服务还具有智能化、标准化以及柔性化等特征。以上一系列特征都是电子商务物流服务区别于传统物流以及电子商务其他活动的基本标志。

3. 我国电子商务物流服务存在的问题

（1）B2B 模式物流服务存在的问题

B2B 电子商务物流是由传统物流发展而来的，在我国目前已经处于一个相对成熟的阶段，对于生产物流、供应物流、销售物流、回收物流等具体环节的实际运作也已经有了相对固定的运作模式，B2B 电子商务物流的客户服务满意度比较高。但事实上，近几年随着 B2B 电子商务的发展，其对物流服务的要求也越来越高。目前我国的电子商务物流业依然存在很多问题，不能满足当今 B2B 电子商务物流的需求，主要表现在以下几个方面。

第一，我国 B2B 电子商务物流企业信息技术的应用程度还不高，各类物流信息资源的利用没有实现跨部门、跨行业的整合，从而导致物流信息化程度低，可见性差。

第二，我国服务于 B2B 电子商务平台的第三方物流多数还未建立起覆盖全国且具有外扩能力的综合物流系统，缺乏针对个性化需求的专业运作模式，同时对供应链整体解决方案的操作能力也比较差。

第三，针对其信用性和规范性的特点，B2B 电子商务物流要求有完善的法律、法规进行保障。但我国目前还不能满足其在发展过程中对法律、法规健全化的需求，也不能通过物流来解决信用的问题。这在一定程度上也影响了 B2B 电子商务物流的发展。

可见，我国目前的 B2B 电子商务物流所处的环境还需要一定程度的改善，从加强网络建设、提高物流信息水平、信用问题等方面入手，实现交易各主体的无缝对接与协同运作，从而提升整体物流服务水平。

(2）零售电子商务模式下物流服务存在的问题

相对于 B2B 电子商务物流，零售电子商务物流发展中存在的问题更为明显。随着电子商务产业高速发展带来的物流快递业“大跃进”，物流快递问题已经成为全国网购用户的投诉热点。据中国电子商务投诉与维权公共服务平台数据统计，2011 年接到的物流快递类投诉约占所有投诉类型的 6%，近 6 000 起。

目前，零售电子商务模式下物流服务中存在以下主要问题。

第一，“快递变慢送”，延误晚点成常事。据中国电子商务投诉与维权公共服务平台数据统计，收货迟缓是网购用户投诉最多的问题。由于交通、人员、气候等因素，快递在面临节假日等促销压力时显得尤为不足，快件延误成为常事。

第二，货物丢失、缺件或损坏。投诉、赔偿不给力。快递公司所参照的《中华人民共和国邮政法》条款保障不力，同时由于我国快递从业人员素质普遍偏低，快递员偷件，手机变砖头等事件时有发生。

第三，拒绝验货成霸王条款。网络购物中商家声明“须先验货，后付款”，可快递公司却要求先签收，否则不能打开包装验货。消费者一旦收取了快递，发现物品遗失、破损、调包、货品不对等问题时，就无法再与快递公司理论了。

第四，除了以上几方面的问题，快递人员服务态度不好、运费过高也是造成用户不满的原因。

可见，目前我国零售电子商务物流配送存在发货慢、配送迟缓、物损差错大、配送地区限制、服务粗糙、满意度低，物流成本高等问题，需要完善物流配送体系，加大物流仓储设施建设以及物流人员的素质培训，从而提升网购用户体验。

5.1.2　物流成本

1. 物流成本的定义

由于企业对“物流成本”理解上的差异，不同企业物流成本数据的统计口径与计算范围各不相同，在针对降低和控制物流成本方面所采取的技术措施和策略也表现出明显差异。

日本通商产业省于 1992 年编制的《物流成本核算活用手册》将物流成本定义为：物流成本是指从有形或无形的物资源的供应者到需要者为止的实物流动所需要的成本，具体包括包装、装卸、运输、保管以及信息处理等各种物流活动所发生的费用。

美国管理会计协会在 1992 年发布的《物流成本管理公告》中指出：物流成本是指企业在计划、实施、控制内部和外部物流活动的过程中所发生的费用。具体而言，物流成本包括企业在采购、运输、仓储、物料和存货管理、订单处理、客户服务、预测和生产计划、相关信息系统以及其他物流支持活动中所发生的费用。但是，这些费用不包括原材料的采购成本、产成品的生产成本、营销和销售费用以及与物流活动无直接关系的其他费用。虽然上述所指的物流成本都是企业典型的物流活动所发生的费用而并没有将其他间接的和隐形的物流成本包括在内，但它从财务会计的角度明确了一定范围内物流总成本的构成，使得企业的物流成本核算有了可操作性的依据。这一物流成本概念体现了其两方面的特征：一是从物流活动需求方（公告中提及的“生产企业”）的角度来定义物流成本；二是物流成本是指企业典型物流活动所发生的费用。

我国国家标准《物流术语》（GB/T 18354—2006）将物流成本定义为：物流活动中所消耗的物化劳动和活劳动的货币表现。这是一个从经济学角度对宏观、中观和微观物流成本都适用的定义。由于这一概念概括性很强但难免笼统，不具有明示的诸如在成本计算方面的可操作性。因此，另外一个国家标准《企业物流成本构成与计算》（GB/T 20523—2006）在“物流成本”经济含义界定范围的基础上，对企业物流成本的内涵做了进一步的明晰化和具体化：物流成本指物流活动中所消耗的物化劳动和活劳动的货币表现，即产品在包装、运输、储存、装卸搬运、流通加工、物流信息和物流管理等过程中所耗费的人力、物力和财力的总和以及与存货有关的资金占用成本、物品损耗成本、保险和税收成本。与存货有关的资金占用成本，包括负债融资所发生的利息支出（显性成本）和占用自有资金所产生的机会成本（隐性成本）两部分内容。在该标准中，物流成本包括两部分内容：一是物流功能成本，体现的是物流运作过程中所发生的包含运输、储存等各项物流功能活动的成本支出；二是存货相关成本，包含的是由于产品被锁闭在物流环节而导致事实上被企业所占用的资金以及存货在物流活动过程中所发生的风险损失和为防止损失所支付的投保费用。这一物流成本的定义表述实际上指出了物流成本改善的取向是减少存货在物流环节的耽搁及时滞，以及降低资金占用成本和风险损失；而物流功能成本由于受物流能力极限的约束，只是物流成本改善的次优选择。

从实践角度来看，把握物流成本的含义不能只停留在概念本身，还必须对物流成本的统计范围、计算方法以及物流成本分析方法等有一个全面的掌握。上述美国和日本关于企业物流成本的定义主要是从传统财务会计中成本可分离和可计量的角度予以界定，我国在制定国家标准《企业物流成本构成与计算》（GB/T 20523—2006）时将学术界的有关物流成本的研究成果纳入其中，在企业物流成本中加入了“存货相关成本”，引入了“占用自有资余所产生的机会成本，即隐性成本”的管理会计中的机会成本概念，并在该标准中指出了具体操作方法，这是有关物流成本研究成果从学术界的理论共识上升发展为国家技术规范层面的一大跨越。

此外，“物流成本”的定义还有广义与狭义之分。狭义的物流成本是指在物流过程中，企业为了提供有关的物流服务，要占用和耗费一定的物化劳动与活劳动中的必要劳动价值的货币表现；广义的物流成本则是包含狭义的物流成本与客户服务成本，而客户服务成本是指企业物流服务水平不能够令客户满意而导致失去现有客户和潜在客户的情况而带来的损失。对于这些关于“物流成本”定义的解说，有的学者从传统的或通常意义的成本概念角度提出了一些不同的意见和值得商榷的看法。但是，理论研究总是要有一定的前瞻性或超前性，不可能也不应该完全囿于当前的一些操作规范和现有的理论概念，任何理论研究方面的一次创新、突破或发展，必然是在不同程度上对原有规范和观念的一次挑战和突围，对物流成本问题的研究亦不例外。例如，若将“客户服务成本”列入企业的物流总成本，必然促使企业强化系统管理的理念，以更加开阔和更加深邃的视野来审视物流对企业整体的和全方位的影响。

2. 物流成本的构成

物流成本的构成复杂，可以从不同的角度对其进行分类。为了便于对物流成本问题研究深入地和连续地开展以及有利于实践应用，我们依据国家标准《企业物流成本构成与计算》（GB/T 20523—2006），将物流成本按成本项目类别、范围类别、形态类别进行划分。

（1）按成本项目类别进行划分

按成本项目类别进行划分，物流成本由物流功能成本和存货相关成本构成。其中物流功能成本是指在物流活动过程中所发生的包装成本、运输成本、仓储成本、装卸搬运成本、流通加工成本、物流信息成本和物流管理成本；存货相关成本包括企业在物流活动过程中所发生的与存货有关的资金占用成本、物品损耗成本、保险和税收成本。

（2）按范围类别进行划分

按物流成本产生的范围划分，即以物流活动的范围作为物流成本分类计算的对象，具体指在供应物流、企业内物流、销售物流、回收物流和废弃物物流等不同阶段所发生的各项成本支出。物流成本由供应物流成本、企业内物流成本、销售物流成本、回收物流成本以及废弃物物流成本构成。

（3）按形态类别进行划分

形态类别物流成本是指以物流成本的支付形态作为物流成本计算对象，具体包括委托物流成本和企业内部物流成本。其中，企业内部物流成本其支付形态具体包括材料费、人工费、维护费、一般经费和特别经费。按物流成本支付形态划分，企业物流总成本由委托物流成本和内部物流成本构成，其中内部物流成本按支付形态分为材料费、人工费、维护费、一般经费和特别经费。

3. 物流成本的特征

（1）隐含性和模糊性

企业现行的会计核算制度并没有物流成本的直接记录，企业内运输成本通常被计入生产成本，订单处理成本可能包含在销售费用当中，部分存货持有成本又可能算作财务费用，因此，企业难以把握实际的物流成本，物流成本的归集总是支离破碎、难辨虚实的。国外有资料表明，企业实际发生的物流成本是外部支付额的五倍以上。如此种种，不仅影响到物流成本的准确性，也制约了物流成本在不同企业之间的可比性。因此，无论是生产企业还是流通企业，不仅难以按照物流成本的内涵完整地计算出物流成本，而且连已经被生产领域或流通领域分割开来的物流成本，也不能单独真实地计算并反映出来。

（2）复杂性和多样性

物流活动贯穿于企业采购、生产、销售的全过程，通过运输、保管、流通加工、包装、装卸、信息处理等多种物流功能，向客户提供所期望的物流服务。它不仅涉及企业运营的多个环节，而且各个环节中的费用组成多样化，既有人工费、管理费，还有设施、设备、器具的折旧费、维护费和资本利息等，因此物流费用的构成非常复杂。同时，物流成本构成的复杂性决定了物流成本内容的多样性，物流成本因此可以从不同角度进行分类。

（3）相对性和分散性

物流成本的相对性是指物流成本的高低是以所面向对象的服务需求水平为基准。物流成本不是面向企业的经营成果，而是面向服务对象的服务过程的产物。

在买方市场条件下，客户的需求决定了企业的生存和发展。企业要保证其市场地位和增强竞争能力，就必须尽可能地满足客户的需求。由于满足客户需求的过程要受到企业资源的限制，所以企业必须在物流成本和客户服务需求之间进行权衡。物流成本的分散性是指企业物流总成本分布在一系列相互关联的物流活动之中。由于物流管理运作具有跨边界性和开放性，物流成本既分布在企业内部的不同职能部门，又分布在企业外部的不同合作伙伴之间。

4. 物流成本的影响因素

影响物流成本的因素很多，既有宏观的国家政策和相关法规法令等外部环境因素，又有微观的企业内部因素，企业的内部因素主要包括以下几方面的因素。

（1）产品因素

不同品类产品的物流化属性，如比重、外形、对外界温度的要求和敏感性及其价值等属性方面都可能不同，而产品的物理化属性决定了企业物流运作的基本要求和条件，对企业的物流活动如仓储保管、包装、运输、流通加工和配送等作业的成本均会产生不同程度的影响，产品类别是影响企业物流成本的首要因素。

(2) 市场空间分布因素

从生产经营过程来看，企业市场分为原材料等的供货市场和产品的销售市场。市场空间分布因素是指企业物流中企业生产中心或仓储中心相对于产品目标市场或原材料供货市场的空间位置分布。显然，按照不同的区域划分，有国际市场、国内市场、省内市场等，企业离目标市场或供货市场越远，物流成本就越高，其地理位置、区域交通状况和气候等自然条件对物流成本都有影响。

(3) 物流服务水平因素

企业物流是一个人造的开放系统，其不同的物流服务水平将会产生不同的物流成本。通常情况下，若提高物流服务水平，其物流成本会随之上升，反之亦然，但二者之间不构成绝对的正比例关系。

(4) 企业的物流结构和规模以及物流管理方式因素

企业物流的结构包括企业物流流程结构、服务水准以及物流模式等。当企业的物流结构确定之后，物流成本的结构和数量也就基本确定。同时，物流的规模与物流成本也有密切关系，物流成本随着企业物流规模的变化而变化，适度的企业物流规模可提高物流设施设备利用效率和物流人员的劳动生产率，从而降低企业单位产品的物流成本。物流管理中的进货与订货方式的选择、库存管理、物品保管制度以及运输工具的选择等因素对企业物流成本都有影响。

(5) 订单内容

订单内容对物流的要求主要体现在产品运输方式、运输配送的起止地点、保管条件、投保种类等以及物流的延伸服务是否包括回收工作、代收货款等。订单内容对物流的要求越复杂，其对物流过程内部作业的协调性要求越高，无形中会推高物流成本。

5.1.3 物流服务与物流成本之间的制约与协调关系

物流服务是伴随着社会的发展和科技的进步产生和发展的。由于各个国家的社会状况、经济实力和科技水平不同，相应产生了适合不同国情不同水平（阶段）的物流服务。物流服务包括三个要点，即拥有顾客所期望的产品、在顾客所期望的时间内传递商品和符合顾客所期望的质量。物流服务的主要内容有运输、仓储、配送、装卸与包装、仓储和运输设备配套与购置、库存控制、流通加工、物流信息服务、产品回收和物流方案设计等。物流服务水平涉及货物的可得性、作业能力和工作质量等。

当物流服务需求方将其物流服务委托给物流服务商时，往往首要关注的问题是物流服务商能否确保所提供的物流服务可以满足其要求的服务水准。服务质量和服务成本的最佳平衡是衡量物流服务水平的原则之一。保证具有优势的物流服务水平对一个物流企业来说是至关重要的，但物流服务水平不是一成不变的，合理的物流服务水平的确定是一个动态的变化过程。

当前，许多物流管理问题的研究是以平衡物流成本与物流服务水平两者之间的关系为出发点而展开的。赫伯特·科扎布（Herbert Kotzab）、克里斯托弗·特勒（Christoph Teller）认为物流经理们必须在销售和物流成本之间找到一个“最优点”，只关注成本或只关注销售都会导致次优结果。但由于物流成本与物流服务的复杂性以及缺乏物流导向型的会计系统，又使得物流成本和物流服务的记录与评估非常困难。日本菊池康也教授在其著作《物流管理》中将物流服务与物流成本的关系精辟地归纳为四个方面：第一，在物流服务水平不变的前提下考虑降低物流成本，这是一种追求效益的方式；第二，为提高物流服务水平不惜增加物流成本，这是许多企业对特定顾客或其特定商品面临激烈竞争时采取的积极做法；第三，在成本不变的前提下提高物流服务水平，这是一种追求效益并有效地利用成本性能的方式；第四，用较低的成本来实现较高的物流服务，这是增加销售、增加效益和具有战略意义的方式。

5.2 物流成本的控制

5.2.1 物流成本控制的概念、目标与意义

物流成本控制是指在物流成本形成的过程中，对物流活动的全过程实施事前规划，事中指导、控制、限制和监督，事后进行分析评价，进而通过采取不断降低物流成本的措施，实现预定的物流成本目标的过程。物流成本控制是通过科学合理的物流管理，先进的成本计算方法，找出物流活动中存在的问题，直接对物流成本产生的原因进行控制。在物流管理活动中，物流成本控制是把物流成本看作一种经营要素，利用物流成本资源提高物流服务水平，而不是一味强调降低或节省成本，必须综合考虑采购、生产和销售等多方面的因素，把重点从如何掌握物流成本转移到如何运用物流成本上来，把单纯降低物流成本转移到优化物流作业链、提高物流的成本效益和增加物流服务价值方面上来。

通常而言，物流成本控制可以分为广义上的物流成本控制以及狭义上的物流成本控制，广义上的物流成本控制包括物流活动中采取事前、事中和事后控制，而狭义上的物流成本控制则具体指的是对物流成本进行事中控制。

对物流成本进行控制的最终目标就是通过优化物流管理来降低企业物流总成本，从而增加产品利润提高企业产品在市场上的竞争力。物流成本控制既是物流管理的手段，又是衡量物流运作绩效的工具。企业物流成本控制的具体目标应该是：第一，通过分析和核算掌握企业物流成本现状，发现企业物流中存在的主要问题；第二，依据物流成本计算结果及其有关信息数据，分析和制订物流规划，确立企业物流管理战略和分阶段的物流运作计划；第三，对企业各个物流环节进行比较和分析评价。企业可以以物流成本数据为根据，在企业之间以及不同行业间对物流成本进行比较，对其中不足之处采取相应的措施或方法进行物流成本控制，从而实现不断降低物流成本，提高经济效益的目标。

物流成本控制的重要意义可以分别从微观、中观和宏观三个角度进行分析。

(1) 微观意义

1) 物流成本控制是降低物流成本、提高经济效益的重要手段。物流系统由运输、储存、包装、装卸、流通加工等环节组成。在物流活动中，独立研究各环节都有自己的最佳经济效益。但由于物流活动存在“效益背反”规律，因此要使物流成本的整体效益最佳，降低物流成本，必须把物流各个环节作为一个系统进行分析、控制和优化。成本是真实完整地反映企业经济效益好坏的一项重要指标，通过物流成本控制，才能降低物流成本，从而提高经济效益。

2) 物流成本控制为企业管理决策提供依据。物流成本控制的前提是明确物流活动过程中成本的消耗，通过物流成本计算，明确物流成本责任单位。在企业物流管理中，可以采取相应的措施对各项物流耗费进行监督。另外，物流成本控制可以为企业物流模式的确定提供依据。通过准确、及时、全面地计算物流成本，及时了解企业物流成本的支出情况，比较不同物流模式下，物流成本的大小，可以为企业决策提供更加准确的依据。

（2）中观意义

1）通过物流成本控制增强企业的竞争力。物流成本控制直接影响到企业的竞争能力。物流成本的控制贯穿于企业所有的生产和经营管理当中，物流成本的高低影响到企业单位成本控制的水平。对一个有很高物流水平的企业而言，它展示的不仅仅是企业的竞争力，而且更深刻地说明了企业在其行业内的综合实力。物流成本越低，企业所获得的剩余价值就越多，利润空间就越大，就更能够提高企业在同行业的竞争力，这有利于企业的生存和长远发展。

2）通过物流成本控制提高企业物流管理服务水平。物流服务价格的制定是通过物流成本为依据来实现的。物流成本和物流服务是相辅相成、紧密联系的。物流成本为物流服务提供依据，是物流服务的基石；物流服务的好坏影响到物流成本的高低。高质量的物流服务给企业带来的不仅是客户的满意，也为企业物流成本的控制提供更为高效可靠的保障。

（3）宏观意义

通过物流成本控制可以提高社会效益，促进国民经济的发展。由于物流贯穿了生产和流通的全过程，因此，科学合理、准确高效的物流能够协调与完善整个生产和流通结构，产生巨大的剩余价值，获得丰厚的利润，成为企业和国民经济新的利润增长点。科学合理、准确高效的物流能够促进国民经济的合理布局，有利于整合社会资源，减少流通环节，缩短物流周期，加快资金周转，有效地使用社会流通设施设备，提高固定资产使用率，节约生产、流通物资，增强社会物质资源的可调节性。降低物流成本对促进国民经济发展，减少物流损失，节约社会物质财富具有重要意义。

5.2.2 现代物流成本控制的理论与理念

1. 物流成本与实体产品成本之间的比较

物流活动的本质是为企业提供的一种服务，其产出结果实质上是一种无形的“服务产品”。与实体产品相比较，服务产品至少存在两方面的特性：第一，服务产品是无形产品。实体产品最基本的特征是实体产品有构成其实体的原材料，其成本包含“料工费”在内；但服务产品不存在由原材料构成的产品实体，而是一种无形的产品。第二，服务产品的生产和消费是不可分割的统一体。对于实体产品，其生产过程、销售过程以及消费过程是互相分离的，产品的生产、销售与消费过程存在着先后顺序；但服务产品的生产过程的结束通常意味着其消费过程的结束，或者说服务产品的生产、销售与消费过程是同时进行的。但无论是服务产品还是实体产品，它们都是企业经济活动的成果，这使得企业的实体产品成本与物流成本之间存在既有共性联系又有差异区别的关系，这些关系主要体现在以下六个方面。

（1）物流成本与实体产品成本均可以货币计量

根据成本发生的机理和归属理论，成本在生产经营活动过程中必须流转并积累到最终产品，企业从购置设备与原材料和有关辅助材料开始，直到产品生产出后交付给流通企业或最终消费客户，随着实物的流转，通过成本记录和成本追溯方法，将这一生产经营活动中所发生的成本逐步归集到实体产品，在这一成本归集过程中，其成本都是以货币耗费进行计量和结算的。物流成本同样如此，其中既包括实际支付的显性物流成本，也包括无须支付货币的隐性物流成本。对于隐性物流成本，虽然无须支付货币，但同样需要以货币计量其发生额，以供决策使用。而对于无法以货币计量的耗费，如运输、装卸、流通加工等活动对环境的影响等，则既不能计入实体产品成本，也不能计入物流成本。

（2）物流成本与产品成本均是特定对象的资源耗费

成本是对象化了的费用，是转移到一定产物并按一定产物进行归集的货币耗费。这一产物就是成本计算的对象，它可以是某一实体产品，也可以是某项服务，如物流服务。实体产品成本总是针对某一特定产品，对于与特定产品相关的支出计入实体产品成本和不能经济合理地归集特定产品的支出，如管理费用等，只能在发生当期计入期间费用。物流成本也是依物流活动而产生的，凡与物流活动直接相关的支出计入物流成本，而对于不能经济合理地归集到物流活动的支出，也不能计入物流成本。

（3）物流成本包含于实体产品成本中

实体产品从原材料等状态开始，一直到生产成为实体产品并交付客户的过程中，所有为其所耗费的物化劳动和活劳动最后都转化为实体产品的价值，其中也包括在生产与流通过程中开展有关物流活动所耗费的物流成本。这些成本随着实体产品的成形与流转最后一并转移到实体产品流转的末端，构成实体产品总成本的一部分。为了使实体产品更加具有竞争力，往往在实体产品出售时要提供满足客户要求的一般性和附加性物流服务，如免费或优惠送货。这些服务成本实际上最后都要追加到实体产品成本中。在比较不同企业和不同实体产品的物流成本时，常常用物流成本占实体产品总成本或其销售额的百分比来说明有关问题。

（4）实体产品成本与物流成本分属财务会计和管理会计中的成本概念

在财务会计中，成本是企业资产的实际耗费。原材料、固定资产和现金等都是企业的资产，当这些资产是为了生产产品而被耗费后，按照成本归属原则，它们的原始购置成本就随之归属到产出物，成为产出物的成本。因此，产品成本属于财务会计中的成本概念。而在管理会计中，成本既包括已经耗费的资产，也包括虽未耗费经济资源但在决策时为选择最优方案需要考虑的机会成本，而物流成本既包括显性成本，也包括隐性成本，如因存货占用资金所产生的机会成本等。

（5）实体产品成本包括“物”的价值，而物流成本仅包括与“物”的物流活动有关的费用支出

实体产品成本包括物流过程中“物”的价值，计算的起点是“物”（包括技术设备、原材料等）的成本；而物流成本不包括物流过程中物的价值，计算的起点是为获得“物”而发生的有关费用。实体产品成本的计算始终在“物”上，随着有关投入耗费的增加，“物”的成本在增长，实体产品的价值也同步增长；而物流成本的计算通常是从采购原材料开始，以“物”的活动为主线，计算其在物流活动过程中发生的，独立于“物”的价值之外的费用支出。这是物流成本与实体产品成本的一个重要差异。

（6）实体产品成本是企业在正常生产经营活动内发生的成本，而物流成本还延伸到包括在筹资活动中发生的有关成本

企业的全部经济活动可分为生产经营活动、投资活动和筹资活动，这三项活动的损益在利润表中要分别报告，以便评价其业绩。只有生产经营活动的正常耗费才能计入实体产品成本并从营业收入中扣减，非正常的、意外的耗费不计入实体产品成本，而将其直接列为期间费用或损失。而对于物流成本而言，它既包括企业在正常经营过程中发生的与物流活动有关的费用，还包括筹资过程中发生的与物流活动有关的支出，如与存货有关的负债融资所发生的利息支出。与实体产品成本相比，物流成本不仅仅包括正常经营过程中发生的有关费用，还包括经营过程中发生的非正常支出和筹资过程中发生的部分支出。实体产品成本与物流成本的这一区别，实际上也是由于两者分属财务会计和管理会计中的成本概

念而造成的结果。

2. 物流成本控制的基本理念

（1）现代化的物流成本控制意识

企业管理层要高度重视物流成本控制，要认识到现代企业物流成本控制的内容不仅仅是降低物流成本，其目的是从成本与效益的对比中寻找物流成本的最小化。物流成本控制的现代意识表现为以下几个方面。

1）物流成本控制思想革新化。企业管理层要让企业全体职工树立物流成本控制思想，物流成本控制不能只靠物流部门、财务部门，要发挥广大员工的积极性和创造性。

2）物流成本控制组织合理化。企业管理层要在企业成立相应物流成本控制领导小组，组织好企业现有的人力、财力、物力，对物流成本控制统一领导、分级控制，建立物流成本控制责任追究制。

3）物流成本控制方法科学化。企业管理层应用国外先进的物流成本控制方法，结合企业自身实际情况，制订出适合企业发展的物流成本控制方法。目前，比较先进的物流成本控制有作业成本法、目标成本法等。

4）物流成本控制手段电子化。在物流活动中，企业要应用先进的电子技术，建立物流成本管理信息系统，在生产过程还要引进先进生产设备和监控设施，便于收集各种成本信息。

5）物流成本控制人才专业化。企业要培养一支既懂得物流管理，又懂得会计知识的专业人员队伍。只有这样，才能推动物流成本控制工作不断发展。

（2）物流成本的全程控制观念

按照物流时间过程来对物流成本控制进行划分，可以将其分为三个阶段，即物流成本事前控制阶段、物流成本事中控制阶段、物流成本事后控制阶段。具体见 5.2.5 节的分析。

1）物流成本事前控制。物流成本事前控制指的是在物流活动前，对可能影响物流成本的经济活动进行事前的规划、审核，确定目标物流成本。

2）物流成本事中控制。物流成本事中控制指的是在物流成本形成过程中，随时对实际发生的物流成本与目标成本进行对比，及时发现问题并采取相应措施进行改善。

3）物流成本事后控制。物流成本事后控制指的是在物流成本形成之后，对实际物流成本进行核算、分析，总结经验教训，为以后的物流成本控制提出积极的改进意见和措施。

5.2.3 物流成本控制遵循的基本原则和策略

1. 物流成本控制遵循的基本原则

物流成本控制需要遵循以下几项原则。

（1）追求物流总成本最低的原则

企业的物流活动虽然牵扯到很多流程、很多作业，其过程也非常复杂。但无论采取何种方法对物流活动进行归类划分，它的总成本都不会因为划分不同而发生改变，只是其表现形式发生变化而有所不同。因而在进行物流成本控制时不能只考虑降低某一功能或某一作业的物流成本，而忽略了由于对这一功能或作业降低其物流成本导致的其他功能或作业物流成本的增加。更应该关注的是在该项功能产生物流成本发生变动的时候是否造成物流总成本的增加。如果物流总成本保持在最低水平，则说明对该项物流活动进行成本控制是有效的、合理的。

（2）责、权、利相结合原则

成本控制是一项量大面广的工作，它密切联系着企业的每个职能部门、每项作业、每个工序及每位职工。因此，在进行成本控制的时候，首先要明确责、权、利的统一，根据这一原则建立起企业各部门分级责任制，并给予相应的成本支出的责任与权限，以便把成本分解、落实到各部门、各单位进行管理和控制。其次在统一领导的原则下，要对公司各部门、各单位内部关系进行正确处理，组织和动员全企业的力量进行物流成本控制，从而充分调动各方面的积极性，使他们都负起控制和管理成本的责任。

(3) 目标控制原则

目标控制原则指的是企业在经营活动中对其人力、物力、财力等各项指标进行控制的时候要以遵从既定的目标为基础。在进行物流成本控制时也要依据企业既定的物流成本目标，根据目标对企业物流活动进行指导及约束，最终做到争取以最小的物流成本投入换来最大的产品利润，为企业创造更大价值，提高企业竞争力。

(4) 全面控制及重点控制原则

企业的物流系统是个开放式的系统，它由多领域、多功能、多环节构成，企业物流活动形成的全过程，包括了产品在设计研发阶段、生产阶段、包装运输、配送及售后服务阶段的各个环节。全面成本控制就是以物流成本形成的全过程为对象，结合物流活动各阶段的不同性质和特点，对物流成本进行有效的控制。企业的物流成本目标是企业设计成本控制程序的重要依据，只有当实施该项物流成本控制措施给企业所节约的成本大于为实施该项措施所耗费的成本时，该项目措施才是可行的。所以，在实施物流成本控制措施对企业进行物流成本控制时也要划分重点，对那些占用份额大又很重要的物流成本进行重点控制，而对那些占用份额小又非重要的物流成本实施简单控制即可，尽可能做到在保证降低企业物流成本的同时制定出符合企业自身特点的物流战略来。

2. 物流成本控制的基本策略

(1) 加强从业人员素质

随着我国近几年物流业的快速发展，物流从业人员大量涌入。我国物流从业人员数量多但普遍素质低，物流管理成本偏高的现象非常明显。在面向对专业化程度要求较高的电子商务物流企业时，这种现象令人担忧。只有加强从业人员素质，才能从根本上提高企业物流运行效率，控制物流管理成本，更好地促进企业的发展。

(2) 加强物流成本核算制度

在物流成本中，物流管理成本是最难以统计和控制的。随着物流重要性的提高，越来越多的企业重视物流过程中的成本消耗。通过加强物流成本核算制度，为企业物流成本的管理决策提供依据，为企业提供详细、真实、全面的成本数据，不仅可以了解企业物流成本的水平，而且使本企业与其他企业物流成本的比较成为可能。通过比较，可以及时发现自身物流活动和物流成本支出的不足和优势；采取相应措施进行补救，可以减少整体物流成本，提高企业效率。

(3) 提高物流各活动环节的协调力

提高我国物流企业总体管理水平，必须提高物流各活动环节的协调能力。其主要内容包括：提高环节间的衔接能力，降低各活动环节以及各活动环节转换过程中的事故差错率；提高物流管理效率，缩短物流周期；提高物流质量，降低物流管理成本。

5.2.4 物流关键过程成本控制策略

1. 采购成本控制策略

采购物流是企业整个物流活动的基础。离开采购物流，生产企业的生产供应就会中断，流通企业就会出现缺货。无论是从生产企业的角度，还是从流通商业企业的角度分析，采购物流都是企业物流的起始环节，是企业生产物流、销售物流的基础。对采购物流成本的控制是否有效，对降低整个物流费用乃至整个企业的经营成本、提高物流经营效率，都有着非常重要的影响。其次，采购与企业内物流对接，直接或间接影响库存和运输等环节的成本。例如，采购数量越多，库存成本也相应增加；采购的次数越多，运输费用也越多；采购供应地距离仓库越远，所耗用的运输成本也越大。因此，必须加强采购成本控制，从物流的起始环节来控制物流成本和经营成本的发生。另外，应注意到所谓的采购成本控制，并不仅仅是控制上述费用，而是通过采购策略来协调企业整个物流系统，降低企业总物流成本和运营成本。

降低采购物流成本的策略有以下几种。

（1）集中采购策略

集中采购是相对于分散采购而言的，即采购组织为多个企业实施采购，这种形式适用于集团企业。虽然各部门仍然像以前那样订货，但因为使用了统一标准的采购系统，总部可以全面掌握需求情况，并派采购部与供应商谈判，签订总合同，这样可以获得采购的数量折扣，大大降低采购成本，同时原材料集中运输到仓库，也节省了运输费用。例如，海尔集团运用信息技术重建采购流程，总公司与各制造企业使用一个共同的采购软件系统，整个集团光是通过对钢板、化工物料、电子零部件等大宗原材料实行集中采购，就为公司节省成本 20%~30%。

（2）联合采购策略

中小企业由于受生产规模消耗及库存能力、资金等方面的制约，不可能大规模地采购物资，在采购价格上处于被动地位，而且运输等成本也会相应较高，但这并不意味着众多中小企业在控制采购成本上无计可施。联合采购是针对中小企业的一种采购策略。企业对于同类产品的多种不同规格型号联合采购，通过增加企业一次采购总量，来降低采购、运输价格；或者企业通过组织和加入采购联盟，同一城市或同一地区的一些企业对于某些原材料的采购实行联合采购、分别付款使用的方式来扩大物资的采购量，集小订单成大订单，增强集体的谈判能力，获得采购规模优势，争取和大企业一样优惠的原材料采购、运输价格。同时，联合采购的对象是原材料生产企业，这样就可以摆脱代理商的转手成本，通过直接与制造商直接交易，减少中间环节，大大降低流通成本，保障产品质量。

（3）网上采购策略

网络的全球化和高速化为采购提供了及时、准确的产品和需求信息。在中国，众多大型企业如海尔、万科等都纷纷启动了生产资料的网上采购平台。结果显示，实现网上采购的企业在盈利能力方面有了不同程度的提高。网上采购系统包括生产资料采购和非生产资料采购两种，该系统既可通过虚拟的在线商品目录迅速而实时地访问产品信息，通过价格和品质的比较选定产品供应商，能够实现与内部采购流程无缝的集成，对供应商进行科学的管理以及对采购业务的数据进行分析和决策等。

网上采购系统采用 Java 技术和模块化的体系结构，集成了公司管理、目录管理、采购计划、合同管理、供应商管理、请购单管理、询价管理、采购单管理、订单管理、审批管理和竞拍管理等功能模块，覆盖企业采购的各个环节，真正实现采购流程的电子化。

（4）“期货”采购策略

“期货”采购就是企业根据自己的实际情况，按照采购业务量的不同，对那些采购渠道单一、批量较大、生产经营中经常需求的生产资料，直接和生产厂家或中间供应商根据市场不同时期的价格差异进行“期货”交易。若企业所需购买的原材料价格在现货市场上呈上升趋势，则企业每个月制订的计划采购成本相对于下一个月的采购成本都是较低的。根据期货的套期保值功能，在淡季价格较低时，可以根据生产计划在期货市场买入未来不同月份的此种原材料期货合约，届时可从期货市场上购回现货，这样就可以保证此种原材料采购价格不会因市场变化有所波动而始终维持在一个较低的水平上，缓解了将来市场现货资源紧缺造成的供给不足，稳定了企业的供货渠道。

（5）招标采购策略

招标采购是指采购企业作为招标方，事先提出采购的条件和要求，邀请众多企业参加投标，并按规定的程序和标准一次性从中择优选择交易对象。当企业所需的物资在市场中处于买方市场时，应该在物资采购中引入竞争机制，按照公开、公正、公平、择优、讲信誉的原则，采用招标的方式采购。招标采购可向应标单位寄发采购招标寻价函、应标单位报价单，然后根据报价情况确定中标单位；也可以把应标单位召集到一起，以竞标的方式确定中标单位；还可以通过在互联网上发布招标公告，实现网上竞标。由于招标采购引入价格竞争机制，增加了透明度，能保证物料采购质量，以及更为有效地降低物资采购成本。因此，招标采购正被越来越多的企业重视。

连续两年亏损且即将被摘牌的科龙集团，在格林柯尔入主科龙之后，对科龙原有的采购组织系统进行变革调整，建立采购竞标管理平台，成立采购管理工作组，所有供应商凡是在品质、交货期、资信等方面得到科龙认证通过后，都可以参与科龙的采购竞标活动，采购工作组通知合格供应商到科龙集中上网竞标，即每家供应商的代表进入科龙事先设定好的小房间用计算机上传资料报价竞标，所有供应商均不与采购人员见面，采购人员通过网上报价确认供应商。仅此一项就在格林科尔入主科龙的头一年降低采购成本几千万元。TCL 移动通信有限公司也导入采购电子招标系统，至今已节约采购成本 300 万元。由此可见，第一，招标采购的成效是巨大的，效果是明显的；第二，建立采购招标管理平台，对规范采购业务流程和采购人员行为，杜绝采购暗箱操作和采购腐败而言，是极为有效的。

2. 库存成本控制策略

在企业经营过程中的各个环节都存在库存，也就是说在采购、生产、销售不断循环的过程中，库存使各环节相对独立的经济活动之间形成联系成为可能。库存具有整合需求与供给、实现物资存储、维持各项流通活动顺畅进行的功能。物流总成本随库存水平的高低而变化，存货水平过高造成存货成本增加，进而导致仓储费、管理费与库存成本大幅上升，占用企业更多的流动资金，最终导致物流总成本大幅增长。库存期过长还会造成商品贬值、报废等损失，因此库存成本控制是物流成本控制的重心，其管理的好坏会直接影响到物流系统整体功能的发挥，进而影响企业的经营。

库存成本管理和控制的目的是实现物品的合理存储、提高保管质量、加快物品周转速度、降低物流成本以及发挥物流系统整体功能。库存成本是指为保持库存而发生的成本。它是物流作业成本中的一个主要组成部分。对一般的制造企业来说，库存成本占物流总成本的 37%左右。它可分为固定成本和变动成本。固定成本与存货的数量无关，如仓库折旧、仓库员工工资和福利费等；变动成本与存货的数量有关，如存货占用资金利息成本、存储空间成本、库存服务成本、库存风险成本和在途库存持有成本。

有效降低库存成本的策略如下。

（1）正确划分库存区域，提高库存利用率

正确划分库存区域是提高库存利用率、有效控制库存成本的有效策略。企业应该对库存空间进行合理的划分，将相近尺寸的商品放在相同的区域，同一库位中最好只放置同一尺寸的商品。库存区域的划分不宜过大，否则会造成库存空间的浪费，降低库存利用率，增加库存成本；但也不宜过小，否则会导致库存混乱，有时甚至可能会导致出库时发生事故。

（2）缩短交货时间

缩短交货时间，也就是缩短在途库存的时间。在途库存的时间是指从供应商到经销商或顾客的这段距离所用的运输时间。合理的选择运输方式，尽可能地缩短这段运输时间，可以大幅降低在途库存成本。但是最短的运输时间不等于最低的运输费用，所以在选择运输方式时要仔细比较缩短运输时间对库存、库存成本以及运输费用的影响再做出正确的选择，达到整体优化的目的。另外，选择合适的交货和付款方式，也能降低库存成本。对于一些高价值商品，从供应商到顾客手中，可能需要经过较长的时间和不同的场所，缩短交货时间可以降低风险和库存成本。

（3）即时供货

"即时供货"，即"看板供货"。"即时供货"制度最早产生于美国，后来在日本得到了完善和发展。从运作原理和方法上看，看板供货就是在企业内部各工序之间或者在建立供求关系的企业之间，采用固定格式的卡片由下一个环节根据自己的生产节奏，逆方向向上一个环节提出供货要求，上一个环节则根据自己卡片上指定的供应数量、品种等及时组织送货。很明显，实行这样的供货方式，可以做到准时、同步向需求者供应货物。在这种情况下，后者自然不会再设库存，或设立较小的库存，从而大幅降低库存成本。

3. 包装成本控制策略

包装是指为了在流通过程中保护商品、方便储运和促进销售，按照一定的技术方法使用容器、材料以及辅助物等将物品包封并予以适当的装饰和标志工作的总和。一般来说，包装可以认为是生产环节的终点，同时也是销售物流的起点。包装对物流系统的成本和生产率影响很大。

一般来讲，加强包装成本控制主要有以下几方面的措施。

1）所有包装物品购入时，主管部门必须登账掌握，根据领用凭证发料，并严格控制使用数量，以免损失浪费。

2）各使用部门应按需要时间提出使用数量计划，交主管部门据以加工、购置，如逾期没计划或数字庞大造成浪费或供应不及时，均应追究责任。

3）要加强包装用品规格质量的验收和管理，注意搞好包装用品的回收利用。

4）选择包装材料时要进行经济效益分析。在保证商品在运输、装卸、保管、销售过程中质量、数量不受损失的前提下，适当采用一些包装代用品，选择质好价廉的包装材料，节约费用开支。

5）要加速包装物的周转，延长使用年限和使用次数，克服损失浪费现象。

6）根据产品的特点、运输的远近，研究包装物的要求，改善包装方法。

7）了解用户情况，改进不必要的装潢，力求包装简单化、朴素化。

4. 运输成本控制策略

运输是物流系统中最核心的功能。现代生产和消费都是靠运输业的发展来实现的。高效、廉价的运输系统能促进市场竞争加剧，带来生产中更多的规模经济效益以及产品价格的下降。运输成本控制的目的是在不影响运输的可靠性、安全性和快捷性要求的前提下，使总的运输成本最低。运输成本占物流成本的40%以上，是影响物流成本最重要的因素，因此运输成本是物流成本的重点控制对象。物流运输成本的分析研究对于降低物流成本，提高我国物流企业的国际竞争力具有重大意义。

现代运输成本是与运输活动的完成所发生的一切相关费用，包括所支付的运输费用以及与运输行政管理和维持运输工具有关的费用。运输成本涉及很多成本，如人工成本、燃油成本、维护成本、端点成本、线路成本、管理成本及其他成本。

运输成本控制的有效策略包括以下几点。

（1）提高运输工具实载率

实载率有两个含义：一是单车实际载重与运距乘积和标定载重与行驶里程乘积的比率，这在安排单车、单船运输时，是作为判断装载合理与否的重要指标；二是车船的统计指标，即一定时期内车船实际完成的货物周转量（以吨公里计）占车船载重吨位与行驶公里乘积的百分比。在计算车船行驶的公里数时，不但包括载货行驶，也包括空驶。提高实载率的意义在于充分利用运输工具的额定能力，减少车船空驶和不满载行驶的时间，减少浪费，从而求得运输的合理化。

（2）发展社会化的运输体系

运输社会化的含义是发展运输的规模效益优势，实行专业分工，打破一家一户自成运输体系的状况。在社会化运输体系中，各种联运体系是其中水平较高的方式，联运方式充分利用面向社会的各种运输系统，通过协议进行一票到底的运输，有效打破了一家一户的小生产，受到了客户的普遍欢迎。

（3）发展直达运输

直达运输是通过减少中转换载，提高运输速度，省去装卸成本，降低中转货损，追求运输合理化的一种运输模式。直达运输的优势是在运输批量大或用户一次需求量达到了一整车时表现最为突出。此外，在生产资料、生活资料运输中，通过直达，建立稳定的产销关系和运输系统，也有利于提高运输的计划水平，并考虑用最有效的技术来实现这种稳定运输，从而大大提高运输效率。

特别需要一提的是，如同其他合理化措施一样，直达运输的合理性也是在一定条件下才会有所表现，不能绝对认为直达一定优于中转。这要根据用户的要求，从物流总体出发做综合判断。如果从用户需要量看，批量大到一定程度，直达是合理的，批量较小时中转是合理的。

（4）充分发挥配载运输的功能

配载运输是充分利用运输工具载重量和容积，合理安排装载的货物及载运，提高运输工具实载率的一种运输方式。配载运输往往通过轻重商品的混合配载，在以重质货物运输为主的情况下，同时搭载一些轻泡货物，如海运矿石、黄沙等重质货物时，搭运一些轻泡农、副产品等。在基本不增加运力投入，不减少重质货物运输情况下，解决了轻泡货物的运输，效果显著。

（5）提高运输装载量

有不少产品，由于产品本身的形态及特性问题，很难实现运输的合理化。但如果进行适当的加工，就能够有效解决合理运输的问题。例如，将造纸材料在产地预先加工成干纸浆，然后压缩体积运输，就能解决造纸材料运输不满载的问题。轻泡产品预先捆紧包装成规定尺寸，装车就容易提高装载量；水产品及肉类预先冷冻，就可提高车辆装载率并降低运输损耗。

5. 配送成本控制策略

配送是根据客户的要求，在配送中心或其他物流节点进行货物配备，并以最合理的方式送交用户的过程，是流通加工、整理、拣选、分类、配货、装配、运送等一系列活动的集合。通过配送，物流活动才得以最终实现，但完成配送活动是需要付出代价的，即需配送成本。配送成本是指在配送活动的备货、储存、分拣及配货、配装、送货服务及配送加工等环节所发生的各项费用的总和，是配送过程中所消耗的各种物化劳动和活劳动的货币表现。按配送活动发生的功能分类，企业配送成本可以分为运输费用、储存保管费、包装费、装卸费、分拣及配货费、流通加工费、信息处理费和配送管理费。配送成本的高低直接关系到企业的利润，因此，如何以最小的配送成本在适当的时间将适当的产品送到适当的地方，是摆在企业面前的一个重要问题。

对配送成本进行控制实际上是在满足一定的顾客服务水平与配送成本之间寻求平衡：在一定的配送成本下尽量提高顾客服务水平，或在一定的顾客服务水平下使配送成本最小。一般来说，要想在一定的顾客服务水平下使配送成本最小化主要有以下策略。

（1）混合配送策略

混合配送策略是指配送业务中的一部分由企业自身完成，另一部分外包给专业物流公司完成，即自营与外包相结合策略。这种策略的基本思路是：对于连锁企业而言，尽管采用纯配送（即配送活动要么全部由企业自身完成，要么完全外包给专业物流公司完成）易形成一定的经济规模，并使管理简单化，但在产品品种多变、规格不一、销售量不等的情况下，如果采用纯配送的方式，当配送品种和配送量超出一定程度后，不仅不会取得规模效益，反而还会造成规模不经济。而采用混合战略，合理安排自身完成的配送和外包给第三方的配送，可以有效降低配送成本。

（2）差异化配送策略

差异化配送策略的基本思路是：产品特征不同，顾客服务水平也不同。当商品种类繁多时，企业不能对所有产品按同一标准的服务水平来配送，而应按照商品的特点、销售水平来设置不同的库存、不同的运输方式以及不同的存储地点，忽视产品的差异性会增加不必要的配送成本。

（3）合并配送策略

合并配送策略包含两个层次：一是配送方法上的合并，另一个是共同配送。

1）配送方法上的合并。企业在安排车辆完成配送任务时，充分利用车辆的容积和载重量，做到满载满装，是降低成本的重要途径。实行合理的轻重搭配，容积大小不同的货物搭配装车，不但可以在载重方面达到满载，而且也充分利用了车辆的有效容积，取得最优效果。

2）共同配送。共同配送也称集中协作配送。其标准运作模式为：在中心机构的统一指挥和调度下，各配送主体联合活动，在较大的地域内协调运作，共同对某一个或某几个客户提供系列化的配送服务。这种配送适用于两种情况：一是中小生产、零售企业之间分工合作实行共同配送，即在同一行业或同一地区的中小型生产、零售企业在单独进行配送的运输量少、效率低的情况下进行联合配送，不仅可以减少企业的配送费用，配送能力得到互补，而且有助于缓和城市交通拥挤，提高配送车辆的利用率；二是几个中小型配送中心之间的联合，针对某一地区的用户，由于配送中心所配物资数量少、车辆利用率低等原因，几个配送中心将用户所需物资集中起来共同配送。

（4）延迟配送策略

传统的配送计划中，大多数的库存是按照对未来市场的需求预测设置的，这样就存在着预测风险。当预测量与实际需求量不符时，就会出现库存过多或过少的情况，从而增加配送成本。延迟配送就是指配送活动尽可能推迟到接到订单后再确定，但是一旦接到订单就要快速反应，因此采用延迟策略的一个基本前提是信息传递速度要非常快，同时需要较强的配送能力来支撑。

（5）标准化配送策略

标准化配送策略是尽量减少因品种多变而导致的附加配送成本，尽可能多地采用标准零部件和模块化产品。例如，服装连锁企业按照统一规格生产服装，直到顾客购买时才按顾客的身材调整尺寸大小。标准化配送策略要求企业要站在消费者的立场上考虑怎样节省配送成本，而不要等到产品定型生产出来才考虑采用什么技巧降低配送成本。

6. 装卸搬运成本控制

装卸搬运是随着商品运输和储存而附带发生的作业。例如，在运输货物时，把货物装进或卸出货车的装卸作业，在保管货物时出入库的装卸作业等。装卸搬运成本是物品在装卸搬运过程中所支出费用的总和。装卸搬运活动是衔接物流各环节活动正常进行的关键，渗透到物流的各个领域。在整个物流供应链中，商品装卸搬运成本所占的比例很大，特别是在现代物流中，顾客经常要求企业提供“门到门”的送货服务，装卸搬运作业发生的频率大大增加，装卸搬运质量的好坏严重影响着物流成本的高低。

装卸搬运物流成本控制的关键点在于管理好储存物料与商品，减少装卸搬运过程中商品的损耗率、装卸时间、装卸搬运次数等。

装卸搬运成本控制的策略如下。

（1）对装卸搬运设备进行合理选择

企业应根据自身生产、销售发展计划，分析使用不同搬运设备的成本差异，结合财务可能确定选用人力、半机械化、机械化、半自动化、自动化搬运设施，防止机械设备的无效作业。

（2）合理规划装卸方式和装卸作业过程

具体措施有：减少装卸次数、缩短操作距离、提高被装卸物品的纯度、消除无效搬运等。

装卸搬运成本控制还应注意防止因搬运设施投资不足形成整个物流系统的瓶颈，造成整个系统的低效率，也要防止因投资过度造成搬运成本的升高。

7. 物流服务成本控制策略

目前，我国工业已经进入大规模订制时代，制造企业逐渐转变为根据顾客的个性化要求来组织生产。顾客既处于价值链的最前端，又处于物流服务的最末端。因此，顾客服务既是企业开展物流活动的根本所在，又是降低物流成本最为重要的一个关键环节。物流活动中顾客服务的满意度是指在物流活动中是否在正确的时间把正确数量的产品按照正确地点送到正确顾客手中。因此，提高顾客服务满意度可以间接控制物流成本。

物流服务成本控制策略有以下三点。

（1）提高交货可靠性

交货可靠性是指顾客所需求的产品是否在正确的时间以正确的数量和合理的消耗送到正确的地点递交到正确的接收者手中。交货可靠性包括交货时间可靠、交货数量可靠、交货地点可靠以及保证交货质量和途中货损率四个因素。可靠交货，是物流活动的最终目标。一旦交货的可靠性出现差错，不仅会影响到顾客对物流的满意度，也会增加物流的成本。例如，顾客在指定的时间或指定的地点没有收到货物或货物送达时发生损坏，会给企业增加额外的物流成本或丧失销售机会。

（2）提高服务质量

企业不仅向顾客提供商品，还向顾客提供延伸产品——服务，对服务质量的要求已经成为顾客购买某种商品不可缺少的重要依据。高质量销售服务和售后服务能扩大销售市场，带来更多的顾客，从而带动物流的发展。在市场竞争异常激烈的情况下，尽可能地了解顾客的需求并对其做出快速反应以提高顾客满意度是非常重要的事情。从长远角度考虑，只有了解顾客需求，不断开发新的服务类型，保证服务质量，及时处理顾客发出的抱怨，扩大企业市场份额，才有利于物流的发展，带来更多利润。

（3）提高服务的灵活性

顾客个性化的需求要求物流企业能够根据客户的具体要求在保证良好服务质量的条件下提供个性化的服务。要想赢得顾客的信赖，提高顾客的满意度和忠诚度，企业必须及时对顾客需求做出反应。对于物流服务来说，企业只有掌握灵活性，及时了解顾客的要求，针对不同状况做出及时的反应，才能增加市场份额，带来更多利润。

5.2.5 物流成本控制的整体优化

物流成本对企业价值有巨大的影响，是提高企业价值的重要杠杆。现代物流是“成本与效益”的统一体。物流各环节既承载着价值，又消耗着价值，而最终目的是为了实现更多的价值。在上一节中，主要针对各局部的物流成本控制策略与方法进行了探讨。局部控制的不同控制方式的选择依赖于企业物流的运作模式。如果企业部门之间的联系不紧密，物流成本的控制效果就不会令人满意，也就无法为企业带来较多的价值。只有按照物流系统化的思想规划和实施物流各环节的成本控制策略，才能避免企业仅满足于降低局部成本而忽视物流系统观给企业带来的实质性的成本效应。因此，企业物流部门必须协调各个部门，在符合经济原则和因地制宜原则的前提下努力实现企业物流过程的综合控制。

物流成本的综合控制包括了事前、事中和事后对物流成本的预测、计划、计算、分析、反馈、决策等系统控制。企业物流成本综合控制的主体是企业物流管理组织和机构，客体是企业经济活动中发生的物流成本。物流成本综合控制有别于局部控制，具有系统性、综合性、战略性的特点，有较高的控制效率。

1. 事前控制

事前控制是指进行物流活动之前，对影响物流成本的各种因素和条件进行事前规划，即通过成本预测和决策，选择最优的降低成本的措施，确定计划期内的目标成本。对于事前控制中降低成本措施的选择，一般是采用物流作业分析法（即 ABC 分析法），从物流作业的角度去实施。具体方式通常有以下几种。

（1）物流作业的消除

企业首先确认哪些物流作业是无附加价值的作业，进而采取有效措施予以消除。例如，搬运这项物流活动，传统方法是用泰勒的科学实践法，找出一个工人以什么姿势搬运以及搬运多少重量时，工作效率最高，以达到降低工人成本的目的；而作业分析法则是从作业角度入手，力图砍掉无效作业。例如，由于搬运的成本与距离有关，那么把厂房和库房布置在一起，就可以消除搬运作业，与此相连的成本也就没有了。虽然这个例子在现实情况中发生的概率不大，但它可以说明运用作业分析法降低物流成本的思路。

（2）物流作业的选择

物流作业的选择是指从多个不同的物流作业链中选择最佳的物流作业链。不同的物流通道会产生不同的物流作业。例如，销售物流选择的产品销售渠道不同会产生不同的销售作业，而作业必然会产生成本，因此每种渠道策略会产生不同的物流成本。在其他条件不变的情况下，选择包含最少渠道的销售网络就可以有效降低销售中的物流成本。

（3）物流作业的改善

物流作业的改善是指以改善的方式降低企业物流活动及其所耗用的时间和资源。具体包括：改善必要物流作业的效率；改善在短期内无法消除的作业；改善物流作业完成的质量水平，在所有的物流环节上减少浪费并尽可能地降低资源消耗；寻求最有利的物流链，将企业物流置于不断改进的环境中，促进企业物流价值链的水平不断提高，成本不断降低。

2. 事中控制

事中控制是指对物流过程中成本的形成、偏离成本目标的差异及其原因进行及时揭示，并通过采取适当的措施对其加以改进，保证物流成本目标实现的过程。这一阶段的成本控制方法主要是指针对物流的一个或某些局部环节的成本问题而采取的策略和手段。具体的控制措施即为上一节中对物流成本各局部环节的控制策略，在此就不做更多的分析。

3. 事后控制

对物流成本的事中控制后，即进入目标成本控制的第三个阶段，即物流成本的事后控制。在事后控制中，企业首先应当建立奖惩和反馈体系，将企业完成目标后的奖惩条件制度化，然后进行成本考核。成本考核是企业对各项物流作业绩效进行的考核和对物流成本控制实际完成情况进行的总结和评价。如果考核结果显示达到了既定的目标，就可以认为这一次的物流成本管理是成功的，并根据完成情况进行奖励。如果考核结果和目标有差距，则应当就产生差距的原因进行分析，对有关责任人员实施惩罚，然后通过反馈系统，返回到第一步，并且重复以上各步，通过计算机管理系统将物流成本控制的各阶段连接起来，形成一个不断优化的物流成本控制系统循环；通过一次次循环、计算、评价，优化整个物流系统的成本，最终找出其总成本最低的最佳方案。

5.3 物流服务的定价

5.3.1 物流服务价格的定义及影响因素

1. 服务价格的特点

与产品相比较，服务具有迥然不同的特征。因此在制定价格方面，服务价格相较于产品价格有自身鲜明的特点。掌握这些特点对于探讨服务定价的方法与策略有一定的帮助，同时对于企业在竞争日趋激烈的服务市场上提高价格竞争力，具有重要的实践意义。

服务定价区别于商品定价的不同之处主要表现在以下方面。

（1）消费者通常对服务价格的认识存在偏差

由于消费者不拥有准确的服务价格信息，因此其对服务价格水平的判定难免存在偏差。主要原因有：第一，由于服务是无形的，消费者在购买服务之前一般无法检视服务，无法依据服务的质量来判断价格的高低。第二，不同消费者对同类服务常常表现出不同的需求或偏好，不同企业提供的服务内容与质量往往又不一样，因而难以进行价格上的比较。

（2）服务价格是服务质量的关键信号

在服务定价中，买方一般将价格作为衡量服务成本及其质量的指标。价格成为吸引顾客或导致顾客流失的重要变量。因为服务的无形性特征使得服务的质量难以检测，服务的差异性又使得服务的质量难以统一，所以消费者不得不依据服务的价格水平来判定服务的质量，特别是在购买的服务可能存在较大风险的情况下，如外科手术或管理咨询，消费者常常选择收费不菲的专家或机构以保证服务的质量。

（3）非货币成本因素对服务定价的影响突出

对消费者来说，货币价格不是唯一的相关价格，影响服务定价的非货币成本主要有服务时间成本、信息搜寻成本和顾客心理成本等。例如，服务时间成本包括消费者到达服务场所耗费的时间、等待服务的时间和服务过程的时间等，消费者购买服务的时间成本越高，愿意支付的价格就越低。

（4）价格作为调节市场需求的杠杆作用更加明显

在某些情况下，企业无法利用库存手段来调节市场需求，因此只能转向价格杠杆。常用的方法之一是利用差别定价将某些服务需求从高峰期转移到非高峰期。例如，电信公司对节假日或者深夜的长途话费给予较大的折扣，刺激消费者将长途需求转移到线路相对空闲的时段。

（5）消费者对服务价值的认知成为服务定价的重要依据

不同企业不仅提供的服务不同，而且提供服务的成本也不一样。单纯的成本导向定价法往往难以适应市场的要求，消费者对服务价值的认知成为服务定价的重要依据。符合消费者价值取向的服务，即使价格高些，消费者也愿意购买；而背离消费者价值追求的服务，即使价格一降再降，消费者可能也不愿问津。

上述差异是服务定价与商品定价的差异，这些差异会对服务提供商用于制定服务价格的战略产生深远影响。

2. 物流服务定价的影响因素

在企业价格决策之前应该充分分析影响价格的各种因素，然后采取合适的定价策略及定价方法最终确定企业的服务价格。一般认为，最终影响物流企业服务定价的因素可以分为两类：第一类是企业自身的影响因素，即企业在自身经营环境下可以自行控制和选择的因素；第二类是企业的外部影响因素，即与企业行为有互动性关系的因素，例如，与企业处在同一区域的其他物流企业的服务价格水平、物流服务需求商的偏好（在很大程度上，企业可以诱导和培养消费者的消费倾向和消费习惯）等。在企业决策时，各种影响因素相互作用、互为因果，在确定企业服务价格的过程中，必须对各种因素进行综合分析和计算。

以下分别论述各种因素对服务价格的影响。

（1）企业自身的影响因素

1）物流服务运作成本。对物流企业而言，运作成本即生产成本。由于一般物流企业本身并不生产有形产品，因此将其生产成本称为运作成本，是指企业按照服务需求商要求完成所承担项目或业务的各项开支、费用的总和。运作成本是决定企业服务价格制定的重要因素，是价格的主要组成部分。按运作成本的性质可以将其划分为固定成本以及变动成本。固定成本是指在一定的生产规模内不随所提供服务的数量变动而变动的成本。例如，对于以陆路运输为主的物流公司来说，固定成本构成中包括货运站、运输工具、信息系统的初始投资建设费以及其他管理费等费用。变动成本是随着所提供服务的数量变动而引起变动的成本，就运输变动成本而言，包括燃料、税金、信息通信费及其他管理费用等。在一般情况下，物流企业服务价格水平至少应弥补变动成本开支。

2）物流服务内容及服务质量水平。俗话说“一分钱，一分货”。物流企业根据自身基础设施条件提供服务内容、确定服务质量水平，其服务价格在很大程度上也取决于所提供的服务内容及服务质量水平。一般说来，服务质量水平越高，其成本相对越大，价格水平也越高。近年来，越来越多的第三方物流企业声称他们能够提供“一站式”服务，能够为客户提供安全、快捷、准确、信息反馈及时的物流服务，这在很大程度上满足了客户的需求。这些高质量的物流服务有理由要求更高的服务价格。由于物流服务质量水平与物流成本之间存在“效益背反”规律，因此，无论是对物流企业，还是对消费者而言，如何找到利益均衡点是至关重要的。

3）企业预期利润率。预期利润率与最终的服务价格水平有很大的关系，而且与企业的经营环境和市场竞争强度也有很大的关系。若企业享有竞争优势或市场上存在较少的竞争对手，企业可能会制定一个相对较高的利润率水平。当然这个利润率水平也要与其提供的服务本身的内容和质量水平相符合，否则也不会适应市场需求。

4）定价策略及其他因素。企业的定价策略与企业整体战略规划有很大关系。如初进入市场的企业可能会采取掠夺式定价策略来抢占市场份额。一般而言，物流企业会根据其在市场上的地位、实力以及所提供的服务水平，对利润有一个期望值。如果是一家新成立的物流公司，市场份额不大，实力并不雄厚，那它往往会采用低价策略，吸引更多的客户，让自己迅速成长；如果是一家有一定经济基础的物流企业，实力相对雄厚，能基本保证对客户的服务质量，那它会根据企业期望达到的利润率及市场上其他竞争对手的价格综合定价。

（2）企业外部影响因素

作为企业不能直接控制，但会对企业服务价格制定产生影响的外部因素主要有以下几个。

1）企业原运作成本。原运作成本是与业务外包这一概念相对应的，是指物流服务需求商在将特定的业务外包给第三方物流企业之前完成这些特定业务发生的成本。通常由于第三方物流企业专业化运作优势的存在，在相同服务水平及服务总量的情况下，原运作成本一般高于外包后第三方物流企业的运作成本。从理论上说，当其他条件保持不变（服务内容、总量及服务质量水平）且竞争有序的情况下，企业原运作成本为物流企业所能索取的最高价格。生产或销售企业原运作成本越高，物流企业越可能索取较高的物流服务费用。

2）商品对物流费用的承担能力。物流活动所面对的商品对象对物流服务价格的承担能力也是制约最终服务价格的重要因素。在流量、流向及流程相同的情况下，高利润率的商品一般比利润率低的商品单位物流服务费用要高。如同样包装、重量的茅台酒比纯净水的仓储价格要高。

（3）物流市场的环境

除了上述因素外，企业的定价决策还受企业所处竞争环境的影响。企业所处竞争环境的最重要方面是企业面临的竞争程度，在竞争性很强的市场上，企业无力控制市场价格，企业将在一定价格下选择合适的产量；相反，在缺乏竞争的市场上企业将同时选择价格与产量。

物流企业在服务定价时，应该结合自身所处的市场竞争环境，综合考虑自己采取某种定价策略及价格水平和竞争对手的可能行动来最终确定当前时期企业的定价行为。

（4）其他外部影响因素

1）时间、季节以及温度等因素均能够通过影响物流的需求或供给，最终影响服务价格，如春运期间运输费用普遍的上涨。

2）宏观产业政策，如营业税、国家对于超载的处罚力度等也会影响到物流服务价格的制定。

3）定价者在定价过程中需要考虑需求商的议价能力，往往会自己先去确定一个最低利润率底线，在实际中与需求商沟通谈判，争取利润的最大化。此类心理医素也在一定程度上影响服务价格。

5.3.2 物流服务的定价方法

定价方法是指以特定的企业定价目标为指引，参考成本、供求和竞争等各项因素，灵活地运用定价策略，具体地对产品价格进行计算的方法。企业定价方法是否合理，关系到企业整个定价决策的成败。

服务定价方法有很多种，在物流企业中物流服务定价常采用以下几种方法。

1. 基于成本导向的物流服务定价法

（1）成本加成定价法

成本加成定价法是指企业不按照边际效用原则追求最大利润的一种常见的定价方法，即以企业或部门正常经营时的平均单位成本为基础，再加上一定比例的利润和税金而制定服务价格。成本加成定价法通常用于在过渡时期，对服务内容尚不确定的服务产品的定价，往往会有特别好的效果。但是在实际的运用过程中，需要注意的是物流企业单位货物的物流成本可能随着实际服务量（运输量、仓储、配送量）的变动而变动，因此单位货物的物流成本可能是一个区间量。这也是其在实际使用中往往采用平均成本的一个重要原因。

成本加成定价法的优点是：第一，制造商不受传统单位定价法中服务商保护性定价的侵害；第二，可以保护服务商免受不可预见的服务数量或服务水平可能导致的损失；第三，保证服务商获得一定利润的同时，制造商可以保持对成本的控制；第四，制造商对物流成本构成有准确的信息。

它的缺点是：服务价格确定之前必须先确定服务总量，即根据服务量的大小来测算成本的分摊，从而制定价格。它完全忽视了价格是影响服务需求量的重要因素，当价格不能灵敏地反映市场供求变化时，定价会缺乏竞争能力。因此成本加成定价不是一个长期可行的定价方法。

（2）作业成本定价法

作业成本定价法在运输领域运用得比较多。在这种定价方法下，制造商付给服务商一定报酬，以弥补其成本或支出，包括租金、设备磨损及管理费等固定成本，也包括劳动工资、燃料费、设备维持费等可变成本。作业成本定价法可以准确地反映出服务商提供了哪些服务以及为这些服务花费了多少。服务商不必高估他们的单位工作价格来避免可能的损失；制造商也可以根据发票等记账单更准确地跟踪物流成本。但是作业成本定价法的价格确定比较复杂，不易计算，比较难于应用于刚刚建立起来的第三方物流关系。如果没有相应的收益共享计划等激励安排，服务商对持续改善物流服务将缺少经济利益上的内在动力。

（3）基于收益共享的定价方法

基于收益共享的定价方法通常用于学习曲线比较高的时候，即建立第三方物流关系的初期。在这种定价方法下，制造商与服务商共享物流成本节约带来的收益。它的优点是：激励服务商持续降低物流服务成本；对新建第三方物流关系有很好的效果；也可用于长期的第三方物流关系。它的缺点是：长期使用的效果不理想，因为随着改进机会的减少，通过改进获得收益的效应也逐渐减小，对服务商的激励作用减弱。

将竞争因素作为定价主导因素时，企业的目标是保持和占有较大的市场占有率，其定价程序是：竞争对手→价格→成本。因此，在以竞争为导向的定价决策中，对竞争对手的研究成为企业定价的起点，低于竞争对手的价格是实现企业战略目标并在竞争中获胜的法宝，而低成本正是实现低于竞争对手价格的直接保证。

2. 基于竞争导向的物流服务定价法

竞争导向定价法是一种以竞争者产品的特性和价格为定价依据，以竞争状况的变化来确定和调整价格，以创造和形成持续竞争优势为目标的一种定价决策。企业通过研究竞争对手的服务状况、价格水平等因素，依据自身的竞争实力，参考成本和供求状况来制定有利于在竞争中获胜的价格。企业通常以低于竞争对手的价格提供与其相同或相似的服务，以达到增加利润，扩大销售量或提高市场占有率的目的。

基于竞争导向的物流服务定价法常用的有以下几种。

（1）随行就市定价法

厂商使自己的商品价格与同行业的平均水平持平。在竞争激烈、需求弹性较小、供需基本平衡的物流市场上，这是一种比较稳妥的定价方法。这样做既减少了风险，又大体反映了物流服务的社会必要劳动时间，从而获得平均利润，或经过降低成本的努力，获得超额利润。

（2）边际贡献定价法

当企业的营销市场发生变化，企业的商品按原价出售有困难，或者企业为了竞争的需要，压价以取得竞争优势时，企业可以采用边际贡献定价法。边际贡献定价法实际上是一种可变成本加成法，它暂不考虑固定成本的分摊，只考虑可变成本，算出贡献利润（即商品价格与可变成本之差）后，再把分摊的固定成本扣除，即得到企业的净利润。在企业的生产能力尚有多余的情况下，只要有边际贡献，就意味着有利可图。

3. 基于需求导向的物流服务定价法

以上所述的两种定价法是以企业自身及市场上其他竞争者为导向，忽略了市场上消费者需求导向的部分，即没有考虑到消费者可能对非货币价格比较敏感，而且可能以价格来判断质量。基于需求导向的物流服务定价方法恰好弥补了这点不足。

需求导向定价法是一种以需求为中心，以市场需求导向为指导，以消费者对商品的价值理解和认识程度为依据的定价方法。它是依据消费者对产品的需求强度，对产品价值的理解和对价格的承受能力为基础的一种定价方法。因为价格是否合理最终要得到消费者的评判，只有价格与消费者的理解价值相吻合时，消费者才会实现购买行为。

以市场需求为导向的定价方法有利于企业在市场上获得最大利润，也有利于满足不同用户的需求，从而实现企业与消费者的“双赢”。在这种定价决策中，需要企业的财务和会计人员提供相关的成本信息，但是，价格的决策权则掌握在市场营销部门。一般来说，以需求为导向的定价方法主要采用认知价值定价法、需求弹性定价法和差别定价法。

对上述三大类物流服务的定价方法进行归纳和总结，结果如表 5-1 所示。

表 5-1　物流服务定价方法的分析与比较

定价方法	优　点	缺　点
成本导向定价法	以价格来补偿成本支出，并能保证企业的基本盈利水平，使得企业经营保持在一种相对稳定水平	1. 忽视了一些产品成本估算的复杂性，如服务产品，影响成本产生的因素很多，成本结构不易确定 2. 忽视了成本的动态变化过程，缺乏适应性，需要对定价经常修正 3. 忽视了产品价格的市场接受程度以及竞争者的价格变化，进而影响市场份额 4. 忽视成本控制，掩盖成本浪费

（续）

定价方法	优　点	缺　点
竞争导向定价法	面对竞争十分激烈的市场，能够较为准确地把握现实状况，在市场上获得主动权，运用价格差异及其他营销手段击败竞争对手，抢占市场份额	1. 价格与成本，需求不发生直接关系，不利于反映企业真实成本和利润水平，为抢占市场份额而忽视了获利性 2. 运用价格战而获取竞争优势，极大地压缩了综合实力相对较弱的企业的生存空间。混乱过度的价格战，会造成市场价格秩序混乱，影响行业发展
需求导向定价法	尊崇以顾客为中心的营销理念，能够很好地反映市场需求，赢得客户	1. 过分关注顾客对于产品的价值认知以及需求特性，一味追求顾客满意，导致企业营利性相对较差 2. 需要对市场中潜在的顾客进行大量的调查分析，增加工作量 3. 客户对于产品的认知比较主观，且相对比较善变，增加定价难度

综上，以上三种定价方法虽为定价的一般方法，但各自有其侧重点，既存在联系又存在冲突，且适用范围不同。如果对于物流服务的定价只是遵循其中一种方法来进行定价，即只从企业自身、竞争对手或者需求方单一方面考虑定价，那么价格必然会偏离实际，因为价格是由多方面因素共同决定的。因此，应将以上三种定价方法作为一种基本的定价思想，在实际的定价过程中，要结合物流服务的特殊性，综合考虑成本、竞争、需求三种因素，彼此互为补充，互相平衡，以便制订出合理的物流服务价格。

5.3.3　配送中心物流服务定价方法

目前国内物流配送中心有三种常见的定价方式：第一种是分步定价法；第二种是综合定价法；第三种是基于股份合作的定价方法。其中，分步定价法和综合定价法的理论基础和计算方法均采用的是经典的作业成本计算法。

1. 分步定价方法

（1）分步定价方法概述

配送中心的分步定价方法是指配送中心在为客户提供物流服务时，按照其所提供的各物流环节单独计价收费。例如，签订的合同中有运输服务，就计收其运费，如果再加上仓储服务，则视其货物的存放数量、种类和存放时间再加上仓储费。类似地，如果提供了配送、装卸、报关等环节的服务，就相应地计算各服务环节的收费价格。可以看出，这种产品的定价方法其实是传统的运输或仓储服务定价方法的沿用。虽然与客户签订的是一个合同，提供的服务是一体化的综合物流服务，但这种合同实质上是多个服务合同写在一张纸上。

分步定价方法是目前“类物流”企业向严格意义的第三方物流企业转型过程中主要的物流服务定价方法。配送中心采用分步定价方法，一方面是对传统服务方法和管理方法的继承，另一方面是因为配送中心目前难以计算和掌握整体的物流服务成本。目前，我国的配送中心往往是从传统的运输或仓储企业转型过来的，企业的管理者对原有的经营方式和经营成本比较熟悉，比较容易掌握和控制，对国内的物流委托企业来说，原有的经营方式和经营成本也比较容易接受。

由于现代物流理论中的价值链概念与作业成本法中的作业链概念实质上是同一事物的两个方面。因此，物流过程中的每一个环节其实可看作是配送中心中的一个作业，而每一个作业（每一步）的定价可以采用经典的作业成本计算法来完成。

作业成本计算法是传统成本会计系统的一种替代方法。1971 年，美国的斯特布斯（G. J. Stanbus）教授出版了《作业成本计算和投入产出会计》一书，提出了“作业”“作业会计”及“作业投入产出系统”等概念。他指出，成本计算的对象应该是作业，而不是完工产品；作业是与各类组织决策相关的一系列活动；作业成本计算就是要建立一套作业账户，以此来计算作业成本。作业成本计算法作为一种成本会计模型，由于其能够辨认出最有价值的顾客、产品和渠道；能够发现组织财务业绩真正的贡献者和侵蚀者；能够根据生产产量、组织结构、资源成本的变化，准确预测成本、利润及资源需求；能够发现不良财务业绩的根源；以及能够追踪产生成本的作业和流程，因此可以帮助管理人员有效地提升企业的业绩，实现企业价值的最大化。作业成本计算法在计算产品成本时，将着眼点从传统的“产品”上转移到“作业”上。以作业为核算对象，首先根据作业对资源的消耗情况将资源的成本分配到作业，再由作业依成本动因追踪到产品成本的形成和积累过程，由此而得出最终产品成本。其计算步骤大致是：直接成本费用的归集；作业的鉴定；成本库费用的归集；成本动因的确定；成本动因费率计算；成本库费用的分配；产品成本的计算。

在物流作业中采用作业成本计算法的前提是要将资源成本归结到作业，对于采用分步定价法的企业只需要计算到这一阶段，有了归集到物流环节上的成本数据，同时考虑一定的竞争策略，就可以确认该环节的收费价格了。

（2）分步定价法中的作业分析

物流服务的每一个环节其本质就是一个作业。分步定价法相当于对物流环节中的每一个作业进行价值确认。价值确认的过程就是确认作业性质以及对作业价值进行分析的过程：是否增值、完成效率、必要性如何等。

对作业的价值进行分析建立在顾客价值的基础上。顾客价值是指顾客从产品中获得的全部利益、满足或效用。作业的转移同时伴随着价值的转移，最终产品是全部作业的集合，同时也表现了全部作业的价值集合。根据是否增加顾客价值，作业分为增值作业和非增值作业。增值作业是指会增加顾客价值的作业，也就是说这种作业的增减变动会导致顾客价值的增减变动；非增值作业是指不会增减顾客价值的作业，这种作业增加或减少并不影响顾客价值的大小，也称这种作业为无效作业。对作业进行分析仅仅从作业的增值性方面考虑是远远不够的，还应从作业完成效率高低的角度将增值作业划分为高效作业和低效作业。高效作业是指没有消耗过多资源的作业，也就是完成效率高，成本费用低的作业。反之，低效作业是指消耗过多资源，完成效率低，成本费用高的作业。由此可见，企业的每项作业都包含两个方面的性质：是否增值作业以及作业完成的效率如何。例如，用作业分析方法分析某物流企业运输环节定价较低的问题。分析结果认为虽然该企业提供的物流服务是必要的，对客户来说也是增值的，但由于该企业完成作业的效率较低，那么就应该将该项作业外包给其他的专业运输公司。

作业的价值分析在分步定价方法中还有一个重要的应用，即发现已有作业中的高效作业和开发新的增值作业。对于配送中心来说，高效低成本的作业就意味着利润率高。例如，某配送中心仓库搬运和装卸作业全部由人工和简单机械完成，好像不具备现代物流企业的特征。但经过更深一步的调查，发现该公司在提供服务时，货物从仓库出入的搬运和装卸环节是单独收费的，而且是按件收费。虽然搬运人工费用较低，但这一环节竟然是该公司利润最高的环节。因此，从作业分析的观点出发，在目前的服务水平和定价方法下，该公司的搬运装卸作业是一个高效作业，应该保留，而不应一味地追求自动化、机械化。

另外，应用作业的价值分析可以开发新的增值作业、提供新的服务环节，这也就意味着企业增加新的收费环节。如在配送环节之外，增加客户产品中可循环使用的外包装的回收作业，对客户来说节约了成本，对企业来说增加了一个收入环节。在分步定价的方法下，客户也比较容易接受。

当然，分步定价法有其自身的局限性。以出入库装卸环节为例，从作业分析的观点看，企业的利润是由仓库保管员、搬运工人、送货员和司机等各个环节的一线操作人员创造的。但实际上，它是一个大的作业集合，它所耗费的成本远远不仅是搬运工人的人工费用和搬运工具的折旧，而且还应该包括一系列的配套作业所耗费的资源成本，如设备维修作业、出入库单据准备和数据传递作业等。这个环节耗费的资源不仅仅是搬运工人的人工费用，所以相应地，它所产生的利润也不仅仅是搬运工人的贡献。

2. 综合定价方法

(1) 综合定价方法概述

综合定价方法是指配送中心根据客户的要求，综合考虑物流服务所涉及的物流环节、服务水平和操作的复杂程度后，形成一个整体物流服务价格。综合定价方法是适应现代第三方物流理念的定价方法。美国哈佛商学院对物流定义是：物流是指为了全面实现某一特定的战略、目标或任务，把运输、供给、仓储、维护、采购和自动化综合成为一个单一的功能，以确保上述每个环节的最优化。也就是说，物流应该被综合成一个单一的功能。对于物流企业，客户只需要提出它的要求，客户要求的实施过程和实施过程的优化正是物流企业要完成的。如果把物流看作是单一功能，理所当然是单一定价。正是在这个单一定价的基础上，物流企业才可以实施物流过程的最优化，争取利润空间的最大化。不可否认，物流服务的综合定价方法是物流企业服务水平和管理水平发展到一定程度的表现，它有以下几个特点。

1) 综合定价方法是一体化综合物流服务在企业经营方式上的体现，也是委托方企业对综合物流服务的市场认可。

2) 综合定价不但体现了物流服务中具体操作环节的价值，而且还体现了物流设计、策划、管理、营销等非操作环节的价值。

3) 综合定价方法留给物流企业争取最大利润的空间。

4) 综合定价方法使客户更容易衡量和选择物流供应商。

综合定价方法是物流企业管理水平的体现，采用综合定价法的首要前提就是企业要有准确的服务成本信息。如果采用综合定价方法的企业对其自身生产的服务成本没有一个清楚的认识，无疑在市场竞争中就处于被动地位了。在分步定价方法中，物流过程中的每一个环节(作业)都是采用作业成本计算法得到的。但分步定价方法只计算出某个单独计价的物流环节的成本，并不考虑客户的成本差异，因此并没有发挥出作业成本计算法的全部优势。在综合定价方法下，作业成本计算法的优势可以得到充分的应用。因为，作业成本计算法不但能够深入到作业的层面，计算出作业的成本，而且还能够计算出整体物流服务的成本，能够可以反映出客户（服务）的成本差异。这就为综合定价方法下的物流企业服务定价决策提供了可靠的成本信息。物流企业服务定价的基础是服务成本，服务的销售价格与其成本的差额形成了企业的利润。成本计算的准确性对物流服务价格确认的重要性是显而易见的。

(2) 综合定价方法中的资源分析

物流服务的定价是市场的行为，并不是由生产企业单方面决定的，客户与物流提供商的取舍和选择是相互的，共同影响着服务价格的高低。在综合定价方法中，资源分析方法是一个十分重要和有效的技术和手段，可用于物流企业的客户取舍和选择策略。例如，对于物流企业来说，仓库是一种重要的资源，而仓库资源的特点是它始终处于供应状态，也就是说，不管仓库是否被完全使用，它始终是全额的耗费。从成本的角度，仓库折旧的计提不依据仓库是否存放货物和货物存放数量决定。如果在提供物流服务时，使用的是自有的仓库，就要考虑到资源闲置的问题。物流企业在作资源分析时，除了仓库之外，通常需要考虑的还有人力、运力、设备和信息服务的能力等。因此，物流产品的定价决策，不但要建立在准确的成本信息基础上，而且要用作业分析和资源分析的方法作全面综合的考虑。

资源分析是对企业的资源供应状况的判断，确认企业的现有和应有资源。作业成本的高低除了与作业量大小有关之外，还与供应资源的多少有关。有的资源是闲置的，但可能依然归属于某作业，作业量的减少并不能自动减少进行该项作业的设备和人数。从成本管理的角度出发，资源分析的重点是判断企业现有资源是否大于应有资源，在现有资源大于应有资源的情况下，对企业闲置的资源进行重新配置和利用。对资源进行分析要区分两个概念：耗用资源成本和供应资源成本，耗用资源成本不等于供应资源成本。耗用资源成本指作业实际耗费的成本；供应资源成本指企业实际花费或支付的资源成本，而不论是否被作业所耗费。这二者的关系可用下列公式描述：供应资源成本=耗用资源成本+未使用资源成本。

3. 基于股份合作的定价方法

对于规模较小的连锁超市和百货商店，自建独立的配送中心是不经济的。除了外包给专业的配送中心外，数个小型连锁超市合作建立配送中心也是条可行的出路，它可以有效发挥大规模采购和专业化经营的优势，降低物流成本，提高物流效率，较好地解决用户多样化需求和厂商大批量专业化生产的矛盾。但也由此产生了合作者之间的利益分配问题。

基于股份合作制的配送中心使所有合作者形成了利益共同体，由于大规模采购和专业化经营的优势，增加了利益共同体的总收益。但是，各个股东仍然是不同的利益个体，需要在各股东之间公正、科学地分配收益。配送价格是关键因素，如果配送价格定高了，配送中心得益多，占股份较大的股东分红多，而零售市场销售额较少的合作者就会吃亏；反之，如果配送价格定低了，销售额大的零售商得益，而配送中心股份多的合作者就要吃亏。因此，配送价格直接决定了各合作者的收益分配。股份合作制配送中心对内的配送定价主要解决总体和个体的利益协调问题。科学的配送定价必须兼顾公平性和先进性双重原则，既要在配送中心和零售市场之间进行科学的利润分配，合理平衡各零售商的收益，又要鼓励零售商努力提高经营管理水平。

【案例】

佳吉物流的区域定价策略

1. 定价背景

物流服务是一种地域性很强的服务，且这种地域的差异有较强的持久性，竞争对手难以模仿，这给中小物流企业在区域中的生存和发展提供了有利条件。由于各个区域的市场行情不同，管理成本不同，“如何科学地、有效地制定各个区域的定价策略?”成为困扰佳吉物流公司的一大难题，加上“定价策略是否合理”直接关系到公司的投标能否获得成功。

本案例的创新点在于将销售市场划分为远近不同的区域，各区域因物流成本差异而实行不同的价格，同区域内实行统一价格，价格的制定主要通过科学的作业成本法，考虑到仅仅以作业成本法在区域定价时会忽略处于分界线两侧的顾客对物流价格的影响，因此本案例还考虑了竞争者和顾客两个影响价格的主要因素，以补充作业成本法存在的不足。

2. 定价现状

(1) 佳吉物流公司定价策略

佳吉物流公司在提供物流服务定价时，考虑的主要因素包括：路线、数量、货物类型(整车、零担)、网点分布、战略意义等；同时还要参考以往的价格、经济社会环境、平均运输距离等。但在很多情况下，公司定价是依靠管理者的经验和主观判断，主观定价情况严重，至今没有一个科学严谨的定价模型来支持定价环节。

(2) 竞争者的定价策略

截至2005年年末，佳吉物流公司在全国200多个城市拥有自己的网点，形成长三角、珠三角、环渤海、东三省、大西北、大西南、成渝地区、中部地区为网点群的密集网络，在这些区域，佳吉物流公司均面对着强弱程度不一的竞争对手。竞争对手的服务方案和价格是佳吉物流公司的一个参照坐标，可以通过比较自己与竞争者的服务产品成本、价格和属性，了解自己的优势与劣势，发挥核心竞争力，为物流产品需求者提供优质的服务和具有竞争力的价格。当然，对竞争对手价格的变动，佳吉物流公司也会及时掌握相关信息，并做出及时、恰当的反应。表5-2是佳吉物流公司主要竞争对手的情况。

表5-2 佳吉物流公司主要竞争对手的情况

EMS	行业领袖，价格较高，在价格制定上基本不考虑竞争和成本的因素，不同重量等级的续价也无任何变化
宅急送	价格低，在中端市场非常有竞争力
	由于可选择的承诺时限多元化，所以相应价格也有多种选择；价格灵活，从主要城市间的定价来看，几乎每两地间单独采用一套价格，并且跟运输方式和成本有密切关系
顺丰	采用竞争定价法，在自己关注的包裹市场上，在跨区包裹市场与强有力的竞争对手EMS和大田展开竞争
	顺丰在三个主要集散中心之间，特别是从北京和上海到珠三角的往返件价格、速度优势明显，体现出顺丰快递争取跨区包裹的市场目标

3. 佳吉物流公司当前定价方法分析

从实际应用的角度来看，佳吉物流公司目前的定价方法还尚未形成科学、完善的体系，主要存在以下缺陷。

(1) 物流成本核算不够准确

佳吉物流公司现存的成本核算方法并不能为产品定价提供准确的依据。因为佳吉物流公司当前对物流服务成本的核算并不是以作业为基础，而是把作业掩盖在了一个黑箱之中，如图5-1所示。从现代物流管理的角度来看，佳吉物流公司并没有把握实际的物流作业成本，从而导致给客户的报价并不是建立在真实成本的基础上。

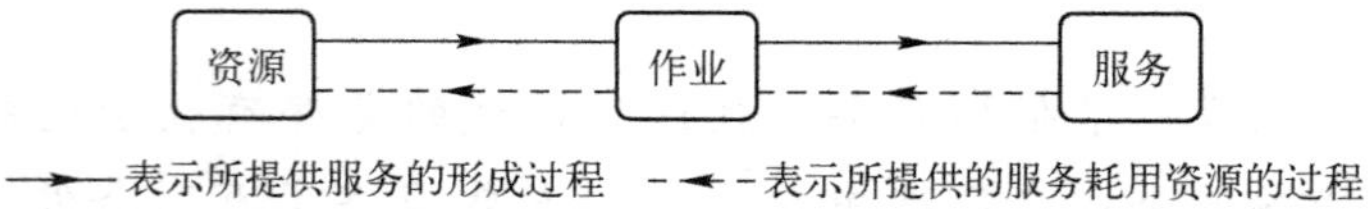

图5-1 佳吉物流公司成本核算黑箱中的作业

(2) 过于依赖外部价格

由于佳吉物流公司采用的是随行就市定价法为其物流服务定价，因此企业外部的市场价格或竞争者的价格便成了佳吉物流公司定价过程中的主导因素，从而忽略了企业自身的运营成本。不同企业的运营成本是不同的，仅靠对比分析是无法准确地了解相互的成本差距及产生差距的具体原因的。因此，这种随行就市定价法对于一个现代的物流企业来说未免过于粗放，而且也会使佳吉物流公司的运营陷于一种过于依赖外部价格的误区。

（3）招标过程定价偏低

佳吉物流公司80%的业务都是以投标的形式在市场中获得的。公司根据物流服务需求方招标书报出的业务量、业务类型、服务区域、物流预算等要素，通过大量的调研工作形成物流项目可行性研究报告，并给出服务报价参与竞标。由于物流服务涉及储存、运输、包装、流通加工、装卸搬运、信息处理和增值服务等多个业务环节，且合同期限一般都为一年，这就对佳吉物流公司的物流资源整合能力和长期控制能力提出了较高的要求。为了以较低的成本满足客户招标书中的业务要求，佳吉物流经常以各物流环节的最低服务价格作为计算总体预期成本的数据。而事实上，佳吉物流公司在真正为客户提供物流服务时，并不一定在某个业务环节可以从供应商那里享受到最低的价格，更不用说是每个环节都是竞标时预测的最低价格。在这种情况下，如果投标前的准备工作做得有一点不够细致，就会导致成本预算的失误，会导致佳吉物流公司达不到预期利润，甚至出现亏损。

（4）西南地区交通状况的困难

"蜀道之难难于上青天"，随着西南地区物流订单的增加，汽车的破损率和油耗的上升成为佳吉物流公司的严峻考验。

4. 佳吉物流公司新的定价方案设计

（1）区域定价模型设计

某种服务的最高与最低价格分别取决于市场需求和提供该项服务而形成的成本费用，需求在很大程度上为企业确定了一个最高的价格限度，而成本则决定着价格的底线。企业需要确定各个区域各服务的实际成本，如不能正确衡量出提供服务所需的实际成本，就无法计算其价格底线，也就很难制订出一个既有竞争性又保证企业能够获利的价格，而这一点恰恰对企业起着至关重要的作用。通过对佳吉物流公司在定价中存在的问题的分析，不难发现佳吉物流公司在定价中存在的问题的原因主要集中在物流成本核算不科学以及不严谨。在综合分析了佳吉物流公司的情况后，在此提出采用作业成本法作为其服务定价方法。

（2）计算程序

作业成本的计算程序可分为两个阶段：第一阶段是分析资源动因，将消耗的资源分配到作业中；第二阶段是分析作业动因，将成本分配到成本对象中。作业成本计算的4个步骤如下。

1）确认主要作业，划分作业中心，以便集中由相同性质的作业引起的生产费用。佳吉物流公司可以通过作业流程图分析物流链上各作业的相互联系，从而在合理范围内整合同质作业、划分作业中心。

2）分析和界定所消耗资源，归集资源费用到同质成本库。资源成本信息的主要来源是总分类账，它提供诸如企业今年支付了多少工资、多少折旧以及应支付多少税金等信息。但总分类账中没有各项作业所消耗资源的成本，因此，佳吉物流公司必须将资源成本根据不同的成本动因分配到物流的各作业中去。同质作业成本归集在一起便构成同质作业成本库，即可用一项成本动因解释成本变动的若干项作业的集合。

3）确定物流成本动因，计算成本库动因率。物流成本动因反映了物流作业量与资源消耗费用间的因果关系，说明了资源被各作业消耗的原因、方式和数量，是把资源分摊到作业中取得衡量标准，亦可作为成本分配率。

$$\text{成本动因率}=\frac{\text{该成本库轨迹的资源成本}}{\text{该库成本动因消耗总数}}$$

4）分配作业成本于成本对象。测算了佳吉物流公司的各成本库分配率及消耗的成本动因数量之后，便可把成本库中的成本分配到各成本对象中：

某成本对象成本=某作业成本库的成本动因率×该作业消耗的成本动因量

将分配到某产品的分摊作业成本和直接成本（直接人工和直接材料）合并汇总，便可得出所提供服务的总成本。

5. 实例分析

佳吉物流公司中标赢得了为生产软饮料的 A 公司提供物流服务的业务，主要为其提供湖北省内的货物运输和市内商品配送业务，如图 5-2 所示。具体描述如下：

图 5-2　湖北省内货物运输和商品配送情况

佳吉物流公司负责 A 公司的饮料在湖北省内的分拨运输和主要中心城市的配送服务。A 公司位于湖北省武汉市，是饮料的产地。佳吉物流公司以公路运输的方式将商品运送至 3 个一级分拨中心城市荆州市、黄石市、随州市，该段一级分拨运输距离分别为 220 km、115 km、170 km，然后由 3 个一级分拨中心向 50 km 范围内的 6 个分销网点进行适时配送。佳吉物流公司负责自货物从武汉市工厂起，至货物到达 6 个分销网点位置的整个运输配送服务过程的组织管理，包括公路运输、一级配送中心的库存管理以及向各网点的配送服务的全程组织和管理。

（1）建立作业体系、界定耗用资源

根据该项目的介绍，结合作业成本法的基本原理和实施程序，建立物流作业活动体系，并界定各作业所耗用的资源，具体内容如表 5-3 所示。

表 5-3　A 公司物流服务项目作业体系及耗用资源

作业名称	作业类型	资源动因	费用项目
方案设计	产品水平作业	人工工时	人工费、材料费
方案投标	产品水平作业	人工工时	人工费、材料费
信息系统设计	产品水平作业	需求复杂程度	人工费、材料费
信息系统调试	产品水平作业	调试次数、人工工时	人工费、材料费
运输	批次水平作业	运输距离	人工费、车辆燃油费、保险费、车辆折旧费、事故损失费、维修保养费
装卸作业	单位水平作业	机械工时、人工工时	人工费、维修费、燃料费、折旧费

（续）

作业名称	作业类型	资源动因	费用项目
入库	批次水平作业	入库次数	人工费、维修费
装卸搬运	批次水平作业	托盘数	人工费、维修费、燃料费、折旧费
保管于补充	批次水平作业	托盘数	人工费、维修费、燃料费、折旧费
拣选	批次水平作业	托盘数	人工费、维修费、折旧费
检验	批次水平作业	托盘数	人工费
出库	批次水平作业	出库次数、托盘数	人工费、维修费
单证处理	批次水平作业	入库次数、订单数量	人工费、材料费
客户访问	产品水平作业	客户数量	人工费、差旅费、管理费
提供客户报告	产品水平作业	客户数量	人工费、材料费
调查、联络	批次水平作业	客户数量	人工费、管理费
解决问题	批次水平作业	延迟交货次数	人工费、管理费

在此，将该物流项目所涉及的资源分为直接资源费用和间接资源费用，其构成如表5–4所示。

表5–4　物流项目耗费资源费用分类

直接资源费用	人工费、车辆燃料费、材料费、路桥费
间接资源费用	订单处理费、折旧费、保险费、维修费、管理费、仓储费、库存费、缺货成本、配送费、委托运输费、事故损失费、其他费用

（2）确立作业中心

确定了作业和消耗的资源后，下一步就是根据作业的相似性将各个作业合并、整合，建立作业中心，并确定合理的成本动因。各个作业中心成本是该中心各个作业成本费用之和，应包括运输费、折旧费、职工工资、修理费、低值易耗品的费用和办公管理费等。这些数据均可从佳吉物流公司的总分类账中获取，经过加工处理后利用，归集后的A物流项目的作业中心以及相应的成本动因，如表5–5所示。

表5–5　A物流项目的作业中心以及相应的成本动因

作业中心	作业名称	成本动因
业务承揽	方案设计	人工工时
	方案投标	
系统设计	信息系统设计	人工工时
	信息系统调试	
运输配送	运输	运输距离
装卸	装卸作业	机械工时
库存管理	入库	托盘数
	装卸搬运	
	保管于补充	
	拣选	
	检验	
	出库	

（续）

作业中心	作业名称	成本动因
分销商评审	客户访问	客户数量
	提供客户报告	
订单处理	单证处理	订单数量
问题处理	调查、联络	问题次数
	解决问题	

对此案例中作业中心成本动因的确定做如下说明。

第一，业务承揽和系统设计的工作以人工为主，故该作业中心以人工工时为成本驱动因素。

第二，运输和配送的成本与运输的距离密切相关，所以以运输距离作为该作业中心的成本动因。

第三，仓库内的饮料都是以整托盘的方式存放的，仓储环节的人员工资是由其工作量决定的，在完全托盘化的仓库作业中，仓库人员的工作量是与托盘数成正比的，故将托盘数定为库存管理的成本动因。

第四，订单数量是影响订单处理成本最直接的因素，所以将订单数量确定为订单处理的成本动因。

第五，装卸搬运作业一般是机械完成的，故以机时为成本动因。

（3）计算物流服务成本

确定了作业中心及其相对的成本动因，将完成每个作业的作业动因相加得出该作业中心的成本动因数，乘以相应的成本动因率便可得出每个作业中心的作业成本，再将各作业中心的成本相加，即可得到整个物流合同的总成本。由作业成本基本原理数学模型变形后，得出成本动因率计算公式为

$$R_j = \sum_{i=1}^{n} \frac{C_{ij}}{A_j}$$

式中　R_j——j 作业中心的成本动因率；

C_{ij}——j 作业中心 i 作业成本；

A_j——作业中心的成本动因数量；

n——归入 j 作业中心的作业数量。

作业中心成本库消耗的资源费用总量和作业动因总数，可以从佳吉物流公司对各个作业成本的记录以及成本费用账目（如成本记录单、作业成本账目和物流业务统计表等）中获得，以此来计算各个作业中心的成本动因率。表 5-6 即为佳吉公司经过综合整理后的各作业中心成本库消耗的资源费用总量和成本动因量总表，并以此计算出各个作业中心相应的成本动因率。

表 5-6　各作业中心成本库消耗的资源费用总量和成本动因量总表

作业中心	作业成本库	作业动因量	作业动因率
业务承揽	206 840 元	人工工时：3 320 小时	62.3 元/工时
系统设计	263 480 元	人工工时：1 870 小时	140.9 元/小时
运输配送	7 980 450 元	运输里程：495 680 km	16.1 元/km
装卸	1 323 430 元	机械工时：61 270 机时	21.6 元/机时
库存管理	4 346 830 元	托盘数：91 320 托	47.6 元/托

（续）

作业中心	作业成本库	作业动因量	作业动因率
分销商评审	27 490 元	客户数：176 个	156.2 元/个
订单处理	72 250 元	订单数：2 856 份	25.3 元/份
问题处理	30 180 元	问题次数：268 次	112.6 元/次
总计	14 235 670 元		

在确定了成本动因率后，根据 A 物流项目记录的各作业中心成本动因数量，便可计算佳吉公司 A 项目的作业中心成本库成本和该物流合同的总成本，计算列表如表 5-7 所示。

表 5-7　物流项目成本库成本和合同成本计算列表

作业中心	A 项目作业动因量	成本动因率	作业成本库
业务承揽	人工工时：360 小时	62.3 元/工时	22 428.0 元
系统设计	人工工时：110 小时	140.9 元/小时	15 499.0 元
运输配送	运输里程：45 560 km	16.1 元/km	733 516.0 元
装卸	机械工时：5 530 机时	21.6 元/机时	119 448.0 元
库存管理	托盘数：8 100 托	47.5 元/托	384 750.0 元
分销商评审	客户数：16 个	215.2 元/个	215.2 元
订单处理	订单数：279 份	25.3 元/份	7 058.7 元
问题处理			2 589.8 元
合计			1 285 504.7 元

作业成本法对于佳吉物流公司具有重要的现实意义，在此基础上制定出的服务价格具有科学性、客观性、现实性的特点。

（4）佳吉定价策略的二次优化设计

产品价格的底线是由成本确定的，上限则是由产品对顾客的价值确定的，而竞争者的因素则是确定实际价格时必须考虑的重要因素。本方案在通过作业成本法计算产品价格的底线后，考虑到不同区域的实际情况将竞争者与顾客因素也作为定价依据，佳吉物流公司应熟悉各区域的市场环境和客户需求，并拥有较完善的区域服务网络，使区域物流服务对手难以模仿，具有较强的不可替代性，农村物流与城市物流区域差异性非常明显，北方地区物流方式与南方地区的物流方式也存在较大差别。区域差异往往会导致物流成本产生较大差别。结合物流服务的区域性特点，根据区域物流中客户需求、订单数量、时间要求、物流成本、竞争环境等不同，佳吉物流公司应在作业成本定价的基础上采取差异化定价策略，以满足不同区域物流服务的要求和特点。佳吉物流公司可以将全国划分为长三角、珠三角、环渤海、东三省、大西北、大西南、成渝地区、中部地区八个区域，每个区内适用同样的价格，操作简便。而在面对各个区域内强弱不同的竞争对手，竞争对手的服务方案和价格可以说是佳吉物流公司的参考坐标、价格和属性。

1）在各个区域提供特色运输服务，提高定价的主动性。

第一，高价策略。在提供新产品或新特色运输服务开拓时期，新产品一般在投入市场时竞争较小，运价定得很高，一旦竞争的加剧，可采取降价策略，限制竞争者的进入，以稳定市场占有率。

第二，低价策略。在提供新产品或新特色运输服务投入市场时价格定得较低，使用户很容易接受，利润微薄使别的企业不愿意进入竞争，以利于快速打开市场。此方法适用于需求弹性大、运输量大的情况，运输量越大，单位运输量和成本费用越低。

第三，渗透策略。在运输不发达的区域，购买力弱的区域，采用适当的低价策略，留下美誉，以利于逐步培育新的市场。

2）顾客满意定价策略。

根据消费量的大小可以把客户划分为大客户和中小客户，以及长期合同客户和一次性交易客户。针对不同的客户类型，可采用不同的定价方法。

第一，季节折扣策略。在运输淡季的时候给予一定的价格折扣，有利于刺激消费者的均衡需求，便于企业均衡运输作业。

第二，数量折扣策略。客户托运货物数量大，货物票数多的给予一定的折扣优惠策略，赢得客户的满意度。

第三，现金折扣策略。对企业以现金付款或提前预付款的客户给予一定比例的价格折扣优惠。

资料来源：毛春华．公路定时达营销策略的研究与分析［J］．时代报告，2014（06）：253.

本章小结

定价决策是企业的一项基本活动。定价理论散见于各个领域之中，而且随着行业的不同定价理论有很大的差别。随着物流业的快速发展，物流服务的定价已经成为物流企业能否取得成功的最重要的影响因素之一。针对物流服务的成本管理和定价的研究与实践，本章首先介绍了电子商务物流服务和成本的概念，分析了电子商务物流服务与成本之间的制约与协调关系；然后在介绍了物流成本管理和控制的概念、目标和意义之后，详细分析了物流几个关键过程的成本管理和控制策略以及物流成本整体优化的思想；最后阐述了单个企业和配送中心对自身物流服务定价的方法、策略以及注意事项，为物流服务定价决策提供了一种系统思维方法。

习　　题

一、单项选择

1. 现在越来越多的企业推行（　　），这是一种进行物流成本归集核算的有效方法。

   A. 作业成本法　　B. 经验法　　C. 数量法　　D. 规划论法

2. 物流管理的首要任务是（　　）。

   A. 提高物流效率　　B. 降低物流成本　C. 满足顾客需求　　D. 服务的可靠性

3. 被称为生产物流的终点，同时也是社会物流的起点的物流活动是（　　）。

   A. 运输　　B. 装卸搬运　　C. 流通加工　　D. 包装

4. 日本企业的物流成本管理大多处于（　　）阶段。

   A. 成本认识　　B. 成本核算　　C. 成本管理　　D. 收益评估

5. 作业动因反映了（　　）对作业消耗的逻辑关系。

   A. 成本　　B. 资源　　C. 资源动因　　D. 成本对象

6. 物流供应市场是指物流服务（　　）的市场。

A. 需求商　B. 提供商　C. 中间商　D. 生产商

7.（　　）就是厂商使自己的商品价格跟上同行业的平均水平。

A. 垄断定价　B. 随行就市　C. 投标定价　D. 倾销定价

8.（　　）是提供给不同地区客户的某种产品，在综合考虑费用增加的基础上，制定不同的价格。

A. 互补产品定价　B. 地区定价　C. 渗透定价　D. 中间定价

9. 企业物流成本决策选择的依据是：物流成本水平一定的情况下，选择物流服务水平最高的方案，或物流服务水平一定的情况下，选择（　　）。

A. 物流总成本最高的方案　B. 物流服务水平最高的方案

C. 物流总成本最低的方案　D. 物流服务水平最低的方案

10. 当前最具发展潜力的企业管理工具之一的采购方式是（　　）。

A. 招标采购　B. 集中采购　C. 电子采购　D. 联合采购

二、多项选择

1. 下列哪项是物流企业定价的导向（　　）。

A. 成本导向　B. 需求导向　C. 竞争导向　D. 价格导向　E. 供给导向

2. 下列哪项属于价格折扣策略（　　）。

A. 数量折扣　B. 季节折扣　C. 现金折扣　D. 业务折扣　E. 赠品

3. 影响企业定价的因素有（　　）。

A. 定价目标　B. 需求　C. 成本　D. 市场竞争状况　E. 服务水平

4. 物流企业服务定价目标主要有（　　）等。

A. 维持生存　B. 当期利润最大化　C. 市场占有率最大化

D. 产品质量最优化　E. 成本最小化

5. 市场领导者在遭到其他企业的进攻后，有（　　）策略可供选择。

A. 提高产品质量　B. 提价　C. 维持价格不变

D. 降价　E. 降低服务水平

三、简答题

1. 影响物流成本管理的因素有哪些？

2. 什么是显性物流成本和隐性物流成本？

3. 简述物流服务定价的主要方法有哪些？

4. 第三方物流如何能够为客户降低物流成本？

5. 简述欧美国家物流成本管理的发展过程。

四、实训题：电子商务环境下物流企业服务定价及成本调查

1. 实训目的：通过实训，了解目前国内电子商务环境下，物流企业所提供的服务价格以及消费者对该价格的接受程度和评价。

2. 实训内容：通过对所在城市物流市场的实际调研，了解电子商务环境下，各类物流企业的定价模式；了解不同年龄、收入层次对该物流服务价格的接受程度和评价；分析该物流服务价格的合理性以及改善空间。

3. 实训要求：参与实训的学生以分组的形式，在教师的指导下，分工协作完成实地调研和资料搜集，并将资料进行分类整理，进行小组讨论归纳，形成最终的实训报告。

第 6 章　电子商务物流的智能化技术

【学习目标】

1. 了解智能化技术的概念、特点、结构和分类。
2. 了解和掌握智能化技术的形成和发展过程，掌握智能化技术对电子商务物流的推动和优化作用。
3. 了解智能化技术在电子商务物流中的应用。
4. 了解物联网、大数据、人工智能、区块链和云计算等智能化技术的应用瓶颈和发展趋势。

【引例】

将“汗水物流”转变为“智慧物流”

在无锡苏南硕放机场附近，有个快递包裹自动分拣中心，大大小小的包裹正被传送带自动分发到代表不同地区的收集袋中。“这不是一条普通的传送带，而是一套自动分拣设备，装备有自主研发的图像型全向大视野高景深自动扫码系统。系统在读取条码信息后，从数据库可以获得每个包裹的地址信息，从而实现自动分拣。”这套自动分拣设备的研发者、中国科学院微电子研究所（以下简称微电子所）研究员李功燕如是说。

1. 从果蔬分选说起

这套物流包裹自动分拣系统的技术原理来自微电子所科研团队在 2007 年开发的果蔬分选系统。我国是世界上最大的果蔬生产国，年产量达到 10 亿吨，辐射带动相关产业实现产值超过 3 万亿元。然而，一些问题也随之暴露。如国内果蔬采后商品化处理比例不足 30%（发达国家高达 80%以上）；产地采后腐烂损耗高达 20%~30%，直接经济损失超过 4000 亿元；产地商品化处理技术、产品、装备与国际存在较大差距，严重影响我国果蔬产品商品性和市场竞争力。以赣南脐橙为例，赣南脐橙规模化种植后，采后商品化处理成为推动赣南脐橙品牌化、国际化的重要手段。长期以来，赣南脐橙产地的商品化处理技术、产品、装备与国际存在较大差距，严重影响赣南脐橙的商品性和市场竞争力。2007 年起，微电子所与江西绿萌、赣南师范大学合作，联合开发基于重量、表面视觉、含糖量融合的果蔬分选系统。据李功燕介绍，项目初期成果于 2008 年底实现产业化，并大规模应用于赣南脐橙。随后，果蔬分选系统在国内 25 个省市先后安装了 600 余套，出口 11 个国家和地区，目前在国内同类产品的高端市场比例已经达到 80%以上。果蔬分选系统不仅实现了产业转型升级，还发挥延长产业链、提升价值链的作用，促进农民增收和农业增效。

2. 行业颠覆性创新

统计显示，我国快递业务量连续 5 年稳居世界第一，对世界经济增长贡献率超过 50%，成为世界物流业的动力源和稳定器。2018 年全国完成快递投送 507. 1 亿件。目前，快递行业 7 家企业上市，市值接近万亿元。马云曾指出，中国快递 10 年时间，将一个不能称之为行业的行业，做成了一个超过了美国近一百年积累的行业。然而，在中国快递行业发展的背后流淌着无数快递员的汗水。以人工分拣快递为例，需要一个个拣货员手动扫描快递包裹的条码，再根据包裹上粘贴的快递单信息将其放到代表相应配送位置的区域，不仅工作量大，而且效率低下、容易出错。2014 年，李功燕团队通过调研发现，之前的果蔬分选系统的技术原理也可以应用于物流包裹分拣系统。经过一年的攻关，团队推出了物流包裹分拣系统原理样机。2018 年，在小件自动分拣技术基础上，团队进一步创新性地研发了大件包裹自动分拣系统、经济型动态秤系统以及直线型分拣系统，初步构建了具有自主知识产权的物流智能装备产品体系。在无锡硕放机场的快递包裹自动分拣系统采用单层线结构，总长近 300 米，每小时可分拣快递包裹 3.6 万件。然而这并不是这套系统的最快速度，其最快的速度是 1 秒钟扫描 20 件商品，1 小时分拣 7.2 万件商品，出错率只有万分之一。

以前由人工操作的快递分拣工作，现在只需要一个工人在入货口将包裹放上供包机，经过主线自动扫码装置，系统利用大分辨率图像传感、高速信息处理等技术，在 1 平方米范围内可扫描任意高度的货物条码，再由数据驱动包裹传送至相应区域分拣口时，包裹便会滑入收集袋内，节省人力超过 60%，这无疑标志着智能制造和自动化工业控制的时代已经来临。

资料来源：沈春蕾．许绍云．将“汗水物流”转变为“智慧物流”[N]．中国科学报，2019-5-30-005.

6.1 物联网

6.1.1 物联网基础

1. 物联网的概念

物联网最初被描述为物品通过射频识别等信息传感器设备与互联网连接起来，实现智能化识别和管理。其核心在于物与物之间广泛而普遍的互联。目前物联网还没有一个公认的定义，其主要原因是：第一，由于物联网的理论体系没有完全建立，社会大众对其认识还不够具体和深入，还不能透过现象窥探其本质；第二，由于物联网与互联网、移动通信网、传感网等都有密切关系，不同领域的研究者对物联网思考所基于的出发点各异，短期内还没有共识。但是通过与传感网、互联网、泛在网等相关网络的比较，可以大致对物联网进行简单的描述：物联网是一个基于互联网和传统电信网的信息载体，是一个能够让所有被独立寻址的普通物理对象实现互联互通的网络，具有普遍对象设备化、自治终端互联化和普适服务智能化等重要特征。在物联网时代，每一件物体均可知道，每一件物体均可通信，每一件物体均可控制。国际电信联盟描绘出了物联网时代的图景：当司机出现操作失误时汽车会自动报警；公文包会提醒主人忘带了什么东西；衣服会“告诉”洗衣机对颜色和水温的要求等。毫无疑问，物联网时代的来临将会使人们的日常生活发生翻天覆地的变化。

继计算机、互联网和移动通信之后，业界普遍认为物联网将引领信息产业革命的新一次浪潮，成为未来社会经济发展、社会进步和科技创新的最重要的基础设施，关系着未来国家物理基础设施的安全利用。由于物联网融合了半导体、传感器、计算机、通信网络等多种技术，是电子信息产业发展的新制高点，在不久的将来，世界上物物互联的业务，跟人与人通信的业务相比，将达到 30:1。由此，“物联网”被称为是下一个万亿级的产业，其市场前景将远远超过计算机、互联网和移动通信。

2. 物联网的发展

物联网的基本思想出现于 20 世纪 90 年代。2005 年 11 月 7 日，在信息社会世界峰会（WSIS）上，国际电信联盟（ITU）发布了《ITU 互联网报告 2005：物联网》。报告指出，无所不在的“物联网”通信时代即将来临，世界上所有的物体从轮胎到牙刷、从房屋到纸巾都可以通过互联网主动进行信息交换。射频识别技术（RFID）、传感器技术、纳米技术、智能嵌入技术将得到更加广泛的应用。欧洲智能系统集成技术平台（EPOSS）于 2008 年在《物联网 2020》(《Internet of Things in 2008》）报告中分析预测了物联网的发展阶段。

奥巴马就任美国总统后，于 2009 年 1 月 28 日与美国工商业领袖举行了一次“圆桌会议”。作为仅有的两名代表之一，IBM 首席执行官彭明盛首次提出“智慧地球”这一概念，建议现任政府投资新一代的智慧型基础设施。奥巴马对此给予了积极的回应，“经济刺激资金将会投入到宽带网络等新兴技术中去，毫无疑问，这就是美国在 21 世纪保持和夺回竞争优势的方式。”

2009 年欧盟执委会发表题为《Internet of Things-An action plan for Europe》的物联网行动方案，描绘了物联网技术应用的前景，并提出要加强对物联网的管理、完善隐私和个人数据保护、提高物理网的可信度、推广标准化、建立开放式的创新环境、推广物联网应用的行动建议。韩国通信委员会于 2009 年出台了《物联网基础设施构建基本规划》，该规划是在韩国政府之前的一系列 RFID/USN（传感器网）相关计划基础上提出的，目标是要在已有的 RFID/USN 应用和实验网条件下构建世界最先进的物联网基础设施、发展物联网服务、研发物联网技术、营造物联网推广环境等。2009 年日本政府 IT 战略本部制定了日本新一代的信息化战略《I-Japan 战略 2015》，该战略旨在到 2015 年让数字信息如同空气和水一样融入每一个角落，聚集电子政务、医疗保健和教育人才三大核心领域，激活产业和市场的活性并培育新产业，以及整合数字化基础设施。

我国政府也高度重视物联网的研究和发展。2009 年 8 月 7 日时任国务院总理温家宝在无锡视察时发表重要讲话，提出“感知中国”的战略构想，表示中国要抓住机遇，大力发展物联网技术。2009 年 11 月 3 日，温家宝总理向首都科技界发表题为《让科技引领中国可持续发展》的讲话，再次强调科学选择新兴战略性产业非常重要，并指示要着力突破传感网、物联网关键技术。2010 年 1 月 19 日时任全国人大常委会委员长吴邦国参观无锡物联网产业研究院，表示要培育发展物联网等新兴产业，确保我国在新一轮国际经济竞争中立于不败之地。我国政府高层一系列的重要讲话、报告和相关政策措施表明：大力发展物联网产业将成为今后一项具有国家战略意义的重要决策。

6.1.2 物联网在电子商务物流中的应用

1. 智能物流体系及其服务

根据 2017 年的统计，美国的物流消费大概占其 GDP 的 8%，日本的物流消费大概占其 GDP 的 11%，而中国的物流消费大概占其 GDP 的 18%，这说明中国的物流水平同发达国家相比，还比较落后。但同时也表明，其进步空间十分巨大。目前全球零售订货时间为 6~10 个月，供应链上商品的库存挤压价值大约为 1.2 万亿美元，零售商每年因错失交易而遭受的损失高达 930 亿美元，这其中的主要原因是没有高效适配的物流服务（库存和运输）来满足制造商、零售商和消费者的需求。基于物联网的智能物流体系是解决这一问题的有效方法和途径。该体系利用互联网和无线射频识别（RFID）技术支撑整个物流体系，可以使物流行业发生颠覆性的变化，可以使客户在任何地方、任何时候以最便捷、最高效、最可靠、成本最低的方式享受到物流服务。即如果能够将智能物流体系应用到整个供应链系统，就可以协同制造商、零售商和消费者的资源，大幅提高供应链在关键环节的效率，减少大量的浪费。

2. 智能交通

现有的城市交通管理基本上是自发进行的，每个驾驶者根据自己的判断选择行车路线，交通信号标志仅仅起到静态的、有限的指导作用。这导致城市道路资源未能得到最高效率的运用，产生不必要的交通拥堵，甚至瘫痪。

物联网技术的发展为实现智能交通提供了技术基础。一是道路基础设施中的传感器和车载传感设备能够实时监控交通流量和车辆状态，通过泛在移动通信网络将信息传送至管理中心；二是更全面的互联互通，遍布于道路基础设施和车辆中的无线和有线通信技术的有机整合为移动用户提供了泛在的网络服务，使人们在旅途中能够随时获得实时的道路和周边环境信息；三是更深入的智能化的交通管理和调度机制可以充分发挥道路基础设施的效能，最大化交通网络流量并提高安全性、优化人们的出行体验。

3. 物联网对电子商务物流全流程的优化

目前我国发展物联网所需的自动控制、信息传感、RFID 射频识别等技术和产业都已经基本成熟，电信运营商和系统设备商也达到较高的水平，物联网将会向各个领域渗透和扩展，它将会对电子商务有很大的推动作用。

（1）库存

这里的库存包括分公司、仓库、配送中心三个方面。以京东为例，作为一个大型电子商务企业，按照区域成立了多个分公司，分公司管理一个地区设置好的仓库、配送中心。对于这样的多地库存方式，需要一个支持其运转的智能库存网络体系。这个体系有三部分网络构成。

1）分公司网络。分公司通过接入路由器与总公司连接，将其管理网络、仓库网络、配送中心网络和下属的销售网络连接，通过 RFID 无线射频技术和短距离无线通信技术，构成一张巨大的“网”，通过这张“网”，汇聚销售平台上的实时销售数据，向总公司汇报；总公司经过信息反馈，与连接的仓库与配送中心网络协调，实时采集当前商品的数据，控制仓库与商品配送。

2）仓库网络。精确的库存就是根据市场需求按订单生产，满足市场和消费者需求，精确掌握产品的分销渠道、价格、库存数量、生产日期等一些基本信息，利用 IT 技术准确掌握产品的流向等信息，通过互联网及时做出调整，提高企业的生产效率，提高市场竞争力。主要由条码技术和 RFID 系统组成。建立立体仓库的管理系统，采用固定式条码阅读器自动识别入库或出库运输系统上通过的托盘标号，上传计算机系统，经确认后由系统指挥将托盘上的货物送入或送出相应的库位。同时将 RFID 系统用于智能仓库货物管理，有效解决仓库里与货物流动有关的信息管理。射频标签贴在货物所要通过的必经路口或库门，读写器和天线放在仓库搬运车上，每个货物贴上条码并储存在仓库的中心计算机里。当货物被装走运往别处时，由另一读写器识别并告知计算机中心货物被放在哪辆货车上。这样管理中心可以实时地了解到库存多少和销售了多少，确定货物商品的位置。

3）配送中心网络。在配送环节采用 EPC 技术和连续补货系统，如果到达配送中心的所有商品都贴有 EPC 标签，在进入配送中心时，装在门上的读写器就会读取托盘上所有货箱上的标签内容并存入数据库。系统将这些信息与发货记录进行核对，以检测出可能的错误，然后将 EPC 标签更新为最新的商品存放地点和状态。这样就确保了精确的库存控制甚至可确切了解目前有多少货处于转运途中、转运的始发地和目的地，以及预期的到达时间等信息。利用连续补货系统，工作人员不用花很长时间就可以自动识别货物多少，并且系统自动更新其记录，当库存中的商品缺少时，智能补货系统给生产基地发送订单，生产基地供应商向配送中心补货。

（2）运输

电子商务物流最重要的特点就是及时性、便捷性和安全性。物联网智能运输系统能够对运行在辖区内的运输车辆位置、运送商品类型、数量进行管理和控制，能够大幅提高电子商务物流运输和配送的水平和效率。

1）运输智能化。计算机技术、条码技术、RFID 技术等都嵌入到物流环节中，有助于物流环节提高效率，降低成本。运输系统借助 GPS、GIS、网络等技术实现部分流程的可视化跟踪管理，准确预知货物运达时间，缩短配送时间，提高效率，让客户体验到像订外卖一样的购物服务。

2）商品安全升级是指基于 RFID 等技术建立的产品智能可追溯网络系统，如食品的可追溯系统。这些智能的产品可追溯系统为食品货物安全、药品货物安全、特殊品货物安全提供了坚实的物流保障。

（3）支付

在支付环节中，基于物联网的电子商务支付有很多优点和发展空间。物联网技术的应用提高了支付的安全性和便捷性，降低了黑客和钓鱼类网站非法交易发生的频率。这里主要探讨移动支付的实现。

1）物联网智能卡移动支付。物联网智能卡移动支付解决方案首次将 RFID 读卡模块与平板电脑相结合，对应平板电脑背面一个类似迷你公交卡大小的感应区，即可实现网银支付，而且仅通过平板电脑的刷卡就能完成整个支付流程。和其他网上支付工具，如支付宝、财付通等不同，物联网智能卡移动支付涉及的所有资金划拨均通过银行专用通道，避免了由于互联网的开放性所带来的安全风险；同时其采用 3DES 算法对用户的所有数据和从移动设备到清算中心的数据进行加密传输，最大限度地保证了资金的安全。

2）智能 SD 卡支付。现今手机已经成为人们生活中不可或缺的工具。通过手机实现的移动支付方式，成为最接近人们日常使用习惯和消费习惯的移动支付方式，手机支付也呈现多用途化、多形式化的发展前景，例如，SIMPASS 技术支付，RF-SIM 支付，NFC 支付等。手机中的智能 SD 卡支付也是其中一种。智能 SD 卡移动支付是在 SD 智能存储卡上集成 RFID 功能，同时在存储卡上预留天线引脚，通过手机终端和移动网络连接 POS 机，在 POS 机上完成支付。

智能 SD 卡支付有以下特点。

① 运算安全性。SD 智能存储卡内置智能安全芯片，数据加密、数字签名、签名验证等密码运算都在安全芯片上进行。SD 卡上的核心组件同时支持安全连接协议功能。

② 认证安全性。移动客户端实现的安全连接协议具有双向认证功能，保证客户端和服务器端都无法伪造。敏感信息在传递过程中都通过安全通道来传输，可以有效防止黑客攻击，也能够阻止钓鱼网站的侵扰。

③ 使用便利性。智能 SD 卡支付符合用户的使用习惯，使用智能 SD 卡实现支付，用户无须更换手机和 SIM 卡，即可使用移动支付功能。和其他移动支付相比，无论在安全性、方便性、用户体验上都具有明显优势。

物联网技术在电子商务中的应用前景是十分广阔的，应用方法和类型多种多样。物联网技术在电子商务各环节中的应用，不仅能给电子商务带来新的经济增长点，而且能彻底解决电子商务中的一系列问题，明显提升电子商务的核心竞争力。但是必须清晰地认识到，物联网技术的应用还处于比较初级的阶段，一些相关技术还不成熟。这要求既要着眼长远，完善物联网相关技术和标准；又要立足当前，脚踏实地地推动物联网在电子商务各环节中的应用。只有这样，才能利用好物联网这项新技术，为电子商务的发展产生巨大的推动力。

6.2 大数据

6.2.1 大数据基础

1. 大数据的概念

大数据是一个跨学科、多领域的研究主题，许多学者、专业人员和机构从不同的视角对大数据做出了不同的阐释。从技术角度来看，大数据是信息技术革命与人类社会活动的交融所催生的规模巨大、种类繁多、增长极快、潜藏价值的复杂数据；从社会角度来看，大数据是增强交互性、关联性和个性化，创造社会价值，变革人类行为方式的新型驱动力；从哲学角度来看，大数据是通过信息载体贡献数据，经由适当的编码处理，实现事物信息传递和表达的一个过程；从科研角度来看，大数据是以数据考察为基础，结合理论、实验和模拟于一体的新的研究范式；此外，还有一些基于大数据的语义丰富、维度多元等特点做出的定义，如“大数据是新的信号”“大数据是旧术语的新提法”等。在本书中，将大数据概括为无法在一定时间范围内用常规软件工具进行捕捉、管理和处理的数据集合，是需要新处理模式才能具有更强的决策力、洞察发现力和流程优化能力的海量、高增长率和多样化的信息资产。

2. 大数据的特征

大数据具有“4V”特征：规模性（Volume），多样性（Variety），价值性（Value），高速性（Velocity）。

1）Volume 是指数据量巨大。大数据的特征首先就体现为体量“巨大”。随着时间的推移及信息技术的高速发展，社交网络（微博、推特、脸书）、移动网络、智能工具及服务工具等都成为数据的来源，数据开始爆发性增长。存储单位从过去的 GB 到 TB，发展至现在的 PB、EB 级别。这些海量的数据迫切需要智能的算法、强大的数据处理平台和新的数据处理技术，对其进行统计、分析、预测和实时处理。

2）Variety 是指数据种类繁多。从浏览的文字到购物的图片，再到网络教育的声频和电影的视频等都属于大数据的种类范围。广泛的数据来源，决定了大数据形式和结构的多样性，如日志数据是结构化明显的数据，而图片、音频和视频等就属于半结构或非结构化的数据了。半结构和非结构化数据的因果关系弱，处理起来比较困难，目前也是研究的热点。

3）Value 是指价值密度低。现实世界产生的数据，直接能够表现出价值的占比很小。相比于传统的小数据，大数据的价值密度低，其价值并不在于数据本身，而在于通过从大量不相关的各种类型的数据中，挖掘出对未来趋势与模式预测分析有价值的规律和知识，并运用于农业、金融、医疗等各个领域，从而最终达到改善社会治理、提高生产效率、推进科学研究的效果。

4）Velocity 是指速度高。促成庞大数据量的另一个重要因素是数据的速度，即数据生成的速度和数据传输的速率。来自多种传感器的数据流（如机器人制造设备、温度计、麦克风和摄像机等）与实时 Web 数据增长迅速，同时也增加了数据处理的难度，对数据数量和种类的分析需要在数据的变化过程中而不只是在其静止后进行。

除了公认的大数据"4V"特征之外，业界和学界还陆续提出了一些其他的大数据的特征。例如，IBM 在 2014 年发布的报告《践行大数据承诺：大数据项目的实施应用》中新增了衡量数据流间关联性的 Viscosity（黏度）、衡量数据流变化率的 Variability（易变性）以及提示数据有效性和存储期限的 Volatility（易失性）。此外，还有使用 4S、3I 描述大数据特征的定义。4S 定义：Source（来源）、Size（大小）、Speed（速度）和 Structure（结构）。此种提法与"4V"说仅仅在用词上存在些许差异，在实际含义上并无显著区别。3I 定义：Ill-defined（定义不明确的）、Intimidating（令人生畏的）和 Immediate（即时的）。Ill-defined 指的是，随着技术的进步和数据分析效率的提高，数据的规模也会相应地不断变大，因而对大数据规模的定义没有一个明确的标准；Intimidating 意指从大数据的管理到采用恰当工具获取其价值的过程中充满了各种挑战；Immediate 强调以抵御数据价值的快速衰减为目的，减少数据收集到数据洞察所需时间的迫切性。

6.2.2 大数据在电子商务物流中的应用

电子商务具有公开、灵活和共享的特点。各种电商平台和第三方支付平台都积累了大量的数据，这些数据不仅包括企业的资金流、物流等运营数据，而且还包括消费者的消费习惯，个人信息等数据。随着大数据以及云计算技术的发展，为掌握和提升新的核心竞争力，电子商务物流企业必须要敏锐地发现、收集和分析这些数据，为企业的下一步发展做出科学决策。

1. 打造智慧电商云平台

"智慧电子商务"概念的提出最先起源于"智慧城市"。智慧电商在公共资源平台上实现物流、资金流、消费流等资源的强强联合，为企业提供信息技术支持。一方面，智慧电商云平台吸引了大量企业参与其中，他们分享资源，不仅降低了运营成本，而且还创立了全新的商业模式，为客户提供了更优质的体验；另一方面，智慧电商云平台上各类参与主体为平台提供了大量数据、信息、硬件和软件，为智慧电商云平台的良性发展奠定了基础。

2. 利用大数据整合多方资源

从电子商务物流涉及的数据来看，既有从企业内部产生的订单流转、仓储分拣、配送线路等结构化的数据，又有从企业外部产生的用户浏览、满意度评价等非结构化数据。物流企业需要利用大数据技术将这些数据结合起来分析，从而做出洞察需求、刻画用户、风险评估等分析和决策。这样可以帮助物流企业从客户需求的角度来合理备货，制定销存计划，降低企业的存货积压风险，即更精准地为顾客提供个性化的服务。

3. 提升数据挖掘的效率

物流企业多为传统的企业，在利用先进技术处理数据的过程中往往存在挖掘深度和数据安全等问题。针对这些问题，大数据分析可以为其提供全套的解决方案。专业的大数据分析公司可以针对物流企业的数据和需求做出细致化的统筹，从而提升数据挖掘效率。云计算是未来电子商务物流企业进行数据挖掘的重要方向，物流企业可以将自身的资源交由云平台进行统一的规划和配置，以实现深度挖掘数据，提升数据价值的目的。

4. 控制电商及物流成本

利用大数据技术可以有效地解决电商及物流行业在成本控制方面普遍存在的问题。首先，利用大数据技术可以实现对物流成本各个小项进行精细化核算和分析，可以将每年新增用户数量、新增用户所创造的营业收入、重复购买用户数量、用户流失情况等隐性成本数据进行详细记录与分析，从而有针对性地进行物流成本控制，分析企业的新用户获取成本以及客户黏性。其次，利用大数据技术可以实现供应链上采购信息的共享，降低由信息不畅通增加的成本，实现对采购成本的控制和采购环节的规范化。第三，利用大数据技术可以针对企业具有优势的产品和服务进行精准营销，不仅降低了盲目发广告增加的成本，而且增强了企业的核心竞争力。第四，利用大数据技术可以精确预测库存量，大幅度降低库存成本和管理成本。最后，利用大数据技术可以对物流路线进行合理规划，减少对运输资源的浪费，避免重复运输等现象的发生，降低了运输和配送成本。此外，利用大数据技术还可以实现对客户的个性化服务，大幅度提高客户的体验满意度和忠诚度，防止客户的流失，降低了客户维护成本。

大数据技术解决方案以及大数据技术的优势与应用效果如表 6-1 所示。

表 6-1　大数据技术解决方法及优势表

		电商成本控制存在的问题	大数据技术解决方案	大数据技术优势
外部供应链存在的问题	制度缺失	1. 不能精准分析，核算物流成本 2. 对于新增用户的各项指标等隐性成本数据未能详细记录	大数据技术可以实现对物流成本各个小项以及对各隐性成本进行详细记录，精细化核算和分析	1. 针对性地进行物流成本控制 2. 便于分析企业的新用户获取成本以及客户黏性
	与供应商的关系	缺乏与供应商建立长期合作伙伴关系	大数据技术可以将企业与供应商串联在同一网络，利益共享，合作共赢	甄选信誉可靠的供货商提供稳定货源，降低了采购成本，缺货成本和囤货造成的库存成本
	与客户的关系	不注重客户关系的维护	大数据技术可以实现对客户的个性化服务，及时有效地处理投诉	大幅度提高客户的体验和忠诚度，吸引客户，防止客户流失
内部供应链存在的问题	采购环节	1. 审核环节形同虚设 2. 未与绩效挂钩 3. 信息共享程度差	大数据技术将各个部门纳入同一个系统，可以实现信息的共享，实现各个环节全面审核，清晰看出每位员工各个执行过程的绩效打分情况	1. 利于采购成本的控制，使采购环节更规范 2. 降低了信息不畅通的成本
	销售环节	1. 全面却不专业，未形成自己的核心竞争力 2. 未对下游顾客的需求信息进行主动获取，采取的仍是推式策略	1. 利用大数据技术分析企业各项产品与服务产生的效益，与同行业进行比较，分析出本企业具有优势的产品和服务 2. 利用大数据技术实现精准营销	1. 识别并发展本企业的核心竞争力 2. 降低了盲目发广告增加的成本
	库存环节	未实现充分有效的信息共享，不管是否需要，就盲目地储备存货	运用大数据技术预测库存量，实现实时库存管理	降低库存成本，人工成本
	物流环节	1. 不能进行路线的合理规划，导致重复运输 2. 频繁雇佣临时员工，加大人工成本	利用大数据技术进行合理的线路规划，智能的人员分配	1. 避免重复运输，减少对运输资源的浪费，降低物流成本。 2. 智能化的提高，降低了人工成本

6.3　人工智能

6.3.1　人工智能基础

1. 人工智能技术简介

人工智能是计算机科学中一门新兴的交叉学科，是研究如何用计算机模拟人脑，解决论证、显示、鉴定、理解、设计、思考和计划等问题。费根鲍勃（E. A. Feigenbaum）教授定义人工智能为“计算机科学中的一个分支，它涉及计算机的智能化，是未来计算机的发展方向”。李智勇在《终极复制》中指出“人工智能就是抽去人的欲望，理智无限放大的机器”。斯图亚特·罗素与彼得·诺维格在《人工智能：一种现代的方法》中指出，“人工智能就是一种计算机程序，它基于对环境的感知，然后采取合理行动，以帮助人类获得最大收益”。而学术界经常使用的定义是：“人工智能是研究模拟和扩展人类智能的理论、方法和技术。它试图理解智能的本质，并研发一种能够以类似于人类智能的方式做出反应的新型智能机器。”

从工程的角度来看，人工智能是利用人工开发使机器具有与人类智能有关的功能，如论证、显示、鉴定、理解、设计、思考、计划和解决问题。它是人类的思维和智慧在机器上的反应；从学科的角度看，人工智能是一门研究智能机器建设或实现机器智能的学科，它是人类智能的模拟、延伸和扩展的科学；从学科地位和发展水平角度来说，人工智能是现代科学技术的前沿阵地，它在计算机科学、信息处理、控制处理、心理学、数学、生物学、哲学等多个领域的基础上发展起来的，是一门新思想、新理论、新技术的新兴学科，同时也是一门综合性极强的交叉学科。可以说，人工智能就是对人的思维过程的模拟，虽然人工智能不是人脑智能，但能像人一样的思考，甚至有可能超越人脑的思考。也可以更广义地说，人工智能就是让机器能够胜任一些复杂的人类才能够完成的工作，包括知觉、学习、推理、交流以及在复杂环境中的行为。

目前对人工智能的研究，可以分为两大种类：强人工智能与弱人工智。二者的区分标准在于是否具有“学习能力”。强人工智能一般指的是在接收到外界的刺激影响之后，机器可以产生自己的思维判断，进而产生自我意识，进行一种类似于学习的活动，拥有自我推理和判断能力。也就是说强人工智能机器不仅仅能够完成人类输入的指令，而且还可以进行与人类大脑相似的思考与判断活动。例如，对于“美”的思考，强人工智能能够自主发现一幅画的美丽之处，而不仅仅依靠人类向其输入的美的概念来判断，可以说强人工智能拥有属于自己的对美的区分标准。而弱人工智能则是在接触到外界环境刺激之后做出相应的反应，无法产生自我意识，只能按照人们输入的指令做出相应的行动，即“根本不存在意向状态，只是受到电路和程序支配机械性地运动而已”。也就是说，弱人工智能并没有学习思考的能力，无法拥有自己的判断思维能力。迄今为止，弱人工智能已经比较广泛地运用于人们的大部分指令当中，但如果涉及一些含有较多自我意识的指令，如音乐、文笔、颜色等，则需要强人工智能来完成，但是目前强人工智能领域暂无较大的突破。

2. 人工智能的应用领域

人工智能作为一项新兴的科学技术，在许多领域都取得了丰硕的研究成果，建立了具有一定机器智能的计算机系统。同其他的学科一样，不同的学者对于人工智能的应用领域有着不同的分类方法，但尽管分类方法不同，也有着一些被广泛公认的分类。

（1）专家系统

专家系统是一种比较智能的计算机系统，可以运用知识和逻辑来解决一些具体领域内的重大问题，因为这些问题只有学识经验丰厚的专家才有可能解决，因而将其称为“专家系统”。例如，在医疗、金融、统计领域都已广泛使用了专家系统。专家系统的特点在于拥有着海量的专家知识，可以通过模拟专家的知识思维来解决复杂的问题，得出同专家同样的答案。

（2）普通语言理解与机器系统翻译

人工智能最早期的研究领域是语言的处理。人与人之间的交流和沟通是非常容易的，要建立一个能够“产生”和“理解”一个单词的计算机系统却是非常困难的。现如今，虽然计算机对各国语言的自动翻译已经运用到很多领域，但机器翻译依旧无法完全脱离人工的复查和整合。其主要存在两方面的问题：一是翻译的准确性问题；二是翻译的速度问题。机器翻译需要一个庞大的系统库，对于该系统库的信息要及时地予以更新，确保翻译的速度以及翻译的效率。在系统库的信息准确性和有效性得到确保的情况下，翻译的效率和准确性才能够得到保证。

（3）人工神经网络

人工神经网络的研究起源于20世纪40年代。人工神经网络指的是通过多个处理单元在同一种方式下的相互连接而构成的计算机系统。人工神经网络通常被用于对人类大脑活动的模仿。这实际上是一种利用计算机模拟的方式，对很多传统上只能依靠人的大脑神经才能解决的问题进行处理，例如，对语言的识别、对金融业经济学的理解等。如果从智能的角度进行区分，智能的不同类型是人工神经网络和专家系统之间最显著的区别。专家系统偏重于对人类智能信息处理的模拟，而人工神经网络则偏重于对人脑神经结构的模拟。

（4）模式识别

模式识别指的是利用计算机对事物的种类和模式进行判断和分类。目前，这一功能在很多领域都有广泛的应用，例如，文字的处理、音乐的抽象归类、生物物理实体的归类等。迄今为止，在对图像和声音进行识别和归类的领域当中，模式识别的应用最为普遍。举例来讲，在手写文体的识别归类领域中，通过模式识别可以将手写文体直接归类转化为印刷体；模式识别还可以将声音直接识别转化为字体，很多通信软件使用的语音转化为文字功能就使用到了语言模式识别。

6.3.2 人工智能在电子商务物流中的应用

人工智能技术的不断革新使得各个行业加快了产业升级和业态转换的步伐，电子商务物流成为其中的排头兵。人工智能在物流作业过程中产生了大量运筹与决策的智能化，以及在生产流程工艺中对运输、存储、配送、包装、装卸等环节的一体化和系统的层次化，成为推进物流设备和技术升级、生产环节和工艺流程革新、传统物流岗位供需结构变化、物流传统形态更新的重要引擎。毫无疑问，人工智能赋能电商物流进入了新时代。

众所周知，物流模式随生产力的发展而不断革新，从“第一方物流”到“第三方物流”，信息共享以及协调性逐步成为承载物流模式价值的不容忽视的理念，人工智能增强了物流管理的功能，有效地支撑了各类物流体系的运作。其中，电子商务物流就是以电商平台为核心逐步形成的一种更专门化、专业化的供应链物流系统。电商物流是供应链物流的一种十分重要的镜像，是配合电商平台实施商流、资金流、信息流和物流“四流”一体化运作的智能性物流体系。在大数据、云平台的强大支撑下，逐步实现了以追求电商平台为核心节点的供应链系统的整体效益最优的运营目标。目前，电商物流的特征应至少包含信息化、网络化、自动化，无一例外，都跟人工智能密切相关。可以说，没有人工智能参与的电商物流是完全没有发动引擎的。

1. 物流设备

我国单位GDP中，仓储成本占比是欧美的2~3倍，人工智能赋能物流装备的更新升级已迫在眉睫。2017年，工信部在《促进新一代人工智能产业发展三年行动计划》中明确指出，要在物流仓储领域提升高速分拣机、多层穿梭车、高密度存储穿梭板等物流装备的智能化水平，实现精准、柔性、高效的物料配送和无人化智能仓储。

目前，国内大多数物流仓储设备的智能化水平提升主要是通过智能机器人、智能搜索规划、动态识别以及计算机视觉等技术对物流设备进行更新换代。来自 Tractica 的研究显示，未来 3 年，全球电商类仓储和物流机器人的市场规模将超过 200 亿美元，整体发展空间十分广阔。当然，市场上已经有了一些取得突破的尝试，如京东的“亚洲一号”全流程无人仓。在该无人仓中，分拣机器人可以以 3 m/s 的速度穿梭在 4 万平方米的空间里，简化了企业生产流程中的分拣工作，另外还有不少智能搬运、堆垛、供包等机器人在仓内各司其职完成各项工作。京东“亚洲一号”无人仓负责人表示：“无人仓”与“机器人”技术的集成是京东强大的人工智能技术的体现，可助力京东物流产业链的飞速发展。

而另一电商巨头亚马逊，则深入人工智能领域已久。旗下的 Kiva 机器人系统早已成为物流人心中具有划时代意义的里程碑。亚马逊在 2012 年收购 Kiva 后，已拥有高达 10 万台 Kiva 机器人，这些机器人在订单处理、仓储自动化等领域发挥着领先全球的智慧物流职能。Kiva 系统的智能化体现在其能够运用现代云计算、机器学习及大数据分析系统，自动处理物流仓储内复杂的资源分配问题，包括客户需求预测、调整库存量、采购与补货、自动化物流分仓及发货等人工智能物流控制功能。此外，Kiva 系统还是一个自然的多智能体系统，能够解决协调自治和分散决策问题。

在运输领域，智能机器人的投递分拣、智能快递柜的广泛使用都大大提高了物流系统的效率，并且随着无人驾驶等技术的成熟，未来的运输将更加快捷。通过实时监控交通道路的通行程度，人工智能可以帮助物流车辆调整运输路径，缩短物流配送的时间并逐步提高配送的时间精度。而无人监控的智能投递系统也将大大减少包装物的使用，人工智能在选择合适的包装物的时候，可以更合理地考虑包装成本，实现更加安全、更加环保的低成本包装。此外，传统物流需要调度员和司机、上下游环节以及合作伙伴进行实时沟通。而 AI 技术的进步，使得这项工作可以由数以千万计的云端机器人执行，通过设定的语音或者真人模拟语音和司机、上下游环节沟通以完成管理调度工作。

2. 物流生产环节（工艺流程）

从目前来看，人工智能在电子商务物流中的应用将会更加突出“以顾客为中心”的理念，即根据消费者需求变化来灵活调节生产工艺。

在库存管理环节，人工智能可以使物流运作更为有效，例如，通过分析和挖掘大量的历史数据，掌握其中的规律，建立相关模型预测未来的库存水平，进而动态调整库存水平，保持物流仓储中物品的有效储量。这样可以在不增加企业的生产成本的同时，使得消费者可以获得高质量的服务。

在仓储规划环节，人工智能还可应用于配送中心的选址。人工智能决策体系能够通过对现实环境中各类约束的优化和学习（如客户、供应商和产地的地理位置、运输成本、劳动力成本、修建成本等），结合大数据分析，决策出最优的解决方案。配送中心的选址一直以来都是困扰物流企业的难点。由于这类问题随时间变化的变量太多，因此决策的复杂度非常高。与传统的人工选址相比，人工智能技术能够根据现实的条件和约束，对供应商分布、各区税收政策、资源获取的便捷与经济、劳动力成本及获取难易度等因素进行模拟计算和优化，从而使选址更为精准，不仅降低了配送中心选址的复杂度，而且还大幅降低了物流企业的建设和运营成本。

3. 传统物流产业的转型升级

在互联网、物联网、大数据等新技术的热潮下，传统物流产业也在不断进行技术创新。随着更多智能化、数字化设备的测试和应用，整个物流行业的成本将得到缩减，效率也会显著提高，这必然会改变以往的商业和运营模式，促进物流行业从劳动密集型产业向技术密集型产业的转型。在现代物流的运作中，无人仓、无人机、柔性物料传递总装线的出现早已屡见不鲜；基于物联网、大数据的智能快消品物流配送中心也早已揭开神秘的面纱；无人重型卡车在封闭港口、测试干线试运行；无人超市、无人中转站、智能快递柜、智能快递盒不断推陈出新，开始渗入人们的日常生活。种种现象表明，人工智能这只隐形的巨手已经让传统的电商物流及其“下游”的新零售业态变得“面目全非”。通过技术、场景和模式的开放与共享，智能化的电子商务物流生态圈正在形成。

4. 物流行业的就业环境

人工智能无疑引发了工业 4.0 新时代大背景下的“机器换人”现象。从理论的角度分析，这是人工智能对工人就业岗位产生的替代效应。据普华永道预测，到 2030 年，英国可能会有 30%的工作转向自动化生产，低于美德但高于日本，其中仓储、运输、制造和批发零售等行业的自动化率显然会更高。就我国而言，仅在银行业中，近 3 年由于人工智能技术的应用导致的裁员就有将近 2.5260 万人，未来裁员的数量还会继续提高。由此可预见，包含仓储管理、运送配送在内的危险性高、重复性强的体力劳动和数据收集工作将最有可能被取代。

随着物流产业的转型升级，很多在岗位衔接方面的过渡性矛盾开始凸显，例如，人岗不匹配造成的结构性失业。各物流公司对“无人”设备的广泛投入并不代表人力岗位已完全不被需要；相反，很多工作仍需要人机的无缝配合才能更好地运作。在这种背景下，社会势必会增加对复合型物流人才的需求，即不仅懂得机器人操作，又熟识物流行业工艺的高素质人才。一方面，一些没有专业技能，无法满足工作岗位智能化要求的众多一线电商仓库员工将面临失业的威胁；另一方面，电子商务物流企业尚缺乏大量的复合型物流人才。人工智能技术在电子商务物流行业的快速发展，是众多数据分析专家、AI/机器学习高级工程师、数据标签专业人员和物流 AI 硬件专家等专业型人才共同努力的结果，这些中高端专业技术人才是物流企业希望招募的对象。诸如 Kiva 公司这样强大的技术研发团队的加盟，会使像亚马逊这样的电商巨头在行业中具备很大的竞争优势。因此，如何让“老”问题在“新”岗位得以解决，成为人工智能在物流企业发展面对的关键问题之一。

人类历史的经验告诉我们，绝大多数的新兴事物都是具有两面性的。站在人工智能的风口上，电商物流的发展日新月异。无论是从设备、岗位到产业形态，还是从供应链核心转移到产业生态圈的破立，可以看到的是全新的、高速发展的、颠覆性的变革。而与此同时，人工智能势必也会给电商物流产业带来众多问题，比如模式的创新、人力资源的更替等。物流行业需为此做好足够的应对策略。愿人工智能的“东风”吹向更便捷、高效、低廉的地方，这也回归了物流的本质。

6.4 区块链

6.4.1 区块链基础

1. 区块链的概念

中本聪在其论文中介绍区块链时，指出：“区块链是一种数据结构，也是该电子现金系统（比特币）的核心技术。”该系统的实现原理是：利用区块链让系统中的任意多个节点把一段时间内系统交互的数据，通过密码学算法计算并记录到一个区块（Block），并且生成该区块的指纹以用于验证和链接下一个区块，系统所有参与节点共同认定记录的真实性。《经济学人》杂志在《信任的机器——区块链的承诺》中对区块链技术进行了定义：区块链本质上是一个可共享的、可信的、每个人都可以检查的公开账本，但是没有任何一个用户能够控制它，区块链系统的所有参与者一起来更新账本，且只能按照严格的规则和公开的协议来对其进行修订。

2. 区块链技术的特点

根据定义，可归纳出区块链的如下五个特性。

1）去中心化管理：区块链系统没有中心化的硬件设备或管理机构，任意节点之间的权利和义务都是均等的，且任一节点的损坏或者退出均不会影响整个系统的运作；在区块链网络中，任何人都是区块链网络运作的参与者，每个节点都可以查阅复制完整的数据库数据，节点间有一套共识机制，所有节点通过竞争机制来共同维护区块链网络。

2）去信任依赖：区块链是由众多节点所组成的端到端的平行网络，没有设备和管理中心，节点之间的数据交换不需要互相信任，只需要按照既定规则正常进行，运用数字签名技术进行验证，节点之间不会也不能欺骗其他节点，即各个节点之间无须互相信任，数据内容和系统的运作规则公开透明。

3）数据可靠：区块链中每个节点都能获得一份完整数据库的拷贝；若参与系统中的节点越多，节点的计算能力越强，则系统中的数据可靠性越高；区块链的每一笔交易都通过运用密码学的技术手段与相邻的两个区块进行串联，因此可以追溯所有的交易记录，同时个别节点对数据库的修改不会影响其他节点的数据库。

4）系统开源：整个系统必须是开源的，以保证系统运作规则的公开透明。

5）节点隐私保护：由于节点和节点之间无须互相信任，因此节点和节点之间无须公开身份，每个参与者都是匿名的，这使得各个节点的隐私在一定程度上能够受到保护。

3. 区块链技术的局限性

作为近年来兴起的新技术，区块链面临一些制约其进一步发展和广泛应用的障碍，包括底层技术的挑战、潜在的安全隐患以及隐私保护等。

（1）政府监管挑战

区块链技术的兴起对于政府的监管提出了一定挑战，如政府无法按照现行税制收取比特币交易税费。现行的税收结构将被完全颠覆，影响税收及整体经济指标的计算。

（2）运行安全风险

区块链技术目前潜在的最大安全隐患是51%攻击问题，即节点通过掌握全网超过51%的算力就有能力成功篡改和伪造区块链数据。据统计，中国大型矿池的算力已占全网总算力的60%以上，理论上这些矿池可以通过合作实施51%攻击，从而实现比特币的双重支付。虽然实际系统中为掌握全网51%算力所需的成本投入远超成功实施攻击后的收益，但51%攻击的安全性威胁是始终存在的。

（3）系统效率及可扩展性问题

比特币区块链目前每秒仅处理7笔交易，这极大地制约了区块链技术在金融系统中高频交易场景中的应用（例如VISA信用卡每秒最多处理10000笔交易）；此外，依据区块链技术的协议设计，当前每个比特币区块的生成时间为10分钟，这意味着每笔交易的确认时间为10分钟，这在一定程度上限制了比特币在小额交易和时间敏感交易中的使用；最后是容量膨胀问题。区块链要求系统内每个节点保存一份数据备份，这对于日益增长的海量数据存储来说是极为困难的。就比特币区块链而言，完全同步自创世区块至今的区块数据需要约 60 GB 存储空间，虽然轻量级节点可部分解决此问题，但适用于更大规模的工业级解决方案仍有待研究。

（4）隐私泄露风险

区块链系统内各节点虽不必公开身份，但也并非完全匿名，而是通过类似电子邮件地址的地址进行标识（例如比特币公钥地址）并实现数据传输。虽然地址标识并未直接与用户身份相关联，但区块链数据是完全公开透明的，随着各类反匿名身份甄别技术的发展，仍有可能实现部分重点目标的定位和识别。

4. 区块链的典型应用

基于区块链的优势特征，区块链技术在经济和社会管理系统中存在广泛的应用场景。

（1）数据存储

区块链的高冗余存储（每个节点存储一份数据）、去中心化管理特点使其非常适合存储和保护重要隐私数据，以避免因中心化机构遭受攻击或权限管理不当造成的大规模数据丢失或泄露。目前，利用区块链来存储个人健康数据（如电子病历、基因数据等）是较典型的应用领域。

（2）数字身份验证

OneName 和 BitID 是以区块链为基础提供数字身份服务的典型应用。此类去中心化数字身份验证服务利用了每个比特币用户都有一个比特币钱包的优势（即每个用户都拥有一个唯一的比特币地址），大大提高了用户访问网站的速度，并增强了匿名性和安全性。

（3）数据鉴证

区块链数据具有安全时间戳、由共识节点共同验证和记录，使其可应用于各类数据公证和审计场景。例如，区块链可永久地安全存储由政府机构核发的各类许可证、登记表、执照、证明、认证和记录等，并可在任意时间点方便地证明某项数据的存在性和一定程度上的真实性。包括德勤在内的多家专业审计公司已经部署区块链技术来帮助其审计师实现低成本和高效的实时审计；Factom 公司则基于区块链设计了一套准确的、可核查且不可篡改的审计公证流程与方法。

（4）金融交易

在互联网金融领域，区块链技术已经应用于股权众筹、P2P 网络借贷和互联网保险等业务，同时证券和银行业务也是区块链的重要应用场景。传统证券交易需要经过中央结算机构、银行、证券公司和交易所等中心机构的多重协调，而利用区块链自动化智能合约的特点，能极大地降低成本和提高效率，避免烦琐的中心化清算交割过程，实现方便快捷的金融交易。同时，基于区块链的金融交易可保证即时到账，从而使跨境转账更为快捷、经济和安全，这也是目前 R3CEV 和纳斯达克等各大银行、证券商和金融机构相继投入区块链技术研发的重要原因。

（5）资产管理

区块链在资产管理领域能够实现有形和无形资产的确权、授权和实时监控。对于无形资产来说，可将区块链技术应用于知识产权保护、域名管理、积分管理等业务；而对有形资产来说，通过结合物联网技术为资产设计唯一标识并部署到区块链上，能够形成“数字智能资产”，实现基于区块链的分布式资产授权和控制，这些方向当前均有相关的研究和商业项目被提出。

6.4.2 区块链在电子商务物流中的应用

当前，电子商务物流中的各个节点和参与者基本都是串联的，节点之间的沟通较多，难以形成点对点的直接信息交流，通常情况下点对点的信息交流需要多次交易和执行才能实现。如果在电子商务物流中引入区块链技术，各节点和参与者之间的串联关系就会转变为并联关系，能够彻底解决多次交易所造成的繁杂问题，所有参与者共同维护一个公开透明的账本，形成一种公开信任体系，就可以使跨境电商交易变得高效和透明化。因此，区块链技术的去中心化特征，可以使区块链技术在电子商务物流与供应链领域的运用成为一种可能。

1. 区块链技术在跨境电商物流信息处理上的应用

跨境电商物流相对于一般的国内物流来说所涉及的参与方比较多，一次交易中至少涉及货物供应商、外贸公司、商业银行、外汇管理局、商检局、国税局、海关、货运代理公司、货物运输公司等众多主体节点，由于跨境电商物流具有规定的流程，而且各主体都用各自相互独立的数据中心，所以需要围绕每个节点依次进行信息处理，反复的信息沟通和信息处理会浪费大量的资源、产生较高的信息传递和处理成本。如果将区块链技术应用到跨境电商物流的信息处理领域，将该过程中产生的所有信息上传到区块链公开的数据库中，各节点之间就可以实现点对点的自由信息传输，而且信息一旦变更，变更信息也会实时上传到公开数据库中，将会有效避免重复的信息传递和信息处理，信息处理成本也会大大降低。

例如，一批冷冻货物从南美洲运输到东亚，期间需要经过50多个组织超过300次的信息交流，其中文本传输成本占到总成本的20%，如果从南美洲运输到西亚，距离更长，流程更加烦琐，信息处理成本也会更大。如果将区块链技术应用到货物的运输过程中，将链条上的所有相关主体之间的交易信息全部上传并记录到公开透明的账本上，各成员实时共享，使交易实现“点对点”，跨境电商物流的信息处理和信息传递成本会大大降低。

2. 区块链技术在危化品物流上的应用

根据资料显示，我国的危化品物流市场增长迅速，特别是近几年几起重大的危化品事故的发生，危化品物流的安全问题越来越受到社会的普遍关注。我国具有完整的工业基础，危化品物流市场在我国规模巨大。我国自然资源分布不均，石油、天然气资源主要集中在西部，而使用石油、天然气等化工产品的企业大都集中在东部沿海地区。现阶段，我国产销分布不均的化工原料达5000余种，95%以上需要异地长途运输，“产销分离”现象决定了危化品物流行业的“紧俏”。由于一些运输和仓储设备不符合国家标准，以及运输与仓储全流程难以监控，造成了对危化品物流的监管以事后监管为主，如何强化危化品物流的流程安全，有效规避风险的问题亟待解决。

区块链技术的出现，为解决上述问题提供了一种可行方案。比如可以运用区块链技术，将危化品物流全流程产生的信息都写入区块链数据库中，并对其实时更新、查询和监督，如对危化品的状态、位置等实时监控，就可以实现有效的危化品物流的事前监督和事中监督。同时由于区块链技术的不可篡改性，任何组织和个人都不能违规修改信息，因此保证了所有信息的正确性。此外，还由于区块链技术的可追溯性，所有信息都可以被追本溯源，有助于安全事故的追责。

3. 区块链技术在改善食品安全问题上的应用

2020年，中国将全面建成小康社会，人们的物质生活水平越来越高，老百姓也越来越关注食品安全问题。食品安全问题涉及的点众多，既需要在源头上控制食品出产质量，也需要关注食品运输过程中和食品销售过程中的安全问题，食品产品供应链的全流程都需要得到有效监督。虽然有非常完善的食品安全标准体系，但是食品产品流通过程的有效监督仍是一大短板。消费者对于食品产品生产流通环节不了解和一些食品安全问题的产生，造成了消费者对食品产品质量安全的极度不信任。不信任的原因归根到底还是因为食品产品生产流通环节的不透明化，而区块链技术可以很好地解决这一问题。

运用区块链技术可以将食品产品生产流通过程中的食品生产商、食品分销商、物流公司、食品零售商以及消费者等所有参与者的信息数据上传并且记录到区块链数据库中，所有参与者都可以实时查阅食品产品生产流通过程中所产生的全部信息，其中区块链网络中表现优异的参与者可以获得更多的利益，诚信缺失以及服务质量较低的参与者将会受到惩罚。利用区块链技术，可以更快更好地建设食品安全信用体系，有利于促进相关企业提高产品质量，提升服务水平，使得消费者买着放心、吃着舒心。

4. 区块链技术在供应链金融中的应用

供应链金融（Supply Chain Finance，SCF）是商业银行信贷业务的一个专业领域（银行层面），也是企业尤其是中小企业的一种融资渠道（企业层面）。供应链金融是指以核心客户为依托，以真实贸易背景为前提，运用自偿贸易融资的方式，通过应收账款质押登记、第三方监管等专业手段封闭资金流或控制物权，对供应链上下游企业提供综合性金融产品和服务。

目前，阻碍供应链金融发展的最大障碍是不健全的信用体系，主要表现在授信企业数量有限、信息真实性无法识别和交易过程不透明三个方面。而区块链技术可以很好地从技术层面解决上述问题，由于区块链技术具有去中心化、去信用化的特点，因此可以构建一个巨大的区块链网络，将所有的中小企业都包含在其中，并将中小企业的所有信息上传到区块链数据库中，实现这些信息的实时更新、不可篡改。这既解决了供应链金融中信息数据真实性的问题，也大大降低信息交流的成本。区块链中的数据受到全体参与者共同的维护和监督，也同时解决了信息数据的安全性问题。目前，银行在办理融资业务的时候，需要大量的人员来对质押品的价值进行多次核查，以确定质押品是否增值或减损，这会增加银行的人力成本，造成不必要的浪费，从而造成中小企业融资成本高的问题。如果运用区块链技术来管理所有质押品，质押品的所有信息变更都会实时上传到数据库，银行以及其他各参与方可以做到实时监督，从而节约大量的人力成本，起到降本增效的作用，同时也降低了一些潜在风险。

综上，我国的电子商务物流行业已经具有应用区块链技术的基础条件，而区块链技术作为一种天然契合平台应用的底层技术，在电子商务物流中也具有广阔的应用前景。

6.5 云计算

6.5.1 云计算基础

1. 云计算的概念

云计算是并行计算、网格计算、网络存储以及虚拟化技术相互融合的产物。它不仅是计算技术革新的结果，也是用户需求驱动和商业模式转变共同推进下的新生事物。云计算整合了网络中的软硬件资源，是一种基于大众参与的计算模式，其计算资源是动态的、可扩展的和虚拟化的。云计算是通过网络，以便利、按需访问的服务方式向所有的需求者提供计算资源。云计算的基本原理是通过互联网，把庞杂的网络上任务和应用程序，拆成许多小任务和小程序，通过由若干服务器形成的庞大系统的计算、搜索、分析后，得出结果并返回给用户和需求者。

云计算的概念早在20世纪60年代就被提出，但直到互联网广泛应用之后，它才快速发展，并成为与互联网紧密相连的新兴事物。云计算的发展日新月异，目前，学术界和产业界关于它的定义尚未达成完全的统一。不同的行业对云计算均有自己的认识和理解，有自己的侧重和标准，导致在概念表述方面也存在差异。目前，对云计算概念的描述主要包括以下几种观点。

百度百科：在互联网络基础上的一种相关服务的添加、使用以及交付模式，通常涵盖用网络来提供动态，容易拓展且经常是虚拟化的资源。其中，百度百科将“云”解释为网络和互联网，当然了，这是一种比喻性说法。

美国加州伯克利云计算白皮书：云计算由两部分内容构成，分别为互联网上提供的各种形式的服务应用和数据中心内提供这些服务的软件设施与硬件设施。其中互联网上的应用服务本身即为软件服务，而数据中心内的软件设施与硬件设施就是“云”。

美国的国家标准与技术研究院：云计算是一种应用资源的模式，也是一种按照使用量来进行付费的模式。它能够按照需要用一种十分简单的方式，通过网络来对已配置的计算资源，如存储、应用软件、服务、网络、服务器等完成访问，而这些资源往往是由服务提供商通过最小代价、专业运作来快速提供的。该观点也是现阶段广为接受的。

中国云计算网：云计算是基于拥有超级计算模式的互联网，并且在远程数据中心内，由世界范围内的计算机以及服务器共同连接起来形成的一片计算机云。每一位用户只需要通过计算机、手机等方式接进数据中心，即可根据自身需求来进行相关运算。

中国网络计算专家刘鹏：云计算把计算任务分布在了由大量计算机形成的资源池上，使得各种应用系统可以依据需要获取计算能力和存储空间以及各种软件服务。

2. 云计算的特点

（1）透明性

云计算服务的实现机制对每一位用户来讲都是透明的，不必对其做过多的、具体的了解就能够获得服务。

（2）虚拟化

云计算能够较好地支持每位用户在任何位置，使用任意终端获取服务。这些被请求的资源皆来自于“云”，而非看得见、摸得着的有形实体。同时，用户在这个过程里无须知晓其在哪一具体位置运行，只通过终端即可得到服务。

（3）高可靠性

“云”通过采取数据冗余以及分布式存储的方式使得数据的可靠性得到极大保障。另外，“云”还使用了数据多副本容错、计算节点同构可互换等一系列措施实现了比本地计算机更可靠的性能。

（4）高可用性

云计算通过集成海量存储和强大的计算能力，可以实现对节点错误的零容忍，而且就算出现了部分的节点失效，云计算仍然能保证程序正确运行。

（5）通用性

通用性是指云计算不仅只对某些特定应用，而是通过“云”的支撑，能够对各式各样的应用进行构造，较好地实现了同一个“云”能够同时支撑不同应用运行。

（6）可扩展性

可扩展性说的是“云”的规模不是静止不变的，而是能够进行动态增减。

（7）按需服务且廉价

“云”是一个资源池，而且这个资源池非常庞大，按需购买。另一方面，由于“云”的特殊容错措施，使得构成“云”的节点较为廉价，因此企业与用户均可受益。

（8）潜在危险性

云计算在提供计算服务以外，还可以提供存储服务，但是当前这一类服务还垄断在企业手中，因而应密切关注数据安全性问题。

6.5.2 云计算在电子商务物流中的应用

云计算技术在物流领域的应用，先后经历了初步接触期、逐步渗透期和广泛应用期。目前，作为实现现代物流行业降本增效的主流技术，云计算技术正支撑着传统物流向智慧物流逐步升级。

1. 初步接触期：云计算技术初步接触物流业

20 世纪 90 年代至 21 世纪初，传统的物流企业规模较小，进入门槛低，业务单一，多数企业只做简单的运输服务，企业仅能积累大量的单一数据，各业务板块的数据无法融合，不能为企业的决策提供支持。随着智能物流概念的出现，逐渐出现了用于数据管理的数据仓库、用于决策的专家系统和企业自我更迭的知识管理系统。企业对大量的原始数据进行重新组织和多维建模，并通过专家系统进行决策，实现物流智能化。此阶段的智能物流数据来源于企业自身的机械积累，物流数据信息化程度低，企业间信息无法共享，物流多个环节都不具备智能化特征。2006 年《谷歌 101 计划》首次提出云计算概念，其巨大的分布规模使因特网具备超级计算能力，能够最大限度地整合物流企业的计算资源和数据资源，提高物流产业的整体信息化程度和便捷性，这促使企业纷纷研究、开发这一技术，为云计算在智慧物流中的应用奠定了基础。

2. 逐步渗透期：云计算技术逐步渗透物流业

2009—2016 年，云计算、物联网和大数据技术发展迅速，云计算技术逐渐渗透到智慧物流系统之中。更多物流企业开始进行智慧物流模式和应用的探索，基于云计算的智慧物流由此起步。

此阶段前期，传统物流公司已经基于物联网技术进行一系列改变，开始使用条形码、射频识别（RFID）、全球定位系统/地理信息系统（GPS/GIS）、电子数据交换（EDI）等技术进行数据交互与处理，但对大量数据的处理、分析能力有限，不能识别半结构和非结构化数据，无法得到实时、全面、有效的物流数据，造成大数据云计算技术的应用断层，不能使高度依赖信息交互的物流各环节协同化，无法保证客户需求的高质量服务体验。如 2012 年，淘宝和天猫的“双十一购物节”出现了爆仓现象，拉低了顾客的购物体验。

此阶段后期，基于云计算的智慧物流蓝图逐渐展开。以天津为例，2014 年建立以智能生态社区、网商体验式仓储物流、云计算后台服务为一体的城市物联网综合体；物流企业依托云计算等先进的信息化技术逐渐转型升级，由同质化竞争向差异化竞争转型，由注重单一的快递服务向注重客户体验服务转型，物流成本有效降低，配送效率大幅提升。但是，此阶段的云计算智慧物流尚处于学习阶段，信息技术手段落后，专业的技术人才缺乏，多数理论研究尚未转化为应用。

3. 广泛应用期：云计算技术广泛应用于物流业

从2016年至今，云计算技术已经成熟，在智慧物流中的应用逐渐深入，适应性也大大增强，促使智慧物流体系更加完善，有效地实现了数据业务化和业务数据化。一些实力较强的企业已建立起相对完善的智慧物流体系，如京东的青龙系统、阿里巴巴的菜鸟网络等。

此阶段，基于云计算技术的智慧物流在物流信息传输、供应链管理、运输路线规划、仓库储位优化和市场预测等方面取得显著成就。在信息联通方面，将基础数据传送到透明、共享的云计算平台，可以实现企业供货方、采购方、政府工商部门、物流企业运输部门等的信息交换和共享；在经营决策方面，将云计算处理技术应用于供应链管理、运输路线规划、仓库储位优化和市场预测等，可以实现物流运营的降本增效。以京东为例，其根据以往的营运数据，利用云计算技术对消费者的数据进行挖掘，供应商可以根据市场需求预测，提前布局在消费需求周围，从而优化供应链；在仓储管理方面，现有的云计算系统已经可以深入挖掘“20万×20万/日”的订单数据，构建基于时间序列的数据立方体，萃取稳定可信的商品关联度，实现仓库商品布局最优化；在运输路线规划方面，利用云计算技术对消费者数据进行分析，结合实时路由优化，可以得到车辆配送的最佳路线，完成跨城运输与同城配送；而无人车辆配送将会成为云计算技术的下一个突破口，推动智慧物流升级。

【案例分析】

阿里入股申通 发力智慧物流

2019年3月11日，阿里巴巴宣布将投资46.65亿元，入股申通快递控股公司，并将间接持有申通快递14.65%的股权。此次合作，是阿里巴巴加速整合第三方物流服务，优化完善菜鸟智能物流网络的重要举措，也是申通快递加速智能物流、快递末端等领域布局的重要举措，预示着未来电商行业物流巨头间的竞争将进一步加剧。

1. 背景

电商巨头纷纷加码智能物流领域投资，构建电商生态圈。一直以来，快递物流和电子商务互为支撑、互相促进，业务合作十分紧密。随着电子商务快速发展，快递数量激增，物流配送速度和质量逐渐成为衡量企业的重要指标。

京东、唯品会、亚马逊等电商巨头纷纷打破传统做法的羁绊，加速智能物流领域布局，通过自建物流、选择第三方物流等方式为自己建立了一道护城河。2018年5月全球智慧物流峰会上，阿里表示将投入千亿元人民币建立全国智能物流骨干网。同年5-8月，京东先后向中国物流资产、易商红木、科大智能等公司分别投资9亿港元、3.06亿美元和6亿元人民币，在货运物流、物流信息化、智慧物流仓储等领域持续发力。在2018年6月，京东全球购与唯品国际达成合作，唯品国际12个海外仓、8个自营仓全面向京东开放。2018年9月，亚马逊对旗下物流子公司ATS注资1700万美元。截至目前，该子公司融资总金额已经接近1.1亿美元。

与此同时，阿里也正在加速构建全国智能物流骨干网。近年来，阿里持续加大物流领域投资，并将物流领域作为除新零售之外的又一重点布局领域。此前，阿里已投资多家快递公司。2013 年 5 月，阿里、银泰集团联合复星集团、富春集团、顺丰速运、圆通等多家快递公司共同组成菜鸟网络。其中，阿里持股比例超 50%。2015 年 5 月，阿里携手云锋基金入股圆通，合计持股约 17%。同年 8 月，阿里向天天快递投资 95 亿元。2018 年 5 月，阿里和菜鸟网络向中通快递投资 13.8 亿美元，持股约 10%。对于百世物流，目前阿里持股比例已接近 30%。

申通快递加速向电商领域渗透，以缓解市场份额持续萎缩压力。2007 年成立以来，申通快递经营利润持续稳定增长，但近年来，公司快递量增速持续大幅下降，市场份额急剧下滑。据统计，2013-2017 年，申通快递市场份额从 26%跌至 9.7%。为扭转局势，申通快递与多家电商企业开展业务合作。2017 年 5 月，申通快递联手卓志跨境，围绕跨境电商物流进出口关务、国内派送、海外仓运营等领域开展合作。2018 年 1 月，申通快递与菜鸟驿站达成战略合作，双方将共同致力于改善末端消费者服务体验。同年 9 月，申通快递与 eBay 合作项目测试全面完成，申通为 eBay 提供国内揽收、分拣、航空运输、清关等全链条服务。

2. 事件的经过和发展

2019 年 3 月 10 日，申通快递控股公司德殷投资拟出资或转让部分股份（持有的申通快递股份）再新设两家公司，即新公司 A 和新公司 B，新公司 A 将持有申通快递 29.90%的股份，新公司 B 将持有申通快递 16.10%的股份。3 月 11 日，申通快递发布公告称，阿里将投资 46.65 亿元入股新公司 A，并获得其 49%的股权，即阿里拥有申通快递 14.65%的股份。

阿里巴巴和申通快递将在物流科技、快递末端、新零售物流等领域开展深度合作。申通快递将充分利用阿里的互联网治理结构推进公司组织变革和网络体系技术变革，完善物流服务体系，加速智能物流、快递末端等领域布局，构建新的差异化竞争优势。阿里将加速构建四通八达的智能物流网络，有助于进一步提高物流效率、优化物流服务、降低物流成本，距离实现“全国 24 小时必达、全球 72 小时送达”的目标又迈进了一步。

3. 分析

智慧物流是构建新零售生态闭环的关键一步。当前，新零售充分依托线下实体零售渠道、品牌和服务优势，并将其与新技术新应用有效结合，日益成为互联网巨头寻找业务新增长点的重要突破口。而智慧物流凭借物流大数据+智能算法等技术，在提升自动化设备效率、促进“最后一公里”多网协同、破解末端派送难题等方面发挥着重要作用，已经成为推动新零售生态构建的核心动力。

近年来，阿里在智慧物流上持续加码，以投资物流企业等方式在物流业纵横联合。此前已先后入股百世、中通、圆通等快递企业，和物流伙伴共同推进智能仓库、智能配送、全球超级物流枢纽等核心领域建设。此次入股申通，是阿里进一步整合第三方物流服务、优化完善菜鸟智能物流网络的重要进展。此举将大大提升快递末端服务效率，助力搭建广泛连接、协同共赢、精准响应的全零售生态圈，为业界提供更深程度的流程重构，为消费者提供多维度、高质量的服务。

阿里与其他电商物流巨头的竞争态势将进一步升级。随着物流领域专业化分工越来越细，应用场景越来越丰富，带动行业规模快速提升。菜鸟物流、京东物流等一批电商物流企业迅速扩张版图，与顺丰等物流龙头企业形成竞争对垒格局。京东物流基于自建仓配构筑优势，顺丰基于智能技术综合应用能够提供全链条物流服务，对比京东和顺丰物流，菜鸟则是以数据和平台构建角度切入竞争。随着阿里入股申通，菜鸟联盟的优质物流服务提供商队伍进一步壮大，市场地位将进一步得到强化，也将进一步加剧行业分化和行业竞争，竞争方式将从价格战升级为技术战，以及业务和战略上的卡位战，竞争范围也将从争夺局部业务市场升级至数据、技术、资本和商业模式等全方位的竞争。

资料来源：陈婕，朱银铃．阿里 47 亿元入股申通［N］．钱汇晚报．2019-7-04.

本章小结

本章主要介绍了几种目前主流的智能化技术，包括物联网、大数据、人工智能、区块链和云计算分别介绍了这些智能化技术的概念、类别、关键技术、体系结构以及在电子商务物流中的应用及未来的发展趋势等。这些主流的智能化技术既是电子商务物流降本增效的技术基础，同时也是电子商务物流持续快速发展的保障。这些技术是数字时代的先锋，本身仍在不断的变化和发展中，因此本章的介绍和分析存在一定的认知局限。

习　　题

一、单项选择

1. 当前大数据技术的基础是由（　　）首先提出的。

A. 微软　　B. 百度　　C. 阿里巴巴　　D. 谷歌

2. 大数据的最显著特征是（　　）。

A. 数据规模大　　B. 数据类型多样

C. 数据处理速度快　　D. 数据价值密度低

4. 数据可视化是展现大数据价值的手段，在城市规划领域中最为重要的可视化手段为（　　）。

A. 关系类数据可视化　　B. 时空数据可视化

C. 层级数据可视化　　D. 多维数据可视化

5. 关于电子商务与大数据二者的关系，说法不正确的是（　　）。

A. 电子商务为大数据的积累拓展了可观的空间

B. 在互联网时代，二者结合是必然的

C. 大数据推动电子商务模式的广泛开展

D. 大数据因电子商务模式的开展而产生

6. 关于大数据时代下电子商务发展方向的说法不正确的是（　　）。

A. 个性化服务日渐突出　　B. 跨界融合成为主流

C. 商业模式由扩展到复制　　D. 由销售制胜到数据制胜

7. 强人工智能与弱人工智能的区别在于（　　）。

A. 学习态度　　B. 学习方法

C. 学习能力　　D. 智力水平

8. 以下对人工神经网络的描述错误的是（　　）。

A. 可以取代人脑　　B. 是一种复杂的网络

C. 是对人脑的一种模拟　　D. 可以解决非线性问题

9. 下列对人工智能描述正确的是（　　）。

A. 是机器，无法律责任
B. 无风险
C. 是人的替代，有法律责任
D. 存在道德和法律责任

10. 物联网的规模（　　）。
A. 比 Internet 小
B. 与 Internet 一样
C. 比 Internet 大数万倍
D. 无法确定

11. 下列关于比特币的描述正确的是（　　）。
A. 只要劳动，就能获得
B. 是一种公开合法化的货币
C. 由银行发行
D. 数量有限

12. 下列关于区块链的说法正确的是（　　）。
A. 去中心化
B. 中央控制
C. 任意加入和退出
D. 安全可靠

13. 区块链中的节点（　　）。
A. 节点地位不一样
B. 采用链式结构连接
C. 存储的内容完全一样
D. 和其他节点没有关系

14. 区块链中共识机制的目的是（　　）。
A. 保证节点的安全
B. 确定节点的身份
C. 数字签名
D. 保证内容的完整和一致

15. 下列关于区块链的特点描述错误的是（　　）。
A. 去中心化
B. 一致性账本
C. 闭源
D. 数据可靠

二、多项选择

1. 下列对大数据特点的说法中，正确的是（　　）。
A. 数据规模大
B. 数据类型多样
C. 数据处理速度快
D. 数据价值密度高
E. 数据商业价值高

2. 在大数据背景下，电子商务转型升级的基本方向有（　　）。
A. 由销量制胜到由数据制胜
B. 由资产并购到数据整合
C. 由 PC 端到手机端
D. 由规模化制造到规模化定制
E. 由平台为主到综合业务为主

3. 区块链的特性包括（　　）。
A. 无中心节点和中央机构
B. 数据具有完整性和一致性
C. 账本是公开透明的
D. 无信任依赖

4. 物联网是（　　）。
A. 万物相连
B. 所有物体与计算机相连
C. 是智慧城市的硬件基础
D. 系统结构中含有感知层

5. 人工智能是（　　）
A. 未来计算机的发展方向
B. 人类智慧的模拟和延伸
C. 具有自我学习能力
D. 具有判断和自我决策能力

6. 人工神经网络（　　）。
A. 有唯一的 BP 算法
B. 需要大量学习样本
C. 仍有缺陷，需要持续改进
D. 具有学习能力和泛化能力

三、问答题

1. 简要介绍大数据的“4V”特点。

2. 大数据在众多领域中都可发挥积极作用，除本书提及的领域（媒体、医疗、教育、企业、政府、电子商务）以外，思考一下还有哪些领域能应用大数据并提出相应的应用模式。

3. 美国国家标准与技术研究院（NIST）是如何定义云计算的？

4. 讨论云计算的特点。

5. 讨论云计算的各种应用。

四、实训题：电子商务大数据应用调查

1. 实训目的：通过实训，了解目前大数据在国内电子商务领域的应用情况。

2. 实训内容：通过网络资料搜集分析及学校所在城市电商企业的实际调研，了解电商企业在运作过程中大数据应用的情况。

3. 实训要求：参与实训的学生以分组的形式，在教师的指导下，分工协作完成实地调研和网上资料搜集，并将资料进行分类整理，形成最终的实训报告。

第7章　电子商务冷链物流

【学习目标】

1. 理解和掌握电子商务冷链物流的概念和适用范围。
2. 掌握冷链物流的基本模式。
3. 掌握冷链物流的设备选型方法。
4. 了解并掌握冷链物流园区的规划。
5. 理解并掌握人工智能时代下的生鲜冷链物流模式的创新。

【引例】

盒马鲜生的电商O2O发展模式

2016年，马云在云栖大会上提出“新零售”模式，强调线上、线下、物流三者的有机结合。而生鲜电商的O2O模式即是“新零售”模式在生鲜电商领域的一个切入口和新探索。以盒马鲜生为代表的生鲜电商O2O模式采取了线下门店形态的“零售+餐饮”模式，同时与线上的盒马鲜生APP相结合，在距门店半径3公里以内的区域能实现半小时内送达。这种模式虽然发展时间不长，但从目前的经营状况来看，已经杀出一条血路并逐渐盈利。这其背后的原因值得探讨。

（1）线下体验门店为线上引流

盒马鲜生于2016年1月在上海金桥开出首店，截至2018年7月，盒马鲜生已经在全国开了66家门店，先后入驻了上海、北京、成都、杭州、武汉等一二线城市。创始人侯毅表示扩张门店数量的速度在一定程度上代表着抢占市场的先机，所以在不到三年的时间，盒马凭借背后阿里巴巴的强大财力迅速扩张着一家又一家4000~6000 m^2的门店，其速度之惊人令人咋舌。线下的实体体验店可以做到快速拉近与消费者的距离，真正做到“所见即所得”，消费者可以在周边的体验式门店亲自挑选新鲜的生鲜食品，对于海鲜水产品还可以享受现场加工服务，直接在店就餐。这种体验式消费能够让消费者感觉到盒马鲜生并不遥远，它就在我们身边，从而快速消除纯生鲜电商“摸不着”的信任危机，使消费者更信赖盒马鲜生的品牌，形成一种体验式营销，为线上引流，这也是O2O模式的一个核心优势。据2018年2月份易观数据的分析统计，盒马鲜生开业半年以上的熟店的日均线上订单量已超越线下，这说明引流的效果是成功的。盒马的目标群体是年轻的80后、90后，他们是典型的互联网用户人群，从阿里大数据平台“阿里指数”可以看出，这部分人群占据了当前移动支付购买行为的绝大部分，所以只要消费者通过线下体验认可了盒马鲜生的品牌，线上订单超越线下则是意料之中。

（2）产品品质有保证

盒马鲜生的消费者画像非常清晰，定位是80后、90后的年轻消费群体，年龄在25岁到35岁之间。这个群体通常具有一定的消费能力，更注重生活品质，对商品的新鲜度和品质是第一要求，对服务也是非常看重的，反而对价格的敏感度并不高，所以保证产品品质至关重要。那盒马是如何做到的呢？作为阿里巴巴旗下的企业，盒马鲜生可以利用阿里巴巴集团的买手团队和充足的资源，借助大数据、云计算等技术，根据消费者偏好在全国各地引进优质的生鲜产品，且价格比传统超市便宜。另外，盒马鲜生正在通过供应链的深度重构直接和基地、农民建立双赢的渠道以及订单生产的模式来推进产品标准化，通过全程冷链运输来保证商品品质。为了保证产品的新鲜度，盒马鲜生推出了“日日鲜”产品，采用小包装策略，正好满足炒一盘菜的量，倡导不卖隔夜菜和隔夜肉，深受消费者欢迎。拿上海的门店为例，每天下午盒马鲜生会结合当前的售卖情况及其他考虑因素，将次日的产品需求发给崇明合作农场基地，农户根据订单需求进行采摘，再冷链运送到门店，然后对商品进行标准化包装。当天如果有未卖完的“日日鲜”产品，则可以在盒马鲜生餐饮生熟联动的链条下被制作成餐饮进行销售。这一信息化的供应链不仅实现了精准和节约，还最大限度保证了生鲜产品的品质。

（3）高效率的物流配送

生鲜产品的需求具有一定的即时性，而盒马鲜生强大的配送效率能够保证3公里范围内半小时送达，配送及时是盒马鲜生吸引消费者的最大优势之一。盒马鲜生的门店分为两个区，即前店的消费区和后仓的仓配区，并设置了三百多平方米的合流区，前后台采用自动化的传输系统，从前台的门店到后台的仓库装箱都由物流带传送。店铺在接到APP订单后，在门店分拣取货，放入保温袋，通过自动传输系统直接把商品传送到后台合流区，装入专用的配送箱，用垂直升降系统送到一楼出货，这整个从接单到装箱的过程只需十分钟即可完成，然后由配送员在二十分钟内完成三公里以内的配送，整个过程完全可以做到半小时以内。不管消费者是在上班时间当即想吃新鲜水果了或是希望在下班到家时新鲜蔬菜和处理好的海鲜鱼肉同步送到，盒马鲜生都能满足，其高效的配送速度带来的便利性俘获了大批消费者，特别是平时上班忙、时间紧的白领一族的心。

资料来源：张思思，张永庆．生鲜电商O2O发展模式分析——以盒马鲜生为例［J］．电子商务，2019(5)：29-31.

7.1 冷链物流基础

伴随着中国经济快速发展的强劲势头，国内居民食品消费的理念发生了巨大改变。人们对新鲜健康食品的需求日益高涨，果蔬、肉禽、蛋奶制品等农产品需求量也逐年攀升。据统计，中国目前农产品年供应量的总额在1600亿美元左右，预计到2022年，这一数字会达到10000亿美元，年均增长率为18%。农产品从田间到餐桌全程保鲜依靠的是全程农产品冷链物流。然而，中国冷链物流体系不完善，农产品在冷链物流输送过程中易变质和损耗，造成了严重的浪费。据中国食品工业协会的调查，由于中国冷链系统的不完整，造成国内年约110亿美元的浪费，其中包括大约1.3亿吨蔬菜及1200万吨水果。果蔬、肉类、水产品在中国进入冷链物流系统的比重达到6%、16%、25%，但是，在西方欧美等发达国家，农产品进入冷链物流系统的流通率均达到95%以上。中国农产品冷链物流行业内物流基础设施和设备落后、冷链物流法规不健全、冷链物流信息化程度不高、冷链物流专业人才高度缺乏等问题造成了中国农产品冷链物流发展的初级性，农产品进入冷链流通环节困难，浪费严重，物流成本高且质量得不到保障。因此，革新农产品冷链物流模式成为改善中国农产品冷链物流发展的重要举措。

7.1.1 冷链物流概述

1. 冷链

冷链也称为冷藏链，最早源于食品的保质保鲜，食品发生变质的主要原因是微生物的活动以及生物酶产生的生化反应。食品中残留的微生物在适当温度和水分的条件下就会发生一系列的生化反应，导致食品变质。为保证食品质量、延长食品保质期，最基本的办法就是抑制微生物和酶的活动，也就是要降低温度和减少水分，使微生物和酶的活力降低、减缓。温度是减少食品质变的关键因素，由温度变化引起的食品品质的下降具有累积性和不可逆性，因此必须对食品温度进行控制。随着学术界对冷链研究的不断深入，学者们基于不同的研究角度，提出了不同的定义，其中冷链物流处于领先水平的国家，如美国、欧盟和日本提出的冷链概念较为完善。

美国食品药品管理局（US Food and Drug Administration，FDA）对冷链定义为“贯穿从农田到餐桌的连续过程中维持适宜的温度，以抑制细菌的生长”。在美国，物流行业的发展领先于世界水平，美国农产品冷链物流业的发展历史悠久，畜禽肉冷链流通率高达100%，果蔬冷链流通率高达95%以上，其对冷链的定义体现了供应链的思想。

欧盟把冷链定义为“冷链是指原材料的供应、经过生产、加工或屠宰，直到最终消费为止的一系列有温度控制的过程，冷链是用来描述冷藏和冷冻食品的生产、配送、储存和零售这一系列相互关联的操作的术语”。定义中强调的是冷链的具体操作，由实践推动了欧盟各国在冷链标准化的统一和接口管理。

日本明镜国语辞典指出冷链是“通过采用冷冻、冷藏和低温储藏等技术，使鲜活食品、原料保持新鲜状态由生产者流通至消费者的系统”。日本的定义强调的是系统性和技术性，日本重视技术研究及应用，其冷链技术在全世界处于领先水平。日本的冷链系统发展完善，在包括采收、采后预冷、整理、储藏、冷冻、运输、信息技术等方面普遍具备了较高水平，形成了一套完整、规范的流通体系方案。

我国从1954年开始建设冷链，起步较晚，对冷链的研究也分散在不同的经济领域，如禽畜产品、水产品、果蔬、速冻食品和冷饮加工等领域，因而关于冷链的定义也多来自于产业界，侧重于对经济领域实践的总结。孙金萍（1997）提出冷链是指“采用一定的技术手段，使易腐货物从采收加工、包装、储存、运输及销售的整个过程中都不间断地处于一定的适宜条件下，尽量降低货物质量的下降速度，最大限度地保持货物最佳质量的一整套综合设施和手段”。吕峰（2001）提出冷链是“使食品在整个生产和流通范围内保持均衡低温以获得最佳品质的一种系统设施”。张英奎（2001）等也提出了冷链的定义，但其定义只是针对食品冷链。他们将冷链称为“食品冷藏供应链”，定义为“是指易腐食品从产地收购或捕捞、加工、储存、运输、销售，直到消费前的各个环节都要处于适当的低温环境之中，以保证食品的质量，减少食品的损耗，防止食品的变质和污染”。王之泰（2010）提出冷链是对特定物品在生产制造、流通、物流、应用和消费过程中使用的链式低温保障系统。《农产品冷链物流发展规划》（2010）将农产品冷链定义为：使肉、禽、水产、蔬菜、水果、蛋等生鲜农产品从产地采收（或屠宰、捕捞）后，在产品加工、贮藏、运输、分销、零售等环节始终处于适宜的低温控制环境下，最大限度地保证产品品质和质量安全、减少损耗、防止污染的特殊供应链系统。

根据以上的定义，冷链的基本构成如图7-1所示。

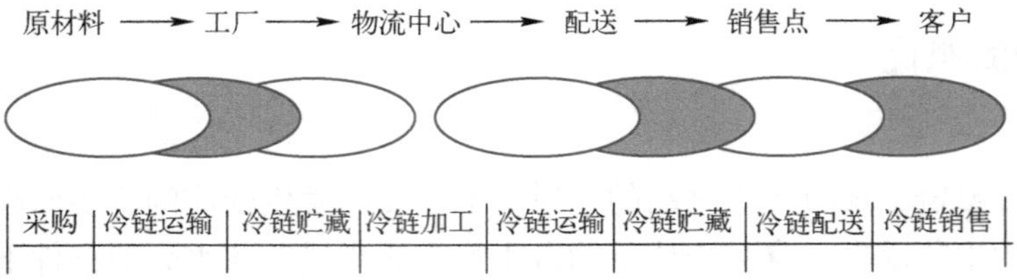

图 7-1　冷链的构成

我国不同时期出现的冷链定义反映了我国对冷链理解的三个层次，依次是操作层、管理层和战略层。

初始阶段可以称之为“操作层”。根据人类认识事物的规律，对新鲜事物的接受和理解往往先停留在对事物的感观认识上。在初期将冷链定义为设施反映了当时对冷链的认识还只是停留在基本的实物认知层面。中间阶段处于认识的中间位置，称之为“管理层”，其将冷链定义为物流网络，不仅包含了实物层的设施，还包括了信息和管理职能中的组织。现在，越来越多的学者在定义冷链时，将冷链定义为一种特殊供应链。供应链的思想是一种管理的思想，这反映了经过一定时间的发展，我国对冷链的认识上升到“战略层”。供应链管理的思想强调整个链条上企业间的协调和集成化管理。随着时间的推移，我国对冷链的认识从感性的实物层上升到了理性的管理层，不同层次研究的重点不尽相同，认识的宽度也得到了很大程度的扩展。

2. 冷链物流

如果说冷链是一种特殊的供应链，那么它必然包含四个流：物流、资金流、商流和信息流。其中，冷链物流（Cold Chain Logistics）可泛指为：冷藏冷冻类食品在生产、贮藏运输、销售，到消费前的各个环节中始终处于规定的低温环境下，以保证食品质量，减少食品损耗的一项系统工程。冷链物流是随着科学技术的进步、制冷技术的发展而建立起来的，是以冷冻工艺学为基础、以制冷技术为手段的低温物流过程。我国最早的关于冷链物流的国家标准是《物流术语》（GB/T 18354- 2001）。《物流术语》将冷链物流定义为“保持新鲜食品及冷冻食品等的品质，使其在从生产到消费的过程中，始终处于低温状态的配有专门设备的物流网络”。2006 年修订的国家标准《物流术语》（GB/T 18354—2006）将冷链物流定义为“根据物品特性，为保持新鲜食品及冷冻食品等的品质，使其在从生产到消费的过程中，始终处于低温状态的配有专门设备的物流网络”。该标准同时对物流网络也做出了明确的定义，“物流网络是物流过程中相互关联的组织、设施和信息的集合”。

冷链物流是随着科学技术的进步、制冷技术的发展而建立起来的，是以冷冻工艺学为基础、以制冷技术为手段的低温物流过程。国内外的学者对此进行了许多研究，1996 年，DenOuden Zuurbier 等学者首次提出了食品低温供应（Food Cold Supply Chain）概念，并认为食品低温供应链管理是农产品和食品生产、销售等组织，为了降低食品和农产品物流成本、提高质量、提高食品安全和物流服务水平，而实施的一种一体化运作模式。付建华、魏国辰（2008）认为冷链物流是在我国专业分工加快，需求专业化的市场细分背景环境下产生出的一种新型行业。冷链物流是冷藏冷冻食品在生产、贮藏运输、销售到消费前的各个环节中始终处于低温环境下，以保证食品质量，减少食品损耗这一食品冷链体系的泛指。由国内外文献研究及实践分析得出，冷链物流（Cold Chain Logistics）泛指冷藏冷冻类食品在生产、贮藏运输、销售，到消费前的各个环节中始终处于规定的低温环境下，以保证食品质量，减少食品损耗的一项系统工程。

3. 冷链物流的关键环节

冷链物流主要由冷冻加工、冷冻储藏、冷藏运输及配送、冷冻销售等环节构成。

（1）冷冻加工

冷冻加工包括肉禽类、鱼类和蛋类的冷却与冷冻，以及在低温状态下的加工作业过程，也包括蔬菜的预冷、各种速冻食物和奶制品的低温加工等，即国外所称的“不高于原则”（The Never Warmer Than Rule），即从生产者到消费者之间各环节都不得高于设定温度。在这个环节上主要涉及的冷链装备是冷却、冻结装置和速冻装置。

（2）冷冻储藏

冷冻储藏包括食品的冷却储藏和冻结储藏，以及水果蔬菜等食品的气调储藏。它保证食品在储藏和加工过程中的低温环境。在此环节主要涉及各类冷藏库、加工间、冷藏柜、冷冻柜及家用冰箱等。

（3）冷藏运输

冷藏运输包括食品的中、长途运输及短途配送等。它主要涉及铁路冷藏车、冷藏汽车、冷藏船、冷藏集装箱等低温运输工具。在冷藏运输过程中，温度波动是引起食品品质下降的主要原因之一，所以运输工具应具有良好的性能，远途运输尤其重要。

（4）冷冻销售

冷冻销售包括各种冷链食品进入批发零售环节的冷冻冷藏和销售，它由生产厂家、批发商和零售商共同完成。随着大中城市各类连锁超市的快速发展，各类连锁超市正在成为冷链食品的主要销售渠道，在这些零售终端，大量使用了冷藏、冷冻陈列柜和储藏库，它们成为完整的食品冷链中不可或缺的重要环节。

7.1.2 冷链物流的特点和分类

与一般物流（常温物流）相比，冷链物流对商品新鲜度的要求更加严格。冷链物流在生产、储存、运输、再加工及销售的全过程中始终处于规定的低温环境下，它是以保持低温环境为核心要求的供应链系统，是一种比较特殊的物流模式。

1. 冷链物流的特点

作为物流行业的重要分支，冷链物流除了具有普通常温物流的一般特点之外，还具有一些特征，如对冷藏技术和温度的严格要求，这是冷链物流与其他物流最明显的区别。除此之外，冷链物流还具有以下特点。

（1）建设投资大，技术复杂

由于冷链物流的稳定运行需要冷藏冷冻车、冷柜集装箱、冷藏冷冻仓库、零售端冷柜冷藏、跟踪监控系统和畅通的信息系统等一系列软硬件设备的保障，因此其建设成本要远远高于普通物流。相应的，其建设和运营所需的技术要求也远远比普通物流复杂。

（2）组织协调性高

冷链物流服务的对象大都是对时间和温度非常敏感的易腐物品。易腐产品的生命周期通常都比较短。在运送过程中，通常有时间窗（Time Windows）的限制。如果冷链物流过程的组织协调性较差，导致产品的物流时间超过了这一时间窗，就会对产品的品质构成极大的威胁，会给经营者带来较大的风险和损失。如产品销售的可能性降低、公司的服务形象有损、企业的运营风险增加等。这就要求企业必须保证每个作业环节的连贯性，使整个冷链物流过程保持高度的协调。

（3）对运作成本的关注度更高

在冷链物流服务的过程中，不同地域和时间的温度要求会不一样。为保证易腐产品处于最合适的储运温度，机械设备所需的能耗也不一样。一般来说，冷库建设和冷藏车的购置投资是一般干货库房和普通物流车辆的 3~5 倍。与普通货物运输相比，冷链运输和仓储成本是一般普通货品 2~3 倍。而冷链所包含的制冷技术、保温技术、产品质量变化机理和温度控制及监测技术是支撑冷链的技术基础，所需的建设资金也比常温物流要高得多。不仅如此，在整个物流运营过程中，其还需要更多的能源消耗。企业必须把这些因素纳入到成本的核算估计中。

（4）冷链物流市场经营规模小，网络分散

由于冷链物流配送对时效性要求较高，因此冷库的建设一般具有仅满足区域性需求的特点，导致冷链物流网络的节点相对比较分散。此外，市场需求往往和经济发展水平呈正相关变化，越是经济发展水平高的地区，冷链物流的需求越旺盛，冷链物流的水平往往越高，发展速度往往越快；反过来，经济发展水平相对较低的地区，冷链物流的需求往往较小，导致冷链物流的成本居高不下，不利于冷链物流企业的发展。

2. 冷链物流的分类

冷链物流可以根据不同的标准或角度来进行分类，但目前，国家标准没有对冷链物流进行明确分类，本书在吸收相关理论及实践的基础上，将冷链物流的分类归纳如下。

（1）按物流功能，冷链物流可以分为单一品种贮运的冷藏冷冻冷链、单一流通加工功能的冷链、单纯从事冷藏冷冻品周转、分拣业务冷链；具有冷藏冷冻品周转、分拣作用，拥有保管、在库流通加工等综合功能的冷链。

（2）按保管商品的属性，冷链物流可以分为农产品冷链、食品冷链、医药品冷链、生物制品冷链、化工原料冷链、特殊危化品冷链、花卉及苗木冷链等。

（3）按保管的商品在库温度，冷链物流可以分为保鲜（0~5℃）、冷藏（-10~20℃）、速冻（-30℃以下）及低温（-22~-25℃）。

（4）按企业类型，可将冷链物流企业分为八大类型，具体见表 7-1 所示。

表 7-1　冷链物流企业分类

类　型	定　义
市场型冷链物流企业（第三方）	以企业为主导，集生产、储存、配送与加工于一体，专门为市场配套的冷库及流通加工的企业
配送中心型冷链物流企业	依托某一大型终端零售企业建立的以配送中心为核心的冷链企业
生产型冷链物流企业	依托某一种或几种农产品，发展农产品加工企业建设的冷链物流
产地储存型冷链物流企业	为实现全程冷链的目标，在产地建设的冷链储存及预冷企业
集散周转型冷链物流企业	为实现大城市节点、物流节点要求进行大批量的出进、集散与周转而建设的冷链企业
冷链快餐型企业	为城市快餐业的发展而发展起来的冷链物流企业
出口贸易型冷链物流企业	专门进行冷链业务出口的企业，特别是保税物流
资源整合型冷链物流企业	基于供应链整合的冷链物流企业，其在整个冷链的链条上面进行相关的整合，提供解决方案，提高效益，降低成本

7.1.3 冷链物流的需求分析

1. 社会居民

随着我国经济发展水平和人们消费水平的提高以及健康消费理念的不断增强，人们对新鲜蔬果、水产等方面的需求量在日益增加。从市场需求上来看，食品冷链物流的需求主要来源于两个方面，一方面是冷链食品产量的逐年递增直接驱动冷链供给量及消费量的增加；另一方面是居民对冷链食品消费偏好增加的间接驱动。现今消费者对农产品的选择标准更能体现出消费者对健康的重视，如对食品的绿色度、新鲜度、安全度、营养度、便捷度等方面的要求。

据表 7-2 可知，城乡居民对主要农产品的需求趋势在逐年增长。消费者凭借自身经验和常识更愿意购买一些新鲜的农产品，而市场为了满足消费者能及时购买到新鲜农产品的诉求，也开始关注并采用冷链物流运输农副产品。市场需求的日益旺盛进一步促进了农产品冷链物流行业的发展。

表 7-2 中国居民人均主要农产品消费量

分类	指标	2013	2014	2015	2016
城镇居民人均主要农产品消费量（单位：千克）	蔬菜类	103.8	104.0	104.4	107.5
	水果类	51.1	52.9	55.1	58.1
	肉蛋奶类	63.1	65.4	66.0	66.4
	水产品类	14.0	14.4	14.7	14.8
农民居民人均主要农产品消费量（单位：千克）	蔬菜类	90.6	88.9	90.3	91.5
	水果类	29.5	30.3	32.3	36.8
	肉蛋奶类	41.2	42.8	44.8	45.7
	水产品类	6.6	6.8	7.2	7.5

数据来源：中国统计年鉴 2017 年

2. 连锁超市

当今社会，商品的主要销售渠道之一是连锁超市。而水产品、奶制品、肉类、蛋类、水果和蔬菜等产品则是超市和大型零售商的必备商品。超市、大型零售商通过批发的方式来获得这些农产品，价格优势明显，容易吸引消费者购买。国家发改委的相关信息表明，全国食品行业冷链物流的运输量每年大概有一亿吨的规模，运输量的年增长率达到 8%以上。这其中，连锁超市、大型零售商对冷链物流的需求占到很大一部分比例。

3. 餐饮行业

早期，中国餐饮行业的冷链物流中心一般是为洋快餐服务的，例如，为肯德基、必胜客服务的百胜物流公司；为麦当劳服务的夏晖物流公司等。这些“洋快餐”的冷链物流体系相对比较完善，它们从生产基地、基地冷链物流中心、生鲜加工中心至城市配送的冷链物流中心已经形成一个完整的冷链物流架构。相对而言，中餐行业的冷链物流建设却仍处于初级阶段，存在着诸如冷链体系尚不完整、尚未建立起紧密衔接的冷链服务网站、断链现象层出不穷、监管乏力等问题。随着国民生活水平的提高，更多的人会选择在外就餐，因此餐饮行业对冷链物流的需求也在不断增大。

4. 生物医药

我国是药品生产及消费大国。一方面，我国人口老龄化和城镇化问题日趋严重；另一方面，在我国生态环境压力增大、居民收入稳步提高、计生政策调整等多方面因素的推动下，人民群众对医疗卫生服务和自我保健的需求大幅增长，这些因素都促使我国药品的市场规模持续扩大。“十二五”期间，中央财政计划上调用于“扩大国家免疫规划”的专项费用标准，用来购置所需疫苗与相应的医疗器械以及药品冷链的建设与运营宣传。国家的这一举措，不仅为医药生产企业的发展提供了良好的机遇，同时也为冷藏药品安全而又广泛的应用创造了有利条件，必将促进中国冷藏药品需求规模的进一步扩大。

7.1.4　冷链物流的适用范围

冷链物流的适用范围主要有以下 4 类：第一类是初级农产品，例如，蔬菜、水果、肉、禽、蛋、花卉产品；第二类是水产品，例如，鱼、虾、蟹以及各种海鲜；第三类是加工食品，如速冻食品、禽、肉、水产等包装熟食、冰淇淋和奶制品、快餐原料；第四类是医药产品，如药品或疫苗等。

（1）初级农产品

农产品冷链物流（Cold Chain Logistics）是指水果、蔬菜、畜禽肉类、水产、蛋等农产品在采购、加工、储存、销售直至消费的各个环节中始终处于规定的、生理需要的低温环境下，以保证农产品质量、减少农产品损耗的一项系统工程。其包括的冷冻加工、冷冻贮藏、冷藏运输及配送、冷冻销售四个环节都要求按照农产品物流的特性需要，保证农产品的原料品质和耐藏性，保证保鲜贮运工具设备的数量与质量，保证处理工艺水平高、包装条件优和清洁卫生好，保证现代化管理和快速作业，最终保证农产品冷链物流协调、有序、高效地运转。

目前我国能独立开展初级农产品预冷、产地预加工、冷链仓储、冷链运输和冷链配送等一条龙综合物流服务的冷链物流企业很少。各地虽有一定数量的冷库和冷藏运输车队，但总体来看，它们的服务功能较为单一，规模不大，服务范围较小，跨区域的服务网络还没有形成，无法提供市场需求的全程冷链物流综合服务，导致我国的农产品在物流这一块的损耗比较大。例如，由于没有农产品在产地的预冷和初加工条件，很多农副产品都烂在了田间地头；在进出库环节中，物流企业在常温下的装卸时间过长，导致断链现象出现；运输和配送环节中，物流企业以保温车代替制冷车，导致对温度的要求不符合要求；在销售环节中，冷柜温度设置过高等，这些都会影响农副产品的质量和储存期。

（2）水产品

水产品冷链物流是指水产品从产地捕获后，在产品加工、贮藏、运输、分销、零售等环节始终处于适宜的低温控制环境下，最大限度地保证水产品品质和质量安全，减少损耗、防止污染的特殊供应链系统。由于水产品冷链物流的附加值高，因此我国水产品冷链物流的发展迅速。据统计，我国水产品冷链流通率已经达到 23%，冷藏运输率也达到了 40%。水产品冷链物流的发展环境和条件不断改善，取得了较好的成果。

水产品的冷链物流尽管在我国的冷链物流市场上占有一定比例。但总体而言，其仍处于起步阶段。如何充分利用有效资源来发展壮大我国的水产品冷链物流企业是横亘在物流行业面前的一个重要难题。构建符合我国国情的水产品冷链物流系统，是一项重大的系统工程。无论是在水产品的打捞、分配、检验和流通环节，还是在交易信息或是市场的运作环节中，都应该明确其目的，把握好相关的机制，在东西部协调发展的前提下，充分挖掘我国水产品冷链物流的发展潜力，激发其社会经济效益。

（3）加工食品

速冻食品是利用现代速冻技术，在 -25℃ 迅速冻结，然后在 -18℃ 或更低温条件下贮藏并远距离运输、长期保存的一种新兴食品。常见的有速冻水饺、速冻汤圆、速冻馒头等。从1995年起，我国速冻食品的年产量每年有20%的增幅，年产量接近1000万吨。据不完全统计，近年来，我国现有各类速冻食品生产厂家近2000家，年销售额达100亿元。自1999年起的连续3年，全国连锁超市中销售的食品日用品中，速冻食品销售额均名列第一。

速冻食品对贮藏和运输要求十分严格，其温度必须保证在-18℃以下。目前，专业化、社会化、适应性强的速冻食品冷链物流体系尚未形成。

(4) 医药产品

医药冷链作为物流业的一个分支，特指为满足人们疾病预防、诊断和治疗的目的而进行的冷藏药品实体从生产者到使用者之间的一项系统工程，包括其生产、运输、储存、使用等一系列环节。随着我国医药流通规模的不断增大，医药冷链的发展也开始逐渐引起人们的关注。

我国医药企业最头疼的一个管理问题就是医药产品的冷链运输和储藏。我国医药产品冷链物流体系存在行业规范不统一、实时监控体系缺位、追溯机制不完善、行业恶性竞争等问题，已经引发多起社会反响强烈的恶性事件，暴露出中国医药冷链的薄弱现状。医药产品的安全关系着民生的安全和社会的稳定，要求有完善的冷链物流体系的保障。随着冷链医药产品市场的不断扩大，医药冷链物流的质量管理面临着前所未有的机遇与挑战，医药冷链物流发展之路任重而道远。

7.2 冷链物流的运作模式

由于各地的自然条件、经济发展和基础建设程度均不相同，因此其冷链物流发展模式也不相同。下面就几种基本的冷链物流运作模式进行对比分析。

7.2.1 以大型加工企业为主导的冷链物流模式

在该模式中，大型农产品加工企业或经销公司是核心企业，其根据自身资源联合建立社区专卖店或直接进入超市控制销售终端，组织农产品冷链物流，如图7-2所示。这种冷链物流运作模式具有物流环节少、信息反馈及时、市场灵敏度高的特点，可加快物流速度，有助于提高生鲜农产品的附加价值。目前，我国的一些大型农副产品加工企业已经开始建立自己的物流供应链系统。

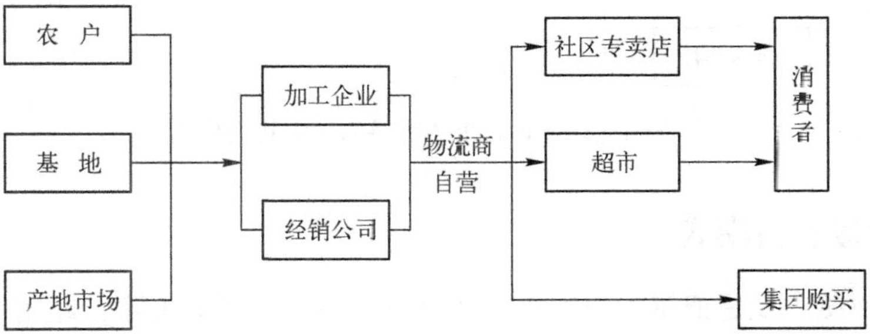

图7-2 以大型加工企业为主导的农产品冷链物流模式

7.2.2 以大型农产品批发市场运营商为主导的冷链物流模式

大型农产品批发市场运营商通过与农产品经销公司、专业合作社联结，形成集农产品生产、收购、加工、储存保鲜、配送、提供市场信息为一体的农产品冷链物流模式，如图 7-3 所示。在这种模式中，农产品批发市场运营商接受用户需求的拉力和基于利润需求的推力，建立综合化和一体化的物流服务体系，并作为供应链的主导企业驱动各参与主体加入到物流供应链的管理中来，建立起利益共享、风险共担的运行机制。

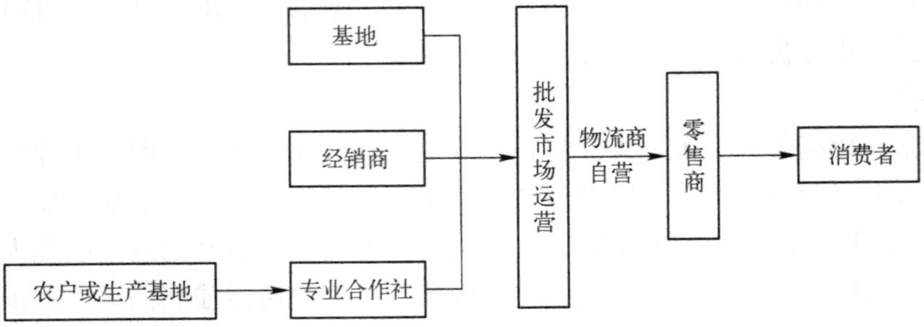

图 7-3　以大型农产品批发市场运营商为主导的冷链物流模式

7.2.3　以连锁超市为主导的冷链物流模式

伴随着现代化生活节奏的加快、生活消费水平的提高以及对农产品安全的关注程度上升，越来越多的消费者选择通过超市购买各类农副产品。超市以其商品标准化、加工化和包装化经营所具有的优势在生鲜农产品流通中受到广泛的重视。以连锁超市为主导的冷链物流模式如图 7-4 所示。通过投资兴建基地或与生产品生产商、经销公司、加工企业联合，连锁超市公司向生鲜农产品冷链物流上游延伸，从而拥有大规模的稳定货源，同时通过自建生鲜农产品物流配送中心或采用第三方物流，向门店提供无公害蔬菜、新鲜水果、多品种配菜，这种模式有助于实现产品质量、加工和管理的标准化，能有效控制和减少店铺的存货和损耗，有利于超市建立自有品牌，是今后较长时期内生鲜农副产品冷链物流的主流模式。

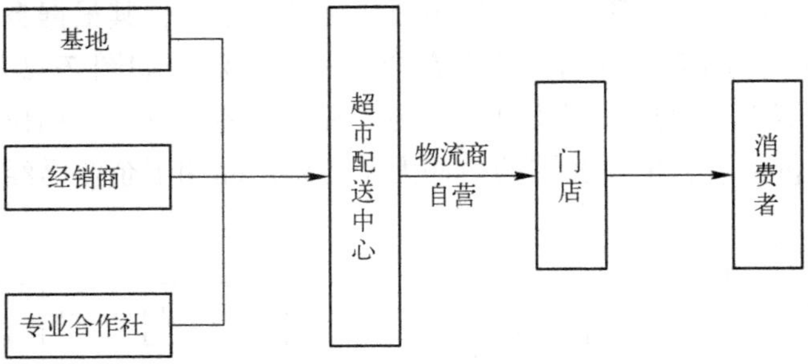

图 7-4　以连锁超市为主导的冷链物流模式

7.2.4　农超对接联盟模式

所谓的农超对接，就是把超市和生产者之间的一些低效环节去除，即超市不经过批发商、经纪人、批发市场等中间环节，直接从农民、农业专业合作社和种植龙头企业等生产者处采购农产品，农超对接模式如图 7-5 所示。2008 年，商务部和农业部开始推行农超对接这种新型的冷链物流运作模式，目的就是为了保障消费者的食品安全，增加消费者和生产者的利益。在农超对接模式中，超市销售的农产品价格比传统以批发市场为核心的流通模式更为便宜，价格大概降低了 10%~15%。

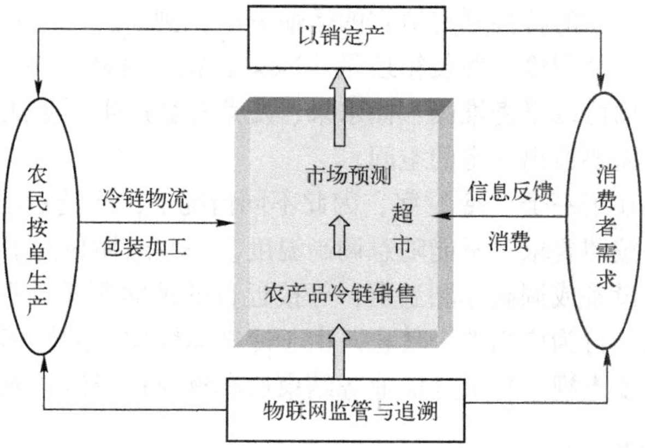

图 7-5　农产品冷链物流农超对接联盟模式

在冷链物流的农超对接联盟模式中，通常可以根据当地具体的情况来制定联盟的主体。通常有以下几种联盟主体可供选择。

1. 超市+合作社

在这种对接模式中，超市起到了核心的作用。分散的农产品可通过超市直接销售到消费者手里，减少了一些不必要的中间环节，整个交易成本得到有效控制，同时农产品的质量也得到很好的保证。

2. 超市+专业合作联社

这种模式相对于第一种更为先进。由于我国很多地区的合作社还处于规模小、资金少和管理水平低下的阶段，把这些合作社联合起来，集中他们的资源，成立专业合作社，能使冷链物流的农超对接更为顺畅。

3. 超市+批发市场+合作社

一般采取这种模式的超市规模大多是中小型超市。超市没有能力建立自身的基地和配送中心，因此只能和合作社所在地的批发市场建立合作关系，长期采购所需的农产品，并通过这种方式减少中间成本。

4. 联合直采

"联合直采"模式是指大型超市与供销合作社之间形成合作关系，共同选择合适的生产基地和农业专业合作社。供销合作社利用自身的管控优势，对农产品的生产和运输质量进行监督和管理，大型超市负责农产品的销售。

5. 超市直营

这种模式是指专业购销合作社在超市里设立农产品的销售柜台，对农产品进行直销。专业购销合作社依靠自身实力选择其认可的生产基地，使其提供具有市场潜力的农产品，生产基地根据市场需求的变化进行农产品的采摘，由农民直接送到购销合作社的配货中心，配货中心再配送至超市的直营柜台。

7.3　冷链物流的行业标准

7.3.1　运输标准

冷链运输过程必须依靠冷冻或冷藏等专用车辆进行。在运输时，不仅需要考虑运送距离的长短，也要对不同种类货物的特性制定适宜的运输方法，例如，运输方式是采用公路、铁路还是水路运输，运输工具是采用冷藏集装箱还是冷冻集装箱。另外，在堆货上也有一定的标准。水产品、畜禽肉类的运输可以紧密堆码，而水果、蔬菜等会产生呼吸热，也容易挤压变坏的农产品就不能码得太紧，需要留出一定的空间。

冷链运输的核心就在于一个“冷”字，因此不同情况下，冷链运输应该遵循不同的标准，如货厢内温度必须严格按照要求，不能随意调高温度。一些运输户为了节省成本，在跑长途运输时会在半途关闭制冷设备或调高车厢温度，等接近目的地时再重新调整到客户要求的温度，这种对消费者不负责任的行为应当严令禁止。由于冷链运输质量的好坏直接影响到居民食品安全，因此卫生问题要高度重视。每天运输业务结束后车辆应进行清洁或消毒。

7.3.2 装卸搬运标准

装卸搬运是影响冷链物流效率和质量的重要环节。与人工作业相比，装卸搬运设备机械化、自动化的发展，不仅可以提高作业效率，还可以更大程度上控制冷链食品在搬运过程中的温度变化和损耗问题。在作业过程中，充分并正确地使用叉车、平台搬运车、堆高车、自动导引搬运车（AGV）等机械化设备。在保证装卸流程正常进行的情况下，应尽量加快装卸速度，特别是分卸时，应随时关闭货厢门，以维持车厢温度。鼓励采用能实时监控温度、湿度及运输位置的行驶温度记录仪监控系统。

7.3.3 仓储标准

冷库主要用作对食品、乳制品、肉类、水产、禽类、果蔬、冷饮、花卉、绿植、茶叶、药品、化工原料等的恒温贮藏。冷库设计要达到工艺要求，配备自动温度记录仪和温度计，并且遵循以下出入库及在库管理原则。

1）原料、成品只有通过质量检验合格之后才能放入冷库储存，冷藏库的温度通常保持在-10℃~-20℃，速冻库要保持在-30℃以下。冷库也必须配置温度记录仪，并由冷库管理人员予以监控。

2）为保证冷库内原料、成品的质量，需要对其进行合适的包装，并对冷库定期清洁，保证“无霉、无鼠、无虫害”，在原料、成品进行堆放时，要与墙壁保持一定距离，留出适当的通风通道。

3）冷库需要进行定期扫霜和清理消毒，这项工作应由专门人员负责，并由他们检查当天冷库的卫生状况。为保证作业安全，应当禁止一个人进库作业，无进出库作业时必须关灯关门，确认冷库内无人才锁门。

7.3.4 流通加工、包装标准

冷链物流中的流通加工主要包括：为保护产品所进行的加工（如生鲜食品的冷冻加工、保鲜加工等）、以及为促进销售所进行的流通加工（如蔬菜、肉类洗净切块以满足消费者要求等）。

在冷链物流的包装环节上，要针对农产品、食品、药品等商品的不同属性，设计符合要求、绿色环保的包装方法。包装环节使用的机械应该尽可能一次性完成产品的包装，通常这些机械为填充机、封口机、真空包装机、贴标签机、清洗机、杀菌机等设备。这些设备都应该达到相应的技术标准、安全标准和卫生标准，并选择合适的包装材料。对生鲜农产品进行包装时要从食品安全的角度出发，同时保证在相应的温度下操作，如对肉类和水产品类的包装加工和包装就要求在冷库中进行。

7.3.5 配送标准

在冷链物流的配送环节，应做到以下几点。

1. 安全性

必须将产品完好无损地送达到指定地点，防止产品在运输、搬运过程中受到损坏，给厂家和消费者带来不必要的损失。

2. 经济性

做物流必须要分析成本，用最合理的成本为顾客提供最满意的服务是物流服务的准则，冷链物流配送也不例外，往往通过物流集中采购、集中储存和统一配送等方式，降低经营成本。

3. 时效性

生鲜农产品对新鲜度的要求很高，因此在配送环节必须对客户需求做出快速反应，制定高效的运输路线，选择合理的运输方式和运输工具，将产品及时、准确地送达卖场。

7.3.6 零售冷藏货柜标准

冷链食品进入卖场后，要及时地摆放到冷藏货柜中，冷冻产品应包装完好地贮存在-18℃以下的环境中，冷藏产品贮存在-2℃~15℃的环境中，需要进行保鲜的蔬菜、水果应当进行加湿处理。

卖场应当对从事生鲜食品货柜操作的人员进行培训，考核合格后方能上岗。卖场应做到定期对冷藏货柜进行整理、清洗、消毒，并且按时对货柜进行温度检查，以保证为消费者提供真正卫生、安全的新鲜食品。同时，卖场要有专门的冷藏货柜维修和保养部门，一旦货柜出现制冷故障等问题时能够及时排除。

7.4 冷链物流的硬件及其选择

7.4.1 冷库

1. 冷库的组成

冷库是用于食品冷冻和冷藏的建筑物。它通过人工制冷的方法，使库内保持一定的低温，为了减少外界热量的传入，冷库的地坪、墙壁和屋顶都需要敷设一定厚度的防潮隔气层和隔热层。应该根据冷库的特性，对其实行科学管理，实现安全生产、延长使用寿命、降低生产成本、节约维修费用、提高企业经济效益的目的。冷库一般由冷加工件、冷藏间、冰库、库房辅助用房等组成，具体如表 7-3 所示。

表 7-3 冷库的组成

冷加工间	包括冷却间、晾肉间、待冰间、冻结间、包冰衣间、冷却物冷藏间等
冷藏间	用于贮藏已经冻结的食品，由于要求贮藏时间较长，故室温要求为-18℃，而且温度波动不超过±1℃，湿度保持在90%左右
冰库	贮存机制冰的仓库
库房辅助用房	包括办公、休息、更衣、烘衣、厕所、楼梯、穿堂、走道、过磅、站台、机器间、设备间等

（续）

动力用房	包括变配电站、锅炉房等
生产工艺用房	包括加工间、屠宰间、整理间、水塔、冷却间等

2. 冷库的分类

冷库的分类方法很多，按结构形式可以分为：土建冷库、组合冷库（活动冷库）；按冷库冷藏容量可以分为：大型冷库（10000 吨以上）、中型冷库（1000～10000 吨）、小型冷库（1000 吨以下）等；按冷库的使用性质可分为：生产性冷库、分配性冷库、中转性冷库、零售性冷库，其特点及适用范围如表 7-4 所示。

表 7-4　冷库按使用性质的分类

生产性冷库	（1）主要建在食品产地附近（如鲜活货源的运输距离不大于 100 km）、货源较集中的地区或渔业基地，通常作为肉类联合加工厂、鱼品加工厂、乳品加工厂等企业的一个组成部分 （2）有较大的冷却、冻结能力和一定的冷藏能力，食品在此进行冷加工后，经过短期贮存后可运往销售地区、直接出口或运至分配性冷库作较长期的贮藏 （3）生产方式是零进整出，并要求建在交通方便的地区，为了便于冻肉、冻鱼外运，商业系统、水产系统对 1500 吨以上的生产性冷库均配备对应的冰库
分配性冷库	（1）分配性冷库主要建在大中型城市，人口较多的工矿区及水陆交通枢纽，专门贮藏经过冷加工的食品 （2）特点是冷藏容量大，冻结能力较小，仅用于从外地调入冻结食品、在运输过程中软化部分的再冻及当地小批量生鲜食品的冻结
中转性冷库	主要是指在渔农副产品基地、鱼肉生产基地的冷库，它能进行大批量的冷加工，并可在冷藏车、船的配合下，作为一个中转站，向外地调拨或提供出口
零售性冷库	一般建在城市群辐射范围内的大型副食品超市或菜市场附近，供临时贮存批发或零售，特点是库容量小，贮存期短，其库温则随使用要求而不同

3. 冷库建筑形式

由于冷库库房具有低温的特殊性，因此冷库结构也有较一般建筑不同的特点，在充分考虑荷载（动荷载可达 1～3 t/m²）、温度内力、建筑材料（如采用钢结构时可按最低工作温度高于 -30℃条件下）等的基础上，不同冷库在建筑形式设计的对比如表 7-5 所示。

表 7-5　冷库的建筑形式设计对比

类型	优　　点	缺　　点
单层库房	（1）结构简单，施工速度快，建设周期短 （2）库房层高不受载荷的限制，货物的重量直接成熟在地基上，基础费用少 （3）跨度大，柱子少，平面利用率高，便于使用各种运输和装卸机械 （4）单层库房平面运输货物吞吐速度快	（1）占地面积大，耗冷量多，隔热材料用量大 （2）作为低温库房时，地坪的防冻工程量较大
多层库房	（1）占地面积小 （2）外围护结构面积小，耗冷量小，隔热材料省	（1）荷载比较大，库房内柱子比较多，平面有效利用率较低，且不利于使用机械搬运 （2）多层库房总荷载大 （3）半露的承载力限制了货物的堆装高度 （4）多为现浇钢筋混凝土五梁式楼盖结构，现场施工，施工期较长
全自动高货架单层冷库	具有单层和多层的优点，大大简化了建筑结构、制冷系统、货物装卸等工作	（1）一次性投资比普通冷库高 60%～70% （2）技术水平要求高，配套系统复杂，管理水平要求高

4. 冷库的选择

不同种类的产品冷藏储存的条件均有所不同。为保证产品质量的安全性，需要建设不同类型的冷库。以农副产品为例，表 7-6 所示为不同种类的农副产品要求的存储温度和冷库类型。

表 7-6　不同种类的农副产品对冷库储存条件的要求

设备图片	设备名称	设备简要说明	
		温度/℃	用途
	保鲜库	0~5	鲜肉、乳品、鲜蛋、果蔬等保鲜
	冷藏库	-15~-18	食品冷藏
	低温库	-22~-25	海鲜、冰激凌
	冷冻库	<-30	速冻食品
	气调库	在冷藏的基础上，通过对贮藏环境中温度、湿度、二氧化碳、氧气浓度和乙烯浓度等条件的控制，延长果蔬的贮藏期和保鲜期	果蔬

从表 7-6 可以看出，保鲜库储存品种最多，覆盖范围最广，包括水果、蔬菜、鲜肉类、鲜活水产等种类。奶类、禽蛋类适合冷藏型冷库；冷冻型水产、肉类储存条件要求最高，需要冷冻型冷库。

由于冷库类型的不同，由此产生的投资收益也有所差别，经市场询价和市场调查，不同类型冷库的投资成本、周转率、储存价格初步估算如表 7-7 所示。

表 7-7　不同类型的冷库投资收益

储存仓库类型	投资成本	周转率	储存价格/(元/m^2 * 天)
气调型	一般	高	3~5
冷藏型	较高	低	4~6
冷冻型	高	低	5~8

7.4.2　冷藏车

冷藏车主要用于水果、海鲜、鲜奶等易变质、易腐烂、易发酵食品的长短途运输。冷藏车一般均采用优质保温材料制作车厢体，如铝合金、玻璃钢板、彩钢板等；其厢门也可以根据需要设计成不同的样式，如后双开门或侧开门等。冷藏车的核心部件是冷藏机组。冷藏机组一般分为独立式和非独立式两种，独立式冷藏机组有独立的电瓶发动机，可以不依赖冷藏车的发动机而自行工作，最低温度可达到-28℃；非独立式机组必须利用汽车发动机工作，最低温度可达到-18℃。

7.4.3 其他冷链设备

在冷链过程中用于制造低温、低湿环境的设备，称为冷链设备，缺少了冷链设备，整个冷链过程将不能进行。冷链设备有：制冷压缩机、冷凝器、蒸发器、节流阀等。

1. 制冷压缩机

制冷压缩机是制冷系统的核心耗能部件。提高制冷系统的效率不仅是最直接降低系统能耗的有效手段，而且还能避免由于在系统上采取其他措施（如一味加大换热器面积等）所造成的材料消耗。制冷压缩机是制冷系统中最核心的设备，对系统的运行性能、噪音、振动、使用寿命和节能有着决定性的作用。根据蒸汽压缩的原理，制冷压缩机可分为容积型和速度型两种基本类型。

1）容积型压缩机：通过往复运动的活塞对气缸内的气体做功，减少压缩空间容积来提高蒸汽压力，完成压缩功能。

2）速度型压缩机：通过高速旋转的叶轮使气体分子得到巨大的动能，然后气体分子在扩压器中急剧降速，气体动能转化为压力能，从而达到压缩气体的目的。表 7-8 是各种压缩机在制冷和空调工程中的应用范围。

表 7-8 各种压缩机在制冷和空调工程中的应用范围

用途 压缩机类型	家用冷藏箱、冻结箱	房间空调器	汽车空调设备	住宅用空调器、热泵	商用制冷、空调设备	大型空调设备
活塞式	√	√	√	√	√	
滚动活塞式	√	√	√	√		
涡旋式		√	√	√	√	
螺杆式					√	√
离心式						√

2. 冷凝器

能将温度较高的热流体的热量传递给另一温度较低的冷流体的设备，工业上称为热交换器或热交换设备。在制冷系统中，冷凝器是主要的热交换设备之一。冷凝器按其冷却介质和冷却方式，可以分为空气式冷凝器、水冷式冷凝器、混合式冷凝器、蒸发式冷凝器。

冷凝器的选择除了要考虑其形式和型号之外，由于流经冷凝器的冷却水或空气的流量和阻力的不同，还要考虑当地的水源、水温、气候条件，以及制冷系统总制冷量的大小和制冷机房的布置要求。在设备选型时，应该在确定冷凝器类型的前提下，根据冷凝负荷和冷凝器单位面积的热负荷来计算冷凝器的传热面积，以此来选定具体的冷凝器的型号。目前市场上的冷凝器从 1000~20000 元不等。

3. 蒸发器

蒸发器是制冷系统中用于产生和输出冷量并从系统外吸收热量的热交换设备。蒸发器按被冷却介质的不同分为冷却液体、冷却空气和接触式三种类型。蒸发器类型的选择要根据冷却对象和冷却方式的要求，在保证产品质量的条件下，选择安全可靠、经济高效、节能的蒸发器。蒸发器的选择可参考以下原则。

1）冷库中的冷却间、冰冻间或冷物冷藏间宜采用干式冷风机。

2）冷结盘装、箱装或包装食品时，采用搁架式排管或平板冻结器。

3）冷结物冻藏间宜选用墙排管、顶排管。

4）制冰池、冷水箱和盐水箱应选用管式、立管式等蒸发器。

4. 节流阀

节流阀是制冷系统四个主要组成部分之一。它和压缩机共同维持系统内高低侧的压力差，以达到制冷的目的。节流阀的种类很多，根据使用制冷剂的不同，可分为氨用节流阀和氟利昂用节流阀；根据结构形式，可分为手动膨胀阀、热力膨胀阀、电子膨胀阀、毛细管和浮球调节阀五种类型。热电式膨胀阀为制冷装置的智能化提供了条件，它利用被调节参数产生电信号，控制施加于膨胀阀上的电压或电流，最终通过控制阀针的运动达到调节目的。

7.5 “新零售”下的生鲜冷链物流模式

7.5.1 新零售对生鲜冷链物流的挑战

随着互联网、移动支付、物流网络以及区块链等相关技术的发展，零售业营销方式不断变革。为了更好地满足顾客的个性化需求，“新零售”应运而生。“新零售”是指为了尽可能地满足消费者多方面的综合需求，依托大数据技术促进“线上”“线下”与“物流”深度融合的一种新型零售模式。

虽然从理论和实践上来讲，“新零售”尚处于发展探索阶段，但由于具有良好的发展前景，从而使得各大电商巨头纷纷进军这一领域，以争夺零售业的先锋，构筑全新的市场竞争优势。可以预见，“新零售”在推进消费升级、发展消费新业态方面无疑将发挥重要作用。在“新零售”的冲击下，生鲜企业面临着更加严峻的挑战：一方面，新零售的销售模式要求当前生鲜冷链物流企业能够更加迅速地响应消费者的需求；另一方面，消费者“多频次、少批量”的新型购买习惯，对当前的生鲜物流企业提出了新的挑战。因此，为了有效应对“新零售”的挑战，给消费者提供更优质的生鲜产品，我国生鲜企业展开全新攻略、迅速优化冷链物流体系已是迫在眉睫。

7.5.2 新零售下生鲜冷链物流模式创新

1. 规范化经营的“农改超”模式

农贸市场是我国经济体制改革初期进行农产品交易的主要场所，随着经济发展的日新月异，以“脏、乱、差”为特点的农贸市场难以满足老百姓对高质量生活的追求。鉴于超市干净的销售环境能给顾客提供健康、卫生的产品，为了改善农产品销售环境、重塑农贸市场在顾客心中的印象，政府一方面加大了农贸市场的治理力，另一方面实施了农贸市场的超市化。自2001年以来，从福建省福州市开始，紧接着广州、深圳、昆明、杭州、南京、北京等许多城市都提出了大规模的“农改超”计划。在“农改超”过程中，加强供应链的管理成为最关键的问题。因为如果仅仅注重超市内部管理，而忽视供应链上游农产品在采购、运输方面的管理，容易造成生鲜产品品质上的损失。“农改超”政策实施之后，我国生鲜超市行业的市场规模保持着稳定增长的良好态势。尽管如此，城市经济的发展仍然离不开农贸市场的发展。

2. 产供销一体化的“农—超对接”模式

2008年起，我国政府开始了“农—超对接”试点工作。“农—超对接”是指由超市直接与农户签订协议，由农户直接向超市供应农产品。一般而言，农产品到超市的每一个物流环节都意味着装卸、搬运等工作量的产生，而环节的增加必然不断提高农产品的成本，最终直接增加采购成本。显然，“农—超对接”的主要目的就是为了减少农产品与超市间不必要的物流环节，进而减少运输过程中的时间浪费与品质损失，最终提升生鲜农产品的流通效率。同时，也逐渐培养居民走进超市购买生鲜农产品的习惯。因此，这种产供销一体化的运作模式不仅使得超市由被动式的需求变成了主动式的购买，也使得超市正在慢慢向上游供应链延伸。目前，物美、家乐福、沃尔玛等超市都采取了“农—超对接”模式来完成各种农副产品的采购活动。

3. “互联网+”环境下的“农—宅对接”模式

在“互联网+”环境下，人们快速的生活节奏方式随着移动支付与现代物流的发展而向便捷化方向转化，消费者购买生鲜农产品出现了新的需求。“农—宅对接”模式应运而生。“农—宅对接”模式是通过“线上”来完成生鲜农产品的购买，这除了满足生鲜品质要求之外，也方便了居民的日常生活，同时由于没有中间商赚取差价，居民也可以买到更为实惠的生鲜农产品。《中国互联网络发展状况统计报告》显示，截至2018年12月，我国网民规模达8.29亿，全年新增网民5653万，互联网普及率为59.6%，较2017年底提高了3.8个百分点。在互联网技术的大力推动下，生鲜电商产业正在不断向前发展。2017年中国生鲜电商市场交易规模达1391.3亿元，每年的增长率都在20%以上。不过，尽管生鲜电商市场交易规模一直保持较高的增长趋势，但生鲜电商占整个生鲜市场的份额仅为3.4%，这也证实了生鲜电商未来的发展潜力无穷。

4. “新零售”下的生鲜超市模式

随着零售业“线下”销售成本的日益增加以及“线上”获客成本的不断提高，“线上”与“线下”结合起来，共同促使“新零售”的产生。在“新零售之轮”的驱动下，作为一种集采购、配送于一体的连锁超市化经营模式，生鲜超市有效地保证了生鲜食物的新鲜与质量，也在一定程度上解决了“餐桌污染”问题。目前，盒马、超级物种、7Fresh、苏鲜生四大家族在引领国内生鲜市场，从最初的“线下”销售发展到后来的“线上”销售以及最后的“新零售”，充分结合了“线上”与“线下”的销售优势，同时运用大数据技术，精准地获取生鲜销售的各种信息，再结合顾客的生鲜消费历史，以达到准确预测未来生鲜需求与销售情况的目的。

7.5.3 新零售下生鲜冷链物流模式的对策建议

1. 政府引导，优化生鲜冷链物流的外部环境

早期国内各种运输方式的分头式发展，导致每种方式的运输标准都存在较大差异，而高效的生鲜冷链物流体系无疑需要多种运输方式的相互协作与取长补短，因此当前重中之重是要解决标准不同导致多式联运效率低下的问题。政府应充分发挥引导作用，通过制定合理的政策及激励措施，来调动各相关部门的通力合作，打破之前不统一的标准规定，协调铁路、公路、航空、海运四大运输机构之间的利益关系；同时积极推进实施生鲜冷链物流发展的系列法律法规，不断优化生鲜冷链物流的外部环境，以此增强整个生鲜冷链物流体系的协调性，保证生鲜冷链物流过程的“陆海空”完美衔接。

2. 技术支持，提升冷链物流体系设备先进性

鉴于从生鲜生产源头到每个销售终端所涉及的各个运输环节都要以温控作为前提条件，而与发达国家相比，我国冷藏与冷冻技术存在明显不足、硬件设施设备更是滞后，严重阻碍了国内生鲜冷链物流的发展。因此，要充分借鉴发达国家的先进经验，例如，机冷车在发达国家已经淘汰，我国相关科研机构可重点研发适用于不同类型货物需要的冷藏设备和制冷集装箱，从整体上提升冷链物流体系设备的先进性，给国内生鲜企业提供强大的技术支持。如此一来，我国生鲜企业就能凭借先进的设备和技术来最大限度地减少生鲜冷链物流过程中的损失，达到降低物流成本、提高经济效益的终极目的。此外，还可以引进区块链技术使生鲜货物流通的整个过程更加透明。例如，我国生鲜冷链物流企业可通过采用区块链技术来实现对整个运输过程中生鲜货物的实时监控，这样对于事后责任的追溯无疑能起到较好的保障作用。

3. 信息建设，创建生鲜冷链物流智能化平台

信息化是现代物流发展的必经之路。根据目前我国生鲜冷链物流的发展情况，当前比较紧要的工作是要大力加强信息建设，创建生鲜冷链物流的智能化平台，以统一管理生鲜流通整个过程的信息交流与共享。针对生鲜冷链物流企业而言：一方面，可以通过生鲜冷链物流智能化平台，全方位搜集和深度挖掘客户的信息，并将搜集到的数据进行归纳整理，以细致分析客户的购买轨迹，然后结合历史数据对生鲜市场需求的动态变化进行精准预测，最终达到规避风险的目的。另一方面，还可以借助平台的智能化服务功能，为客户提供个性化的服务，在增加客户黏性的同时，合理安排自身运力。

7.6 冷链物流园区

7.6.1 冷链物流园区的概念

冷链物流园（Cold chain logistics park）是指运用低温条件保证食品质量安全、减少损耗和防污染的特殊供应链系统冷链技术，在物流作业集中与几种运输方式衔接的地区，将众多冷链物流企业聚集在一起，实行专业化和规模化经营，作为一个城市冷链物流功能区，专业从事食品加工、冷冻、冷藏保鲜、食品批发经营、食品进出口等服务的大型综合性物流园区。

冷链物流园区本质上是一类对冷链物流组织管理节点进行集中建设与发展的具有经济开发性质的冷链物流功能区域，也是依托相关冷链物流服务设施进行与降低冷链物流成本、提高冷链物流运作效率和改善企业服务有关的流通加工、原材料采购和便于与消费地直接联系的生产等活动的具有产业发展性质的冷链经济功能区。作为冷链物流活动的功能区，冷链物流园区中应该包括运输枢纽设施、配送中心、运输组织及管理中心、冷链物流作业中心和冷链物流信息管理中心等适应城市管理与运作需要的冷链物流基础设施。作为冷链物流经济功能区，其主要作用是弥补冷链产品储藏和运输的不足，满足社会居民对冷链产品日益增长的需求。

7.6.2 冷链物流园区的特征与分类

1. 冷链物流园区的特征

(1) 服务对象——生鲜农产品

冷链物流园区的服务对象主要针对各类生鲜农产品，并以农产品加工增值为核心内容。比如：初级农产品若是直接进入市场，则价格低廉，效益不高，而在冷链园区里通过精、深加工环节可以明显提升农产品的附加值。相比于其他方式，冷链物流对于农产品的外观、口感、以及营养等保存较好，从而为创造细分需求提供了可能。例如，常规超市里面的牛肉一般仅能制作成几种不同的产品，但如果运用冷链技术，则可以分成40种以上不同的品类。精细化极大地提高了商品的附加值。此外，在“中央厨房”实现无菌加工和规范性包装，也大大提升了农产品的价值。

（2）区位选址——政府规划，以农产品种植地为基础

作为基础设施的农产品冷链物流园区具有很强的社会性。政府在园区的整个规划和开发过程中具有重要的指导作用。为了快速地将农产品从种植地经过各项程序运往终端消费市场，保证农产品自身价值，农产品冷链物流园区需要依托于农产品种植地。

（3）附加功能——延长农产品储存时间

园区里的农产品运用“产后冷链技术”，可以大幅度延长农产品的储存期，甚至能把储存期提高到半年以上。即使是新鲜荔枝、龙眼等容易变质的水果，经过预冷、保鲜处理后在低温气调储藏条件下，保鲜期可达30~40天。这种冷链处理极大地增加了农产品的储存时间，延长了销售季节。

2. 冷链物流园区的分类

（1）市场型冷链物流园区

市场型冷链园区是目前库房出租率最好，盈利水平最高的园区。一般而言，园区越靠近农产品批发市场，租赁价格就越高，如北京的西南郊冷库、武汉的白沙洲冷库等。但这类依靠批发市场生存的冷链物流园区也存在诸多问题，如业务模式较为单一，以仓库租赁为主，对城市配送、电商分拨等业态不够了解；冷库建设模式较为传统，多数为多楼层地堆库，温层较为单一，缺乏理分货操作区域，不太匹配现代物流运作要求和设备作业要求等。这些问题给此类冷链园区带来的风险是，一旦批发市场业态发生变化，其冷链经营可能面临巨大风险。

（2）仓储型冷链物流园区

此类冷链物流园区一般建在离市区距离较远，或靠近港口和道路中转枢纽的地方。通常存量较大，地价便宜，建造成本较适合，适合大批量的产品储存，如进口水产品、国家储备肉、水果保鲜库等。该类冷链物流园区虽然不依靠批发市场生存，但其业务模式相对单一，对供应链上下游资源缺乏整合力度，其盈利能力有限，未来发展的想象空间不足，更难以形成网络化运营。

（3）综合冷链物流园区

此类物流园区是目前大多数冷链物流园区的存在形态。其涵盖了多种运营模式和多个产业，可以提供租赁、常低温存储、物流作业、贸易等多种服务。但在实际运营中，其主营业务还是以租赁、仓储为主，其他业务发展较慢甚至成为装饰。其主要原因一是由于各类业务之间缺乏高效的组合方案，二是没有做到有效整合冷链供应链上的不同主体。

7.6.3 冷链物流园区的规划

1. 冷链物流园区规划的定义

所谓冷链物流园区的规划，就是设定未来一段时间内的冷链物流园区的全面发展计划，是对未来一段时间内冷链物流园区的整体性、系统性和基本功能等问题的调研、分析以及对冷链

物流园区未来发展方向的设计过程。它与国家或区域物流的发展规划有一定的区别，也和其他普通物流功能性园区的规划不同，冷链物流规划项目一般投资大、专业性强、所要进行的研究更多，例如，对冷库面积或拖后建设的决策、冷库建筑模式的选择等。

2. 冷链物流园区规划的目的

依据国内外在冷链物流园区规划上的经验来看，建设冷链物流园区的目的有以下几方面。

（1）改善城市环境，满足社会可持续发展的要求

通过冷链物流园区的建设，首先可以改善城市交通管理状况，减轻城市交通压力，减少物流产业对城市环境所造成的污染，使城市交通更加顺畅。其次可以使信息得以共享、运输工具合理配载、货物共同配送、使物流过程节约能源、减少尾气排放，减少其他环境污染。第三，合理的园区设置可以对废弃品进行统一处理，大大缓解废弃物对环境的影响。第四，可以使区域环境得以改善，提高城市总体形象。最后，可以使大量物流企业的分散用地及相关辅助设施占地面积减少，城市总体用地结构发生变化，趋向合理。

（2）整合区域范围内的物流企业和相关资源

冷链物流园区的建设，首先，可以促使区域内的物流企业通过良性竞争进行整合，形成相对较大的企业规模。其次，由于竞争和市场的需求情况，可以促使部分物流企业转向某一物流服务领域的专业化建设。这些变化对物流行业来说是良性的，可以获得更多经济效益。第三，能使物流企业接触市场的机会变大，提高交易的机会。第四，能够对原本零散的物流资源进行优化整合，使经济产业发展链条中的采购、供应、会展、销售、客户服务等基础功能和交易结算、物流、信息反馈等辅助功能有效地集中在一起。经济集聚作用得以充分发挥，从而全面降低流通成本，提高企业经营效率，不仅使单个企业的综合竞争力得以提升，还能够带动产业链条上的其他相关企业降低成本，提高竞争能力。最后，可以整合流通产业链、提升流通领域的整体水平、促进产业经济快速发展。

（3）创造良好的投资环境，提高园区入驻率

从以往冷链物流园区的建设经验看，吸引优秀的冷链物流企业和资金入园是衡量其成功的重要标志。一方面，冷链物流园区可以为入驻企业提供各种诸如场租等优惠政策；另一方面，还可以为入驻企业提供适合企业发展的优良园区环境、基础设施和物流信息系统。

提供完善的基础设施、设备和高效的物流信息系统的支持，能够使入园的冷链物流企业降低其运营成本，增加企业效益。这能够为企业带来实实在在的好处，使企业获得更强的综合竞争能力。因此，在冷链物流园区的建设规划中，基础设施、设备和物流信息系统建设规划是尤为重要的部分。通过对冷链物流园区的合理规划建设，提供先进、完善的服务体系来吸引投资，改变过去仅依靠优惠政策吸引投资的方式，是目前冷链物流园区发展的一个显著趋势。

（4）促进第三方冷链物流的发展，加快冷链物流社会化的形成

随着现代冷链物流产业的发展，专业的第三方冷链物流的经济作用与日俱增。目前，我国第三方冷链物流企业还是停留在以提供冷链运输和冷链仓储为主的服务上，不仅冷链物流服务功能单一，而且这些冷链物流企业普遍存在规模较小、地域分散等问题，很难形成有效的产业规模。冷链物流园区的建设，是第三方冷链物流企业发展壮大的基础。通过冷链园区建设，形成规范的冷链物流市场规则和秩序，并通过冷链物流园区的集成管理，形成对第三方冷链物流企业发展的支持，使冷链物流市场朝着健康合理的方向发展。

3. 冷链物流园区规划的原则

推动当地经济发展是建设冷链物流园区的根本原因，在整个园区的建设规划过程中，应始终坚持这一原则，在此基础上还应遵守的原则如下。

（1）经济合理性原则

冷链物流园区的建设规划，要遵循经济合理性原则，即要始终以准确的冷链物流园区需求预测或实际需求量为依据，综合考虑冷链物流园区的面积、功能、定位等因素，确定冷链物流园区的选址和规模。

（2）选址环保性原则

在经济发展的同时，大力加强环境保护力度是我国经济发展的基本国策。但冷链物流园区在建设和使用过程中，往往存在占地面积较大、噪声和废气污染严重等现象，这与基本国策相悖。因此，在冷链物流园区选址和规模确定时，要充分考虑环境因素，遵守环保性原则。

（3）充分利用现有物流设施原则

在冷链物流园区的建设中，仓储设施的投资相对较大、回报期长且难以改变位置。所以，应该尽可能合理利用现有的仓储设施，避免资源的浪费和重复建设现象的出现。

（4）脚踏实地步步为营原则

冷链物流园区的建设往往需要投入相当长的时间以及大量的人力、物力和财力，一旦出现差错，其损失巨大而且难以弥补。因此，在冷链物流园区规划的过程中应该要坚持循序渐进的原则并结合地区实际，在客观分析当地冷链物流产业发展现状和未来趋势的基础上，合理规划和建设冷链物流园区。

（5）配合城市规划原则

冷链物流园区的规划应该符合城市或区域的整体布局要求，同时兼顾城市或区域产业结构调整的空间布局的变化。冷链物流园区的选址应该以满足城市功能定位与城市未来发展为目标，并结合城市用地条件要求来确定。

4. 冷链物流园区规划的阶段

（1）战略定位阶段

冷链物流园区的战略定位非常重要，园区应该做什么、不应该做什么，园区的选址、运营模式和规模大小等，在此阶段需要明确。冷链物流园区的战略定位不能靠简单的参观考察和短期的政策引导，而是必须基于当地市场信息、行业发展特点、国家发展方向和企业的总体战略做出综合分析。2012 年海南岛海口马村的冷链物流园最初计划建设为以蔬菜预冷为主的大型冷库，但经过战略研究和定位后，改变为以海产品和水产品冷库为主的水产品交易中心，避免了园区冷库的方向性错误。

（2）规划阶段

冷链物流园区的规划阶段是将冷链物流园区的战略定位落实到图纸上的过程。此阶段的主要工作应包括：园区整体布局分析、园区内道路布局及动线分析、建筑内功能布置及动线分析、建筑形式选择对比方案、节能环保方案等等。有些冷链物流园区功能较复杂，包括多温区冷库、配送中心、交易大厅、展示厅、产品加工车间、普通库房、办公建筑等等。要将冷链园区建设成布局合理、功能完备、适合运作的设施，需要负责总体规划的人员具备丰富的物流经验、冷库建设常识、建筑结构经验和我国特有的冷链批发市场运作理念。

（3）建设阶段

冷链物流园区的建设阶段不仅需要建筑施工的工程经理负责工地施工监督，同时还要有相关的专业人员对关键施工阶段和关键点实施有效监督，包括冷库的保温、管道铺设等环节。冷库在开始使用时出现的跑冷、库板出汗、地面开裂等现象都是在施工阶段没有进行有效控制造成的。

（4）运营阶段

冷链物流园区从建设到运营一般会经过试运行、验收、招商等过程。如果投资商没有物流园区或批发市场的管理经验，应该聘请有经验的团队做初期培训，并逐步建立自己的各种管理流程和规章制度。冷链物流是生产性服务行业，冷链物流园区的经营应该以服务商户交易，服务物流运作为经营宗旨。

5. 影响冷链物流园区规划的主要因素

在冷链物流园区的建设中要注意不利因素的影响。这些不利因素可能会使冷链物流园区在建成后，起不到应有的作用。因此应充分考虑、认真对待。

1）尽量靠近城市中心。靠近商品集散地、缩短运输距离、降低产品运费、满足快速供货的现代经济要求。

2）尽量靠近城市交通主干道、高速公路出入口或其他交通枢纽，方便产品的运输，提高通过能力和通过速度。

3）考虑初期投入资金量，由于冷链物流园区的建设需要大量占地，而土地投入又是初期建设投入的关键，因此在选址时要充分考虑地价问题，避免资金浪费。

4）在建设过程中，应考虑人员配置问题，合理的选择或培养相应物流人才，以便在园区建成后可以及时投入使用。在此基础上也要考虑人力资源获得的成本问题，从而使人员配置浪费现象和一些“高才低能”人员的混入现象减少出现，影响冷链物流园区发展。

5）尽量位于集中消费区域，其主要原因如下。

① 集中消费区域，一般都临近国际物流或区域物流中心，消费物流的产生就是由于国际物流或区域物流，它是整个物流活动中需求量比较大的一种物流形态，对物流流量有着重要的作用。

② 从商品供应的角度来看，冷链物流园区距离集中消费区域较近，可以加快供货速度，提高物流效率，同时可以节省大量物流运输和仓储成本。

③ 利用集中消费区的物流优势，逐渐拓展物流覆盖面积，可以加快冷链物流园区建设，并提高冷链物流园区影响力和竞争力。

④ 集中消费区域中存在着一些技术和管理模式先进的物流企业，其先进的物流技术和管理模式将会对园区内的各个物流企业起到引导作用，可以带动整个园区的水平向更高层次发展。

⑤ 冷链物流园区规划与建设同物流企业自身建设有着本质上差别。前者是关于物流产业空间布局的总体规划问题，而后者则是单个物流实体的经营过程，两者有一定的相关性，但也有差别。建设冷链物流园区是为物流企业提供空间使其集中活动、集中发展、取长补短，快速发展。

7.6.4 冷链物流园区的功能布局

常规的冷链物流园区需要布局综合服务区、仓储管理区、市场交易区、流通加工和包装区、生产加工区和配送区等六个物流服务功能区域。

各功能区的具体说明如下。

（1）综合服务区

综合服务区是冷链物流园区中信息流通、管理与办公的中枢，主要为各进驻的企业提供办公场所。其主要功能如下。

1）信息管理的功能。为货运和货代公司提供物流信息服务。

2）车辆调度的职能。对低温运输作业车辆进行安排和调配，在需要的时间按照客户的需求把货物送到目的地，同时还考虑到各个作业环节在车辆的使用上进行合理的分配，完成高峰作业期对运输车辆的分配和调节。

3）其他综合功能。如为入驻各企业提供商务洽谈的服务设施；为车辆驾驶员提供食宿服务；为驾驶员解除旅途疲劳，恢复精力创造了条件；为员工提供餐饮和娱乐服务，这对于缓解员工的工作压力，更高效率地投入工作具有重要作用。

（2）仓储管理区

多种温区的仓储是冷链物流园区最具特点的功能。现今的冷藏仓储已从单纯地利用冷库进行生鲜品的储存保管，发展到担负货物的接收、分类、计量、存档等多种功能。应能满足生鲜品低温储存的要求，能适应现代化生产和商品流通的需要，实现高效率物流作业的需要。

（3）市场交易区

主要进行展销与配送信息的发布、生鲜产品的展示、客户信息的收集、处理等资讯工作，为全国众多农产品、生鲜水产品、果蔬生产商、速冻食品生产、加工企业及冷链物流企业提供设立办事处服务，为他们提供良好的办公环境、一流的商务服务平台，为生产、经销企业提供设施完善的商品立体化、多元化展示销售服务。

借助于展示交易，低温物流中心将为各大农产品、生鲜水产品、果蔬生产商、速冻食品生产、加工企业提供多元化的展示交易平台以及全程周到的物流服务，而农产品、生鲜水产品、果蔬生产商、速冻食品生产、加工企业也能在此基础上进行市场交流和客户拓展，双方都能得到良好的经济效益。

（4）流通加工和包装区

主要作用就是对生鲜产品进行预冷处理、包装、再包装和加工，这是冷链物流园区的特色功能之一。需特别注意的是，由于生鲜品需在恒定低温环境下进行物流作业，因此该项功能的实施也应处于特定、低温环境中。

（5）生产加工区

就园区内生鲜产品进行加工。从原产品的采摘包装，进一步加工成可以进行物流运输的产品。

（6）配送区

配送是利用配送车辆把用户订购的物品从制造厂、生产基地、批发商、经销商或物流中心，送到用户手中的工作。进行配送规划主要应注意以下工作，首先，根据用户分布情况确定基本配送区域的划分，根据订单货品特性进行配送批次的决定，根据各用户的交货时间配送暂定先后次序。其次，根据各用户的订货量体积、重量和车辆的可调派状况、最大载重量限制、用户点卸货特性及运送成本来进行车辆的安排。再次，根据交通状况、用户点位置及运送时间的限制来进行路径顺序的安排。最后，根据货物的运输温度、性态、形状、容积、重量再最终决定车辆的装载方式。

7.6.5 冷链物流园区的效益

冷链物流园区的建设对区域经济的发展影响较大，其不仅可以增强土地的利用率和使用价值，改善城市功能，加强基础设施建设，而且还可以提高当地的就业率，促进招商引资工作的开展，创造税收，支援当地的财政收入。

1. 环境效益

在新的经济形势下，发展的可持续化已经成为核心话题。在发展经济的过程中保护环境，与自然和谐共处也成为社会进步和衡量人类文明程度的一种标志。党在十九大中多次提到了生态保护的重要性。习近平总书记指出“绿水青山就是金山银山”。因此，冷链物流园区的建设也要符合绿色发展的要求，即在实现冷链物流园区相关功能的同时，还要与自然生态相协调，不能破坏自然环境，这才是现代冷链物流园区建设和运营的核心理念。作为冷链物流园区的环境效益，主要体现在降低灰尘量、减少汽车尾气的排放、改善道路交通及其周边环境、美化城市等，具体表现如下。

1）改善了人们的生活环境，促进了人们的身体健康。通过冷链物流园区的建设，可以聚集原本分散的冷链物流企业，将原来一些不符合城市发展规划的老旧冷链批发市场搬迁至城郊，对于相关企业在运营过程中产生的垃圾和污染进行集中化处理，减少了由于随意处置造成的污染，降低了某些特殊气味和噪音等对人们日常生活的影响。

2）改善了区域的服务功能。冷链物流园区的建设对所在区域的基础设施建设提供了一定的支持，如说供排水管道的完善、污水处理系统的完善等。这在一定程度上改变了传统中小冷链集散区域“脏、乱、差”的现象，缓解了区域内部的交通压力，为区域经济的整体发展做出了贡献。

2. 经济效益

冷链物流园区的建设不仅可以完善区域的基础设施，为区域的招商引资创造有利条件，而且还可以改善区域的用地布局，加强区域开发，推动经济增长。具体表现为以下几点。

1）在冷链物流园区建设和发展过程中，与冷链物流相关的餐饮业、服务业、加工业、旅游业等都会随之发展起来，这极大地增强了区域的经济效益。

2）冷链物流园区的建设与运营需要大量的劳动力，这不仅为解决就业问题提供了渠道，同时还为一些想要从事物流相关行业的人员提供了创业机会，增加了中小企业的数量，提高了区域的收入水平。

3）冷链物流园区的建设可以为区域金融市场的发展起到一定的推动作用。冷链物流园区的建设能够扩展和加强融资渠道，促进民间资本的整合。此外，冷链物流园区的集成整合效应能够大幅降低单个物流企业的运营成本，提高收益，还可以为物流企业运营管理提供便利条件，减少风险，提高物流企业的发展速度。

3. 社会效益

冷链物流园区的建设能够紧密联系相关产业，促进它们之间的协调发展和转型升级。除此之外，冷链物流园区的建设还能够加强区域之间的合作与交流，实现资源的开放与共享，产生较大的社会效益。具体表现如下。

(1) 改善了园区及周边道路建设情况

相比普通物流，冷链物流对时间更加敏感，更需要通过便利的道路交通条件实现其快捷性、高效性和低成本的诉求。冷链物流园区的建设，可以提高区域土地的使用价值，改变原有区域的交通道路状况。在此基础上，通过对相关公路、铁路以及航空等运输资源和能力的科学衔接以及对运输线路的优化和调整，可以显著提升以冷链物流园区为中心节点的物流系统的运输能力和速度。

（2）扩大了冷链物流的服务范围，规范了市场发展

冷链物流园区的建设能够扩大单个冷链物流企业原有的物流服务和服务范围，不但能够实现从产品到消费者的全程冷链物流服务，还能够增强对冷链物流服务的整体管控能力，增强系统的协调性，规范零星化服务造成的质量问题，使冷链物流市场的发展更加专业和正规。

7.6.6 冷链物流园区对物流产业发展的作用

冷链物流园区建设的目的是为了让区域内冷链物流功能的分工更加清晰和具体，一般表现为将一个城市或地区的大部分需要冷藏的物资集合到某一个中心区域，以减少该区域中由于不合理的物资流动引起的交通混乱、物流流通效率低下等问题，并最终推动和促进本区域内核心制造或服务产业的快速发展。

日本是最早提出冷链物流园区规划建设思想的国家，其在一些重点流通的城市周边建立起了若干个集运输、仓储、市场、信息、管理等功能为一体的冷链物流园区。这些园区对日本物流产业的腾飞发挥了重要的作用，并使物流业成长为整个国内产业发展的基础性服务产业。由此可见冷链物流园区对物流产业及经济发展的重要作用。

（1）资金的推动

冷链物流园区的建设需要大量的资金，依靠一家企业独立投资的模式已经不可能实现。目前冷链物流园区的资金筹集主要有两种方式，一种是通过政府投资来建设冷链物流园区，另一种是通过政府作为主体，物流企业联合起来投资建设冷链物流园区的方式。但是不论哪种方式，政府都作为建设的主体。大量的政府投入，可以节省冷链物流园区的初期投入，使冷链物流企业可以集中资金，发展自身技术和服务能力，提升冷链物流产业的发展速度。同时，政府对冷链物流园区的主导地位可以引导各物流企业朝着促进本地经济的方向发展，可以更有力地规范冷链物流园区的管理和提高冷链物流企业的辅助性服务从而获得投资回报，使政府资金得以扩充并投入到其他直接或间接与冷链物流有关的项目建设上去，促进冷链物流产业的发展，形成了一种良性循环的流通资金链。

（2）技术的推动

冷链物流园区入驻了各类与物流相关的企业，其使用技术和管理方式各有不同。这些企业中的先进技术与设备将会带动整个冷链物流园区物流产业的发展，同时它们中间的先进经验也会促使冷链物流园区的整体技术水平和能力的提高。冷链物流园区一般会构建自己的物流信息平台，使不同企业的各种物流信息和技术能够在园区内充分传播，从而促进冷链物流园区内各物流企业的均衡发展。

（3）人才的推动

物流人才的培养一直以来都是教育培训机构的责任。但从实际情况看，从象牙塔走出来的大学生们无论是技术，还是实践经验，都无法满足物流企业的实际需求。冷链物流园区作为冷链物流系统中的一个核心节点和枢纽，可以为园区内的企业和园区外的教育培训机构牵线搭桥，促进两者的合作，让物流人才的培养落到实地。例如，可以在冷链物流园区中建立物流人才的培养基地，这样既可以提高冷链物流园区中现有相关员工的专业素养，同时还可以为冷链物流园区提供更多满足实际需要的物流人才。

（4）信息化管理的推动

冷链物流园区的建设不仅可以促使园区内的企业实行统一的冷链物流标准，而且还可以加快它们在信息技术方面的均衡发展。这是因为对于中小企业而言，巨额的信息技术投入是它们无法负担的，而作为天然的信息集成平台，冷链物流园区正好可以弥补中小企业在这方面的缺陷，其能够帮助中小企业收集、发布和共享冷链物流园区中的各种信息、技术与设备，为入驻的企业省去大量的信息成本。企业可以将这些资金投入到其核心业务中去，提高企业发展速度，推动整个地区的物流产业的发展。

7.7 电子商务环境下冷链物流的发展机遇和挑战

生鲜农副产品是典型三高产品：高损耗、高度依赖冷链、高度不标准化。目前，以生鲜食品为代表、需要冷链物流进行服务和支撑的产品占网购的市场比例越来越高。根据 2018 中国生鲜行业报告所述，生鲜产品是全球消费市场重要的品类之一，由于其保质期较短，消费呈现少量多次的特点。60%的消费者表示在购买生鲜的同时会交叉购买其他零售商品。在零售终端激烈竞争的背景下，得生鲜者得流量。2018 年 8 月社会消费品零售总额为 31542 亿元，同比增长 9%，消费整体趋稳；同时，2018 年 8 月食品行业销售额同比增长 10%，预测复合增速将达 14.16%。与此同时，由于城市地价高昂，越来越多的实体超市已经开始逐步撤出城市黄金地段或缩减门店数。众所周知，订单式的商业模式可以最大可能地减少损耗，因此线上生鲜销售平台所带来的便利和吸引力会逐渐增加。根据尼尔森对亚太零售的研究，亚洲消费者食品账单 50%以上的花费是在生鲜农副产品上。我国由于人口基数庞大，生鲜消费市场空间广阔。

7.7.1 电子商务环境下冷链物流运营的优势

从电子商务模式和冷链物流的特点可以看出，在电子商务模式下运营冷链物流具有极大的优势。具体来说：可以有效缩短配送时效、降低配送成本、降低运输破损、优化配送区域、快速响应客户的退换货需求和降低运营风险，如图 7-6 所示。

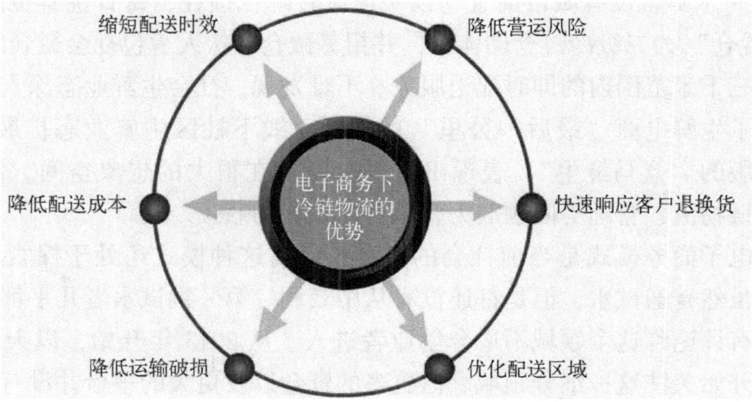

图 7-6 电子商务环境下冷链物流的优势

1）从流程上看，电子商务模式更适合冷链物流的高要求。传统的冷链供应链流程从商品的采购到销售至少需要 5~6 个环节，环节多、流程长。每增加一个中间环节就多出很多的装卸、搬运过程，这对人力、财力、时间的消耗极大，并且对需要冷藏的农副产品的质量带来了极大的风险。如果冷链食品在电子商务平台上运作，其供应链流程会明显趋向扁平化，中间环节被有效缩减，因此电子商务平台下冷链物流的人力、财力、运作时间和质量风险都会得到有效降低，更能满足冷链的“高水平”。因此，从流程上看，冷链食品在电子商务模式下运营更具有优势。

2）从资源利用上看，电子商务模式更适合冷链物流的运营。由于冷链食品的耐藏性问题，其销售的范围都有区域性的限制。这种限制中很大一部分原因是冷链食品需求和供给信息不对称，产品销售过程中会出现供大于求的情况。由于冷藏食品对时间极其敏感，允许中转或延长销售的时间极短，因此，如果食品销售不及时，就只能腐烂扔掉，造成了浪费和成本的增加。电子商务模式下，供求信息更容易获得，不仅可以加快食品销售的速度，还可以扩大食品的销售范围，因此以消费者需求为导向的电子商务经营方式能够更好地降低冷链食品的浪费，节约成本。

3）从技术整合上看，电子商务和冷链行业之间更能够相互促进。我国冷链行业发展的一个重要瓶颈就是冷链运输问题。目前，电子商务模式下有几个比较突出的技术，它们是无线射频识别技术（RFID）、大数据、云计算、物联网和 GPS 系统。大数据和云计算能够将整个冷链的物流、信息流、资金流等有效地协同，提高冷链反应能力。物联网和 GPS 系统能够帮助企业确定冷链运输的路线，物流企业可以借助其强大的地理数据功能来解决设施定位、车辆路线、网络物流等问题。无线射频技术能够监控冷链物流运输过程中温度、湿度的变化情况，方便信息的追溯和责任的界定。从冷链物流的角度看，电子商务技术能够促进冷链物流的发展，从电子商务的角度看，冷链物流的发展能够促进电子商务的经营范围及规模的进一步扩大。

7.7.2 电子商务环境下冷链物流运营的难点及解决方案

生鲜产品的平均利润可达 40%，其中海鲜和冻肉的利润最高，水果次之。即使扣除 20% 的损耗率，也依然远远高于其他电商垂直品类商品。电子商务和冷链物流之间广泛的结合，不仅产生出许多全新的电商冷链物流业态，而且还表现出许多新的运营模式的优势。例如，社区生鲜作为生鲜农副产品变迁的新兴方向，虽然发展时间较短，但扩张势头极其迅猛。早在 2016 年生鲜电商一米鲜就设有城市前置仓以快速流转降低损耗，每日优鲜也建立了“城市分拣中心+社区前置仓”的二级冷链仓储体系，并招募微仓合伙人承包社会微仓的 O2O 配送，提供覆盖周边半径三千米范围内的即时配送服务。不难发现，社会生鲜业态深入社区的布局恰好作为前置仓弥补了生鲜电商“最后一公里”的短板，线下社区生鲜业态扩展线上到家业务，类似于一个社区版的“盒马鲜生”，表现出生鲜电商存在很大的想象空间。但急速扩张的背后，供应链、冷链物流、管理等问题成为整个行业发展的瓶颈。

冷链物流的电子商务模式是当前社会的热点，目前这种模式还处于探索和开发的初级阶段。电商平台们虽然普遍试水，但是都还没有从中获利。第一批试水者几乎都受困于基础设施而夭折。当时即有评论称这个领域不适合创业者进入。从 2013 年开始，以天猫为代表的更多的大电商平台们开始关注这一细分领域。但更多的资金以及更大的平台并没有让生鲜电商未来的道路更加平坦。和传统销售相比，电商最大的优势就是其快速响应的供应链，这一点以生鲜为代表的农产品类却很难满足要求。在这条产业链上有众多参与者，从菜农、加工商到各级供应商，哪怕仅仅增加一个环节都会意味着更高昂的成本以及更大的风险。周转快、库存低，缩短产地和顾客之间的距离，确保生鲜食品的质量和新鲜度是生鲜电商的黄金生存法则。但和传统商相比，电商平台和地方农场接触较少，目前更多的电商平台正在操作一些应时应季的产品，却没有产生稳定的货源，这意味着成本会较高。另一方面，生鲜类产品的体验感也是电商平台无法提供的。这些问题困扰着电商平台，成为阻碍冷链物流电子商务模式发展的最大阻力，其解决途径有如下几点。

1）引入专业的第三方冷链物流公司，实行共同配送，提高冷链运输和配送的专业化，如图 7-7 所示。

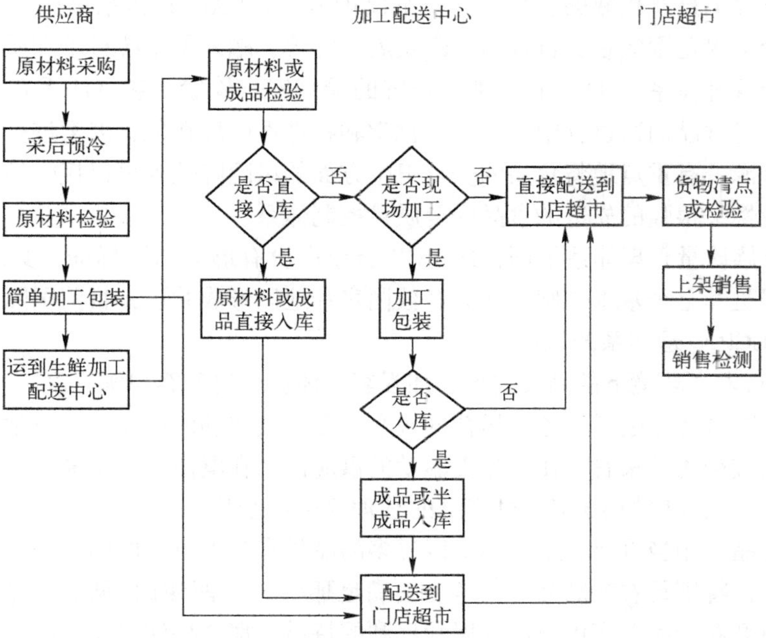

图 7-7　电子商务环境下冷链物流共同配送的流程图

对于电子商务环境下冷链物流的问题，很多学者已经提出来比较成熟的解决方案，就是引入专门从事冷链行业物流的第三方物流公司，通过共同配送，将零售点的需求进行整合，形成规模流通，获得规模效益。目前电子商务模式下的物流分为电商自建物流和第三方物流公司。但在电子商务模式下冷链物流的运营更适合引入第三方物流公司。其具体表现为：一是能够扩大销售范围，第三方物流公司的网点比较健全，能够实现全国化的销售运输；二是能实行规模化预冷、加工、包装处理（这里的加工和包装指的是为了方便运输的简单加工包装处理）；三是提高了设备实施的利用率，多卖家的货物可以集中在某几个第三方物流公司的配送中心，共同使用同一冷库、制冷设施等；四是易于实行社会化混载运输（这里说的混载运输是指不同卖家的同类型的冷链食品的混载运输），提高效益，降低运输费用；五是专业化社会分工能够提高工作效率，降低流通成本。冷链物流过程中的各个操作环节对从业人员的知识、技能要求严格，专业化的人员一般都经过专业化的培训，知识全面，技术熟练，能够满足冷链行业的高效率的要求；六是单纯地引入第三方冷链物流企业并不能完全解决电子商务模式下的冷链物流的难题，必须要依靠第三方冷链物流企业的共同配送模式。在共同配送模式下，多家冷链物流企业联合投资建设冷链物流设施，购买冷藏冷冻设施设备，有利于扩大网点，提高冷库、冷藏车等资源的利用率；有利于共建信息系统与网络，实现信息共享与快速响应，提高服务质量；有利于缓解城市交通压力，降低能源消耗，不仅能够通过规模效益有效降低冷链物流的高成本，创造社会的经济效益，还能实现社会的环境效益。

2）建立高效而完善的生鲜农副产品冷链物流管理体系，将危害分析关键控制点管理体系应用于生鲜品冷链物流。

近年来，随着人们健康意识的增强和食品安全事件（如苏丹红事件、三鹿奶粉事件）的频频发生，食品安全问题已成为人们日益关注的焦点。目前国际上对各高风险的食品行业都要求企业建立 HACCP 体系。HACCP（Hazard Analysis Critical Control Point）即危害分析关键控制点，是目前世界上最有权威的食品安全质量保护体系。HACCP 体系最初是一种预防性控制方法，随着在全世界范围的食品行业内不断发展和完善，融入了系统科学和质量管理理论，发展成为食品安全管理体系。HACCP 区别于传统的最终安全检验，它更注重在危害分析、风险评价的基础上，对食品制造过程中微生物、化学和物理性的潜在危害因素进行系统的预防和控制，以有限的资源，有重点地将食品的安全卫生方面的风险降低到可以接受的水平，是一种简便、合理而专业性又很强的先进的食品安全质量控制体系。

与 ISO9000 族质量管理体系不同，HACCP 至今还没有形成国际标准，其理论和规范还在不断发展中，但是其七个基本准则已在大多数国家和地区形成共识，目前国际上已有许多认证组织在进行 HACCP 管理体系的认证。

3）正确进行电商环境下的品类定位，加强客户体验，提升客户满意度。

无论是传统零售还是电子商务，运营的核心都是品类驱动的供应链。科学的品类选择是成功的关键。从供应链角度来看，作为品类驱动的供应链，在电商平台选择品类的科学性就决定了盈利的潜力。当品类增加 10 倍，供应链的管理复杂度会增加 100 倍，甚至更高。所以冷链食品电商定位的品类相当重要，千万不要以过多的品类来吸引更多的购买需求。在多品类混合的供应链体系中，特别是农产品品类，若是去满足那些“二两瘦肉+两颗白菜+三根蒜苗”的需求，而不是遵循农产品电商供应链发展和赢利的特质，那结果注定是失败。因此，顺丰优选选择的是进口食品，阿里巴巴选择的是美国车厘子和阿拉斯加海产，这些品类的定义不仅仅与人群需求相关，也跟供应链支撑能力密切相关。

4）整合+本地化，冷链电商的模式之选。

新零售模式下，60%~70%的消费发生在 3 千米之内，电商的趋势正在往社区迁徙，趋势是线上社区+线下社区。传统电商的 B2B、C2C、B2C 向本地化 O2O 的变化正在迅速发酵，必将成为主流商业模式。因此电商们如何线上打造冷链食品的圈子，线下打造消费者体验的圈子，成为本地化融合的重要策略。由于以生鲜产品为代表的冷链食品受商品质量、物流等因素限制，因此不管是小而美的电商“个体户”，还是像顺丰优选、阿里巴巴这样的全国铺开的大型电商门户，建立本地化的服务体系都是必然的趋势。要实现农产品电商的本地化，必须要和社区服务站、便利店等机构整合，传统的 B2C 电商要渗透进社区末端，需要庞大的运营支撑，以及强大的资金和人力的整合。这种整合可以是自身的整合，也可以是对“个体”的整合。

【案例分析】

“新零售”背景下生鲜零售新模式

生鲜电商是生鲜产品电子商务的简称，是指用电子商务的手段在互联网上销售生鲜类产品。生鲜类产品主要包括三大类：蔬菜水果、肉禽蛋奶、水产海鲜，其主要特点是具有易腐易损性、季节性、地域性、周期性、非标准性。据分析数据显示，2017 年生鲜市场交易规模达

17897 亿元，生鲜电商市场交易规模为 1418 亿元，市场仍以线下为主，线上渗透率较低但持续提升，达到 7.9%，截至 2018 年，市场上的生鲜电商已超过 4000 多家，90%以上的商家都属于亏损状态，但生鲜电商行业以其消费黏性强、复购率高的刚需产品特点和广阔的市场前景仍吸引着商家不断涌现。

《2016-2017 年度生鲜电商“死亡”名单》显示，有 14 家生鲜电商企业宣告破产倒闭。生鲜市场面临“低利润，高损耗”的普遍问题，虽然拥有巨大的商机，却很难盈利。2016 年 10 月，马云提出了融合“线上+线下+物流”的新零售概念，引起了社会广泛关注。2017 年，阿里巴巴投资的“新零售”项目“盒马鲜生”，以创新性的“线上+线下”经营模式落地北京。面对消费者多样化、高品质的生活需求，生鲜电商行业逐渐转型。

1. 传统生鲜电商存在的主要问题

2015 年 10 月，易果网的上线标志着生鲜品类首次进入互联网时代。垂直生鲜电商是初期生鲜电商行业的主要模式。紧接着，阿里、京东等电商巨头纷纷投资冷链物流和生鲜供应链。目前，生鲜电商的模式趋于多元化，线上线下融合发展的模式逐步形成。传统的生鲜电商遭遇发展瓶颈，有几大问题亟待解决。

(1) 初期的生鲜电商用户黏性过低

各个生鲜电商初创品牌时，都采取低价策略来抢占市场份额。但低价策略下商品质量难以保证，降低了顾客的消费体验，影响了用户黏性。用户黏性过低的结果就是严重影响了消费者的回购行为，直接影响企业持续利润的获取。

(2) 供应链和冷链物流不够完善

供应链资源的关键就是产品的原产地问题，这直接关系到产品品质、用户体验，决定进货和物流成本。可以说供应链是生鲜零售的核心问题。从产品的角度出发，生鲜最大的特点就是产品保质期短，易变质腐烂。一旦无法保证产品新鲜，亏损会接踵而至。冷链物流的完善程度直接关系到产品品质好坏。此外，企业自营冷链物流成本太高，也是造成早期生鲜电商运营难的原因之一。

(3) 库存和损耗问题提高了运营成本

根据 2017 年中国电子商务研究中心的报告，生鲜的损耗率业内平均在 25%~30%。如果零售商不能较准确地把握消费者的需求，库存过低或过高都会产生不利影响。库存过低容易让消费者认为该平台供货不足，不足以满足需求。如果是大促期间缺货，更让消费者认为该电商虚假经营，直接降低品牌好感度。若库存过高导致产品积压，则又会造成损失。

(4) 生鲜产品标准化较为困难

不论对哪个生鲜电商企业来说，要保证每次送到顾客手里的产品品质始终如一较为困难。这需要供应链、物流配送等方面发展到较为完善的程度。非标准化的生鲜产品容易带给顾客差别较大的消费体验，品牌的好感度和忠诚度因此降低。

2. 盒马鲜生的零售经营模式分析

盒马鲜生是阿里巴巴对线下超市完全重构的新零售业态。与传统零售的最大区别是，盒马鲜生运用大数据、互联网、自动化等技术及先进设备，把整个门店的运营打造成有机的整体，通过流程化、数据化、标准化，管理供应链、仓储以及配送三个环节。相比于传统的生鲜电商以及生鲜超市，盒马鲜生的经营模式主要体现以下三个特点。

(1) 盒马鲜生高度融合线上线下经营

不同于传统生鲜电商的是，盒马鲜生不仅支持 APP 线上下单，线下也设有门店。线下门店能让消费者亲眼确定生鲜产品的新鲜程度，让顾客放心。线下门店也是仓库，网上的订单直接从门店发货，从前端门店到后台装箱，全部用物流带运送，减少了仓储的费用，同时也可以达到通过提高出货量减少生鲜产品养护和管理的成本。对于线上订单，盒马鲜生承诺3公里内配送，30分钟内送达，每个环节都经过严格的时间把控。高效率、便捷的配送获得了更多顾客的青睐。

（2）体验式线下服务吸引了大量顾客

线下体验式消费吸引了大量顾客的目光，尤其是上班族。针对上班族没时间做饭的这种现象，能在超市里购买并现场加工、新鲜又健康的消费模式，让许多顾客对盒马鲜生的环境和食品质量产生信任感和品牌好感，待下次顾客购买时就会直接网上下单，形成了线下体验拉动线上消费。实际上，零售商通过毛利率高的餐饮行业和生鲜零售结合这种方式，来提高生鲜超市的整体利润。同时给顾客提供了便利和实惠的高性价比的海鲜大餐，也吸引了大量客流。另外，“餐饮+零售”有助于零售商处理临期的产品，降低产品损耗。

（3）运用互联网大数据经营

在盒马鲜生，顾客购物以APP付款方式。消费者的购买行为会汇聚到企业营销系统中，形成顾客数据库。零售商根据数据分析结果指导门店运营，尤其是货品采购，让盒马鲜生的商品更贴近消费者购物需求。这种方式有助于最大化门店的商品周转率，减少商品的库存天数，进而保证生鲜产品的新鲜程度，降低门店的产品损耗。

3. 盒马鲜生新零售模式存在的主要问题

通过对新零售背景下盒马鲜生的零售模式进行分析，可以发现该模式也存在着一些问题。

（1）门店的服务质量与消费体验有待提高

首先，餐饮区桌椅有限，用餐高峰期容易出现位置不够的情况。其次，餐饮区毕竟设置在零售区的旁边，用餐环境肯定比不上专门的海鲜餐厅，也没有高档的餐具与昂贵海鲜相配套。线下经营如果不能提高顾客的消费体验，将无法引流线上，顾客群体存在流失风险。

（2）市场的扩张需要巨额资金

当盒马鲜生制定扩张战略时，为了达到更大的市场占有率，承诺配送范围覆盖3公里，这就要求盒马鲜生开设更多的门店。由于盒马鲜生的门店不是传统的生鲜超市，更是一个仓库、一个餐厅，同时门店需要保证产品的新鲜程度、满足顾客多元化的购物需求，因此成本巨大。成本的上升若分摊到顾客身上，高价格的生鲜产品便会让顾客望而却步。因此，着手处理好高额的成本与更大的市场占有率之间的关系是生鲜电商完成市场扩张的必经之路。

4. 经营模式提升对策

虽然早期的生鲜电商面对运营瓶颈，但生鲜市场仍然存在巨大的获利空间。随着收入和生活水平的不断提高，消费观念的改变，人们对于餐饮产品品质要求也越高，希望吃得新鲜健康，对世界各地的生鲜产品也有一定的需求。品质较好的生鲜产品定价会高于普通的线下生鲜市场，这就导致了生鲜电商的消费人群大部分是购买力强的白领上班族等生活较为富裕的群体。而这部分人群平时工作节奏快，很少有时间逛传统的线下生鲜市场，因此，能够快速配送到家的生鲜电商将会受到这部分人群的青睐。

（1）政府制定扶持冷链物流计划，并完善生鲜冷链配送相关法规

冷链物流的建设需要巨大的资金。政府对冷链物流的扶持可以帮助背后没有像阿里一样强大的资金实力的电商公司赶上新零售的浪潮，加快转型升级速度。各级政府部门需要从财政、税收、基础性设施建设等方面加大对生鲜电商行业的扶持力度，贯彻落实战略部署。完善生鲜

冷链配送的相关法规有助于生鲜配送行业的专业化和生鲜配送的标准化，进而保证消费者利益。

（2）企业加强供应链监管，优化供应链

对企业自身的供应链开展从生鲜生产基地（或采购）、物流配送、品质监控、门店销售等全程管理和监督。在供应链方面加强企业合作，节约采购成本，同时加强货源的监管。通过优质的供应链，提高生鲜的质量，有利于生鲜产品形成差异化和专业化，满足客户多元化的个性需求。

（3）企业重视顾客的消费体验，提高用户黏性，保证消费者的线上消费体验

通过确保高质的供应链和先进的冷链物流体系来保证生鲜产品的新鲜品质，通过达成半小时内送货上门的承诺，让消费者每次消费得到基本同质的消费体验。从餐饮的服务、就餐环境、卫生等方面保证消费者的线下消费体验。

（4）企业进行消费者需求分析，满足消费者多元化的需求

在“互联网+”环境下，消费者的需求主要包括：对生鲜产品新鲜程度的高需求、对购买产品便利性的需求、对生鲜产品精加工和定制化的需求以及对营养健康等更高层面的需求。生鲜企业应该利用互联网、大数据等技术，从供应链、物流、增值性服务、个性化服务等方面出发，建立起一套基于消费者需求的生鲜电商的销售模式。

（5）企业采取多种措施，全面降低生鲜产品损耗

生鲜产品的损耗占生鲜零售商较大成本。降低产品损耗有助于提高盈利能力。比如将门店赋予仓库的性质，从门店发货，可以节约仓储费用，降低养护管理成本；对产品进行适度的加工，做好包装，能降低顾客翻拣产品时所产生的损耗；“零售+餐饮”的模式可以解决部分临期产品的处理问题。除此之外，技术团队应充分利用大数据指导采购和运营：一方面可以估测顾客的需求量，让库存既能保证顾客需求，又不会出现超出太多而导致卖不掉、只能腐坏的情况，另一方面可以分析消费者需求的价格弹性，帮助营销计划的设定。

5. 结语

传统的生鲜电商行业面临着高成本、利润低的困境。新零售下生鲜电商的转型为生鲜电商行业提供了一个很好的思路，但生鲜电商要想成功，关键还是要加强供应链的优化管理、冷链物流建设以及降低损耗等。新零售背景下，“线上+线下”的零售模式是未来零售业的一大趋势。但目前仍然存在一定风险。如规模优势不够明显、需要巨大的资金支撑，生鲜产品的损耗不可避免等问题。大数据、物联网、互联网等技术将会在新零售中得到充分的应用，推动企业转型发展。

资料来源：陈锡林．新零售背景下生鲜超市运营模式探析［D］．南京：南京大学，2018.

本章小结

冷链物流作为智能电子商务中重要的一个分支，除了具有普通物流的一般特点之外，还具有时效短、季节敏感、成本高等特点。在设计、规划和经营冷链物流时，应该重视这些特点，遵循其发展和演进的规律，追求冷链物流系统效率与成本之间的平衡。

本章首先对冷链和冷链物流的概念进行了界定，介绍了冷链物流的特点、分类、需求和适用范围。其次，分析了现代冷链物流的几种主流的运作模式，介绍了这些模式的特点和运营方式。接着，介绍了冷链物流的行业标准和相关硬件。重点阐述了目前最新的新零售下的生鲜冷

链 O2O 模式，最后，介绍了冷链物流园区的规划过程、功能布局和效益等。

习 题

一、单选题

1. 食品冷链是保持（　　）为核心要求的冷链系统。
   A. 无菌环境　　B. 低碳环境　　C. 干燥环境　　D. 低温环境
2. 以企业为主导，集生产、储存、配送与加工于一体的是（　　）物流企业。
   A. 配送中心型　　B. 市场型　　C. 产地储存型　　D. 出口贸易型
3. “农—超对接”模式中中小超市为节约成本一般采用（　　）联盟主体。
   A. 联合直采　　B. 超市直营
   C. 超市+批发市场+合作社　　D. 超市+专业合作联社
4. （　　）类型的冷库占地面积小，但库房内柱子较多，不利于使用机械搬运。
   A. 单层冷库　　B. 多层冷库
   C. 全自动高货架单层冷库　　D. 生产性冷库
5. 奶类、禽蛋类适合（　　）条件的冷库。
   A. 气调型　　B. 冷藏型　　C. 冷冻型　　D. 低温型
6. 能显著降低系统能耗的冷链设备是（　　）。
   A. 制冷压缩机　　B. 冷链器　　C. 压缩器　　D. 节流阀
7. （　　）是影响物流效率和冷链物流质量的重要环节。
   A. 运输环节　　B. 加工环节　　C. 装卸搬运环节　　D. 生产环节
8. 保鲜库的温度范围是（　　）℃。
   A. −20~−15　　B. −15~−5　　C. −5~0　　D. 0~5
9. “农—超对接”模式的主要特点是（　　）。
   A. 节省运输环节　　B. 节省加工环节
   C. 节省装卸搬运环节　　D. 节省中间环节
10. 冷链设备中，最核心的部件是（　　）。
   A. 冷凝器　　B. 蒸发器　　C. 节流阀　　D. 制冷压缩机

二、多选题

1. 冷链物流由（　　）四个方面构成。
   A. 冷冻加工　　B. 冷冻储藏
   C. 冷藏运输及配送　　D. 冷冻销售
2. 冷链物流的适用范围有（　　）。
   A. 常温食品　　B. 初级农产品　　C. 加工食品　　D. 特殊商品
3. 冷链物流具有（　　）的特点。
   A. 建设投资大　　B. 技术难度大
   C. 冷链物流建设网络集中　　D. 成本高
4. 冷链物流按商品在库温度可分为（　　）几类。
   A. 保鲜　　B. 冷藏　　C. 速冻　　D. 低温
5. 冷链物流的基本运作模式有（　　）。

A. 以大型加工企业为主导的农产品冷链物流模式
B. 以大型农产品批发市场运营商为主导的农产品冷链物流模式
C. 以连锁超市为主导的农产品冷链物流模式
D. 农产品冷链物流的“农—超对接”模式

6. 以大型加工企业为主导的农产品冷链物流模式有（　　）的特点。
A. 物流环节多　　B. 信息反馈不及时
C. 市场灵敏度高　　D. 有利于提高农产品的附加价值

7. 冷链物流园区主要有（　　）几类。
A. 市场型　　B. 综合型　　C. 配送型　　D. 仓储型

8. 冷链物流园区对物流产业的影响有（　　）。
A. 吸引大量的资金投入　　B. 促进物流技术的发展
C. 提升管理水平　　D. 促进物流人才的建设

9. 冷链物流园区规划的原则有（　　）。
A. 经济合理原则　　B. 充分利用现有设施原则
C. 选址环保原则　　D. 符合城市规划原则

10. 冷链物流园区规划的阶段依次是（　　）。
A. 市场运营阶段　　B. 规划阶段
C. 战略定位阶段　　D. 建设阶段

三、判断题

1. 欧盟对冷链的定义是：通过采用冷冻、冷藏和低温储藏等技术，使鲜活食品、原料保持新鲜状态由生产者流通至消费者的系统。（　　）

2. 为保证作业安全，冷库禁止一个人进库作业。（　　）

3. 仓储型冷链物流园区一般建在离市区距离较远，或靠近港口和道路中转枢纽的地方。（　　）

4. 水果、蔬菜一般用冷冻型冷库储存。（　　）

5. 对冷链物流园区进行规划有利于园区的建设，没有规划也没太大影响。（　　）

6. 对冷链物流园区进行战略定位是十分重要的。（　　）

7. 冷链物流的包装应该遵循多次包装的原则。（　　）

8. 冷链物流主要适用于深加工的农副产品，追求的是高附加值。（　　）

9. 社会的进步和经济水平的增长，提升了广大居民对冷链物流的需求。（　　）

10. 冷链物流园区是低能耗产业，符合绿色发展和环境保护的目标。（　　）

第 8 章　跨境电商与国际物流

【学习目标】

1. 了解和掌握跨境电商与国际物流的概念和发展过程。
2. 掌握跨境电商的商业模式。
3. 了解跨境电商平台的运营。
4. 掌握国际物流的关键节点。
5. 跨境电商与国际物流的发展机遇、问题和趋势。

【引例】

跨境电商巨头——亚马逊的 SWOT 分析

亚马逊公司创立于 1995 年，是一家大型跨境电子商务企业。经过十几年的发展，以“最以客户为中心的公司”为目标的亚马逊已成为全球最大的互联网线上零售商之一。其在英国、法国、美国、中国、巴西等十来个国家开设了零售网站，其他国家也可以通过国际航运的方式购买该公司的商品。2004 年，亚马逊收购了卓越网，于 2007 年改名为“卓越亚马逊”，到 2011 年又更名为“亚马逊中国”。2017 年，亚马逊披露了其跨境电商业务成绩单：亚马逊中国借助全球优势资源，推动了本地创新的“双引擎”高速发展。2017 年第一季度，亚马逊海外购商店销售额是两年前同期的 11 倍。与此同时，在亚马逊“全球开店”的助力下，越来越多的中国卖家通过跨境出口，直接接触亚马逊全球超过 3 亿消费者以及大量的企业和机构买家，拓展全球业务，为中国制造打造“全球品牌”。

1. 亚马逊的盈利模式

亚马逊平台有自营和开放两种体系，自营体系下商品的营业收入是平台主要的盈利来源；开放体系下入驻亚马逊平台的商家需要缴纳一定的平台费用和物流仓储费用，作为平台盈利的补充。亚马逊有独立的仓储和物流配送系统，大大提高了物流服务质量。亚马逊开放平台门槛较低，因此较多的商家在速卖通和亚马逊都有开店，利用两个平台的优势资源，促进产品销售。

2. 亚马逊的智能化物流

在物流配送方面，亚马逊在多年的经营中逐渐建立了“自建+外包”的物流服务模式，“自建”部分主要是物流中心的建设与运营，而运输和配送业务则进行“外包”。亚马逊根据不同商品类别建立不同的配送中心，通过实行零库存运转模式，控制库存，降低退货比率，减少送货成本。亚马逊配送管理的亮点在于发货规则规范完善、送货方式灵活多样、收费标准合理精确。亚马逊中国是亚马逊全球唯一拥有自建物流的站点，这也是其进入中国市场的最大创新，也被其推广到美国和欧洲的多个站点。亚马逊在我国每年配送的包裹多达两千万，十余个城市的配送队伍已基本能够适应我国的地域特点和用户需求。

亚马逊在业内率先使用了大数据、人工智能和云技术进行仓储物流的管理，创新地推出预测性调拨、跨区域配送、跨国境配送等服务。亚马逊有125个运营中心分布在全球各地，覆盖了180余个国家地区，它的全球物流能力成为其独树一帜的特点。凭借丰富的国内外电商物流运作经验，亚马逊建立了境内境外物流网络体系，能够为商家同时提供境内境外的一站式完整物流解决方案，便于我国商家发展跨境电子商务业务。据亚马逊物流官网介绍，他们能够提供空运服务、海运服务和陆运服务，还能提供一站式的物流服务方案。空运服务有加急空运、快速空运、经济型空运、货运包机、海空联运等，还能为全球商家客户提供从中国主要港口到日韩、东南亚、中东、欧洲、美洲等国家的散货（LCL）直拼航线，使全球卖家小批量的发货仍能享受非常优惠的海运价格，并在发运周期、运输时效、门到门服务等方面享受与整箱货物同样的保障，并提供可靠的运输时效以及可视化的运输状态跟踪，满足全球卖家供应链高效运转的需求。凭借健全的服务网络，亚马逊全球物流中国还能为客户提供高效的陆路运输。结合空运、海运服务，为全球商家提供量身定制的吨车和集装箱拖车服务，业务范围覆盖中国主要的出口区域。最后，通过整合订舱代理、货运代理、仓储、集装箱（吨车）运输等基础业务，为全球商家提供从国内段的陆路运输、国际段的海陆空运、进出口清关到目的国国内段的仓储、陆运、分拨等的一站式物流服务解决方案，在提高客户供应链整体效率的同时，帮助客户降低物流成本。亚马逊物流+跨境物流订单处理系统，整合了订舱委托，订舱查询，费用预估、查询，运单状态查询，提单打印等一系列功能。

亚马逊在20世纪末的企业经营成本中，订单处理、运输等物流执行成本占据了20%。通过不断努力调整优化物流模式，亚马逊终于实现了“物流执行成本”的降低，进而实现盈利目标。自1999年至2003年的时间里，亚马逊重新整合了自己的物流体系，实现了商品货运成本降低的同时（从13.8%到9.7%），还降低了信息系统成本、仓储成本、呼叫中心成本等其他成本，在销售收入中，其占据的比例从15%降到了9.1%。亚马逊通过降低执行物流成本，在这几年时间成功实现盈利。对于毛利润的贡献率而言，货物运输成本下降是最为关键的，达到了3.5%。

3. 亚马逊的跨境电商

亚马逊和国外知名品牌商之间构建了稳定的合作关系，亚马逊中国能够向国内消费者提供高质量的产品，同时亚马逊“海外购”商店的商品基本采用亚马逊美国网店，具有绝对的品质保障。亚马逊中国采用“进口直采”的方式，有自有团队向海外进行品牌直接采购，保障了100%的品质，同时也缩减了海外商品经销的环节，为消费者带来了极大的优惠。和传统的海外C2C代购模式相比，亚马逊B2C跨境电商模式更能够控制商品质量，从而保证了消费者的利益。当前我国跨境电商发展存在最大的问题就是侵犯他人的知识产权，通过仿制其他商品，造成品牌滥用；然而亚马逊在品牌合作上，延伸了美国商品品牌的维护体系，保障了中国消费者的利益。

4. 亚马逊的SWOT分析

亚马逊网作为网购类网站平台巨头之一，从成立至今进行了三次定位的转变，1994-1997年亚马逊的定位是“成为地球上最大的书店”，1997-2001年定位转变为“成为最大的综合网络零售商”，2001年至今亚马逊定位为“成为最以客户为中心的企业”。三次定位的转变意味着亚马逊也在顺应时代发展调整自身运营模式，下面用SWOT方法分析亚马逊的优势、劣势、机会和竞争。

（1）优势（Strength）

第一，亚马逊网站拥有强大的技术系统。亚马逊非常重视网站的研发，投入了大量的研发经费。对于消费者而言，无论是检索系统、购物系统还是付费系统都非常便捷、安全。如“一键购物”“Amazon-Wedding”“个人爱好管理”等，这些功能都给消费者更好的用户体验。第二，亚马逊对成本进行科学的控制。①亚马逊作为网销平台，节约了实体店铺的大量成本；②亚马逊通过采取裁员、降低订单错误率和整合库存等方式降低成本。第三，为消费者免费送货。网络购物的用户往往很在意购物需要支付的送货费用，由于亚马逊将送货费减免，吸引了更多的消费者购物。

（2）劣势（Weakness）

第一，销售利润较低。面对 Google、eBay 等的激烈竞争，亚马逊不得不采用薄利多销的方式进行销售，然而这样会造成销售增长但利润下降的局面。第二，用户群体支付能力不足。亚马逊虽然拥有庞大的用户群体，但是这些用户的支付能力不足，单次购物金额较小，亚马逊只能依靠多次服务创收。

（3）机遇（Opportunity）

第一，收购有知名度的网站。收购有一定知名度的网站无疑是快速扩大市场范围的最有效方法之一。亚马逊可以借助大众对知名网站的深度了解来扩大自身的客户群体。第二，中国市场。亚马逊在美国已经取得了巨大的成功，可是其在中国电商市场所占的市场份额尚不足1%。中国当今的电商领域正如日中天，如若做适当宣传在中国买家心中建立其在中国的电商认知，提高知名度，那么中国电商市场对亚马逊一定是不小的机遇。

（4）竞争（Threats）

第一，线上竞争。在中国的电商市场中，天猫和京东以及当当等网站无疑占领了买家对网上购物认知的最前线。在这样的整体环境对于亚马逊在中国的发展是一个大的挑战。第二，离线书店的竞争。在美国，邦诺集团在 1997-1998 年先后建立了两个与亚马逊类似的电商网站，并创建了美国最大规模的连锁书店。并且其网站营业收入在 1998 年 11 月就增长一倍，而亚马逊只取得了 40%的增幅。邦诺书店正式向亚马逊发起了挑战。

资料来源：任红德．跨境电商发展的 SWOT 分析［J］．山东工业技术，2017（8）：286.

8.1 跨境电商与国际物流的概念

8.1.1 跨境电商

1. 跨境电商的定义

跨境电子商务简称跨境电商，是指分属不同关境的交易主体，通过电子商务平台达成交易、进行支付结算，并通过跨境物流送达商品、完成交易的一种国际商业活动。从狭义上来说，可将跨境电商理解为跨境零售，即交易最终面向的是终端消费者，指在电子信息技术的基础上，消费者通过线上的方式完成商品的跨境流通、交易、支付等过程的贸易方式。从广义上来说，可将其理解为对外贸易的电子化，即将传统外贸的交易流程借助电子信息技术完成。它实质上就是传统外资的网络化、电子化和信息化。

2. 跨境电商的分类

跨境电子商务包含较多要素，主要有交易对象、交易渠道、货物流通、监管方式、资金交付、信息和单据往来等。按照这些要素的不同，可以将跨境电子商务分为不同的类型。

按照交易对象的不同，跨境电商可以分为 B2B、B2C、C2C 等几类。B2B，即企业与企业之间的跨境电子商务，主要应用于企业之间的采购与进出口贸易等；B2C，即企业与消费者个人之间的跨境电子商务，主要应用于企业直接销售或消费者全球购活动；C2C 即个人与个人之间的电子商务，具体介绍详见 8.2 节。

按照交易渠道的不同，跨境电商可以分为 EDI 和互联网两种。EDI 是以电子数据交换方式进行的跨境电子商务。自 20 世纪 70 年代以来，国际组织一直在推动有关数据传输标准和安全等技术的发展。目前，该技术已经比较成熟，主要应用于企业与企业之间的电子商务活动。但由于 EDI 对企业数据的标准化程度及软硬件的要求较高，且必须租用专线，因此普及起来存在一定的困难。随着互联网的普及，大多企业尤其中小企业越来越多地利用互联网进行跨境交易。但在大型企业中，EDI 还广泛存在。

此外，按照货物流通方向的不同，跨境电商可以分为进口跨境电子商务和出口跨境电子商务；按照海关监管方式的不同，跨境电商可以分为一般跨境电子商务和保税跨境电子商务。一般跨境电子商务主要用于一般进出口货物，大多是小额进出口货物，而保税跨境电子商务主要是用于在保税进出口货物，二者在通关手续等方面有明显不同。

3. 跨境电商的特点

（1）全球性

互联网具有全球性和非中心化的特点，因此依托互联网平台的跨境电商也具有互联网的这些特点。相较于传统的国际贸易，跨境电商的重要特点在于它没有所谓的重要或中心市场，也不受具体时间和位置要求的限制，是一种无边界交易，具有极强的平等性、时空便利性和全球化等特性。当然，社会大众在享受由跨境电商的诸多特性带来的便利时，也需要面临或承担因各国文化、政治和法律的不同而产生的各类交易风险。

（2）无形性

互联网是一种虚拟的、无形的媒介体。作为数字产品和数字服务的载体，互联网的快速发展促进了数字产品和数字服务的盛行。因此，基于数字传输活动的数字产品和服务也必然具有无形化的特征。传统的交易以实物为主，而在电子商务中，无形的产品却可以替代实物成为交易的对象。以音乐为例，传统模式下，只有通过购买 CD 或是磁带才能获得相应的歌曲。然而在电子商务交易中，消费者只要在网上购买音乐的数字版权便可以欣赏该音乐了。而如何界定该交易的性质、如何监督、如何征税等一系列的问题却给税务和法律部门带来了新的课题。

（3）匿名性

由于网络用户在线交易时通常不会使用真实的身份信息和地理位置，因此跨境电商具有典型的匿名性特征。这一特性在给交易双方带来便利的同时，也会导致其权利和责任的不对等。人们在这里享受最大的自由，却只承担最小的责任，甚至干脆逃避责任。例如，应纳税人会通过电商交易的匿名性规避税收部门的监管。这将给税务部门在征税以及核查纳税人应纳税额方面带来巨大的困难，部分交易和纳税人将隐匿于税务部门的视线之外，这对税务部门来说是一重大难题。

（4）即时性

在传统的国际贸易中，客户之间交流的主要形式是信件和传真。在这种信息交互模式下，信息的传递存在参差不齐的时间差异。然而，互联网的出现使得信息交流与时空距离无关，信息的发送与接收方几乎是同时的，从而使得订单的生成和支付都可以瞬时完成。这一特性被称之为跨境电商的即时性。虽然电商交易的即时性提升了交易的效率，但也潜藏了交易的风险，如交易的即时性会导致交易的随意性，电商交易的主体都是匿名的，电子商务主体的交易活动都能够随时开始、终止或变动交易，这加剧了交易的不确定性，电商环境下交易主体的信任机制较之传统模式更难建立。

（5）无纸化

电商交易主要是通过电子数据信息进行，电子数据取代了传统贸易中纸质文件，因而无纸化是电商交易的重要特点之一。然而传统法律规范多以“纸质文件”为凭证，因此无纸化的电商交易在法律法规的管制上会出现一定的困难。

（6）快速演进

互联网作为新生事物，现阶段尚处于成长期。虽然无法判断其在未来的发展方向，但可以确定的是，像其他的新生事物一样，基于互联网的跨境电商必将以空前的速度向前演进。跨境电商的发展涵盖了从 EDI 到跨境交易，从跨境交易再到跨境电商的过程。在这个过程中，创新性的数字化产品和电商服务模式层出不穷，不断地改善人们的生活方式和生活品质。

8.1.2 国际物流

1. 国际物流的定义

国际物流，通常是指用现代物流技术，利用国际化的物流网络，选择最佳的方式与路径，以最低的费用和最小的风险，实现货物在国际的流动与交换。

广义的国际物流研究的范围包括国际贸易物流、非贸易物流、国际物流投资、国际物流合作、国际物流交流等。其中，国际贸易物流主要是指定组织货物在国际的合理流动；非贸易物流是指国际展览与展品物流、国际邮政物流等；国际物流合作是指不同国别的企业完成重大的国际经济技术项目的国际物流；国际物流投资是指不同国家物流企业共同投资建设国际物流企业；国际物流交流则主要是指物流科学、技术、教育、培训和管理方面的国际交流。

狭义的国际物流主要是指当生产消费分别在两个或在两个以上的国家（或地区）独立进行时，为了克服生产和消费之间的空间间隔和时间距离，对货物（商品）进行物理性移动的一项国际商品或交流活动，从而完成国际商品交易的最终目的，即实现卖方交付单证、货物和收取货物。

2. 国际物流的分类

国际物流的形式多种多样，可以将其分类如下。

1）按照货物在国与国之间的流向，可将国际物流分为进口物流和出口物流。

2）按照货物流动的关税领域，可将国际物流分为不同国家之间的物流和不同经济区域之间的物流。区域经济的发展是当今世界经济发展的一大特征，比如欧盟很多成员国属于同一关税区，但其成员国之间的物流运作与欧盟成员国和其他国家或经济区域的物流运作在方式和环节上有很大的差异。

3）按照跨国运送的货物特性，可将国际物流分为贸易型国际物流和非贸易型国际物流。非贸易型国际物流包括国际军火物流、国际邮品物流、国际捐助或救助物资物流、国际展品物流、国际逆向物流等。

3. 国际物流的特点

（1）国际性

国际物流是跨国界的物流活动，市场广阔。国际物流跨越不同国境，运输方式涉及海运、陆运和空运，运输路线涉及公路、铁路等多途径，还需要经过报关、商检等业务环节。

（2）复杂性

国际物流的复杂性主要体现在各国的物流基础、环境、法律和文化等存在较大的差异，导致国际物流的复杂性远高于一般的国内物流。例如，不同国家的经济和科技发展水平会造成国际物流处于不同条件，有些国家的物流水准很高，而有些很低，它们之间的“接轨”和交互存在较大的困难；不同国家的物流标准会造成物流在衔接上的困难；不同国家的风俗人文也会使国际物流的发展受到很大的限制。总之，国际物流需要在不同的法律、人文、习俗、语言、科技、设施和环境下运行，具有极高的难度和系统复杂性。

（3）风险性

国际物流的风险性主要包括政治风险、经济风险和自然风险。政治风险主要指由于所经过的国家政局动荡，如罢工、战争等原因造成商品可能受到损害或灭失；经济风险又可分为汇率风险和利率风险，主要指从事国际物流必然要发生资金流动，因而产生汇率风险和利率风险；自然风险则是指商品流通过程中可能因为自然因素如台风地震等而引起的商品延迟、商品破损等风险。

（4）政府管制多

国际物流的发展对国际收支平衡有很重要的作用，因而受到政府的管制与约束较多。

（5）技术含量高

国际物流要求较高的信息化水平和物流技术的支撑，以降低高昂的物流成本和提供高效的跨境物流服务。这势必会推动各国加紧建设本国的物流基础设施和发展物流技术。

8.1.3 跨境电商与国际物流的关系

一方面，跨境电商为国际物流的发展带来市场。传统的商务模式越来越不能满足人们的需求，新时代下消费者会更加重视商品的质量以及商品种类的丰富程度，此外消费者也会更加重视购物体验，而跨境电子商务的出现则在很大程度上提升购物便捷性、满足消费者需求、优化消费者购物体验。同时，跨境电子商务的出现，在改善企业服务质量、提高供应链有效性、增进企业经营效益、提升国际贸易成交量及开展范围等方面发挥着巨大的作用。因此现今很多传统企业都纷纷引入跨境电商经营模式，而巨大的跨境电商市场，则为跨境电商必备环节“国际物流”的发展提供了市场机遇。

另一方面，国际物流是构建跨境电商供应链的关键环节。跨境电商有别于传统的国际贸易，其很多步骤，如洽谈交易、签订合同、运送商品和支付等都可以通过网络完成，其不确性较小，边际成本几乎可以忽略不计。而商品运输则需要通过国际物流完成，在运输过程中，不仅不确定因素众多，而且风险极大。由此可见，作为跨境电商的关键环节，国际物流成本的高低、运行时间的长短都会影响跨境电商的发展。首先是国际物流的成本高昂、流程复杂，运行时间长、手续烦琐，其成本本身就数倍于国内物流。因此，如果对其不加以重视，不对相关的物流资源进行科学有效的配置，降低其成本，必然会显著阻碍跨境电商的发展。其次是国际物流的运行时间，跨境电商物流需要跨越国境，物流的时间会显著长于国内物流。而物流时间越长就意味着交易达成的时间越长，一方面会让消费者的消费体验大打折扣，另一方面受汇率变动的影响，还会给跨境电商买卖双方的成本带来不可预知的风险。第三是商品的可达性存在风险，因为国际物流受到天气、政治和法律等各方面的限制，涉及的不确定性因素众多，因此物流的可送达性必然会受到影响。

8.1.4 跨境电商下国际物流的运作

为了适应跨境电商的快速发展及其模式的创新，国际物流的模式也随之发生了改变和优化。

1. 国际快递直邮模式

国际快递直邮模式是指以 DHL、TNT、UPS 和 FedEx 四大国际快递巨头为代表的传统的国际物流运作模式。这种模式主要是通过自建的全球物流网络系统、强大的信息技术体系和遍布全球的本土服务，为海内外用户提供良好的国际物流体验。在跨境电商交易被消费者普遍重视以前，绝大部分商品进出境的物流方式都是通过国际快递直邮模式，然后结合本土化的配送运输至消费者手中。虽然该模式已经运行了很多年，发展也比较成熟，但其在实际运输过程中也存在不少问题，如商品的运输时效不能得到保证，以及高昂的运费成本使消费者的退换货过程受限等。

国际快递直邮模式中的四大代表企业的简介和对比如表 8-1 所示。

表 8-1 四种国际快递直邮模式比较

国际商业快递	DHL	TNT	UPS	FedEx
总部	德国	荷兰	美国	美国
特点	通达 220 个国家和地区的 12 万个目的地；5.5 kg 以下价格实惠，21 kg 以上物品有单独的大货价格；正常情况下 2~4 个工作日货通全球	通达 200 多个国家和地区；清关能力强，报关代理服务，无偏远派送附加费，在西欧地区价格极低且仅需 3 个工作日；2~4 个工作日可通达全球	通达 200 多个国家和地区；UPS 国际快递货物出口至美国、加拿大、西欧、北欧和澳新等发达国家，价格有着其独特优势；正常情况下 2~4 日工作日通至全球	通达全球 230 多个国家和地区；清关能力极强，代理报关服务、上门取件服务；东南亚一带 21 kg 以上的大货，FedEx 的价格最便宜；正常情况下 2~4 个工作日即可通达全球

2. 国际邮政包裹模式

国际邮政包裹是指通过万国邮政联盟体系实现货物的进出口运输，多采用以个人邮包形式发货，然后以万国邮政体系实现跨国物流运输。由于各国邮政网络的覆盖范围远比其他物流渠道要全面，而且价格便宜（邮政系统一般为国营，有的国家还存在税收补贴），因此国际邮政包裹模式占市场比例非常大，成为现在国际物流的主力军。例如，中国跨境电商出口包裹的70%都是通过国际邮政系统投递的。虽然邮政系统的覆盖范围宽广，但其包裹一般以私人方式出境，不便于海关统计，也无法享受正常的出口退税，同时，邮政系统的速度较慢，丢包率高。

3. 跨境专线物流运作模式

跨境专线物流是指采用航空包舱方式将货物运输至消费目的国，再通过与当地快递公司合作，通过本土化的配送，最终将商品送至消费者手中的国际物流模式。跨境专线物流的优势是拥有足够量的货源，具有规模效应，即能够集中到达某一特定国家或地区的较大批量货物，因此具有较大的价格优势。但在时效控制方面，虽然跨境专线物流的运输时效要高于国际邮政包裹，但却比其他国际物流模式慢许多。目前，最普遍的跨境专线物流的线路主要有欧、美、澳、俄等专线，中东、南美和南非等专线相对较少。

4. 集货转运模式

集货转运模式是一种较为重要的跨境进口电商物流运作模式，其主要针对进口“海淘”

这一项目。近年来，由于各大国际电商转运平台（公司）的出现，使得集货转运成为一种重要的国际物流运作模式。集货转运模式的运作方式是：首先将消费者通过跨境电商购买的商品投递到国际电商转运平台提供的集货点地点（一般为电商转运平台在海外租赁的免税仓库）；然后根据商品最终的目的地，对商品进行集装拼货或重组；最后将商品分批次地运输至国内。当然，除了对商品进行拼货处理和分批次运输之外，国际转运公司还要对运输的商品进行收货验货、进出境通关、运输以及与国内快递公司进行对接等一系列的服务。

5. 保税区国际物流运作模式

在保税区国际物流运作模式下，货物可以“自由进出”并获得“关税豁免”。贸易人可利用这些优惠政策，在保税区开展仓储、转口、物流分拨以及其他各种加工贸易活动，使保税区成为国内市场和国际市场的交汇点或贸易和物流的过渡区域。保税区国际物流运作模式的特点是：商品流动的速度较快、方式灵活。目前，主要的国际物流运作模式有：基于海外大宗进口商品向国内分销的物流运作模式和基于国内出口商品在保税区集散的物流运作模式。

保税区作为海外大宗进口商品的物流分拨基地，以此物流节点分销给国内市场，其物流运作的特点：一是进入保税区的一般是“大批量”物流，而从保税区进入国内市场的则是“多批次、小批量”物流；二是物流运作的主体多元化，既有跨国公司和专业化国际企业在保税区设立的分支机构，也有由其中国的代理商负责的，还有委托保税区内物流企业进行物流运作的。随着中国商品国际竞争力的提高和全球经济一体化进程的加快，中国市场频繁地出现跨国采购活动，许多跨国公司在我国沿海大型港口城市，特别是沿海地区的保税区中开始建立国际采购中心，带动了我国出口的发展。

6. 海外仓储模式

海外仓储是指为出口跨境电商企业在其出口国或出口地区的货物提供仓储、分拣、包装和配送等一站式管理和服务的国际物流模式。

海外仓储模式的优点：一是能够帮助跨境出口电商企业将海外市场的价格调整向有利于本企业发展的方向；二是较低的物流运输成本；三是大幅缩减了跨境订单的运转周期，更好地满足消费者的消费体验；四是与本土物流相结合，能够保证货物可以安全、准确并及时地送至终端消费者使用。

海外仓储模式的缺点：对跨境出口电商企业在实施供应链管理、库存管控和动销管理等方面提出了更高的要求。

尽管海外仓储模式在一定程度上解决了物流运输高成本以及配送周期长等问题，但并不是所有的产品都适用该模式。一般而言，库存周转快的热销、快销商品适用于该类模式，而其他类商品若采用该模式则极易造成货仓积压。

7. 第三方国际物流运作模式

第三方国际物流模式是指由交易主体之外的专业第三方国际物流企业来承担国际物流的功能。在跨境电商交易中，由于企业自建物流的基础投入量巨大，同时又面临复杂的交易流程与国际环境，因此自建跨境物流体系将比在国内自建物流体系承担更大的风险。虽然仍有小部分巨无霸式的跨境电商企业在自建跨境物流体系，但绝大部分的中小跨境电商企业都开始转向第三方国际物流运作模式，或者与专业第三方跨境电商物流公司合作。

8. 第四方国际物流运作模式

第四方国际物流是独立于跨境交易供求双方和专业第三方国际物流企业之外的物流主体，是专门为进出口商品的供求双方提供第三方物流咨询、物流规划、物流运输、构建物流信息系统、供应链管理系统、金融增值服务等一系列综合性活动，并通过管理自身资源、外部可协调资料和技术等，提供综合和全面的供应链解决方案的供应链集成商。伴随着跨境电商的发展与成熟，国际物流变得更加复杂。跨境电商企业对国际物流的要求不再局限于商品在跨境空间上的位移，而是产生了更多的增值服务需求。顺应这种需求，大量的专业第四方国际物流公司应运而生，其目标是为跨境电商企业提供更丰富、更全面和更高端的跨境电商物流服务。

8.2 跨境电商的商业模式

8.2.1 B2B 跨境电商模式

B2B 是 Business-to-Business 的缩写，即商家（泛指企业）对商家的电子商务，或者说企业间的电子商务，及企业与企业之间通过互联网进行产品、服务及信息的交换。B2B 跨境电商则是指不同国境的企业通过跨境电商平台开展产品展示、交易和支付结算，并通过国际物流完成交易的一种国际商业活动。

1. B2B 跨境电商的市场规模

当前世界贸易增速下降，越来越多的企业开始着力于简化交易流通环节和降低资源流通成本，试图拉近与交易对象的距离，以达到开拓市场、提高效益的目的。而 B2B 跨境电商的兴起，正好解决了企业的这一需求，为企业的市场扩展和跨境交易提供了便利渠道。自 2013 年到 2018 年，中国 B2B 跨境电商的营收规模逐渐增加，且呈持续上升趋势，发展状态良好。首先，由于我国制造业在成本及规模上具有较大的优势，同时受到一带一路政策及资本市场的推动，因此我国 B2B 出口跨境电商的交易额一直占据主导地位。根据海关总署与艾瑞咨询统计数据，2016 年，在我国 B2B 跨境电商交易额中，出口/进口的比例为 82%/18%，其中出口交易规模达 5. 5 万亿元，同比增长 22. 3%，渗透率接近 40%；进口交易额达 1. 2 万亿，同比增速 33. 3%，渗透率 11%。到 2020 年，我国 B2B 跨境电商仍将继续保持较快增速。其次，中小微型企业的发展，促进了 B2B 跨境电商行业的发展。这不仅有利于我国外贸行业的优化升级，而且还有利于提高中国出口企业的国际竞争力。虽然目前中小微型跨境电商的营业能力较差，但中小微型跨境电商的分布率较高，如果集合所有中小微型跨境电商，那么市场占有率将占据较大比重。这对整个 B2B 跨境电商行业的发展会产生较大的影响。因此，利用一定的政策优势，促进中小微型跨境电商企业是推动 B2B 跨境电商行业发展的重要一环。据悉，国家相关部委对跨境电商的相关扶持优惠政策在酝酿当中。可以想象，在不远的将来，跨境电商行业将在国家政策的有力支持下，迎来爆发式繁荣期。

2. B2B 跨境电商的运作模式

按照是否具备线上交易功能划分，B2B 跨境电商可分为两种运作模式：一种为信息服务类，另一种为交易服务类。信息服务类指买卖双方通过交易平台发布信息公告与需求公告，共享信息，沟通交流，享受信息公开、高速流通带来的便利，然后在线下完成交易的平台。交易服务类与信息服务类相比，主要是具有线上交易特征，交易双方可以直接在线上信息平台完成交易流程，主要代表企业为阿里巴巴。

根据服务对象的不同，B2B 跨境电商模式又可以分为：面向制造业或商业的垂直 B2B 和面向中间交易市场的 B2B。根据服务对象的方向，面向制造业或商业的垂直 B2B 又可以分为：面向上游制造业或商业的垂直 B2B 和面向下游制造业或商业的垂直 B2B。在垂直 B2B 模式下，制造商或零售商可以与上游供应商之间形成供货关系（如 Dell 电脑公司与上游的芯片和主板制造商之间的合作）或与下游经销商形成销货关系（如 Cisco 与其分销商之间的合作）。而面向中间交易市场的 B2B 模式则是一种水平的运作模式，即提供一个大型的交易平台，汇聚各个行业中相近的交易商家于一堂，为各类型企业的采购和供应提供交易场所（如环球资源网等）。B2B 跨境电商的运作流程如图 8-1 所示。

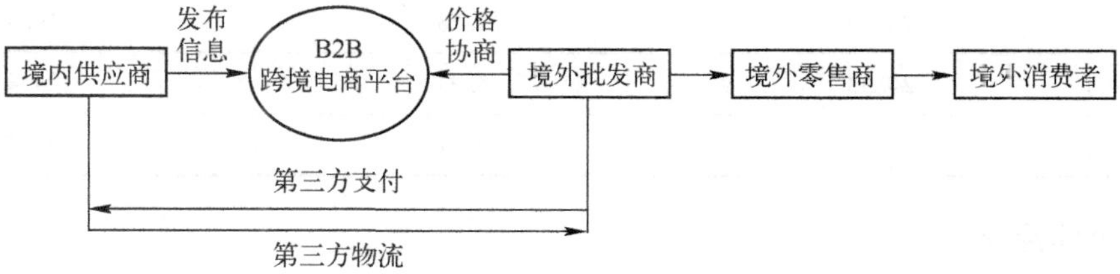

图 8-1　B2B 跨境电商的运作流程

3. B2B 跨境电商模式的特征

B2B 电子商务的特点如下。

（1）交易对象相对固定

不同于普通消费者产生的交易行为具有比较大的随意性，企业之间的交易关系一般比较固定。这种固定既体现了企业行为的一致性，也体现了企业之间交易要求内在的稳定性。

（2）交易过程复杂但规范

企业之间的交易一般涉及的金额较大，不容有闪失。在交易过程中需要多方的参与和认证，过程十分复杂、严格和规范，同时注重法律有效性。

4. B2B 跨境电商模式的发展趋势

（1）完成在线交易闭环

完成在线交易闭环是跨境电商 B2B 企业未来发展的一大趋势。目前，我国跨境电商 B2B 企业大多处于信息服务阶段，在互联网发展的初期，这种方式很适合买卖双方之间信息互通。但随着互联网进一步的发展，这种方式已然跟不上互联网发展的步伐。单纯的跨境电商 B2B 信息服务平台显然不能满足买卖双方的需求。只有完成在线闭环交易，才能更好地为买卖双方服务。

跨境电商 B2B 企业一旦完成了在线闭环交易，即标志着跨境电商 B2B 进入了“交易—数据—信用—财富”的良性循环。大数据时代，在线交易的数据可不断积累形成具有极高价值的信息。这些信息不仅可以反映供应商或采购商的信用记录，而且还可以根据这些交易数据为买卖双方进一步建立信任关系提供依据，对买卖双方进行更深度和细致的高效匹配。

（2）交易额持续增长

根据海关数据显示，2015 年我国进出口总额为 24.59 万亿元人民币，出现了自 2009 年以来的首次负增长，相比 2014 年的同期数据下降了 7%。其中，出口额为 14.14 万亿元人民币，下降了 1.8%；进口额 10.45 万亿元人民币，下降了 13.2%。但是 2015 年，我国跨境电子商务总交易额为 5.4 万亿元人民币，相比 2014 年却增长 28.6%，占我国进出口贸易总额的 22%。这说明，在世界经济环境面临衰退的情况下，跨境电商仍显现出了顽强的生命力，而在所有跨境电商的模式中，B2B 跨境电商占据绝对主导的地位，占比约 88.5%。如表 8-2 所示，我国 B2B 跨境电商模式的交易额在外贸中的比重持续增长。

表 8-2　B2B 跨境电商交易额在我国进出口贸易中所占的比重

年　　份	进出口总额 /万亿人民币	B2B 跨境电商交易额 /万亿元人民币	占进出口总额比率/%
2013	25.82	2.97	11.5
2014	26.43	3.93	14.9
2015	24.59	4.78	19.4
2016	24.33	5.94	24.4
2017	27.79	6.87	24.7

（3）订单碎片化

金融危机的爆发使大宗商品的需求量减少，订单出现碎片化趋势。根据海关的数据，我国的外贸订单已经由长期的大订单转变为短期的碎片化订单，订单碎片化已经成为我国外贸的新特点。由于 B2B 跨境电商模式非常适应于这种碎片化的订单形式，因此，跨境电商必将成为我国外贸转型的方向。

8.2.2　B2C 跨境电商模式

B2C 是 Business-to-Customer 的缩写，即企业与消费者个人开展的电子商务活动总称，主要应用于企业直接销售或消费者全球购活动。B2C 跨境电商则是指不同国家的企业和消费者通过跨境电商平台开展在线的产品或服务的展示、交易和支付结算，并通过国际物流完成交易的一种国际商业活动。

1. B2C 跨境电商的市场规模

近几年，B2C 跨境电商交易额一直保持着强劲的增长势头，国内电商巨头纷纷布局跨境电商业务，同时大量传统企业纷纷向跨境电商转型。跨境电子商务大大降低了中小型企业进行跨境电子商务贸易的成本，B2C 跨境电商正迎来黄金时代。数据显示，2018 年，全球 B2C 跨境电商交易额突破 6500 亿美元，同比 2017 年增长 27.5%，2019 年我国跨境电商交易额达到 10.8 万亿元，2020 年全球 B2C 跨境电商交易额将达到 9940 亿美元，同比增长 20.3%。

2. B2C 跨境电商的运作模式

B2C 跨境电商的运作流程为：商家将商品在平台上进行展示，提供产品的相关具体信息；消费者选择相应的商品之后进行下单并支付货款；平台企业选择物流企业，由物流企业负责商品的配送；经过境内和境外海关商检后，消费者最终收到商品。虽然 B2C 跨境电商模式涉及好几类主体，如消费者、商家和物流企业等，但其实部分 B2C 跨境电商平台已经能够提供全面和综合的一站式服务，即平台可以完成商品选购、物流、清关、商检等活动，直至最终完成交易。B2C 跨境电商运作流程如图 8-2 所示。

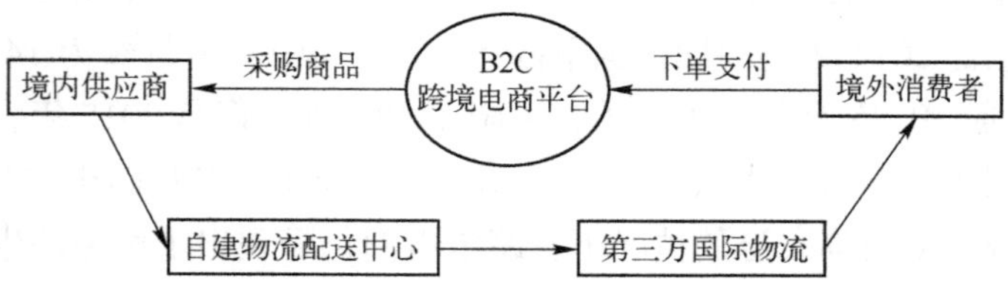

图 8-2　B2C 跨境电商运作流程

3. B2C 跨境电商模式的特征

（1）偶然性消费居多

与 B2B 模式相比，B2C 模式中消费者数量庞大，但交易金额和交易量却很小，偶然性消费占比巨大，即消费者的某次消费是为了满足其特定的需求，其选购过程可能是一次偶然性的搜索，其消费不具备黏性。因此，B2C 模式下的跨境电商企业只有通过不断创新，不断提供新颖的产品或服务，不断提高商品品质和服务质量，才能满足消费者的个性化需求，获得客户黏性以及持续性收益。

（2）沟通效率高

虽然 B2C 跨境电商平台面对的消费者数量庞大且性格各异，但由于 B2C 跨境电商平台上交易规则和交易程序相同，且 B 和 C 之间可以借助互联网采取多种线上方式交流，因此商家与消费者之间的沟通成本较低，沟通效率较高。

（3）发展路径明确

B2C 跨境电商模式下的商家多为中小企业，其发展壮大的道路比较明确，即首先通过低价或促销等营销手段建立良好的口碑和品牌形象，再通过不断提高产品质量、完善服务功能增加客户黏性，提高客户忠诚度。随着客户数量的增长和消费额的提升，企业在行业内部逐渐形成规模效应，从而实现运营成本降低，营收和利润持续增长。

4. B2C 跨境电商模式的发展趋势

（1）产品更加多元化

近几年，随着全球市场需求不断扩大，B2C 跨境电商企业也在不断扩展其销售的品类。销售的产品从服装、电子产品、计算机及配件、珠宝等方便运输的小额小件产品逐渐向汽车、家居等大型产品扩展，以期满足全球不同消费者的需求。产品的多元化发展不仅有利于质优价廉的商品走向世界，而且还有利于增强中小企业与海外客户的合作。随着跨境电商对人们日常购物方式的不断渗透，以及国际物流运输方案和支付方式的不断完善，能满足个性化需求的 B2C 跨境电商企业在未来将有更大的发展。

（2）交易额占比逐渐提升

随着移动互联网技术的普及和全球消费者网购习惯的形成，B2C 跨境电商的市场份额会进一步扩大。一直以来，中国制造闻名海外，以价格低、品类全受到世界各国欢迎。但传统的国际贸易模式中存在多个中间环节和中间商，它们推高了产品的成本，挤压了中小外贸企业的生存空间。B2C 跨境电商正好解决了这个问题，B2C 跨境电商平台为国内中小外贸企业和海外消费者搭建了一个交易平台，一方面海外买家可以通过平台直接搜寻和购买自己喜爱的中国商品；另一方面，中小外贸企业摆脱了中间环节，节省了成本，提高了利润。近年来，我国 B2C 跨境电商在国家政策的支持下获得了快速的发展，其交易额在整个跨境电商市场的占比不断提升，成为我国跨境贸易的重要组成部分之一。

8.2.3 C2C 跨境电商模式

C2C 是 Customer-to-Customer 的缩写，即个人与个人之间的电子商务。C2C 跨境电商模式则是指不同国境的个人消费者通过跨境电商平台开展产品展示、交易和支付结算，并通过国际物流完成交易的一种国际商业活动。

1. C2C 跨境电商的市场规模

根据中国电子商务研究中心的数据，我国不仅境外代购的交易额呈逐年增长的趋势，而且加入跨境代购的人数也日益增加。微信朋友圈是近年来发展最为迅猛的代购渠道，由于门槛低、交易简便，大量的留学生、境外居民、沿海地区居民等纷纷加入代购行列，跨境代购的繁荣使我国的消费增长和提高了人们的生活水平。

2019 年 4 月国务院常务会议召开，会议决定从 2019 年 4 月 9 日起，调降对个人携带进境的行李和邮递物品征收的行邮税税率。其中对食品、药品等商品，税率由 15%降至 13%；纺织品、电器等由 25%降为 20%。“行邮税”的降低不仅使出境旅游“带货”更便宜，而且对采用“直邮”模式的进口跨境电商平台和卖家来说是重大利好，如“洋码头”“淘宝全球购”等以“跨境直邮+备案”模式为主的 C2C 类平台无疑是最大受益者，这将进一步扩大跨境 C2C 模式的市场规模。

2. C2C 跨境电商的运作模式

C2C 跨境电商最大的优势在于 SKU 丰富，其缺点是商品的质量难以保障，买卖双方的信任难以建立。目前，主流的 C2C 跨境电商模式为“海外买手制模式”，即提供跨境电商平台，吸引海外买手入驻，消费者可以在平台上寻找买手，代为购买。以洋码头为例，洋码头成立于 2009 年，其初始定位为电商服务平台，通过与海外零售商合作，对接目标消费者。其上的卖家有两类，一类是海外商家，另一类是个人买手。如果在洋码头平台上找不到需要的商品，可以找买手进行代购，买手帮消费者在海外进行采购。据其创始人描述，目前在洋码头平台上，海外商家与个人买手大约是对半的比重。洋码头官网显示，其买手有严格的认证程序，买手在入驻洋码头之前，需提供其在海外的住址、个人信用卡账单及各项缴费账单，资料齐备后，洋码头将寄送认证函至买手所填写的海外住址，已完成最终的身份验证。C2C 跨境电商的运作流程如图 8-3 所示。

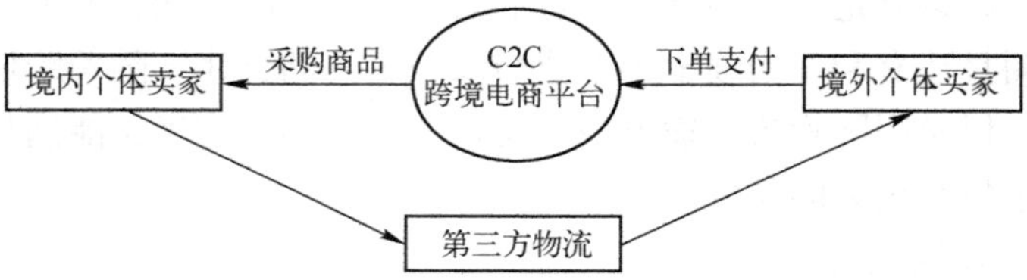

图 8-3　C2C 跨境电商运作流程

3. C2C 跨境电商模式的特点

C2C 跨境电商模式自诞生之初就具有鲜明的特点。与其他跨境电商模式相比，C2C 跨境电商的交易额虽然不太突出，但它的丰富性、灵活性是 B2B 或 B2C 等模式无法比拟的。

（1）丰富性

B2C 跨境电商往往信奉“二八定律”，即在一个产品大类中，占总产品种类数目 20%的主流产品占据了市场销售额的 80%，故为了获得最大的利润，这类电商平台往往只会售卖这些主流产品。然而人们的需求却日趋多样化，这些主流产品无法满足所有消费者的需求。而 B2C 跨境电商模式每增加一个产品种类，都会给其带来巨大的成本。相比之下，C2C 跨境电商模式就能够提供非常丰富的产品，而且卖家会根据买家的喜好快速调整自己的商品。正是源于这种丰富性，C2C 跨境电商模式一直在市场中占有一定的份额。

（2）灵活性

不同于 B2C 跨境电商模式中各种流程和规则比较固定，C2C 跨境电商模式中买家与卖家皆为个人，其地位更为接近，交易的规则、成交的价格、物流的形式等内容都具有较高的灵活性。

（3）个性化

在移动互联时代，人与人之间无论主动或被动，都被连接在一起，无时无刻不在产生着巨大的相互影响力，所有人都渴望独特和拥有个性。新时代下的消费具有强烈的个性化特征，以建立供应链和产品选择宽度的 C2C 跨境电子商务模式正好契合了这种需求。

（4）交易的风险性

由于交易主体数据巨大，交易的灵活度也很高，因此 C2C 跨境电子商务模式中潜藏的交易安全性问题是所有跨境电商模式中最严重的。为实现可持续发展，可以结合多种手段和途径，维持市场的良好秩序，例如，加强对卖家行为的约束及引导、加强监管和及时惩处欺诈行为、完善相关的法律法规等。

4. C2C 跨境电商模式的发展趋势

2016 年底，曾经的 C2C 跨境电子商务模式中的一员“海蜜”宣布更名“海蜜严选”，并转型成为 B2C 跨境电商平台。海蜜成立于 2014 年，正是海淘发展的黄金期，经过两年的运营，该平台已经拥有了一批忠实并且购买能力和购买意愿皆较高的顾客，放弃好不容易才获得的资源，加入竞争激烈的 B2C 战场是否意味着 C2C 跨境电子商务市场的发展已经遇到瓶颈了呢？

事实上“海蜜”面临的问题是所有 C2C 跨境电子商务平台都存在的。首先，在 C2C 模式下，平台的盈利模式与 B2C 模式不同。C2C 模式的盈利主要来自两方面，一方面通过对平台上的个体卖家收取一定比例的佣金，另一方面通过平台流量吸引广告收入。互联网时代，流量为王。C2C 跨境电商平台上一些个体卖家为了减少佣金的支付，往往在获得稳定的流量之后，转身将其带入其他免费或佣金更低的平台进行直接交易，如微信等。这不仅使 C2C 跨境电商平台在佣金收入方面大打折扣，而且高质量个体卖家的离开也对平台的流量造成了极大的影响。可见，C2C 跨境电商模式不仅需要面对与其他跨境电商模式的流量竞争，还要解决内部流量流失问题。其次，是标准化问题。由于 C2C 跨境电商模式中的卖家皆为个体。作为个体，他们是个性的、不可控的、非专业的和非标准的。他们在商品采购、安排物流、与客户沟通以及售后服务等方面缺乏标准化的流程，使客户体验不佳。

由此可见，C2C 跨境电商模式的灵活性、个性化等特点既是成就它的亮点，同时也成为阻碍它发展的痛点。但是即便如此，C2C 跨境电商模式在未来仍将在跨境电商市场中占有一席之地。这是因为随着跨境电商的井喷式出现，人们的购买习惯、消费理念和对市场交易规则的尊重都在潜移默化地发生变化。未来，消费者将不再满足于少数几个品牌，对“爆品”的追捧也将逐渐减弱，从而转向多样化的商品，即只要消费者存在个性化需求，C2C 跨境电商模式就有其发展的空间。而 C2C 跨境电商模式目前最需要做的，是致力于加强 C2C 跨境电商模式平台的标准化建设，保障买家的交易安全，而非一味争夺流量。若平台能够为买家提供良好的交易环境，节约买家在购物以外所花费的时间，C2C 跨境电商模式完全可以凭借自身的特点产生和吸引流量。

8.2.4 跨境电商模式对比

比较 B2B、B2C 和 C2C 这三种跨境电商模式，虽然 B2B 跨境电商模式一直占据主导地位，但该模式的产业链较长，灵活度较差；B2C 跨境电商模式虽然发展时间不长，但在最近几年一直保持着较高的增长速度；由海外代购演变而成的 C2C 跨境电商模式与其他模式相比，显得比较单薄，但该种模式也有其自身无法替代的特点。表 8-3 表示的是这三种跨境电商模式的对比和分析。

表 8-3　跨境电商商业模式对比和分析

模式	经营模式	盈利模式	优　点	缺　点	发展趋势
B2B	平台型	交易佣金	在线交易，订单灵活	投资回报周期长，盈利低	发展主流
B2C	平台型	线上卖家向平台支付会员费及佣金	有助于培育中小微企业	物流、海关、税收等环节存在终端市场的风险和责任	爆发式增长
C2C	自营型	买卖差价	渠道趋于扁平化	零售商代理风险，资质与诚信不强	对传统 B2B 模式的创新和升级

8.3　跨境电商的国际环境和政策红利

跨境电商的快速增长主要源于对传统贸易市场的替代。根据我国海关最新数据显示，2017 年我国进出口贸易总额达 27.79 万亿元，同比增长 14%，为六年来首次实现双位数增长。同年，电商交易额达到 7.6 万亿元，同比增长 20.6%，增速远高于传统进出口贸易，渗透率达 27.35%。根据阿里的测算，2020 年我国跨境电商交易额将达到 12 万亿元，三年复合增长率为 16.44%，渗透率达 37.6%，未来跨境电商发展市场空间巨大。

2014 年被很多业内人士称为跨境进口电商元年。这一年里，传统零售商、海内外电商巨头、创业公司、物流服务商、供应链分销商纷纷入局。2014 年到 2015 年，政策层面一直在释放跨境贸易利好。2014 年 7 月，海关总署的《关于跨境贸易电子商务进出境货物、物品有关监管事宜的公告》和《关于增列海关监管方式代码的公告》接连出台，从政策层面上承认了跨境电子商务，也同时认可了业内通行的保税模式，此举被外界认为明确了对跨境电商的监管框架；上海、重庆、杭州、宁波和郑州五个首批跨境电商试点城市分别出台了跨境电商税收上的优惠政策，即通过跨境电商渠道购买的海外商品只需要缴纳行邮税，免去了一般进口贸易的关税、增值税和消费税。

2015 年 4 月 28 日，国务院常务会议通过了关于降低进口产品关税试点、税制改革和恢复增设口岸免税店的相关政策，表明了政府促进消费回流国内的决心。

2016 年 3 月 24 日，财政部海关总署和国税总局联合发出通知，从 2016 年 4 月 8 日起，海淘购物个人单次交易限值为人民币 2000 元，全年人民币 20000 元；限值以内进口跨境电子商务零售进口商品，暂免征关税；进口环节增值税、消费税取消免征税额，暂按法定应纳税额的 70%征收。2016 年 4 月 8 日，海淘一件商品，最低交税 11.9%。跨境电商税收新政实施，行邮税也同步调整。

2018 年 11 月 21 日，国务院常务会议决定延续和完善跨境电子商务零售进口政策并扩大适用范围，扩大开放更大激发消费潜力；部署推进物流枢纽布局建设，促进提高国民经济运行质量和效率。会议决定，一是从 2019 年 1 月 1 日起，延续实施跨境电商零售进口现行监管政策，对跨境电商零售进口商品不执行首次进口许可批件、注册或备案要求，而按个人自用进境物品监管。二是将政策适用范围从之前的杭州等 15 个城市，再扩大到北京、沈阳、南京、武汉、西安、厦门等 22 个新设跨境电商综合试验区的城市。非试点城市的直购进口业务可参照执行相关监管政策。三是在对跨境电商零售进口清单内的商品实行限额内零关税、进口环节增值税和消费税按法定应纳税额 70%征收的基础上，进一步扩大享受优惠政策的商品范围，新增群众需求量大的 63 个税目商品。提高享受税收优惠政策的商品限额上限，将单次交易限值由目前的 2000 元提高至 5000 元，将年度交易限值由目前的每人每年 2 万元提高至 2.6 万元，今后随居民收入提高相应调增。四是按照国际通行做法，支持跨境电商出口，研究完善相关出口退税等政策。五是按照包容审慎监管原则，依法加强落实跨境电商企业、支付平台、物流服务商等责任，强化商品质量安全监测和风险防控，维护公平竞争市场秩序，保障消费者权益。

8.4 跨境电商平台

跨境电商平台是伴随着跨境电商的出现而产生的，在其发展的过程中实现了多方面、深层次的突破，既体现在跨境电商平台数量和交易规模等方面取得的令人瞩目的成绩，也体现在跨境电商平台根据不同的交易模式、用户群体、产品类别等因素所创新出的各具特点的运营模式。整体来看，跨境电商平台在整个跨境电商产业中的地位和作用日益提升，并且已经成为我国企业开展跨境贸易的重要途径。

8.4.1 我国跨境电商平台的发展现状

跨境电商平台是分属于不同国界或地区的交易主体交换信息、达成交易并完成跨境支付结算的虚拟场所和媒介，具有电子化、全球性、开放性、低成本等特征。跨境电商平台是我国外贸转型发展中的一股新生力量，跨境电商平台的成长之路，不仅充分发挥了市场对资源配置的决定性作用，更得到了政府政策的大力支持。以 1996 年中国制造网的成立为起点，经过 23 年的发展，我国跨境电商平台在数量和交易规模上都取得了跨越式的增长和突破。

我国跨境电商从 1996 年开始起步，开始时只有阿里巴巴、敦煌网、环球资源网、中国制造网等几十家以提供供需信息为主的跨境电商平台，到 2013 年的时候已经超过 5000 家，并且在境内通过各类平台开展跨境电子商务的企业更是超过了 20 万家。截至 2017 年底，跨境电商平台的数量已突破 7000 家。其中，服务于中小企业与普通消费者的 B2C 跨境电商平台达到了 4000 家左右，年均增长速度最快。具体的中国跨境电商平台发展阶段如表 8-4 所示。

表 8-4 中国跨境电商平台发展的四个阶段

发展阶段	发展数量	发展概况
第一阶段（1996—2000 年）	50~60 家	初级：网上展示、线下交易的外贸信息服务模式
第二阶段（2001—2009 年）	1000 家	跨越时期：开始采取线下交易、支付、物流等流程
第三阶段（2010—2013 年）	5000 家	转型：用户群体向工厂、外贸公司转变，销售产品种类扩大
第四阶段（2014 年以后）	7000 家	腾飞：面向不同类型客户、不同类别商品的平台数量增长，行业细分、客户群细分更加明确，零售类平台崛起

8.4.2 跨境电商平台的分类及介绍

1. 跨境电商平台的分类

跨境电商平台是基于互联网进行跨境电子商务活动的虚拟网络空间和保障国际商业活动顺

利进行的管理环境，是对信息流、物质流、资金流进行整合的一个场所。

1）按照交互类型，可以将跨境电商平台划分为：企业对企业（B2B）的跨境电商平台、企业对个人（B2C）的跨境电商平台以及个人对个人（C2C）的跨境电商平台。

B2B跨境电商平台以国内外交易规模较大的客户为主要服务对象，通过收取会员费和广告费来盈利，通常不参与交易，涉及的商品种类主要是在传统工业领域，如钢铁、煤炭、机电设备等。具体来看，跨境大宗交易平台在此类商业活动中担任的是信息传递和信息匹配的角色，一方面将卖方及其产品的信用、商品、服务等信息在平台上展示，另一方面买方在平台上搜寻与其需求相匹配的卖方并进行沟通，最终达成交易。

例如，敦煌网作为一个大型的B2B跨境电商平台，主要为外贸进出口企业提供第三方网络平台。国内的卖家在平台上展示自身商品优势和特点，从而吸引有意向的国外买家，双方通过平台上达成交易意向，直接生成订单。国外买家通过该平台可以直接进行批量采购。该平台创新了“为成功付费”的经营模式，采取佣金制，免注册费，只在买卖双方交易成功后收取费用，而不是像其他B2B跨境第三方平台一样收取会员费，这使得敦煌网在与阿里巴巴等类似平台的竞争中另辟蹊径。同时，该公司为平台上的支付提供“交易保障服务”，成功地引导和促使了网上交易行为的产生。其盈利模式与其自身作为在线交易及供应链服务平台的定位联系紧密。敦煌网的主页如图8-4所示。

图8-4　敦煌网网页

B2C跨境电商平台主要是为小额跨境贸易搭建的舞台。从2010年B2C跨境进口电商先锋“洋码头”的诞生，到2014年国家开放保税仓和改变税收政策，再到2015年B2C跨境电商平台发展进入高峰期，各类B2C跨境电商平台如雨后春笋般出现，如速卖通、亚马逊、eBay、Wish和兰亭集势等。从这些新出现的B2C跨境电商平台的名字中可以发现，B2C跨境电商平台越来越专注于特定的行业或细分的领域，服务群体更加明确。

亚马逊作为目前世界最大的B2C跨境电商平台，拥有14个站点，125个运营中心，3亿活跃用户。在美国、日本等发达国家拥有大批稳定且有较高消费能力的个体买家。亚马逊是一个重商品、轻店铺的平台，在商品的质量、品牌、信誉、用户体验方面对卖家有较高的要求。

亚马逊的主页如图 8-5 所示。

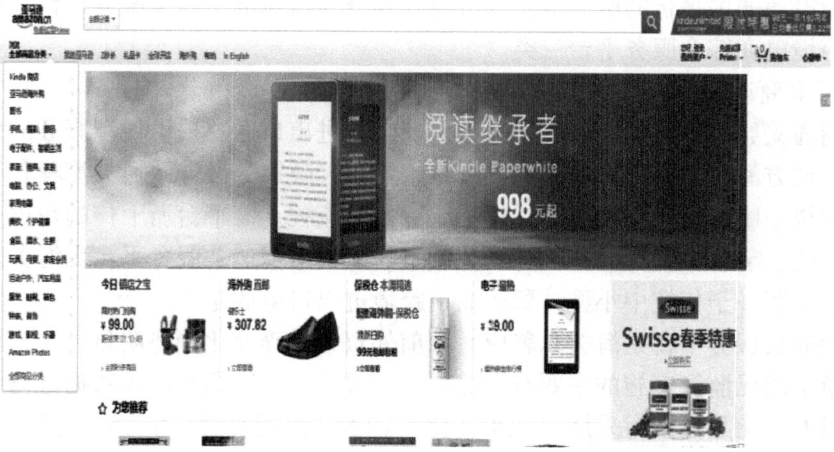

图 8-5　亚马逊网页

2）按照电商平台所处的地域，可以将跨境电商平台划分为：国外跨境电商平台和国内跨境电商平台。由于我国近年来对跨境电商的支持政策不断出台，我国的跨境电商平台已经有数十家，而且还在不断增加。目前，我国主要的跨境电商有亚马逊、天猫国际、洋码头、网易旗下考拉海购、蜜芽和香江商城旗下的香江海购等。国外跨境电商平台主要有 Liquidity Services（批发剩余的清盘拍卖平台），这是一个批发和收尾库存的国外 B2B 网站，是美国最大的零售商平台，有成千上万的买家和卖家，其产品领域包括服装、电子、计算机、五金等更多领域的产品。MFG（模具及纺织等产品制造商和加工平台），这个平台涉及加工、制造、铸造、纺织等，其产品领域包括机械加工车间、制造商、机械加工、纺织、工具、模具、铸造、采购、原型制作和模具制造等。Kelly search（英国 Kellsearch. com 开利商业信息平台）是欧美最大的 B2B 平台，收录了全球 200 多万家公司的信息和 1 000 多万的产品信息，是全球采购商最青睐的采购工具网站。Thomas Net（托马斯美国工业品供应商平台）是查找有关工业产品和服务供应商在北美最全面的信息资源网。TRADEKEY 是全球知名度和实用性比较强的 B2B 网站，是近年来最受外贸行业关注的外贸 B2B 网站。Trade Key 网站专门为中小企业而设，以出口为导向，已成为全球 B2B 网站领导者和最受外贸企业欢迎的外贸 B2B 网站之一。

3）按照经营主体，可以将跨境电商平台划分为：平台型跨境电商平台、自营型跨境电商平台和混合型（平台+自营）跨境电商平台。平台型跨境电商平台主要包括：阿里巴巴国际站、中国制造网、环球资源网、敦煌网、1688. com、海带网、速卖通、eBay、Amazon、Wish、天猫国际、淘宝全球购和洋码头。自营型跨境电商平台主要包括：兰亭集势、DX、米兰网、网易考拉、京东全球购、聚美优品和小红书等。就商业模式而言，当今跨境电商平台基本以自营和平台两大模式为主。平台型的跨境电商平台能够保证商品的品质，但对初创品牌有较高的门槛，因此众多创业者多选择自营模式以确保其产品品类的最大化，并以折扣补贴等低成本形式获得用户。

2. 跨境电商通关平台

随着国家对跨境电商的政策越来越明朗，跨境电商的“冰山”逐渐浮出水面。海关总署相继出台 56、57 号文件，文中明确提到电商企业或个人可运用跨境电商通关平台进行分送集报、结汇退税。自此，作为一类比较特殊的跨境电商平台，“跨境电商通关平台”一词开始受到业内广泛关注。

按照跨境电商通关平台的服务性质，可将其划分为跨境电商通关服务平台、跨境电商公共服务平台和跨境电商综合服务平台三类。

（1）跨境电商通关服务平台

跨境电商通关服务平台，顾名思义是为外贸企业进出口通关提供便利服务的系统平台。89号文发布后，地方海关为鼓励跨境电商发展各出其政，政策分散导致通关流程各不相同。海关总署建设全国统一版的通关服务平台，意为统一报关流程。该平台所上传的数据可直接对接海关总署内部系统，节省报关时间，提升通关效率。跨境电商通关服务平台受海关总署、地方海关的监管，主要服务于传统中小型外贸企业、跨境进出口电商企业。

跨境电商通关服务平台是海关总署应对当前外贸订单碎片化趋势明显，小包裹、小订单急剧增多，政策空缺无监管实施的主要对策之一。通过将企业数据与海关数据进行匹配，从而达到监管统计目的。商品通关时采用“三单对比”的方式进行监管，“三单”指电商企业提供的报关单、支付企业提供的支付清单、物流企业提供的物流运单。“三单”数据确认无误后即可放行。从目前的统一版通关服务平台来看，其服务对象主要还集中在小包裹的出口领域。但从未来发展来看，通关服务平台真正服务的对象应该是进出口规模较大的外贸企业小订单业务。外贸企业拥有常态化发展的需求，小订单较小包裹也更易于监管统计。

（2）跨境电商公共服务平台

89号文发布后，全国掀起了一股跨境电商热潮。各地政府积极响应，地方性鼓励政策层出不穷，这些政策多以鼓励、统计、监管为目的。从前商品进出口涉及的政府监管部门较多，容易造成各政府部门之间数据不匹配的情况出现。尤其是跨境电商零散包裹和小订单的增多使得该现象日益加剧。各地政府亟须一个平台能对接各个政府部门的监管统计系统，确保数据统一。于是，跨境电商公共服务平台孕育而生。

“公共服务”的含义具有双向性，一方面是为各地政府的职能部门之间搭建公共信息平台，另一方面是服务于大众（主要是指外贸企业）。外贸交易环节众多，涉及国检（检验检疫）、国税（纳税退税）、外管局（支付结汇）、商委或外经贸委（企业备案、数据统计）等政府职能部门及银行结汇等，传统外贸企业需与它们一一对接。跨境电商行业因其碎片化订单的特殊性，如每笔订单都重复与职能部门对接将成为极其繁重的工作。另外，政府职能部门之间也需要一个公共区域共享企业上传的数据，并进行数据采集、交换对比、监管等工作。于是由政府投资兴建的公共服务平台成为了解决这些问题的根本手段。

跨境电商公共服务平台受国检局、国税局、外管局、外经贸委、商委、经信委等政府职能部门的监管，主要服务于传统中小型外贸企业和跨境进出口电商企业。跨境电商公共服务平台作为政府层面建设的平台，除了与政府职能部门沟通之外，一些地方性的平台还能直接对接海关的通关服务平台。由此可见，跨境电商公共服务平台不仅是在政府各职能部门之间搭建了一个交集圈，更是在政府与外贸企业之间搭建了一座沟通的桥梁，是政府职能部门面向外贸企业开设的一扇服务窗口。与通关服务平台相同，地方性公共服务平台也普遍采用“三单对比”的方式进行监管，“三单”手续齐全并监管认可，才可享受正常的结汇退税。目前，公共服务平台均由各地政府自行建设，并无全国统一版本，服务内容有所差异，界面操作也不同。

（3）跨境电商综合服务平台

随着国家对跨境电商监管政策的日渐明朗，各地海关和政府逐渐收紧监管缺口，一些传统中小型外贸企业和跨境电商平台个人卖家面对新出现的监管政策逐渐产生了不适应和紧迫感。

这部分外贸企业普遍具有一个共同特点，即长期使用邮路运输，在税务上不征不退，对于阳光化的跨境链条不够熟悉，在面临跨境电商监管时代的到来显得无所适从。而一些大型跨境电商企业在对接政府、海关等部门，处理跨境电商长链条环节上出现的问题具有丰富经验，于是孕育出了一批由大型跨境电商企业建设的跨境电商综合服务平台，为这部分中小企业和个人卖家提供代理服务。业内知名的综合服务平台有：阿里巴巴建设的一达通、大龙网建设的海通易达等。

跨境电商综合服务平台的“综合”含义囊括了金融、通关、物流、退税、外汇等代理服务。跨境贸易的链条很长，涉及的操作环节众多，对于传统中小外贸企业和个人卖家来说难以吃透且工作量极其繁重。跨境电商综合服务平台的出现可以一站式解决这部分人遇到的外贸问题，是真正服务于基层的平台。跨境电商综合服务平台一般由企业投资建设，服务对象为传统中小型外贸企业、中小型跨境电商企业和跨境电商平台卖家。跨境电商综合服务平台是企业层面建设的平台，以“为中小型外贸企业和个人卖家提供一站式服务”为基础，衍生出了一个新兴的代理服务行业，在降低外贸门槛、处理外贸问题、降低外贸风险等问题上为广大的外贸企业提供了便利的解决方案。目前该平台适用于小包裹、小订单等多种业态，随着跨境电商行业的发展，这个平台也将随之拓展出更深层次、更专业的服务，发展潜力极大。

（4）三大通关服务平台的区别

从以上分析可以看出，跨境电商通关服务平台、跨境电商公共服务平台和跨境电商综合服务平台是从三个不同层面出发建设的平台，其中通关服务平台对应的是海关，公共服务平台对应的是政府，而综合服务平台对应的是企业。这三种平台之间相互联系，形成信息数据之间的统一交换和层层传递。就目前行业发展趋势看，无论是跨境企业或是个人卖家，都需要对这些平台进行了解，也许未来会成为跨境电商新监管时代的生存制胜法宝。这三类通关平台之间的联系和区别如图 8-6 所示。

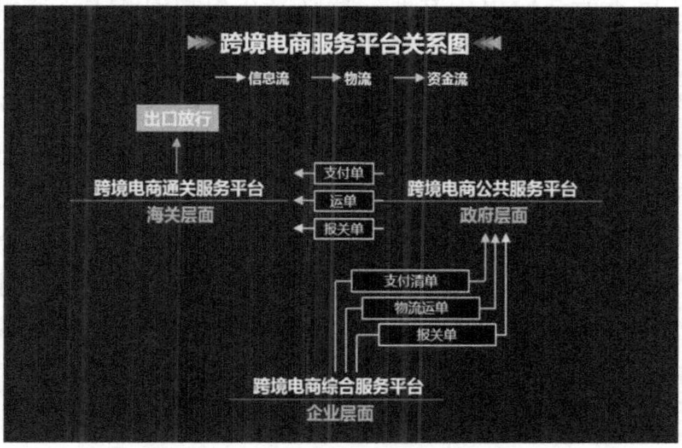

图 8-6　跨境电商服务平台之间的关系

8.4.3　我国跨境电商平台发展存在的问题

跨境电商平台作为全新的信息化贸易中间商，有着巨大的活力和优势，但其发展也存在一定的问题和瓶颈，主要表现在法律法规体系建设、综合服务能力、物流基础设施等方面。

1. 法律法规体系不健全，信用安全问题频发

日益增多的跨境电商纠纷现象，充分说明了跨境电商平台的发展缺乏科学有效的法律制度的监管。值得注意的是，不仅我国，其他各国也都没有规范的监管跨境电商平台的法律法规体系，导致了知识产权侵权、失信、支付安全等问题频发，不利于跨境电商平台信誉和形象的树立。

跨境电商平台掌握了大量的客户信息、资金信息、商品信息和物流信息等。但目前大部分跨境电商平台在信息安全和保密方面的工作做得十分有限，极易给一些不法分子带来可乘之机，一旦盗取了交易双方的信息，便有可能发生欺诈、盗窃等违法行为，给交易双方带来严重损失。

2. 产业链不完善，平台管控能力不足

跨境电商涵盖了传统国际贸易过程中的每一个环节。环节之间的衔接融合和最终体现出来的服务质量，特别是关键的支付、物流、通关等环节，决定了跨境电商平台的存亡。但目前，跨境电商的飞速发展使得这些关键环节还没有得到完全的整合，完整的跨境电商的产业链尚未完全形成，体现在跨境电商交易规模的增速已经开始放缓。

3. 综合服务能力仍比较薄弱

跨境电商平台的优势在于它可以打破地理和时间的限制，为不同国家的买卖双方提供产品信息、信用信息、支付结算、物流运输等综合性的服务。但我国尚有一部分跨境电商平台一方面还不具备如此全面的综合服务能力，另一方面不准确的发展战略和自身服务定位也阻碍其综合服务能力的提升。有的跨境电商平台把跨境业务看成是一种套利的机会。这种错误的认知导致这些跨境电商平台不能很好地做到真正服务于用户，更别提为提高综合服务能力而进行的各种投入。

4. 服务同质化现象严重，商业模式亟须创新

目前国内一些跨境电商平台的服务呈现出同质化的趋势，主要是以营销服务为主，缺少深层次的个性化服务，且线上展示的商品相似度较高，不能满足当下市场的个性化需求。另外，伴随着跨境电商平台数量的持续增长和国外跨境电商巨头对中国市场的开辟，国内跨境电商平台固化的商业运营模式已不能适应市场发展。特别是在盈利模式上，大部分跨境电商平台往往采用收取注册费等方式，收费金额和商家的业绩并没有直接关系，导致了很多本身利润就很少的入驻企业经营更加困难，最终反过来制约跨境电商平台的发展。

5. 通关监管难度大

国际贸易中的货物运输和通关环节属于整个交易流程中的后半部分，物流和通关能否有效衔接一直是检验跨境电商平台服务效率及质量高低的重要指标。但是，一方面由于这两个环节涉及国内外政府部门、不同的贸易主体、运输规则、国际法则等诸多主体和要素，跨境电商平台在其中实际发挥的作用非常有限，给跨境电商平台的运营质量和效率带来了困难。另一方面，跨境电商交易的碎片化、频率高和周期短的特点也给海关监管带来了诸多难题。

8.5 跨境电商与国际物流运作的关键环节

跨境电商的运作过程包括海外仓、多平台交互、选品策略、分仓、税收、支付等诸多环节，下面介绍海外仓、选品策略和支付三个关键环节。

8.5.1 海外仓

1. 海外仓概述

海外仓是指跨境企业在跨境电商平台上将商品销售给国外客户之前，先在国外目标市场设立仓库，把销售商品批量发送到国外仓库；在客户下单时，跨境电商企业便可直接从仓库发货，实现本地配送的一种国际物流形式。海外仓涉及较多的流程管理和服务，如个性化订单管理、精细化仓储管理、大宗货物运输、海内外贸易清关、包装配送综合信息管理及增值服务。海外仓具有代收货款、拆包拼装和保税的功能，适合应用于价格贵、运送周期长、库存周转快以及对物流成本承担能力较强的商品。

2. 海外仓的运作流程

海外仓从兴起到现在，已经形成一套较为成熟的运作流程。其不仅仅只是跨境电商企业和国际物流之间的简单配合，还包含计算机信息技术、金融支付、报关报检和咨询管理等知识密集型的工作内容。海外仓通过有效整合相关行业的优势，不仅解决了国际物流的种种难题，还为跨境电商企业提供了多元化的服务，满足了跨境电商及国际物流一体化的需求，促进了双方的协调发展。

海外仓的运作流程可以分为三个部分，即头程运输、仓储管理和本地配送。

1）头程运输：国内跨境电商出口企业在未接收到国外客户下单之前，就通过传统的运输方式，将商品提前运送到海外仓。其中包含的流程有：集中式报关、个性化加工等。这些商品通过提前的批量运输和存储处理，减少了商品直接通过国际物流从经销商到消费者手中的难度，提高了国际物流管理的精准度和作业效率，节约了大量的运输和管理成本。

2）仓储管理：海外仓的仓储管理不仅仅是单纯的存储商品，还包括对海外仓的商品进行精细的分类和科学的存储，以便商品出库时更加高效和方便。此外，海外仓的仓储管理还提供订单管理服务，即根据订单即时发货，根据订单预测下一季度或某个相似时间段的商品销量，以及根据当地的销售情况，调整仓内商品的品类和数量等。这些可以避免缺货情况的出现或库存量过多的压力，从而减少跨境电商企业的库存成本，提高海外仓的利用率。

3）尾程配送：境外消费者通过跨境电商平台下单，跨境电商企业收到客户的订单信息之后将其转发给海外仓管理系统，由海外仓负责商品的发货和配送。海外仓这一套完整的流程使得跨境电商的购买行为转变为境内的销售行为，不仅节省了客户从下单到收到商品的时间，降低了跨境电商企业处理多批次、小额度交易的复杂度，而且海外仓还可以成为跨境电商企业在目的国展示自身商品的一个窗口，使得境外消费者更加了解跨境电商企业，从而提高跨境电商企业的知名度，增加消费者的黏度。

海外仓的运作流程可以描述为：在境内，经销商通过自提送货或集货理货等方式对商品进行头程运输。然后，由国际物流企业或货运代理公司完成订舱报关和出口退税手续，并将商品送至目的国的海外仓。海外仓收到商品后，即时对其进行入库上架、精准分类等仓储管理。境外的买家通过跨境电商平台购买商品，跨境电商企业上传订单至海外仓管理系统，仓库管理人员及时履行订单，拣选商品出库，完成本地配送。除此之外，海外仓还需要提供退换货、补货管理等增值服务。需要注意的是，海外仓的这三个流程并不是孤立运转，而是由海外仓系统对整个流程进行全局掌控。海外仓的运作流程如图 8-7 所示。

3. 海外仓建设的三种模式

（1）自建模式——以兰亭集势为例

自建模式是指实力雄厚的跨境电商企业在海外建立自己专属的海外仓。这种模式的典型代表就是兰亭集势。兰亭集势成立于 2007 年，至今已有十余年的历史，是我国跨境电商开展最早的企业之一。兰亭集势发展至今已经积累了一定的海外运营经验和客户群体，在国外占有一定的市场规模。兰亭集势资金实力雄厚，在国外有庞大的销售量并且有不断扩大的趋势。为减少物流成本，兰亭集势于2014年在欧洲市场建立海外仓，次年又在北美建立海外仓。

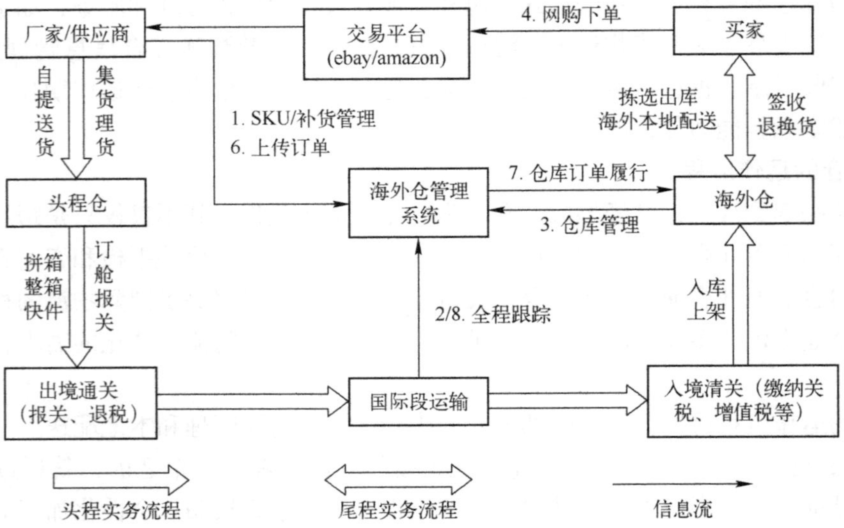

图 8-7 海外仓运作流程图

跨境电商企业是否选择自建海外仓模式，需要考虑以下因素。

1）选址因素：海外仓选址的影响因素很多，例如，和消费者及港口的距离、运输交通条件、自然条件等。由于跨境电商企业距离目标市场较远，对目标市场所在国缺乏了解，因此需要提前调研，比较不同仓库地址的优劣势，选择合适的仓库地址。

2）成本控制：自建海外仓模式不仅在建设期需要投入大量的成本，而且在运营期间也需花费大量的管理成本，在短期内很难获得投资回报，并且目前我国跨境电商企业选择建立跨境电商海外仓的地区主要集中在欧美国家，这些地区的建设及员工成本远高于国内，一般的跨境电商企业很难承担这样的巨额投入。

3）团队人员的管理：海外仓在海外需要聘用当地的工作人员，因此必须要提前了解目的国的法律政策、劳工待遇等方面的内容，克服由于文化、法律和风俗等带来的管理上的困难。

（2）与第三方合作模式——以大龙网为例

与第三方合作模式是指跨境电商企业和第三方企业合作，共用海外仓的模式，包括租用第三方的仓库和双方共同建立海外仓两种情况。大龙网就是这种模式的代表企业。2014年，大龙网与俄罗斯的大型物流企业——俄速通达成合作，双方优势互补，共同出资建设大龙网在俄罗斯的海外仓，为俄罗斯消费者提供快捷便利的物流运输服务。同年8月，大龙网又顺利与印度物流商DTDC达成合作协议，在印度建立海外仓。这次合作创新了以往与第三方企业的合作模式，双方决定由DTDC筹集资金，大龙网负责在印度组织销售和管理团队。

与第三方合作建立海外仓模式的优势，一是由双方分摊建仓成本，可以缓解跨境电商企业的资金压力；二是可以利用第三方对目标市场的熟悉，加快跨境电商建仓进程，使跨境电商企业更快融入目标市场，适应所在国的环境，避免不必要的文化冲突和矛盾。

（3）一站式配套服务模式——以递四方速递为例

一站式配套服务模式是指由国际物流公司在海外建立海外仓，提供从境内到境外商品的运输和存储等的一系列配套服务。该模式的典型代表企业是递四方速递。递四方速递以传统物流服务起家，其不仅具有丰富的仓库管理经验，而且物流网络遍及全球大部分国家和地区。递四方速递和多家跨境电商企业合作，为它们建立海外仓，并为它们提供以海外仓为核心的国际物流服务。这种一站式物流配套服务极大地提高了运输和仓储的效率，使跨境电商领域更趋专业化。

（4）三种海外仓模式的对比

海外仓的三种建设模式各有优劣，具体比较如表 8-5 所示。

表 8-5　三种海外仓建设模式的优劣势比较

	优　势	劣　势
自建模式	长期成本下降 提高库存周转率 灵活性高，有效控制和管理商品物流	不同国家法律和税务的限制 建设需调配各方面的资源，维护仓库运营的成本高 人事管理难度大
与第三方合作模式	双方共同承担运营风险及成本，分担建设投入，可以提高和管理商品物流 第三方物流在物流运输及仓储管理方面更专业 优势互补，有效缓解跨境电商的薄弱环节的劣势，专业分工	跨境电商失去对货物的有效控制 第三方物流质量难以确定
一站式配套服务模式	充分利用资源 提供更优质的服务	过分追求面面俱到而本末倒置 整体方案制定较为困难

根据对上述三种海外仓模式的分析可知：

1）自建海外仓模式的自主性更高，能够更有效地控制和管理商品，但同时其成本和风险也是最高的，适用于市场占有率大，资金实力强劲的大型跨境电商企业。

2）我国中型跨境电商企业数量庞大，其资本并不雄厚，能承担的风险也较小。但它们业务量比较固定，对海外仓的需求较为稳定，这类跨境电商企业更适合选择与第三方合作共建海外仓的模式。

3）一站式配套服务模式相比其他两种海外仓模式而言，国际物流服务更加专业和全面，而且对跨境电商企业而言，承担的风险和物流成本都是最小的，适合于小型或者缺乏国际物流管理经验的跨境电商企业。

综上所述，三种海外仓模式各有其成本、管理和服务方面的优点和缺点。对于不同类型和处于不同发展时期的跨境电商企业而言，应该在充分了解自身企业的特性和各种海外仓运营模式特点的基础上，选择最合适的模式，以期达到节约成本、控制风险和提升服务质量的目的。

8.5.2　跨境电商选品

跨境电商选品是指在跨境电商平台上注册的卖家在销售产品前选择符合自身条件以及市场需求的产品进行售卖。由于跨境电商面对的是来自于不同国家和地区的消费者，其种族、国别、文化习俗、消费习惯，甚至宗教信仰等方面的差异都会显著影响到商品的销量，因此对跨境电商卖家而言，最重要的问题是“什么样的商品适合在目标国家或地区销售”。由此可见，选品成为决定跨境电商卖家是否盈利的首要因素，而选品流程的正确性也决定了其后期运营的难度。

1. 跨境电商选品的流程

1）确定店铺定位。跨境电商卖家需要从目标市场、目标客户需求以及经营者的核心竞争力入手，梳理自身店铺有哪些优势，如客户资源、产品资源和人脉资源等。

2）确定产品。应用数据爬取、数据挖掘和分析等技术，基于跨境电商平台的后台数据进行数据分析，通过统计点击量、转化率、回购率和商品评价等，分析、预测出哪款商品会成为爆款。

3）确定产品分类和产品线。对引流产品、核心盈利产品和常见产品进行合理的结构搭配，加强产品之间的关联性，以吸引更多的潜在客户，增加客户的黏性。

总之，对于跨境电商产品的选择，需要结合自身的定位进行拓展，进行关联性搭建，而不是盲目扩充。

2. 亚马逊选品酷 BigTracker

亚马逊选品酷 BigTracker 拥有产品销售额与订单量的大数据。卖家可以透过选品酷的产品调研系统，轻松找出爆款商品。选品酷精准选品的背后，是强大的逻辑演算的支持。每当亚马逊 listings 的黄金购物车更新，选品酷就会立即计算出该商品的销售量，并将其和 listings 前五名卖家的库存量数据相关联，以提高选品酷对产品销量掌握的精准度。此外，选品酷对产品的销售数据每 15 天更新一次，这使得选品酷的产品分析报告能够紧跟市场的销售变迁与趋势，同时优化销售数据的预估值。

除了销售数据，选品酷 BigTracker 的资料库中还保存了成千上万种产品的最新资料。亚马逊卖家可以透过产品资料（如消费者的商品评价）挖掘有潜力的产品。如果产品有同类的竞争对手，选品酷的产品分析功能可以通过商品评论，Q&A、销售额等信息帮助卖家比较同类产品，找出具有优势的产品作为未来选品的参考。

8.5.3 跨境电商支付方式

由于网络技术的飞速发展，跨境支付模式处于创新的高峰期。目前，已经涌现出很多种极具特色的支付模式。跨境电商支付模式的多样性使各个国家和地区的消费者可以根据支付的便捷性和安全程度自由选择，从某种程度上说，也促进了跨境电商的发展。表 8-6 展示了一部分跨境支付模式的特点和使用要求。

表 8-6　跨境电商支付

支付方式	适用金额	优　势	劣　势
T/T	金额较大	先付款后发货（维护卖方利益），手续简单	手续费高，不利于买方
Western Union	1 万美元上下	商家无须手续，安全快速简单，网点多，转线上	有手续费，仅支持美元
Money Gram	5 万美元以下	无须银行渠道，简单速度快，商家无须手续费	仅限工作日，收付双方为个人
国际信用卡	1000 美元以下	信贷功能，降低拒付风险，不冻结整个账户	有开户费、服务费，限额，各国普及度低
第三方支付	小额	方便快捷，支付成本低，整合多种支付方式	提现手续费，资金沉淀，维护买方

在诸多跨境支付模式中，第三方支付是其中的主导模式。第三方支付指由非银行的第三方机构利用支付平台的信用担保和技术保障功能将银行、卖家、消费者连接起来，为各主体实现货币支付与流转、结算等功能。随着跨境电商零售模式的发展，跨境第三方在线支付平台，如 Paypel、阿里 Secure Payment 等，应运而生。作为跨境电商发展的重要支撑环节和金融行业极具潜力的增长点，跨境第三方支付近年来的发展较为迅速，其具体的支付流程如图 8-8 所示。

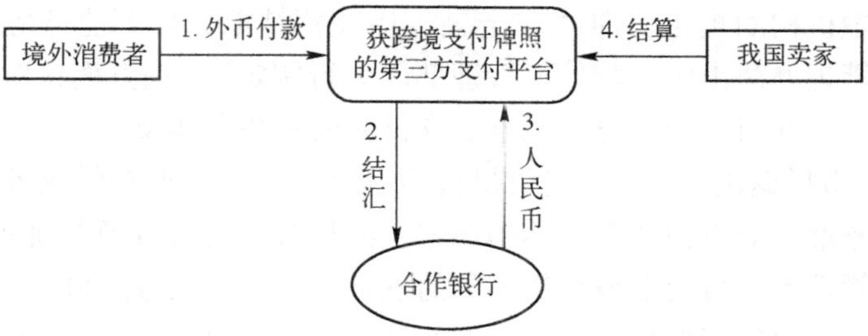

图 8-8　跨境第三方支付资金入境流程

8.6　跨境电商的法律法规

随着网络技术环境的改善和物流水平的进步，相较于传统国际贸易形式，流通环节更少，成本更低的跨境电商行业在过去几年内快速发展。以天猫国际、京东全球购、盒马鲜生、网易考拉、亚马逊海外购等为代表的跨境电商已经逐渐形成稳定的行业格局，但后起之秀也不容小觑。如果说跨境电商市场激烈竞争，在商业层面需要面临的巨大考验在于产品的多样性、产业链的整合能力、服务的效率与能力以及供应链的管理，那么在法律层面需要面临的严峻挑战则在于缺乏相关的法律来有效应对并规制跨境商业交易中出现的各种棘手问题。

现阶段，我国跨境电商产业的法制体系尚不健全。各类跨境电商经营主体在拓展跨境贸易空间以及与上下游企业/商家合作的过程中，极有可能遭遇支付与结算、知识产权保护、物流流通、税收和检验检疫等方面的法律风险和诉讼威胁，不仅会使经营主体或消费者蒙受较大损失，而且更关键的是，他们很难寻找到救济的途径。

8.6.1　跨境电商支付与结算的法律法规

目前，我国在跨境支付领域已经出台了不少监管的法律法规，其中，《跨境贸易人民币结算试点管理办法实施细则》主要是在试点区域践行对跨境支付的监管并关注支付安全问题；《电子支付指引》主要是对电子支付进行法律界定，并对服务申请程序和规范等内容作了规定，重点是对支付损失责任进行了划定；《支付机构跨境电子商务外汇支付业务试点指导意见》主要是针对小额跨境电商支付交易，对机构的准入与业务管理方面提出要求等。

从目前跨境支付领域存在的问题来看：一是支付风险问题。网络技术在带来支付便利的同时，也带来了支付的风险。近年来，网络支付安全问题频发，如因设备或信息传输故障导致的支付信息丢失；由网络黑客攻击导致的用户银行卡信息泄露等。二是交易双方的信用风险问题。电商交易往往存在诸如买家已经完成付款，但卖家却迟迟不发货，或者卖家由于各种原因已事先发出货物，但买家却不付款的行为。由于跨境的支付信用体系尚未建立，一般银行或第三方支付平台无法全面地掌握交易双方的信用背景和实际的支付情况，导致关于支付的纠纷频频发生。三是资金沉淀问题。一方面，网络支付平台一般会在消费者确认收到商品之后才会将相应的货款划拨给卖方，而卖方发货和买方收货这中间的时间差（有时候，国际物流会导致这个时间差很长）会导致卖方资金的沉淀；另一方面，一部分跨境电商平台要求卖家在支付平台预留备付金（应对交易纠纷产生的退款），这也增加了卖方的资金沉淀压力。

针对上述分析可知，我国在跨境支付立法方面存在如下问题。

1）我国在法律上把第三方跨境支付机构定义为“非金融机构”，但《外汇管理条例》中仅有一条针对非金融机构的规定，即“非金融机构经营结汇、售汇业务应当由国务院外汇管理部门批准，具体管理办法由国务院外汇管理部门另行制定”。一方面，对于结汇售汇业务的规定过于简单，另一方面对于第三方跨境电子支付的内容并未涉及。

2）缺乏法定的市场退出机制。《支付机构跨境电子商务外汇支付业务试点指导意见》虽然对支付机构的业务准入等方面做出具体的规定，但是对其退出市场方面并没有相关规定，而对支付机构退出的管理不当将会造成意想不到的危害。一般第三方支付平台被迫退出市场往往是由于企业自身经营不善等问题导致，但对涉及平台上的用户个人信息、账户资金等的安全转移与合法销毁处理不当将可能对各方造成较大损失。

3）在反洗钱问题上对于非金融机构的立法工作较为滞后。目前我国《反洗钱法》仅针对金融机构对其反洗钱的义务等方面作了较为详细的法律规定，而对于第三方跨境支付机构所属的非金融机构的反洗钱未做具体的立法规定，随着我国金融经营模式的逐渐转变和第三方支付企业等非金融机构的发展，需要对其反洗钱等监管内容做出具体的法律规定。

8.6.2 跨境电商知识产权保护的法律法规

知识产权制度是一种通过设立专有垄断权对主体的智力成果进行合法保护的制度，其目的是为了鼓励创新，并实现个人利益与公众利益之间的平衡。如果知识产权制度遭到肆意破坏，那么其激励创新功能将大打折扣，全社会的创新与发展将停滞不前。我国在知识产权方面一直以来都受到欧美发达国家的诟病，亟须在法律手段上对涉及知识产权的问题做出明确的规定。

具体到跨境电商方面，出现较多的关于知识产权方面的问题是：卖方经常会遇到商标权、专利权、著作权等侵权行为，引发知识产权纠纷。2015 年 11 月 12 日，亚马逊平台接到 A 平衡车专利权人的投诉，平台上的中国卖家涉嫌侵犯该款产品的专利权。按照亚马逊平台的规则，卖家需要提供未侵犯他人知识产权的证明，虽然卖家指出他们公司购买的是 B 公司的专利使用权，但这并不代表他们没有侵犯 A 专利权人的专利权。最终卖家因未满足平台的规则，遭到了全部产品下架的处理。这是一则典型的跨境电商在出口领域知识产权纠纷的案例，而这样的案例在跨境电商的实际运营中比比皆是。跨境电商的爆发式发展顺应了时代的发展趋势，但也与其进入门槛相对较低有关。平台上很多产品质量参差不齐，由于假冒伪劣或山寨产品引发的知识产权纠纷事件频发。这一问题反映了，一方面我国产品在走出国门时，对产品品牌化发展的理念和对目标市场的知识产权保护制度了解不足；另一方面我国法律在知识产权领域的不完善对我国外贸企业威慑力不足，惩戒力度不够。

目前，我国在知识产权保护方面的法律法规主要以单行法的方式出台。《网络交易管理办法》主要是对经营者不侵犯他人企业名称与商标等侵犯知识产权的内容、免受以上条款的商品以及平台的责任进行说明；《反不正当竞争法》主要是对不得从事的破坏知识产权的活动进行了明确的说明，如未经同意不得使用相关网站特有域名、未经授权不得使用相关团体的电子标识等；《知识产权海关保护条例》主要赋予了海关对出入境商品的知识产权实施保护的权利；其他相关法律还包括《商标法》《专利法》《著作权法》等。

虽然我国有一些单行法出台，但从总体上看，我国在跨境电商知识产权法律体系方面还不健全，缺乏统一的法典统摄，各执法部门之间也缺乏一定的协调性。从具体问题上看，目前我国跨境电商在知识产权法律问题上面临的主要困难是：首先，由于出口货物大多为邮政小包，数量少、价值低，一旦被海关查验出是侵权商品，最多也只是扣留，处罚力度和执行力度较弱。这导致商家对知识产权问题，特别是对商标与专利侵权问题重视度不足。其次，由于跨境电商是一种新型的商业模式，交易商品的种类繁多、包装分散、去向复杂，即使发生了侵权行为，政府部门也无法一一对侵权行为进行认定。第三，新型的权利客体，如图片、音乐、视频等多媒体以及含有著作权的数字化作品与软件等，并没有很好地受到法律法规体系的保护。如何确定侵权事实和损害赔偿也是一大问题。最后，国际的知识产权纠纷解决机制不健全。由于各国在经济、政治、科技、文化等领域存在较大的差异，对知识产权的保护范围、侧重点、侵权认定、法律适用性和维权途径各不相同，使得涉及国际的知识产权纠纷问题时没有健全的解决机制。

8.6.3 国际物流的法律法规

目前我国与跨境电子商务与国际物流相关的法律有《消费者权益保护法》《海商法》《民用航空法》《铁路法》《反不正当竞争法》等，但这些法律没有形成相互支撑的体系，没有覆盖国际物流的全过程，不能很好地满足国际物流在商品运输安全、信息保护、退换货等方面产生的法律诉求。例如，在通关领域，在货物发生退货时，消费者所在国需要将此退货计入出口，而卖方所在国家也需要将此退货计为进口，这就需要重新办理通关手续并缴纳相关费用。但是这一事实上的执法并无具体的法律可以依循，这给买卖双方都带来了成本上的损失。

8.6.4 跨境电商税收的法律法规

目前我国主要依据《海关法》《个人所得税法》《税收征收管理法》等法律来落实跨境电商征税。我国海关公布的《关于跨境贸易电子商务进出境货物、物品有关监管事宜的公告》对企业的“货物清单”、个人的“物品清单”等办理免税手续条件作出规定；《关于调整进出境个人邮递物品管理措施有关事宜》对个人寄出到不同国家和地区商品的免征税税额标准以及对超出限值的非个人自用物品的退运或按货物要求办理通关手续等方面做出了规定；《关于实施支持跨境电子商务零售出口有关政策的意见》中专门提出要对我国跨境出口企业制定新的税收制度，并由税务局、财政部等相关部门研制对该主体实行的出口退税、增值税、免税条件等政策；《关于跨境电子商务零售出口税收政策的通知》对出口企业的消费税、增值税等的退免条件等提出了相关的税收细则。

从总体上看，这些法律的规定都比较宽泛，无法和实际的操作层面进行对接。具体而言，我国在跨境电商的税收法律方面主要存在以下问题。

1）现行的税法对跨境征税的范围与对象具有局限性。首先，B2C 出口模式中卖家是已经进行过工商和税务登记的企业，所以一般需要缴纳营业税、企业所得税、增值税等税种，第三方平台在准入时也会要求其提供相关证明，并在交易达成后要求其提供销售票据和开具销售发票。但 C2C 跨境模式中卖家具有非法人性质，国家并没有将其纳入征税管辖范围，这里就出现了漏税的漏洞。其次，税收种类模糊不清。传统对各实体主体的征税类目与征税物的适用性有非常明确的规定和法律规范，但是对跨境电子商务来说，有时较难区分税法中明确规定的应税的类目，有形的商品往往伴有无形的服务，对产生交易的商品究竟需要征收哪种税目难以厘清。

2）出口退税问题。首先，小型企业退税难。如果按照传统国际贸易的规则对跨境电商企业实行出口退税，受益的是拥有大订单的大中型企业。对小微型外贸企业而言，很难达到退税条件。同时，分散化的小批量订单也会使得退税手续异常烦琐。其次，外贸企业在处理退税业务时，一般在通关时会产生报关单和出口核销单等凭证，企业拿着这些凭证去银行办理结汇并到政府部门进行出口退税。但这个过程对我国跨境中小企业来说很难完成。中小外贸企业由于业务量较小，与海关系统对接较为困难，很难按正常渠道合理地进行结汇与退税。第三，与地方财政利益产生冲突。如外贸交易涉及异地采购出口，则出口地的地方财政部门需要承担出口退税，而这批货物的消费税、增值税却在货源地完成，导致两地地方财政存在一定的利益冲突。

3）商事主体登记制度与单据电子化问题。现行《税收征管法》规定，企业经营主体在领取营业执照后应到相关税务部门做税务登记，以便相关部门对企业进行更好地把控和管理。但是，对于电子商务企业来说，由于成本控制与业务发展的需要，很有可能将公司总部、分部、仓储，甚至公司的注册地分布于好几个城市，如此将给税收或工商部门带来管理上的困难。此外，单据电子化以及跨境电商操作的虚拟化、隐匿性加大了税务稽查的难度，也难以有力打击逃税行为，传统的税收管辖原则在互联网环境中变得不再适用。电子发票的法律效力也尚未确立，无法有效发挥税收凭证的作用。

4）国际征税挑战。对税法另一个比较大的冲击是不同国家对税收管辖权的认定不统一，国与国之间可能存在着关于税收管辖权的纠纷。跨境电商具有的超越国界的特殊性与一般税收权利被限定在国家范围之内的规定相悖，给税务机关行使税收管辖权带来了挑战。

8.6.5 跨境电商检验检疫的法律法规

边境检验检疫部门的主要工作是对出入境的人员、动植物以及各类物品进行相应安全检查和卫生检疫，通过严格的监督管理，为国家民众提供公共服务，解除核辐射产品入境、各种传染病扩散、外来物种入侵等安全威胁，能够有效维护国家安全和社会整体利益，是国家严守国门不可替代、不可分割、不可或缺的重要角色。在出入境物品的检验检疫方面，我国有《中华人民共和国进出境动植物检疫法》及其实施条例、《中华人民共和国进出口商品检验法》及其实施条例、《中华人民共和国国境卫生检疫法》及其实施细则和《关于实施支持跨境电子商务零售出口有关政策的意见》等。除此之外，我国还专门出台了两部针对跨境邮寄和跨境快递的管理办法。这两部管理办法明确规定，全国范围内的出入境快件与邮寄物的检验检疫管理工作均由国家质量监督检验检疫总局统一管理。

虽然我国已经出台了不少与跨境物品检验检疫相关的法律和法规，但其在具体实施层面还存在一定的问题，具体如下。

1）针对跨境物品的检验检疫执法缺少依据。目前，我国跨境电子商务以难以想象的速度快速发展，规模日益扩大。然而与此不相协调的是，国家政府部门的立法速度并没有及时跟上跨境电商的发展速度，相关的法律法规体系并不健全，现有的法律和法规并没有对跨境商品检验检疫的范围和方法进行具体的规定。这不仅不利于检验检疫部门安全监管职能的有效发挥，更重要的是，它还增加了跨境物品携带疫情和疫病流入我国境内的风险。

2）监督管理办法缺失。在跨境物品检验检疫的具体操作层面，我国目前并没有出台具体的监督管理办法。这会造成不同地区检验检疫机构的执法差异。各口岸监管方式不同，工作尺度松紧不一致，会引发广大跨境电商客户对检验检疫机构的批评，引发舆论危机，会给检验检疫部门带来负面的影响。

3）外来疫情、物种入境的风险。2013 年，在我国山东省青岛市检验检疫机构拦截了数十批次的国际邮件。经查验发现，邮件里运输的就是非法的活体动物与国内不曾出现的植物种子。而且，这数十批次的邮件没有一批进入了正常审批程序，全部都没有报检申请，全部都企图侥幸入境。从该案例可以看出，如果一旦对跨境物品的监管失利，就会加剧疫情、疫病进入我国境内的风险。

8.7 跨境电商与国际物流的发展机遇、问题和趋势

8.7.1 跨境电商与国际物流的发展机遇

（1）“一带一路”助力跨境电商和国际物流的发展

2013 年 9 月 7 日，习近平主席在哈萨克斯坦纳扎尔巴耶夫大学进行演讲，首次提出了共同建设“丝绸之路经济带”的愿景。“一带一路”建设主要涉及三个方面：一是基础设施；二是园区合作；三是产能合作。基础设施和跨境电商的关系不大，但是园区合作和产能合作却跟跨境电商息息相关。这是因为，首先，“一带一路”建设能够完善重点行业出口转型升级扶持体系，培育新的贸易增长点，不断扩大对外贸易的规模。其次，“一带一路”建设能够加快 12 个自贸试验区的建设，为各类产品进出口提供更便利化的通关环境，让更多的外贸企业拓展新兴市场，增加贸易机会。最后，“一带一路”建设能够加大口岸通关设施建设的力度，完善口岸大通关机制，扩大区域通关和直通放行的覆盖范围，提升检验检疫服务的水平，促进口岸货物通关和人员往来的便利化。

（2）贸易的便利化对跨境电商和国际物流具有积极的推动作用

2015 年 9 月 4 日，中国国务院做出接受世界贸易组织《贸易便利化协定》议定书的决定。《贸易便利化协定》是中国加入世界贸易组织后参与并达成的首个多边货物贸易协定。随着单一窗口、电子口岸和无纸化通关等贸易便利化措施在我国海关的逐步落地，中国跨境电子商务将迎来千载难逢的发展机遇。已有研究表明，一国贸易便利化水平越高，就表明该国的贸易活动越便捷、对外贸易水平越高以及国际竞争力越强。贸易便利化的发展，不仅能够降低各国在通关程序上的复杂度，提升海关通关的效率；而且还能够从实质上提升跨境电子商务的服务质量，从而全面促进我国跨境电商行业的稳定发展。

（3）国家政策对跨境电商与国际物流的支持

随着经济全球化水平的不断加深和信息技术水平的持续提升，跨境电商在国际贸易中占据的比重越来越大，成为中国对外贸易新的增长点和发展趋势。国务院办公厅、商务部、海关总署、中国人民银行等部门一致响应国家政策，积极出台相关的法律法规，不断完善跨境电商领域的法律规制环境。各种鼓励政策的出台，不仅从法律层面上肯定了跨境电商的经济地位，而且也从国家层面对跨境电商行业的发展进行了扶持。这些政策主要集中在跨境电商的通关、物流、支付及关税等关键环节，如支持建立适合我国当前国情的跨境电子商务税收政策和通关程序、建立保税仓试点城市等，这对跨境电商的实际操作具有非常重大的指导意义。

8.7.2 跨境电商与国际物流在发展中的问题

1. 国际物流的风险

国际物流给跨境电商各参与主体带来的风险主要体现在两个方面，一方面是现有国际物流的水平对跨境电商交易规模的直接影响。不同国家的物流水平决定了该区域跨境电商的发展水平。影响跨境电商发展的一个很重要的因素是购买者的消费体验，由国际物流导致的物流时间长、无法全程追踪、不支持退货以及清关障碍、货物破损甚至丢包等问题，会严重影响购买者

的消费体验，进而影响到跨境电商的交易规模。另一方面是国际物流模式的选择对跨境电商经营成本与效益的影响。与国内物流相比，国际物流的成本更高，这要求跨境电商的卖家在物流模式上的选择要更加精细，要通盘考虑不同国际物流模式的物流资费、通关便利性、物流时间、退税条件等多种因素对国际物流成本的综合影响。

2. 跨境电商的税收问题

税收政策直接影响跨境电商的发展。跨境电商进口会涉及行邮税、关税、增值税和消费税等税种，而跨境电商出口则会涉及增值税和消费税等税种（即出口退税问题）。无论是跨境电商进口还是跨境电商出口，不合理的税收都会导致企业经营成本的增加、利润的稀释、价格优势的丧失以及市场竞争能力的削弱。

3. 跨境电商的贸易壁垒

贸易壁垒是指一国政府采取关税或非关税措施对进出口商品的通关设置障碍。和一般贸易方式相比，跨境电商的贸易壁垒有新的表现形式，给跨境电商商户的经营带来不同程度的风险。目前跨境电商的贸易壁垒表现方式大致可归结为关税壁垒和非关税壁垒。

（1）关税壁垒，即提高网购进口商品免税门槛，如关税、增值税、消费税等，增加了消费者的购买成本，以达到拒进口商品于国门之外的目的。例如，2016 年俄罗斯海关总署建议提高网购进口商品的免税门槛，提议将免税进口额由每月 1000 欧元降低至 22 欧元。同时，取消“自用商品”的表述，参照一般商品对入境包裹征收增值税以及关税。这一税收政策的实施，直接消减了俄罗斯群众的网购热情，给相关的跨境电商带来：一是跨境电商交易量的下降和交易机会的缩减；二是突发的畸高退货率，增加了经营者的货损与物流成本；三是由关税政策调整导致的卖家信誉的降低。

（2）非关税壁垒，即采取税收以外的相关政策影响国内居民的网购行为。例如，某种中国向波兰出口的商品，曾被要求印制波兰的商标。没有印制该商标的商品将被退回中国。这一政策导致我国的外贸出口企业陷入两难的境地，即要么丧失波兰的市场；要么为了进入波兰市场，增加相应的贴牌成本以及因为贴牌而失去建立自主品牌的机会。

8.7.3 跨境电商与国际物流的发展趋势

目前，我国跨境电商和国际物流呈现出蓬勃发展的态势，其发展趋势可以归纳为如下几点。

1. 强调跨境电商与国际物流之间的协调发展

跨境电商与国际物流之间只有相互协调，才能更好地向前发展，而两者间的协调发展包括技术共享和产业联动等内容。首先，在网络环境不断发展完善的今天，跨境电商与国际物流之间可通过产品供应链进行整合协调发展。其次，跨境电商与国际物流之间的关系具有一定的复杂性，使得单一的国际物流模式难以为继。为了支撑跨境电商的发展，国际物流的模式应该更趋向于综合化和智能化。例如，2016 年开园的湖南环通国际智能物流园，联合了浦发银行和星沙农村商业银行等，实现了仓储、运输、贸易等的智能化管理，形成了综合的国际物流模式，极大地促进了湖南在进出口贸易方面的发展，带动了湖南的经济建设。

2. 强调跨境电商与国际物流的智能化发展

随着网络的发展，智能化的管理逐渐深入到各行各业中，如电力企业、煤业等。目前，我国在跨境电商与国际物流方面也正逐渐由原本的人工操作模式向自动化和智能化的管理模式转变。例如，可视化的仓储管理系统能够让两个人轻松地完成传统仓储模式中至少 10 个人的工作量，且出错率不足原先的百分之一；将国际物流系统与跨境电商平台对接，不仅能够让跨境电商平台实现智能化的收发货，而且还能够大幅提高购物者的消费体验。

3. 强调国际物流与本地物流之间的合作

“强龙压不过地头蛇”，在很多时候国际物流企业哪怕强大，也难以进入个别地区市场，难以发展壮大。其原因多是因为当地物流的盘根错节，多方制约了国际物流企业的发展，因此，加强国际物流与本地物流之间的合作，实现利益的共通，是国际物流发展的一个趋势。海外仓与第三方物流合作的模式就可以最大限度地提升物流的运输效率，摆脱各国语言、风俗和法律等不一致的困扰。

4. 强调跨境电商的社交化、移动化和智能化

跨境电商的发展越来越强调与客户的在线交流和互动。通过网络社交，外贸企业可以及时了解和掌握客户的需求，并为不同的客户量身打造个性化和实用化的产品或服务，一方面能够满足不同客户的各类需求；另一方面有利于提高客户的满意度和忠诚度。同时，随着互联网技术、信息技术的不断发展，智能化移动终端的使用频率进一步提高。人们在交流沟通过程中，更愿意采用智能化和可移动的工具。基于此，各大跨境电商积极研究和开发了应用于移动设备上的智能 APP 程序，为消费者提供更加便利的网购模式。社交化、移动化和智能化必将成为中国跨境电商的发展方向。

【案例分析】

阿里速卖通

1. 案例描述

(1) 阿里速卖通的发展历程简介

2009 年，阿里巴巴国际站上线了支持在线交易的 wholesale（批发）频道，并于 2010 年 4 月将该频道独立出来，升级为速卖通。速卖通是阿里巴巴旗下一个面向全球市场的外贸在线交易平台，集合下订单、支付、物流等功能于一体，能够为我国供应商和国际中小采购商或个人买家提供在线交易服务，帮助中小企业接触终端批发零售商，小批量多批次快速销售，拓展利润空间。针对差异化的细分市场，阿里巴巴将速卖通定义为，其目标客户并非是从事批发的大型企业，而是国外的个人、中小企业主以及从事分销业务的中小型代理商和分销商。这个平台适合一些体积较小、附加值较高的产品，涉及数码产品、服装、家居、工艺品等 30 多个一级行业类目。速卖通作为阿里巴巴国际化的一个重要战略产品，近几年发展迅猛，已经成为全球最活跃的跨境平台之一，并且依靠着阿里巴巴庞大的会员基础，速卖通也已经成为全球产品品类最丰富的平台之一。阿里速卖通与传统贸易模式的对比如图 8-9 所示。

据有关数据显示，阿里速卖通至 2013 年 8 月已覆盖 220 多个国家和地区，每天海外买家流量有五千万之多，成为当时全球最大的跨境交易平台。2015 年阿里速卖通“双十一”活动共产生两千余万笔订单，无线订单成交占比超过 40%。据速卖通官方消息，全球 230 余个国家、地区参与了 2017 年速卖通第四次“双十一”活动，其中无线订单成交占比超过 62.3%。活动启动两小时就已覆盖世界 184 个国家、地区，19 点 50 分全平台订单量已破千万。速卖通作为阿里巴巴未来国际化的重要战略产品，这几年的发展可谓风生水起，已成为全球最活跃的跨境平台之一，并依靠阿里巴巴庞大的会员基础，成为目前全球产品品类最丰富的平台之一。

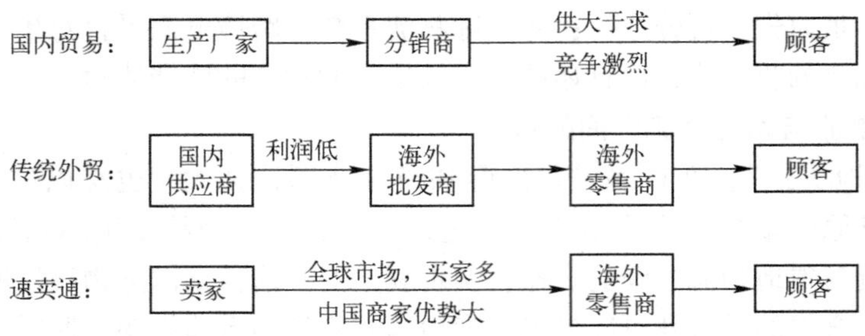

图 8-9　阿里速卖通与传统贸易模式示意图

(2) 阿里速卖通的盈利模式

速卖通平台主要的收入是平台消费者和卖家的交易佣金，对于每笔交易收取 5%的佣金，主要采用电汇和支付宝等支付方式，另外速卖通为卖家提供增值服务，例如，SEO 优化，关键字推荐，广告等收费服务，同时速卖通也收取商家年费，商家年费达到一定营业额则可以 50%甚至 100%返还。速卖通平台有着稳定的消费人群，在市场宣传维护和平台服务等方面有着出众的表现，因此能够在跨境电商市场中占据优势地位。

(3) 阿里速卖通的物流模式

2015 年 9 月速卖通联合菜鸟网络上线了 Ali Express 无忧物流，卖家可将售后服务交给平台处理，由无忧物流根据卖家不同需求将系列服务打包整合，为卖家提供最优化的物流服务。菜鸟网络搭建起了跨境物流平台，利用先进的智能化技术整合物流链上的合作伙伴，这是阿里巴巴全球化战略的一次大的提升，使得全球消费者都能享受到便捷无忧的物流服务。除此之外，阿里速卖通也采取了与第三方物流合作的方式，但是这些物流企业与西方发达国家的物流企业相比，在服务的质量、理念和内容上还存在很多差距，缺乏物流的综合能力，信息系统也比较滞后，服务水平较低，不能充分发挥规模效应和整体协同效应。阿里速卖通常用物流模式的优缺点见表 8-7 所示。

表 8-7　阿里速卖通常用物流模式优缺点比较

序号	类　型	优　点	缺　点
1	国际快递	服务有保障，效率较高	价格略高，无折扣
2	货代公司	价格有折扣，成本较低	服务效率略低，出现问题索赔较复杂
3	平台合作物流	价格有折扣，成本较低，可协助顾客处理问题	要求线上发货
4	平台自建仓库	发货便捷	成本相对较高，有风险

速卖通平台上的大多数商家受自身规模和自身物流实力的限制，选择采用普通快递和第三方物流的模式较多。不同的物流模式适用于不同的企业，同一企业的不同发展阶段，也不能一概而论，商家要考虑自身的规模实力、各种物流模式的成本优势，来选择合适的物流模式，提高物流配送的可靠性和时效性，实现自己和顾客的双赢。

2017 年，速卖通针对物流服务体验出台了不少新政。2 月份升级了对俄罗斯的物流政策，实际支付金额大于两美金的订单将不可再使用经济类物流服务发货，4 月份升级了法国、智利、西班牙、荷兰四国的物流服务，在 4 月 12 日之后大于五美金的订单不能使用经济类、简易类及其他标准类物流。同时又为进一步提升平台跨境购物的物流体验，根据历史表现分别下线了 TEA-POST 俄罗斯专线、越南邮政、加拿大邮政、YODEL、新西兰邮政等渠道。目前俄罗斯 20 个大城市的居民下单后，当天就可以收到包裹，其他 50 个中小城市可以在 3 天内收到包裹。

(4) 阿里速卖通的营销推广

跨境电商市场的健康快速发展依托于市场交易双方的对等和充分的信息，交易过程中不存在信息盲区等问题。在速卖通跨境电商交易平台上，买家一般通过搜索引擎进行目标商品的搜索，借助于平台热销产品的提示从而了解当前最新的产品销售动态，对行业热卖品、主要经营商家等信息可以一目了然。速卖通在促销推广方面采用站外和站内两种形式，以西方主流的社交平台——Facebook 为例，速卖通参与西方节日礼庆，因地制宜地组织了雪橇抢红包活动，在南半球国家中组织阳光沙滩抢红包活动，消费者出于好奇心都参与了活动，为速卖通平台带来了较大的流量，大幅度地提升了销售额。在国外，电子商务的购物模式还在培养中，消费者对于平台和商家的信任还需要通过促销推广方式来建立，从而让更多的消费者了解并使用速卖通。

(5) 阿里速卖通的支付层面

速卖通的交易资金流转方式和国内电商平台的资金流转方式类同，速卖通使用 ESCROW 作为信用中介，消费者和商家进行交易对接，从而完成交易。当前 ESCROW 和国际多种支付方式建立了合作关系，为了降低平台用户的交易风险，ESCROW 引进了 VISA、Western Union、QIWI、Master Card 和银行汇款，多种支付方式便捷了消费者的购物体验，ESCROW 仅仅收取订单的 3%到 5%的交易手续费作为佣金。随着国内电商平台的成熟化，速卖通在国外电商平台的运营过程中有了可借鉴的经验，国内主流的银行为速卖通提供安全、便捷的支付服务，方便速卖通在国际商品交易中进行结汇和信用卡交易，银行和速卖通之间构成双赢关系。当前速卖通平台在现金支付体系上更为安全、便捷，国内外消费者和卖家能够快捷地完成转汇和结汇，不再为交易现金支付而发愁。

2. 案例解析

速卖通从 2010 年成立至今，公司已发展为全球网上在线交易最大的第三方服务平台之一，在中国国际贸易交易市场树立起光辉的形象并发挥着重要的作用。速卖通发展的第一个阶段是小额批发平台。2012 年，速卖通转变为 C2C 平台，使国界不再成为信息流通的壁垒。2012 年到 2014 年，速卖通主打创新型长尾轻小件的跨境电商，希望满足消费者个性化长尾化的需求。2015 年，速卖通决定从 C2C 转型 B2C 模式，加速响应中国品牌“走出去”的战略。2017 年，速卖通开始进入“本地化时代”，更加适应全球消费者需求。

目前，全球速卖通平台将跨境电商的长尾轻小件模式与本地化服务相结合，已经覆盖了 40 多个不同品类，渗入 200 多个国家，海外买家数突破 1 亿，平均每日访客量达到 2000 万。据统计，俄罗斯、西班牙、以色列和法国成为具有强劲购买力的国家。

速卖通不仅在用户的交易信息更新上做到了绝对的时效性和准时性，也极大地加强了交易时真实性和用户整体使用满意度，这也是速卖通发展如此迅速的原因之一。与其他电子商务公司交易上流程一样，速卖通通过网络引擎搜索和多样的营销方式进行公司运作，相比其他公司追求大量销售量的方式，速卖通首先想到的是用户的整体满意度，通过对信息的高度重视和不断地升级，公司以服务的高质量获取顾客的好口碑，从而实现公司对国际市场的开发扩张与企业品牌知名度的提升，这也是速卖通的独特优势。

但同时速卖通跨境电子商务平台运营也存在一定的问题：

1) 产品同质化严重，随着跨境电商的飞速发展，化妆品、母婴用品和电子产品等成为热销商品。但是，以这些商品为典型代表，其在火爆销售的同时，也存在着严重的同质化问题。同质化加剧了竞争，许多商品不得不陷入价格战的“泥潭”。外贸行业本身就存在着一定的风险，再加上价格战带来的巨大压力，使得许多商家疲惫不堪。

2）信用评价机制存在缺陷，速卖通虽然在短短的时间里快速在市场中站稳了脚跟，但其运营的模式依然存在较大问题。具体表现有以下几种：第一，如果买家对产品不满意，可以全额退款，那么卖家就必须自己掏腰包去付运费。第二，如果买家在收到了自己所购得的产品，但没有确认收货的话，卖家极有可能收不到货款。第三，买家可以在退货不成功时选择拒绝付款，只要在合理的情况下是可以成功的。所以，卖家不仅失去产品也收不到货款。这三种是比较常见的情况，虽然速卖通大力保护买家的利益，但是卖家却越发没有继续经营的积极性，所以速卖通亟须有计划地改善卖家的利益。

3）售后问题有待完善。速卖通是一个世界性的销售平台，世界各地的卖家与买家之间都会进行交流和沟通。由于各国之间的语言差异和文化差异，造成了买卖之间有可能发生偏差。本来是双方都非常满意的一次交易，但由于语言的不畅通就会发生纠纷。一旦卖家或者买家表达错误，在购物之后造成买家因不满意而退货时，退货速度一慢，买家对平台的评价就会降低，也间接地影响到了平台的利润，这也是售后问题的体现之一。

综上所述，通过对速卖通的优劣势分析可知，速卖通凭借目前自身的优势，不断扩大物流服务的范围，最终可在国际物流服务行业中占据一席之地。

资料来源：裴子英，于鹏飞．我国跨境电子商务发展问题论析——以“阿里速卖通”为例［J］．吉林化工学院学报，2016年（12）：1-4.

本章小结

跨境电子商务的发展给我国经济注入了新的活力。本章首先分析了跨境电商与国际物流之间的关系，然后介绍了目前比较主流的跨境电商的商业模式和平台，接下来针对我国跨境电商和国际物流多元发展的趋势，重点分析了跨境电商与国际物流在运作过程中的关键环节，如海外仓、跨境选品和跨境支付等，最后介绍了与跨境电商和国际物流相关的法律法规、问题与发展趋势。

习　题

一、单项选择

1. “电子商务”是指通过（　　）进行销售商品，提供服务等的经营活动。

A. 互联网　　B. 区域网　　C. 区域网　　D. 虚拟网

2. 以下（　　）不是跨境电商的特性。

A. 全球性　　B. 无纸化　　C. 风险性　　D. 即时性

3. 当前跨境电商模式规模增长最快的是（　　）。

A. B2B　　B. B2C　　C. C2C　　D. B2B 和 C2C

4. UPS 是（　　）快递的缩写。

A. 中外运—敦豪　　B. 天地速递　　C. 联合包裹　　D. 联邦快递

5. （　　）属于 B2B 跨境电商平台。

A. 亚马逊　　B. 阿里巴巴速卖通　　C. ebay　　D. 阿里巴巴国际站

6. 跨境电子商务可以将信息流、资金流和物流集合在一个平台上完成。相对于传统贸易而言，交易双方的交易频率大幅提高，将这种现象称之为（　　）。

A. 多变化　　B. 高频度　　C. 透明化　　D. 高效化

7. (　　) 是跨境电商的发展趋势。

A. 产品品类和销售市场越来越多元化　　B. 产业生态更为完善，各环节协同发展

C. B2C 占比提升，B2B 和 BC 协同发展　　D. 以上都对

8. B2B 跨境电商模式的盈利方式是 (　　)。

A. 买卖差价　　B. 交易佣金

C. 向卖家收取会员费　　D. 信息收益

9. (　　) 属于中国首批跨境电子商务通关服务试点城市。

A. 北京　　B. 武汉　　C. 宁波　　D. 广州

10. (　　) 跨境电商支付方式适用于小额支付且支付成本低，但容易造成资金沉淀且更维护买方。

A. 第三方支付　　B. 国际信用卡　　C. Money Gram　　D. T/T

二、多项选择

1. 国际物流的运作模式包括 (　　)。

A. 国际快递直邮模式　　B. 保税区国际物流运作模式

C. 海外仓储模式　　D. 第四方物流运作模式

2. (　　) 属于 B2B 跨境电商的模式的特点。

A. 交易对象相对固定　　B. 交易过程复杂但规范

C. 偶然性消费居多　　D. 相较于 B2C 和 C2C 模式灵活性更强

3. 海外仓适用于 (　　) 产品。

A. 价格贵　　B. 运送周期短　　C. 库存周转快　　D. 多批次小批量

4. 从事跨境电商应当遵守 (　　) 法律法规的规定。

A. 电子商务法　　B. 合同法

C. 消费者权益保护法　　D. 进出口监督管理的法律

5. 跨境电商的发展存在的问题包括 (　　)。

A. 法律法规体系不健全，信用安全问题频发

B. 服务同质化现象严重，商业模式亟须创新

C. 通关监管难度大，退税制度难落实

D. 产业链不完善，平台管控能力不足

三、简答题

1. 简述跨境电商与国际物流之间的关系。

2. 简述跨境电商三种商业模式的优缺点及发展趋势。

3. 简述海外仓的运作流程。

4. 简述跨境电商与国际物流发展的优劣势。

四、实训题：知名跨境电商平台调查

1. 实训目的：通过实训了解目前国内外的主要跨境电商平台名称及基本情况。

2. 实训内容：通过网络资料，搜集、分析、了解国内外目前主要跨境电商平台的类型，了解各类跨境电商商业模式。

3. 实训要求：参与实训的学生以分组的形式，在教师的指导下，分工协作完成资料搜集，并将资料进行分类整理，形成最终的实训报告。

第9章　云　物　流

【学习目标】

1. 了解和掌握云物流的概念。
2. 掌握云物流的关键技术。
3. 理解和掌握云物流平台的工作环境和原理。
4. 掌握云物流模式下资源配置的原理。

【引例】

京东云将改变中国公有云的未来格局

《The Forrester Wave：2018 年第三季度中国全栈公有云开发平台厂商评测》研究报告显示，京东云作为进步最快的云厂商之一，获评“卓越表现者”（Strong Performers），进入到中国云计算的一流行列。京东云用 18 个月的时间，从原来的“挑战者”变成了“卓越表现者”。京东的这种跳跃式发展，未来还将给中国公有云市场带来什么新的新冲击波？

1. 京东云 18 个月的跳级

Forrester 在 2016 年中国全栈公有云开发平台厂商评测里，给当时刚对外提供公有云服务的京东云评语是“挑战者”。过了 18 个月，在 2018 年第三季度的评测里，这个挑战者变成了“卓越表现者”。京东云在过去的一年半里发生了什么事情？

其一是完成了京东云的 4 次大规模技术版本的迭代升级。京东云这 4 个技术版本的相继完成，保障产品线日臻完备，接近并达到国内行业领先水平。截至 2018 年 6 月底，京东云共有 10 多大类、108 款云计算产品和服务实现技术创新。京东云以平均每月超过 10 款新产品研发的快速发展，实现了计算及存储稳定可靠、企业级服务功能加强、更多的产品丰富度满足企业个性化需求、企业云服务安全加固等。应该说，18 个月里京东云完成了公有云所要求的“安全、隐私、透明、合规、体验”等维度的全面升级迭代。

其二，生态矩阵已成。2017 年年底，京东云发布“云矩阵”战略，从那时起，京东云的生态战略全面提速。从牵手金蝶到携手百分点，从投资 PaaS 厂商 Bo Cloud 博云到与开源分布式 New SQL 云数据库厂商 Ping CAP 合作，京东云在技术、行业、区域等维度的生态合作呈现出燎原发展态势，再透过其电商与物流资源进一步加速蔓延。到目前为止，京东云的企业级合作伙伴已经超过 2500 家。

其三，“云+大数据”赋能能力进一步整合，加速释放。从大数据的维度看，京东是一个超级电商，这些年的发展积累了大量含金量高的电商数据、物流数据、金融数据，并且京东与西安、宿迁、滨州、湘潭、肇庆等数十个城市、县域建立了紧密的公共事务合作伙伴关系，正在共同打造大数据智能化产业基地。而从云的维度看，目前京东云可提供 IaaS、PaaS、SaaS 的全栈式服务，包括公有云、私有云、专有云、混合云等全场景服务。京东云以“大数据+云”组合服务模式，已经在制造业、能源、电商、物流、金融、互联网、医疗、教育、传媒等行业加速推进。截至目前，京东云拥有超过33万注册用户。

2. 京东云下半程的加速跑

京东云有一个重要的具有标志意义的时间点：2019年京东云正式出海。这意味着京东云下半程加速跑的发令枪已经打响。如果说，前18个月京东云更多集中在夯实技术、能力和布局生态上，那么接下来的下半场，京东将准备以更为猛烈的方式发力，向第一阵营发起冲击。

3. 京东云如何引发市场变局

目前，中国公有云服务还处于大家都提供“四合院”服务的阶段，但是未来的云服务应该是“五星级酒店”。从“四合院”到“五星级酒店”的升级，竞争的维度将发生改变。有一个关于造船的故事：全球公认造船业有三个不同层级，分别是航母、豪华游轮和LNG船。按照常理，目前已在全球第一阵营的日本造船企业，完成从LNG船向豪华游轮的升级是顺理成章的事情。但当某日船企按客户订单制造出第一艘豪华游轮之后，便放弃了。这是因为，为了造这一艘豪华游轮，这家造船企业亏损了十几亿美元。而欧洲船企不仅能够造出客户非常满意的豪华游轮，还能让自己实现高额利润，这就是竞争力。有人评价说，造豪华游轮与造货船是两个概念，造豪华游轮更像星级酒店，从设计到装修更注重艺术性与舒适性，更需要文化，与原来造货船的竞争维度大不一样。

眼下的中国公有云市场同样处于“从货船向豪华游轮”、从“四合院向五星级酒店”的升级过程中。这个升级将产生新的弯道，在这些新的弯道上，京东云有可能实现超车。

其一，从云服务本身来看，目前的云服务还主要是在“四合院”以及“二星级、三星级酒店”的层级上，后来者京东云有机会避免掉其他云服务厂商走过的弯路，利用别人的最佳实践，高起点创新直接提供“五星级酒店”的云服务。

其二，计算模式有可能产生新的变化。目前云计算服务面对的主要是互联网和移动互联网需求，在2020年，5G将横空出世。物联网带来的海量的“物”和“设备”等需求变量，需要全新的计算模式的支撑，以更好地满足数据中心与边缘计算的互动。目前，京东正在从科技零售企业向零售科技企业转型，推动无人机、无人仓、无人零售，物联网、大数据、人工智能与零售科技的融合，将让京东云能更快一步探索出满足物联网时代需求的新的计算模式和新的计算服务。

其三，更强的场景理解力和适应性。未来的服务强调场景化，无界零售强调技术要“知人、知货、知场”，而能够实现对“人”“货”“场”更精确理解的技术，它有非常大的衍生性，不仅仅是适用于零售场景，同样在医疗场景、教育场景、制造场景、政务场景等方面都有巨大的应用市场。

在一个充满变量的时代，京东云下半程的奔跑，不仅有可能冲入中国公有云的第一阵营，还有可能进入无人区，变成领跑者。

资料来源：李佳师．京东云：将改变中国公有云第一阵营未来格局？[N]．中国电子报，2018-7-23-004.

9.1 云物流

9.1.1 云物流基础

1. 云物流的概念和内涵

简单地说，云物流就是指基于云计算的物流服务集成。事实上，“云计算”和“云物流”

是相互依存、相辅相成的。它们的产生、发展和结合实现了各种计算资源和物流资源的虚拟化集成、一体化协同调度以及计算服务与物流服务之间的动态匹配和无缝衔接。云模式的发展促进了云物流模式的兴起，云物流模式的发展又为云计算的过程提供了有力的保障。通过高性能计算等技术搭建云物流平台可以充分利用云中海量的信息资源、计算资源和物流资源，实现物流产业链上资源的优化重组和自动聚合，让全球范围内接入云物流平台的企业实现不限时间和区域的制造、交易、查询、运输、存储和配送，充分提高制造企业、商业企业和物流企业之间服务的透明度和资源的利用率，大幅降低物流成本，加快物流反应速度，提高顾客的满意度。

2010 年，马云入股民营物流企业星辰急便昭示了物流已经正式进入“云”时代。阿里巴巴将星辰急便打造为快递行业的“云物流”平台，其目标是“平台开放，资源共享，服务集成，终端无限”。阿里巴巴将淘宝产生的海量快递业务输入到星辰急便的“云物流”平台上，通过这个平台，客户可以非常方便地找到物流企业，物流企业也可以非常方便地找到物流订单。德国著名的物流企业卓越集群也认为云物流是一个重要的商业机会，它们宣布开展一个在供应链领域上的云物流战略项目——“物流商场”。该商场实质是一个基于网络的物流服务平台，它自定义平台框架、设计和执行统一的物流过程，提供标准化的物流服务。它的上游可以按照平台自定义的框架进行接入；它的下游可以直接在平台上购买它们的物流服务而无须考虑后台物流服务真正的提供者是谁。这个“物流商场”的展示模型已经于 2010 年在汉诺威的第八届国际贸易博览会上演示，引起了业界极大的兴趣。无论是星辰急便的“云物流平台”，还是卓越集群的“物流商场”，它们的物流模式仅仅只是“云物流”的雏形，但它们给物流行业至少带来了三个发展方向：一是社会化物流资源的集成，物流平台本身不参与物流业务，只是将社会上成千上万的物流资源集成起来，并充分利用它们；二是节约化，每个物流企业都建立自己的云物流平台非常浪费，而且会失去云平台的意义，集中建设云物流平台能很好地享受信息和资源集成带来的规模效应；三是标准化，这是物流行业需要解决的最紧迫的问题，目前的情况是各家物流企业都有自己的标准，彼此不能通用和兼容，云物流平台具有统一的标准，其业务流程、服务、价格、售后等都能实现标准化和透明化，众所周知，一个行业一旦能实现标准化和透明化便会迅速地发展壮大。

综上，云计算推进了云物流的形成。“云物流”是一种基于网络，能够打破各企业独立经营的壁垒，实现对资源的虚拟化集成和一体化调度，并向多用户提供质优价廉、标准、透明服务的全新模式。云物流是由云提供端（服务提供者）、云请求端（服务需求方）和云服务平台共同组成。云提供端在云服务平台之下，通过虚拟化技术将自己的各项资源向上提供给云服务平台。云请求端在云服务平台之上，将自己的需求向下交给云服务平台。云服务平台在各种云端化技术的支持下首先对各种资源进行虚拟化集成，然后对这些资源进行标准化封装，形成 Web 服务，实现“分散资源的集中管理”，进而允许需求与服务在云平台上实现动态、自适应和透明的寻租，实现“集中资源的分散服务”。由于云服务平台中资源配置的全过程对云提供端和云请求端透明，这在很大程度上降低了服务提供商和服务需求方对具体资源管理的复杂性，为双方提供了广阔、个性化以及普适化的资源使用环境。由此可见，云物流打破了真实世界中软管理和硬资源之间的紧密耦合关系，去除了各种资源与所有者之间的隶属关系，标准化了资源服务的内容和价格，改变了传统运作管理模式中供需双方单一的服务映射关系，统一了各环节和各层次节点的资源运作，可以大幅度提高资源的利用率、降低系统的成本、提高客户的满意度，是一个能够从宏观层面上彻底实现对社会全局资源进行优化配置的综合性解决方案。

2. 云物流的特点

云物流以物流资源及能力的按需使用为目标，通过搭建支持海量物流资源集中管理且具有弹性架构的物流云平台，实现不同形式的物流协作。其核心是根据客户需求，通过云物流管理平台，动态选择符合条件的物流资源与能力，通过快速整合与共享这些优势资源与能力，协同组建起综合的物流服务体系，为客户提供全方位的个性化服务。云物流模式是对物流服务供应链和物流网络的发展。

云物流模式相比于其他的物流服务模式，表现出以下特点。

（1）所构建的云物流平台更开放

在传统的物流服务模式中，对于企业进入系统具有较多的约束条件，如企业规模、地理位置等，从而使其开放性不高。而在云物流模式下，平台是高度开放的，企业能够通过提供物流资源或物流能力自由出入，降低企业的准入门滥，从而使得平台中的企业资源更为丰富，为满足不同需求类型的物流服务提供支持。

（2）资源种类及数量更丰富

由于云物流平台具有更高的开放性，并且采用了新的资源感知接入技术，如物联网、信息物理系统（Cyber-Physical System）与虚拟化技术等，使得平台中的资源种类与资源数量更加丰富，为实现快速应对需求、动态构建不同种类的物流服务提供了支撑。

（3）提供的服务种类更全面

在云物流平台上，所有能够被服务化封装和虚拟化接入的内容都可作为云服务（包括物流资源、物流能力、物流知识等）。因而云物流在服务种类、服务模式、应用范围等方面都对云计算中的软件即服务（Software as a Service，SaaS）进行了拓展。仅以服务种类为例，云物流除了基本 SaaS 服务以外，涉及物流核心业务的各类应用也是以服务的形式提供，如仓储即服务（Warehouse as a Service，WaaS）、运输即服务（Mobility as a Service，MaaS）等，因此它能够将传统的物流服务以云计算中动态租赁的形式体现，既全面了传统的物流服务的内容，又丰富了云服务模式的内涵。

（4）透明度和集成度更高

在云物流平台上，物流资源信息（如运力资源信息、仓储资源信息、人力资源信息、配送资源信息等）、设备资源信息（如互联网、移动通信、计算机、移动终端等）、其他机构的资源（如交通气象部门、金融保险、政府部门等）对用户都是开放共享的，用户使用物流云服务开展各种物流活动时，这些服务的调用过程对用户透明，即所有物流实现过程中的操作细节向用户“隐藏”起来，关键性的生成方案、支付费用、交付任务等重要节点向用户“显现”出来，让用户将云物流系统看成一个完全无缝的集成系统。

（5）支持多对多的服务

云物流对于资源的有效整合与动态分配主要体现在其服务模式上，即构造一种“多对多”的服务——不仅强调分布式资源服务的汇聚、发现、优化等，即多个分布式资源为一个用户或任务服务，还体现了“集中资源分散服务”的思想，即将分布式资源服务汇聚起来进行集中管理，并同时为多个用户提供服务。

（6）支持按需使用与按需付费

云物流是一种按需驱动和付费的面向服务的物流新模式。云物流模式下，用户通过需求驱动、用户主导和按需付费的方式使用云物流平台提供的服务。用户仅需根据自身需要调用已有的云服务组合并支付相应的费用，无须关注物流资源服务提供者的信息。用户与物流资源提供者之间按需组合、即用即付、用完即散。

综上，云物流是在物流服务供应链与物流网络的发展基础上更进一步延伸出的新物流服务模式。与传统的物流供应商和物流网络相比，它具有更高的集成度，服务于更广泛的对象，并且具有更强的动态性。云物流与几种主流的物流模式的特征属性对比结果，如表 9–1 所示。

表 9–1　物流模式间的比较分析

物流模式	柔　性	集成度	服务模式	业务模式	服务范围
第三方物流	弱	无	一对一	提供功能性服务	窄
物流联盟	较弱	低	多对一	动态组建、盟主管理	较窄
物流供应商	较强	中	多对多	物流服务集成商管理	较窄
物流网络	较强	高	多对一	动态组建、盟主管理	较广
云物流	很强	很高	多对多	动态调用、平台式管理	很广

3. 云物流的功能

云物流提供的服务内容广泛，覆盖了物流活动的全过程。它能够在接受物流任务订单以后，将各方面的信息综合分析、有效整合，向用户提供专业化的物流服务。其主要的服务功能如下。

（1）物流资源云

从物流资源提供方来说，物流资源云就是各物流企业提供的物流资源在云物流平台上的集合。云物流平台会根据相应标准，例如，法人资料、物流资源类型、服务能力以及该物流提供商之前在云物流平台操作中形成的信誉等级、客户评价内容等信息，对该物流资源提供者发布的物流资源和信息进行描述，最终整合形成云物流资源池。云物流平台之后会根据资源池中的信息情况分析、调配相应物流资源。

从物流资源需求方来说，物流资源云就是各种社会经济活动对物流资源需求的集合。现代社会，生产制造企业、各类经销商，还有政府以及公益组织等都对物流资源有所需求。这些物流资源需求信息会根据实际需求者提供的信息形成关于时间、地点、内容以及其他特殊需求的描述，然后通过物流云平台发布，物流云平台最后将按照这些资源需求的描述，对云物流资源池中的物流资源进行统一分配。

（2）运输云

某运输车辆在执行运输任务时，若其上还有空余的运力，它就可以将车辆的行驶路线、途经地区、载货类型、剩余容量等信息发布到云平台上；云平台根据这些信息，寻找适配的物流任务，并为该车辆分配合适的任务。这一服务可以大幅减少车辆的空载运输，整合零担运输。当云物流平台信息量足够大时，服务范围会覆盖大部分地区。运输资源和运输需求的配置将更为合理和经济。

（3）配送云

配送与运输相比来说更注重服务。当配送订单下达以后，云平台会智能搜索离目的地最近的仓库、库存、配货点、在途车辆以及在途库存，对最合适的资源优先调配，减少对流运输和重复作业。在配送途中，云物流平台会随时向在途车辆提供路况拥堵、交通管制等信息，以帮助配送人员合理安排行车路线，保证配送的时效。

（4）采购云

有生产需求和采购需求的制造企业、批发商、经销商户或个体经营，可以将需要采购的物品清单上传到云物流平台，云物流平台会在保证物品质量条件下，优先指派给成本最低、信誉较好的商家，或由采购方发起云平台采购招标，进行竞价选购，银行、金融服务业和保险业为采购云提供资金支持和担保。

（5）多式联运云

多式联运是一种新型的运输方式，它需要公路、铁路、海运、航空部门的密切配合。在云物流平台上，信息是实时更新和交互的，不同云的信息可以共享，使得某一种运输方式的终止和下一种运输方式的衔接以及衔接的时间可以密切配合，即多种云的相互协作，可以完成云物流中的多式联运云的功能。例如，云物流可以通过海运信息系统、铁路信息系统、报关和报检系统等多个私有云团的信息共享和协作支持，实现网上“一体式通关”，加快进出口转运的周转速度。

（6）仓储云

云物流平台具有整合仓储资源信息的功能。云物流平台接受仓储任务时，首先根据实时更新的仓库剩余容量和服务能力信息，搜索附近价格较低、仓储条件较优的仓库资源就近安置货物；然后根据相关运力的时间和位置信息，安排货物运输，实现到货即入库，缩短司机和货车的等待时间。通过仓储服务信息系统云的实时更新，仓储云具有很高的灵活性，可以实现货物的整存整取和整存零取等功能。同时由于云物流平台能够实现信息共享，它会把在途运输货物作为库存量的一部分，如有调配需求，会优先配送在途库存。

（7）物流服务与设计规划云

物流服务与设计规划云是指在物流项目规划服务或物流企业规划物流任务时，云物流平台根据企业规划设计的方案，利用云物流平台综合各方面的信息（如政策法规、交通状况、工程和服务报价等），核算出此规划方案的可行性和执行成本，给出 SWOT 分析，提出适当的建议，规划和设计出最合适、可行的物流项目方案。

（8）行业托管云

我国物流信息化整体较低，只有少量的大型企业拥有自己的信息系统。由于资金缺乏、人才不足等问题使大量的中小型企业无法自建和维护自己的信息系统，严重制约着中小企业的发展壮大。因此，云物流平台除了为大型物流企业提供一体化服务，还为中小企业提供信息化服务。云物流平台可以为中小型物流企业提供软硬件设施租赁服务，是解决中小企业信息化问题的有效途径。中小型物流企业能通过云物流信息平台方便地应用自己所需的物流系统，实现运输、仓储、调度、财务等信息化。

（9）供应链协作云

供应链协作主要是指参与主体之间的信息资源整合和管理协作。云物流平台中很多参与企业是竞争合作关系，既有竞争又存在合作。良性的竞争可以相互促进，良好的合作可以使企业共同发展。通过协作可以使企业得到“一站式”的审批服务，信息平台可以提供管理、技术和交易服务，整合资源进而实现物流业务的集成化服务。

除此之外，云物流还可以提供企业管理 ERP 系统共享、物流数据分析、一卡通、平台信息可视化和异构平台信息交互等功能。

9.1.2 云物流的体系框架

云物流体系框架由云提供端（云物流服务提供者）、云请求端（云物流服务使用者）和云物流服务平台（第三方云物流服务运营商）共同组成。云提供端通过云物流平台提供相应的物流资源和物流能力；云请求端通过云物流平台提出自己的物流服务要求；云物流服务平台根据云请求端提交的任务请求，在各项云端化技术、云服务管理技术、云安全技术和云物流模式的支持下对各项物流资源和物流能力进行自动寻找和匹配，并将其封装成标准化的物流服务，为用户提供透明的、动态的、智能化的按需服务。

云物流的体系架构由以下 6 个层次构成，具体如图 9-1 所示。

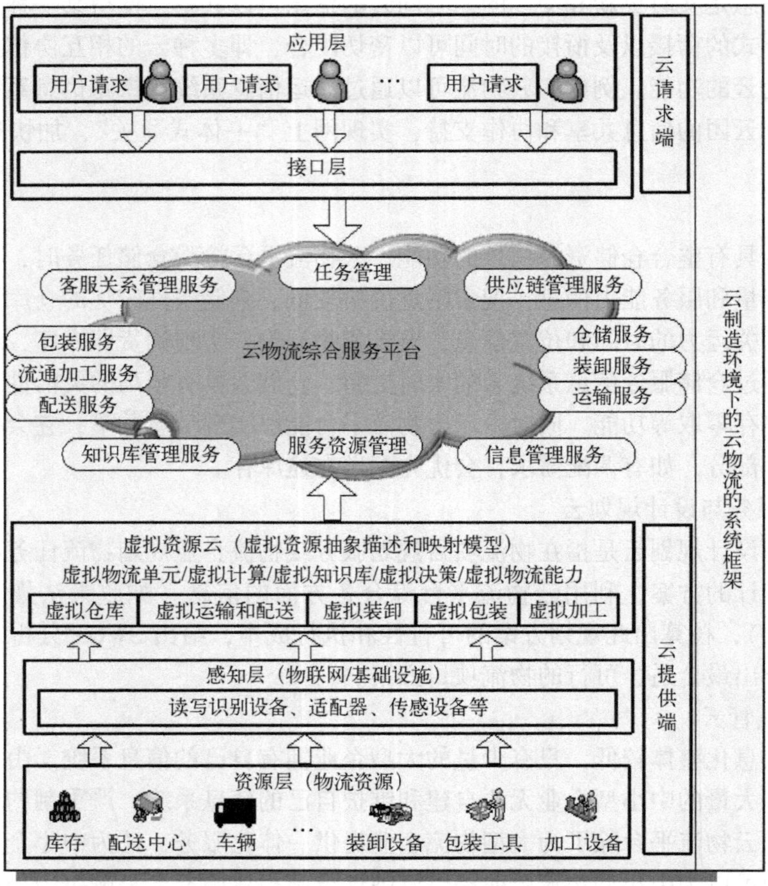

图 9-1　云物流体系框架图

1. 资源层

资源层主要包括两个方面；一是分布式物流资源，如基础设施、物流设备、配送中心等；二是面向物理资源的感知设备，通过感知众多物流设备，把各种事物以信息的形式通过网络表现出来，将 RFID、传感设备、GPS 等传感科技嵌入各种物体、设施和环境中，使物流设施数据化并赋予其生命，使其能够利用 RFID 等传感技术彼此智慧“交流”，无须人工干预就能为虚拟资源层提供物流基础。该层主要功能是提供各类实际的物流资源和能力，如仓库、叉车、运输车辆、包装设备、加工设备等。

2. 感知层

感知层的主要功能是通过嵌入式云终端技术、物联网技术将各类物流资源和能力接入到物流服务平台中，实现物流资源和能力的全面感知和互联，为云物流资源的服务封装化提供接口。

3. 云物流虚拟资源层（虚拟资源云）

云物流虚拟资源层的主要功能是将接入平台中的各种物流资源和能力汇聚成虚拟的物流资源和能力，形成逻辑上的虚拟资源云，通过解除物流硬资源和软管理上的紧密耦合关系，将物流资源和能力封装成物流服务，发布到云物流服务平台上，供云物流服务请求端搜索。

4. 云物流综合服务平台

云物流综合服务平台上对云物流服务请求方，下对云物流服务提供商，为云物流服务的综合管理提供操作平台以及各种核心服务和功能，包括向云物流服务提供端提供云物流服务标准化与接口管理、用户管理、服务管理、数据管理、系统管理和维护、信息发布管理等；向云物流服务请求端提供云物流任务管理、服务的智能匹配、搜索管理和调度管理等。也可以说，云物流综合服务平台包括服务层和数据层。

（1）服务层

云物流综合服务平台的服务层是基于数据层上的物流应用服务信息平台，该层主要集成物流信息系统，通过云整合、云发布、云解决方案、云检索、云调度、云匹配、云监控、云优化方式等为用户随时随地提供定制服务，主要服务对象是政府、物流企业和其他用户企业，为这些用户提供基础服务、增值服务、应用服务等。

云物流平台的信息系统可以同政府的电子政务信息系统、物流作业管理系统、企业管理系统、行政管理系统等进行信息交流。

（2）数据层

云物流综合服务平台的数据层是对平台内发生的各类物流信息资源进行数据采集、整理、存储、维护和加工，以数据库的形式存在，主要包括以下三个数据库。

1）物流基础信息数据库：该数据库主要由综合交通运输信息、区域或城市配送路线信息、区域或城市物流设施基础信息、工商企业基本信息、物流企业基本信息、政策法规信息等组成。

2）物流供需信息数据库：该数据层包括车辆供需信息、原材料供需信息、仓库供需信息、商品供需信息和其他物流供需信息。

3）物流公共管理信息数据库：该数据库涉及物流管理的数据信息，包括快递管理、仓储管理、货代管理、运输管理、配送管理、客户关系管理和统计分析等信息。

5. 接口层

接口层的主要功能是向物流服务请求方提供专业的应用接口以及用户注册、验证等管理。主要目的在于让所有用户能够安全、流畅地访问云物流服务平台。接口层以软件即服务模式集成支持物流服务各系统提供的访问信息资源的接口。

1）EDI 接口：主要完成电子数据交换系统的互联互通以及格式转换。主要服务是提供 EDI 报文所需数据信息和读取 EDI 报文物流数据信息。

2）电子政务接口：该接口提供政府电子政务标准的数据交换和转换服务的接口。

3）常见的物流系统接口：该接口主要对物流作业信息系统和企业管理信息系统等提供服务接口使其转换为 Web 服务，从而使不同的物流系统集成。

4）电子商务接口：主要按国家制定的电子商务标准提供数据交换和转换服务的接口。

5）标准化信息管理：能够完成平台与系统间的信息交换。标准化信息管理包括标准的分类信息、标准物流规范定义、元数据信息、标准信息的查询及下载、标准版本的通知和订阅。

6. 应用层

应用层面向所有的物流领域内的企业。不同的企业用户只需要通过云物流服务平台以及各种用户接入终端（手持移动终端、个人计算机、专用终端等），就可以访问和使用云物流服务平台上的各种云物流服务。而云物流服务提供方可整合各种物流资源，协同地完成云物流任务，为客户提供优质的个性化物流服务。

9.1.3 云物流的关键技术

云物流是一个复杂的虚拟化应用系统，需要设计新的物流流程（如基于云的配送流程）、开发新的物流服务（如基于云的订单获取）、建设新的虚拟化系统和平台（如基于云的仓库管理系统）。其中涉及的关键技术大致可以分为：物流资源虚拟化技术、物流资源的智能感知与接入技术、云物流下物流资源和能力的集成管理和一体化调度技术、普适性人机交互技术等。

1. 信息标准化技术

云物流为了解决单个企业或系统的信息孤岛问题，在供应链上下游单位之间建立了及时透明的信息传递和共享机制，使不同环节、产品及单位信息互联互通，降低了整个供应链的响应时间。这种共享机制的基础是信息标准化，即制定不同物流系统之间信息交换的标准协议或规则，让其成为跨系统的物流运作桥梁，以实现不同单位、地区、物流系统间信息的交流和传递。物流信息标准主要由基础标准、技术标准和管理标准等组成，只有通过对数量繁多、种类繁杂的物流信息制定标准，才能从底层夯实云物流的基础。

2. 大数据管理技术

物流过程会产生海量的数据。这些数据就其本身而言，是没有价值的。但若通过大数据管理技术，对其进行读取、存储和挖掘，就可以发现其背后隐含的规律，产生出有价值的信息，即大数据管理技术作为云物流的支撑技术，可以为其提供有价值的决策参考。该过程具体表现为：根据大数据的分析结果，云物流将一个任务按照最优的配置方式，分解成多个任务，然后汇总多个任务的处理结果，从而得出最后结果。

3. 数据库存储技术

云物流数据存储的特点是：分布式和冗余性。为了对海量的数据进行存储，需要采用分布式存储的方式存储数据。为了保证数据安全，需要利用冗余存储的方式，为同一份数据存储多个副本。此外，数据存取还需要满足客户的访问需求，提供高性能的数据存储策略。

4. 数据挖掘技术

数据挖掘是从大量的、不完全的、有噪声的、模糊的、随机的数据中，提取隐含在其中的人们事先不知道但又有用的信息或知识的过程。云物流中的数据挖掘是指通过对庞大的物流数据进行抽取、分析和模型化处理，从中找出可以指导物流行为、配置物流资源和优化物流决策的信息。数据挖掘过程分三个阶段：数据准备、数据挖掘和结果表达及解释。

5. 物流资源虚拟化技术

物流资源虚拟化技术是云物流不可或缺的核心支撑技术之一。它打破了真实世界中软管理和硬资源之间的紧密耦合关系，去除了各种物流资源和能力管理的复杂性，实现了对各种物流资源和能力的灵活组织，构建了透明化、可伸缩的物流资源环境，提高了物流资源和能力的使用效率，发挥了物流资源和能力的聚合能力，并为用户提供了个性化和普适化的物流资源使用环境。

6. 物流资源的智能感知与接入技术

借助物联网等相关技术能够将各种物流资源和能力纳入到云物流的管理范围内。对于物流资源类的硬件资源，通过 RFID、无线传感器和智能嵌入式等技术可以实现对它们的智能感知和识别，并实现信息的控制管理与反馈；对于物流能力类的软资源，可以抽象为资源描述模板，实现标准化的平台接入。

7. 云物流服务的普适性人机交互技术

在云物流系统中，借助虚拟化技术，具体的物流资源和物流服务之间的关系是松散的，平台的用户界面和使用环境之间的关系也是松散的，即用户界面与终端接入设备、交互方式和运行环境之间没有依赖关系。这种松散的关系为云物流服务向所有的物流用户提供高效率的、普适性的人机交互环境带来了可能。在物流实际操作的过程中，包装、仓储、拣选、运输、配送、装卸各应用环节对用户界面的需求不同，使用的接入设备也不相同，用户需要普适化的人机交互技术为其提供满足个性化需求的用户界面。

8. 安全技术

安全技术的目标是避免或减少计算机系统及数据被攻击的可能性，保证被攻击后迅速恢复以及提供可靠的策略使计算机系统能够预防和检测到攻击，提高系统的可管理性等。云物流平台的安全技术分为两个基本方面，一方面是计算机系统及相关数据的安全，即安全的环境，其目标是对交易活动提供安全保护措施，使交易过程能在安全、可靠的平台上运行。另一方面是安全的访问，其目标是实现系统的保密性，使交易不可伪造、不可抵赖。

9.1.4 云物流的运作模式

1. 云物流的运作模式

传统的物流运作模式主要有两种：资源整合式和战略联盟式。这两种运行模式的特点均是少数几家企业合作共享物流资源，其主要缺点包括物流资源数量有限、物流信息数量有限、物流服务功能有限以及物流服务对象有限等。

云物流的运作主要由云物流平台、资源服务和客户需求三部分组成。云物流平台的主要任务是高效管理和指挥整个物流系统，根据客户需求指挥资源服务为其提供快速、高效的服务；资源服务的主要任务是感知、虚拟化接入整个运行系统的整合资源中心，并服务于云物流平台的网络指挥中心；客户需求负责两方面的任务，一个任务是集结各种客户订单需求，把信息及时提供给云物流平台，另一个任务是收集完成客户订单后的客户满意度信息，并把该信息及时反馈给云物流指挥中心，云物流平台根据反馈信息重新整合各种信息资源，并合理分配配送订单。在云物流系统整个运行过程中，云物流平台、资源服务、客户需求三部分高度密切合作，快速完成物流订单，高效地循环使用资源，提高资源利用率，使整个系统高效地循环运作。

和传统的物流运作模式相比，云物流的运作模式主要包括以下 4 个内容。

（1）资源整合

云物流运作模式的资源整合方式首先以大型物流企业作为物流资源提供的主体，中小型物流企业采用加盟的模式从而将零散的物流资源集中在云物流平台上，再通过直营的方式在云物流平台上为用户发布信息和提供资源。云物流运作模式中云物流平台只是对物流信息进行管理，对物流资源的使用权进行统一调配，而平台上集合的物流资源的信息和所有权仍然属于原物流企业所有。

（2）服务对象

云物流运作模式是通过云平台统一分配物流资源和任务，所以该模式下的服务对象的范畴得到了很大程度的扩展，主要体现在由固定的商家、路线、功能向多业务多雇主扩展和由基础物流服务向多功能智能化的物流服务扩展。

（3）信息支持

云物流平台因为不仅整合了物流资源提供者和物流资源需求者，而且同样整合了多个周边企业和政府管理部门的相关信息，例如，气象信息、交通信息、金融信息和检验通关等信息都会在平台上体现。

（4）信息传递

云物流运作模式利用公有云信息服务平台整合物流资源和需求信息，通过互联网以及各种智能终端进行信息传递，可以摆脱传统的电话、传真、邮件等信息传递方式，加强物流服务过程中各个环节的信息交流。

2. 云物流运作模式的特点

（1）非资产型运作

云物流平台仅负责将各类物流资源、信息资源和任务资源等聚集到一起，并通过自身的调度功能对这些资源进行统一处理。云物流平台并不拥有这些资源的所有权和使用权，因此云物流平台的运作模式具有非资产的特点。

（2）第三方主体作为管理者

云物流平台的管理是由不参与物流服务需求或者物力资源提供的第三方主体负责的，如行业协会。如果由政府监管部门管理可能会造成对市场的过分干预从而影响行业发展；假如通过物流企业自行管理则容易造成市场的恶性竞争甚至是非合规性的操作。

（3）多功能性

除去传统物流服务的七项功能，云物流平台在具有极大信息优势的前提下可以将参与物流活动的主体扩大范围进行集合，从而实现更优化的物流资源配置。除此之外，根据和周边企业或者部门的合作可以更多地实现综合代理和第四方物流企业的服务功能。例如，数据处理和挖掘、物流设计规划甚至报检通关等功能。

（4）服务理念先进

云物流服务理念作为全新的服务理念其创新在于根据用户需求，通过新的服务内容和方式，为客户创造新的价值。云物流平台通过物流云给予客户需求的服务内容和项目，使其不用再明确提供者的信息，并且用户切身体验到的是个性化服务。传统的物流服务，客户只能盲目的从有限的服务提供者中进行选择，并且业务流程相对固定。在云物流模式下，云物流平台通过对物流资源整合形成虚拟的物流资源池，将聚合的资源和服务以物流云的方式提供给客户。

（5）“多对多”的服务映射

云物流平台主要体现的是“分散资源的集中调度”，将一个任务分解成若干小任务，运用调度机制将小任务运行在不同的节点，再汇集结果，资源和服务的关系是“多对一”，并且其在资源共享和资源分配上是相对独立的，以定量的资源或既定的方案系统服务，业务流程固定。云物流体现的是将分散的资源进行集中管理和把集中的资源进行分散服务，集中物流企业资源，形成云物流服务平台，通过平台集中调度和管理资源，形成标准化的服务，进而满足不同地理位置的用户需求，资源和服务的映射关系可以是“多对一”，也可以“多对多”。云物流的共享资源及业务流程能够动态伸缩，没有事先固定或锁定，用户能根据动态需求，按需对制造资源进行增减。

(6) 按需使用和付费

云物流坚持按需使用和付费的服务原则。云物流服务中心为用户提供用户主导、需求主动、按需付费的服务。用户可以根据自身需要调用云组合并支付相应的费用，无须关注提供者的信息，用户与资源提供者间按需组合、即用即付、用完即解散。

9.2 云物流平台

9.2.1 云物流平台基础

1. 云物流平台的概念

云物流平台是面向多领域用户的智慧型物流网络服务平台，是物流服务供给者和需求者交互的媒介。其整合了与平台核心业务互补的物流服务资源，依靠大规模的云计算处理能力、标准的作业流程、灵活的业务覆盖、精确的环节控制、智能的决策支持和深入的信息共享，为需求者提供一体化物流服务。各物流服务需求方与供给方以及相关组织，通过云物流平台提供的技术支持进行信息、产品或服务的交互、交易和协同运作。云物流平台通过技术创新、服务模式创新和平台运行规则形成、管理和运营智能化云物流平台生态圈。

2. 云物流平台的功能需求

云物流平台是物流领域、生产领域、分销领域相关信息的积聚点，能够实现各领域信息的采集、储存、处理、发布和共享，促使平台上所有物流服务商通过自组织来实现协同运作、价值共创、利益共享和风险共担。一个有效的云物流平台通过高效统一的信息共享，首先将生成优质的供应链综合解决方案，然后逐步演化成近似于自然生态系统的智能化云物流平台生态圈，使得社会资源得到进一步优化与配置，并最终实现云物流平台的服务功能与服务效益最大化。

云物流平台上，不同的参与者有不同的功能需求。

(1) 作为平台媒介的云物流平台的功能需求

1) 平台门户。

平台门户作为云物流平台对外的窗口，应该呈现出门户网站的风格，为访问云物流平台的客户提供各类信息的浏览和查询功能，包括云物流平台服务信息、物流资源信息、物流企业信息以及各类最新的物流资讯等。

① 云物流平台服务信息的展示：包含入驻云物流平台的物流企业介绍、平台推荐的线路信息、平台推出的各类活动、平台提供的 SaaS 服务、当前车源/仓储/货源的最新动态、平台推广的友情链接等。

② 物流资源信息的浏览和查询：包含线路、网点、运力资源和仓储资源。

③ 物流企业信息的展示和查询：包含企业的新闻公告、产品服务、企业的联系信息，另外还可以对企业的线路和网点信息进行详细查询。

2) 平台后台。

云物流平台的后台应该采用 ERP 管理系统，为平台管理者提供平台运营所需的各项管理功能，具体包括以下功能。

① 构件管理：维护开发构件的基本信息及工程中的构件开发包路径。

② 功能管理：每个构件均包含多个功能，而对于每个功能，要维护其基本信息及功能对应在工程中的 jsp 页面路径。

③ 菜单管理：封装构件的功能以完成与平台注册用户的交互、维护菜单的基本信息、关联的功能地址和显示顺序。

④ 应用管理：一项应用会覆盖某种服务的多项功能，是多个菜单的组合体，用于辅助注册用户进行菜单的完整性选择。

（2）物流服务提供商的功能需求

物流服务提供商通过云物流平台的门户注册，选择符合业务范围的功能菜单或应用。云物流平台为其建立虚拟的物流企业服务中心。在虚拟的服务中心内，该物流企业不仅可以维护自身的基本信息和管理物流资源，还可以对物流任务进行相关的处理。云物流平台为物流服务提供商提供如下业务功能。

1）注册/登录：物流服务提供商通过平台门户注册，而后登录到平台业务后台中。

2）物流服务提供商管理：在物流平台为物流服务提供商建立起虚拟的物流企业服务中心之后，物流服务提供商管理员可以在该中心设置相应的组织机构和用户组，发布企业自身的相关信息，并为用户设置不同的访问权限。

3）信息发布管理：维护发布到云物流平台门户上的物流信息，包括企业基本信息、新闻公告、产品及服务信息等。

4）物流资源管理：注册并维护自己的物流资源，如线路、网点、车辆、仓储等，这些资源一方面用于在云物流平台门户上进行展示、查询和选择，另一方面将作为细粒度的服务资源参与到物流服务的各项业务环节中。

5）运单管理：在为客户提供物流服务的过程中，要实时处理客户运单状态。

6）Web 服务管理：注册和管理物流服务提供商所需的 Web 互操作服务，使其在提供物流服务的过程中更好地与自身系统进行运单数据的交互。

7）服务质量管理：处理客户对物流服务的评价和投诉信息，通过评价和投诉数据分析和完善自身物流服务的质量等。

（3）物流资源需求方的功能需求

物流资源需求方通过云物流平台的门户注册，然后平台为其在门户端提供以下客户物流服务功能菜单。

1）注册/登录：客户通过云物流平台门户注册，然后登录到平台门户端客户功能界面。

2）账户维护：管理自己的注册账户信息、登录密码等相关信息。

3）通讯录管理：管理自己在物流业务上的常用联系人，方便相关操作。

4）发货管理：填写收发货地址、货物信息，提出对物流资源、增值服务等的个性化需求。

5）运单管理：管理各个状态的运单，并可对不同状态的运单进行不同的操作，如查看运单详情、跟踪运单信息、撤销运单、评价或投诉运单等。

6）评价/投诉管理：查看处于评价或投诉状态的运单，跟踪投诉的受理情况。

7）Web 服务管理：管理和查阅 Web 互操作服务。对于电商类型客户和企业类型客户，需要与电商平台和企业自身系统的对接及互操作，才能将运单导入平台。

（4）非功能性需求

除了需要对云物流平台中各角色的功能性需求进行分析说明外，在设计开发和使用云物流平台的过程中，还要满足以下五点非功能性需求。

1）可靠性。

云物流平台将整合大量的社会物流资源，同时在物流服务提供过程中将产生大量的平台内部、平台与外界系统间的业务交互，大量的数据交互将对服务器造成巨大的访问压力。因此，在云物流平台的设计开发和使用过程中，不仅要保证可靠的数据交互，也要保证平台的稳定性和响应速度。

2）安全性。

尽管云物流平台强调信息的共享性，但对于物流业务的处理过程属于物流企业的机密，一旦被窃取或流失将造成巨大的经济损失。因此针对不同类型、不同权限的用户，云物流平台应设置完备的、安全的访问机制。

3）适应性。

从云物流平台部署的角度来讲，由于不同的服务器环境拥有不同的硬件资源水平、操作系统或数据库等，这就要求云物流平台自身应具有良好的通用性和可移植性；从平台运营的角度来讲，由于用户需要通过浏览器来访问平台的物流服务内容，这就要求平台能够支持不同类型、不同版本的用户浏览器。

4）易操作性。

云物流平台门户应该根据网站风格进行界面设计，网页上的信息展示应直观、清晰，对云物流平台的某些特殊功能应给出具体的操作提示；平台业务后台应该按照 ERP 管理软件风格进行开发设计，各个功能菜单或窗口应当提供简易而友好的操作，对于后台中的特殊物流功能应给出具体的访问权限说明和操作提示。

5）可扩展性。

在云物流平台的开发和运营过程中，要保证平台的可扩展性，即若要添加、更新或删除某台服务器或某独立的物流服务或功能时，云物流平台已有的其他物流服务功能应不受影响。

9.2.2 云物流平台的体系架构

1. 云物流平台的参与者

云物流平台参与者主要涉及以下三大主体。

(1) 平台的管理者

云物流平台管理者的主要职责就是维护各参与者的利益，使物流活动顺利进行，同时对物流任务进行部署、规划，使物流资源提供方和物流服务需求方对物流任务安排满意。

1）物流资源提供方进入云物流平台后，需要进行注册与相关资料的完善。云物流平台需要对物流资源提供方的资质进行审核，判断其是否具备物流能力，将物流资源提供方提供的物流资源提交到服务数据库中，并对审核通过的物流公司的资源进行实时监控。

2）物流服务需求方通过注册进入云物流服务平台，并通过交互界面进行物流任务的填写和描述。

3）云物流平台管理者在对物流任务进行识别和判断后，需要及时、灵活、准确地提供能够完成物流任务的物流资源，并对物流任务进行实时监控。

4）云物流平台管理者需要结合国家的方针、政策制定相关的服务规则，规范物流行业。

(2) 物流资源提供方（物流服务提供商）

物流资源提供方不仅包括第三方物流企业、第四方物流企业，同时还包括大型物流企业中闲置的物流资源，中小型物流企业一般采用加盟的方式，将其零星的物流资源发布到云物流平台上。

物流资源提供方向云物流平台提供物流资源的信息，云物流平台整理物流提供方的法人资料、服务能力、拥有的物流资源类型和数量等信息等，并对其所提供的物流资源、物流能力进行虚拟化，设置能与物流任务相匹配的关键字，形成云物流资源池，等待相应需求任务。

云物流平台集合全社会的物流资源，拥有这些资源的经营权，但资源的所有权依然归原物流企业所有，即云物流平台管理的是信息和统一调配物流资源的使用权。

（3）物流服务需求方

物流服务需求方主要包括个人、电子商务企业以及有相关物流诉求的企业。物流服务需求方可以通过各类智能终端向云物流平台提交物流诉求，云物流平台将物流服务需求方的物流诉求转变为物流任务，并将其发布到云物流任务池；通过云物流平台对物流资源进行筛选与匹配后，得出最适合物流任务的物流服务资源组合。在物流资源组合完成物流任务的全过程中，物流服务需求方可以通过终端对物流的活动情况进行监控，同时对物流活动进行评价。

综上，云物流平台可以提供包括仓储、运输、包装、配送、信息服务等全生命周期的物流服务；物流资源提供方将物流资源、交通路况、金融保险等资源信息被标准化后储存在资源云池，构成物流资源云池；物流资源需求方将自己的物流诉求发布到云物流平台，形成物流任务云池；云物流平台对物流服务供需双方的数据信息进行透明交换、任务匹配和统一调度，表现为物流资源提供方在接受物流任务以后，将按照云物流平台制定的规则完成物流任务，提供专业化和标准化的物流服务。

2. 云物流平台的结构

现有的云服务有三种类型即 IaaS、PaaS、SaaS，这三种类型的服务形式同样适用于云物流提供的服务。云物流平台的服务功能都是通过云技术的体系结构支撑并管理的，通过对云物流平台的各个环节实施过程的管控以及配合层次清晰、功能分明和逻辑性强大的云物流平台体系架构来实现云物流平台信息的整体性和协调性。云物流平台的体系架构可以分为 4 个层次，分别为用户层、处理层、服务层和终端层。

（1）用户层

用户层即操作层，是对平台所有使用者开放的，所有用户都可以通过登录云物流平台然后在云物流平台上发布自己想要发布的信息，云物流平台会对这些物流资源和服务需求的信息进行整合。对于物流服务提供商而言，其将闲置的物流资源信息在云物流平台上发布，并实时更新运输能力、仓储能力等资源信息，同时各个物流资源提供主体还可以发布共享交通、气象等资源信息。物流资源需求主体则是将自己具体的需求信息在云物流平台进行发布，然后由云物流平台进行数据处理为其分配最合理的物流资源服务，同时提供实时跟踪等信息。对于平台管理者而言，首先利用平台收集的各类物流服务资源信息和需求信息进行统一的处理，然后进行合理分配；其次是借助相关金融机构实现第三方物流方服务费用的支付模式；最后对整个物流过程中的各环节进行评价描述，并对不合格的信息提供方进行整顿或者清除，保证云物流平台高速高效地运行。

（2）处理层

处理层在云物流平台上起承上启下的作用，主要对物流服务信息进行处理和为云物流平台提供管理和运作环境，帮助实现云物流平台的信息分解、编排、监督、控制等功能。主要功能包括负载管理、权限控制、交易管理、数据挖掘四个方面。负载管理是对云端各个服务器均衡运行的保证，对数据处理和计算任务进行合理分配，保证每个服务器时刻保持稳定运行，从而保证整个平台的稳定性。权限管理是对平台上用户的访问权限进行管理，对物流资源支持方和资源需求方的私有信息进行加密，仅允许有其权限的用户访问，保证企业的信息安全性；对因业务需要要求公开的信息进行访问权限开放，用户通过公有云在平台上查询访问，保证信息丰富。交易管理是对整个物流服务过程的监管，对合同签订、订单完成情况、费用支付情况以及后续反馈描述等问题进行统一管理，对不正当进行的业务内容进行整顿清理，保证云物流平台的正规化和合理运营。数据挖掘是对平台所有信息进行处理分析，对云物流平台上用户的访问内容、物流资源支持和需求双方的数据描述进行分析处理，得出具有参考意义的信息之间的关联性，从而对于潜在市场的开发和新客户挖掘起到重要作用；另一方面还可以通过数据处理对平台的运营界面和管理方式进行优化，保持平台的先进性。

（3）服务层

服务层是云物流平台为访问平台的用户提供服务功能的层，是用户访问服务器的窗口。云物流平台通过基础云物流服务、在线租用软件和信息查询等方式为用户提供有效的物流服务，云物流的服务功能是云物流在云物流平台上的表现形式。其中，基础云物流服务是指在现代信息技术的基础上，如 GPS 物联网等，通过对云物流平台的信息资源的整合，从物流的仓储、运输、包装、加工、装卸搬运、配送和信息处理七大基本功能出发，为用户提供最合理的资源分配方案，并对整个过程实时监控，同时对突发事件进行紧急处理，以保证用户能体验到完善的物流服务。在线租用软件是指云物流平台通过软件及服务为用户提供仓储云软件、运输云软件等的软件服务，用户通过租用的形式获取相应需求的软件服务，这样可以减少成本并能享受便捷的物流服务。信息查询是指用户通过平台窗口界面对相关的各项公开信息进行查询，例如相关费用标准、物流政策、口碑信誉等。

（4）终端层

终端层主要为云物流平台提供信息支持。相关的物流资源和物流信息都是通过一系列智能设备、智能终端以及互联网服务的基础设施向云物流平台发布的，这些设备设施、智能终端都存在于终端层。

9.2.3　云物流平台的构建规则

根据目前国内物流行业的信息化现状和需求，云物流平台可以分为物流公共信息平台、物流管理平台和物流园区管理平台。物流公共信息平台面对客户服务层，具有强大的信息获取能力；物流管理平台面对用户作业层，具有大幅提高物流及其相关企业工作效率和进一步扩大业务范围的功能；物流园区管理平台面对决策管理层，能够帮助物流枢纽中心、物流园区管理辖区内的入驻企业，同时提供规划和布局功能。虽然，此三类平台在功能和服务对象上各有偏重，但在构建过程大都遵循以下原则。

（1）先进性原则

系统的建立应采用先进的规划与设计理念，立足于高起点，全面统一规划，应用计算机软硬件技术和网络技术进行开发设计，而且要采用国际标准和有广泛发展前景的网络技术和产品，完善售后服务，尽量减少系统开发和维护成本。

（2）开放性原则

云物流平台是信息共享和交互的媒介，因此云物流平台的构建应该充分考虑平台与用户的接口衔接，即在满足云物流平台基本功能需求的前提下，充分考虑平台的兼容性，以实现不同用户能够快速和方便地接入平台。

（3）扩充性原则

信息技术的发展日新月异。因此，构建云物流平台时，应该在现有技术条件的基础上，充分考虑平台对已有系统的兼容及其后续的扩展和升级，一方面是实现与已有各物流系统（如运输系统、仓储系统等）的“无缝连接”，另一方面是留下可供升级的接口。系统的扩充性包括时间上的扩充性和空间上的扩充性。时间上的扩充性是指用户的需求随时间的变化而变化，原有的信息系统必须根据当前的需求进行改造或增加某些新的功能模块，以适应变化；空间上的扩充性是指系统要能够实现不同地区范围上的规模扩展，因为物流设施如仓库在空间上的变动很大，信息系统必须适应物流设施的地域变化。

（4）跨行业性原则

物流信息在政府各部门、专业市场、金融机构、物流企业、中介机构之间流动，具有跨行业的特点。各类机构的运作模式、信息需求及传递方式都有很大区别。因此，云物流平台的设计和规划必须反复地审核与调整，以满足不同用户的需求。

（5）安全性原则

系统安全性不仅是云物流信息平台的本身需求，也是电子商务的职能需求。云物流信息平台不是一个封闭的系统，需要直接面向用户，有些物流系统也是电子商务的重要子系统，为满足电子商务的需要，必须建立安全的物流信息系统，因为业务数据直接关系到企业的经济效益。在设计物流信息平台时应采用 B/S 和 C/S 的应用模式，并保证数据的合理分布，除了从主机、数据库和网络上提供安全保障外，应采用防火墙技术和数据加密技术等安全技术，设定严格的权限设置，防止非法操作和入侵造成的系统灾难。

（6）可靠性原则

云物流信息平台提供日夜不间断服务，在云物流信息平台规划设计时应该充分考虑到平台的可靠性，避免系统失效。系统失效时系统应该有备份方案或者其他提高系统可靠性的方案，避免由于某个环节出现问题而造成灾难性的后果。

除此以外，云物流平台的构建原则还包含：采用先进规划与设计理念的先进性原则、建立安全物流信息系统保护业务数据的安全性原则以及避免系统失效的可靠性原则。

9.2.4 云物流平台的运作过程

云物流平台运作的主要内容是对物流任务和物流资源进行最优化的匹配和任务指派。物流资源与物流任务匹配的过程主要解决的是云物流平台在物流任务分配过程中的任务需求描述与物流资源属性特征匹配问题。而任务指派的目的即是实现对物流资源和物流任务的统一管理和实时更新。

1. 物流任务与物流资源的匹配

（1）物流资源与任务的匹配逻辑

现有的物流任务与物流资源之间的匹配模式包括集中和分散两种模式，前者如国家交通运输物流公共信息平台等物流信息门户；而后者则是一些分布式的物流企业网站等。随着国民经济的发展，尤其是电子商务的发展，目前这两种服务模式均已不能满足用户对物流资源的多样性、专业性需求。在面对多样性、动态性、多约束性、互操作性、可组合性的跨组织边界的物流任务时，客户希望得到专业性、一站式的物流资源匹配服务。同时，用户也希望物流资源匹配服务系统能够针对其需求背景和企业的具体物流业务，提供更加个性化的资源匹配和信息集成服务。

云物流平台上，物流任务与物流资源之间的匹配是物流资源共享的前提和基础。云物流平台提供的物流资源匹配服务是面向客户个性化需求的物流资源服务方式。它能够向客户提供“量体裁衣”式的专业化和个性化服务。面向客户个性化需求的云物流资源服务需要深入分析用户的实际需求。

云物流平台上，物流任务与物流资源之间的匹配可以定义为：云物流平台根据不同行业和类型的物流资源需求方的请求，按照预定的匹配策略和算法，从物流资源提供方发布到云物流平台上的物流资源中匹配到满足客户个性化需求的资源，从而充分发挥云物流平台的功能，促进社会物流资源的集成和共享，实现社会物流资源的集中管理和控制。为了确保云物流服务的高效、智能运作，云物流资源匹配需满足以下几点。

1）物流资源需求方可根据自己的需求匹配到符合需求的云物流资源。

在传统的物流信息平台或者网站上，物流资源需求方一般都是根据相关的关键字搜索自己需求的物流资源，不仅搜索效率比较低，而且其准确度也不高，搜索到的资源大多是无用的或者不能完全满足自己的需要。然而，面向个性化需求的云物流资源匹配服务可根据语义规则准确、快速地匹配到满足其需求的物流资源。

2）云物流资源数据互操作性。

云物流平台集成了物流企业和社会闲散物流资源，并将其进行整合，提高其资源利用率。但是，要实现这一目标需要一个重要前提，即企业物流资源和社会闲散资源的数据具有互操作性，使物流资源库中的物流资源信息具有极强的机器可理解性，以实现物流资源搜索的准确性。目前，常用的方法是基于本体的语义技术，即利用标准化方法构建形式化资源语义模型，建立传统数据库资源和基于语义的物流资源之间的映射，以资源数据语义描述语言为中介，实现上述两者之间的转换。

3）实现分散物流资源的集中管理和控制。

云物流服务将分散在各地的物流资源通过信息技术进行整合，并利用语义 Web 等技术对其进行统一的描述，随之发布到云物流平台上。而物流资源需求方根据自己的个性化需求，利用一定的语义匹配规则和算法即可以检索到满足自己需求的物流资源。所以，云物流平台上物流任务与物流资源之间的高效匹配是集中管理和控制社会分散物流资源的有效方法。

4）确保资源搜索的正确性。

目前，由于各物流企业和政府机构纷纷建立了自己的物流信息平台，如菜鸟网络、国家交通运输物流公共信息平台等，导致网络上存在着大量的物流资源信息。传统的人工搜索已不能适应目前物流信息化的发展需求。物流资源与任务匹配也逐渐由机器算法替代过去人工搜索的工作。但是机器搜索算法和人工搜索的一个最大的不同之处是：人可以理解词的含义、语句的含义，但机器和算法却无法理解词、语句的含义。造成这一差异的关键是自然语言的特点，从自然语言的角度看，大部分的词具有一词多义的特点，但机器算法却不能确定某个词在某种情况下代表何种词义，这就导致了搜索结果和用户的理想结果存在很大的距离。

具体表现在以下两个方面。

① 一词多义将导致基于精确匹配的搜索算法在给出的结果中包含很多并非用户真正要查找的内容。

② 一义多词将导致基于精确匹配的搜索算法在给出的结果中遗漏很多用户真正要查找的内容。

基于上述关键词匹配存在的问题，目前比较主流的机器搜索算法是基于本体的物流资源与任务语义匹配方法。与单纯的关键词匹配相比，语义匹配采用一定的知识表示方法赋予资源信息一定的语义，达到人和计算机之间基于语义信息的交换和处理，从而给出用户要寻找的内容，甚至从某种角度上看，更接近于“人”分析、查找内容时的判断方式。在 Web 这样一个巨大的信息资源中，知识库是多种多样的，既包括通用的知识库，也包含各个领域中的知识库，要保证在网络环境下信息能够被计算机理解和交互，并保证搜索的精确度，就需要对网络上的信息资源进行语义匹配，使匹配到的资源符合用户的需求。

由以上可知，物流任务与物流资源之间的匹配是云物流平台最重要的工作之一。但由于各个物流企业所提供的物流服务能力不尽相同，因此不同的物流资源在处理同一项物流任务时需要花费的成本和消耗的时间也不尽相同，这给云物流平台的匹配工作带来了极高的复杂度。云物流平台应该事先设置好物流资源与物流任务之间的匹配原则和调整策略，以保证匹配结果的均衡性。一般而言，物流作业时间最短和作业成本最低是云物流平台需要重点考虑的目标。

（2）云物流资源与任务的语义匹配过程

云物流资源与任务的语义匹配流程大致有三个阶段，具体如图 9-2 所示。

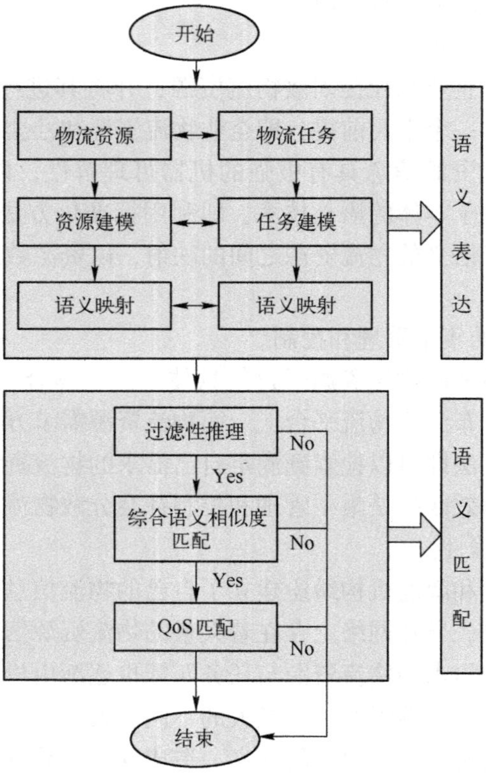

图 9-2　基于语义的云物流资源匹配过程

1）过滤性推理。

在云物流资源和物流任务进行语义匹配的过程中，首先需要针对云物流资源描述模型的状态信息、服务功能信息等进行预处理，过滤掉处于维修和使用状态，或者可用时间不符合物流资源需求方要求或者服务功能明显不符合客户需求的云物流资源。

2）综合语义相似度匹配。

考虑云物流资源的名称、通用状态描述（主要是货物名称、属性等常规状态）及其服务能力的属性信息，通过计算云物流资源和客户需求相关概念的语义相似度和概念属性相似度对其进行语义匹配。当某资源的综合语义相似度小于规定值时，将直接过滤掉该资源。

3）QoS 匹配。

针对初步筛选的候选资源，根据不同客户的个性化需求，由客户对云物流资源的 QoS 指标进行选择和设定不同的权重，计算各云物流资源 QoS 指标满足客户需求的程度，并据此对其进行排序。即云物流平台将根据不同客户设定的偏好，分别赋予其不同的权重，并根据最终的物流资源 QoS 匹配得分对满足用户要求的物流资源进行排序。

2. 物流任务指派

云物流平台任务指派的优化目标是作业成本最低和作业时间最短。一般而言，云物流平台物流任务指派过程包括：服务提供商的确定、物流资源管理、云物流任务的指派、云物流任务的执行和云物流任务的完成等一系列活动。其运作过程如图 9-3 所示。

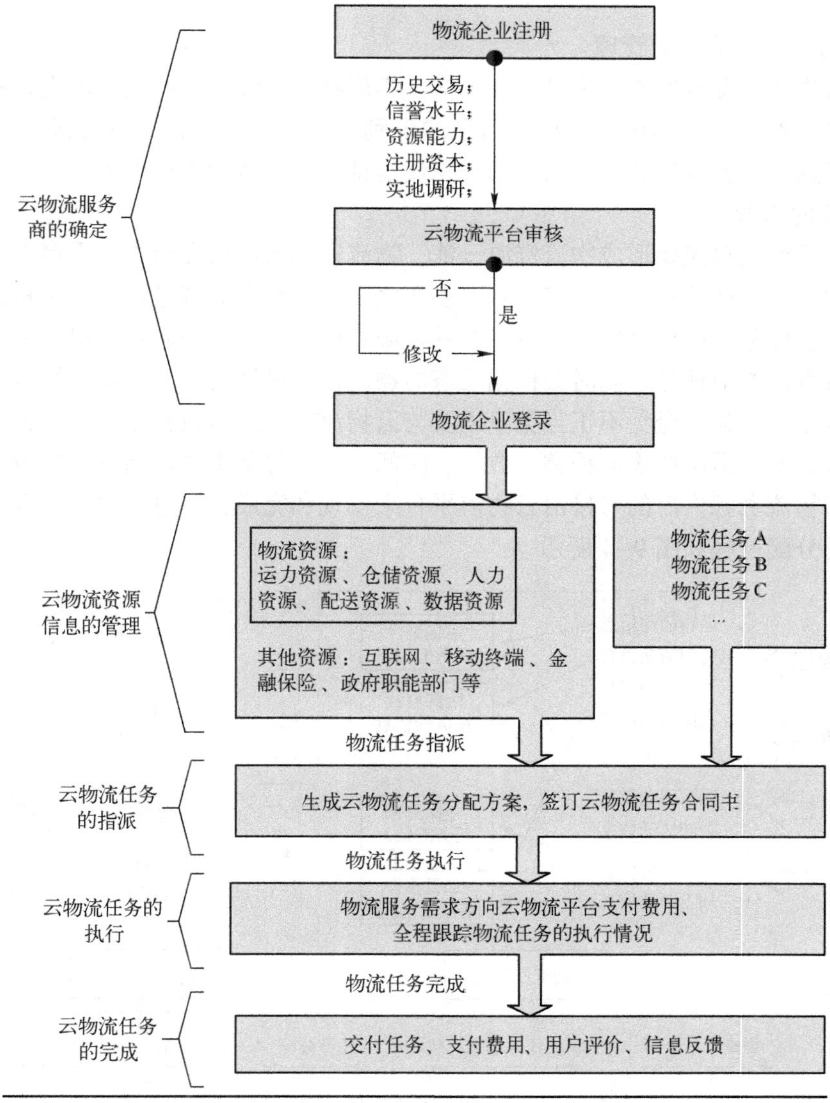

图 9-3　云物流平台的运作过程

（1）云物流服务提供商的确定

云物流平台是一个开放的平台，允许公开地查询物流动态、行业标准、物流服务的市场价格等相关信息。当企业、个人或货代公司在云物流平台上进行交易时，必须在云物流平台注册账号，进行实名认证，获得云平台通行许可，方可以发布物流资源信息。物流企业实力和信誉水平良莠不齐，为了防止物流企业为得到物流任务而虚报资源数量和营业额，导致无法完成物流任务，云平台需要对申请注册的物流资源信息进行实地调研和确认。

实地调研考察的内容如下。

1）物流企业的注册资本，营运网点的数量和覆盖范围。

2）物流企业以往的信誉状况，包括企业前三年的业务量、与知名公司的合作次数和完成任务的质量，合作伙伴对该物流公司的评价。

3）物流企业是否具有过硬的计算机技术水平，能满足企业与云物流平台频繁信息交互的需求。

（2）云物流资源信息的管理

集中在云物流资源池的资源信息多种多样，实现物流资源任务匹配的前提是有效地对云物流资源信息进行管理。具体包括：物流信息的识别和采集、物流信息的处理、物流信息的过滤、清洗和筛选、物流信息的挖掘以及基于物流信息的任务匹配和决策等。

（3）任务的指派

在云物流平台上首先要形成物流资源云池，物流资源云池由在云物流平台上发布的各种物流资源信息构成。这些信息在云物流平台上发布之后，平台会对其进行进一步审核，判断其是否可以完成相应任务。如果可以，则将相应的资源和任务匹配在一起；如果不能，则对任务进行调整，或者直接取消任务。同时会根据动态的物流任务进展情况对云物流平台的物流资源总量等信息实时更新。为了避免不正当竞争以及与云物流平台的高效稳定运行，云物流平台只会公布物流服务需求方提出的物流种类、数量、时间、地点等基本条件而隐藏物流资源需求方的具体信息。云物流资源供需的对接由云物流平台来实现和完成，该过程对供需双方透明。云物流任务信息的分配过程如图 9-4 所示。

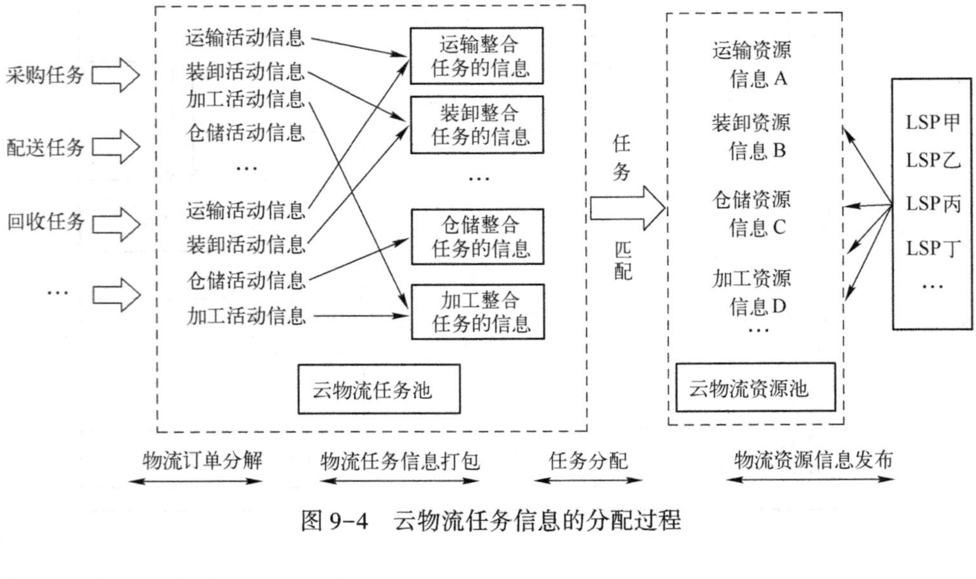

图 9-4　云物流任务信息的分配过程

云物流平台上任务分配的步骤如下。

1）物流任务的确定。

云平台上的任务种类繁多，数目庞大，为了便于物流任务分配的顺利完成，需要确定云物流平台上的物流任务都是有效的，并且是可以被完成的。

2）物流任务的分解。

云物流平台上物流任务具有复杂性、多样性、零散性等特征。为了便于任务的执行，应该将这些任务订单进行分类。根据不同的服务类型，可将其分为串联型物流任务和并联型物流任务。

① 串联型物流任务。串联型物流任务是指有时间序列的物流活动，如装卸和搬运活动，这两项物流任务之间具有必然联系和前后相关性，后项活动的开始由前项活动决定，即只有在完成装卸活动之后，才可以进行搬运活动，并且两者作业的对象具有一致性。这种活动类型应整合为串联型物流活动。串联型物流任务如图 9-5 所示。

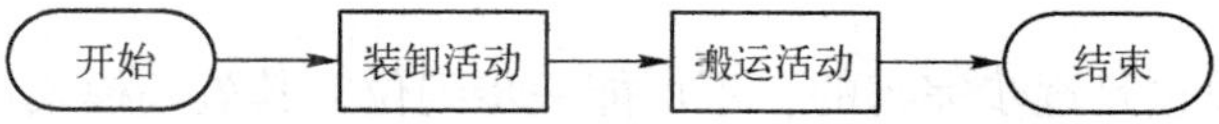

图 9-5　串联型物流任务

② 并联型物流任务。并联型物流任务和串联型物流任务恰好相反，它是指多个物流活动可以同时在一个任务订单中进行。例如，装卸搬运、加工包装和信息传递这 3 种物流活动可同时存在于配送物流和回收物流两个任务中，这样，云物流平台就可以将单个订单中类似的活动信息整合为一项任务。如图 9-6 所示的一个并联型物流任务就是将配送和回收物流任务中的装卸搬运、加工包装和信息传递打包为一项整合任务。

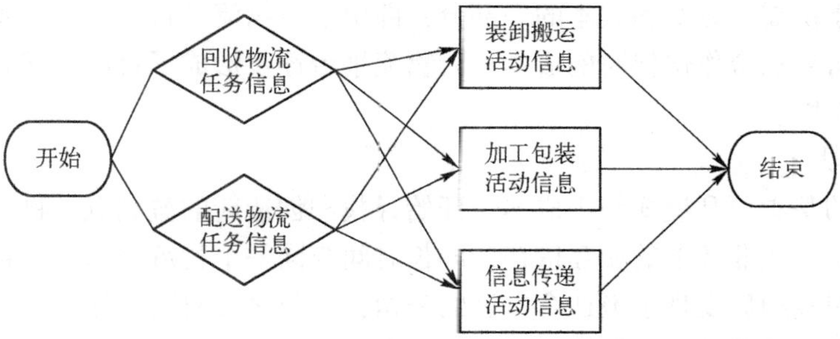

图 9-6　并联型物流任务

在实际的物流任务中，还存在混合型物流活动，是包含了串联型和并联型物流任务的较为复杂的物流活动。

3）物流任务的信息整合。

云物流平台将物流任务分解之后，需要对其整合打包，然后将整合好的任务分类，并将同一类型的物流任务归类后在云物流平台上发布。

（4）任务的执行

云物流任务的执行可以被多方主体持续跟踪并共享信息。首先，对于物流服务需求主体而言，可以通过一系列智能终端设备等对物流任务的执行情况实时跟踪，不仅可以清晰地了解物流任务的进展情况，还有利于企业根据物流任务的进展情况，及时做好相应的准备工作和与之相关的业务计划。其次，在任务执行过程中对相关信息进行共享和沟通对物流服务的供需双方而言，都是极其必要的。一旦物流任务在执行过程中出现特殊情况，需求方可以向物流服务方提出询问，同时物流服务方也可以及时做出解释和处理。最后，对于物流服务提供方而言，可以根据对物流任务的监控，实时了解自身物流资源的运行情况，更关键的是在面对突发情况或者遭遇不可抗力的客观灾害时，可以第一时间做出紧急处理以及向相关部门或组织提出救援申请，以减少紧急情况造成的损失。

（5）任务的完成

类似于电商平台的第三方支付模式，云物流平台会根据物流服务需求方在物流任务结束后对物流服务提供方在整个物流任务过程中的执行情况，支付相关的物流费用，如完成时间和完成质量等。在交易结束之后，云物流平台还会对物流服务供需双方的情况进行整理和分析，并将其分析结果落实到对双方的信誉、服务能力等情况的评价，为之后的物流资源或者物流任务的分配提供参考依据。

9.2.5 云物流平台的盈利模式

云物流平台的建设也是逐步完善的，不可能一步到位。其盈利模式也是从低层次向高层次发展的，高层次的发展模式向下兼容较低层次的盈利模式。

（1）第一阶段

云物流平台的经营主体通常来说都是第三方的知识型企业、中介或政府机构。开始阶段，物流需求方并不能从众多的物流服务提供者中迅速地找出能提供最佳服务的企业，物流提供者也不能迅速获取需求信息，并按需提供服务。物流供需双方信息的不对称，造成第三方物流企业获利能力较低和物流资源浪费。云物流平台的出现为供需双方提供了信息交流的渠道，它让进入平台的企业能够共享信息和自由交流，并根据业务量商定合同价格。在这一阶段，云物流平台的盈利来源于供需双方交易成本的一部分，即由于云物流平台的存在，供需双方付出的交易成本远低于各自寻求合作伙伴时的成本，云物流平台逐步形成了自己的核心竞争力，形成属于自己的营销关系网。

（2）第二阶段

云物流平台的基本盈利模式趋于成熟，开始寻找和创造新的盈利点。物流供需双方经过一段时间的合作，会形成业务上的相互依赖，即长时间与同一个物流公司签订合同，或者通过平台每次与不同公司签约后发现了最适合自己的公司，并与之长时间合作。这个阶段，云物流平台通过提供信息沟通渠道而获利的模式已经趋向老化。因此，云物流平台应该向客户提供增值服务，如库存分析、配送路线、帮助选择适合的存储场地等，保证客户及时了解订单状态，使物流过程趋于透明。云物流平台在长时间的运作过程中，已经建立了一套完善的企业档案，积累了大量的宝贵经验，能够为企业提供专业的服务和规划能力，同时推荐合适的企业进行合作。

（3）第三阶段

云物流平台为供需双方提供增值服务后，从中吸取了大量的经验教训，可以将自身的经验作为知识来盈利。从供需关系来讲，云物流平台是物流咨询的提供方，用户是主要的物流咨询需求方。对于生产制造型企业来讲，需求预测、优化业务流程、配送系统、管理系统等都是需要考虑的内容。云物流平台能够针对不同的企业提供个性化和切实可行的操作方案，也能通过为中小企业提供物流管理软件租赁来提高云物流平台的综合效益。

（4）第四阶段

云物流平台通过建立自身的营销关系网络，对上下游企业业务进行整合，实现供应链集成。通过车辆外包、提供方案设计、垫付运费等方式吸引客户。供应链管理通过多赢模式改变传统的零和博弈策略，能够降低总成本、提高生产力、缩短交货期，是参与竞争的最有效的企业运作模式和管理方法。

（5）第五阶段

以上四个阶段是目前已经被广泛认可的云物流平台的盈利模式，但是这四种模式都还局限在对物流产业链上资源的整合，如果云物流平台能够扩大对资源的整合范围和维度，将获取更多的利益。其发展方向一是对于资金链的整合，发展供应链金融；二是参与和掌握行业标准的制定，以获得更大的市场话语权。

【案例分析】

阿里巴巴的“云物流”探索

随着电子商务的发展，物流在其中扮演着越来越重要的位置。电子商务发展中最大的问题就是物流，这已经成为电商巨头的头号难题。为此，阿里巴巴集团推出了“大物流”计划，为第三方物流市场带来了一场变革。业界普遍认为，阿里巴巴集团基于“云物流”和“云仓储”的电子商务大物流模式将是未来国内物流的发展趋势。与传统的物流和快递行业不同，“云物流”商业模式需要做的是打造一座物流信息交流的平台，用于整合所有的订单，然后将整合后的信息配置给加盟的快递公司，由他们进行配送。一方面，平台丰富的订单和可观的利润可以吸引快递公司的加盟；另一个方面，随着物流企业的加盟，这些企业也带来了大量的物流信息和资源，进一步完善和扩大了云物流平台。

1. 阿里巴巴“云物流”涉及的云主体

（1）云仓储

“云仓储”是一种全新的仓库模式。在这种模式下，快件能够直接由同城的快递物流公司实现就近配送，很大程度上减少了配送时间，提升了用户体验，这也给产业链上的所有企业带来了新的机遇和挑战。

“云仓储”的运行：根据消费者不同的需求，云仓储对这些信息进行整合处理，从而掌握这些信息背后的规律，进而确定最佳的仓库规模，做出合理有效的库存决策，实现降低成本的效果，同时大幅度地提升服务水平。

云仓储特点：分布式仓储，集中化管理；按需使用，随时拓展；按使用付费；操作简单。

（2）云物流

阿里巴巴云物流的核心是根据某种标准，整合社会分散的物流资源，以实现提高配送效率和节约成本的目标。简单地说，阿里巴巴的“云物流”是一个信息平台。在这个平台上，所有的网上交易和现实中的物流配送能够连接起来。阿里巴巴将商品的交易信息和物流信息集成处理，避免了分散信息分散处理带来的时间、人力和物力的浪费，使交易更加经济有效，同时，也能使得每笔交易的过程趋向整体化和透明化。

云物流的模式：云物流模式其实是一种合作模式，是物流企业、物流资源与商品交易信息之间的合作。通过这种合作，云物流能够将物流产业整合起来，对每笔订单涉及的不同物流环节进行分开处理，并集中优势力量处理每个物流环节，使整个物流过程的效率最高、成本最低，客户的体验最好。

云物流“三化”特点：一是节约化，平台的建立将分散的社会资源集中到平台里，达到规模效应；二是标准化，将散乱的物流行业整合到一起，以加盟的形式统一管理，通过这个平台规范交易的各个环节，也规范加盟者的行为；三是社会化，整个社会范围内的物流资源都将集中在这一平台上。

2. 阿里巴巴的云物流分析

（1）优势

阿里巴巴“云物流”的核心是：资源共享，平台开放，用户无限，服务集成。

阿里巴巴的云物流平台可以和其云商务平台对接，形成云联盟。云联盟中的云商务平台可以让任何商品由一个网站自动漫游到成千上万的其他网站系统上去，这个过程不需要广告费用支出，企业可以轻松实现产品在其他网站上的分销，没有产品的个人网站也可以通过代销获得产品销售分红。同时，云物流平台可以屏蔽商家和消费者两方复杂的物流过程，让客户购买的商品能够第一时间送达。云物流和云商务同时给消费者和商家带来了便利。

（2）劣势

“云物流”提供的是一个信息集成和决策平台，旨在整合物流信息，但却不能从本质上提高整个物流行业内的配送能力。同时，云物流还面临社会规范、法律制度、责任分配等方面的问题，这些问题目前成为云物流发展的一个重大障碍。现阶段，我国交通运输方式之间的体制分割，导致物流存在十分明显的地域性划分，物流的标准化水平参差不齐，物流设施水平较低，人为阻碍了物畅其流，难以实现现代物流核心价值中的高效率低成本。因此，对于阿里巴巴来说，在现今我国电商和物流发展的状况下，提出“云物流”这一新的理念是有其现实价值的。阿里巴巴作为我国目前最大的电子商务平台，拥有庞大的客户群体和订单量。如果阿里巴巴能够在信息和资源集成方面发挥资源示范作用，实现“云物流”的运用，不仅可以进一步提高阿里巴巴各个电商平台的配送效率，减小物流成本，更能进一步确立阿里巴巴龙头老大的地位，促进阿里巴巴更加长远的发展。

资料来源：倪文，胡华颖．阿里巴巴的“云”物流探索［J］．商业现代化，2015（13）：73-74.

本章小结

云物流是目前一种备受关注的资源集成和降本增效的物流运作模式，本章详细介绍了云物流的概念、体系结构、关键技术以及云物流平台的运作。随着云物流平台应用的扩展，物流企业的运作将越来越简单和轻量化。云物流平台将成为各物流企业的骨干网。物流企业仅需考虑如何将自身的资源接入云物流平台，而无须考虑建设复杂的企业内部网。一切复杂的需求获取、资源调度等问题等均由云物流平台负责，由此带来的物流企业建设成本和管理成本的大幅下降是显而易见的。

习　　题

一、单项选择

1. 下列设备（或资源）不可以成为虚拟内容的是（　　）。

A. PC　　B. 内存　　C. CPU　　D. 网络

2. 较早提供个人云存储服务，2014 年用户数突破 2 亿的云产品是（　　）。

A. 轩辕汇云　　B. 百度云　　C. 阿里云　　D. 腾讯云

3. （　　）提供的是一种从资源、技术到最终产品层的服务能力。

A. 云服务　　B. 物流云　　C. 物流服务　　D. 云物流平台

4. 云物流信息平台中（　　）技术具有对大量数据进行分析处理的能力。

A. 信息标准化技术　　B. 数据管理技术

C. 数据库存储技术　　D. 数据挖掘技术

5. 在云物流的体系架构中，（　　）上对云物流服务请求方，下对云物流服务提供商。

A. 云物流服务平台　　B. 接口层　　C. 资源层　　D. 感知层

6. 云物流的服务模式是（　　）。

A. 一对一　　B. 一对多　　C. 多对一　　D. 多对多

7. 云物流平台有利于电子商务 B2C 或 B2B 系统的对接，为客户提供便利，体现了云物流平台（　　）的作用。

A. 整合信息资源　　B. 整合社会资源

C. 推动电子商务发展　　D. 推动高新技术发展

8. （　　）和“云物流”是相互依存，相辅相成的。

A. 云仓储　　B. 云制造　　C. 云服务　　D. 云计算

9. （　　）不是云物流服务的特点。

A. 集成化　　B. 标准化　　C. 一对一　　D. 多对多

10. （　　）不是云物流平台运作的特点。

A. 轻资产　　B. 分散化　　C. 按需付费　　D. 功能多元化

二、多项选择

1. 下列描述中属于云的特点的有（　　）。

A. 透明性　　B. 虚拟化　　C. 高可靠性

D. 高可用性　　E. 按需服务

2. 从服务方式角度可以把云服务分为（　　）3 类。

A. 公有云　　B. 金融云　　C. 私有云

D. 混合云　　E. 政务云　　F. 桌面云

3. 云物流模式相比于其他物流模式有以下特点（　　）。

A. 所构建的云物流平台更开放　　B. 资源种类及数量更丰富

C. 透明度和集成度相对较弱　　D. 支持多对多的服务

4. 云物流平台的主要功能有（　　）。

A. 整合信息资源　　B. 整合社会资源

C. 推动电子商务发展　　D. 迎合消费者需求

5. 云物流平台构建的原则有（　　）。

A. 开放性原则　　B. 扩充性原则

C. 跨行业性原则　　D. 安全性原则

6. 云物流体系框架由（　　）共同组成。

A. 云提供端　　B. 云请求端

C. 云操作端　　D. 云物流平台

7. 物流任务信息分解有（　　）两种方法。

A. 直线型　　　　B. 职能型　　　　C. 串联型　　　　D. 并联型

三、判断题

1. 云物流由云提供端（服务提供者）、云请求端（服务需求方）和云物流平台组成。(　　)

2. 云物流与传统的物流供应商和物流网络相比，具有更高的集成度，服务于更广泛的对象，并且具有更强的动态性。(　　)

3. 云物流平台上的物流信息只能在物流企业内部流动。(　　)

4. 云物流服务模式的柔性很强，但是集成度较低。(　　)

5. 云物流服务的外延包括：物流服务、云计算服务和物流云。(　　)

6. 云物流平台接口层的主要功能是向物流服务请求方提供专业的应用接口以及用户注册、验证等管理。(　　)

7. 云物流平台不能实时更新和处理问题。(　　)

8. 根据服务对象的不同，物流云分为物流私有云和物流公有云。(　　)

9. 云物流平台运作的主要内容是物流资源匹配和物流任务指派。(　　)

10. 当前云物流资源匹配的主要算法是关键词搜索。(　　)

四、实训题：研究云物流的相关应用

1. 实训目的：通过实训，了解目前云物流或云物流平台在实践中的应用情况。

2. 实训内容：通过网络资料的搜集、分析以及对学校所在城市的实际调研，了解国内目前主要云物流或云物流平台的应用，分析云物流应用或云物流平台的功能和效益。

3. 实训要求：参与实训的学生以分组的形式，在教师的指导下，分工协作完成实地调研和网上资料搜集，并将资料进行分类整理，形成最终的实训报告，并通过制作 PPT 的方式，选派代表进行分享。

第 10 章　电子商务物流模式创新及其智能化发展

【学习目标】

1. 了解和掌握电商物流模式发展的演变路径。
2. 了解和掌握第四方物流、逆向物流、菜鸟物流网络的运作模式。
3. 掌握逆向物流和正向物流的联系与区别。
4. 了解和掌握菜鸟物流网络的运作理念及其发展趋势。

【引例】

UPS 为 MBS 提供的图书退货逆向物流服务创新

MBS 是一家规模庞大的教材交易公司。该公司创立于 1992 年，现已发展壮大成为一家经营范围涉及 250 000 门课程，服务对象遍布美国、加拿大、波多黎各，数量超过一百三十万学生的大型企业。

1. 来自客户的挑战

MBS 旗下有一家经营网上虚拟书店的分公司。该书店向附近地区的培训机构、高校及中学提供教材及课辅资料。MBS 直销在线书店允许学生购买所需功课的新书、旧书或学习资料。一旦该课程学习结束，学生们可以将这些书再卖给 MBS 直销书店。因此，其退货业务与销售业务同样频繁。MBS 直销在线书店的逆向物流业务，包括如何进行图书跟踪、退货管理和资产管理，如何处理跨国际的图书资料的双向物流等，为其带来了巨大的挑战。为此，MBS 将其整个物流服务活动外包给 UPS，利用 UPS 的专业化服务，来提高客户服务水平，降低退货处理成本，更有效地进行资产管理。

2. UPS 的解决方案

为了提高 MBS 的图书退货处理的效率，UPS 为其开发了一套基于 Web 的逆向物流管理系统，为准备退书的学生提供一个网络入口。在课程即将结束的前几周，MBS 直销店给那些购买书的学生发 E-mail，将 UPS 服务入口的链接提供给这些学生。学生们可以点击链接，浏览 MBS 的退书报价。如果决定接受报价，只需一个点击就可创建一个 UPS 退货标签，学生们可将该标签贴在他们的退书包裹上，并将贴有标签的包裹送交到 UPS 的任何一个服务网点，即完成书籍的退货，这使得学生的退货非常方便。同时，学生还可根据网络上的说明，安排 UPS 的收货计划。学生们打印的退货标签中含有 MBS 编制的条形码，其中包含了报价信息、一套客户服务信息、国内账号、目录清单等信息。MBS 一旦收到 UPS 送来的退货，通过扫描标签，系统将自动通知 MBS 的会计部门处理支票兑付问题，学生也会很快收到通知，告之退书已经收到，书款已经付出等。

3. 服务效率

UPS 专业的逆向物流服务帮助 MBS 直销书店大大提高了客户服务满意度和退货管理水平。项目实施仅 4 个月后，UPS 为 MBS 开发的逆向物流管理系统就处理了 110 000 个退货标签，比上一年同期水平增加了300%。同时，MBS直销书店预测，新的逆向物流管理系统将帮助企业取得年15%的业务增长率。

资料来源：郝皓．逆向物流生态圈中的5大商业模式［EB/OL］．（2017-3-26）．亿欧网．https://www.iyiou.com/p/41745.html.

10.1 第四方物流

10.1.1 第四方物流概述

1. 第四方物流的概念

在全球信息化浪潮的席卷下，各国的电子商务都在不断地改进和完善，并且更加注重电子商务与物流供应链之间的对接。传统的第三方物流提供的物流服务一般只包括运输、仓储和配送等基本服务，没有为客户提供诸如采购信息的优化方案之类的咨询服务。但是现如今，传统的第三方物流所提供的基本服务已经难以实现提高物流配送效率、减少成本和物流运输时间的目标，无法满足电子商务对物流效率和效益的要求。随着电子商务交易的频繁、电子商务对物流的依赖性持续升高，物流的信息化服务呼声愈来愈强。物流信息化是指首先通过信息在物流系统中快速、准确和实时的流动，建立一个物流信息市场平台；然后通过控制物流信息，并结合企业对物流的不同需求，制定出不同的最佳优化方案，实现提高物流运作的自动化程度和物流决策的水平、合理配置物流资源、降低物流成本以及提高物流服务水平的目的。由于物流信息化可以使物流企业迅速地对市场做出及时的反应，从而实现商流、信息流、资金流的良性循环，因此客观现实要求物流企业必须要结合电子商务的发展要求，改变传统第三方物流的发展模式，努力探索以物流信息化流动为主、可以提供个性化服务的第四方物流。

第四方物流是在电子商务和第三方物流基础上发展起来的，可以满足物流一体化、系统化的要求，以最大限度节约物流资源的整体供应链物流方案解决者。美国著名的埃森哲咨询公司对“第四方物流”是这样定义的：第四方物流（4PL）是一个供应链的集成商，它对公司内部和具有互补性的服务提供商所拥有的不同资源、能力和技术进行整合和管理，并为他们提供一整套供应链解决方案。第四方物流强调对整个供应链体系中的资金流、信息流和物流承担“中介”的作用，通过最大限度地整合整个供应链上的物流资源并对物流资源进行合理的分配，保证供应链的每个环节协同配合，实现物流企业持续低成本运作和优化整个供应链的目标。第四方物流的演变过程如图10-1所示。

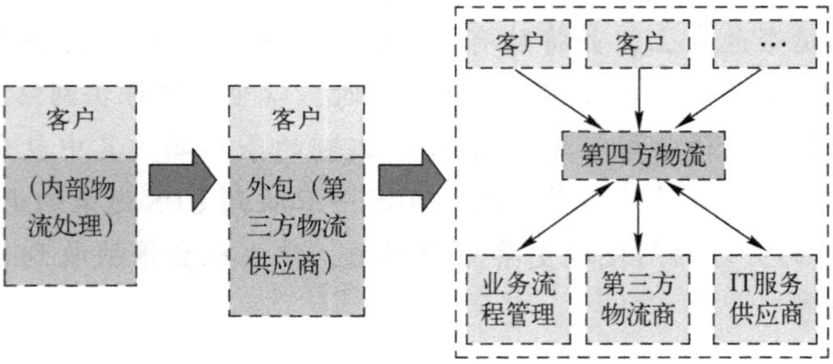

图10-1　第四方物流的演变过程

第四方物流服务商是一个物流服务供应链的集成者，专注于供应链的整合，强调物流资源在整个供应链上的合理分配。因此，成功的第四方物流集成商是在分享风险与分享回报的原则下成立的，具备充分的能力对企业内部和物流链上不同环节、资源、各自作用和相关技术进行整合和管理，及时为客户出台一整套供应链解决方法，达到规范、综合、高效、科学、持续、统一采购、统一配送、分别销售，既富有个性又具备强大的竞争力。尽管第四方物流服务目前规模不大，但是在整个激烈的国际物流市场中将是一个快速增长的部分。第四方物流可以实现迅速、高质量、低成本的运送服务，影响着大批的第三方物流、网络工程、电子商务和运输企业的运行，其发展前景不可限量。

2. 电子商务第四方物流的特点

电子商务环境下，第四方物流与第三方物流相比较，有以下几个特点。

1）第四方物流提供了一个综合性供应链解决方案，它集成了管理咨询和第三方物流服务商的能力，能够有效地适应需求方多样化和复杂化的需求，集中所有资源为客户完美地解决问题。第四方物流的综合性包括以下几个方面。

① 供应链再建。通过供应链参与者实现供应链规划与实施同步进行，或利用独立的供应链参与者之间的合作提高规模和总量。供应链再建改变了供应链管理的传统模式，将商贸战略与供应链战略连成一线，创造性地重新设计了参与者之间的供应链，使之达到一体化标准。

② 功能转化。功能转化主要是指在销售和操作规划、配送管理、物资采购、客户响应以及供应链管理等供应链的重要环节中，通过战略调整、流程再造、整体性改变管理和技术，使客户间的供应链运作一体化。

③ 业务流程再造。通过业务流程改造将客户与供应商信息和技术系统一体化，把人的因素和业务规范有机结合起来，使整个供应链的规划和业务流程能够有效地贯彻实施。

④ 业务范围广阔。第四方物流开展的多功能、多流程的供应链业务，其业务范围远远超出传统外包运输管理和仓储运作的物流服务。企业可以把整条供应链全权交给第四方物流运作，第四方物流可为供应链功能或流程的全部提供完整的服务。

2）重新设计了各个环节的运作流程和组织变革管理，通过电子商务平台和先进的信息化技术，使企业的业务策略和供应链策略协调一致。

3）第四方物流通过影响整个供应链获得价值，与类似外包的供应链的重要区别在于其能够为整条供应链的客户带来以下利益。

① 利润增长。第四方物流的利润增长将取决于服务质量的提高、实用性的增加和物流成本的降低。由于第四方物流关注的是整条供应链，而非仓储或运输单方面的效益，因此其为客户及自身带来的综合效益会出现惊人进展。

② 运营成本降低。第四方物流可以通过流程一体化、供应链规划的改善和实施等手段提高运作效率、降低采购成本和运营成本，即可以通过整条供应链的外包达到节约的目的。

③ 工作成本降低。采用现代信息技术、科学的管理流程和标准化管理，使存货和现金流转次数减少，可以有效降低工作成本。

④ 减少流动资金和固定资产的投入，提高资产利用率。客户通过第四方物流减少了固定资产占用，提高了资产利用率，使得客户通过投资研究设计、产品开发、销售与市场拓展等获得经济效益的提高，增加了供应链的弹性，使供应链能够集中发展和增强核心竞争力。

4）第四方物流能够将业务流程一体化，能够承接多个供应链职能和业务流程的运作，能够把人的因素和业务规范进行有机结合，从而实现整个供应链和业务流程的对接与实施。

综上，第四方物流企业以其知识、智力、信息和经验为资本，为客户提供了一整套物流系统咨询服务。第四方物流企业必须具备良好的物流行业背景和相关经验，它并不需要从事具体的物流活动，更不用建设物流基础设施，它仅仅只需要为整个供应链提供完整的整合方案即可。第四方物流是一个供应链集成商，调集和管理组织自己及具有互补性服务提供商的资源、能力和技术，不仅控制和管理特定的物流服务，而且还提供综合性的供应链解决方案，并通过电子商务将这些程序集成起来。第四方物流的关键在于为顾客提供最佳的增值服务，即迅速、高效、低成本和个性化服务等。在发展第四方物流时，需平衡第三方物流的能力、技术及贸易流畅管理等，也能扩大本身营运的自主性，提高运作效率，降低采购成本，使流程一体化，从而达到目的。

10.1.2　电子商务第四方物流的运作模式

1. 电子商务第四方物流的运作过程

电子商务第四方物流的运作过程如图 10-2 所示。第四方物流的运作依托于成熟和完善的电子商务平台，其对各参与企业信息的收集、匹配和发布都建立在基于电子商务的信息服务平台上。

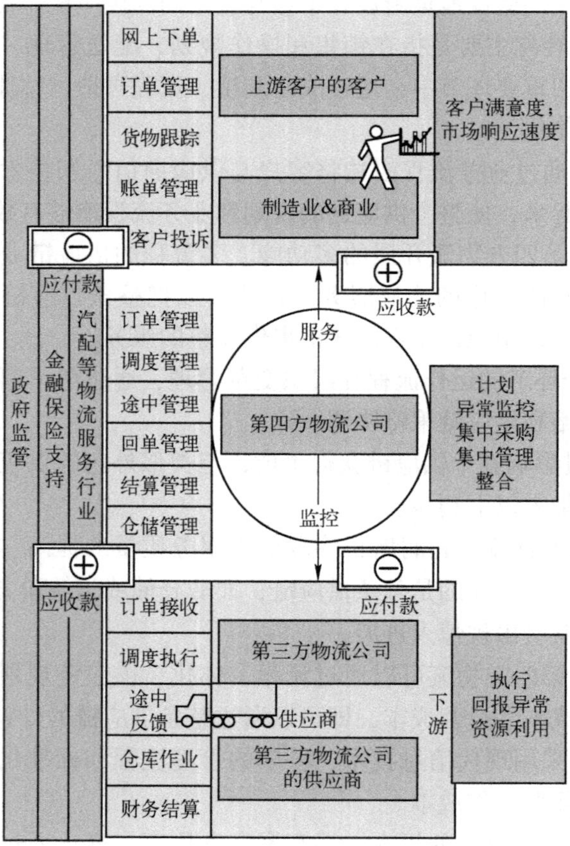

图 10-2　第四方物流的运作过程

具体可以描述为：收货方在线选购商品后，由发货方委托自己的第四方物流供应商进行配送；第四方物流供应商通过对客户配送要求、货物种类、数量、配送路线、时间要求等特点的分析，协调组织第三方物流供应商、咨询公司和技术公司等合作伙伴来具体实施配送；收货方收到第三方物流送到的货物后，接收货物并给发货企业提供收货凭据。通过以上的物流方式，为收货方和发货方提供个性化、多样化的供应链解决方案。在整个过程中，第四方物流供应商作为一个中立的解决方案和外包服务提供商，不仅从宏观的角度对供应链进行协调，而且独立于电子商务企业和第三方物流企业，避免了发生直接竞争的冲突，把咨询公司、第三方物流供应商和信息技术公司整合在一起，通过自己的专业经验、信息资源、信息处理能力、现代化的技术设备，以及为客户所提供的增值服务使整个物流过程更有效、快捷和低成本，体现其真正优势。

2. 第四方物流的模式

我国第四方物流的市场需求相当可观，从功能的角度对第四方物流进行划分，有三种模式。

1）协助提高者：也称知识密集型模式，即为第三方物流工作，并提供第三方物流缺少的技术和战略技能。

2）方案集成商：也称方案定制模式，为货主服务，是所有第三方物流提供商及其他提供商联系的中心。

3）产业革新者：也称整合模式，通过对同步与协作的关注，为众多的产业成员运作供应链。

事实上，第四方物流无论采取哪一种模式，它都是在企业物流的基础上，整合社会资源，解决物流信息充分共享，社会物流资源充分利用的问题。第四方物流的三种运作模式之间的分析比较如表 10-1 所示。

表 10-1　三种第四方物流运作模式的分析比较

第四方物流	整 合 模 式	方案定制模式	知识密集型模式
目标客户	高科技中小企业、物流商	制造型企业	制造型企业
提供服务	整合和打包制造业仓储、配送、运输业务，批发给专业的第一方、第二方物流企业，同时代理客户供应业务	物流战略咨询、物流供应链管理咨询信息	采购、仓储、配送、供应商库存管理、物流供应链计划编制与 JIT 配送控制信息平台
创造的价值	减少目标客户的物流运营成本	优化资源配置，降低各方物流成本	精于核心业务、成本降低、效率提高、订单准时完成率提高
整合业务	代理制造企业的采购、仓储、配送等业务，以及为第一方、第二方和第三方物流商提供市场营销、市场销售等多种职能	横向：物流战略管理、信息支持，把小而分散的物流资源整合为规模性的资源 纵向：具有关联性的企业的相关业务，如初级产品生产者的配送、制造商的配送、分销商的仓储业务	制造商：采购、物控计划、内部配送、库存管理 物流商：所有业务 供应商：库存管理和物控、配送、报关等
核心优势	低成本	战略管理能力	一站式全方位服务，低成本，快速响应能力

3. 第三方物流演化为第四方物流的内在条件

并非任何一个第三方物流企业都可以成为第四方物流企业，它要求企业必须在某一个或者几个方面具备很强的核心竞争能力，并能够通过战略合作伙伴关系进入其他领域，实现整合社会物流资源目标。为此，第三方物流企业演化发展成为第四方物流企业自身应具备以下几个条件。

(1) 拥有信息共享的电子商务平台，实现信息在物流参与者之间的自由流动

第四方物流服务商的特殊地位决定了它是客户与许多第三方物流企业的唯一接口。物流运作中不断产生的大量信息能有效地强化物流计划、物流作业和物流能力。信息技术的进步和由此形成的信息流又成为提高物流服务水平的关键要素之一。作为第四方物流，要整合社会物流资源，需要有各参与者都可以共享信息的电子商务平台，才能高效利用各参与者的物流资源。

(2) 高水平的供应链策略制定，业务流程再造、技术集成和人力资源管理能力

第四方物流企业是供应链集成商。要想成为第四方物流企业，就必须要有制定供应链策略和再造业务的能力。物流企业要具备以上能力，就必须掌握全程控制供应链的技术，同时又有使用这些技术的人力资源。这些能力、技术和资源必须是高水平的和国际化的，否则它仍然是第三方物流。这一条件是第三方物流企业成为第四方物流服务商的重要条件。

(3) 在集成供应链技术和外包能力方面处于领先地位

当前，第三方物流服务商缺乏必需的综合技能、集成技术、战略和全球扩张能力，难以满足社会的需求，于是第三方物流企业与领先的咨询公司、技术提供商结盟，形成了第四方物流。第四方物流体现了企业内外资源的集成与优化利用，也加强了业务外包策略的利用。实行业务外包的企业更强调集中企业资源于经过仔细挑选的少数具有竞争力的核心业务，而把其他一些重要的但不是核心的业务外包给"专家"企业，这些企业就可以把自己企业的整个运作提高到世界水平。企业内向配置的核心业务与外向配置的业务紧密联系，形成了一个关系网络。企业运作与管理也由控制导向转为关系导向。

(4) 能够同时管理多个不同的供货商，具有良好的关系管理和协调能力。

世界经济一体化，企业经营全球化，消费高度个性化与迅速改变的客户需求，使物流企业与顾客、物流企业与供货商的关系变得更加密切和复杂。特别是第四方物流企业常常需要与遍布全球各地的对象进行合作和服务，在增加合作的深度和广度，建立战略联盟的同时，还需要处理更多、更迅速的变化，更迅速地做出反应。供货商关系管理是企业供应链上的一个基本环节，它建立在对企业的供方（包括原材料供货商、设备及其他自愿供货商、服务供货商等）以及与供方相关信息完整有效的管理与运用的基础上，对供货商的现状、历史，提供的产品或服务，沟通、信息交流，合同，资金，合作关系，合作项目以及相关的业务决策等进行全面的管理与支持。这种管理关系是第四方物流保证供应链的物质基础。

(5) 有区域化、甚至全球化的地域覆盖能力和支持能力

地域覆盖和支持能力是体现第四方物流主体核心竞争力的重要方面，物流的竞争很大程度上体现在覆盖的网点及其支持力度上。随着物流委托方对第四方物流经营要求的提高，物流企业要想在全球市场上生存和发展就必须打破限制将服务范围拓展到各种领域。此外，第四方物流服务商还必须具有高效的国际管理能力，与其客户保持良好的合作关系，具备收集、管理、传递国际多式联运物流所需要一切信息的能力，拥有综合物流系统。

10.1.3 电子商务第四方物流的发展瓶颈及趋势

1. 我国电子商务第四方物流的发展瓶颈

目前，我国发展电子商务第四方物流还只是停留在概念的基础上，尽管国内一些企业宣称自己是第四方物流，但实际上，这些企业从专业能力、经验到技能，都不能算是真正的第四方物流。在中国，现在甚至还没有一家真正的第四方物流企业，主要原因如下。

（1）市场需求不足

国内的现代物流产业尚不成熟，大部分企业还保留着“大而全，小而全”的经营模式，对物流效率缺乏重视，物流需求大多是通过企业自身完成的。

（2）发展基础不牢

发展第四方物流有两个必备条件，一个是健全的第三方物流，另一个是较完善的电子商务平台。这其中，又以健全的第三方物流企业的服务功能和地位成为发展第四方物流的关键。然而第三方物流在中国的发展仍不成熟，我国第四方物流的发展还欠缺基本条件。

（3）缺乏客户的认可和信任

目前，第四方物流企业不仅很难得到客户的信任，在处理与第三方物流的关系上也十分尴尬。作为一个第三方物流企业，难免会产生这样的担心：第四方物流自由进出你的信息系统，掌握你的价格和服务特色，然后利用这些信息抢走客户。这些诱因的存在往往使合作变成竞争。第四方物流不仅要努力争取客户的信任，还要面对第三方物流的竞争，可谓是举步维艰。

（4）物流信息平台的建设困难

第四方物流开展的前提条件是必须提供全面供应链及物流信息管理系统平台。在这个系统中，基于 GPS（全球卫星定位系统）的物流跟踪定位子系统是技术关键，但它目前仍是个技术难题。信息技术的不成熟，投资费用偏高，是第四方物流信息平台推广应用的最大障碍。

（5）相关专业人才匮乏

第四方物流企业不仅要有整合整个供应链的能力和雄厚的资金实力，还要求有一批高素质的物流人才。因为对整个供应链的整合并不等同于简单的物流外包，要求物流人员不仅具备物流的基础知识和丰富的实战经验，还要具备全方位的知识和能力。然而，我国的物流人才奇缺。目前中国拥有国际权威认证机构颁发的物流专业管理资格证书的职业经理人数量有限，缺口非常大。

2. 我国电子商务第四方物流的发展趋势

基于电子商务强大的发展势头和不可估量的发展前景，未来将越来越依赖高水平、快速的物流网络提供物流信息。这就势必要求第四方物流不断提升信息化的建设水平，搭建一个庞大、有效、快捷的信息服务体系服务于电子商务市场。因此，电子商务第四方物流具有以下三个发展趋势。

（1）越来越强化信息化技术与电子商务之间的直接耦合

随着网络信息技术和电子商务贸易规模的不断发展，越来越多的电子商务企业看到了网络信息技术发展所带来的便利以及利润空间，较发达的信息技术的应用和较高的电子商务的普及毋庸置疑将是第四方物流发展的基本和必要条件。当前我国电子商务和物流整体信息化水平较低，第四方物流要想迅速发展壮大，抢占市场，必须依靠集成信息技术的大力支持，才能实现区域物流共享、全球物流信息一体化的目的。

（2）加强信用体系的建立

我国第三方物流还未发展成熟，第三方物流和第四方物流之间市场和客户的相似性使得两者很容易出现相互竞争的局面，第四方物流要取得客户和合作方的信任比较困难。事实上，第四方物流是一种基于电子商务平台的虚拟流，这个虚拟流中包含了大量的行业内部的成本、采购、库存等相关信息。根据这个虚拟流，第四方物流要利用丰富的经验和较强的信息技术处理能力来整合战略合作伙伴。但第四方物流本身却只做物流系统的优化设计和规划管理，并不参与具体操作，具体操作需要靠第三方物流企业才能实现。因此，第四方物流与第三方物流的协调合作才是第四方物流服务成功的关键。由于第三方物流提供商要承担信息被利用的风险与第四方物流提供商进行一定的信息共享，造成对第四方物流、第三方物流的“外包黑洞”。因此，第三方物流企业存在着对第四方物流企业的信任问题。不完善的三方市场信用体系是制约第四方物流发展的症结。要完善第四方物流的建设，就必须加快加强三方信用体系的建设。

（3）建立跨区域的物流信息化共享平台，加快新型物流人才的培养

第四方物流是各个物流环节信息流的整合与共享，以最快、最有效率地为客户或企业提供物流信息服务。我国今后的第四方物流发展应更加注重利用互联网的力量建立一个公共信息的平台，实现跨区域的物流信息资源共享，使得整个物流信息能解决从卖方、中间托运人到买方、物流供应商资源的整条供应链过程的问题，并且提供最佳方案。

此外，第四方物流的发展需要大量新型物流人才。目前我国第四方物流人才相对匮乏。各大高校要加大力度培养高素质的物流和供应链管理人才，打造一支适应现代物流产业发展的物流管理队伍，以促进和保障未来第四方物流的顺利发展，提升我国物流产业整体水平。

10.1.4 电子商务第四方物流的解决方案

发展第四方物流必须经过以下四个阶段。

1. 打造平台，夯实基础

开发一个共享的信息平台提供给物流企业使用，首先帮助它们实现将客户货物的状态实时反映在这个平台上，在不增加投入的情况下，实现对客户服务品质的提高，向这些物流企业收取平台使用费来实现最初的盈利。这里的平台主要是指信息平台，夯实的是物流企业的信息基础。

2. 整合资源，提供增值服务

在基本实现第一阶段功能且已经拥有很大一部分客户群（中小型企业）的基础上，进一步引导中小型企业推进信息化的程度，提供一个可以反映物流企业闲置资源（如闲置仓库、回程车辆等）的平台，以低成本提供给客户使用，这样不仅能降低最终客户成本，更能增加物流企业的利润；同时，这个准第四方物流要在一些标准化软件方面提供给物流企业支持，加深信息化的程度。此阶段的盈利模式为：一是运营大型的物流分拨中心，通过资源匹配向物流企业收取一定比例的佣金，二是出售标准化的软件。这里的整合资源要先从闲置资源的利用开始，为客户节约成本，为物流提供者提供增值，在此基础上再整合更大范围的物流资源，有个逐步实现的过程。在这个过程中要控制好物流运作的实施情况，控制关键的节点——分拨中心，以保证物流运作顺畅进行，严格控制物流企业的信誉，注意要开始打造品牌。

3. 提供咨询、集成方案

在充分掌握物流资源的基础上，帮助物流企业包括一些重点物流资源进行流程重组改制和优化配置；另一方面，从客户端看，可利用掌握的大量物流资源为客户提供低成本、高品质的定制化物流解决方案。当然，要实现上述功能，必须是建立在第四方物流在物流技术、信息技术、供应链等方面同步跟进的基础上。此阶段的盈利模式为：一是通过对物流企业的流程重组，收取咨询服务费；二是向全国性或高端客户提供供应链解决方案及物流服务。这个阶段要注重品牌，开始向真正的第四方物流转变。

4. 行业标准，市场领导

在全社会范围内对物流资源进行进一步整合，向最终客户提供物流服务；与政府部门、权威机构、知名企业、高校物流学院合作，成为行业的标准以及标准制定者；持续向企业提供专

业的供应链咨询及培训。此阶段的盈利模式为：以上三阶段的盈利总和。

10.1.5 电子商务第四方物流的案例及解析

1. 背景介绍

上海速之道网络信息技术有限公司（Survaith）是一家高新技术公司。该公司致力于利用IT技术，整合社会上的物流资源，使其能够达到优化配置，持续为客户提供高品质、低成本的物流服务。公司现在与美国一家高科技产业的跨国公司KAOSCO信息技术上海有限公司进行合作。

上海速之道网络信息技术有限公司第四方物流模式的确定经过了三个阶段的思考。

阶段一：上海速之道希望做一个综合物流的总代理，其模式就像DELL公司一样，就是将第三方物流企业作为供应商采购过来，将他们的资源整合在一起，最终提供给客户使用。

DELL公司之所以能够非常成功地采购到各个供应商的零部件，是因为它有非常好的品牌，拥有很好的顾客基础，客户就认DELL这个牌子。若要将DELL模式应用到物流行业，除了要有良好的品牌和客户基础之外，还需要具备的另外一个条件就是要有很好的物流运作控制力。即使前面所说的客户基础具备了，但是如果物流企业在全国范围没有控制整体物流运作的能力，依然没有办法来进行这种物流总代理模式。

阶段二：由于物流总代理模式必需的两点，即客户基础（品牌）和控制能力，上海速之道暂时不具备，因此没有办法立即进行这种模式。企业需要寻找另外一个切入点。他们最初想到的切入点是对回程车的利用。

上海速之道在对上海市150家储运企业调查的基础上发现，市场上确实存在着对回程车利用的需求。上海有47%左右的回程车处于空载状态，这些企业普遍希望能够将回程车利用起来。接下来，上海速之道在进行竞争者分析时发现，类似的网络公司、回程车网站、配载中心已经大量存在，但是经营状况普遍不好。其问题主要在于：第一，尽管网站上能反映很多的货物信息和空车信息，但是由于市场宣传不足，这些网站的影响力都不够大，信息的受众面较窄；另一方面由于网站的控制力不足，并不能促使这样的信息成交，致使反映上来的空车信息与车辆需求信息并没有真正发挥价值。第二，由于这些公司和网站的执行者都是IT出身，没有物流的专业能力。他们即使看到了物流行业有这样的需求，也不具备挖掘出这些需求背后所隐藏问题的本质的能力。即客户需求的是简便、可行、价格适中的综合物流解决方案，而不是未经处理、未经证实且没有任何执行保障的信息。这样的信息对于他们来讲没有任何价值，只能算是一系列的记录而已。而对于物流企业来讲，由于这些回程车网站无法促成相关的回程物流交易，因此也无法满足他们的需求。第三，开发这些网站的企业多半是规模较小的区域性企业，其影响力度小，没有太多的资金进行市场宣传等工作。

综上，在分析类似网站不成功的原因之后，公司最终决定放弃从回程车网站和配货网切入的想法。

阶段三：经过公司对上海市各个中小型物流企业及其客户的调研发现，物流企业的信息化程度非常低，除了少数快递公司以外，大多数物流企业都不能满足客户实时查询货物状态的需求。物流企业要实时追踪货物在途状态一般有两种情况：第一，客户的某批货物比较急，会一直打电话来催促；第二，当一批货物出现了突发状况时，可以及时采取补救措施。

经过深入细致的市场分析，上海速之道最终决定从反映货物状态的信息平台入手。但IT技术并不是公司的强项。在调研了大量的软件公司之后，上海速之道选择了与美国KAOSCO

信息技术有限公司合作，并成立了上海速之道网络信息技术有限公司。双方最终商议决定，信息平台的技术开发费用由美国KAOSCO信息技术有限公司与上海速之道网络信息技术公司各自投资50%，市场方面由上海速之道网络信息技术有限公司开展。

2. 上海速之道开发物流公共信息平台的SWOT分析

（1）优势分析

1）根据上海速之道做第三方物流的经验，其非常了解客户真正的需求，即客户真正要的不是第三方物流企业使用什么样的配置、采用什么样的系统，他们关心的只是自己货物的在途状态和运输时效。因此，信息平台在开发过程中，注重了第三方物流企业客户的需求，而不是从纯IT角度去考虑。

2）上海速之道能够真正从中国第三方物流企业的现状出发（包括他们的人员素质、设备配置等），使得这套系统在智能化和简便化方面，超出了同类网站。而且，这样的设计还节省了大量的IT投入。

3）该信息平台并不是为某个第三方物流开发的，而是上海速之道开发出来之后，提供给第三方物流企业使用的，即租用给第三方物流企业的。因此，第三方物流企业在使用这个信息平台时，其成本非常低廉。

4）上海速之道在信息平台建设初期就已经明确并不依靠其盈利，而只是将其作为提供给第三方物流企业的增值服务，这样就可以屏蔽掉很多竞争者。

（2）劣势分析

上海速之道网络信息技术有限公司作为一家第四方物流公司，本身没有开发IT方面的普遍经验，因此公司要寻求一个优质合作伙伴的支持，加强公司在IT方面的控制力度。但是从IT的角度，这样的信息化平台并没有太大的开发难度。因此，该模式一旦成功，会吸引各方面的竞争者。

（3）机会分析

根据调研，第三方物流企业普遍存在这方面的需求，只是受困于资金问题而无法实现。若只需要较少的租用费用，就能使用信息平台相关的功能，获得相关的信息，促成更多的交易，第三方物流企业是非常愿意的。

（4）威胁分析

可以从以下几方面的竞争者来看上海速之道存在的威胁。

1）现有竞争者：基本上是一些IT公司，或者专门做第三方物流企业软件的软件公司，第四方物流企业。

2）潜在竞争者：IT公司中想做物流方向的公司或者咨询公司。

3）合作者：公司的IT合作者本身有能力独立完成，因此要防止IT合作者直接切入市场。

4）客户：即第三方物流企业。一些大型的物流企业可以直接开发，如果利润空间足够大他们也有可能进入。

3. 上海速之道物流信息平台的市场推广方案

（1）市场分析

1）市场需求分析

根据市场调查分析及统计资料显示，上海目前从事物流的企业多达25万家，其中大部分企业为中小型的非正规军。普遍看来，中小型物流企业由于受到资金、人力、操作层次等方面的限制，信息化程度不够高，多半中小型物流企业没有自己的信息化网络平台，无法为客户提供及时准确的货物信息。这是制约其发展的一个重要瓶颈。而从客户的角度来看，他们希望物流企业能够提供即时的货物信息，保证其在整个物流过程中能够监督和控制自己的货物。很明显，物流企业提供的服务不能满足其客户的要求。根据马太效应，越是不能满足客户需求者，其发展会越差。

2）开发信息平台的价格

根据软件公司的报价，开发信息平台的报价基本在50万元以上，根据企业的不同情况、要求，价格会有一定的浮动。

（2）产品市场定位及目标市场定位

产品（物流信息平台）定位于功能性比较强、租用价位（加盟费）比较低、易于操作的信息化平台。平台需要不断提供增值服务或者引入新鲜元素并降低价格，方可树立品牌，并在市场中占有一席之地。

目标市场主要针对上海市内没有信息化网络平台并且自身又没有能力去开发这样平台的中小型第三方物流企业（包括报关公司、货代公司、进出口代理公司、第三方物流企业、仓储企业、运输公司等）。

（3）市场推广关键点

1）尽量多地收集上海市各物流企业（包括不同层面上的）的情况，了解他们的业务状况及其新的需求，为下一阶段做准备。

2）尽可能多地掌握物流资源信息，尽快将信息平台投入运营，争取早日盈利。

3）运用低成本战略和差异化战略防止各方面竞争者的大量涌入。

4）运用已经成熟的案例，快速组织人员对物流信息平台进行推广，迅速扩大营销面，在占领上海市场后能够及时向其他省市拓展。

（4）运营目标

1）利用公司系统的推广体系，在6个月内实现与上海市1/2~2/3的中小型物流企业签约，并实现盈利。

2）品牌效应：短期内迅速打开市场，并尽可能屏蔽竞争者，提升“速之道”的品牌知名度。

4. 上海速之道物流信息平台的发展现状

目前，上海速之道已基本实现既定目标，发展势头良好。其物流信息平台为第三方中小型物流企业和货代公司等直接提供运输货品的信息，通过对资源的整合，可以显著降低这些企业的运输成本。除此之外，目前，上海速之道物流信息平台还可以为企业提供外包服务，包装加工和仓储服务。据测算，在上海速之道物流信息平台上，可为第三方物流企业平均降低成本40%左右。

10.2 逆向物流

10.2.1 逆向物流概述

近年来，人们的环境保护意识日益增强，越来越多的有关环境的法律法规要求生产商对整个产品的生命周期负责，即对各类电子、包装、汽车等产品的返回采取相应的回收措施。企业的绿色形象也被认定是其不可或缺的市场营销成分，企业若采取适当的回收策略（如再使用或再制造）往往会给公司带来新的获利机遇。随着电子商务的快速发展以及在线零售和物流行业的兴起，企业为由广泛采用的自由退货政策而承担的损失也越来越大。早在1999年，美国逆向物流委员会的调查就表明，美国全年各企业投入逆向物流的成本超过370亿美元（用于收集、运输和处理回收品），这个数额相当于美国总物流成本的4%，占美国当年GDP的0.5%。而退货作为逆向物流的一个部分，其产生的平均费用占到了销售量的6%。研究表明，消费者的退货行为会降低4.3%的零售商利润，降低3.8%的生产商利润。基于此，通用汽车、西尔斯、3M等众多知名公司相继引入逆向物流的信息管理系统来降低自身的物流成本。

西尔斯负责物流的执行副总裁说："每降低1%物流成本就可以使利润提高5%。因此为了增加利润，企业应该尽量减少物流成本。其中，要对逆向物流的成本格外注意，因为逆向物流也许是企业在降低成本方面的最后一块处女地了。"美国物流管理协会的资深专家詹姆斯·司多克对逆向物流的描述更为精辟，"退货中孕育了未知机会。公司对退货如何处置，已经成为一项标新立异的竞争战略，并正成为提高效率的全新领域"。

综上，在环境法律法规的压力和经济利益的驱动下，逆向物流，这种与传统供应链反向的物流管理，成为企业管理者和研究学者们关注的重要问题。

1. 逆向物流的定义

对于逆向物流的内涵，并没有一个完备或公认的定义，甚至在我国的国家标准《物流术语》（GB/T 18354-2006）中，都没有直接阐述。只是对回收物流（Returned Logistics）和废弃物物流（Waste Material Logistics）进行了定义。目前，对逆向物流比较权威的定义有如下几种。

1）1992年美国物流管理协会下属的逆向物流执行协会（Reverse Logistics Executive Council）给出的定义是：为从不能用的物品中获取价值或对其进行处理，而从产品典型的最终目的地运往另一个地方的产品运输的过程。

2）2003年，欧洲逆向物流工作组将逆向物流定义为：计划、实施和控制原材料、中间库存、终产品从制造、分销或使用点到恢复点或适当处置点的过程。

3）美国学者詹姆斯·斯多克（James. Stock）则从企业物流角度和工程物流角度分别作了定义。前者的定义是：物流在产品回收、资源减量化（resource reduction）、再循环、物料替代与再利用、废料处理以及整修、修理和再制造等方面的作用；后者的定义为：为了在整个闭环供应链中更有利润，而在整个企业中应用最好的物流工程和管理方法的一个系统业务模式。

4）由国家质量技术监督局发布，并从2001年8月1日起正式实施的《中华人民共和国国家质量标准物流术语》中对"逆向物流"的具体表述如下：逆向物流（returned logistics）是指不合格物品的返修、退货以及周转使用的包装容器从需方返回到供方所形成的物品实体流动，如回收用于运输的托盘和集装箱、接受客户的退货、收集容器、原材料边角料、零部件加工中的缺陷在制品等的销售方面物品实体的反向流动过程。废弃物物流（waste material logistics）是指将经济活动中失去原有使用价值的物品，根据实际需要进行收集、分类、加工、包装、搬运、储存等，并分送到专门处理场所时形成的物品实体流动。

通过上述不同的定义可以看出，逆向物流执行协会更多着眼于为特殊目的而产生一种运输形态，其定义强调了逆向物流的目标，但未能与正向物流的过程清晰地区别开。欧洲逆向物流工作组和詹姆斯·斯多克对逆向物流的阐述比较完整，逆向物流的目标、流向、作业环节和流体等均包含在内。

2. 逆向物流的特征

逆向物流是相对正向物流而言的，正向物流是物品从供方流向需方的过程，而逆向物流是物品从需方流向供方的过程。虽然它们之间有许多相似之处，如它们都具有包装、装卸、运输、储存、加工等物流功能，但它们之间的不同之处也是显而易见的。

与正向物流相比较，逆向物流管理的管理具有以下显著的特点。

（1）高度不确定性

正向物流的供给根据系统的需要是可以控制的。原材料在适当的时间和地点按一定的数量和质量投入生产是其基本要求，所以正向物流对产品的需求几乎完全由需求方决定，供给和需求容易达到平衡。相反，逆向物流产生的地点、时间及回收品的质量和数量难以预测，这导致了逆向物流供给的高度不确定性，再加上已恢复或再使用产品市场的高度不确定性，使得对回收产品的需求更难以预测，供需平衡难以掌握。

（2）运作的复杂性

逆向物流的恢复过程和方式按产品的生命周期、产品特点、所需资源、设备等条件不同而复杂多样。因此，相较于正向物流中的新产品生产过程，逆向物流存在更多的不确定性和复杂性。根据 Rogers 等人在 2001 年对美国公司的一项调查，逆向物流的主要活动和功能包括：再制造、修整、再循环、填埋、再包装和再处理等。Carter 等人指出，一个公司逆向物流的实施直接被至少四种因素影响，即消费者、供应商、竞争对手以及政府机构，所以公司很难做出高效的回收决策来指导逆向物流系统的运作。

（3）实施的困难性

逆向物流普遍存在于企业的各项经营活动中，从采购、配送、仓储、生产到营销和财务管理，都需要大量的协调和管理。尽管在一些行业，逆向物流已经成为在激烈竞争中找到竞争优势从而独树一帜的关键因素，但还有许多企业的管理者仍然认为逆向物流在成本、资产价值和潜在收益方面没有正向物流那么重要，因此分配给逆向物流的各种资源往往不足。另外，与正向物流相比，逆向物流的专业性更强。相关领域专业技术和管理人员的匮乏以及缺少相应逆向物流网络和强大的信息系统及运营管理系统的支持，都成为有效逆向物流实施的障碍。

3. 逆向物流的重要性

（1）降低事故风险，避免不良隐患

逆向物流在促使企业不断改善品质管理体系上，具有重要的地位。ISO9001 2000 版将企业的品质管理活动概括为一个闭环式活动，包括计划、实施、检查和改进。逆向物流恰好处于检查和改进两个环节上，承上启下，作用于两端。企业在退货中暴露出的品质问题，将透过逆向物流资讯系统不断传递到管理阶层，提高潜在事故的透明度，管理者可以在事前不断地改进品质管理，以根除产品的不良隐患。

（2）提高顾客价值，增加竞争优势

在当今顾客驱动市场的环境下，顾客价值是决定企业生存和发展的关键因素。众多企业通过逆向物流，提高顾客对产品或服务的满意度，赢得顾客的信任，从而增加其竞争优势。一方面，对于最终顾客而言，逆向物流能够确保不符合订单要求的产品及时退货，有利于消除购物的后顾之忧，增加其对企业的信任感及回头率，扩大企业的市场份额。如果一个公司要赢得顾客，它必须保证顾客在整个交易过程中心情舒畅，而逆向物流战略是达到这一目标的有效手段。另一方面，对于供应链上的企业来说，上游企业采取宽松的退货策略，能够减少下游企业的经营风险，改善供需关系，促进企业间战略合作，强化整个供应链的竞争优势。特别对于过时性风险比较大的产品，退货策略所带来的竞争优势更加明显。

(3) 降低物料成本，减少物料耗费

减少物料耗费，提高物料利用率是企业成本管理的重点，也是企业提质增效的重要手段。然而，传统管理模式的物料管理仅仅局限于企业内部物料，不重视企业外部废旧产品及其物料的有效利用，这造成大量可再用性资源的闲置和浪费。废旧产品的回购价格低、来源充足。对这些产品回购加工，可以大幅度降低企业的物料成本。根据美国逆向物流专家 Rogers 和 Tibben Lembke 在 1999 年的一项调查研究显示，全部物流成本占美国经济总量的 10.7%，逆向物流成本约占总物流成本的 4%，1997 年约为 350 亿美元；美国 1/3 以上的企业关心自己产品的最后处置问题。特别在汽车零部件制造业、电子产品制造业、出版业和目录销售等行业，实施逆向物流具有非常重要的意义。据汽车零部件再制造协会的估计，全世界每年通过再制造而节约的原材料可以装满 155000 节车皮，可以排列成 1100 英里长的火车。可见，其经济利益是非常可观的。

目前，许多国际知名的 IT 企业已将逆向物流战略作为强化其竞争优势的主要手段。例如，Sun Microsystems 拥有国际零部件翻修中心，来自亚洲或拉丁美洲的零件经过翻新，可以达到最新设计的要求；Hewlett-Packard 也经常采用翻新或改制的零件，以不同的方式再销售其产品；Thomson 家用电器公司委托第三方物流企业，将可回收的零部件运往墨西哥进行翻新。

(4) 改善环境，塑造企业形象

随着人们生活水平和文化素质的提高，环境意识日益增强，消费观念发生了巨大变化，顾客对环境的期望越来越高。另外，由于不可再生资源的稀缺以及对环境污染日益加重，各国都制定了许多环境保护法规，为企业的环境行为制定了许多约束性的标准。现如今，企业的环境业绩已经成为评价企业运营绩效的一个重要指标。为了改善企业的环境行为，提高企业在公众中的形象，许多企业纷纷采取逆向物流战略，以减少产品对环境的污染及资源的消耗。在公众的环保意识日益增强，环保法规约束力被不断加大的背景下，实施逆向物流计划，能使生产者承担产品废弃后的回收利用责任，并能促使生产者更加关注其产品设计和使用阶段的环境友好性。

10.2.2 电子商务逆向物流

1. 电子商务逆向物流的定义

退货逆向物流和回收逆向物流是现代物流根据回收物的处理对逆向物流进行的分类。退货逆向物流大体上包括两类：一类是由于各种原因而产生的从消费者回到零售商的退货；另一类是从零售商那里返回到生产厂家的商品。

回收逆向物流一般指的是将最终消费者持有的废旧物品进行回收，分类到供应链上各节点企业，再进行处理和再利用的过程。

在电子商务环境下，讨论的逆向物流仅指退、换货逆向物流。

2. 电子商务逆向物流的特点

(1) 信息化

电子商务时代，逆向物流的信息化是电子商务的必然要求。逆向物流信息化表现为逆向物流信息的商品化、逆向物流信息收集的数据库化和代码化、逆向物流信息处理的电子化和计算机化、逆向物流信息传递的标准化和实时化、逆向物流信息存储的数字化等。因此，条码技术（BarCode）、数据库技术（Database）、电子订货系统（Electronic Ordering System，EOS）、电子数据交换（Electronic DataInter change，EDI）、快速反应（Quick Response，QR）、企业资源计划（Enterprise Resource Planning，ERP）等技术与观念在我国的逆向物流中将会得到普遍的应用，并且由于信息共享的即时性，使制造商和经销商在较大范围内进行资源配置成为可能，更多的回收中心和逆向物流终端得以在各地分设，故其组织结构将趋于分散并逐步虚拟化，企业与客户之间的距离感逐步弱化。当然，这主要是指那些产品在技术上已经实现功能模块化和质量标准化的企业。信息化是一切的基础，没有逆向物流的信息化，任何先进的技术设备都不可能应用于逆向物流领域。

（2）自动化

自动化的基础是信息化，核心是机电一体化，外在表现是无人化，效果是省力化。电子商务逆向物流的自动化可以扩大逆向物流作业能力、提高劳动生产率、减少物流作业的差错等。逆向物流自动化的设施非常多，如条码/语音/射频自动识别系统、自动分拣系统、自动存取系统、自动导向车、货物自动跟踪系统等，运用于正向物流方面的设备都可以被运用于逆向物流。

（3）网络化

电子商务逆向物流具有网络化特征。这里的网络化有两层含义：一是逆向物流配送系统的计算机通信网络，包括物流配送中心与供应商或制造商的联系要通过计算机网络，以及与下游顾客之间的联系也要通过计算机网络通信，如物流配送中心向供应商提出回收定单这个过程，就需要使用计算机通信方式，并借助于增殖网（Value Added Network，VAN）上的电子定货系统（EOS）和电子数据交换技术（EDI）来自动实现。二是逆向物流系统的网络化。逆向物流系统网络化的核心思想是：回收订单的产生虽然是零碎和离散的，但是在当前的技术环境下，却可以通过高效的逆向物流系统网络，将这些订单的信息快速集成，然后通过调度最合适的物流资源对其进行回收。毫无疑问，这一过程需要有高效的物流网络支持，而其基础是信息化和计算机网络的水平。目前，全球网络资源的可用性及网络技术的普及为电子商务逆向物流的网络化提供了良好的外部环境，

（4）智能化

智能化是逆向物流自动化、信息化的一种高层次应用，逆向物流作业过程大量的运筹和决策，如库存水平的确定、运输（配送）路径的选择、回收物品的筛选、回收处理以及物流配送中心经营管理的决策支持等问题都需要借助于大量的知识才能解决。在逆向物流自动化的进程中，逆向物流智能化是不可回避的技术难题。逆向物流的智能化已成为电子商务下逆向物流发展的一个新趋势。

（5）柔性化

柔性化本来是为实现“以顾客为中心”理念而在生产领域提出的，但要真正做到柔性化，即真正地能根据消费者需求的变化来灵活调节生产工艺，没有配套的柔性化的物流系统是不可能达到目的的。早在20世纪90年代，国际生产领域纷纷推出弹性制造系统（Flexible Manufacturing System，FMS）、计算机集成制造系统（Computer Integrated Manufacturing System，CIMS）、制造资源系统（MRP）、企业资源计划（ERP）以及供应链管理的概念和技术，这些概念和技术的实质是要将生产、流通进行集成，根据需求端的需求组织生产，安排物流活动。并且由于网上时空的“零距离”特点与信息沟通便捷性的增大，使得客户对产品物流服务可得性的心理预期将更加理性化，减弱了对企业逆向物流速度要求的压力。因此，企业物流系统中的仓库、配送中心、运输线路等设施的布局、结构和任务可以通过局部调整，实现与逆向物流系统的对接，而且随着企业逆向物流体系的逐步完善，服务的半径也将加大。

电子商务中的逆向物流集中表现为根据订单产生的商品由于质量或其他用户不满意因素而从消费者那里重返到零售商或者供应商的流动过程，其具体过程涉及：物流、信息流、资金流、商流的全部或部分。逆向物流管理在电子商务运营中与它的正向物流管理始终共存，相辅相成。

3. 电子商务产生逆向物流的原因

传统经济生活中的废品收购，空桶、空瓶、空盘，废旧钢铁、纸张、衣物等的重复利用是一种司空见惯的社会生活现象，因而，服务于废品回收再利用的逆向物流并不是什么新东西。但随着电子商务的快速发展，物流业从传统的流通业中独立出来，日益受到人们的关注。同时，随着人们环保意识的增强，环保法规约束力度的加大，逆向物流的经济价值逐步显现，逆向物流有了新的含义。随后，新的资源再生利用技术的研究与推广大幅降低了处理回收物品的成本，使逆向物流不仅意味着物流成本的降低，而且还意味着经济效益、社会效益和环境效益的共同增加。

产生逆向物流的主要原因有以下几个。

（1）网购的不确定性

电子商务给人们生活带来便利的同时，也带来了购物行为的不确定性，导致了大量的逆向物流的产生。在网上购物的时候，消费者往往只能看到相关商品的平面图片或描述性的文字说明，缺乏对商品的感官认识和全面了解，很容易发生收到的商品与在网上看到的不一致的情况，从而导致消费者产生退货行为。网络购物的不确定性是产生电子商务产生逆向物流最主要的原因。

（2）正向物流中的损耗

物品在正向物流过程中难免发生损毁，导致了逆向物流的产生。为了对电商网站行为进行规范以及保护消费者的利益，许多国家都有立法规定电子商务网站在售后服务环节必须制定相应的退货政策来保障消费者的权益。其中不仅有政府制定的法律法规，还有某些协会或者社会团体发起的一些要求规定来保障消费者的合法权益。

（3）增加自身竞争优势

为了吸引更多的消费者，增加自身竞争优势，各路商家竞相推出各种有利于消费者的退货条件，如“七天内无条件退货”等。虽然这些优惠措施减少了消费者购物的后顾之忧，但是也造成了大量的退货逆向物流。

（4）来自环境保护的要求

当今社会，随着市民们现代化生活水平与文化素质的不断发展和提高，环境保护的意识也日益增强。人们对环境的要求和期望值也逐渐随着生活水平的提高而变得越来越高。为了提升企业在公众心目中的品牌以及形象，许多企业都逐渐开始使用逆向物流战略，以期在回收物资产品时减少资源的消耗和浪费，降低质量不合格的产品对环境造成新一轮的污染。电子商务环境下的逆向物流充分利用了当前的电子商务技术平台，对废旧的产品、不合格产品及剩余物料的回收具有强大吸收能力。随着全球资源的缩减和各国处理垃圾的能力的日渐衰退，许多现代化、工业化的国家都不得不采用电子商务逆向物流来控制和回收废旧产品。

4. 电子商务逆向物流与传统逆向物流的区别

（1）逆向物流的对象不同

传统逆向物流的主要对象是可再利用的包装材料以及废弃物品的回收和处置，其优势主要体现在节约包装成本和环境保护上。而电子商务环境下的逆向物流主要承担的是市场营销过程中的售后服务职能。逆向物流系统一旦运作良好，就可以为消费者提供方便快捷的退货渠道，同时具备合理整合外部资源来为消费者提供完整的售后服务的功能。

（2）逆向物流的提供者不同

传统逆向物流的提供者包括内部物流组织和外部物流组织，效率较低。而电子商务环境下的逆向物流，其物流活动的主要承担者多为外部的物流服务提供商，主要集中在效率较高的快递公司、邮递公司等。

（3）逆向物流的过程不同

传统逆向物流的物流过程因交易方式和贸易对象的不同而呈现出多样化特征。而电子商务环境下的逆向物流，其物流流程比较单一，即通过物流企业，直接将物品返还给商家或者制造商。这一过程通常是直达式的。

（4）逆向物流过程中的信息交流不同

传统逆向物流，其物流过程中的信息交流较少，不利于及时了解和掌握客户情况和市场趋势，很容易造成客户服务质量和客户满意度的下降。而电子商务环境下的逆向物流在其物流过程中伴随着多渠道的信息交流，其优点是可以有效地进行沟通，从而有助于问题的解决，但同时也可能造成信息的干扰或误解。

5. 电子商务逆向物流管理

对电子商务环境下逆向物流的管理问题，已经有不少学者展开了深入的研究。研究内容主要包括：从预防逆向物流发生的事前角度出发和处理已经发生的逆向物流的事后角度出发。前者关注的是怎样避免和减少电子商务中的逆向物流；后者则将注意力投注在电子商务中已经产生的逆向物流上，如何采用合适的方式来处理。

（1）避免和减少因信息不对称而出现的逆向物流

避免和减少因信息不对称而出现的电子商务逆向物流的主要办法是：从网站设计入手，即从设计电子商务网站之初就要充分考虑到所收商品的退货问题。具体来说，应该注意以下这几个方面。

1）首先要尽量克服信息不对称这个弊端。在允许范围内，网站方面提供的商品信息越详细越好。这是因为在网上购物的消费者不能见到、触摸到商品，收到商品之后，往往会发现实物和网上发布的商品信息不符。当电子商务企业提供的信息越详细，越接近实物，那么消费者对于所购产品不满意的可能性就越小，退货的可能性也就越小。德国科学家利用先进的技术手段，开发出了“在线试衣间”系统。通过这个系统，消费者可以上传自己的照片，然后“试穿”从网上看到的新衣，看看是否合体。这个系统使得衣服的退货率大幅下降。

2）提供同类商品的对比功能，让消费者在进行充分的对比之后再选择，或者推荐相似的物品来让消费者比较容易挑选到最满意的商品。目前大部分的电子商务网站已经设置了这项功能。

3）提供一套成熟的，为消费者考虑的订单系统。当消费者在网上下了一份订单之后，要有一个流程让消费者确定自己的购买意向，给消费者一段时间来考虑是否真的需要所订购的商品。如果消费者反悔，要允许其在给定时间内取消所下的订单。从表面上看，这样会减少订单的数量，但是实际上却可以避免退货带来的各种成本。

（2）制定合理的逆向物流策略

在制定相应的逆向物流策略时，要从战略和战术两方面考虑。从战略上要制定积极的退货政策；从战术上要建立合适的回收商品系统。只要把握好这两个方面，商家就能让客户留下一个售后服务良好的印象和体会，进一步提高客户满意度和客户忠诚度。美国的新物流（New Logistics）公司是一家为零售商直接提供回收商品解决方案的物流企业。该公司在 2003 年 12 月在全州范围内进行了一项调研，他们随机抽取了 1020 个成年人发放调查问卷。问卷统计结果显示，有 90%的被调查者认为方便的退货政策以及快捷的退货程序影响他们的购买决策，约有 95%的被调查者表明他们“非常有可能”（very likely）或者“有可能”（somewhat likely）到那些提供便利退货服务的在线零售商家那里再次消费。同时，有 85%的被调查者说他们“不太可能”（not likely）考虑到那些不能提供便利退货服务的在线零售商家那里购物消费。由此可见，电子商务中的退货政策对消费者的购买意愿影响非常大，能否退货以及退货流程是否便捷是影响客户满意度和客户忠诚度的一个关键因素。

在制定逆向物流策略时，要注意以下两点。

1）在电子商务网站醒目的位置上设置介绍退货政策的链接。在相关页面上详细说明公司的退货或换货政策、方法和途径。这样做能让消费者在购买商品前就了解退货的有关规定，做到明明白白放心购物。最好能在售出的商品包装上详细标明退货政策和方式，这样一旦消费者对商品不满意，有退货的需要，就能在最短的时间内选择最适合自己的方式进行退货，并获得退回的货款。

2）电子商务企业要逐步建立自己的逆向物流管理系统、加大逆向物流的投入、设计完善的退货策略，包括：合理的退货价格、退货流程以及建立逆向物流企业联盟等。

总而言之，在电子商务中，逆向物流与客户满意度和客户忠诚度关系密切。而在商业社会，客户就是上帝。因此，任何电子商务企业都不能忽视逆向物流的管理问题。目前国内关于这方面的研究并不多，但相信随着电子商务市场的不断扩大以及科学技术的快速发展，逆向物流的问题将会得到越来越多企业和学者的重视。

6. 电子商务逆向物流发展的机遇与挑战

近年来，飞速发展的电子商务打破了地域和国家的界限，开创了一个巨大的线上交易市场，发掘出现代物流新的价值。然而，网上购物是在虚拟的网络空间上进行的，消费者看不见实物，只能通过图片和文字描述获取商品信息，难免与现实有些出入。因此电子商务的退货量近年来急速攀升，甚至有很多消费者因为退货渠道不完善而放弃网络购物。许多国际知名的公司都采用逆向物流策略作为降低成本，提高客户满意度的重要方法，进而提高企业的综合竞争力。现如今逆向物流已经成为电商发展的重要一环。

总而言之，电子商务的发展离不开物流系统的支持，高效率的逆向物流同样依赖于电子商务。在电子商务环境下，逆向物流的机遇与挑战并存。

10.2.3 电子商务逆向物流的运作模式

目前来看，电子商务逆向物流的运作模式主要有四种：企业自营模式、第三方逆向物流模式、战略联盟型逆向物流模式和综合方案提供商模式。

1. 企业自营模式

企业自营模式是四种常规逆向物流模式中最简单的一种。电子商务逆向物流的企业自营模式是指：企业通过结合自身原有的物流系统和资源，自行管理和处理生产资料的回收、退货、再制造和再利用等一系列过程，并承担所需的成本和责任。企业自营的电子商务逆向物流模式如图 10-3 所示。

企业自营模式有利有弊。它的优点在于：一是企业自己可以掌握逆向物流的全过程，通过

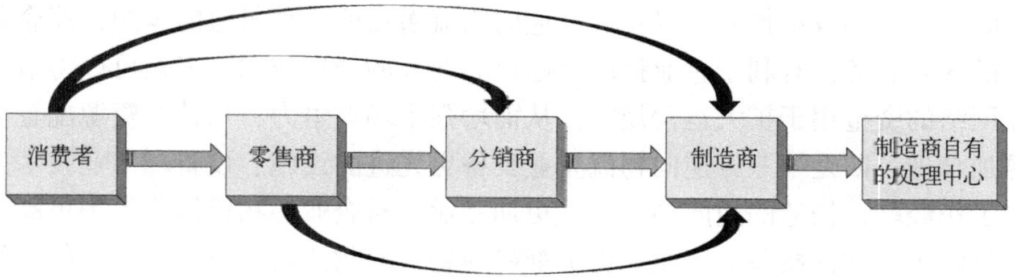

图 10-3　电子商务逆向物流的企业自营模式

这个过程直接与顾客接触，能获取准确的第一手信息；二是整个售后服务都控制在企业自己手里，而且它的手续比较简单，消费者的需求能及时得到处理，因而能够帮助企业建立良好的顾客关系；三是产品的每次流动都在企业的掌控中，从而保证了产品从生产到结束的整个环节都在企业自身系统中流动，保护了企业核心技术的隐秘性，也对一些商业机密有了更好的控制，有效地防止了机密泄漏现象的发生；四是及时有效的信息反馈。在自营系统中，对于回收的产品，企业能够及时了解产品哪些方面需要改进，以保证产品质量的提升，同时，还能够及时接收到消费者对于产品各方面的反响，从而为企业对产品的改革和创新指明方向。

尽管有以上优点，但是企业自营模式在某些方面也不尽如人意。一是自营模式的逆向物流的构建和规划、运行管理，都是企业独立完成的，就需要大量的资金进行设计与构建，以及各个环节的设备购买、人员雇佣等；二是从整体社会资源的配置角度来说，企业自营模式属于重复建设，不利于整体社会资源的优化配置；三是逆向物流从构建到盈利需要一定的时间，具有一定的风险；四是由于该逆向物流网络是企业独立控制的，企业同时还要监管原有正向物流，难免有时出现冲突的情况，这时企业会为了保证正常生产运行而舍弃逆向物流的一部分工作，造成逆向物流网络工作实施不彻底。

2. 第三方逆向物流模式

第三方逆向物流是 20 世纪中期物流行业快速发展的产物。这种模式是指由专业的第三方逆向物流企业为电子商务企业提供逆向物流服务。逆向物流的第三方物流模式就是企业与专业物流机构合作，将逆向物流的活动外包，企业不参与商品回收业务，而主要从事其主营业务。第三方逆向物流模式分担了企业无暇顾及的回收工作，减轻了企业的负担，更加利于企业自身的发展。电子商务逆向物流的第三方逆向物流模式如图 10-4 所示。

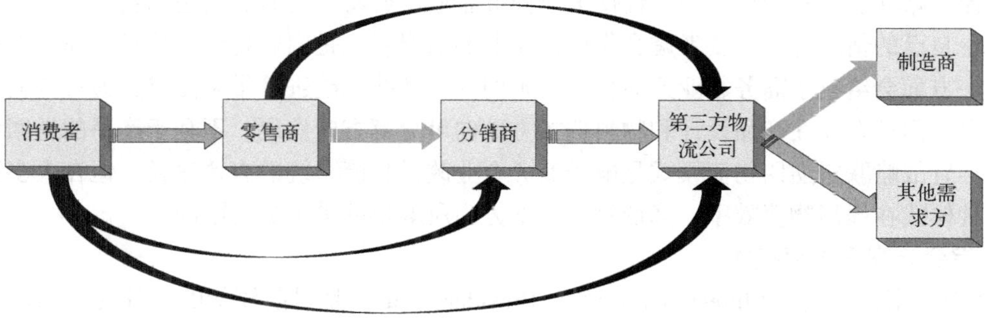

图 10-4　电子商务逆向物流的第三方模式

电子商务逆向物流的第三方模式的优点是：一是该模式具有较强的成本优势，对电子商务企业资金要求不高；二是第三方逆向物流企业承担了企业逆向物流方面的工作，减少了对产品回收控制的时间精力和成本投入，以及运行逆向物流潜在的各种风险的承担，使企业能够更加专注于自己的核心业务，有利于企业提高自己核心业务的处理技术；三是可以将节省下来的构建逆向物流网络的资金用于扩大运营规模，从而增强市场竞争力，从社会资源配置上看比企业自营模式更加合理；四是第三方逆向物流企业具备更先进的设施、设备和专业技术人员，他们具有丰富的工作经验，构造的逆向物流网络更加专业，对企业的物资回收效率更高；五是基于第三方逆向物流企业的优质服务，能够更加准确地将逆向物流运行过程中产生的各类信息及时地反馈给企业。通过这些反馈的信息，企业能够进一步提高自身的设计能力。对于一些处于起步阶段或流通资金比较匮乏的电子商务企业，这种模式能够解决他们的燃眉之急。

当然这种模式也有弊端，一是由于第三方物流企业的加入，电子商务企业和客户之间直接交流的信息会减少，因而可能会造成供需双方之间的信息偏差；二是由于企业的逆向物流全权外包给第三方物流企业，物流企业为了更好地构建逆向物流网络，就要对企业产品的销售情况、产品的生产情况和一定的产品技术有所了解，从而将企业的机密信息泄露。

3. 战略联盟型逆向物流模式

战略联盟型逆向物流模式是介于前两个模式之间的一种逆向物流模式，是企业自营模式和第三方逆向物流模式相结合的升级版，主要是指电子商务企业与第三方逆向物流企业以及其他企业结成战略联盟，共同完成逆向物流。此模式充分满足了企业资源共享和优化配置的要求，充分发挥出联盟中各方在人才、技术、信息等各方面的优势。但是各企业间资源的协调也不是一件简单的事情，因此，要建立这种联盟并不容易，在实际操作过程中必须兼顾联盟中各方的利益。电子商务逆向物流的第三方逆向物流模式如图 10-5 所示。

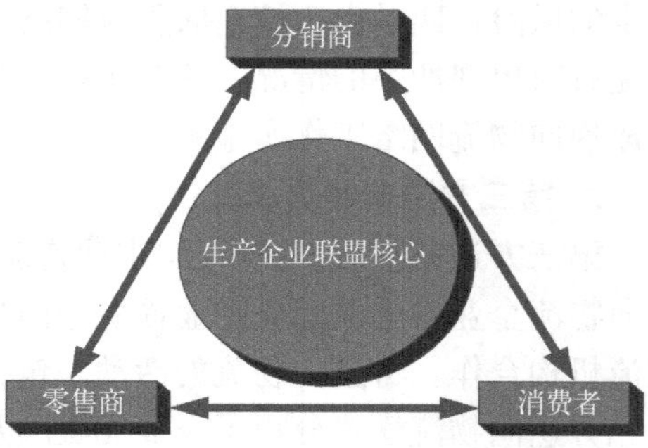

图 10-5　战略联盟型逆向物流模式

战略联盟逆向物流模式的优势在于：一是降低了逆向物流成本，在一定的地理区域内，企业战略联盟共享了逆向物流资源，产生了一定的运营规模，能够有效降低逆向物流的成本；二是提高了逆向物流的专业性。联盟的企业大多都是同类型的企业，其回收的物资具有一定的共性。因此，与专业第三方的逆向物流模式相比，联盟构建的回收物流系统具有更强的专业性。

但是战略联盟逆向物流模式的劣势也很明显。一是物流战略联盟的长期性、稳定性使电子商务企业不容易改变原有的逆向物流模式，他们除了要考虑自己的情况外，还要考虑合作伙伴企业的情况；二是回收物资的信息反馈不够及时和准确，一方面会给电子商务企业逆向物流成本的计算和技术改进等带来困难，另一方面也不利于激励电子商务企业在产品设计和物料选择方面向可分解方向发展，不利于产品的退回和循环使用。尽管战略联盟逆向物流模式是电子商务企业改进物流系统的有效途径，但在大多数情况下，这种模式在提高物流效率、降低物流成本方面所取得的进步是有限的。

4. 综合方案提供商模式

"综合方案提供商"（Integrated solution Provider，ISP）是目前较新的一种逆向物流管理模式。该模式的发展处在起步阶段，采取这种逆向物流模式的企业还比较少。其中，最主要的原因是这类模式完全构筑在电子商务的基础上，即在这种模式下，逆向物流不再是将既定实践和服务移植运用到电子商务中，而是基于电子商务的特性构建一种全新的业务活动和运作模式。

在这种模式下，综合方案提供商既具有逆向物流的专业技术，又精于Web技术，能为顾客量身定制独特的增值性服务。也就是说，综合方案提供商的业务范围不仅仅局限于逆向物流，而是延伸到整个退货流程的设计以及退回商品的后续处理。以美国的Return Logistics公司为例，对综合方案提供商模式进行解释说明。Return Logistics公司是一家专门从事医药产品逆向物流的企业，它为医药生产商提供退货、产品召回、过期药品处置等服务，还提供批准授权、证明、包装和运输等综合解决方案。电子商务逆向物流的综合方案提供商模式的流程如图10-6所示。

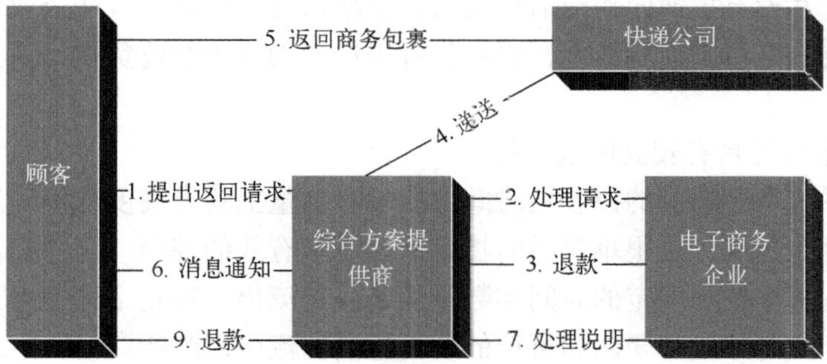

图10-6　电子商务逆向物流的综合方案提供商模式

电子商务逆向物流综合方案提供商模式的流程可描述如下。

1）消费者在互联网上登录与电子商务企业签约的ISP服务器，提交退货或产品返回申请。

2）如果电子商务企业同意消费者的退货申请，那么电子商务企业会把与退货商品有关的全部款项（包括货款、处理费用等）通过一个在线的网络支付渠道退至ISP处。

3）ISP在收到款项后，会通知消费者退货申请已经被受理，并派出签约的快递公司将商品取回，送至ISP的处理中心。

4）ISP检查退货，如果退货符合电子商务企业的政策规定，则同时通知顾客与电子商务企业这个结论；如果不合规定，ISP则要出具不符报告至双方，然后等待电子商务企业给出后续的处理意见。

5）跟电子商务企业确认好具体的退货处理方式之后，ISP将结合自己的专业技术知识来处理这些退货。

6）ISP把货款以及处理报告返还给顾客，电子商务企业支付的处理费用就是综合方案提供商的主要收益。

通过以上的流程可知，在这种模式下电子商务企业基本上将整个逆向物流业务都外包出去了。它们要做的仅仅是选择一个合适的综合方案提供商，然后所有与逆向物流有关的业务都由这个承包商解决，包括流程的设计，与快递公司的协调，甚至是与顾客沟通维护顾客关系。由于这种模式中综合方案提供商的业务范围相当广，需要具备专业的设备和人力资源，资金投入比较大，因此综合方案提供商一般只能专注于一个行业。某些大型的综合方案提供商甚至会受到政府的青睐，成为其相关部门的合作伙伴。这也从侧面说明这种模式在现有的科学技术条件下，可以实现最优的社会资源配置。但这种先进模式是建立在有一定规模的电子商务市场以及发达的逆向物流行业水准的基础上的，目前在中国，逆向物流管理才刚刚起步，因此这种模式要想在中国推广和普及还有很长的一段路。

10.2.4 电子商务逆向物流面临的问题、发展趋势及建议

1. 电子商务逆向物流面临的问题

电子商务的快速发展带动了逆向物流的发展，但其在迅速发展的同时，也暴露出不少问题。

（1）企业内部忽视对逆向物流的管理

近几年来，尽管有很多企业设立了专门的回收部门和逆向物流系统。不过仍能很清楚地看到，大部分的企业并没有把逆向物流活动纳入企业战略发展范畴。有些企业对逆向物流的认识还停留在正向物流的陪衬和附属品上，更有甚者视逆向物流为企业负担，认为其产生的成本为额外费用。

（2）逆向物流系统具有较高的复杂性

在逆向物流系统中，物资的回收在时间、质量和数量上具有高度的不确定性。这导致在逆向物流的操作上存在困难，也很难对逆向物流系统实施有效的控制。正向物流通常是在人们的计划和掌控之下，基本按照规定的时间和数量从某一点流出，终止于另一点，物资何时何地出发、数量多少、流向何处是已知的和可控的。而逆向物流中回收物资的产生地点、时间和数量等无法预料，因此逆向物流系统居于较高的复杂性。

（3）缺乏相应的技术和管理手段作为支撑

相较于正向物流的处理方法已经十分规范，逆向物流的处理系统与方式则复杂多样。不同的逆向物流处理技术对恢复资源价值的贡献差异显著。但逆向物流在中国还处于初级的发展阶段，尤其在电子商务模式下，我国物流行业的实践者们普遍缺少逆向物流的管理经验、分析系统和专业技术。现阶段，我国逆向物流管理的效率较低。

（4）外部市场风险大

由于存在认知上的不足，社会对逆向物流的理解存在误区。从形成因素上看，逆向物流一般是由对不满意产品的退货、不合格材料和残次品的退（召）回、包装品的循环复用、废弃物的处理、有害物品的回收等引起的。因此，大多数企业认为逆向物流是负面的。同时，运作逆向物流对企业的生产能力、物流技术、人员素质、管理水平、组织结构等方面的要求非常高，并且需要投入大量的人力、物力、财力，使得企业对逆向物流的成本控制、经济效益以及成功概率等持怀疑态度。此外，逆向物流业务是由供应链上各个企业共同运作的，因而企业开展逆向物流需要与供应链上其他企业充分合作、协商，并结合整个供应链的业务能力集体做出决策。因此，逆向物流的运作具有较大的外部市场风险。

2. 电子商务逆向物流的发展趋势

伴随着电子商务的快速发展，逆向物流的发展呈现出以下几个重要的趋势。

（1）一体化

逆向物流与正向物流虽然在运作流程和运作方法上有许多不同之处，有些甚至是完全相反的，但正向物流活动积累的经验和大量的基础设施仍然可以广泛地应用到逆向物流活动中，充分发挥基础物流设施的功能，如利用物流结点进行逆流物回收和利用返程空车运输逆向物流等。同时，大量专业的第三方物流企业也将会加入到逆向物流活动中来，成为集正逆向物流为一身的综合性第三方物流提供商，因此正逆向物流的一体化将是逆向物流发展的一个重要趋势。

（2）信息化

信息化是当今时代的主题。但将现代信息技术应用于逆向物流却没有被企业关注和提上日

程，很多企业甚至还没有开始考虑在其经营中引入逆向物流，更不用提开发逆向物流管理信息系统了。在将来，综合性的逆向物流信息系统将会成为企业进行逆向物流活动的有效工具。电商企业可以利用逆向物流管理信息系统，掌握回收物资的流向、流量等相关信息，决策回收物资的配送路径，充分发挥回收物资信息的最大价值。

（3）社会化

随着环保意识的增强，人们将比以往任何时候更加重视和维护自身的生存空间，由此形成了人们对逆向物流的共识。企业也将逐渐意识到逆向物流是企业成功的重要保证，这将大大促进逆向物流的社会化发展。大量的逆流物资将会被送到专业化的分类处理中心进行绿色无害的处理。在充分开发利用逆流物资的同时，不再以危害环境为代价，社会化的逆向物流活动将会展开。此时，人们进行逆向物流的社会意义将远大于其经济意义。

（4）绿色化

绿色化是人类追求的目标，逆向物流活动的绿色化对人类的意义显得尤为突出。绿色化不仅指逆向物流活动的绿色化，还包括逆流物处理方法的绿色化。通过绿色处理技术和绿色逆向物流活动，可以对逆向物流物资进行重用、维修、再制造以及再生循环利用，实现对现有资源的最有效利用和对生态系统的无害化输入，从而节约自然资源，降低生产成本和污染治理成本，实现整个社会的可持续发展。

（5）专业化

随着人们对逆向物流的要求越来越高，逆向物流的各个方面都需要配备更加专业的设备设施、专业的人员、先进的处理方法和技术来满足社会和客户的苛刻要求，同时为企业创造最大价值。专业化的逆向物流是逆向物流发展到更高层次的最直接的体现。

（6）产业化

随着逆向物流的迅速发展，逆向物流在经济活动中的作用将会越来越大，其在国民生产总值中将会占有更大的比重，从而成为人类经济活动中十分重要的方面和为人们创造价值的重要行业。因此，可以肯定地说，逆向物流产业化趋势是不可逆转。人们应该提前做好准备，充分重视逆向物流产业的发展。

3. 发展电子商务逆向物流的对策建议

（1）树立现代逆向物流理念

在以顾客为导向和绿色主义盛行的市场环境下，企业建立逆向物流系统，是提高顾客忠诚度、促进技术创新的主要手段之一，这对企业节约资源、降低成本、塑造环保形象、增强显性和隐性竞争优势等具有十分积极意义。

（2）加大政府环境立法进程和环保执法力度

目前，美国，日本、西欧等发达国家都出台了关于残次品的退回、包装材料的循环利用、废弃物的回收处理等法律和法规，这在很大程度上推动了企业逆向物流的发展。

（3）重视逆向物流通道的建设，提高供应链的整合能力

一个完整的逆向物流流程通常是从消费者或其他逆向物流源开始，通过零售商、批发商、配送中心、生产商和供应商等环节，逐级回溯的过程。因此，要重视逆向物流通道的建设，提高逆向物流供应链对资源的整合能力，实现降低逆向物流的运作成本，同时提高其运作效率的目标。

（4）促进物流的管理创新和技术进步

鉴于逆向物流的复杂性和不确定性，企业要实现高效率和规范化的逆向物流运作和管理，需要有先进的科学技术和运营管理理论的支持。因此，持续发展逆向物流建设，会进一步促进

物流在管理理念上的创新和在方法技术上的进步。

(5) 引入专业第三方的管理

一般来说，第三方物流公司在专业技术、综合管理和信息处理等方面具有显著优势。通过在逆向物流业务中引入专业的第三方物流企业，可以实现专业分工、提高运作效率和降低运作成本的目的。据悉，国际物流巨头，如UPS、联邦快递等，都已经进入逆向物流领域。第三方逆向物流管理必将成为逆向物流发展的重要方向之一。

10.2.5 电子商务逆向物流的案例及解析

1. 背景描述（沃尔玛的退货管理方案及启示）

沃尔玛百货有限公司由美国零售业的传奇人物山姆·沃尔顿先生于1962年在阿肯色州成立。经过五十多年的发展，沃尔玛公司已经成为美国最大的私人雇主和世界上最大的连锁零售企业。2018年3月15日，沃尔玛中国在中国消费者协会以“品质消费，美好生活”为主题举办的消费者权益保护日主题活动上表示，积极支持中国消费者协会倡导的“线下七日无理由退货”活动，并在此基础上做出全方位退换货服务承诺。具体的退货方案如下。

(1) 省心新鲜100%退款

消费者在全国400多家沃尔玛购物广场购买鲜食产品，均享受“省心新鲜100%退款”服务，即顾客对鲜食商品有任何不满意，均可于购买后14天内，凭小票或沃尔玛磅秤标签进行退款。对于所有鲜食退货商品，沃尔玛将及时销毁，杜绝再次售卖。

(2) 90天无理由退货

对于非鲜食商品，除店内公示的特殊商品及例外情况，在沃尔玛购物广场和山姆会员商店均可享受90天无理由退货。对于电商平台销售的商品，沃尔玛将继续严格遵守相关法律法规要求的“七天无理由退货”。

(3) 多种渠道聆听顾客声音

沃尔玛通过多种渠道聆听顾客的声音。沃尔玛客服热线服务全年无休，沃尔玛购物广场顾客和山姆会员均可通过服务热线反馈意见，所有顾客咨询将在24小时内由专人跟进予以回应。顾客还可以关注“沃尔玛”微信服务号，反馈意见和建议。此外，沃尔玛还通过沃尔玛调研项目、门店意见反馈及门店总经理电话回访等形式听取顾客的意见和建议。

2. 逆向物流方案

(1) 建立逆向物流的管理中枢

为了支撑自己的退货承诺，沃尔玛十分重视其逆向物流的运作，投入了大量的资金。在逆向物流的运营过程中，沃尔玛逐步建立起一个“无缝点对点”系统。所谓“无缝”即沃尔玛中国按照专门化和集约化的原则，仿照正向物流管理中的商品调配中心形式，采用逆向思维构建了近百个规模不等的“集中退货中心”集中处理退货业务，用以保障逆向物流物品从消费者回到沃尔玛物流中心过程中物流链的顺畅性。目前，沃尔玛通过集中退货中心处理的退货已占退货总数的六成以上，集约化处理已成为沃尔玛逆向物流管理的主导方式。集中退货中心的管理既提高了返品的流通效率，又降低了逆向物流耗费的成本，加速返品资金的回收。

(2) 构建统一和集成的配送系统

沃尔玛施行统一的物流配送业务指导原则，不管物流配送项目是大还是小，是正向物流还是逆向物流，都必须把所有的物流配送过程集中到一个伞形结构之下，以保证配送过程每个环节的顺畅。完善合理的配送网络和系统大大降低了物流配送的成本，加快了物流配送的速度。

（3）降低逆向物流的操作复杂度

逆向物流可能发生在任何一个逆向供应链循环中，即逆向物流的终点可以是资源恢复链上的任何节点。因此，整个逆向物流产业链呈现散而杂的特点，无法提前预估。可以说，对逆向物流进行管理的难度远大于正向物流，这对企业的生产能力、物流技术、信息技术、人员素质等都提出了更高的要求。沃尔玛将自己的逆向物流与集中退货中心联系在一起，由集中退货中心统一对逆向物资进行精确管理。这样，当所有的退货返回沃尔玛物流中心时，相应的操作员只需要对其进行卸货处理，而不用再检查和审核商品，有效降低了员工的操作时间和复杂度。

（4）创造逆向物流的价值

沃尔玛意识到逆向物流不仅是闭环供应链中一个必需的节点，而且逆向物流还能够为企业创造大量的价值。首先，逆向物流能提高潜在事故的透明度，在促使企业不断改善品质管理体系方面，具有重要的地位。其次，逆向物流可以提高顾客价值，增加竞争优势。顾客价值是决定企业生存和发展的关键因素。众多企业通过逆向物流提高顾客对产品或服务的满意度，赢得顾客的信任，从而增加其竞争优势。第三，从宏观来看，逆向物流能改善社会环境，帮助企业塑造健康的社会形象。

10.3 “菜鸟”物流网络

10.3.1 菜鸟的起源

2018 年 11 月 12 日凌晨，天猫双 11 全球狂欢节落下帷幕。根据阿里巴巴集团的数据，截至 2018 年 11 月 11 日 24 时，阿里巴巴天猫双 11 交易额达到 92135 亿元，物流订单超过 10 亿。与此同时，从整个电商的环境看，2018 年，中国网络零售市场的交易规模达 12135 亿元，同比增长 26.9%。按此增长速度，在可预见的几年内网络零售交易额将触及 20 万亿节点。电子商务的发展速度令人瞠目结舌。2009—2018 年淘宝天猫的销售额如图 10-7 所示。

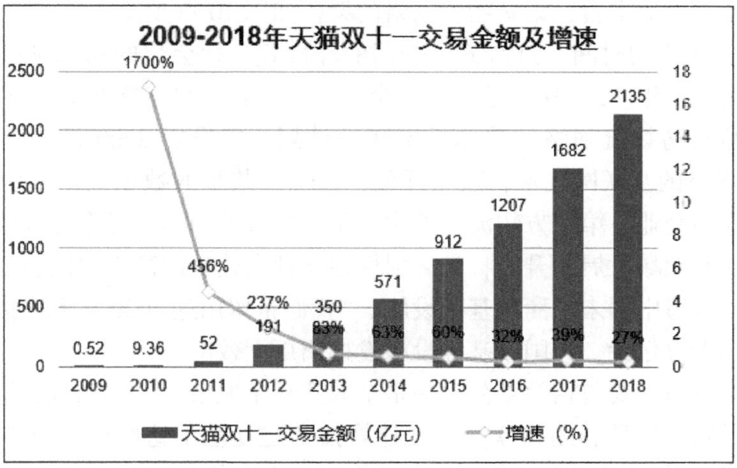

图 10-7　2009-2018 年天猫双十一节的销售额

天猫双 11 经历了十年，物流订单从 26 万起步，增长了 3800 多倍，大步跨过历史性的 10 亿关口，创造了世界新纪录、行业新奇迹。2013 年全年的快递量接近 92 亿，天猫双 11 当天，单日包裹首次突破1亿个，快递爆仓的消息此起彼伏，快递行业在起步20年后面临了巨大的考验。意识到国内物流行业的阻碍后，阿里巴巴于2013年牵头，联合了中国邮政、申通、中通等8家中国主要快递公司，成立了菜鸟物流网络，致力于建设智能物流骨干网。马云表示全物流行业必须提前谋划、携手协作，为未来打造基础设施。至此之后，中国快递物流业逐渐形成了“1+8+N”的网络效应。其中，菜鸟物流网络起到了“物流大脑”的作用。8家快递公司作为行业龙头，承担了包裹运输和配送。N则是包括仓储和落地配、即时物流、物流科技公司等在内的整个物流生态。菜鸟携手全行业的物流企业，坚定执着地投入和努力着。他们相信中国消费市场和商业经济，他们期待美好的未来。“1+8+N”最终构成了面向未来的物流基础设施。

截至2018年，中国的快递、仓储、落地配、城配、即时物流，形成了丰富的物流生态。作为技术驱动的社会化物流协同平台，菜鸟物流网络已经用大数据连接了300万快递员，3000万平方米的仓库。2018年全球智慧物流峰会上，马云提出，阿里巴巴和菜鸟将投入上千亿元建设国家智能物流骨干网。这张网不仅仅是打造基础的物流设施，还要通过智能技术对物流行业进行数字化升级。从电子面单开始，菜鸟物流网络将致力于无人驾驶、自动仓储、自动配送、物流机器人等人工智能的前沿领域，为传统物流行业的智能化升级赋能。在菜鸟的超级机器人分拨中心里，350台机器人每天可分拣超过50万件包裹，各类物流场站的“物流天眼”能够实现智能运算和管理。除此之外，扫脸开柜、语音助手、IoT物联网等技术正在成为物流骨干网的大功率引擎。从2013年到2018年的5年时间里，我国快递行业的包裹量从90亿件快速增长至500亿件，同时物流时效却在不断提升。智能物流骨干网在其中发挥着至关紧要的作用。

10.3.2 菜鸟物流网络的理念与演化过程

1. 菜鸟物流网络的构成

“菜鸟物流网络”的本质是一个数据协同平台，其作用是通过预测监控全网运力的大数据产品物流预警雷达，以数据驱动的方式，协同快递公司、商家一起进行物流服务，协调全社会的物流体系和力量来解决配送问题。简单地说，菜鸟物流网络就是通过共享所有的社会物流资源，打造一个互通的物流平台，菜鸟物流网络的架构如图10-8所示。

马云希望用5~8年的时间，打造遍布全国的开放式、社会化的物流基础设施，建立一张能支撑日均300亿元、年度约10万亿元的“全国24小时，全球72小时必达”的国家智能物流骨干网络。按照菜鸟物流网络的整体投资建设计划，拟投资3000亿元人民币，首期投资1000亿元，利用先进的互联网技术，建立开放、透明、共享的数据应用平台，为电子商务企业、物流公司、仓储企业、第三方物流服务商、供应链服务商等各类企业提供优质服务，支持物流行业向高附加值领域发展和升级，最终促使建立社会化资源高效协同机制，提升中国社会化物流服务品质，打造中国未来商业基础设施。“我们希望用这3000亿元来撬动国家在物流基础设施上投入的几十万亿元，让国家基础设施发挥出更大效应。”

这些物流基础设施主要包括两部分：一是全国几百个城市通过“自建+合作”的方式建设物理层面的仓储设施；二是利用物联网、云计算技术建立基于这些仓储设施的数据应用平台（虚拟仓储），并共享给电商企业、物流公司、仓储企业、第三方物流服务商和供应链服务商等共同使用。其中，虚拟仓储的概念是指通过智能化的手段帮助电商在菜鸟物流网络平台上管理自有的仓储。即电商企业将自己的销售状况、仓库存放的货品信息等全部导入菜鸟平台，并最终由菜鸟物流网络平台来管理和控制。简单地说，从销售到下单，一直到入库、送货，菜鸟

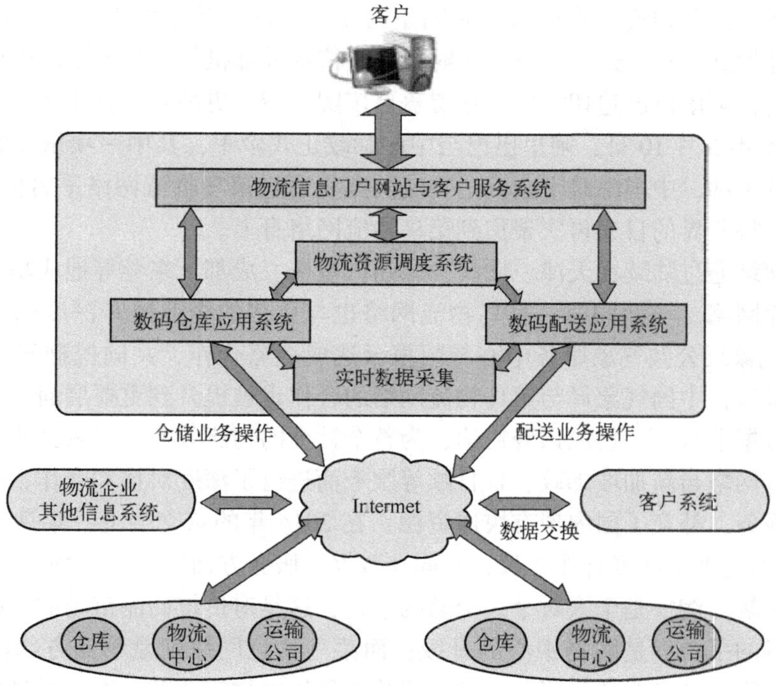

图 10-8　菜鸟物流网络的架构

会帮助商家完成配送服务销售全过程。如果说建设实体仓储更多的是一种筹码和手段，那么虚拟仓储则是其实现全国范围内 24 小时送达目标的核心投入。

2. 菜鸟物流网络的理念

阿里巴巴通过网购平台、支付平台确立了电商优势，但是商户和用户并没有真正地掌握在阿里巴巴的手里。因此，马云如今最想解决的问题是通过菜鸟物流网络的建设，打造一个线下平台，将商户圈住，从而抓住用户。阿里巴巴打造菜鸟物流网络的理念是构造一个物流生态圈：利用“天地一张网”实现无缝融合。阿里系一端对供应商，另一端对消费者，谁也离不开菜鸟物流网络，离开了菜鸟物流网络，消费者找不到产品，产品找不到消费者。与苏宁，京东、易迅等自建物流不同的是，依靠社会化分工，菜鸟物流网络主要提供的是标准、仓储、干线运输等社会资源可自由接入的平台。这不仅是互联网思维向传统行业渗透的另一个尝试，也是阿里数据金矿价值的持续释放方式。阿里所拥有的数据优势以及其在互联网金融领域的尝试，无疑扮演的是变革者角色。马云对此并不否认，他说“菜鸟”可能失败，但“万一”成功，将会产生巨大的变革力量。沈国军也强调一旦智能物流网建成、打通，对整个电商业和物流业带来的变革是巨大的，最直接的影响是今后全国大中小型电商和快递业都可能要依托此平台发展。但最大的受益者无疑还是阿里巴巴，而这也是阿里将“互联网商业城市”思维继续向物流延伸的重要一步。

10.3.3　菜鸟物流网络的优势及发展瓶颈

1. 菜鸟物流网络的发展历程

据中国快递行业协会的数据，2012 年我国快递企业有 8000 余家，100 万从业人员，年业务总量接近 60 亿件，是世界第二大快递市场。但在马云眼中，这一数字依旧难以支撑中国电商业的高速发展，而且物流一直以来也是阿里与京东、苏宁等电商做比较时最明显的一块短板。当京东已经做到一日三送、一日四送时，严重依赖外部机构的阿里系的电商物流实在不能让人满意。因此，阿里巴巴迫切需要一张覆盖更广阔区域、更高效的物流网来填补电商用户的体验缺失。2014 年 6 月 10 日，阿里巴巴与中国邮政正式牵手，其中一项重要的合作内容就是双方共建智能骨干网，中国邮政十余万个物流网点将通过菜鸟物流网络平台向社会开放共享。这一合作的开展将业界的目光再次聚焦到菜鸟物流网络身上。

菜鸟物流网络通过陆续在天津、武汉、郑州、重庆、成都、东莞等地成功拿地，初步形成了全国自建仓库网络。与此同时，菜鸟物流网络也与更多的企业展开深度的战略合作。2014 年 5 月，中国气象局公共气象服务中心与阿里云达成战略合作，共同挖掘气象大数据的深层价值。通过阿里云，中国气象局与菜鸟物流网络的合作也被提升到重要层面，双方将联手完善中国首个物流数据平台——物流预警雷达，为整个社会的物流效率提升发挥重要作用。同年 5 月份，菜鸟物流网络与新加坡邮政、日日顺等服务商进行了深度对接和合作，携手向商家和消费者提供优质服务，补充了国内现有快递资源。在 2014 年的京交会上，菜鸟物流网络还与国内 13 家快递公司签署了深度合作协议，共同在数据、服务方面服务于市场。

可以这样理解，淘宝是个人对个人交易的平台，这是对传统商品市场的一次升级；天猫是品牌商对消费者的平台，是购物中心的升级；而菜鸟物流网络则是第四方物流平台的一次升级。菜鸟物流网络不是专业的物流营运商，不从事具体的物流业务，而是通过应用物联网、云计算、网络金融等新技术，充分利用自身优势支持国内物流企业的发展，为物流行业提供更优质、高效和智能的服务，同时为各类 B2B、B2C 和 C2C 企业提供开放的服务平台，并联合网上信用体系、网上支付体系共同组成。

2. 菜鸟物流网络的发展优势

菜鸟物流作为互联网思维下的物流新模式，主要的优势表现为以下几点。

（1）大数据资源作支撑

菜鸟物流网络的核心在于通过整合全国的社会化物流资源，减少各个独立快递公司的物流成本。在网络化的现代，拥有大数据这一资源和技术无疑会增加菜鸟物流在运作过程中的稳定性及准确性。通过大数据可以计算出货物从发货到收货的最省时省力省资源的路线和方式，不单单降低了运输成本，也减少了运输时间，从而带给消费者更加方便快捷的购物体验。

（2）智能化的服务

菜鸟物流通过电子面单、智能仓储等智能化服务为商家减轻了大量的负担，使仓储变得更加便捷。电子面单服务可以帮助商家快速处理大量的订单，区别于传统纸质面单，电子面单更高效环保。使用电子面单，可以让一件包裹在上亿的包裹中被识别、处理、录入、配送。通过数据系统可以自动在发货商家、快递公司与消费者更新数据信息，智能化的下单大大节约了录入订单时间，提升了整体的发货效率且准确率更高。智能仓储利用智能化的系统和机器人，从买家下完订单到包裹生成的过程中，将不必要的人力转化为智能机器代替，不仅节约时间还节约了人力成本。当客户的订单下达之后，机器人会发现订单所在的货品的位置，自动走到货品所在的区域，这样拣货员就不需要在仓库里跑来跑去，机器人可以大大减少仓库内操作人员的工作强度，更会提升操作的效率。菜鸟这种先进的仓储配送服务，是传统物流所不能达到的。

（3）减轻“最后一公里”的负担

“最后一公里”是物流中最后，也是最重要的一步。但是，暴力快递、商品丢失、投递不到位等新闻不断，给物流行业造成了许多负面影响。针对这一情况，菜鸟物流推出菜鸟驿站服务，减轻了快递商家和消费者的负担。菜鸟驿站的流程简便，消费者购物后可以选择将物品寄存在家附近的站点，当快递到达菜鸟驿站后，菜鸟驿站会将订单信息录入到计算机的菜鸟系统里，菜鸟系统自动将取货短信发送到消费者的手机中，消费者再凭借短信进行自提取货。这一方式使不愿意透露身份信息和不能随时收取快递的消费者得到了益处。

3. 菜鸟物流网络的发展瓶颈

菜鸟物流在不断整合和利用互联网和大数据建设智能化物流服务的同时，也存在着以下无法避免的问题。

（1）物流资源集成的复杂度高

一方面，菜鸟物流想要完全整合社会化的物流资源，并产生效率和效益，其难度和复杂度是相当大的。这不仅要熟悉方方面面的情况，还要对供应链上每一个环节都要进行精确把控但在具体实践中，从云数据到云仓储，从运输决策再到配送调度，尤其在对末端配送不稳定性的处理和对配送员的管理上，很难做到面面俱到。另一方面，菜鸟物流网络囊括了国内绝大部分物流企业，陆运、空运、冷链物流等企业要在同一平台上被共同优化，在融合的过程必将矛盾迭出。民营企业与国有企业如何协调发展？同一平台上各物流企业的配送量如何分配？边远地区谁来配送？这一系列的问题牵扯到各方的利益，或将引发新的纷争。

（2）仓储竞争不容忽视

一方面，仓储一直是物流管理中的难点。而面对一个全国性的仓储网络，要管理不同供应商的不同货物，还要求极高的效率，菜鸟是否具备这样的能力，目前仍然是一个问题。另一方面，在菜鸟物流网络出现之前，以京东为首的具有一定仓储服务能力的企业已经占据了相当一部分的市场份额，且经营稳定。例如，京东的自建仓储和配送系统早在 2007 年便开始起步，由于其仓储的建设和管理都是自营的，在管理上比社会化的菜鸟物流网络要容易，因此其口碑和稳定性都要优于菜鸟。除此以外，顺丰和苏宁也推出了仓储行业的综合解决方案和社会化服务，其发展势头直追京东和菜鸟。由此可见，不同业态仓储之间的竞争不容小觑。

（3）价格因素引发关注

按照菜鸟物流网络计划，未来任何地区都将实现 24 小时送货必达。不少无法选择公路、铁路等运输方式的地方，必须选择空运，因此快递费用也随之水涨船高，原先“四通一达”等不少物流公司的价格优势恐怕荡然无存，或将面临更残酷的竞争。

（4）运营管理存在难点

从“菜鸟”计划来看，它并不是将十余家快递企业拆散再重新组建成一家新的企业，而是要将这些各具优势、独立经营、盈利能力都非常好的企业进行统一管理、统一运作标准。如有任何一个方面出现问题，都会给整个计划的实施带来困难。从技术层面来讲，“菜鸟”计划实施的最大困难应该是资源整合问题，包括资源的精确分配、运营的合理布局、时效的有效保障、信息的融贯畅通以及利润的分配，这需要一个非常强大的系统工程来支撑。同时，对物流整合的难度，要远高于互联网资源的整合，从菜鸟物流网络现有团队来看还缺乏物流配送与库存管理的专业储备。更重要的是，如此庞大的项目与众多的参与方，如何平衡各方利益也成为菜鸟物流网络能否最终实现的关键。

10.3.4 菜鸟物流网络的商业模式与其核心竞争力

1. 菜鸟物流网络的商业模式

高速发展的电子商务要求构建规模更大、效率更高、网络更完善、服务更优质的社会化物流基础设施。但这种规模和程度的社会化物流基础设施不是仅凭一家物流企业或个人力量能够实现的。因此，菜鸟物流网络要做的事情就是对现有社会物流资源进行“整合”，建成一个“仓储的全国网络，中心仓的全国网络”，以实现“平台开放、资源共享、服务集成”的目标。由此可见，菜鸟物流网络的问世意味着“电商+物流”模式进入了新的阶段，这将给我国流通业的发展格局带来深刻变化。毫无疑问，菜鸟物流网络放大了传统仓储的服务半径和货物的集散空间，在组织资源的速度、规模、效率和资源的合理配置各方面都是传统物流不可比拟的。

菜鸟物流网络是一个前所未有的开放化大平台，这也符合马云一贯的“平台化”思想。在菜鸟物流网络这个平台上，业务模式不再是阿里巴巴简单的B2B，也不再是淘宝天猫简单的B2C，而是各种电商模式的大融合，各参与方将实现资源和信息的共享，而物流基础环节将延伸至采购管理、订单管理、库存管理、商品管理等供应链管理的各个环节，从而一步跃升成为世界级水平的供应链管理。因此，菜鸟物流网络将推进、催化和加速物流一体化的大融合。

举例来说明菜鸟物流网络的基本运营模式：一家快递公司收到一个发往北京的包裹，如果恰好没赶上预定的运输班车，则可能需要在仓库耽误几个小时甚至一天。而通过菜鸟物流网络平台的调度，就可以搭上另一班快递公司的车辆，减少等待时间。同理，不同快递公司的快递员都需要往一个小区投递商品，但每个快递公司需要投递的商品都十分有限。如果经过菜鸟物流网络的调度，把投往同一个小区的商品都交由一个快递员投递，则会大幅降低物流成本。简单地说，菜鸟物流网络平台促进了各家快递公司之间的无缝对接，一个包裹可以在最短的时间内，经过几家不同快递公司之手运到消费者手中，从而实现“24 小时任意达”的目标，菜鸟物流网络的运营模式如图 10-9 所示。

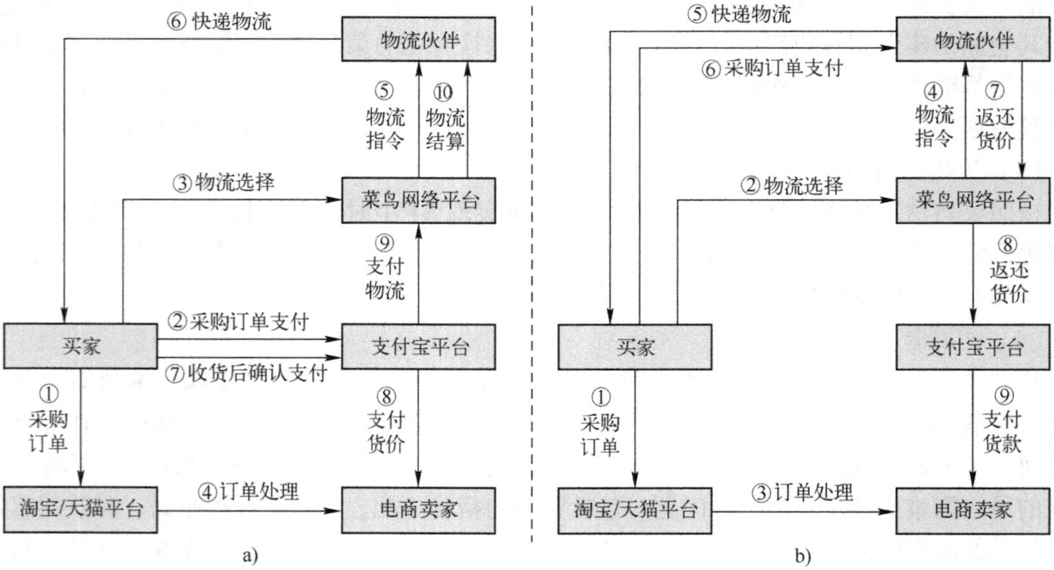

图 10-9　菜鸟物流网络的运行模式
a）在线预付业务模式　b）货到付款业务模式

2. 菜鸟物流网络的核心竞争力

（1）大数据

菜鸟物流网络的业务覆盖了全供应链系统，并通过物流运营产生的大数据获取更多的商业价值。这种模式在国外很流行，如 UPS 和亚马逊之间的合作就采用了这种模式。UPS 将自己的物流数据及其分析结果告知亚马逊，亚马逊通过这些数据决策自己的促销动作。由此可见，未来的物流公司不一定只做物流，它还可以是一家高科技公司。它会向它的顾客提供基于物流大数据的时间、成本、效率以及质量等一系列决策，并提供物流运营和资源整合等各项综合服务。这种模式与前端的电商大数据挖掘和优化组合，能产生出巨大的商业价值。

（2）物流园区——工业地产

菜鸟物流网络的核心是通过平台整合各类物流资源，其中就包括具有地产性质的物流园区。随着城市化的发展，物流园区的增值空间非常巨大。因此，除了正常运营之外，菜鸟物流网络的另外一种不可忽视的盈利模式就是工业地产，即依靠拿地圈地，投资仓库，建设物流骨干网。菜鸟物流网络的物流园区是物流骨干网中的关键点和大血管，菜鸟物流网络自己并不参与物流园区的运作，只负责对其中的合作企业进行整合。

（3）供应链金融

菜鸟物流网络整体的运营情况非常复杂，会涉及供应链云平台的打造和供应链金融。物流供应链金融是当前理论和实践研究的热点，有非常大的发展空间。

作为阿里新零售商业基座之一的菜鸟物流网络需要围绕物流服务推出全方位业务。供应链金融就属于菜鸟为入驻商家提供全方位业务的基本范畴之一，即联合金融机构准备了上百亿资金，为所有商家提供“入仓即可获得贷款”，具体包括：存货融资、预付融资、银票、跨境外币融资、车辆融资、CP 保理等。除了菜鸟物流网络之外，苏宁、京东等大型电商都在发展供应链金融，认为其是未来能够驾驭物流的主流业务。阿里金融原来仅仅只服务于淘宝交易，现在阿里金融相关的服务也越来越多，供应链金融将是菜鸟物流网络重要的盈利模式。

（4）仓配网络服务

对于所有的商品进行统一的仓储和配送管理，能够节省大量的物流成本。作为菜鸟物流网络与京东等自建电商物流展开竞争最核心的武器，统一化、网络化和智能化的仓配物流服务是菜鸟物流网络毫无争议的发展方向。目前，电商企业若想入驻菜鸟物流网络，有两种选择：一种是使用菜鸟物流的仓库，并接受菜鸟物流提供的物流服务。另一种是仍然使用自有仓库，但由菜鸟物流来负责配送。当然，菜鸟更希望推动的是第一种服务，但是在当下的过渡期，两种模式并行仍是必要的选择。

（5）整合分散资源，提升标准化程度

菜鸟物流网络将社会化的各类物流资源集成起来，按照需求任务封装成标准一致的物流服务，并以统一的接口提供给消费者，不仅为消费者降低了处理各种物流业务的复杂度，而且还提高了原本参差不齐的各类物流服务的标准，推动了物流行业的快速发展。

（6）“最后 1 公里”解决方案的提供商

作为与各大快递物流企业的自提快递柜相对抗的产品和功能，菜鸟物流把运营多年的菜鸟驿站也搬入了菜鸟物流网络，试图用另一种方式来全面解决快递送货上门服务能力不足的问题。

综上，“菜鸟物流网络”一旦建成，将助力地方经济的发展与产业升级，加速推进城镇化进程，提高国民经济信息化水平。这是因为：一是“菜鸟物流网络”将在不断完善物流信息系统的同时，依托国家现有公路、铁路、机场等交通基础设施的布局和规划，建设遍布全国的现代化物流仓储网络，以提升社会物流的整体效率和物流基础设施的利用率。二是菜鸟物流网络将向全产业链上的制造商、网商、快递物流公司、第三方服务公司等开放这些物流基础设施设备，以期与产业链中的所有主体共同发展。三是菜鸟物流网络的建设将带动地方经济的结构转型，推动内外贸型企业多渠道发展，促使更多产业的电商化方向发展，促进资源的优化配置。四是在重要的节点城市，菜鸟物流网络及其上的各类企业将发挥产业集群效应，加速该地区传统产业和电子商务的深入融合，促进第三产业服务商和电子商务企业的共同发展。除此之外，菜鸟物流网络还可以提升就业率、提高新兴产业的收入贡献，实现区域电子商务的繁荣，真正打造出若干具有示范效应的产业生态圈。

3. 菜鸟物流网络的发展战略

1）优化资源结构，发挥整体优势。利用先进的互联网技术，建立开放、透明、共享的数据应用平台，为电子商务企业、物流公司、仓储企业、第三方物流服务商、供应链服务商等各类企业提供优质服务，支持物流行业向高附加值领域发展和升级，并最终促使建立社会化资源高效协同机制，提升中国社会化物流服务品质，打造中国未来商业基础设施。

2）带动经济结构转型，促进资源优化配置。菜鸟物流网络的核心是通过数据驱动、社会化协同，与合作伙伴搭建全球智慧物流骨干网络，提高物流运作效率，加快商家库存周转，降低社会物流成本。要实现这一使命，需要有广泛的仓储覆盖面积，智能的仓内作业系统以及高效的快递网络、干线运输网络、城市配送网络等资源支持。菜鸟物流网络通过牵头成立菜鸟联盟，整合行业各大物流公司的优质资源。各合作伙伴在其中分担不同职能，根据自身的特点，突出优势，协同作战，形成一个有机的生态系统。与此同时，阿里系也在通过投资收购等方式参与到物流各领域类别的头部物流企业中，既帮助投资企业实现效率提升，同时不断丰富自己的行业资源，掌握行业的话语权。

3）布局和打造五大网络：一是打造端对端一体化体验的快递网络，二是实现全局供应链的优化仓配网络，三是实现全球买、全球卖的跨境网络，四是实现消费者体验的末端网络，五是方便巨大海量消费的农村网络。

4. 菜鸟物流的发展建议

（1）建立良好的联盟的信任机制

“菜鸟物流网络”的联盟成员之间应该建立起良好的信任机制，共同维护联盟的稳定性。首先，要充分把握市场结构。目前物流行业发展迅速，行业结构的变化会给联盟成员带来冲击，也会影响联盟成员的忠诚度。其次，要考虑联盟成员之间的利益依赖程度。联盟成员之间有合作也有竞争，当违反联盟所得的利益更大时，会促使成员违反规则。最后，采用适当机制以保障联盟成员达到预期收益，对联盟成员要有激励政策，才能加强联盟成员的信任和稳定性。

（2）加强快递服务平台的建设

快递服务平台的建设是菜鸟物流网络“天网”战略的重要组成部分，菜鸟物流网络平台近年已推出几个大数据产品，分别为企业、物流供应商和消费者提供有针对性的服务，比如帮助各方加速订单处理，推荐有口碑的快递公司，丰富快递的增值功能（上门揽件）等，其目的是通过提高企业快速反应的运营能力，保证快递运送效率和配送商品质量的同时，满足消费者的需求，并降低企业的物流成本。虽然，菜鸟物流网络已与大多数快递公司建立了合作关系，但菜鸟物流网络仍然无法获取各快递公司的后台管理运营数据，前台数据的真实性也有待考究。因此，就目前而言，菜鸟物流网络仍需要调整供应管理控制问题，建立更加开放的社会化平台，充分取得供应链各方的信任。

（3）加快仓配网络的构建

菜鸟物流网络成立之初便制定了“地网”战略，计划在全国范围内自建 8 个仓储中心，搭建连通全国的高标准仓储体系，为商家提供仓储相关服务。目前菜鸟物流网络已建成北京、广州等五大仓并投入使用，西安、沈阳两大仓也在规划建设当中。仓配方面，菜鸟物流网络利用自建仓储及大数据资源，分别对商家、行业、消费者推出多项服务，例如，提供入驻、退出自由，提供当日达及次日达服务，以及提供预约配送和上门取退货服务，等。

菜鸟物流网络目前的仓储服务竞争对手主要有三类：一类是自建仓储的电商企业，如京东、亚马逊；二类是由具有仓储能力的传统企业发展起来的电商企业，如苏宁、国美；三类是专门提供仓储服务的物流公司，如顺丰、德邦。这三者在仓储物流中心的选址、覆盖范围、服务方式等方面与菜鸟物流网络多有重叠；而且这三者技术先进、信息化程度高、物流网络节点建设相对完善，且有一定知名度与信任基础。相较之下，采用加盟合作方式的菜鸟物流网络优势不够明显，若要在仓配方面有突破，需强化其增值服务能力，为客户提供多元化个性服务。

（4）助推跨境网络的建设

跨境电商是近年来国家大力扶持的一种新型贸易方式。阿里作为我国较早涉足跨境电商的企业，国际物流是其未来发展的重要战略之一。在跨境物流网络的建设方面，菜鸟物流网络的跨境仓库数量为 74 个，跨境物流合作伙伴为 49 家，物流覆盖全球 224 个国家或地区，订单处理能力达每天 400 万单。但目前国内的跨境物流发展环境并不乐观，在技术、信息、服务等诸多方面与国际物流快递公司存在较大差距，不得不客观面对成本、速度、环境等带来的诸多负面问题。菜鸟物流需借助信息技术飞速发展与国际化物流日益需求增强的宏观环境，来打造成熟的跨境网络平台。

（5）打造农村服务网

菜鸟物流网络的农村物流是依托阿里的农村淘宝业务发展起来的，是实现商品从农村到城市，从城市到农村双向流通的解决方案，也是菜鸟物流网络“地网”物流节点建设的重要一环。到目前为止，菜鸟物流网络已覆盖全国 270 多个县，1.3 万个农村服务站。例如，菜鸟物流网络联合日日顺为天猫大家电提供送货进藏服务。由于西藏地区地理环境的特殊性，其配送过程十分复杂。在配送过程中除了使用铁路、卡车等普通运输工具之外，还需要采用当地农牧民常用的牛车、拖拉机等运输工具，部分配送员还要人工扛运，以保证提供从仓储到送货上门的供应一体化服务。

菜鸟物流网络 24 小时送达的目标在北上广等一线城市相对容易实现，但对于中西部地区，三、四线城市以及部分发展落后的农村来说，实现难度较大。需要通过大范围自建农村物流节点或鼓励合作伙伴发展农村物流网点建设。在执行过程中，成本及利润分配问题将成为解决问题的难点。

（6）完善菜鸟驿站的布局

菜鸟物流网络在菜鸟驿站的布局方面采取了诸多手段。与中国邮政达成战略合作，获得邮政提供的十万网点资源；建立了个体、连锁、物业和校园四个专属合作通道，通过代收返利、增加客流量等方式吸引加盟；与绿城等各方实现了初步合作，建有两万多个菜鸟驿站，主要为消费者提供代收快递，自主取、寄件等末端服务；与目前国内最大的三家智能快递柜服务商和六家主流快递共同签署三方合作协议，获得四万多自提柜的使用权限。目前，菜鸟驿站的建立主要通过加盟合作的方式建立。虽然加盟的方式能够降低投资的成本，但同时也带来了管理不便、稳定性差等诸多问题。针对这一问题，菜鸟网络可以通过收集用户意见，建立按客户满意度排名的评价机制体系，对客户反映良好、排名靠前的加盟商予以奖励延长与其合作的期限，排名靠后的则取消与其再次合作的机会。这种运作形式可在加盟商之间形成良性竞争，促使其主动提高自身服务质量。

综上所述，菜鸟物流网络在近些年的发展过程中，通过利用其先进的互联网技术，努力建立开放、透明、共享的数据应用平台，连接和共享供应链各方信息和资源，为电商企业、物流企业、仓储企业、第三方物流服务商、供应链服务商等各类企业提供优质服务，初步形成互利互惠的共生体。相较于其他的竞争者，菜鸟物流网络具有大数据和云计算的优势，其利用自身技术优势寻求与竞争对手之间的合作，并通过智能化手段促进物流产业的更新升级，不仅在一定程度上降低了运营的风险，而且提高了自身的核心竞争，促进了物流行业向高附加值领域发展和升级。与此同时，菜鸟物流网络也存在着管控、整合上的困难和高成本拓展业务等瓶颈，如何解决好这些问题将密切关系到菜鸟物流网络今后的发展。

10.3.5 菜鸟物流网络的案例及解析

2018 年的双十一过后，不少人都惊叹于物流速度。和往年相比，很多人在下单之后的三天内就收到了包裹，甚至于有用户在双十一凌晨下单，十几分钟后就收到了快递，如此快速的物流得益于国家政策的支持以及我国智能科技的发展和各企业在物流行业的布局。自从 2012 年天猫双 11 包裹达到 7200 万个，就出现了淘宝快递爆仓、发货延迟、配送缓慢、末端堆积等问题，物流问题就变成了摆在各电商面前一大亟待解决的问题。

国家智能物流骨干网是阿里巴巴集团 2013 年打造的项目，旨在希望通 8~10 年的努力，建成一张能支撑日均 300 亿（年度约 10 万亿）网络零售额的智能物流骨干网络。国家智慧物流骨干网络包括两部分，一张网是在中国国内打造 24 小时货运必达网络；另一张网是依托一带一路，在全球 72 小时必达。中国智能骨干物流网是菜鸟公司的一项战略任务。阿里巴巴将和其他物流企业、电商、仓储商合作来构建这一物流体系。中国智能骨干物流网将由 8 个左右的核心节点、若干个关键节点和更多的城市重要节点组成。该项目建成后将向所有的制造商、网商、快递物流公司、第三方服务公司开放，与产业链中的各个参与环节共同发展。按照马云的定位和规划，打造中国智能物流骨干网就是通过构建一个新型网络物流枢纽，为中国未来商务建立基础设施。

1. 中国智能骨干物流网的运作模式

中国智能骨干物流网是阿里巴巴集团大物流计划中的“地网计划”。在阿里巴巴集团内部，进行物流信息流整合的“物流宝”被称为“天网”，“地网”则负责将物流按照时间节点准时送达。

（1）天网的运作模式

天网是目前阿里系在阿里巴巴、淘宝和天猫上推出的第四方物流服务。买家在淘宝或天猫上购物，商家和卖家可直接向物流宝下单。通过数据交换，物流宝会传递信息给离卖家最近的物流公司上门取货，并进行寄送。同时，物流宝还推出了仓储服务，对于销量比较大的厂商（卖家），物流宝提供有偿的仓储租赁。当卖家获得商品销售信息后，卖家将信息传递给物流宝，物流宝则自动将信息反馈给仓储数据中心，仓储数据中心按照发货信息，自动为卖家向物流公司发货。仓储数据中心会根据库存的多寡，定时向厂商/卖家发消息，定时补货。淘宝的天网运作模式，已经具备了第四方物流的若干特征。然而，要达到马云所言的 24 小时送达，还需要物流基础设施的支撑以及信息技术和大数据的支持和管理。天网将信息流汇聚成大数据库，地网则充分利用物联网技术与优质高效的现代仓储和运输手段，将货物在 24 小时送到客户手中。

（2）地网（中国智能骨干物流网）的运作模式

中国智能骨干物流网是针对目前较为薄弱的中国物流基础设施而进行的一次宏伟的升级改造商业计划。建设中国智能骨干物流网的关键和核心，一是在全国各大区域广布物流设施平台和节点，建立基础的仓储平台；二是通过大数据、云计算、物联网等新技术，实现信息共享，提升现有物流企业的仓库利用率和运作效率。按照马云的计划，菜鸟公司将针对东北、华北、华东、华南等七大区域选择中心位置进行仓储设施投资。预计此计划完成后，菜鸟公司将成为中国最大、最先进的仓储服务提供商。同时，菜鸟公司还可以依据这一庞大资源所掌握的物流、信息流将仓储物流业的商业模式升级为类似于香港利丰集团的“社会化全供应链管理商”。

（3）天地网合并的运作模式

阿里的大物流战略就是在智能骨干物流网建成之后，将天网和地网有机地组合在一起，将阿里打造成为一个社会化的超级供应链管理商。具体而言：一是通过阿里旗下的电子商务平台阿里巴巴（国际、国内）、淘宝、天猫以及与阿里连接的其他电子商务平台，直接获取从企业生产到居民生活需要的各类信息。二是通过菜鸟公司自建的七大仓储中心以及整合的第三方物流、社会化的仓储，提供一个开放、共享、社会化的基础物流设施平台。二者之间的融合，就可以将阿里打造成一个全社会、全领域的超级供应链管理商。

2. 中国智能骨干物流网的商业模式

（1）仓储租金

菜鸟公司通过自建大型仓储中心，出租给有需求的客户，通过收取仓储租金的方式进行盈利。

（2）仓储加盟费

菜鸟公司允许社会上的仓储中心共同加盟。加盟的仓储中心需要向菜鸟公司缴纳加盟费。连接进入了菜鸟的智能骨干物流网之后，仓储中心可获得由中国智能骨干物流网配送的各种物资，提高仓储的利用率。

（3）物流批发

通过智能物流骨干网，菜鸟公司能掌握大量的商品运输信息，菜鸟公司可对这些信息进行分类和挖掘，从而产生创造价值。如对发往同一地点的物品进行物流批发，即集中发往同一地点的物品，然后以更低的价格批发给专业物流公司进行运输。

（4）专业采购服务

为企业提供专业的采购服务，通过帮助企业降低供应链管理成本获利。

（5）信息咨询

为企业、个人提供专业的各种咨询报告及各类辅助经营决策的信息服务。

（6）土地增值

一方面，仓储中心一般会随着周边市政基础的配套而升值。另一方面，如果随着城市的扩张，仓储中心需要异地重建，那么仓储中心所占土地出让后，亦可获得充足的土地增值。

本章小结

本章主要介绍了当前几种创新电子商务物流模式的产生原因，运营原理、应用范围和瓶颈问题，并对其发展趋势进行了展望。其中，第一节介绍了第四方物流的运作模式，重点阐述了其与第三方物流模式的异同，强调了第四方物流模式不仅是物流资源和功能的集大成者，而且也是提升物流行业附加值的一种创新途径；第二节介绍了逆向物流的产生过程、概念和特点，分析了它与正向物流的不同，强调了逆向物流是物流节约化和绿色化的产物以及发展逆向物流对社会经济可持续发展的重要意义；最后一节介绍了目前最热门的菜鸟网络，菜鸟网络的模式创新和运营理念承袭了阿里巴巴集团一贯的发展思路，即提供平台、集成资源、和创造价值。虽然这些创新的电商物流模式都在某一方面或某种程度上弥补了现有物流模式的不足，但它们毕竟都是新生产物，存在一定的技术、意识和模式发展上的问题，还需要广大从业人员的深入研究和探索。

习　题

一、单项选择

1. 关于物流网络化不正确的一项是（　　）。

A. 物流节点普遍实行信息化管理　　B. 系统具有相对的开放性

C. 信息流在物流过程中起导引和整合作用　　D. 系统具有明显的规模优势

2. 实现精益物流的关键是（　　）。

A. 正确认识价值流　　B. 价值流的顺畅流动

C. 顾客需求作为价值流动力　　D. 提供顾客满意的物流服务

3. 未来电子商务物流的发展也将迎来产业链全面竞争的时代是源于（　　）。

A. 发展环境变化导致竞争环境巨变　　B. 基于产业链打造竞争优势

C. 应以战略思维应对环境巨变　　D. 把握关键环节，提高协同有效性

4. 当前，我国物流公共平台领域发展较为快速的部分是（　　）。

A. 全球定位系统　　B. 地理信息系统

C. EDI 网络服务中心　　D. 物流公共信息交换平台系统

5. 整合电子商务物流业务流程，改变原有落后的物流运作流程及管理模式所要经历的第二个阶段的优化过程是（　　）。

A. 物流信息化管理　　B. 物流运作流程重组

C. 供应链管理　　D. 物流产业化

6. 将逆向物流定义为："计划、实施和控制原材料、中间库存、终产品从制造、分销或使用点到恢复点或适当处置点的过程" 是哪一位学者/组织（　　）。

A. 逆向物流执行协会　　B. 欧洲逆向物流工作组

C. 詹姆斯．斯多克　　D. 国家质量技术监督局

7. 以下哪一项不是逆向物流的特征（　　）。

A. 降低事故风险，避免不良隐患　　B. 提高顾客价值，增加竞争优势

C. 降低生产成本，提高产品质量　　D. 改善环境行为，塑造企业形象

8. 电子商务下逆向物流的主要特点有（　　）。

A. 信息化　　B. 网络化　　C. 智能化　　D. 以上都是

9. 电子商务下产生逆向物流的原因有（　　）。

① 网购信息的片面性　② 法律规范作用　③ 增加自身竞争优势

④ 来自环境保护的要求　　⑤ 生产成本的压力

A. ①③⑤　　B. ②③⑤　　C. ②⑤　　D. ①②③④

10. 电子商务下逆向物流与传统逆向物流的区别不包括以下哪项（　　）。

A. 逆向物流的提供者不同　　B. 逆向物流的过程不同

C. 逆向物流的对象不同　　D. 逆向物流的目的不同

11. 以下哪一种逆向物流模式具有较强的成本优势，对电子商务企业资金要求不高等优点（　　）。

A. 企业自营模式　　B. 第三方逆向物流模式

C. 战略联盟型逆向物流模式　　D. 综合方案提供商模式

12. 以下哪种逆向物流模式可能会造供需双方之间的信息偏差，也更容易泄露商业机密（　　）。

A. 第三方逆向物流模式　　B. 企业自营模式

C. 战略联盟型逆向物流模式　　D. 综合方案提供商模式

13. 电子商务下逆向物流发展主要的问题有（　　）。

A. 企业内部忽视对逆向物流的管理　　B. 缺乏相应的技术和管理手段作为支撑

C. 逆向物流系统本身的高复杂性　　D. 以上都是

二、多项选择

1. 物流标准化主要包括的类型是（　　）。

A. 基础编码标准　　B. 物流基础模数尺寸标准　　C. 物流建筑基础模数尺寸

D. 集装模数尺寸　　E. 托盘尺寸的标准化

2. 目前我国电子商务与物流协同发展所面临的矛盾主要表现在以下哪些方面（　　）。

A. 物流观念落后　　B. 物流设施陈旧，利用率不高

C. 供应链不合理　　D. 缺乏理论指导，法律、法规不完善

E. 电子商务和物流的需求水平不高

3. 社会化物流业务包括（　　）。

A. 社会化第三方采购　　B. 社会化第三方物流　　C. 第四方物流咨询

D. 社会化物流人才培养　　E. 物流系统集成

4. 电子商务下逆向物流的主要模式有（　　）。

A. 企业自营模式　　B. 第三方逆向物流模式

C. 战略联盟型逆向物流模式　　D. 综合方案提供商模式

5. 与传统环境下逆向物流相比电子商务环境下逆向物流具有哪些方面的特点（　　）。

A. 要承担的是市场营销过程中的售后服务职能

B. 提供者主要集中在效率较高的快递公司

C. 过程通常是直达式

D. 物流过程中的信息交流较少

6. 电子商务下逆向物流的主要发展趋势有（　　）。

A. 一体化　　B. 集团化　　C. 社会化

D. 信息化　　E. 绿色化

E. 物流的各功能与效益之间是相互制约的

7. 关于逆向物流的作用正确的有（　　）。

A. 降低事故风险　　B. 排除不良隐患　　C. 增加竞争优势

D. 降低生产成本　　E. 塑造企业形象

8. 菜鸟物流的优势（　　）。

A. 平台化　　B. 智能化

C. 数据化　　D. 专业化

9. 菜鸟物流发展遇到的问题（　　）。

A. 数据不能及时更新　　B. 菜鸟物流平台的集成度有限

C. 其他企业的仓储竞争不容忽视　　D. 资金周转不足

10. 菜鸟网络的发展战略（　　）。

A. 优化资源结构，发挥整体优势

B. 带动经济结构转型，促进资源优化配置

C. 利用优势整合信息，提供高效服务

D. 利用先进技术，提高国民信息水平

11. 菜鸟物流的发展建议下列正确的是（　　）。

A. 建立良好的联盟内信任机制

B. 加强快递服务平台的建设

C. 加快仓配网络的构建

D. 助推跨境网络的建设

E. 打造农村服务网

F. 完善菜鸟驿站的布局

G. 加强物流电商的影响

12. 下列哪些是中国智能骨干物流网商业模式（　　）。

A. 仓储租金　　B. 仓储加盟费　　C. 物流批发

D. 专业采购服务　　E. 信息咨询　　F. 土地增值

三、判断题

1 美国学者詹姆斯·斯多克（James. Stock）将逆向物流定义为：计划、实施和控制原材料、中间库存、终产品从制造、分销或使用点到恢复点或适当处置点的过程。（　　）

2. 来自环境法律法规的压力和经济利益的驱动是逆向物流发展的主要动力。（　　）

3. 逆向物流产生的地点、时间及回收品的质量和数量难以预测是逆向物流高度不确定性的表现。（　　）

4. 从整体社会资源的优化配置的角度来看，企业自营模式属于重复建设，不利于整体资源的优化配置。（　　）

5. 综合方案提供商模式在现有的科学技术条件下，已经达到了最优的社会资源配置。（　　）

6. 如果说菜鸟网络的核心是基于线下的物流形态的实体仓库，那么其灵魂则是基于线上依托大数据支撑的虚拟仓储。（　　）

7. 阿里巴巴真正的专长是互联网，其本质是“把大量在互联网之前原本各自独立的信息连通起来”，其核心目标是为电子商务企业、物流公司、仓储企业、第三方物流服务商等各类企业提供平台服务。（　　）

8. 菜鸟网络囊括了国内所有物流企业，陆运、空运、冷链物流等企业要在同一平台上被共同优化，在融合的过程必将矛盾迭出。（　　）

9. 高速发展的电子商务所代表的中国新经济，急需构建规模更大、效率更高、网络更完善、服务更优质的社会化物流基础设施。(　　)

10. 天网是目前阿里系在阿里巴巴、淘宝和天猫上推出的第四方物流服务。(　　)

四、简答题

1. 菜鸟网的人才培养战略？

2. 菜鸟网络的信息化战略？

3. 菜鸟网络区别于其他电商平台的特点？

五、实训题

1. 电子商务环境下新型物流企业服务内容及水平调查。

① 实训目的：通过实训，了解目前国内电子商务环境下，一些新型物流企业提供的服务内容及水平。

② 实训内容：通过网络资料搜集和分析学校所在城市物流市场的实际情况，了解电子商务环境下，各类物流企业，尤其是创新物流企业所提供的服务内容，分析其服务水平，并将传统物流企业所提供的服务水平进行对比。

③ 实训要求：参与实训的学生以分组的形式，在教师的指导下，分工协作完成实地调研和网上资料搜集，并将资料进行分类整理，进行小组讨论归纳，形成最终的实训报告。

2. 家乡农村淘宝发展问题调查与分析。

① 实训目的：通过实训，了解目前部分地区农村淘宝发展的基本情况及存在问题，并通过讨论分析，试提出解决对策。

② 实训内容：通过在家乡发放问卷调查统计结果及网络资料搜集分析，并参与就近实地调研，了解所访地区的农村淘宝发展状况和现存问题，经过讨论分析提出对策方案。

③ 实训要求：参与实训的学生以分组的形式，在教师的指导下，分工协作完成实地调研、问卷发放和网上资料搜集，在对问卷进行统计分析和对相关资料进行分类梳理的基础上，形成最终的实训报告。

参考文献

[1] 黎雪微. 电子商务概论 [M]. 北京：清华大学出版社，2013.

[2] 周曙东. 电子商务概论 [M]. 3 版 . 南京：东南大学出版社，2011.

[3] 张铎. 电子商务物流管理 [M]. 2 版 . 北京：高等教育出版社，2011.

[4] 李海刚. 电子商务物流与供应链管理 [M]. 北京：北京大学出版社，2014.

[5] 魏修建. 现代物流与供应链管理 [M]. 2 版 . 西安：西安交通大学出版社，2013.

[6] 吴建. 电子商务物流管理 [M]. 2 版 . 北京：清华大学出版社，2013.

[7] 张昭俊. 电子商务物流管理（应用型人才培养规划教材·经济管理系列） [M]. 北京：清华大学出版社，2013.

[8] 屈冠银. 电子商务物流管理 [M]. 3 版 . 北京：机械工业出版社，2012.

[9] 郑志伟. 电子商务与现代物流 [M]. 大连：东北财经大学出版社，2011.

[10] 吴群. 物流案例分析 [M]. 北京：北京大学出版社，2014.

[11] 杨波. 多品种随机数学模型的物流配送中心选址问题 [J]. 中国管理科学，2003，11（2）：45-49.

[12] 谭凌，高峻峻，王迎军. 基于库存成本优化的物流中心选址问题研究 [J]. 系统工程学报，2004，19（1）：59-65.

[13] 税文兵，等. 物流配送中心动态选址模型及算法研究 [J]. 计算机应用研究，2010（12）：4476 -4480.

[14] 郭丽娜 . 浅析配送中心选址的研究背景现状及意义 [J]. 物流工程与管理，2013（2）：96-97.

[15] Daskin，Mark S. Network and Discrete Location：Models Algorithms and Applications [J]. Wiley，New York，1995.

[16] Hakimi S L. Optimum locations of switching centers and the absolute centers andmedians of a graph [J]. Operations Research，1964，12：450-459.

[17] 毕春霞. 电子商务对国际物流配送的影响 [D]. 北京：对外经济贸易大学，2006.

[18] Goldman A J. Optimal center location in simple networks [J]. Transportation Science，1971，5：212-221.

[19] 李琳. 电子商务环境下物流配送中若干优化问题的研究 [D]. 沈阳：东北大学，2010.

[20] Kariv O，Hakimi S. An algorithmic approach to network location problems. II：Thep - Medians [J]. SIAM Journal on Applied Mathematics，1979，37：539-560.

[21] Cockaine E J，Hedetniemi S M. Linear algorithms for finding Jordan center and path center of a tree [J]. Transportation Sci，1981，15：98-114.

[22] 蒋树森. 电子商务下物流配送中心规划方法研究 [D]. 西安：长安大学，2005.

[23] Toregas C Swaim，R ReVelle，C Bergman. The location of emergency service facilities [J]. Operation Research，1971，19：1363-1373.

[24] Brandeau M L，Chui S S. An overview of representative problems in location research [J]. Management Science，1989，35（6）：645-674.

[25] Anderas Klose，Andreas Drexl. Facility location models for distribution system design [J]. European Jounral of Operation Research，2005：4-29.

[26] 尤美虹. 仓储管理实务 [M]. 武汉：武汉大学出版社，2013.

[27] 宓祁宏. 电子商务仓储物流模式分析与选择研究 [J]. 科技广场，2014（1）：172-174.

[28] 陈福集，陈亮. 云仓储对传统企业从事电子商务的影响 [J]. 电子商务，2012（6）：102-103.

[29] 俞成功，罗文华. B2C 大物流模式环境下云仓储设施选址问题研究 [J]. 物流技术，2014（9）：252-255.

[30] 马娟. 基于 B2C 大物流模式的云物流信息平台建设研究 [J]. 中国经贸导刊，2014 (8)：60-61.
[31] 张晓楠. 基于云仓储和云物流的 B2C 大物流模式研究 [D]. 大连：大连海事大学，2012.
[32] 宋国欢. B2C 电子商务仓储管理系统的流程与设计 [D]. 广州：暨南大学，2012.
[33] 李翀. 供应链网络牛鞭效应的形成机理及其控制机制研究 [D]. 南京：南京航空航天大学，2012.
[34] 罗玲玲. 关于供应链中牛鞭效应产生原因及策略问题的探究 [J]. 科技广场，2014 (1)：172-174.
[35] 屠肖菁. 基于 J2EE 的电子商务库存管理系统的设计与实现 [D]. 大连：大连理工大学，2013.
[36] 周长青. 电子商务物流 [M]. 北京：北京大学出版社，2008.
[37] 赵林度. 供应链与物流管理：理论与实务 [M]. 北京：机械工业出版社，2003.
[38] 张新昌. 包装概论 [M]. 北京：印刷工业出版社，2007.
[39] 钱静. 包装管理 [M]. 北京：中国纺织出版社，2008.
[40] 王绍军. 电子商务与物流 [M]. 上海：上海交通大学出版社，2007.
[41] 桂学文. 电子商务物流 [M]. 武汉：华中师范大学出版社，2001.
[42] 牛来东. 现代物流信息系统 [M]. 北京：清华大学出版社，2004.
[43] 冯耕中. 物流管理信息系统及实例 [M]. 西安：西安交通大学出版社，2003.
[44] 黄静，等. 电子商务物流管理 [M]. 北京：清华大学出版社，2005.
[45] 王子健. 电子商务物流应用 [M]. 北京：机械工业出版社，2006.
[46] 张文杰. 电子商务下的物流管理 [M]. 北京：清华大学出版社，北京交通大学出版社，2007.
[47] 马士华，林勇，陈志祥. 供应链管理 [M]. 北京：高等教育出版社，2009.
[48] 刘志学. 现代物流手册 [M]. 北京：中国物资出版社，2001.
[49] 孙红. 物流设备与技术 [M]. 南京：东南大学出版社，2006.
[50] 秦明森. 实用物流技术 [M]. 北京：中国物资出版社，2004.
[51] 张琳. 不同模式下电子商务物流服务质量评价研究 [D]. 北京：北京交通大学，2012.
[52] 任胜楠. 不同竞争条件下的第三方物流服务定价研究 [D]. 成都：西南交通大学，2008.
[53] 谢天帅. 第三方物流服务定价方法研究 [D]. 成都：西南交通大学，2004.
[54] 贺雪辉. 第三方物流服务定价及其协调机制研究 [D]. 长沙：湖南大学，2012.
[55] 于妍. 基于顾客感知的物流服务定价研究 [D]. 北京：北京交通大学，2011.
[56] 孙朝苑. 企业物流成本管理的理论与方法研究 [D]. 成都：西南交通大学，2002.
[57] 吴晓靖. 企业物流成本控制研究 [D]. 大连：东北财经大学，2007.
[58] 王睿. 某小型物流公司物流服务效率和成本问题研究 [D]. 北京：北京交通大学，2008.
[59] Barad M，Sapir D. Flexibility in logistics systems-modeling and performabce evaluation [J]. International Journal of prodution Economics Volume：85，Issue：2 Augustll，2003：155-170.
[60] 吕晓洋. 基于作业成本法的 SND 物流公司的物流成本管理与控制研究 [D]. 大连：大连海事大学，2012.
[61] 刘铁男. 配送中心-3PL 的物流成本分析及服务定价研究 [D]. 成都：西南交通大学，2004.
[62] 李思丝. 电子商务环境下第三方物流运营模式研究 [D]. 上海：复旦大学，2011.
[63] 徐树明. B2C 电子商务与第三方物流合作绩效影响机制研究 [D]. 杭州：浙江大学，2013.
[64] 钟家勤. 基于电子商务的第三方物流联盟系统平台构建研究 [D]. 杭州：浙江工业大学，2008.
[65] 张运通. C2C 电子商务中的第四方物流发展研究 [D]. 保定：河北大学，2010.
[66] 曾磊. 电子商务环境下逆向物流运作模式的选择研究 [D]. 长沙：中南大学，2011.
[67] 王君. 中国 B2C 电子商务逆向物流模型研究 [D]. 北京：北京化工大学，2010.
[68] 戴勇. 虚拟物流企业联盟的构建与管理 [D]. 上海：上海海运学院，2002.
[69] 任磊，张霖，张雅彬，等. 云制造资源虚拟化研究题 [J]. 计算机集成制造系统，2011，17 (3)：511-518.
[70] 王时龙，宋文艳，康玲，等. 云制造环境下的制造资源优化配置研究 [J]. 计算机集成制造系统，2012，18 (07)：1396-1405.

[71] 王勋. 云物流模式下物流服务供应商利益分配问题研究 [D]. 武汉：武汉理工大学，2013.
[72] 毕娅，李文锋，梁晓磊，等. 云物流下基于协同库存和最大覆盖的选址-分配问题研究 [J]. 计算机应用研究，2012，32 (2)：448-451.
[73] 毕娅，李文锋. 基于约束的集合覆盖选址-分配问题研究 [J]. 上海交通大学学报，2013，47 (3)：495-499.
[74] 张理. 现代物流案例分析 [M]. 2 版. 北京：中国水利水电出版社，2008.